W0368010

Kohlhammer

Manfred Grohnfeldt (Hrsg.)

Lehrbuch der Sprachheilpädagogik und Logopädie

Band 1: Selbstverständnis und theoretische Grundlagen

Band 2: Erscheinungsformen und Störungsbilder

Band 3: Diagnostik, Prävention und Evaluation

Band 4: Beratung, Therapie und Rehabilitation

Band 5: Bildung, Erziehung und Unterricht

Manfred Grohnfeldt (Hrsg.)

Lehrbuch der Sprachheilpädagogik und Logopädie

Band 3

Diagnostik, Prävention und Evaluation

Verlag W. Kohlhammer

Die Deutsche Bibliothek – CIP-Einheitsaufnahme

Lehrbuch der Sprachheilpädagogik und Logopädie / Manfred Grohnfeldt (Hrsg.). –
Stuttgartt : Kohlhammer, 2002
Bd. 3. Diagnostik, Prävention und Evaluation. – 2002
ISBN 3-17-017868-7

Umschlag: Data Images GmbH
Gesamtherstellung:
W. Kohlhammer Druckerei GmbH + Co. Stuttgart
Printed in Germany

Vorwort

Das fünfbändige „Lehrbuch der Sprachheilpädagogik und Logopädie" wendet sich bei einer interdisziplinären Ausrichtung an alle Berufsgruppen, die in Theorie und Praxis mit sprach-, sprech-, rede-, stimm- und schluckgestörten Menschen arbeiten. Es ist vom Mitarbeiterkreis und der Interessenlage her bewusst breit angelegt. Dies soll durch den Titel signalisiert werden, mit dem ohne standespolitische Einengung von der Sache ausgehend das gesamte Handlungsfeld der Sprachheilpädagogik und Logopädie angesprochen wird.
Dem Charakter eines Lehrbuchs entsprechend erfolgt ein systematischer Überblick zu den einzelnen Aufgabengebieten, wobei die Darstellung in knapper Form den Stand der Forschung repräsentiert. Stichworte und Zusammenfassungen am Rand erleichtern eine Nutzung als Nachschlagewerk.
Die Verschiedenartigkeit der einzelnen Störungsformen beeinträchtigter Kommunikation und das stark angestiegene Wissen auf diesen Gebieten in den letzten Jahren dokumentieren sich in einem breiten Spektrum der damit verbundenen Aufgabenstellungen. Die inhaltlichen Schwerpunkte werden dabei auf 5 Bände verteilt:

Band 1: Selbstverständnis und theoretische Grundlagen
Band 2: Erscheinungsformen und Störungsbilder
Band 3: Diagnostik, Prävention und Evaluation
Band 4: Beratung, Therapie und Rehabilitation
Band 5: Bildung, Erziehung und Unterricht

Der vorliegende 3. Band geht auf interdisziplinäre Aufgabenstellungen der Diagnostik, Möglichkeiten der Prävention und Frühförderung sowie Maßnahmen zur Evaluation und Effizienzkontrolle sprachtherapeutischer Intervention ein. Er baut auf die in Band 2 dargestellten Erscheinungsformen und Störungsbilder in der Sprachheilpädagogik und Logopädie auf und bietet wesentliche Voraussetzungen für die in Band 4 erörterten Fragestellungen der Therapie, Beratung und Rehabilitation. Die Ausführungen gehen auf Grundlagenwissen, aber auch auf Möglichkeiten des praktischen Vorgehens ein.
Es versteht sich, dass das hier dargestellte Wissen prinzipiellerweise eine Momentaufnahme in einer steten Abfolge veränderter Auffassungen im Rahmen einer epochalen Weiterentwicklung der beteiligten Wissenschaften darstellt. Dass diese Zäsur an der Jahrtausendwende erfolgt, ist historischer Zufall wie persönlicher Anspruch zugleich. Dabei sollte

man sich des Blicks nach vorne im Sinne einer Vision des Möglichen stets bewusst sein.
Die bei der Erstellung dieses Bandes beteiligten Fachvertreterinnen und Fachvertreter haben sich den damit verbundenen Anforderungen gestellt. Ihnen gilt mein besonderer Dank ebenso wie auch dem Kohlhammer Verlag, durch den die Möglichkeiten der Ausstattung und Verbreitung eines Lehrbuchs unterstützt wurde, von dem zu hoffen ist, dass es zu einem Standardwerk für Studierende, Theoretiker und Praktiker gleichermaßen wird.

Manfred Grohnfeldt

Inhaltsverzeichnis

Diagnostik, Prävention und Evaluation in der Sprachheilpädagogik und Logopädie

Manfred Grohnfeldt

1 Aufgabenstellung und Begriffsbildung

Fragestellungen der Diagnostik, Prävention und Evaluation sind vor dem Hintergrund des jeweils zugrunde gelegten Menschenbildes zu interpretieren. Sie ordnen sich in einen interdisziplinären Kontext unterschiedlicher Sichtweisen ein und werden durch Aspekte der jeweiligen institutionellen Rahmenbedingungen beeinflusst.

Diagnostik

Diagnostik bezieht sich auf den Vorgang der Unterscheidung und Beurteilung, wobei der Prozess des Durchschauens („dia") auch das Erkennen („gnosis") des dahinter Liegenden beinhaltet. Neben einer möglichst genauen Beschreibung von (Oberflächen-) Phänomenen geht es damit auch um eine Deutung zugrunde liegender Bedingungshintergründe und möglicher Kontextvariablen. Zusammenhänge mit nachfolgenden Fragen der Förderung und Therapie sind immanent. Die Zielsetzung der sprachheilpädagogischen und logopädischen Diagnostik konzentriert sich damit auf das Erkennen, die prozessuale Beurteilung und optimale Förderung des sprachgestörten Menschen. Vor diesem Hintergrund sind Ansätze zur theoretischen Grundlage, zu den verschiedenen Arten des Vorgehens (→ Anamnese, Testverfahren, Prüfmittel ...) sowie zur Begutachtung zu erörtern.

Prävention

Die *Prävention* ist ein an Bedeutung zunehmendes Gebiet im Rahmen der Früherkennung und -förderung. Sie bezieht sich auf Maßnahmen zur Vorbeugung und Verhütung, damit

- mögliche (Sprach-) Störungen gar nicht erst entstehen bzw. zur vollen Ausgestaltung kommen (primäre Prävention),
- abweichende (Sprach-) Entwicklungsverläufe frühzeitig erkannt und einer Behandlung zugeführt werden (sekundäre Prävention),
- Folgewirkungen vermieden werden, auch wenn die Störung an sich nicht beseitigt werden kann (tertiäre Prävention).

Evaluation

Maßnahmen zur *Evaluation* beziehen sich auf Fragen der Qualitätsbeurteilung und Effektivität. Dabei erfolgt eine Bewertung und Erfolgskontrolle von Verfahren (hier: zur Sprachtherapie) durch eine kriteriengestützte Ergebnis- und Prozessanalyse. Dadurch sollen Kenntnisse von Wirkungen, Einflüssen und Zusammenhängen erworben werden, um eine gezieltere Planung und Verbesserung des Ressourceneinsatzes zu ermöglichen. Grenzen der Operationalisierbarkeit pädagogisch-therapeutischer Prozesse bestehen u.a. darin, dass

- häufig die Frage der Bezugsgröße (→ Norm) nicht eindeutig beantwortet werden kann,
- Effekte selten kausal herstellbar sind und im zirkulären Kontext gedeutet werden müssen,
- zeitliche Verläufe in hohem Maße individuell variieren.

Statt einer eindeutigen Effizienz der Leistungserbringung geht es daher häufig um die Formulierung von Mindeststandards.

2 Grundlagen, Gemeinsamkeiten und Querverbindungen

Diagnostik, Prävention und Evaluation stehen in enger Wechselbeziehung. Das dabei beobachtete Dreiecksverhältnis (s. Abb. 1) ist im Kontext mit Fragen der Erscheinungsformen und Störungsbilder (s. Band 2 des Lehrbuchs) sowie der Therapie, Beratung und Rehabilitation (s. Band 4 des Lehrbuchs) zu sehen.

Eine zentrale Stellung nimmt dabei die Diagnostik ein, die eine wesentliche Voraussetzung für Maßnahmen der Prävention und Früherfassung ist. Die Evaluation wiederum vollzieht sich über Teilschritte des diagnostischen Prozesses, um auf diesem Wege etwas über die Effizienz der präventiven Maßnahmen auszusagen.

3 Prinzipien der Diagnostik

Zur Diagnostik selbst werden hier drei Prinzipien genannt, die in Kapitel 3 präzisiert werden. Generell geht es darum, dass vor dem Hintergrund eines Perspektivenwechsels Fragen der institutionellen Selektion an Bedeutung verlieren und die Bedeutung der Verbindung diagnostischer und therapeutischer Prozesse im Sinne einer Förderdiagnostik hervorgehoben wird. Dabei wird nicht nur der Einzelne gesehen, sondern im Sinne einer Person-Umfeld-Analyse der systemische Kontext in seinen Wechselbeziehungen interpretiert. Die daraus abgeleitete Konsequenz ist die Notwendigkeit eines individualisierten Vorgehens als Prozess.

Stufen des Erkennens

Im Zusammenhang damit stehen *Stufen des Erkennens*, die den Blick von der Oberfläche des Erscheinungsbildes über eine Beurteilung von möglichen Querverbindungen auf eine Analyse der individuellen und sozialen Kontextbedingungen lenken (dazu: Abbildung in GROHNFELDT 2001, 18).

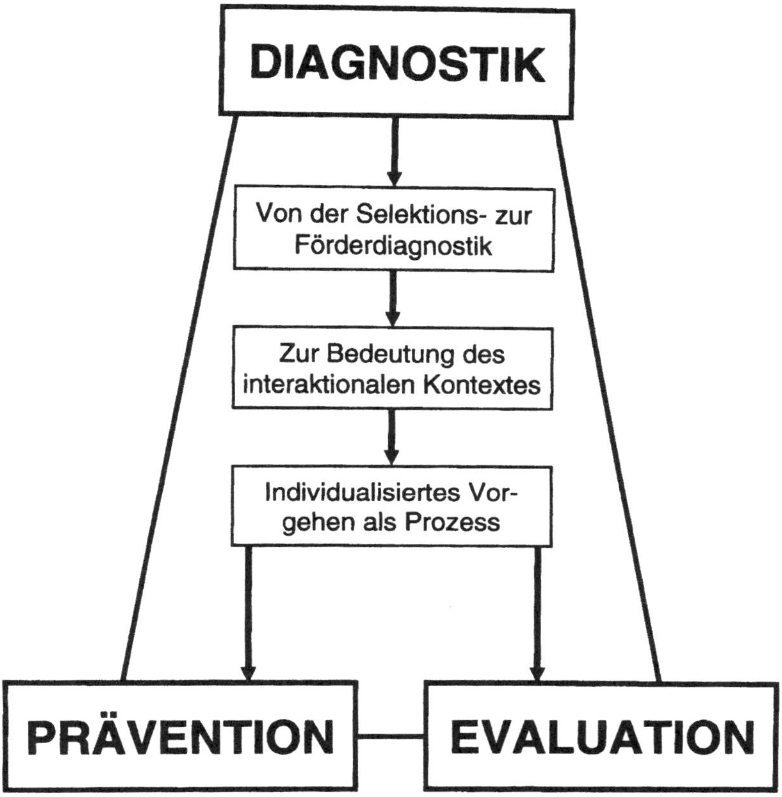

Abbildung 1: Beziehungsverhältnis von Diagnostik, Prävention und Evaluation

Stufen des Erkennens

1) Oberfläche	→	erste Einschätzung des Sprachverhaltens
↓		
2) Querverbindungen	→	differenzialdiagnostische Abgrenzung und multifaktorielle Zusammenhänge
↓		
3) Kontextvariablen	→	individuelle Bedingungshintergründe und soziale Bedeutsamkeit

3 Zum Selbstverständnis diagnostischen Vorgehens

3.1 Von der Selektions- zur Förderdiagnostik

Bedeutung des Menschenbildes

Theorie und Praxis der Diagnostik sind Ausdruck des zugrunde gelegten *Menschenbildes*. Wer der Auffassung ist, dass es sich bei Sprachstörungen um eindeutig in einer Klassifikation abgrenzbare pathologische Phänomene handelt, wird aus einem anderen Selbstverständnis heraus vorgehen als derjenige, der in Sprachauffälligkeiten relative Abweichungen sieht, die sich nicht nur auf den Einzelnen beziehen, sondern auch in einem interaktionalen Kontext gedeutet werden müssen. Dementsprechend ist in den letzten Jahrzehnten ein *Perspektivenwechsel* vom Positivismus zum systemischen Konstruktivismus (s. Braun in diesem Buch) zu beobachten.

Selektionsdiagnostik

Bis in die 70-er Jahre des letzten Jahrhunderts wurde ausschließlich im Sinne einer *Selektionsdiagnostik* vorgegangen. Das Ziel besteht darin, aus einer Gesamtheit von Probanden nach möglichst objektiven Kriterien diejenigen auszuwählen, die in einer besonderen Institution (z. B. einer Sonderschule) einer speziellen Förderung oder Therapie bedürfen. Dies erfolgt am besten durch standardisierte Verfahren, die den Testgütekriterien der Objektivität, Reliabilität und Validität (Lienert 1969) entsprechen. Die Ergebnisse werden im Sinne einer linearen Kausalität als Ausgangspunkt für eine nachfolgende therapeutische Konsequenz gedeutet.

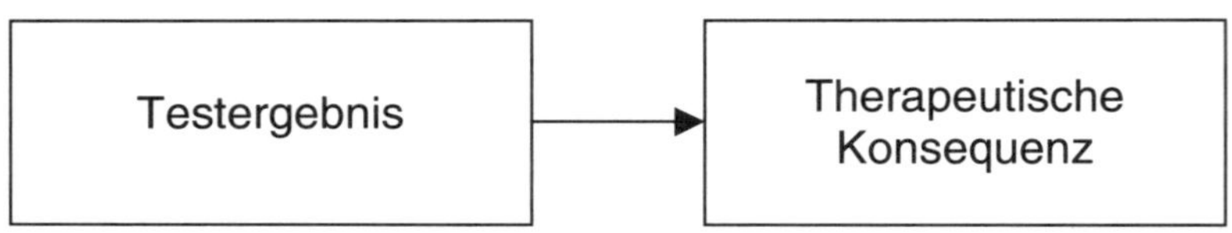

Abbildung 2: Lineare Kausalität in der Selektionsdiagnostik

Zweifel entstanden u.a., indem immer mehr erkannt wurde, dass

- eine wirkliche Objektivität nicht erreichbar ist, wobei das Erkennen subjektiver Elemente nicht beinhaltet, die Suche nach annähernder Objektivität aufzugeben,
- die Messung möglicher Therapieerfolge durch den Einsatz der Diagnosematerialien vor und nach einer zeitlich festgelegten Abfolge von Therapieschritten sich als Scheinobjektivität entlarvte, da intervenierende Variablen wie der Beziehungsaspekt, andere Interventionmaßnahmen und letztlich die auch ohne Therapie fortschreitende (Sprach-) Entwicklung des Betreffenden nicht unter Kontrolle gebracht werden konnten.

Förderdiagnostik

Vor dem Hintergrund des o.g. Perspektivenwechsels wurde von daher in der Sonderpädagogik das Konzept der *Förderdiagnostik* entwickelt, bei dem die diagnostische und pädagogisch-therapeutische Praxis als Einheit aufgefasst wird. In der Sprachheilpädagogik waren es vor allem Braun (1973) und Schoor (1972, 1981), die auf der Grundlage des theoretischen Handlungsmodells von Kaminski (1970) wegweisende Gedankengänge für ein *hypothesengeleitetes Vorgehen* formulierten. Dabei dient jede diagnostische Information als Grundlage weiterer Datenbeschaffung. Durch eine ständige Kontrolle der vorangehenden durch die nachfolgenden Maßnahmen erfolgt eine permanente Rückmeldung und schrittweise Annäherung der Erkenntnisse an den Entwicklungsstand des Betreffenden, der sich aber wiederum selbst in einem dauernden Weiterentwicklungsprozess befindet. Von daher sind Ziele immer nur approximativ zu erreichen.

KMK-Empfehlungen

Diese Gedankengänge sind Ausdruck einer weit reichenden Umorientierung in der Sonderpädagogik, die in den „Empfehlungen zur sonderpädagogischen Förderung in den Schulen in der Bundesrepublik Deutschland“ vom 6. Mai 1994 dokumentiert wurde. Dabei wird statt einer institutionenbezogenen Sichtweise jetzt eine personbezogene, auf den Einzelnen zentrierte Förderung herausgestellt. Fragen der institutionellen Zuordnung werden damit nicht aufgehoben. Sie ordnen sich jedoch in einen übergeordneten Aspekt der individuellen Förderung in unterschiedlichen Organisationsformen ein.

Systemdiagnostik

Eine Weiterentwicklung dieser Gedankengänge findet sich in der prozessualen *Systemdiagnostik*, bei der die Bedeutung des interaktionalen Kontextes hervorgehoben wird, so dass zusammenfassend – und im Vorgriff auf das nächste Kapitel – drei paradigmatische Perspektiven sonderpädagogischer Diagnostik genannt werden sollen:

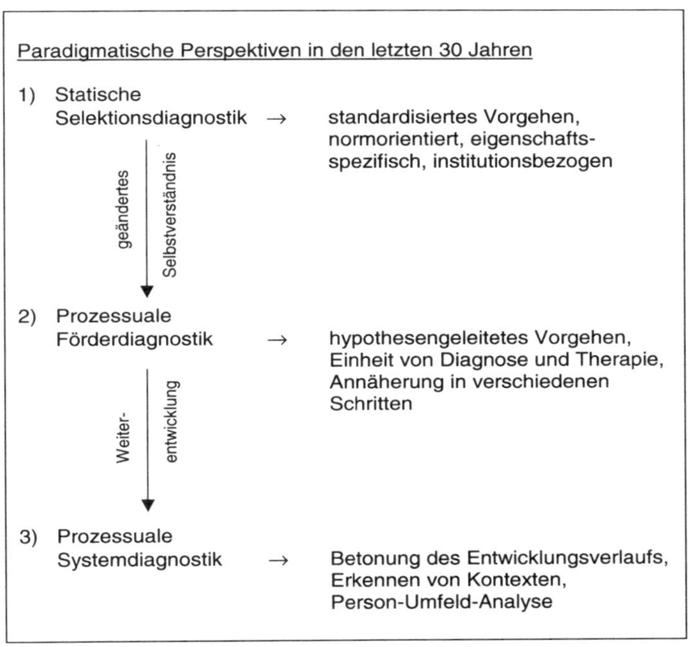

3.2 Zur Bedeutung des interaktionalen Kontextes

Sozialwissenschaftliche Perspektiven in der sprachheilpädagogischen Diagnostik sind seit langem bekannt (z. B. GROHNFELDT 1982, 127), wobei in den letzten Jahren eine methodologische Grundlegung im Sinne einer systemtheoretischen Einordnung erfolgte (GROHNFELDT 1988, 1992, 2002).

Komplexität durchschaubar machen

Die Aufgabe besteht dabei darin, nicht nur die Störung eines Einzelnen zu analysieren und auf ihre Hintergründe zu befragen, sondern sie in einen übergreifenden Kontext zu stellen und dadurch *Komplexität durchschaubar zu machen*. Dabei werden Ebenen unterschiedlicher Reichweite bedeutsam (s. Abb. 3, s. auch GROHNFELDT 1995a, 10):

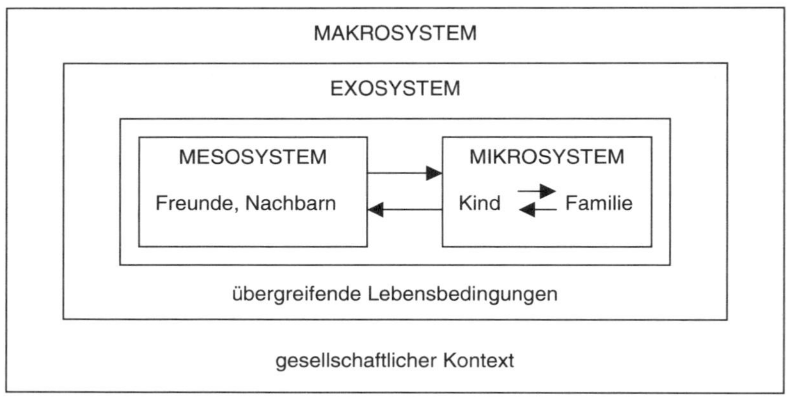

Abbildung 3: Ökosystemisches Erklärungsmodell

Die *Aufgabe* besteht darin, Wechselwirkungen zwischen den einzelnen Systemebenen darzustellen. Dies kann nicht im Sinne einer linearen Kausalität (Ursache → Wirkung) erfolgen, da vernetzte Zusammenhänge sich in komplexen Systemen durch

- indirekte Wirkungen,
- Beziehungsnetze und
- Zeitverschiebungen

zirkuläre Kausalität

äußern und vor dem Hintergrund einer *zirkulären Kausalität* gedeutet werden müssen. Eins bedingt das andere, Anfang und Ende sind nicht eindeutig bestimmbar.

In dem Zusammenhang steht ein *Vorgehen* in der Diagnose wie auch der therapeutischen Gesprächsführung, das als „zirkuläres Fragen" (dazu VON SCHLIPPE & SCHWEITZER 1997, 139 f) bezeichnet wird. Dabei wird nicht direkt gefragt bzw. nach Kausalzusammenhängen geforscht, sondern indirekt durch eine Verschiebung der Perspektive angeregt, sich in die Sicht des Anderen hinein zu versetzen.

Beispiele		
Direkte Fragen	:	Wie fühlst du dich? Warum weinst du?
Indirekte Fragen	:	Was denkst du, Helmut, was dein Weinen für Hannelore bedeutet?

Erkennen von Mustern durch Merkmalsreduzierung

Dabei kommt es nicht auf die Informationsmenge an, sondern auf die richtige Auswahl (VESTER 1999). In der heutigen Zeit elektronischer Datenverarbeitung steigt die Informationsfülle geradezu exponenzial an, wobei Zusammenhänge aber (gerade dadurch?) immer weniger erkannt werden. Wichtig ist das Erkennen von Mustern durch die Auswahl und Reduzierung von Merkmalen.
Trotz allem werden Systembeschreibungen jedoch „immer einen gewissen Grad an Unbestimmtheit behalten" (SPIESS 1992, 194), da sich die Eigendynamik und Wechselwirkungen im System ständig ändern. Diagnostik erweist sich damit als Prozess.

3.3 Individualisiertes Vorgehen als Prozess

Sprachstörungen sind nicht statisch, sondern einer ständigen Veränderung unterworfen, wobei die Komplexität des Geschehens sich in einem permanenten Wechsel des Erscheinungsbildes, Bedingungshintergrundes, subjektiven Erlebens sowie möglicher psychosozialer Faktoren äußern kann (s. DANNENBAUER und GLÜCK in diesem Buch). Dementsprechend bedeutet jedes diagnostische Vorgehen die Beurteilung eines Verlaufes. Dabei entwickelt sich während des diagnostischen Prozess das Kind – bzw. in einer lebenslangen Entwicklung auch jeder Erwachsene – ständig weiter. Es ist wie die Bestimmung des Weges auf einem fahrenden Schiff.

einzelfallorientiertes Vorgehen

Es versteht sich, dass das Nachvollziehen dieses letztlich einzigartigen Verlaufsprozesses persönlicher Entwicklung nur durch ein einzelfallorientiertes Vorgehen erfolgen kann. Das hypothesengeleitete Prinzip der Förderdiagnostik ist hier ebenso wie die Einschätzung des interaktionalen Kontextes eine wesentliche Grundlage. Hinzu kommt eine grundsätzliche Sichtweise, von den jeweiligen Ressourcen und Stärken aus zu gehen (EGGERT 1997).

Dementsprechend ist im Sinne einer lernbegleitenden Prozessdiagnostik ein individuelles Fähigkeitsprofil zu erstellen, das sich auf folgende Merkmale richtet:

- Individualität
- Historizität
- Mehrdimensionalität
- Komplexität
- Veränderbarkeit

Akzentverlagerung zu qualitativen Verfahren

Im Vordergrund steht die Aufdeckung relativer Stärken und Ressourcen, wobei wie bei einem Kippbild auch mögliche Defizite zu sehen sind. Das Vorgehen beinhaltet dabei die Verknüpfung unterschiedlicher Ansätze (Methodenkombination), wobei eine *Akzentverlagerung zu qualitativen Verfahren* zu beobachten ist: Objektive Daten müssen dabei nicht dem subjektiven Erleben (→ Lebensbedeutsamkeit) entsprechen.
Im Sinne einer Synopse ist es bei einem einzelfallorientierten Vorgehen notwendig,

- einerseits Diagnostik als einen subjektiven Verstehensprozess als biografische Rekonstruktion individueller Sprachentwicklung im sozialen Kontext zu begreifen,
- andererseits die Orientierung an einem externen Bezugspunkt an Vergleichsdaten nicht auf zu geben.

Die Dialektik der Aufgabenstellung beinhaltet, dass es sich auch hier um einen permanenten Prozess handelt, der nur approximativ zu einem Ende geführt werden kann.

4 Möglichkeiten und Grenzen der Prävention von Sprachstörungen

Bedeutung der Frühförderung

„Für die Sprachbehindertenpädagogik stellt die sonderpädagogische Früherziehung das bedeutendste und effektivste Feld sprachtherapeutischer Wirksamkeit dar" (Knura 1974, 157). Diese vor drei Jahrzehnten formulierte Aussage hat auch heute noch ihre Gültigkeit. Bei Sprachauffälligkeiten ist in besonderem Maße die Möglichkeit gegeben, durch präventive Maßnahmen zu verhindern, dass Sprachstörungen erst entstehen bzw. aus einfachen Entwicklungsbeeinträchtigungen weit reichende Störungsphänomene werden, die Einfluss auf die kognitive und sozial-emotionale Entwicklung und damit möglicherweise auch auf die Schullaufbahn der Betreffenden haben.
Diese positive Einschätzung ist jedoch an bestimmte Voraussetzungen gebunden und zeigt prinzipiell Grenzen. So ist es notwendig,

- wesentliche Prognoseindikatoren für den späteren Entwicklungsverlauf zu haben, um
- gezielte Maßnahmen zur Früherkennung einleiten zu können, auf deren Grundlage
- Förder- und Therapiemaßnahmen mit dem Kind und seinen Eltern durchgeführt werden.

Prognoseindikatoren

Hinsichtlich der *Prognoseindikatoren* ist zu konstatieren, dass es eine Vielzahl von Mittelwertvergleichen gibt, die u.a.

- die Bedeutung eines verzögerten Sprechbeginns,

- den Einfluss außersprachlicher Indizes (Motorik, Sensorik, Kognition usw.),
- die Fähigkeit zum kindlichen Symbolspiel,
- die Überlagerung soziokultureller und somatischer Risiken

herausstellen (dazu: GROHNFELDT 1998a). Dabei ist jedoch zu beachten, dass aus Mittelwertvergleichen nur in geringem Maße auf den Einzelfall zurückgeschlossen werden kann. Dies erschwert die Möglichkeiten des Vorgehens, die grundsätzlich als interdisziplinäre Aufgabe angelegt sind.

Vorsorgeuntersuchungen

- Aus *medizinischer Sicht* sind es vor allem die in der kinderärztlichen Praxis durchgeführten Vorsorgeuntersuchungen (s. VON SUCHODOLETZ in diesem Buch), wobei zu konstatieren ist, dass zwischen der U7 (21.–24. Monat) und der U8 (43.–48. Monat) eine empfindliche Lücke besteht, die gerade hinsichtlich des Spracherwerbs von entscheidender Bedeutung ist. So bleibt vorläufig die Erkenntnis, dass vor allem bei einer Stagnation sprachlicher Entwicklungsverläufe zwischen zwei Untersuchungszeitpunkten und bei erheblichen Diskrepanzen zwischen sprachlichen und nicht-sprachlichen Fähigkeiten Vorsicht geboten ist (SCHREY-DERN 2001).
  Hinsichtlich des Stellenwerts von Vorsorgeuntersuchungen gaben bei einer Untersuchung von GÖLLNER (2001) die Eltern an, dass sie zwar vom Kinderarzt erste Informationen über die Sprachstörung ihres Kindes erhielten, sich dann aber von Sprachtherapeut(inn)en am fachkundigsten beraten fühlten.

Screening- und Reihenuntersuchungen

- Aus *pädagogisch-psychologischer Sicht* sind es vor allem Screening- und Reihenuntersuchungen bei unterschiedlichen Trägern (Gesundheits- und Kultusministerien), die mehr oder weniger verpflichtend durchgeführt werden. Neuere Untersuchungen aus dem angloamerikanischen Raum weisen darauf hin, dass ungefähr 18 % der Kinder im 2. und 3. Lebensjahr so genannte „late talker“ sind. Davon wiederum sind 50 % „late bloomer“, die den Rückstand bis zum Alter von 3 Jahren aufholen und unauffällig bzw. latent unauffällig sind. Die anderen 50 % holen den Rückstand nicht auf und zeigen ein erhöhtes Risiko für das Auftreten von spezifischen Sprachentwicklungsstörungen (dazu: GRIMM 1999). Hier sind in letzter Zeit durch den Einsatz von Elternfragebögen (ELFRA 1 und 2) und den „Sprachentwicklungstest für zweijährige Kinder“ (SETK-2) wesentlich bessere Bedingungen zur Früherfassung sprachauffälliger Kinder gegeben (s. DANNENBAUER in diesem Buch; ebenso: DANNENBAUER 2001a).

Notwendigkeit gegenseitiger Ergänzung

Insgesamt ist festzustellen, dass es sich in der Realität zumeist um ein auf Ergänzung angelegtes System medizinischer und pädagogisch-psychologischer Hilfen handelt, wobei die Nachfrage nach den Angeboten durch gezielte Werbemaßnahmen (Plakataktionen in Behörden, Schulen, Kindergärten, Arztpraxen; Zeitungsartikel mit unterschiedlichen Schwerpunktthemen; Informationsschriften, Vorträge und Elternabende in Kindergärten usw.) weiter zu verbessern ist. Erst dann sind die Voraussetzungen für gezielte Maßnahmen zur Frühförderung (s. Band 4 dieser Handbuchreihe) gegeben.

5 Evaluation zwischen notwendiger Kontrolle und prinzipieller Begrenzung

> Evaluation erfolgt durch eine systematische Abfolge von diagnostischen Teilschritten in Interventionsmaßnahmen, wobei die dabei durchgeführten Förder- und Therapieverfahren nicht dem Diagnosematerial entnommen sein dürfen, damit kein Zirkelschluss von Scheinerfolgen ausgewiesen wird, bei dem keine Trennung der Effizienz der verwendeten Verfahren von der natürlichen Entwicklung möglich ist.

Äquivalenzparadox

Die hierbei intendierte Überprüfung qualitätssichernder Maßnahmen kann im Rahmen der Prävention und Frühförderung vorgenommen werden, natürlich aber auch ganz allgemein innerhalb jeglicher (sprach-)therapeutischer Vermittlung. Dies ist in der dementsprechenden Literatur besonders umfangreich dokumentiert. Dabei wird auf ein so genanntes Äquivalenzparadox hingewiesen:

> „... und alle drängten sich, noch ganz außer Atem, um ihn und fragten: „Aber wer ist der Sieger?"
> Dies konnte der Brachvogel nicht ohne tiefes Nachdenken beantworten ... Endlich sagte der Brachvogel: „Alle sind Sieger und jeder muss einen Preis bekommen."

sprachtherapeutische Wirksamkeit und methodisches Vorgehen

An diese Szene aus „Alice im Wunderland" von Lewis CARROLL in der Übersetzung von ENZENSBERGER (1963, 30) fühlt man sich erinnert, wenn man liest, dass die Wirksamkeit sprachfördernder Maßnahmen bei einer Sichtung der angloamerikanischen Literatur insgesamt als nachgewiesen gelten kann, es jedoch keine prinzipielle Überlegenheit einer Methode über eine andere zu geben scheint (BODE 2001, MCLEAN & CRIPE 1997).

> Es sind unterschiedliche Formen an Sprachtherapie effektiv, die durch Fachpersonal oder unter Anleitung von Eltern durchgeführt werden, wobei sich typische Einfluss nehmende Faktoren aufzeigen lassen.

Dieses auf den ersten Blick überraschende Ergebnis entspricht den umfangreichen Erfahrungen im Rahmen der Psychotherapieforschung. Auch hier zeigt eine Synopse jahrzehntelanger Forschung, dass sich zwischen den einzelnen Therapiekonzepten vernachlässigbare Unterschiede ergeben, wobei „keine Behandlungsform der anderen wirklich überlegen ist" (HUBBLE et al. 2001, 8). Stattdessen lassen sich vier Wirkfaktoren aufzeigen, durch die unterschiedliche Anteile der Varianz aufgeklärt werden (LAMBERT 1992).

40%	Extratherapeutische Faktoren	→ Patientenmerkmale
30%	Beziehungsfaktoren	→ personorientiert, teilweise interaktional, unabhängig von der Methode
15%	Placebo-Effekte	→ positive Erwartungshaltung, Hoffnung
15%	Technik	→ methodisches Vorgehen

Es ist durchaus möglich, dass sich derartige Anteile bei der Sprachtherapie in ähnlichem Maße nachweisen lassen. Neben dem größten, nicht beeinflussbaren Anteil an Patientenmerkmalen (Selbstheilungskräfte, Persönlichkeitsfaktoren ...) sind es vor allem Aspekte der Beziehung und des Gefühls an emotionaler Verbindung, die die Wirksamkeit einer Therapie beeinflussen. Nicht ohne Grund wird die therapeutische Beziehung das Herzstück der Psychotherapie genannt (Petzold 1980).

Zufriedenheit als Merkmal von Qualität

So ist es nicht verwunderlich, dass bei der Unterteilung von „technical quality“ und „interpersonal quality“ (Donabedian 1982) der Zufriedenheit als Merkmal von Qualität ein hoher Stellenwert eingeräumt wird. Dies ist natürlich in hohem Maße subjektiv und muss nicht zwingend die Realität widerspiegeln bzw. mit objektiven Daten übereinstimmen (Lehmkühler & Müller 1996). Andererseits wird damit auf Aspekte einer „lebensbedeutsamen Zielbestimmung“ (Motsch 1986, 98) und auf Fragen der Sprachtherapie verwiesen, die von prinzipieller Offenheit sind (Grohnfeldt 1989b).

6 Epilog: Prinzipielle Grenzen und ihre Erweiterung

Hält man sich die bisherigen Ausführungen vor Augen, so wird deutlich, dass mit der Diagnostik, Prävention und Evaluation von Sprachstörungen weit reichende Aufgabenstellungen und vielfältige Möglichkeiten verbunden sind, aber auch ein generelles Dilemma des Menschen erkennbar wird.

Die als wichtig erkannten Zielsetzungen sind in ihrer Totalität nicht zu erreichen und sollten dennoch nicht aufgegeben werden.

Das Ausmaß unseres Wissens über vielfältige Aspekte der Hilfestellung bei sprachgestörten Menschen und ihrem Umfeld ist gerade in den letzten Jahren noch einmal entscheidend erweitert worden. Und dennoch – vielleicht sogar gerade dadurch! – werden prinzipielle Grenzen deutlich. Nicht alles ist im Rahmen der *Diagnose* erkennbar, durch *Prävention* vorhersehbar bzw. zu verhüten oder durch Messung und *Evaluation* nachweisbar. Ein gewisses Maß an Unsicherheit wird immer bleiben.

Dies verdeutlicht sich in der „Offenheit des Menschen", wie es in der Existenzphilosophie immer wieder beschrieben wird. Es entspricht der Unvorhersehbarkeit und Erfahrung des Lebens, dass Sicherheit immer nur eine scheinbare Sicherheit ist.

dialektisches Spannungsverhältnis

Verbunden damit ist für die hier behandelte Thematik förderdiagnostischen Vorgehens ein dialektisches Spannungsverhältnis von der Erhebung objektiver Daten und der Bedeutung subjektiven Erlebens durch die Betroffenen, von notwendiger Zielsetzung und dem Erkennen prinzipieller Grenzen, von Anspruch und Wirklichkeit. Wie kann man damit umgehen?

Die Individualisierung der Lernanforderungen im pädagogisch-therapeutischen Prozess erweist sich als Sisyphosaufgabe (Grohnfeldt 1995b), bei der man vor der Anforderung steht weiter zu machen, obwohl man weiß, dass man das Ziel nur annähernd erreichen kann. Jede Lösung ist vorläufig und wirft neue Fragen auf. Dies darf nicht zu Fatalismus führen. Es geht um ein Ausschöpfen des jeweils Möglichen, ein Hinausschieben von Grenzen trotz des Wissens um die prinzipielle Begrenztheit menschlichen Lebens.

Selbstverständnis förderdiagnostischen Vorgehens

Otto Braun

1 Interdisziplinäre Diagnostik bei Kindern und Jugendlichen mit Sprachstörungen und Sprachbehinderungen

Da sich *sprachheilpädagogische Diagnostik* und *logopädische Diagnostik* in den sprachtherapeutischen Arbeitsfeldern in ihren Aufgabenstellungen und Vorgehensweisen vielfach überschneiden, bereitet eine klare begriffliche Trennung Schwierigkeiten. Der wesentliche Unterschied zwischen beiden besteht in professioneller, d.h. in Beruf ausübender Hinsicht.
Die logopädische Diagnostik hat die Aufgabe der Befunderhebung zur spezifischen Therapieplanung und Therapiekontrolle und erfolgt auf der Grundlage ärztlich verordneter Maßnahmen der Stimm-, Sprech- und Sprachtherapie.
Die sprachheilpädagogische Diagnostik kann im klinisch-therapeutischen Bereich dieselbe Funktion übernehmen. Im pädagogischen, insbesondere im schulischen Bereich fungiert sie als pädagogisch-therapeutische Förderdiagnostik.
Sprachheilpädagogische und logopädische Diagnostik basieren in jedem Falle auf einer phoniatrisch-pädaudiologischen Abklärung der Sprachauffälligkeit.

1.1 Ärztliche Diagnostik

Heil- und Hilfsmittel-Richtlinien

Die ärztliche Diagnostik bei Kindern und Jugendlichen mit Stimm-, Sprech-, Sprach- und Schluckstörungen orientiert sich an den Heil- und Hilfsmittel-Richtlinien vom 1.7.2001, die aus einem Richtlinientext und u.a. dem Heilmittelkatalog für Logopädie bestehen.
Im Heilmittelkatalog ist eine dreischrittige Grundstruktur vorgegeben, nach der

1. die *Indikation* durch eine störspezifische Diagnose mit genauer Beschreibung der Leitsymptomatik, d.h. der Schädigung und Funktionsstörung erfolgt,
2. das *Ziel* der Stimm-, Sprech- und Sprachtherapie festgelegt wird, und

3. die in Frage kommenden Heilmittel (Stimm-, Sprech- und/oder Sprachtherapie) mit den Verordnungsmengen je Diagnose angegeben werden: die *Heilmittelverordnung.*

Für die Abgrenzung der logopädischen Therapie von der sprachheilpädagogischen Therapie ist Passus IV.18 Richtlinientext bedeutsam:

Richtlinientext

„Maßnahmen der Stimm-, Sprech- und Sprachtherapie dürfen bei Kindern nicht verordnet werden, wenn an sich störungsbildspezifische sonderpädagogische/heilpädagogische Maßnahmen zur Beeinflussung einer Sprachstörung geboten sind. Sind sprachheilpädagogische Maßnahmen nicht durchführbar, dürfen Maßnahmen der Sprachtherapie nicht an deren Stelle verordnet werden. Neben sprachheilpädagogischen Maßnahmen darf die Stimm-, Sprech- und Sprachtherapie nur bei entsprechender medizinischer Indikation verordnet werden."

Des weiteren ist anzumerken, dass der Heilmittelkatalog der Maßnahmen der Stimm-, Sprech- und Sprachtherapie – verfasst vom Bundesausschuss Ärzte/Krankenkassen – in seiner Systematik der Störungsbereiche und damit auch der Zielbereiche dem „Indikationsmodell Logopädie" des Deutschen Bundesverbandes für Logopädie (dbl) nicht entspricht. Das Indikationsmodell Logopädie legt der Zuordnung der logopädischen Diagnosen zu den Störungsbereichen die Klassifikation in Sprach-, Sprech-, Stimm- und Schluckstörungen zugrunde und gliedert die logopädische Therapie in 14 Zielbereiche: Wahrnehmung (taktil, kinästhetisch, auditiv, visuell), Atmung, Haltung/Tonus, Sprech-/Schluckmotorik, Artikulation/Lautbildung, Phonation, Sprechablauf, Sprachverständnis, Sprachproduktion, Lesen/Schreiben, störungsspezifische kognitive Leistungen, störungsspezifische Krankheitsverarbeitung, Kommunikationsfähigkeit, Hilfsmittelversorgung, -anpassung, -schulung.
Während sich die klassische phoniatrische und pädaudiologische Diagnostik nahezu ausschließlich an analytisch-naturwissenschaftlichen Maßstäben orientiert, versucht die moderne fachärztliche Diagnostik auch phänomenologisch-ganzheitliche Aspekte einzubeziehen. Da beiden Erkenntniswegen „ein grundsätzlich unterschiedliches Verständnis vom Menschen, von Gesundheit und Krankheit" (Pascher u. Bauer 1998, 32) zugrunde liegt, gerät der Arzt täglich in ein Dilemma, aus dem er sich nur dadurch lösen kann, indem er sich die Abhängigkeiten zwischen objektiver Diagnostik und subjektiver Wahrnehmung klar macht.

Eingangsdiagnostik und weiterführende Diagnostik

Die Heilmittel-Richtlinien sehen vor der Erstverordnung einer Therapie eine spezifizierte *Eingangsdiagnostik* vor, bei Nichterreichen der angestrebten Therapieziele eine *weiterführende Diagnostik* für Folgeverordnungen.

Tabelle 1: Klassifikation der Sprachstörungen im Heilmittelkatalog des Bundesausschusses Ärzte/Krankenkassen vom 1.7.2001

1 Störungen der Stimme
- 1.1 Organisch bedingte Erkrankungen der Stimme
- 1.2 Funktionell bedingte Erkrankungen der Stimme
- 1.3 Psychogene Erkrankungen der Stimme
  1. Aphonie
  2. Dysphonie

2 Störungen der Sprache
- 2.1 Störungen der Sprache vor Abschluss der Sprachentwicklung
  1. Sprachentwicklungsstörungen
  2. Störungen der auditiven Wahrnehmung/der zentralen Hörfunktionen
- 2.2 Störungen der Artikulation: Dyslalie
- 2.3 Störungen der Sprache bei hochgradiger Schwerhörigkeit oder Taubheit
- 2.4 Störungen der Sprache nach Abschluss der Sprachentwicklung: Aphasien/Dysphasien
- 2.5 Störungen der Sprechmotorik: Dysarthrie/Dysarthrophonie

3 Störungen des Redeflusses
1. Stottern
2. Poltern

4 Störungen der Stimm- und Sprechfunktion
1. Rhinophonie
2. Lokal/organische Schädigungen

5 Störungen des Schluckaktes
1. Dysphagie
2. Schädigungen im Kopf-Halsbereich

1.2 Logopädische Diagnostik

Die logopädische Befunderhebung erfolgt in einem kontinuierlichen diagnostischen Prozess, in dem alle therapierelevanten Daten zu den sprachlichen und kommunikativen Auffälligkeiten und Fähigkeiten erfasst, beschrieben und interpretiert werden. Dazuhin werden alle wichtigen Informationen zur Biographie und zum sozialen Umfeld des Kindes und Jugendlichen aufgenommen. Als einschlägige Methoden werden Anamnese, Spiel- und Gesprächssituationen, Sprach- und Verhaltensbeobachtungen, Spontansprachanalysen, Prüfverfahren zur Feststellung des sprachlichen und nicht-sprachlichen Entwicklungs- bzw. Leistungsstandes und spezifische sprachsystematische Untersuchungsmethoden eingesetzt. Die erhaltenen Daten werden im logopädischen Befund zusammengefasst, der die Diagnose, die Indikation und die therapeutischen Maßnahmen enthält. Den gesamten Ablauf der logopädischen Befunderhebung strukturieren Flossmann und Tockuss (1994) in einem übersichtlichen Ablaufschema (Abb.1).

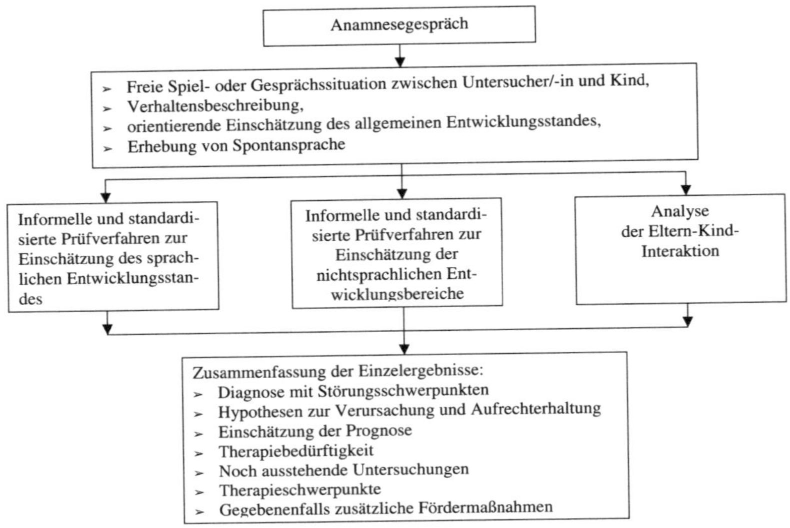

Abbildung 1: Ablaufschema zur logopädischen Befunderhebung bei Sprach- und Sprechstörungen (Flossmann und Tockuss in: Springer und Schrey-Dern 1994,4)

1.3 Sprachheilpädagogische Diagnostik

Die Sprachheilpädagogik versteht sich zum einen – wie die Logopädie – als therapeutisches Theorie- und Praxisfeld, dem das *Therapiekonzept* zugrunde liegt, zum anderen als pädagogisches Theorie- und Praxisfeld, dem das *Förderkonzept* zugrunde liegt.

Das Therapiekonzept

Flussdiagramm Beim gegenwärtigen Entwicklungsstand kann das sprachheilpädagogische Therapiekonzept in seiner logischen und methodischen Grundstruktur in Form eines Flussdiagramms (Abb.2) skizziert werden.

Problemerfassung
Subjektive Störungstheorie des Kindes und seiner Bezugspersonen
Problembiographie
Therapieerwartungen und Therapiemotivation
Verfügbare Kompetenzen und nutzbare Ressourcen

↓

Störungsdiagnose
Symptombeschreibung und Differenzialdiagnose:
kommunikations-, linguo-, lern- und leistungs-, neuro- sowie persönlichkeitsdiagnostisch

↓

Individuelles Störungserklärungsmodell
Erklärungsperspektive des Therapeuten/der Therapeutin
Übersetzung der subjektiven Störungstheorien in eine theoriebegründete ätiopathogenetische Perspektive

↓

Individuelles Behandlungsmodell
- störungsspezifische Indikation
  Anwendung standardisierter Therapiekonzepte
  Entwicklung eigener Therapiemöglichkeiten
  Aufnahme alternativer Therapiekonzepte
  Behandlungsziele (Interventionspunkte)
  Behandlungsweg (Interventionsmethoden)
- differenzielle Indikation
  Zuweisung zur geeigneten sprachtherapeutischen Organisationsform bzw. Institution

↓

Konkrete Therapieplanung und Therapiedurchführung
- Ablaufplan
- Motivierung
- Operationalisierung der Methoden
- Beziehungsgestaltung

Abbildung 2: Inhaltliche und methodische Grundstruktur der therapiebezogenen sprachheilpädagogischen Diagnostik

Erstellung eines individuellen Behandlungsmodells

Auf der Grundlage des klinischen Diagnose-Therapie-Prinzips wird in jedem Fall zunächst die sprachstörungsspezifische Symptomatik erfasst und mit Hilfe eines sprachstörungsorientierten Diagnosesystems eine Differenzialdiagnose erstellt. Sodann versucht der Therapeut unter Berücksichtigung der subjektiven Störungserklärung des Kindes und der Eltern im Rahmen eines empirisch begründeten ätiologietheoretischen

Erklärungsmodells – in der Regel einer multifaktoriellen Erklärungsperspektive – ein individuelles Störungserklärungsmodell zu entwerfen.
Die zentrale Aufgabe der Sprachdiagnostik und Therapieplanung ist die Erstellung eines individuellen Behandlungsmodells, in dem die Indikation vorgenommen wird. Der Therapeut hat die Frage zu beantworten, mit welcher Methode und in welcher Weise er das abgeleitete Therapieziel erreichen will. Je nach Ätiologieansatz – organphysiologisch, lerntheoretisch, psychodynamisch, entwicklungspsychologisch etc. – kann er vorgegebene standardisierte Therapiekonzepte anwenden, eigene Therapiemöglichkeiten entwickeln und dabei auch alternative Therapiekonzepte aufgreifen. Entscheidend ist, dass die Wahl des Therapieansatzes und der Therapiemethoden mit einer Störungstheorie begründet wird, also deduktiv erfolgt. Zum individuellen Behandlungsmodell gehört auch die differenzielle Indikation, die Entscheidung für den geeigneten Behandlungskontext, für die geeignete erfolgversprechende sprachtherapeutische Organisationsform bzw. Institution.
Die klassische Sprachtherapie setzt störungsspezifisch an, die Logopädie und die Psychotherapie von heute ebenfalls. FIEDLER (1997) spricht von einer „störungsspezifischen Wende in der Therapieforschung" (FIEDLER 1997, 13).

Das Förderkonzept

Ausgangsfrage

In Gegenüberstellung zum Therapiekonzept, das störungsdifferenziert ursachen- und bedingungsanalytisch ansetzt, ist das *sprachheilpädagogische Förderkonzept* final-pragmatisch ausgerichtet. Es geht von der Frage aus: Was ist notwendig für die sprachliche Kommunikation im Alltag, für die konkrete soziale Integration und für die individuelle Persönlichkeitsentwicklung des Kindes mit einer Sprachstörung bzw. Sprachbehinderung? Individuelle und soziale Benachteiligungen in den Entwicklungs-, Lern- und Bildungsmöglichkeiten werden dafür verantwortlich gemacht, dass sonderpädagogischer Förderbedarf gegeben ist, der nicht nur von Sprachheilpädagogen allein, sondern von interdisziplinären Förderausschüssen festzustellen ist, an denen auch die erziehungsverantwortlichen Bezugspersonen zu beteiligen sind.
Sonderpädagogischer Förderbedarf im Bereich der Sprache und der Kommunikation ist anzunehmen, wenn die Sprechtätigkeit, der sinnhafte Sprachgebrauch und der Spracherwerb so gestört sind, dass die Kinder im Unterricht ohne sonderpädagogische Maßnahmen nicht hinreichend gefördert werden können. Sonderpädagogischer Förderbedarf kann zeitlich befristet oder unbefristet gegeben sein.
Die Vorgehensweise der Feststellung des individuellen sonderpädagogischen Förderbedarfs ist ebenfalls in einem Flussdiagramm (Abb.3) kurz zusammengefasst und aus sprachheilpädagogischer Perspektive dargestellt. Offensichtlich ist von Therapie nicht die Rede.

Feststellung von Art und Umfang des individuellen Förderbedarfs aus sprachheilpädagogischer Perspektive:
- Beschreibung von Art und Ausprägung der Sprachstörung bzw. Sprachbehinderung

- Ermittlung des Lern- und Entwicklungsstandes
- Einschätzung der Lern- und Leistungsstörungen
- Kind-Umfeld-Analyse
- Einbeziehung der Kommunikationspartner und Analyse der Interaktionssysteme

↓

Entwurf eines individuellen Förderprofils
Spezifikation des Förderschwerpunktes Sprache und Kommunikation
Ableitung und Begründung der individuellen Förderziele hinsichtlich der Erweiterung der sprachbasalen, kommunikativen und sprachlichen Fähigkeiten sowie der Unterstützung der Persönlichkeitsentwicklung

↓

Empfehlung individueller Fördermaßnahmen
Empfehlung zur Schullaufbahn und zum erfolgversprechenden Förderort
Empfehlung von zusätzlichen therapeutischen, sozialpädagogischen oder anderen unterstützenden Maßnahmen

Abbildung 3: Inhaltliche und methodische Grundstruktur der sprachförderorientierten Diagnostik

wissenschaftstheoretische Grundlage

Handlungsprinzip des Förderkonzepts ist, einen funktionalen Zusammenhang des förderdiagnostischen Vorgehens zu pädagogisch-therapeutischen Zielvorstellungen herzustellen, die in der Orientierung an wissenschaftstheoretischen Ausgangspositionen mit ihren erkenntnistheoretischen Annahmen, an den Theorien zur Verursachung und Entstehung von Sprachstörungen und Sprachbehinderungen sowie den entsprechenden sprachheilpädagogischen Interventionskonzepten und Interventionsmethoden gewonnen werden. Die theoretische Begründung bedeutet Rückgriff auf Theorien, Hypothesen und empirische Befunde der sprachheilpädagogischen Wissenschaft und ihrer Grundlagendisziplinen. Bei Sprachentwicklungsstörungen sind dies beispielsweise kognitiv-sprachentwicklungstheoretische Kategorien, bei Aphasien neurolinguistische Konstrukte, bei Mutismus psychodynamische Konzepte.

Ziel

Das allgemeine Ziel der Förderdiagnostik ist die Erstellung eines konkreten individuellen pädagogisch-therapeutischen Förderplanes, der im sonderpädagogischen Gutachten dargelegt und mitgeteilt wird. Die Grundintention des zu erstellenden Förderplanes ist die Ergründung der Entwicklungsmöglichkeiten und der Veränderbarkeit des Erlebens und Verhaltens des Kindes samt seiner Lebensbedingungen. Maßgeblich für die Ableitung der Förderziele sind nicht die sprachlichen und kommunikativen Normabweichungen, sondern die intrapersonalen und interpersonellen Fördermöglichkeiten und Förderbedingungen.

1.4 Individuelle Diagnostik und institutionelle Diagnostik

Paradigmenwechsel

Als Folge des Paradigmenwechsels in der Sonderpädagogik, den die „Empfehlungen zur sonderpädagogischen Förderung in den Schulen in der Bundesrepublik Deutschland“ vom 6.5.1994 belegen, dominiert die individuelle Diagnostik die institutionelle Diagnostik. Stand bis dahin die Frage der Sonderschulbedürftigkeit, d.h. die Frage nach der Sonderschulüberweisung, im Vordergrund der sonderpädagogischen Diagnostik, wird nun zuallererst auf den individuellen sonderpädagogischen Förderbedarf des Schülers fokussiert.

> Während sich die logopädische Diagnostik eindeutig als individuelle Diagnostik versteht, hat die sprachheilpädagogische Diagnostik auch institutionelle Entscheidungen vorzubereiten. Im Kontext des institutionalisierten sprachheilpädagogischen Fördersystems hat sie die Frage nach der geeigneten sprachtherapeutischen Organisationsform und der am besten passenden Schule zu beantworten.

Als institutionelle Diagnostik ist sie somit immer auch Selektionsdiagnostik und in ihren Möglichkeiten external begrenzt. Als primär individuelle Diagnostik ermittelt sie, welche spezifischen sprachlichen und kommunikativen Verhaltensweisen zu verändern (Verhaltensmodifikation) und welche Bedingungen dazu erforderlich sind (Bedingungsmodifikation).

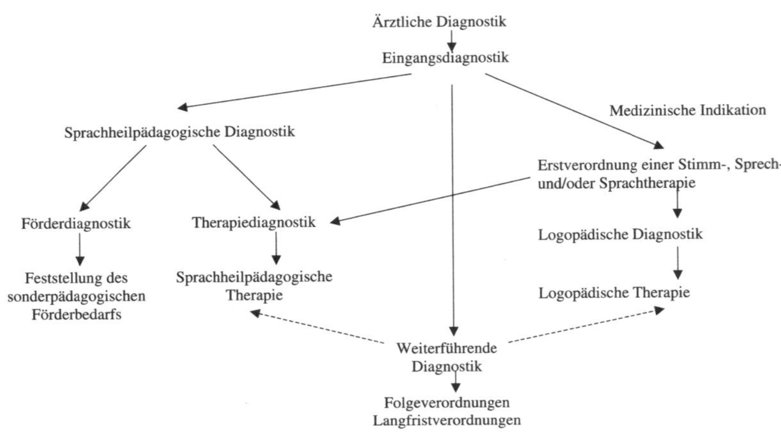

Abbildung 4: Übersicht über das interdisziplinäre System der Diagnostik bei Kindern und Jugendlichen mit Sprachstörungen und Sprachbehinderungen

2 Wissenschaftstheoretische Orientierung der sprachheilpädagogischen Diagnostik

2.1 Die empirisch-analytische Perspektive

medizinische und psychologische Diagnostik

Die sprachheilpädagogische Diagnostik orientiert sich bis in die 70er Jahre des vergangenen Jahrhunderts nahezu ausschließlich an zwei profilierten disziplinären Diagnostikansätzen: zum einen an der medizinischen Symptom- bzw. Syndromdiagnostik, zum anderen an der psychologischen Persönlichkeitsdiagnostik. Ziel des medizindiagnostischen Vorgehens ist es, möglichst objektive Grundlagen für eine genaue Beschreibung und differenzielle Klassifikation des sprachpathologischen Erscheinungsbildes zu erhalten und die organ-physiologische Verursachung der Störung aufzudecken. Die grundlegende Annahme, dass organismische Beeinträchtigungen, insbesondere Schädigungen des Zentralnervensystems und der Sinnesorgane, nicht nur Störungen der Sprache verursachen, sondern auch relativ überdauernde psychische Beeinträchtigungen in Form von Sekundärstörungen im Persönlichkeitsbereich bedingen können, macht persönlichkeitsdiagnostische Maßnahmen erforderlich. Dabei ist zu untersuchen, ob die zu beobachtenden Auffälligkeiten in bestimmten Persönlichkeitsmerkmalen, im Lern-, Leistungs- und Sozialverhalten als Begleitsymptome der organphysiologischen Schädigung oder als Folgewirkungen der Sprachstörung im Sinne der Behinderungskomponente zu erklären sind.

Positivismus

Beide traditionellen Diagnostikansätze, die nosologische Sprachsyndromdiagnostik und die eigenschaftstheoretische Persönlichkeitsdiagnostik, basieren auf einer positivistischen Wissenschaftstheorie und einer *empirisch-analytischen* Methodologie. Da es variante Erkenntniswege der empirisch ansetzenden Wissenschaften gibt, ist eine genaue Markierung der positivistisch begründeten und empirisch-analytisch vorgehenden sprachheilpädagogischen Diagnostik schwierig, zumal nur spärlich Aussagen zur wissenschafts- und erkenntnistheoretischen Positionierung gemacht werden.

Empirismus

Den ersten sprachphysiologisch und sprachpsychologisch begründeten sprachheilpädagogischen Diagnostikkonzepten, die auf dem sensu-motorischen Reflex-Zirkel von Sprachaufnahme und Sprechen (Hess 1959) beruhen und letztlich auf das neurologische Sprachschema von Preyer (1882) als Vorläufer des „Hör-Sprach-Kreises" (von Arentsschild 1994, 65) zurückgehen, kann man die Erkenntnistheorie des *klassischen Empirismus* unterstellen, die voraussetzungslos von beobachtbaren Tatsachen als wichtigste Quelle der Erkenntnis ausgeht. Zuerst müssen die interessierenden Phänomene exakt beobachtet und präzise beschrieben werden. Erst danach kann auf induktivem Wege aus den Beobachtungen eine Theorie gebildet werden, über deren Wahrheit oder Falschheit ausschließlich auf der Basis der Erfahrung entschieden wird.

Rationalismus

Durch den Einfluss der Psychodiagnostik, die sehr wohl um die subjektiven Momente der Beobachtung weiß, tritt an die Stelle der klassisch empiristischen Akzentuierung der rein objektiven Sinnesdaten die logisch empiristische Verarbeitung der Wahrnehmungen und Erfahrungen in Form von so genannten Protokollsätzen, die mit Hilfe empirischer Methoden zu verifizieren sind. Gleichsam als methodologische Übergangsphase vom klassischen Empirismus zum kritischen Rationalismus prägt der *logische Empirismus* bzw. *Neopositivismus* vorübergehend die Methodik der sprachheilpädagogischen Diagnostik. Dass man nach der logisch empiristischen Vorgehensweise die beobachteten und registrierten Daten zur auffälligen bzw. gestörten Sprache durch Einsatz empirischer Methoden, vor allem durch standardisierte Verfahren, nachprüft und bestätigt, wird nur in kritischen Fällen institutioneller Entscheidungen praktiziert, d.h. bei der Frage der Feststellung der Sonderschulbedürftigkeit bzw. Sonderschulpflicht. Im Gegensatz zum Empirismus, für den die Beobachtung die prinzipielle Quelle der Erkenntnis darstellt, sieht der *Rationalismus* alle wahre Erkenntnis in der menschlichen Vernunft begründet. Für den Empiristen sind die Beobachtungsdaten, für den Rationalisten die Theorien das Primäre. Der Wissenschaftsphilosoph POPPER kontrastiert die beiden gegensätzlichen erkenntnistheoretischen Ausgangspositionen und entwickelt eine Synthese im *kritischen Rationalismus*, dessen zentrales Postulat darin besteht, dass Theorien bzw. wissenschaftliche Aussagen nicht verifiziert werden können, sehr wohl aber beweiskräftig empirisch überprüft und bewährt werden müssen.

kritischer Rationalismus

Falsifikation

Es gilt das Falsifikationsprinzip, nach dem wissenschaftliche Theorien oder Hypothesen nur solange beibehalten werden können, solange sie den bisherigen empirischen Widerlegungsversuchen standhalten. Am Anfang wissenschaftlicher Arbeit stehen Problemdefinitionen und Aussagen, die als Wenn-dann-Hypothesen verworfen und durch revidierte ersetzt werden. Somit gestaltet sich der kritisch-rationalistische Forschungsprozess als offener Prozess. Auf das Vorgehen der sprachheilpädagogischen Diagnostik übertragen, bedeutet dies, die auftauchenden sprachlichen Probleme nach der experimentellen Methodik zu bearbeiten, wenn die gängigen Beobachtungsverfahren zur Diagnose und Prognose nicht ausreichen.

Der diagnostische Prozess vollzieht sich im Wesentlichen in drei Phasen:

1. Phase: Exakte Beschreibung der beobachteten Sprachauffälligkeit, die untersucht und erklärt werden soll
2. Phase: Bildung von Hypothesen bzw. eines Hypothesensystems zur Erklärung des sprachlichen Phänomens
3. Phase: Systematische Überprüfung der Hypothesen unter Anwendung experimenteller Methoden und Entscheidung über Beibehaltung oder Ablehnung der Hypothesen

Das diagnostische Vorgehen genügt experimentellen Ansprüchen, wenn Willkürlichkeit in der Herbeiführung des zu Beobachtenden, systematische Variierbarkeit der Beobachtungsbedingungen, Kontrollierbarkeit der Veränderungen der Beobachtungsbedingungen und Wiederholbarkeit der Untersuchungsprozedur gegeben sind. Nach wie vor wird in der Praxis der sprachheilpädagogischen Diagnostik bei bestimmten Problemstellungen nach dem Grundansatz des experimentellen Modells gearbeitet, um Objektivität, Nachvollziehbarkeit und Bewusstheit zu erreichen. Die Nachteile und kritischen Vorbehalte zur experimentellen Vorgehensweise sind insbesondere in der laborhaften Situationsgestaltung, in der Unmöglichkeit, alle möglichen Hypothesen überprüfen und alle möglichen Störvariablen kontrollieren zu können, sowie in einem nicht unerheblichen Gesamtaufwand zu sehen.

2.2 Die methodologisch-behavioristische Perspektive

Verhaltenstherapie

Empiristische erkenntnistheoretische Auffassungen liegen auch der *verhaltenstherapeutischen* und der *neuropsychologischen* Diagnostik zugrunde, die beide die Weiterentwicklung der sprachheilpädagogischen Diagnostik maßgeblich mitbestimmt haben.

Die funktionale Verhaltensanalyse
Nach ersten Versuchen der Übertragung und Anwendung der Verhaltenstherapie bei Sprachstörungen im klinisch-psychologischen Raum, die sich fast ausschließlich auf Stottern beschränken, wird die Eignung verhaltensanalytischer und verhaltenstherapeutischer Methoden für die pädagogische Sprachdiagnostik und -therapie erst ab Mitte der 70er Jahre untersucht (BRAUN 1975, WENDLANDT 1975). Die Anwendung der funktionalen Verhaltensanalyse von KANFER (1969) in Form der so genannten Verhaltensgleichung S-O-R-K-C als das am weitesten entwickelte Modell einer verhaltensanalytischen Diagnostik hat sich vor allem in der Diagnostik und Behandlung von Sprech- und Sprachhemmungen, also Stottern, Logophobie und Mutismus, bewährt. Die konkrete Beschreibung des gestörten Sprachverhaltens und seiner funktionalen Bedingungen ist zu einem festen Bestandteil der Sprachdiagnostik geworden.

Stimulus	Organismus	Reaktion	Kontingenz-Verhältnis	Konsequenz
S	O	R	K	C
vorausgehende auslösende Bedingungen		beobachtbares sprachliches Verhalten z. B. stotterndes Sprechen		nachfolgende verstärkende Bedingungen

Abbildung 5: Verhaltensgleichung nach F.H. KANFER (1969)

Aus der klassischen S-R-Formel hervorgegangen, umfasst das Verhaltensmodell fünf Hauptelemente, die in ihrem Beziehungsgefüge nicht nur eine detaillierte funktionale Analyse des individuell gegebenen problematischen Verhaltens in seiner Abhängigkeit von vorausgehenden (S und O) und nachfolgenden (K und C) Bedingungen ermöglicht, sondern auch eine unmittelbare Ableitung des verhaltenstherapeutischen Änderungsmodells zulässt. Mit Hilfe der Verhaltensgleichung können nicht nur verhaltenstheoretische Beschreibungs- und Erklärungsansätze, sondern auch verhaltensdiagnostische und verhaltenstherapeutische Zugänge übersichtlich strukturiert werden.

Die verhaltensanalytische Diagnostik artikuliert den Zusammenhang von Diagnose und Therapie in direkter Bezogenheit und erklärt jegliches Verhalten in funktionaler Abhängigkeit von biographischen Bedingungen und Umweltfaktoren. Sie stellt insofern eine Weiterentwicklung der experimentell verfahrenden Diagnostik dar. Im Wesentlichen werden sechs Arbeitsschritte unterschieden:

Ablauf in 6 Schritten

(1) Bestimmung des behandlungsrelevanten Verhaltens durch Verhaltensbeobachtung und verhaltensanalytische Interviews
(2) funktionale Analyse der erhobenen Verhaltensdaten
(3) Hypothesen über die Bedingungen des problematischen Verhaltens
(4) Zielbestimmung des zu modifizierenden Verhaltens
(5) Auswahl und Spezifizierung der adäquaten verhaltenstherapeutischen Methoden und Techniken
(6) Überprüfung der Hypothesen einschließlich der Kontrolle der Verhaltensmodifikation (7).

Da die funktionale Verhaltensanalyse zum Standardrepertoire jeder lerntheoretisch angesetzten Therapie von der klassischen Konditionierung über die behavioral-kognitive Verhaltenstherapie zur multimodalen Verhaltenstherapie gehört, soll auf zwei grundlegende Punkte besonders hingewiesen werden:

1. Grundprinzipien des methodologischen Behaviorismus, die in der Suche nach funktionalen Beziehungsgefügen, der Beobachtbarkeit der Phänomene, der Operationalisierbarkeit der theoretischen Konstrukte, der empirischen Testbarkeit der Hypothesen und der experimentellen Überprüfung der Annahmen bestehen, und
2. das Drei-Faktoren-Modell zur Erklärung der Störungen bzw. Störsyndrome, das drei Klassen von ätiologischen Faktoren unterscheidet: Prädispositionen (Anfälligkeit, Vulnerabilität), auslösende Bedingungen (somatische, psychische und/oder soziale Bedingungen, Belastungen, Stress) und aufrechterhaltende Bedingungen.

Der methdologische Behaviorismus – abzugrenzen von den Positionen des metaphysischen und radikalen Behaviorismus – gibt Prinzipien zur Qualifizierung des wissenschaftlichen Vorgehens vor und „ist heute die Mehrheitsströmung der empirischen Psychologie, der beispielsweise auch Vertreter des Kognitivismus anhängen“(MARGRAF 1996, 7).

Das neuropsychologische Modell der funktionalen Hirneinheiten

funktionale Hirneinheiten

Die Neuropsychologie untersucht Zusammenhänge zwischen umschriebenen anatomischen Strukturen des Gehirns und dem Erleben und Verhalten. Sie geht von der Arbeitshypothese aus, dass den anatomisch unterscheidbaren Arealen des Zentralnervensystems funktionelle Teile des Erlebens und Verhaltens entsprechen. Im Anschluss an WYGOTSKIS Erkenntnis, dass die Realisierung einer spezifischen psychologischen Funktion als Produkt einer integrierten Aktivität eines differenzierten, hierarchisch konstruierten Komplexes einzelner Hirnareale zu verstehen ist, gliedert LURIA (1973) das Zentralnervensystem in drei große funktionale Hirneinheiten und unterscheidet dementsprechend verschiedene Grundformen von Integrationsstörungen bzw. Teilleistungsschwächen.

I. funktionale Hirneinheit:
Aufnahme, Analyse und Speicherung von Information
a) intramodale Aufnahme
b) intermodale Codierung
c) supramodale Integration

- *strukturelle Integrationsstörungen*

⇨ ⇦

II. funktionale Hirneinheit:
Programmierung, Regulation und Ausführung von Aktivitäten
a) Zielantizipation mit Erfolgsregulation
b) Zeiteinteilung und Programmantizipation
c) Ausführung und Verlaufsregulation

- *strukturelle Integrationsstörungen*

⇧⇩ ⇧⇩

III. funktionale Hirneinheit:
Regulation von Tonus, Aktivierung und Bewusstheit
a) ausbalancierte Regulation von Tonus, Aktivierung und Bewusstheit
b) dynamisch-hierarchische Ordnung der Kontrollprozesse
c) Stabilisierung der Zeiteinteilung

- *funktionelle Integrationsstörungen*

⇧⇩

IV. Funktionsaufteilung zwischen den beiden Hirnhemisphären
- interhemisphärische Integrationsstörungen

Abbildung 6: Funktionale Einheiten des Zentralnervensystems und mögliche Störungen

JANTZEN ergänzt die drei großen funktionalen Einheiten der Aufnahmeeinheit, Antriebseinheit und der Programmierungs- und Planungseinheit durch eine vierte funktionale Einheit für Emotion und Affektivität, die an die Funktionen der anatomischen Strukturen des limbischen Systems, des Thalamus und des Hypothalamus gebunden ist.

Definition von Teilleistungsschwächen

Während GRAICHEN (1973) unter Teilleistungsschwächen Leistungsminderungen einzelner Faktoren oder Glieder innerhalb eines größeren funktionellen Systems versteht, das zur Bewältigung einer bestimmten komplexen Aufgabe erforderlich ist – z. B. Artikulieren, Formulieren – betrachtet WIRTH (1994) Teilleistungsstörungen als übergeordnete Störungsbereiche, die u.a. auch Wahrnehmungsstörungen umfassen.

Die diagnostische Anwendung der neuropsychologischen Kenntnisse zielt auf die Klärung der Frage, ob festgestellte Sprachstörungen auf Funktionsstörungen oder Schädigungen eines oder mehrerer Hirnareale bzw. funktioneller Hirneinheiten beruhen. Die neuropsychologische Konzeptualisierung von Sprachstörungen als Teilleistungsschwächen bzw. Integrationsstörungen hat nach mehrjähriger intensiver theoretischer und praktischer Forschungsarbeit eine subtile neuropsychologische Differenzialdiagnostik für die klinische Untersuchung sprachbehinderter Kinder hervorgebracht.

kritische Einwände

Die kritischen Einwände berufen sich auf „nicht ausreichende wissenschaftliche Beweise über die Zusammenhänge von Hirn(teil)leistungsstörungen und komplexen Schulleistungsstörungen sowie der Förderung von Motorik und Lernfortschritten“ (ZWACK-STIER & BÖRNER 1998, 225) und geben der Annahme, dass externale Faktoren, wie vor allem die Qualität des Unterrichts, die entscheidende Rolle spielen, größere Wahrscheinlichkeit. Abgesehen davon, dass dafür ebenso wenig wissenschaftliche Beweise vorliegen, können die zahlreichen empirischen Befunde der neurolinguistischen und aphasiologischen Forschung nicht außer Acht gelassen werden. Außerdem trifft der Vorwurf der statischen Fassung und additiven Strukturierung des Teilleistungsmodells nicht zu, da das Zusammenwirken der Teilfunktionen aus zwei dialektischen Perspektiven gesehen wird: aus der elementaristischen und holistischen Perspektive. Teilleistungsstörungen sind Integrationsstörungen. Keine der Teilleistungen kann für sich alleine wirksam werden. Eine Anpassungsaufgabe, wie z. B. das Nachsprechen eines Wortes oder Satzes, kann nur durch das Zusammenspiel von mehreren Teilleistungen der vier großen funktionalen Hirneinheiten bewältigt werden.

2.3 Die phänomenologisch-hermeneutische Perspektive

Seit Ende der 60er Jahre des vergangenen Jahrhunderts erfolgt in der Sprachheilpädagogik eine intensive Rezeption der phänomenologischen Denkansätze, vor allem der pädagogisch-anthropologischen Phänomenologie von O.F. BOLLNOW und der phänomenologischen Persönlichkeitstheorie von C.R. ROGERS.

Lebenswelt

BOLLNOWS phänomenologisches Vorgehen zielt in erster Linie auf Erhellung der Lebenswelt und ihrer Phänomene in ihren Grundstrukturen. Dazu fragt er zunächst nach dem in der Sprache enthaltenen Verständnis der Welt, so dass sich in einem zweiten Schritt aus der Analyse des

Sprachgebrauchs die phänomenologische Beschreibung der Sache ergibt (BOLLNOW 1969, 38 ff.). Im dritten Schritt werden die begrifflichen Strukturen und ihre Zusammenhänge herausgearbeitet und sprachlich präzisiert. Bollnow verbindet die phänomenologische Analyse der Lebenswirklichkeit mit der Hermeneutik als Arbeit an der Sprache. Von besonderer Bedeutung sind drei methodische Gesichtspunkte:

1. Die Unmittelbarkeit der Erfahrung, in der sich der Mensch immer schon unmittelbar in seiner Identität und Reflexion erlebt.
2. Die Hermeneutik des Vorverständnisses, aus dem sich der Mensch nicht herauslösen kann, da es keinen archimedischen Punkt, d.h. keinen Nullpunkt in der Erkenntnis gibt.
3. Der hermeneutische Zirkel, der darin besteht, dass sich menschliches Verstehen immer von der gesamten Lebenssituation her ergibt, dass ein Begriff mit dem verfügbaren Begriffssystem in Beziehung gesetzt wird, ein Text im Kontext steht.

Existenzphilosophie

BOLLNOW thematisiert den Menschen in seiner lebensweltlichen Eingebundenheit, in seiner existenziellen Befangenheit im nicht bewussten selbstverständlichen Vorverständnis seines Daseins. Dieses gilt es aufzudecken und auszulegen.

Verstehensdiagnostik

In der Denktradition der Phänomenologie entwickelt C. ROGERS seine klientenzentrierte Persönlichkeitstheorie, in deren Mittelpunkt die Konstrukte Selbstaktualisierung, Selbsterfahrung, Selbstorganisation und Selbstkonzept stehen. Im Rahmen seiner phänomenologisch-existenziellen Grundposition hat er drei basale Aspekte der Begegnungshaltung konzeptualisiert, die als diagnostisch-therapeutische Basisvariablen gelten: die positive Wertschätzung und emotionale Wärme, die Echtheit oder Selbstkongruenz und das einfühlende Verstehen oder die Empathie. Sie sind nicht nur die grundlegenden Bedingungen erfolgreichen gesprächstherapeutischen Verhaltens, sondern auch die Essenzials der Verstehensdiagnostik. Verstehen zwischen Menschen setzt fortlaufende Kommunikation und Interaktion voraus, in denen die genannten Begegnungshaltungen realisiert werden. Die Diagnostik hat vor allem die Aufgabe, die förderlichen Entwicklungsbedingungen und individuellen Kompetenzen des Kindes aufzuspüren und herauszufinden, in welchen Funktions- und Entwicklungsbereichen Impulse gesetzt werden können. Auch ein Kind mit einer Sprachbehinderung hat Möglichkeiten der Selbstaktualisierung, der Selbstorganisation und der Selbststeuerung. Sie gilt es zu entdecken, mit dem Ziel, sie anzuregen und zu unterstützen.

2.4 Die konstruktivistische Perspektive

Primat der Theorie

Wie im kritischen Rationalismus hat im *Konstruktivismus* – als dessen konsequente Weiterentwicklung – die Theorie absoluten Vorrang vor der Empirie. Der Forscher geht von seiner Theorie aus und wählt die entsprechenden realen Verhältnisse dazu aus oder stellt sie in Form von

Experimenten selbst her. Er beobachtet und registriert nicht einfach das Gegebene, sondern schafft mit Hilfe empirischer Methoden Situationen, in denen seine Theorie Geltung hat. Konstruktivistische Positionen gehen von der Grundthese aus, dass wissenschaftliche Erkenntnisse von den aktiven Verarbeitungsprozessen der Wissenschaftler, d.h. von ihren individuellen Motiven, Erfahrungen und Begrifflichkeiten abhängen. In radikaler Auffassung formuliert, ist die Welt eine Erfindung von uns. Im Grunde können wir nur das verstehen, was wir selber herstellen können. Jeder Mensch erkennt seine Umwelt dadurch, dass er sich subjektive Bilder oder Modelle von ihr entwirft und sie in seine vorhandenen Erkenntnisformationen einfügt. Da es inzwischen mehrere Varianten des Konstruktivismus gibt, sollen an dieser Stelle nur diejenigen Positionen angesprochen werden, die für die sprachheilpädagogische Arbeit bedeutsam geworden sind:

(1.) Der *kognitionstheoretische Konstruktivismus*, der auf eine Kombination neurophysiologischer und neuropsychologischer Erkenntnisse sowie systemtheoretischer Aspekte zurückgeht.

Ausgangsthese

Die radikal konstruktivistische Ausgangsthese, dass jede Erkenntnis als Konstruktion aufzufassen ist, wird auf die kognitive Konstruktion fokussiert, wobei das wahrnehmende Gehirn Wirklichkeit nicht repräsentieren, sondern nur konstruieren kann, in der Form eines Beobachtersystems. „Beobachtung entsteht mit Sprache, allerdings überträgt Sprache hierbei nicht Information, sondern sie ermöglicht über Unterscheidungen kognitive Orientierung und Interpretation“ (KNORR-CETINA 1989, 89). Wirklichkeit ist somit kognitiv konstruierte Wirklichkeit. Dabei wirkt das Prinzip der Generativität der Kognition, d.h. die Kognition organisiert die Wirklichkeit, indem sie sich selbst organisiert. Es ist die kognitive Struktur, die das Verhalten bestimmt, da sie selbst die Informationen erzeugt, die sie verarbeitet (Autopoesis). Entwicklung, auch Sprachentwicklung, wird als Selbstkonstruktion verstanden, die sensu PIAGET verschiedene Stufen durchläuft. Das Kind begreift die Welt nach Maßgabe seiner jeweiligen Erkenntnis- und Handlungsmöglichkeiten, wozu selbstverständlich Sprache gehört.

Eine – nicht neue – Konsequenz dieser kognitiv konstruktivistischen Sichtweise ist die Forderung, in der diagnostischen Begegnung die individuellen Vorstellungen und Problemlösestrategien der aktiven Konstruktion des Kindes im Bezug zum jeweiligen Vorhaben zu ergründen und seine konstruktiven Fähigkeiten, Interessen und Bedürfnisse zu erkennen.

(2.) Der *soziale Konstruktivismus*, der sich mit der sozialen Konstruiertheit von Wirklichkeitsphänomenen befasst und davon ausgeht, dass soziale Probleme – auch Sprachbehinderungen – sozial konstruiert sind.

Phänomenanalyse

Die Frage, wie soziale Ordnung als kollektiv erzeugte Ordnung entsteht, wird mit den Begriffen Institutionalisierung (Typisierung von Verhalten in sozialen Rollen), Objektivierung (Typisierung individueller Erfahrungen in der Sprache) und Legitimation beantwortet. Methodologisch wird auf die Phänomenanalyse rekurriert und auf das denkende und handelnde Subjekt zentriert.

Sozialkonstruktivistische Aspekte werden im Ansatz der „situierten Kognition“ aufgenommen, in dem die Einbindung des Wissenserwerbs und der Wissensanwendung in sozialen Alltagssituationen exponiert wird.

(3.) Der *systemische “,4>Konstruktivismus*

„Das Wort systemisch scheint zum Rorschach-Test der 90er Jahre geworden zu sein: Alle legen andere Bedeutungen hinein“ (Schweitzer und Weber 1997, 197). Aus der Vielzahl und Vielfalt systemtheoretischer Überlegungen, die in die Sonderpädagogik Eingang gefunden haben, sei auf zwei sprachheilpädagogisch relevant erscheinende Konzeptansätze verwiesen: auf die „systemische Perspektive“ von W. Spiess (1992) und die „ökosystemische Diagnostik“ von Hildeschmidt und Sander (1988).

systemische Perspektive

Spiess diskutiert die systemischen Konstrukte System, Vernetztheit, Zirkularität, Komplexität, Unbestimmtheit, Eigendynamik, beschränkte Prognostizierbarkeit, offener Zielzustand und Ressourcen auf ihre Brauchbarkeit für die heilpädagogische Diagnostik und kommt zu dem Vorschlag, nicht von einer systemischen Diagnostik als eigenständiges Diagnostikkonzept zu sprechen, sondern die beschriebenen systemischen Konstrukte im Sinne eines Rahmenmodells als *systemische Perspektive* aufzufassen. Als Ergebnis einer systemisch orientierten Datenerhebung und ihrer Überprüfung auf Kongruenz mit den Hypothesen wird bei logischer Verknüpfung der beizubehaltenden Hypothesen ein „idiographisches Systemmodell“ entworfen, das der Entscheidungsfindung bei der Planung und Durchführung der Fördermaßnahmen verhelfen soll.

ökosystemische Sicht

Die explizit *ökosystemische Sicht* auf Behinderung von Hildeschmidt und Sander verlegt die möglichen Ursachen und Bedingungen für Behinderungen in die ungenügende Integration im jeweiligen Mensch-Umfeld-System. „Behinderung liegt vor, wenn ein Mensch auf Grund einer Schädigung oder Leistungsminderung ungenügend in sein Mensch-Umfeld-System integriert ist“ (Hildeschmidt und Sander 1988, 220).
Dass das aktuelle systemische Denken in der Sprachheilpädagogik Vorläufer hat, lässt sich schlaglichtartig durch einen Blick auf die Entwicklung der Modellierung der Artikulation und ihrer Störungsmöglichkeiten verdeutlichen. Van Riper und Irwin haben bereits in den 50er Jahren Stimme und Artikulation systemisch modelliert und auf die Vermaschung intra- und interpersoneller Kreisprozesse hingewiesen. Seit den 70er Jahren werden Sprachstörungen in erster Linie zur differenzialdiagnostischen Abgrenzung in systemtheoretischen Modellen deskribiert und klassifiziert (Becker und Sovak 1971, von Arentsschild 1982). In der jüngsten Vergangenheit erfolgt eine Akzentverlagerung auf die Bedeutung der interpersonellen Bezüge im sozialen System Familie für die Pathogenese und Therapie von Sprachstörungen. Als diagnostisch-therapeutisch bedeutsam werden die Systemmerkmale der Ganzheitlichkeit, der strukturellen Organisiertheit, der Eigendynamik, der Zirkularität und der Offenheit angesehen. Sprachstörungen und Sprachbehinderungen sind nicht linear kausal oder konditionalgenetisch zu erklären, sondern in systemischen Bedingungs- und Wirkungszusammenhängen strukturell und prozessual integriert zu verstehen. Die Aufgabe der Diagnostik ist es, die reziprokale Verschränkung der sprachlichen Prozesse in den

konkreten Kommunikationssituationen zu erfassen und zu verstehen. Ein sprachauffälliges Verhalten löst Reaktionen aus, die ihrerseits wiederum rückwirken.

Bedeutung zirkulärer Prozesse

Der Diagnostiker wird sich demzufolge auf die zirkulären Prozesse beim Auftreten des Symptomverhaltens einstellen. Nachdem er das System „Kind mit Sprachbehinderung" näher in den Blick genommen und nach den wechselseitigen Abhängigkeiten und Beeinflussungen der Sprachbehinderung im Kontext der anderen Funktions- und Entwicklungsbereiche gefragt hat, konzentriert er sein diagnostisches Vorgehen auf das System „sprachbehindertes Kind und Bezugssystem" auf dem Hintergrund der ökonomischen und soziokulturellen Lebensbedingungen.

Kritisch zu bedenken ist, dass die Systemtheorie die Gefahr nahe legt, dass angesichts der systemischen Abhängigkeiten das handelnde Subjekt als bloßes Element im komplexen Systemgefüge gesehen wird und seine Intentionen, Bedürfnisse und persönlichen Freiheiten hinter das System zurücktreten.

(4.) Der *kommunikationstheoretische Konstruktivismus*

Nach WATZLAWICK schafft sich jeder seine Realität in Form subjektiver Wirklichkeitskonstruktionen, deren Richtigkeit bzw. Inkongruenz man dann erlebt, wenn sie in der Erfahrung, dass die Welt so nicht ist, zusammenbrechen. Verhalten und Entwicklung des Menschen werden zum einen durch die jeweiligen Umweltbedingungen, zum anderen durch die eigenen Wirklichkeitskonstruktionen bestimmt. Die Wirklichkeitskonstruktionen sind im Wesentlichen das Ergebnis von Kommunikation, für die WATZLAWICK Grundaxiome formuliert hat. „Man kann nicht nicht kommunizieren" und „jede Kommunikation hat einen Inhalts- und einen Beziehungsaspekt..." (WATZLAWICK u.a. 1972, 15–16). Um sprachlich kommunizieren zu können, müssen die Kommunikationspartner zuvor konsensuelle Interaktionen aufgebaut haben. Die Sprache dient nicht primär dem Austausch von Informationen, sondern der kognitiven Orientierung des Angesprochenen bei seiner Konstruktion von Wirklichkeit.

Für die Betrachtung des diagnostischen Prozesses bedeutet dies, dass es sich nicht um einen Vorgang des Sich-hinein-Versetzens handelt, sondern um ein Orientierungshandeln der diagnostisch interagierenden Kommunikationspartner.

Für die Analyse von Kommunikationsstörungen ist die Unterscheidung in Inhalts- und Beziehungsaspekte der Kommunikation besonders bedeutungsvoll, da Differenzen zwischen den beiden Kommunikationsebenen zwischenmenschliche Störungen signalisieren können. Sprachstörungen sind nicht als Symptome an sich zu sehen, sondern in kommunikationstheoretischer Interpretation Reaktionsweisen in einer kommunikativen Beziehung, mit denen auf einer vom Kommunikationspartner nicht intendierten Weise geantwortet wird. Stottern beispielsweise ist demzufolge nicht mehr Symptomatik im klassischen Sinne, sondern ein kommunikativ bedeutsames bzw. funktionales Verhaltensmerkmal des Kommunikationspartners.

(5.) Der *subjekttheoretische Konstruktivismus*

Subjektivität der Wirklichkeitskonstruktion

Im radikalen Konstruktivismus wird die Subjektivät der Wirklichkeitskonstruktionen akzentuiert, woraus folgert, dass es eine Vielzahl und Vielfalt an individuellen Perspektiven gibt. Erkenntnistheoretische Konsequenz ist zum einen eine relative Unbestimmtheit von Erkenntnis überhaupt, zum anderen die Unmöglichkeit einer subjektunabhängigen Erkenntnis im besonderen. Grundzüge einer subjektorientierten sonderpädagogischen Diagnostik formulieren KOCH u.a. (2000) unter Zugrundelegung des subjektwissenschaftlichen Paradigmas von K. HOLZKAMP (1985), der einen subjektiven Lernbegriff vorgibt. Lernen wird „als ein von den Lernenden ausgehender, in deren Lebensinteressen begründeter aktiver Zugriff auf die Bedeutungen der umgebenden Welt" mit der Voraussetzung gesehen, „dass die Lernenden über die Bedingungen verfügen können, die es ihnen ermöglichen, Subjekt ihres Lernprozesses zu sein" (RIHM & FUNKE 1999, 10). Die Aufgabe der Diagnostik ist es, zu ergründen, inwieweit ein auffälliges Verhalten – hier: Sprachverhalten – „im je individuellen Kontext subjektfunktional sein kann, und mit dem Kind auf die Suche nach den Begründungsmustern für das jeweilige Handeln" (KOCH u.a. 2000, 244) zu gehen. Leitziel der Diagnostik ist das Kind als Subjekt mit dem Bedürfnis „nach Erweiterung von Handlungsfähigkeit durch die Teilhabe an der Verfügung über die eigenen Lebensbedingungen" (KOCH u.a. 2000, 252).

Die Zentrierung auf die Konstruktionsleistungen der Subjekte greift auch WERNING (1998) auf, indem er auf die konstruktivistische Absicherung der Vielzahl möglicher Lernwege verweist und Orientierungen für die Weiterentwicklung von Unterricht ableitet. Für die Diagnostik ergibt sich als Aufgabe, die Wirklichkeitskonstruktionen des Kindes zu erkennen mit dem Ziel, Möglichkeiten der Überprüfung, Weiterentwicklung, Verwerfung oder Bestätigung zu finden.

Auf den subjekttheoretischen Ansatz von KAUTTER, das „Thema des Kindes" erkennen, verweist SCHOOR (2000, 208), der in der subjektiven Diagnostik einen wesentlichen Aspekt für den Paradigmenwechsel in der sonderpädagogischen und somit auch in der sprachheilpädagogischen Diagnostik sieht. KAUTTER vollzieht eine handlungstheoretische Grundlegung einer verstehenden pädagogischen Diagnostik, der es um die Rekonstruktion der „inneren handlungsleitenden Prozesse einer handelnden Person (Situationsdeutungen, Zielsetzungs- und Planungsprozesse, die sich innerpsychisch in Kognitionen, Emotionen und Motivationen darstellen)" (KAUTTER 1998, 84) geht. Als Modell der verstehenden Diagnostik zieht KAUTTER die Methodik des „hermeneutischen Zirkels" heran, mit der der Sinn menschlichen Verhaltens erschlossen werden soll.

hermeneutischer Zirkel

Zusammen mit der Wahrnehmung der Außenseite (der Beobachtung des Kindes in verschiedenen Situationen) und dem Verstehen der Innenseite (der Rekonstruktion der inneren Realität des Kindes durch einfühlendes Verstehen) kann dem Anspruch einer *ganzheitlichen Diagnostik* entsprochen werden.

ganzheitliche Diagnostik

Eine unmittelbare Übertragung konstruktivistischer Aspekte und systemischer Konstrukte auf die sprachheilpädagogische Diagnostik nehmen BAHR (2001), BAHR und LÜDTKE (2000, sowie in diesem Band) vor. Für die prinzipielle Subjektorientierung der sprachheilpädagogischen

Diagnostik explizieren sie das diagnostische Handeln als Rekonstruktion der individuellen sprachlichen und außersprachlichen Gegebenheiten mit ihren möglichen Auswirkungen auf der Basis der Aspekte der Mehrdimensionalität, Komplexität, Historizität und Prozesshaftigkeit. BAHR versteht sprachheilpädagogische Diagnostik als Problemkonstruktion, die immer dann vorliegt, wenn die Sprache des Anderen einer diagnostischen Kategorie zugeordnet und eine Wirklichkeit konstruiert wird, die die Sprache des Anderen pathologisiert (vgl. BAHR 2001).

Wandel des wissenschaftstheoretischen Grundverständnisses?

Offenkundig zeichnet sich im Kontext des allgemeinen Wandels zum postmodernen Wissenschaftsverständnis durch die konstruktivistischen Perspektiven ein sich veränderndes Selbstverständnis der Sprachheilpädagogik in ihrer Theoriebildung und in ihren Handlungsfeldern ab. An die Stelle der bislang dominierenden positivistischen Wissenschaftsauffassung tritt eine subjektivistische Ausgangspoition, die den Glauben an objektive Erkenntnis und allgemein gültige Gesetzmäßigkeiten nicht nur erschüttert, sondern durch die selbstverständliche Akzeptanz von Pluralität, Irrationalität und Beliebigkeit ablöst. Dennoch scheint sich ein eindeutiger paradigmatischer Wandel im Sinne einer völligen Hinwendung zur konstruktivistischen Theoriebildung und subjektivistischen Praxisgestaltung nicht vollzogen zu haben. Vielmehr verbirgt sich im gegenwärtigen Wissenschaftsverständnis der Sprachheilpädagogik ein grundlegendes Dilemma, das sich als Polarisierung von zwei völlig gegensätzlichen erkenntnistheoretischen und wissenschaftsmethodischen Grundpositionen darstellt. Überpointiert wird diese Polarisierung durch die Dichotomien Objektivismus-Subjektivismus, Kausalität-Finalität, Erklären-Verstehen, quantitativ-qualitativ, elementar-ganzheitlich etc. gekennzeichnet. Die skizzierte Vielfalt der wissenschaftstheoretischen Perspektiven verdeckt den fundamentalen Gegensatz von objektiver, erklärender Wissenschaft und subjektiver, verstehender Wissenschaft. Wie der Blick auf die Diagnostikkonzepte der Sprachheilpädagogik zeigt, sind die verschiedenen wissenschaftstheoretischen Sichtweisen bei der Konzeptualisierung der praxisorientierten Diagnostikmodelle und ihrer jeweiligen Methodik in unterschiedlicher Gewichtung beteiligt. Dabei versuchen alle Konzepte, den methodenstrengen Objektivismus durch Subjektorientierung zu überwinden, ohne ihn ganz aufzugeben.

Paradigmenwechsel

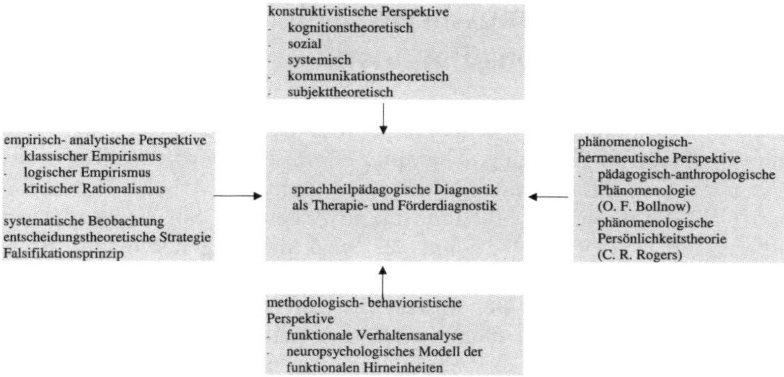

Abbildung 7: Wissenschaftstheoretische Begründungsansätze zur sprachheilpädagogischen Diagnostik

3 Konzepte der sprachheilpädagogischen Diagnostik

Theoretisch fundierte systematische Diagnostikkonzepte, die sowohl einen inhaltlichen (strategischen) als auch einen methodischen (taktischen) Grundaspekt beinhalten, gibt es in der Sprachheilpädagogik seit Anfang der 70-er Jahre des vergangenen Jahrhunderts. Durch die Rezeption neuerer sozial-, sprach- und neurowissenschaftlicher Erkenntnisse, vor allem aus der Linguistik und ihren Teildisziplinen Psycho-, Neuro- und Pragmalinguistik, der Klinischen Psychologie und Psychotherapie, entstehen neue diagnostische Modelle, die die traditionelle sprachheilpädagogische Diagnostik ablösen.

An die Stelle der psychodiagnostischen Erfassung der individuellen Persönlichkeitsstruktur des sprachbehinderten Kindes und Jugendlichen durch Anwendung einer Reihe von informellen und formellen diagnostischen Verfahren zur Ermittlung von relativ überdauernden Leistungs- und Persönlichkeitsmerkmalen, Fähigkeiten und Fertigkeiten, treten Diagnostikkonzepte, die von der funktionalen und inhaltlichen Einheit Diagnostik-Therapie ausgehen und das diagnostische Vorgehen an den anzustrebenden therapeutischen Zielzuständen mit den möglichen Änderungsbedingungen ausrichten.

3.1 Entscheidungstheoretische Interventionsdiagnostik

Das klinisch-psychologische Grundprinzip der Einheit von Diagnostik und Intervention (Beratung, Therapie, Förderung) wird zunächst in der Form des Strukturschemas klinisch-psychologischer Arbeit von Kaminski (1970) auf die psychodiagnostische Arbeit des Sonderschullehrers übertragen (Schoor 1972) und zur Strukturierung der diagnostisch-therapeutischen Praxis in Beratungsstellen für Sprachbehinderte übernommen (Braun 1973). Der wesentliche Unterschied des entscheidungstheoretisch konzipierten diagnostisch-therapeutischen Strukturschemas gegenüber der herkömmlichen linearen psychodiagnostischen Vorgehensweise besteht in der Auffassung des interventionszentrierten Diagnostikprozesses als Problemlösungsprozess, der sich nach dem Prinzip der sequenziellen Strategie vollzieht, d.h., dass nach jedem Arbeitsschritt Entscheidungen darüber getroffen werden, ob und wie weiter verfahren wird. Die eingehenden oder selbst beschafften Daten haben grundsätzlich den Charakter von Hypothesen, die in ihren Wahrscheinlichkeiten überprüft, beibehalten oder verworfen werden. Das gesamte diagnostische und interventive Handeln wird von operational definierten Zielkriterien gesteuert. Schließlich wird das in die Arbeitsflussanalyse eingehende Wissen des Diagnostikers reflektiert und in Änderungs-, Kompetenz-, Bedingungs- und Vergleichswissen auf den drei Niveaus des empirisch überprüften Fachwissens, des beruflichen Erfahrungswissens und der Alltagserfahrung bewertet.

hypothesengeleitetes Vorgehen

Eine erstmals inhaltliche sprachdiagnostische Ausformung des neutral-formalen Rahmenmodells für die Strukturierung des Arbeitsverlaufs in der sprachheilpädagogischen Praxis nimmt Neumann (1980) vor. Er definiert als Aufgabenstellung der sprachheilpädagogischen Diagnostik „die Ermittlung der sprachlichen Leistungen und der mit ihnen in kausaler und therapiebedeutsamer Beziehung stehenden nicht-sprachlichen Leistungen, Funktionen und Bedingungen“ (Neumann 1980, 125). Therapie- und implizit förderorientiert grenzt er sechs Entscheidungsfelder ab: Erhebung (1) und Bewertung (2) der sprachlichen Leistungen, Ergründung der Ursachen der Sprachstörung (3), Ermittlung der verbliebenen Leistungsmöglichkeiten (4), Feststellung der sprachlichen Lernfähigkeit (5) und Planung der Behandlungsmaßnahmen (6). Zur Gegenstandsbildung in der sprachheilpädagogischen Diagnostik verweist er auf die Modellkonstruktion von Nation und Aram (1977, 1989), deren Sprech- und Sprachprozessmodell und methodisch systematische Vorgehensweise nach wie vor aktuell sind. Im Kontext der bedrängenden Diskussion um die sonderpädagogische Förderdiagnostik in der zweiten Hälfte der 70er Jahre versucht Schoor (1981), das förderdiagnostische Handeln in der Sprachheilpädagogik mit Hilfe des klinisch-psychologischen Kaminski-Modells zu fassen und auf diejenigen Modellinstanzen einzugehen, „die dem förderdiagnostischen Anliegen besonders gerecht werden“(Schoor 1981, 39). Er thematisiert die diagnostische Erfassung des Ist-Zustandes und des benötigten Bedingungshintergrundes als praxisvorbereitende Förderdiagnostik und entwirft ein Modell zur Fassung des Bedingungs-

Entscheidungsfelder

hintergrundes von Sprachhandlungsinkompetenz. Nach der sequenziellen Strategie wird im diagnostischen Prozess eine hierarchische Hypothesenstruktur über den Ist-Zustand, seinen Bedingungshintergrund, über Zielzustände und Änderungsumstände sukzessiv aufgebaut, so dass sich der Diagnostiker ein handlungsleitendes kognitives System bilden kann, das SCHOOR als *Fallkonzept* bezeichnet.

Fallkonzept

3.2 Verhaltensanalytische Therapiediagnostik

Auf der Grundlage der Verhaltensgleichung von KANFER (S-O-R-K-C) wird auffälliges Sprachverhalten als eine von externen und internen Reizen (S), von organismischen Zuständen (O) und von Verhaltenskonsequenzen (K-C) abhängige Variable verstanden. Das beobachtbare auffällige Sprachverhalten stellt eine individuell gegebene funktionale Verhaltenseinheit dar, die die Verhaltensdiagnostik genau zu beschreiben und in ihrer Funktionalität aufzuklären hat. Erforderlich ist eine operationale Beschreibung des problematischen Sprachverhaltens in seiner Abhängigkeit von den Auslösebedingungen (S-O) und aufrechterhaltenden Konsequenzen (K-C). Ebenso individuell wie die Beschreibung des gestörten Sprachverhaltens, dessen Verstärker und Konsequenzen, muss die Planung und Realisierung der Therapie sein. In der Therapie werden die unabhängigen Variablen in ihrer funktionalen Qualität und damit indirekt das symptomatische Sprachverhalten verändert. Der verhaltensdiagnostische Arbeitsfluss vollzieht sich als funktionale Einheit von Diagnostik und Therapie im Sinne der entscheidungstheoretischen Interventionsdiagnostik hypothesengesteuert sequenziell. Im Gegensatz zur traditionellen klassifikatorisch ansetzenden sprachheilpädagogischen Diagnostik macht der individuell funktional-analytische Ansatz einen Rückgriff auf sprachpathologische Klassifikationssysteme überflüssig. Er ermöglicht, Sprachstörungen auf der Verhaltensebene zu beschreiben, zu erklären und zu behandeln. Dass sich der in den 70er Jahren rezipierte klassische behavioristische Ansatz (WENDLANDT 1972, BRAUN 1975 u.a.) weiterentwickelt und eine große Zahl unterschiedlicher Konzepte und Methoden hervorgebracht hat, spiegelt sich auch in den späteren sprachheilpädagogischen Rezeptionsversuchen wider, insbesondere in der Weiterentwicklung der Verhaltenstherapie des Stotterns (WENDLANDT 1992, BRAUN 1997). Demgemäß wird heute in der Verhaltenstherapie eine psychotherapeutische Grundorientierung mit einem reichhaltigen Methodenrepertoire gesehen.

Einheit von Diagnostik und Therapie

3.3 Strukturbezogene Förderdiagnostik

Im Sinne einer strukturbezogenen Verlaufsdiagnostik, die eine inhaltliche Verknüpfung von Diagnose und Förderung des Sprachverhaltens anzielt, entwirft GROHNFELDT ein *mehrdimensionales Entwicklungsmodell*, das die Eingebundenheit des Spracherwerbs in einen „universellen Entwicklungsplan sensorischer, motorischer, kognitiver, emotionaler und sozial-

mehrdimensionales Entwicklungsmodell

kommunikativer Funktionsbereiche“ (GROHNFELDT 1982, 11) verdeutlicht und die Interdependenzen anzeigt. Die sprachheilpädagogische Diagnostik hat demzufolge die sprachliche Störung zum einen im Gefüge ihrer Abhängigkeit von den anderen Entwicklungsbereichen zu sehen, zum anderen nicht nur ihre Oberflächensymptome zu erfassen, sondern auch die zugrunde liegenden Wissensvoraussetzungen und Verarbeitungsmechanismen zu ergründen. Eine strukturbezogene Förderdiagnostik bedarf eines entwicklungstheoretischen Bezugssystems, das sprachentwicklungstheoretische und sprachstörungstheoretische Gesichtspunkte vorgibt, so dass sich Diagnostik und Förderung auf dieses Bezugssystem in korrespondierender Weise beziehen können. Zur Strukturierung der diagnostischen Praxis übernimmt Grohnfeldt das entscheidungstheoretische Grundmuster und gliedert den diagnostischen Ablauf in drei Phasen:

- Eingangsdiagnostik als Siebsystem (Phase 1)
- strukturbezogene Verlaufsdiagnostik im engeren Sinne mit Abklärung des Bedingungshintergrundes, linguodiagnostische Analyse und entwicklungsbezogene Begleitdiagnostik (Phase 2)
- Entscheidungsfindung und Entscheidungsbegründung (Phase 3).

Der entscheidungstheoretischen Interventionsdiagnostik entsprechend findet der diagnostische Prozess „im *förderdiagnostischen Konzept* mit der differenzierten Stellungnahme zu Ist- und Sollzuständen des (Sprach-)entwicklungsstandes sowie möglichen Bedingungshintergründen und Änderungsmaßnahmen (sein) vorläufiges Ende“ (GROHNFELDT 1982, 166).

3.4 Subjektorientierte Diagnostik

In „7 Thesen zum diagnostischen Handeln in der Sprachbehindertenpädagogik“ will BAUMGARTNER (1980) Alternativen zur herkömmlichen sprachsymptomorientierten Datenerhebungsstrategie aufzeigen und Entwicklungslinien für die zukünftige Diagnostik andeuten. Auch er hält – wie GROHNFELDT – die Orientierung der „Identifikation von Störungen im Sprachlernprozess (an) einem umfassend abbildenden Entwicklungsmodell der Sprache“ (BAUMGARTNER 1980, 82) für erforderlich und verweist auf das von GRIMM (1978) vorgegebene Sprachebenenmodell: Sprache als System und Sprache als Handlung. Zentraler Ausgangspunkt seines diagnostischen Denk- und Handlungsansatzes „ist das handelnde sprachauffällige Individuum in der Bewältigung konkreter sprachlicher Anforderungen seiner alltäglichen Lebenssituation“ (BAUMGARTNER 1980, 84). Dabei geht es in erster Linie darum, die sprachliche Lernbasis mit ihren Bedingungen zu erfassen und eine differenzierte Diagnose des auffälligen Sprachverhaltens mit der Intention individueller Hilfestellungen und Fördermaßnahmen zu erstellen. Für das diagnostische Handeln gelten die Prinzipien der Funktionalität, Dynamik und Förderung. Dementsprechend bieten sich als diagnostische Methoden vor allem verhaltens- und gesprächsdiagnostische Methoden an. Der Einsatz spezifischer

Sprachebenenmodell

sprachdiagnostischer Verfahren zielt auf Aufschluss über die sprachliche Lernfähigkeit. Zur Überwindung der sprachlichen Ist-Zustandsdiagnostik vollzieht sich der diagnostische Prozess in einer sequenziellen, hypothesengeleiteten Vorgehensweise, deren Ergebnisse ständig überprüft und kritisch reflektiert werden.

verhaltens- und gesprächstherapeutische Methoden

Auch HOLTZ (1985) postuliert eine subjektorientierte Diagnostik, die er wie BAUMGARTNER in Form von (6) Thesen erläutert. Die Subjektorientierung der Diagnostik sieht er vorrangig in der Orientierung an der Ausprägung der Bedürfnisse, Fähigkeiten und Fertigkeiten des Kindes. „Auf der Basis der Überlegungen von WYGOTSKI hat eine subjektorientierte Diagnostik Anforderungen und Aufgaben auf den Einzelfall flexibel auszurichten, um die Zone der aktuellen Leistung und die Zone der nächsten Entwicklung bestimmen zu können“ (HOLTZ 1985, 11). Zur Konkretion des subjektorientierten diagnostischen Vorgehens hat HOLTZ mehrere Materialien entwickelt.

3.5 Qualitative Sprachdiagnostik

Auf dem Hintergrund der kritischen Auseinandersetzungen mit der *Testdiagnostik* einerseits und der intensiven Bemühungen um eine linguistische Fundierung der Sprachdiagnostik als Förderdiagnostik andererseits setzt HEIDTMANN mit einer pragmalinguistischen Perspektive an. Sie exponiert „drei Aufgabenfelder, zu deren Lösung Sprachdiagnostik als Förderdiagnostik beizutragen hat“ (HEIDTMANN 1982, 59):

1. Umfassende Erhebung und Bewertung der sprachlichen Ausgangslage und der verbleibenden Leistungsmöglichkeiten
   Ergründung der Ursachen und Diagnose der sprachlichen Lernfähigkeit
   Dabei sind die intra- und interindividuellen Abweichungen vom jeweiligen Leistungsdurchschnitt in möglichst allen sprachlichen Modalitäten und Ebenen zu beschreiben, so dass sich aus den Stärken und Schwächen individuelle Fördermaßnahmen ableiten lassen.
2. Umsetzung der Informationen in inhaltliche, intentionale und methodische Entscheidungen und Erstellung eines individuellen Förderplanes
3. Organisation der Fördermaßnahmen in Therapie und Unterricht bei adäquater Beschulung des Kindes in allgemeinschulischen oder sonderpädagogischen Institutionen

Förderdiagnostik hat also zunächst die individuellen sprachheilpädagogischen Maßnahmen zu begründen und erst anschließend – im Unterschied zur bisherigen Praxis – die geeigneten schulorganisatorischen Bedingungen zu finden.

In wissenschaftstheoretischer Vertiefung expliziert HEIDTMANN ihren sprachheilpädagogischen Förderansatz in ihrer Habilitationsschrift

(1983), in der sie zum einen den linguistisch-pragmatischen Ansatz begründet, zum anderen den erkenntnistheoretischen Zugang im Sinne der Synthese analytischer und synthetischer Methodik von APEL wählt. Sie greift Elemente aus der qualitativen (hermeneutischen) und der quantitativen (analytischen) Methodik auf, die sie vor allem bei der Analyse von *freien Sprachproben* anwendet. Das Schwergewicht legt sie auf die qualitativ-interpretative Vorgehensweise. Zusammen mit FÜSSENICH versucht sie, die Grundeinsicht, „dass der Dialog die basale Spracheinheit und Kommunikation die primäre Funktion von Sprache ist" (HEIDTMANN 1983, 210), durch Anwendung der Gesprächsanalyse die theoretisch begründete Sprach- und Kommunikationsdiagnostik praktisch umzusetzen. Eine systematische Weiterentwicklung der methodischen Möglichkeiten der Analyse freier Sprachproben belegt sie in „Neue Wege der Sprachdiagnostik" (1988, 1990). Neben den vielen Vorteilen sieht sie einige Probleme bei der Erhebung freier Sprachproben, insbesondere hinsichtlich des Umfanges, der Repräsentativität und des Einflusses situativer Variablen. Zu ihrer Lösung gibt sie praktische Hinweise und wendet sich ausführlich dem dritten Problembereich zu: dem Problem der Auswertung. Sie diskutiert als grundsätzliche Auswertungsmöglichkeiten die Anwendung von Sprachprofilen und die Durchführung linguistischer Analysen. Da die Sprachprofile festgelegte Kategorien vorgeben, in die die kindlichen Äußerungen einzuordnen sind, erscheint ihre therapeutische Relevanz fragwürdig. Demgegenüber lassen sich aus linguistischen Analysen der kindersprachlichen Äußerungen nicht nur Abweichungen bzw. Fehlleistungen, sondern auch Lernstrategien ablesen, da das individuelle Regelsystem des Kindes auf allen Sprachebenen erkennbar wird. Linguistische Detailanalysen ermöglichen die Erfassung nicht nur temporeller, sondern auch struktureller Abweichungen. „Wesentliche Voraussetzung für die Durchführung linguistischer Analysen sind auf Seiten des Diagnostikers detaillierte und umfassende psycholinguistische Kenntnisse" (HEIDTMANN 1990, 84) .

Analyse freier Sprachproben

3.6 Kommunikationstherapeutische Diagnostik

Aus kommunikationstheoretischer Sicht, nach der Sprachstörungen als Kommunikationsbehinderungen zu verstehen sind, besteht nach MOTSCH das Ziel des diagnostischen Handelns in der Beschaffung therapierelevanter Informationen derart, dass ein Inventar der kommunikativen Möglichkeiten sowohl auf Seiten des Betroffenen als auch auf Seiten seiner Kommunikationspartner erstellt wird. Dabei ist zu berücksichtigen, dass Sprachstörungen als Kommunikationsbehinderungen mehrdimensional, komplex und dynamisch sind. Kommunikative Kompetenz umfasst sprachsystematische, nicht-sprachliche und sozial-emotionale Fähigkeiten. Gleichsam als leitende Standards formuliert MOTSCH (1986) vier diagnostische Prinzipien:

Ziele des diagnostischen Handelns

1. Das Prinzip förderdiagnostischen Erkenntnisinteresses (Ableitung von Hypothesen, die zu Therapiezielen führen)
2. Das Prinzip des prozessorientierten Vorgehens (rückgekoppelter Diagnose-Therapie-Prozess)
3. Das Prinzip des hypothesengeleiteten Vorgehens (kritische Hypothesenüberprüfung auf therapeutische Relevanz)
4. Das Prinzip biographischer Orientierung (individuelle Ausprägung der Sprachbehinderung auf dem Hintergrund der speziellen und einzigartigen Lebenssituation und der individuell verlaufenen Entwicklung)

Die konsequente Orientierung an den individuell unterschiedlichen Bedingungen einer Sprach- und Kommunikationsbehinderung und die Akzeptanz der individuellen Spezifität legen eine *idiographische Betrachtungsweise*, d.h. eine einzelfallorientierte Betrachtung des von einer Sprach- und Kommunikationsbehinderung Betroffenen nahe. Motsch realisiert die idiographische Betrachtung besonders eindrucksvoll an der Entstehung des Stotterns, aber auch an den sprachpathologischen Phänomenen des Dysgrammatismus und der Legasthenie. Er betont, dass es sich dabei um keine neue und weitere Theorie der Sprachstörungen handelt, sondern um eine Metatheorie, die mehrere einschlägige Teiltheorien zur Beschreibung und Erklärung im Einzelfall heranzieht und auf die Zusammenhänge aller von der Sprachstörung bzw. Kommunikationsbehinderung betroffenen Ebenen zielt. Er zeigt, „dass sich idiographisches Denken in der Theoriebildung an integrativen Modellen und im therapeutischen Handeln an einem individuell begründeten eklektischen Vorgehen erkennen lässt" (Motsch 1990, 2).

idiographische Betrachtungsweise

3.7 Dialogisch-handlungsorientierte Diagnostik

Im Zuge der paradigmatischen Umorientierung von einer symptomorientierten Diagnostik und Therapie zu einer dialogisch-handlungsorientierten Diagnose und Förderung deutet Rodenwaldt sprachliche Auffälligkeiten als gesamtpersonale Beeinträchtigungen, z. B. Symptome einer Redebeeinträchtigung als Hinweise auf „unzulängliche Sicherheitsgefühle der jeweiligen Person, sich adäquat darzustellen (Stottern, Poltern, Mutismus)" (Rodenwaldt 1990, 77). Die Diagnostik hat die Aufgabe, die individuellen Ursachen der Redebeeinträchtigung zu eruieren und dazu die Lebenswirklichkeit, die Dialog- und Handlungsstrukturen sowie die lernprozessualen Voraussetzungen in jedem Einzelfall zu beschreiben, so dass die Therapie nicht an den symptomatischen Auffälligkeiten der Rede, sondern an den unzulänglichen Lerngegebenheiten und Lernmöglichkeiten als dialogische „Nacherziehung" ansetzen kann. Das wesentliche konstituierende Moment des diagnostisch-therapeutischen Handelns ist das dialogische Verhältnis zwischen Diagnostiker und Kind, die *dialogische Begegnung*. Sprachliche Symptome bedeuten nicht de-

diagnostische Aufgabe

fekte Funktionssysteme, sondern Beeinträchtigungen des Individuums in seiner Sprachlichkeit. Sprachliche Symptome haben einen Sinn, den es zu erkennen und zu verstehen gilt. Verbale und nonverbale Symptome werden als sinnvolle Reaktionen auf Erlebnisse und gemachte Erfahrungen interpretiert.

3.8 Neuropsychologische Teilleistungsdiagnostik

Ziele der Diagnostik

Auf der Basis neuropsychologischer und entwicklungspsychologischer Modellvorstellungen verfolgt die sprachheilpädagogische Teilleistungsdiagnostik das Ziel einer subsystemischen funktionsspezifischen Feindiagnostik der an den komplexen psychophysischen Funktionen Sprechen, Lesen und Schreiben beteiligten Teilfunktionen bzw. Teilleistungsstörungen. Sie will die Wahrnehmungs-, Verarbeitungs- und Produktionsfunktionen detailliert erfassen, um darauf aufbauend individualisierte funktionsspezifische Förder- bzw. Therapiepläne erstellen zu können.

funktionale Systeme

Um eine diagnostisch relevante Übersicht über die Vielzahl der zerebralen Teilfunktionen zu bekommen, geht GRAICHEN von der Einteilung des Zentralnervensystems in die drei funktionalen Systeme der Antriebseinheit, der Aufnahmeeinheit sowie der Planungs- und Produktionseinheit aus und untersucht zunächst, in welcher bzw. in welchen funktionalen Subsystemen die Störung liegt. Handelt es sich um eine Antriebs- und/oder Aufnahme- und/oder Produktionsstörung? Da es so gut wie keine zwei gleichen Störungsbilder gibt und die konkreten Störungsformen nicht trennscharf voneinander abzugrenzen sind, muss jede Störung individuell diagnostiziert und behandelt werden. GRAICHEN hat deshalb ein umfangreiches differenziertes diagnostisches Programm entwickelt, das nicht nur sensomotorische Basisfunktionen überprüft, sondern auch neuropsychische Leistungskomplexe wie Praxie, Diadochokinesen, sequenzielle Silbenreihen, die verschiedenen Wahrnehmungs- und Motorikbereiche sowie Intelligenz.

MILZ, die GRAICHENS Konzeptansatz rezipiert, schlägt präzisierend vor, „den Begriff der Teilleistungsstörungen für die Ausdrucksform neuropsychologischer Beeinträchtigungen zu benutzen und für vermutlich vorhandene, aber nicht immer nachweisbare zerebral verursachte Störungen den Begriff neuropsychologische Beeinträchtigungen“ (MILZ 1996, 209).

Beschreibungsebene

DIETEL (1988) spezifiziert die verschiedenen Beschreibungsebenen (Erlebens-, Verhaltens-, Hirn- und Ursachenebene sowie eine übergeordnete Entwicklungsdimension) und entwirft ein Übersichtsschema zur Komplexität der Teilleistungsdiagnostik. Die praktischen Konsequenzen demonstriert er – zusammen mit KASSEL (1993) – am Beispiel der Lese-Rechtschreibschwäche.

Ein elaboriertes Beispiel für die praktische Arbeit mit dem neuropsychodiagnostischen Teilleistungskonzept in der Therapie und im Unterricht gibt GIESEKE (1993), indem er einen fallspezifischen Diagnose- und Förderplan für einen Schüler mit einer komplexen Sprachentwicklungsstörung erstellt.

In Anlehnung an die theoretischen Vorgaben von AYRES, AFFOLTER, FROSTIG u.a. beschreiben GALONSKA und STELZER (1999) eine „Interdisziplinäre Diagnostikkarte", die ein Diagnostikkonzept umsetzt, das von der Entwicklung der Hirnleistungen für die Sprachfähigkeit ausgeht.

„Am Anfang steht die Ebene der Organ- und Gehirnfunktion und die der Reflexe. Ihnen folgen die sensorischen Systeme und deren Integration. Daraus entwickeln sich die motorisch koordinierten Fähigkeiten... und ihreVerknüpfung in der Fähigkeit der Praxie. Die motorisch-sensorischen Leistungen werden immer feiner und bilden die unmittelbare Voraussetzung für die Ausreifung der höheren Entwicklungssysteme, die der Sprachfähigkeit" (GALONSKA & Stelzer 1999, 16).

Die Sprachspalte der Diagnostikkarte umfasst alle Fähigkeiten der Sprache (Sensorik), des Sprechens (Motorik), die interaktiven Sprachsysteme (Kommunikation) und die stimmlichen Sprachanteile (Phonation).

3.9 Unterrichtsbezogene Lernprozessdiagnostik

Sprachheilpädagogischer Förderbedarf ist dann anzunehmen, wenn Sprache und Sprechen so gestört sind, dass die Kinder in ihren schulischen Lern- und Bildungsmöglichkeiten beeinträchtigt werden. Zur förderdiagnostischen Erfassung der sprachlichen Auffälligkeiten, Störungen oder Behinderungen müssen deshalb die individuellen Lernfähigkeiten, Lernmöglichkeiten und Lernvoraussetzungen unter den schulischen Bedingungen ermittelt werden. Dies geschieht in systematisch angelegten Lernprozessanalysen auf der Grundlage gezielter Verhaltensbeobachtungen und diagnostischer Dialoge. Aufgabe der Lernprozessdiagnostik ist die Feststellung des individuellen Lernstandes, der individuellen Lernfähigkeit und der subjektiven Lernsituation des Schülers mit dem Ziel, einen darauf aufbauenden individuellen Förderplan zu erstellen.

Das didaktisch-therapeutische Bezugssystem für die Lernprozessdiagnose ist der Sprachtherapeutische Unterricht, der von der prinzipiellen Interdependenz zwischen Bedingungsanalyse und Entscheidungsfindung ausgeht, d.h. von der optimalen Passung der sprachlichen Anforderungsstruktur des Unterrichtsgegenstandes und den sprachlichen Lernvoraussetzungen der Schüler, und zwar in reziproker Weise.

Für die diagnostische Prozedur bedeutet dies, dass zunächst eine differenzierte Analyse der aufgabenspezifischen sprachlichen Anforderungen des Unterrichtsgegenstandes angestellt werden muss, erst dann die Untersuchung der subjektiven sprachlichen – und der anderen einschlägigen – Fähigkeiten, Kenntnisse und Fertigkeiten erfolgen kann. Dabei gilt das Prinzip der Förderung des Schülers in seiner Zone der nächsten Entwicklung.

mögliche Verfahren

Von den neueren konzeptionellen und methodischen Vorschlägen zur Lernprozessdiagnostik in der sonderpädagogischen Förderung, die auf die sprachheilpädagogische Lernprozessdiagnostik Einfluss nehmen, seien der *Individuelle Entwicklungsplan I-E-P* von Eggert u.a. (1997), die *Analyse behindernder Bedingungen* von Bundschuh (1998), die *Modellierung der individuellen Lernsituation* von Matthes (1998) und die *Prozessdiagnose der Schriftsprachkompetenz in den Schuljahren 1 und 2* von Kretschmann (1998) genannt. Unmittelbar unterrichtsbezogen gegenstandsspezifisch empfiehlt sich die Aufgabensammlung zur Prozessdiagnose des Lesens und Schreibens von Kretschmann, die Prüfaufgaben zum Lesen und Schreiben, Fragen zur Ermittlung emotionaler Einstellung zum Lesen- und Schreibenlernen und Möglichkeiten zur Feststellung des Arbeitsstils des Kindes bei einzelnen Prüfaufgaben enthält.

4 Der diagnostische Prozess

Teilschritte

Multimodalität

Der diagnostische Prozess besteht aus einer systematischen Abfolge diagnostischer Handlungen, die das Ziel verfolgen, entscheidungsrelevante Informationen zur Fragestellung zu erhalten. Der Prozess verläuft von einer spezifischen Ausgangsfrage über eine Reihe von Teilschritten zur Diagnose, die die größte Wahrscheinlichkeit für sich hat. Aus der Diagnose wird ein Vorschlag für die pädagogisch-therapeutische Förderung abgeleitet. Die Teilschritte bestehen aus der Klärung der diagnostischen Problemstellung, der Sammlung von Vorinformationen, der planmäßigen Beschaffung empirischer Daten durch sukzessive Überprüfung der Hypothesen, der Bewertung und Verarbeitung der Daten zur Diagnose, die im Gutachten mitgeteilt wird. Die Grundstruktur des diagnostischen Prozesses – diagnostische Datenbeschaffung, diagnostische Urteilsbildung und Ableitung von Therapie- und Fördermaßnahmen – entspricht einem komplexen Problemlösungsprozess. Als Grundprinzip der Datenbeschaffung gilt das Prinzip der Multimodalität: d.h. ein multivariates Vorgehen bezüglich der Datenebenen (somatische, psychologische, soziale, ökologische Ebene), der Datenquellen (Kind, Bezugspersonen, Fachdienste) und der Funktionsbereiche (Modelle der Entwicklung der Sprache und des Sprechens, Bedingungs- und Änderungsmodelle). Wie die Analyse der sprachheilpädagogischen Diagnostikkonzepte zeigt, besteht weitgehend Übereinstimmung über die Interventionsorientierung und die entscheidungstheoretische Strategie des diagnostischen Vorgehens. Die sprachheilpädagogische Diagnostik hat zwei übergreifende Zielorientierungen: Förderung und/oder Therapie. Die strategische Grundstruktur des entscheidungstheoretischen Vorgehens beinhaltet – nach dem Vorbild des klinisch-psychologischen Strukturschemas von Kaminski – drei Hypothesenbereiche:

1. Zur gegenwärtigen Situation (Z 1) und den Bedingungshintergründen (B 1)
2. Zu den erreichbaren und zu erreichenden Zielen (Z 2)
3. Zu den Änderungsmodellen und Änderungsbedingungen (B 2)

Die Hypothesen über die individuelle Sprach- und Kommunikationsbehinderung, ihre Bedingungen und Auswirkungen, über die anzustrebenden Förder- bzw. Therapieziele und die entsprechenden Maßnahmen bestimmen die Untersuchungsbereiche und die Untersuchungsverfahren. Die Wahl der Untersuchungsverfahren ist eine taktische Frage. Die Hypothesenüberprüfung und Auswertung der Ergebnisse machen im Sinne der Entscheidungssicherheit meist mehrere Durchgänge notwendig, so dass ein iteratives oder besser zyklisches Prozessgeschehen resultiert.

zyklisches Prozessgeschehen

Die sprachheilpädagogische Diagnostik als Förderdiagnostik hat die Aufgabe, bei Kindern und Jugendlichen mit Sprachstörungen den individuellen sonderpädagogischen Förderbedarf im Förderschwerpunkt Sprache festzustellen. Das Feststellungsverfahren ist in den Bundesländern länderspezifisch geregelt. Da sich die dazu erlassenen Verordnungen mehr oder weniger an den *Empfehlungen der Kultusministerkonferenz zur sonderpädagogischen Förderung* (1994) orientieren, bestehen im Grundanliegen und in den Grundzügen des Verfahrens weitgehende Übereinstimmungen.

Als Beispiel für ein konkret geregeltes Förderausschussverfahren sei die Vorgehensweise in Berlin in Kurzform (Abb.8) skizziert. Im allgemeinen kann die Antragstellung von den Eltern, von der zuständigen Schule oder von anderen zuständigen Fachdiensten ausgehen. Sie erfolgt in Form der Anmeldung. Bei ausreichenden Anhaltspunkten für die Notwendigkeit der Einleitung und Durchführung eines Förderausschussverfahrens wird auf der Grundlage einer Kind-Umfeld-Analyse ein sonderpädagogisches Gutachten mit einem sonderpädagogischen Förderplan erstellt. In Absprache mit dem Schulpsychologischen Dienst führt der Sonderpädagoge folgende diagnostischen Maßnahmen durch:

1. Erhebung der behinderungsspezifischen Vorgeschichte (Einbeziehung des Schülerbogens, Befragung der Erziehungsberechtigten, fachliche Hinweise von Institutionen)
2. Überprüfung des Leistungsstandes (mit schulärztlicher bzw. fachärztlicher Stellungnahme)
3. Spezifische sonderpädagogische Diagnostik zu Art und Grad der Sprachbehinderung
4. Kognitive Leistungsüberprüfung mit zwei wissenschaftlich anerkannten Testverfahren (ein Test sprachfrei, bei Kindern nichtdeutscher Herkunftssprache beide Tests sprachfrei) – bei vermuteten kognitiven Einschränkungen

Die paradigmatische Umorientierung der sprachheilpädagogischen Diagnostik zur förderorientierten Prozessdiagnostik als Kompetenz- und Ressourcendiagnostik hat nicht nur zu einer Akzentverlagerung des Einsatzes der diagnostischen Verfahren zugunsten der qualitativen Methoden geführt, sondern auch eine nicht unerhebliche Erweiterung des diagnostischen Inventars hervorgerufen. Dabei scheinen sich die kontroversen Auseinandersetzungen quantitative Verfahren versus qualitative Verfahren, Testdiagnostik versus Situationsdiagnostik zunehmend zu versachlichen und je nach Aufgabenstellung und Zielsetzung entschieden zu

Akzentverlagerung zu qualitativen Methoden

werden. Die sprachheilpädagogische Förderdiagnostik bedarf eines umfangreichen und heterogenen Untersuchungsrepertoires, das von freien Sprachproben, informellen Lautprüfverfahren über formalisierte Verfahren der Sprachprüfung zu standardisierten Sprachtests reicht. Die Kind-Umfeld-Analyse erfordert den Einsatz der Verhaltensbeobachtung, der Gesprächs- und Explorationsdiagnostik, der biographischen Analyse, der Kontext- und Interaktionsanalyse, der Bilderbuchbetrachtung und der Spielsituation. Zur diagnostischen Erfassung des Lern- und Leistungsstandes, der Lernvoraussetzungen und der Lerndynamik werden vor allem teilnehmende Beobachtungen, explorative Gespräche, Fehleranalysen und Arbeitsproduktanalysen vorgenommen.

Anmeldung (mit Begründung)	Erziehungsberechtigte Vorschulische Einrichtung Klassenkonferenz Kinder- und Jugendgesundheitsdienst Schulpsychologischer Dienst
Vorklärung	Zuständige Schule – Prüfung der Voraussetzungen und Notwendigkeit eines Förderausschusses – Stellungnahme der Eltern – Anlegen eines sonderpädagogischen Förderbogens – Bericht der Schule
Antrag auf Förderausschussverfahren	Schulaufsicht bzw. Koordinierungsstelle – Entscheidung über Notwendigkeit eines Förderausschusses – Auftrag eines Sonderpädagogischen Gutachtens an das Sonderpädagogische Förderzentrum Zuständige Schule oder Koordinierungsstelle – Weiterleitung der Akten an beauftragtes Förderzentrum – Information des Schularztes und der Schulpsychologie
Sonderpädagogisches Gutachten	Sonderpädagogisches Förderzentrum – Kind-Umfeld-Analyse Erstellung des sonderpädagogischen Gutachtens – Rückgabe der Akten an zuständige Schule – Vorschlag der Teilnehmer zur Förderausschusssitzung
Förderausschusssitzung	Zuständige Schule – Einladung zur Förderausschusssitzung Vorsitzender, Erziehungsberechtigte, Sonderpädagoge, Schulpsychologie, Schularzt, Vertreter der zuständigen Schule, weitere Person des Vertrauens und Übersetzer – Empfehlung des sonderpädagogischen Förderbedarfs Sprache, weiterer Förder- und Hilfebedarf – Empfehlung zur Schullaufbahn mit/ohne sonderpädagogischer Förderung – Einleitung außerschulischer Maßnahmen
Entscheidung (Verfügung und Bescheid)	Schulaufsicht – Entscheidung über sonderpädagogischen Förderbedarf und Förderort

Abbildung 8: Ablaufschema zum Förderausschussverfahren (nach der Verordnung über die sonderpädagogische Förderung vom 13.7.2000 in Berlin)

5 Zur Praxis der sprachheilpädagogischen Förderdiagnostik

Berichte aus der Praxis der Förderausschussverfahren und Analysen von sonderpädagogischen Gutachten lassen eine zunehmend größer werdende Diskrepanz zwischen der Theoriebildung zur sprachheilpädagogischen Diagnostik und der Praxis der Feststellung des sprachlichen Förderbedarfs erkennen. Ein Hauptgrund dafür dürfte darin zu suchen sein, dass die Theoriebildung zur Sprach- und Förderdiagnostik immer komplexer, die Praxisgestaltung angesichts ihrer Bedingungen zusehends bescheidener wird. Die von der Theorie gesetzten Standards werden nicht nur zahlreicher, sondern auch vielseitiger und anspruchsvoller: Subjektorientierung (Verstehensdiagnostik), Lebensweltorientierung (systemische Diagnostik), Ressourcenorientierung (Kompetenzdiagnostik), Entwicklungs- und Lernorientierung (Prozessdiagnostik), Therapie- und Förderorientierung (Therapiediagnostik und Förderdiagnostik). Um so dringlicher ist das Bedürfnis nach Informationen aus der Praxis, vor allem zur konkreten Vorgehensweise und zum Methodeneinsatz.

In der Mehrzahl der Fälle wird zweistufig vorgegangen. Zunächst werden in einer *Screening-Phase* Art und Grad der Sprachstörung bzw. Sprachbehinderung diagnostiziert. Dazu werden Gespräche mit dem Kind durchgeführt und Spielangebote zur Sprach- und Verhaltensbeobachtung gemacht, mit dem Ziel der Erhebung einer Spontansprachstichprobe. Im Gespräch mit den Eltern, das anhand von Elternfragebogen halb vorstrukturiert erfolgt, wird die Anamnese intendiert. Die Eltern schildern zuerst ihre Sicht der Problematik und werden dann gezielt nach der Sprachentwicklung, dem Spiel- und Sozialverhalten, der sozialen Wahrnehmung, der sozioökonomischen Situation und der bisherigen Förderung des Kindes befragt. Zur ersten linguodiagnostischen Analyse werden formalisierte Diagnoseraster eingesetzt, die in etwa dem „Diagnosebogen zur Erfassung von Sprachstörungen“ von GRUNWALD entsprechen. Das Vorgehen ist gut strukturiert und ergibt qualitative Auswertungsdaten für die Hypothesenbildung; es wird mit ausreichend bewertet.

Screening

In einer zweiten Diagnostikphase wird die *Bestimmungsuntersuchung* durchgeführt, die im Sinne einer fähigkeitsorientierten Sprachdiagnostik eine Funktionsanalyse des Hörens und Sprechens, die pädagogische Stimmdiagnostik und Artikulationsprüfung, die Ermittlung des sprachlichen Entwicklungsstandes und die differenzialdiagnostische Erfassung des Störsyndroms umfasst. Dabei werden praxisbewährte, leicht handhabbare und zeitökonomische sprachdiagnostische Verfahren verwendet. Außerdem wird eine Einschätzung der möglichen Auswirkungen auf das schulische Lernen, die Kommunikation und die Persönlichkeitsentwicklung vorgenommen. Mit der Skizzierung eines individuellen Förderplans wird die diagnostische Arbeit abgeschlossen. Als Problempunkte der diagnostischen Praxis werden das Zeit- bzw. Deputatsproblem, das Problem der räumlichen und sächlichen Ausstattung und das Problem der unzureichenden methodischen Kompetenz genannt. Bei der Bestimmung von Art und Ausprägung der Sprachstörung bzw. Sprachbehinderung

Bestimmungsuntersuchung

fällt vor allem die klare begriffliche Fassung der Diagnose schwer, zumal sie adressatenbezogen verständlich formuliert werden muss. Schwierigkeiten bereiten auch die Erwartungen an einen empirischen Datenbezug und die förderorientierte Dateninterpretation.

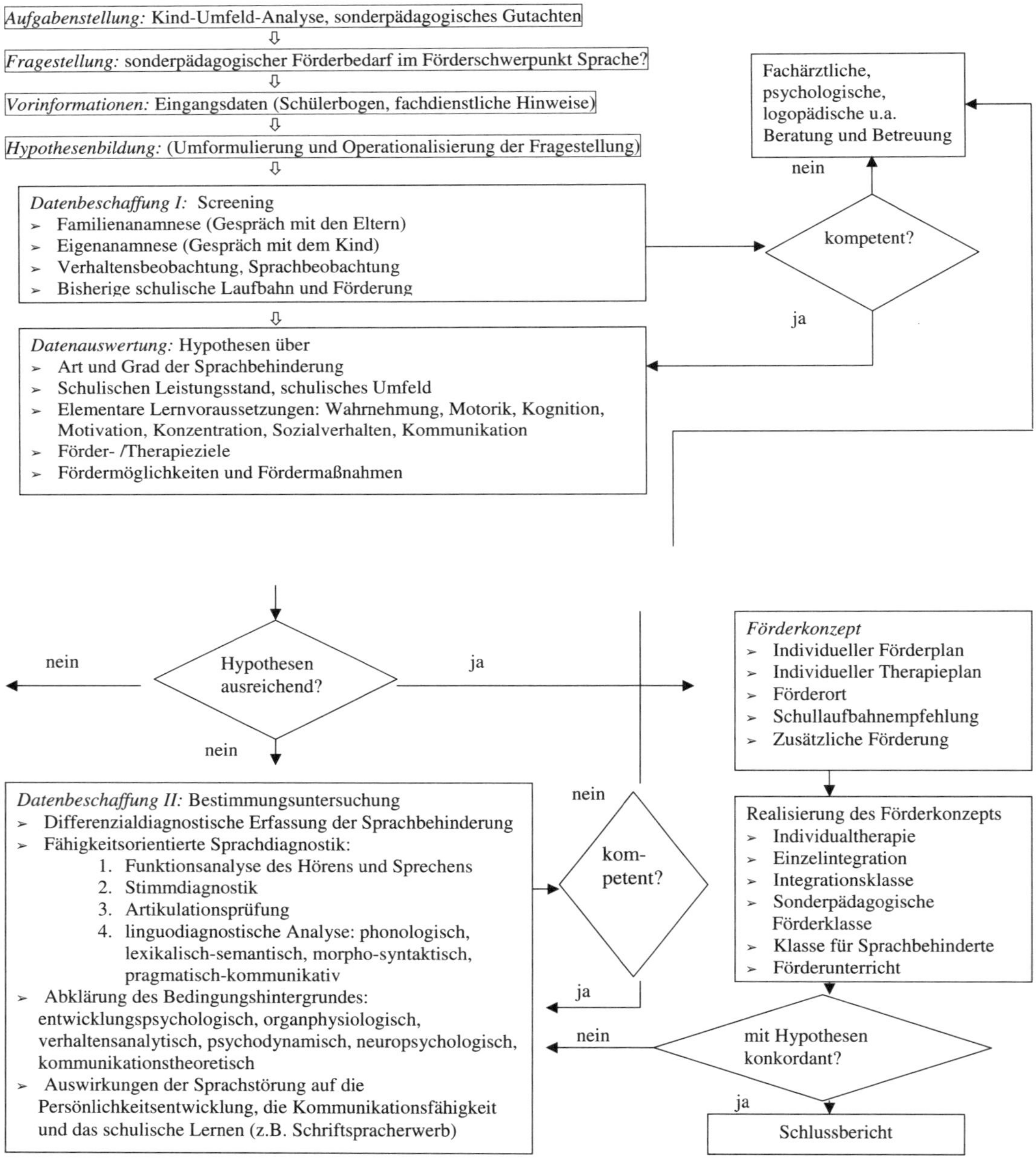

Abbildung 9: Strukturierung des diagnostischen Prozesses zur Feststellung des sonderpädagogischen Förderbedarfs im Förderschwerpunkt Sprache

Möglichkeiten der Gutachtenerstellung

Udo Schoor

1 Begutachtung in sprachheilpädagogischen Handlungsfeldern

Wenn immer Schlussfolgerungen, Stellungnahmen und Entscheidungen im Bereich sprachheilpädagogischer Diagnostik und pädagogisch-therapeutischen Handelns zu begründen sind und in schriftlicher Form an einen Fragesteller oder Auftraggeber übermittelt werden sollen, ist Begutachtung gefordert. Es lassen sich zwei Grundrichtungen unterscheiden:

> Die Begutachtung im Bereich der förderungs- bzw. therapievorbereitenden Diagnostik dient der Begründung und Planung von Förderung bzw. Therapie; die Begutachtung im Bereich förderungs- bzw. therapiebegleitender Diagnostik dient der Überprüfung, Bewertung, Anpassung und gegebenenfalls Neukonzeption der Förder- bzw. Therapiemaßnahmen.

Die unterschiedlichen Aufgaben und Anlässe für die Begutachtung im klinisch-therapeutischen und im vorschulischen und schulischen Bereich erfordern verschiedene Formen von Gutachten:

Der *logopädische Befund* ist eine schriftliche Dokumentation der Sprachdiagnostik und somit Grundlage für die Planung und Durchführung sprachtherapeutischer Maßnahmen. (logopädischer Befund)

Der *logopädische Bericht* dokumentiert in schriftlicher Form Sprachtherapie und legt damit Verlauf und Ergebnis des therapeutischen Handelns offen. (logopädischer Bericht)

Der *pädagogische Bericht* ist eine nachvollziehbare, schriftliche Dokumentation der Planung und Durchführung von Fördermaßnahmen für behinderte und von Behinderung bedrohte Vorschulkinder, Schüler und Jugendliche. (pädagogischer Bericht)

Das *sonderpädagogische Gutachten* dient als „Fördergutachten“ bzw. „Beratungsgutachten“ der Feststellung des individuellen Förderbedarfs, der Erstellung eines Förderplanes und es gibt Hilfestellung bei der Festlegung eines angemessenen Förderortes. (sonderpädagogisches Gutachten)

Eine Variante des sonderpädagogischen Gutachtens ist das *pädagogisch-psychologische Gutachten*, das als Überweisungs- bzw. Umschulungsgutachten im Rahmen des Sonderschulaufnahmeverfahrens vom Sonderschullehrer im Auftrag der Schulaufsicht erstellt wird. (pädagogisch-psychologisches Gutachten)

Die benannten Arten und Formen der Begutachtung, die im Folgenden noch näher gekennzeichnet werden, bieten nur einen groben, prototypischen Überblick. Denn die Anlässe für die Begutachtung nehmen an Umfang, Differenziertheit und Bedeutung zu: Im diagnostisch-therapeutischen Handlungsfeld verlangt die interdisziplinäre und vor allem institutionenübergreifende Zusammenarbeit die Einforderung der Fachkompetenz der einzelnen Spezialisten. Und im vorschulischen und schulischen Bereich erfordert die Ausdifferenzierung der institutionalisierten Förderangebote (Förderschulen, Förderzentrum, Pädiatrisches Zentrum, integrative sonderpädagogische Förderung in allgemeinen Schulen, Kooperationsprojekte ...) einen erhöhten Beratungsbedarf und planvolle Koordination der Fördermaßnahmen.

1.1 Der logopädische Befund

Zunächst eine Klärung des Begriffes „Befund“: Im Bereich der sonderpädagogischen Begutachtung wird er in dreifacher Weise gebraucht: a) Die Darstellung aller Ergebnisse einer diagnostischen Untersuchung in neutraler, übersichtlicher und nicht interpretierter Form wird als „Befund“ bezeichnet (u. a. Kornmann [3]1984). b) Der Befund ist die Dokumentation der Ergebnisse *eines* diagnostischen Verfahrens in objektiver Form (Testergebnisse eines Intelligenztests ergeben den Intelligenzbefund; s. Bundschuh [5]1999). c) Der Befund stellt die Ergebnisse einer Untersuchung in „thematisch gebündelter Form“ dar („Untersuchungsbefund“, Fisseni [2]1997, 440), d.h. relativ stabile Verhaltensanteile werden als Verhaltens- bzw. Persönlichkeitsdimensionen in „deskriptiver Form“ zusammengefasst.

logopädischer Befund

Letzterer, von der psychologischen Diagnostik gebrauchte Verwendungssinn kennzeichnet am ehesten die Form des logopädischen Befundes, denn er

> ist die schriftliche Dokumentation und Zusammenfassung der diagnostischen Daten zur Sprechleistung und zum sprachlichen Verhalten in unterschiedlichen Anforderungssituationen.

Allerdings wird die deskriptive, objektive Beschreibungsebene verlassen, wenn die Zusammenfassung von Ergebnissen aus verschiedenen Beobachtungssituationen thematisch zu einer Beobachtungsdimension und zu einem Verhaltensbereich zugeordnet wird (z. B. kann „phonologische Diskriminationsschwäche“ aus Testergebnissen, Fehlertypen im Diktat und Aussprachestörungen erschlossen werden), und wenn aus dem Stichprobenverhalten in den Untersuchungssituationen Verhaltens- und Erlebensdimensionen hypothetisch und generalisierend abgeleitet werden (z. B. wird die „Sprechängstlichkeit“ eines Kindes aus dem Ausweich- und Vermeidungsverhalten in bestimmten Publikumssituationen hergeleitet).

Der logopädische Befund wird zum *logopädischen Gutachten*, wenn die Befunde im sprachlichen Bereich mit weiteren Befunden aus anderen Verhaltens- und Erlebensbereichen in Beziehung gesetzt und theoriengeleitet zusammenfassend interpretiert werden (Bildung von *„Beziehungshypothesen“*: z. B. wird die „Sprechängstlichkeit“ in Verbindung gesehen mit „sozialer Angst“, die wiederum auf „sozialaffektive Deprivationserfahrungen“ zurückgeführt wird). Das logopädische Gutachten entspricht im Aufbau und Inhalt dem sonderpädagogischen Gutachten (vgl. Kap. 2), nur dass hier – wie natürlich beim logopädischen Befund – das Sprech- und Sprachverhalten in den Mittelpunkt der Darstellung rückt.

Beziehungshypothesen

Der logopädische Befund sollte – wie das logopädische bzw. sonderpädagogische Gutachten – in der Konzeption den Standards und den Richtlinien der Erstellung von Gutachten folgen, wie sie vom Deutschen Psychologenverlag vorgegeben werden:

das Gutachten ist die Antwort eines Experten auf Fragen, „zu denen er aufgrund seines Fachwissens, des aktuellen Forschungsstandes und seiner Erfahrung Stellung nimmt. Ein solches Gutachten muss umfassen: die Fragestellung, die Untersuchungsverfahren, die relevanten Daten, deren Interpretation und die Schlussfolgerungen des Gutachters“ (dpv 1994, 8).

Bei Berücksichtigung dieser Kriterien und der Zentrierung des logopädischen Befundes auf die Diagnostik des Sprech- und Sprachverhaltens kann das Schema wie in Abbildung 1 zum Aufbau vorgeschlagen werden.

Der logopädische Befund wird von Logopädinnen bzw. Sprachtherapeutinnen erstellt, die als Diagnose- und Therapieexpertinnen u. a. in Fachkliniken, Rehabilitationseinrichtungen, Pädiatrischen Zentren im interdisziplinären Team mitarbeiten und für die Begründung der Ziele sowie für die Konzeption und Durchführung der sprachtherapeutischen Maßnahmen verantwortlich sind.

Auch in der logopädischen bzw. sprachtherapeutischen Praxis dient der Befund der differenzierten Planung von Sprachtherapie. Allerdings wird dann nicht mehr – wie meistens im interdisziplinären Team – Diagnose und Therapie arbeitsteilig durchgeführt, sondern in der Regel von ein und derselben Person. Der Befund ist hier für die Konzeption, Kontrolle und Evaluation von Therapien unerlässlich; er bietet aber auch Argumentationshilfe bei Änderungen im Therapieprozess (wenn z. B. die „Verordnungsmenge“ erhöht werden sollte; vgl. Therapeutenmitteilung bei 1.2).

Der logopädische Befund kann auch von Vertragsärzten im Rahmen von „Eingangs-“ oder „weiterführender Diagnostik“ z. B. im Bereich der Sprachentwicklungsdiagnostik oder für die „Sprech- und Sprachanalyse“ als *Fremdbefund* angefordert werden; ebenso kann der logopädische Befund auch im Auftrag des ärztlichen Fachgutachters verfasst werden, der z. B. für Versicherungsträger oder Gerichte ein Gutachten erstellen muss.

Fremdbefund

0. Kopf des Befundes

- **GutachterIn:** Name, Vorname, Adresse
- **Adressat:** Name des Empfängers (Institution; Auftraggeber)
- **Betreff:** stichwortartige Angaben zur Fragestellung
  Proband: Name, Vorname, Geburtsdatum, Alter, Erziehungsberechtigte, Versicherung
- **Bezug:** Anknüpfung an schriftliche u./o. mündliche Vorgänge
- **Zusammenfassende Diagnose:** Klassifikation des Störungsbildes; Diagnose mit Leitsymptomatik (Art und Umfang)

1. Untersuchungsbericht

- **Verfahren und Quellen, auf die sich der Befund stützt**
- **Durchführung der Untersuchung:** Abfolge der diagnostischen Schritte; Störbedingungen

2. Untersuchungsergebnisse

- **Biografische Daten (Anamnese):** Bedingungen des Spracherwerbs, bisherige Förderung, Förderungserfolge
- **Allgemeiner Sprachentwicklungsstand**
- **Sprachbezogener Entwicklungsstand:** phonetischer Bereich, phonologische Ebene, lexikalisch-semantische Ebene, syntaktisch-morphologische Ebene, pragmatisch-kommunikative Ebene
- **Sprachstörungsbezogener Befund:** Störungen der Stimme und der Sprechfunktion, Sprachentwicklungsstörungen, Störungen der auditiven Wahrnehmung und Verarbeitung, Störungen der Sprechmotorik, Störungen der Artikulation, Störungen des Schluckaktes, zentralbedingte Störungen der Sprachentwicklung und der Sprache, Störungen des Sprechflusses und der Rede

3. Zusammenfassende Interpretation und Schlussfolgerung

- **Entwicklungsstand im Bereich von Stimme, Sprechen und Sprache; Diagnose mit Leitsymptomatik**
- **Kompetenzen und Leistungsminderungen, ihre Wechselwirkungen und mögliche Bedingungshintergründe**
- **Förderungsschwerpunkt(e) und sprachtherapeutische Maßnahmen**
- **Prognose**

Abbildung 1: Schema zum Aufbau eines logopädischen Befundes

Der logopädische Befund ist also ein professionell erstellter, nachprüfbarer schriftlicher Diagnosebericht, der auch den Kriterien eines juristischen Dokumentes gerecht werden sollte (deshalb auch der vorgeschlagene „Befund-Kopf").
Bei der Gestaltung des Befundes sind zwei Alternativen gebräuchlich: Die häufiger gewählte Vorgehensweise dokumentiert alle erhobenen Daten quellenbezogen im Untersuchungsbericht; bei der zweiten Variante werden alle Daten in einem Anhang dokumentiert und im Befund werden nur relevante, „erklärungsmächtige" Ergebnisse aufgeführt und den Sprachebenen bzw. Störungsbildern zusammenfassend zugeordnet.

1.2 Der logopädische Bericht (Therapiebericht)

Der logopädische Bericht ist eine Dokumentation des therapeutischen Prozesses. Da bei der Umsetzung der therapeutischen Maßnahmen im Bereich der Stimm-, Sprech- oder Sprachtherapie die Berichterstellerin in der Regel eigenverantwortlich handelte, ist wesentliches Ziel des logopädischen Berichts, dass der gesamte Verlauf der Therapie, d.h. die Ausgangssituation, die therapeutischen Leitziele, Methoden, Schritte sowie die Ergebnisse für alle direkt oder indirekt Beteiligten nachvollziehbar und transparent dokumentiert werden.
Der logopädische Bericht als schriftliche Begutachtung des Therapieprozesses sollte sich auf folgende Inhalte beziehen:

a) Ausgangslage:
- Zusammenfassende Diagnose entsprechend dem logopädischen Befund: Syndrombeschreibung, Leitsymptomatik, therapeutischen Ziele
- sprachbasale und sprachlich-kommunikative Fähigkeiten sowie Stärken und Interessen des Patienten, auf die sich die Therapie als gesicherte Ausgangsbasis stützen konnte
- Charakter der therapeutischen Beziehung

b) Therapeutische Methoden:
- störungs- bzw. syndromspezifische theoriengeleitete Vorgehensweise (Ätiologie- und Therapietheorien)
- störungsübergreifende Methoden zur Förderung von sprachrelevanten Basisfähigkeiten und zur Förderung der Therapiebereitschaft bzw. der therapeutischen Beziehung
- Arbeits- und Therapiematerialien

c) Verlauf und Ergebnisse der therapeutischen Maßnahmen:
- Beginn, Frequenz, Dauer, Ort der Therapie und beteiligte Therapeutinnen
- Therapeutisches Setting (Einzel-, Gruppentherapie) und Abfolge der Schritte
- Veränderungen beim Patienten und Einstellungs- und Verhaltensänderungen bei Bezugspersonen

d) Bewertung der Therapieeffekte:
- Einschätzung der Annäherung an die Therapieziele bzw. deren Erreichung

- Bedingungen, die vermutlich Therapieerfolge ermöglicht oder verhindert haben
- Prognostische Einschätzung unter Berücksichtigung der Restsymptomatik

e) Vorschlag zur weiteren Vorgehensweise:
- Einforderung weiterer Zusatzdiagnostik
- Planung der Anschlusstherapie
- Einbezug anderer Dienste und Institutionen

Der logopädische Bericht bzw. Therapiebericht kann als gutachterliche Stellungnahme nach einer abgeschlossenen Therapie bzw. nach einer Therapiephase von den Initiatoren bzw. Kostenträgern der Therapie angefordert werden; so z. B. von den Krankenkassen (Möglichkeit der Berichtsabrechnung). Der logopädische Bericht ist als Mitteilung des „Heilmittelerbringers" (Logopädin bzw. Sprachtherapeutin) an den *verordnenden Vertragsarzt* nach Abschluss einer Therapieserie verpflichtend vorgeschrieben (Heil- und Hilfsmittel-Richtlinien vom 1.07.2001 gem. §92 SGBV). Da die im Verordnungsvordruck vorgegebene Struktur für die Therapeutenmitteilung exemplarisch für einen Therapiekurzbericht angesehen werden kann, soll der Verordnungsvordruck in seiner Grundform hier wiedergegeben werden (s. Abbildung 2).

Heilmittel-Richtlinien

Therapiekurzbericht

Die Therapeuten-Mitteilung bzw. der logopädische Bericht dient nicht nur der Offenlegung und Evaluation der sprachtherapeutischen Maßnahmen, sondern er verlangt und bewirkt eine enge Zusammenarbeit des verordnenden Arztes und der Sprachtherapeutin.

1.3 Der pädagogische Bericht (Förderbericht)

> Pädagogische Berichte sind der schriftlich dokumentierte Nachweis der Förderung von Kindern und Jugendlichen mit besonderem Förderbedarf.

Verfasst werden sie von pädagogischen Mitarbeitern im außerschulischen Bereich (u. a. Beratungsstellen, Förderzentren, vorschulische Einrichtungen, Einrichtungen zur Berufsvorbereitung) und von Lehrern und Sonderpädagogen in allgemeinen Schulen und Sonderschulen.

Im schulischen Bereich kommt dem pädagogischen Bericht in einem System gestufter Fördermaßnahmen unterschiedliche Bedeutung zu (aufgezeigt am Beispiel Baden-Württembergs): Von der Lehrerin der allgemeinen Schule ist der Bericht der Nachweis der zusätzlichen Förderung eines Kindes mit Lernschwierigkeiten im Rahmen des Unterrichts. Inhalte des Berichtes sollten u. a. sein (vgl. Eggert 1997, Kretschmann & Arnold 1999, Arnold 2000)

- die bisherige Schullaufbahn des Schülers; bisherige Zusatzförderung
- die aktuellen schulischen Rahmenbedingungen, vor allem die Situation der Klasse

Verordnungsvordruck

Heilmittelverordnung: Maßnahmen der Stimm-, Sprech- und Sprachtherapie

Mitteilung des Therapeuten an den verordnenden Arzt

Die Behandlung wurde vom ☐☐☐☐☐☐ bis ☐☐☐☐☐☐ durchgeführt.

Behandlung gemäß Verordnung ☐

Stand der Therapie (aktueller Befund) im Hinblick auf die Therapieziele:

Angewandte Therapieverfahren:

Prognostische Einschätzung mit Angabe der Restsymptomatik:

Nach Rücksprache mit dem verordnenden Arzt Änderung der

☐ Therapiefrequenz ☐ Einzeltherapie ☐ Gruppentherapie wegen:

Behandlungsabbruch am: ☐☐☐☐☐☐ nach ______ Sitzungen wegen:

☐☐☐☐☐☐ Ausstellungsdatum

Stempel und Unterschrift des Leistungsträgers

Dem verordnenden Arzt nach Beendigung der Behandlung oder für eine Folgeverordnung kurzfristig zurücksenden.

Abbildung 2: Schriftliche Mitteilung des Sprachtherapeuten

- die Probleme des Schülers bei bestimmten curricularen Anforderungen
- unterrichtliche Lernanforderungen, die auch bei innerer Differenzierung nicht zielgleich erreicht werden können
- notwendige Abweichungen von den Anforderungen des Lehrplanes und von der üblichen Leistungsbewertung
- Förderschwerpunkte, die im Rahmen des lehrplangemäßen Unterrichts berücksichtigt werden konnten und solche, die zusätzliche Hilfen erforderlich machten oder machen würden
- zusätzliche lerngegenstandsbezogene und lernbezogene Fördermaßnahmen und ihr Erfolg
- Ergebnisse der Gespräche mit Kolleginnen und Bezugspersonen
- außerschulische und familiäre Gegebenheiten, die aktuelles Erleben und Verhalten vermutlich beeinflussen
- prognostische Angaben zu erreichbaren und nichterreichbaren Zielen; Vermutung des sonderpädagogischen Förderbedarfs

sonderpädagogischer Dienst

Bei der Förderung des Schülers in der allgemeinen Schule und bei der Erstellung des pädagogischen Berichtes sollte ein Beratungslehrer, Schulpsychologe oder Sonderpädagoge im Rahmen des „sonderpädagogischen Dienstes" beratend helfen („*kooperative Problemberatung*"). Die volle Unterstützung des Sonderpädagogen ist nötig, wenn sonderpädagogischer Förderbedarf vermutet wird. Im Rahmen einer „kooperativen Diagnostik" aller Beteiligter werden lernbezogene und lerngegenstandsbezogene Schwierigkeiten und Kompetenzen detailliert erfasst sowie eine mögliche Optimierung der Ressourcen und Lernbedingungen vor Ort ausgelotet. Die Ergebnisse der Diagnostik („*Förderdiagnostik*") münden in die Konzeption eines individuellen Förderplanes ein, der im Rahmen der integrativen Förderung mit sonderpädagogischer Hilfe in der allgemeinen Schule umgesetzt werden soll. Der Nachweis des sonderpädagogischen Förderbedarfs, der Förderplan sowie die Wirksamkeit der Maßnahmen werden wiederum in einem pädagogischen Bericht dokumentiert, der als gemeinsames „Kommuniqué" von Lehrerin und unterstützendem Sonderpädagoge nach einem Förderabschnitt erstellt wird.

Förderdiagnostik

1.4 Das sonderpädagogische Gutachten in pädagogischen Handlungsfeldern

Zeichnet sich ab, dass trotz aller Bemühungen die allgemeine Schule dem sonderpädagogischen Förderbedarf eines Schülers nicht gerecht werden kann, wird eine umfassende sonderpädagogische Begutachtung bzw. eine Prüfung der Notwendigkeit der sonderpädagogischen Förderung in einer Sonderschule erforderlich. Diese diagnostischen Aufgaben finden ihren Niederschlag im sonderpädagogischen Gutachten.
Dem sonderpädagogischen Gutachten kommen somit verschiedene Aufgaben zu: a) Als *Beratungs- und Fördergutachten* dient es z. B. einem Förderausschuss der Begründung und Konzeption eines individuellen Förderplanes. b) Als *Umschulungs- bzw. pädagogisch-psychologisches*

Gutachten bezieht es Stellungnahme zu der Entscheidung, ob ein individueller Förderplan nur am Förderort „Sonderschule" zu realisieren ist. c) Als sprachheilpädagogisches Gutachten bzw. logopädisches Gutachten verdeutlicht es die Notwendigkeit einer sprachheilpädagogischen bzw. sprachtherapeutischen Förderung in einem Sprachheilkindergarten oder in einer schulischen oder außerschulischen Institution zur Betreuung und Behandlung sprachbehinderter Menschen. d) Als Entscheidungsgutachten wirkt es mit bei administrativen Entscheidungen wie u. a. bei Ein-, Aus- und Umschulungen, bei der Verlängerung der Schulzeit oder bei der Unterbringung im Heim.

2 Das sonderpädagogische Gutachten

2.1 Allgemeine Ziele und Funktionen des Gutachtens

Die durch eine problemzentrierte pädagogisch-psychologische Untersuchung gewonnenen Hypothesen über die aktuelle Lebenssituation, die vermuteten Bedingungshintergründe, die anzustrebenden Ziele sowie die entsprechenden Änderungsmaßnahmen strukturieren sich zu einem umfassenden Bild, das als „*Fallkonzept*" bezeichnet wird (vgl. SCHOOR 2000, 211, Abb. 6).

Fallkonzept

> Im sonderpädagogischen Gutachten wird dieses mental repräsentierte Fallkonzept schriftsprachlich dargestellt; d.h. es ist das Bemühen, die durch die Untersuchung aufgebaute mental repräsentierte psychologische Gestalt in eine isomorphe Sprachform zu übertragen.

Ob mit dem Gutachten das Fallkonzept übermittelt werden kann und vom Gutachtenempfänger in seiner intendierten Grundstruktur aufgenommen und verstanden wird, hängt neben der Darstellungsform von der kognitiv-affektiven Aufnahmebereitschaft und den Frage- und Problemstellungen des Empfängers ab.
Für das weitere Vorgehen bei der Lösung pädagogisch-therapeutischer Probleme ist letztlich nicht das Fallkonzept des Gutachtenschreibers, sondern das des Empfängers entscheidend. Mit dem Gutachten kann ein Fallkonzept völlig neu aufgebaut werden (der Empfänger kennt den Probanden nicht und muss sich deshalb auf dem Hintergrund seines Wissens und seiner Einstellungen das übermittelte Konzept „zu eigen" machen); ein bestehendes Fallkonzept kann in Teilen oder gänzlich revidiert werden müssen (der Adressat, der den Probanden bereits kennt bzw. betreut, soll mit dem vermittelten Fallkonzept zu neuen Einsichten und Verhaltensalternativen gelangen); vorhandene, zum Teil noch unstrukturierte Fallkonzepte der am pädagogisch-diagnostischen Prozess Beteiligten sollen zu einem gemeinsamen Fallkonzept vereint werden (Gutachten als gemeinsames Kommuniqué; vgl. KAUTTER et al. 1984, SCHOOR ^{2}1984).

0. Gutachtenkopf

0.1 Überschrift: *Sonderpädagogisches Gutachten (Pädagogisch-psychologisches Gutachten, Sprachheilpädagogisches Gutachten, Logopädisches Gutachten...)*

0.2 Person- und Untersuchungsdaten:
Name, Vorname; Geburtsdatum, -ort, -land. Alter zum Zeitpunkt der Untersuchung Schule, Klasse (Institution, Gruppe)...
Erziehungsberechtigte
Untersucher, Untersuchungszeitraum, -ort(e)

1. Untersuchungsanlass und Fragestellung

Aktuelle Lebenssituation des Pd und Problemkonstellation
Fragestellung des Auftraggebers; leitende Fragestellung(en) für die Begutachtung

2. Durchführung der Untersuchung

2.1. Darstellung und Begründung des Vorgehens:
Planung der Datenbeschaffung: Begründung der hypothesengeleiteten Auswahl der diagnostischen Verfahren und der diagnostischen Schritte
2.2 Untersuchungssituationen:
Darstellung der Untersuchungsdurchführung und -bedingungen; Störbedingungen bei der Realisierung des Untersuchungsplanes

3. Interpretierende Darstellung der Untersuchungsergebnisse

3.1. Biographische Daten:
Bedingungshintergründe u. -konstellationen in der Lebensgeschichte und der gegenwärtigen Lebenssituation, die Einfluss haben auf den Entwicklungsverlauf und auf aktuelles Verhalten und Erleben.
3.2. Selbstbild des Probanden:
Selbstkonzepte und Selbstbewertung
3.3. Entwicklungsstand in sprachbasalen Bereichen:
Motorik, Sensomotorik, Wahrnehmung, Kognition, sozial-affektiver Bereich.
3.4. Entwicklungsstand im sprachlichen Bereich:
Phonetische- u. phonologische Ebene, syntaktisch-morphologische Ebene, lexikalisch-semantische Ebene, pragmatisch-kommunkative Ebene
3.5. Lern- und Arbeitsverhalten:
Lern- und lerngegenstandsbezogene Fähigkeiten und Schwierigkeiten (u. a. Schriftsprachbereich); Problemlöseverhalten

4. Zusammenfassung der zentralen Hypothesen

Zentrale Hypothesen über den Ist-Zustand, seine Bedingungshintergründe und abgeleitete Förderziele

5.Schlussfolgerungen für pädagogisches und sprachtherapeutisches Handeln

5.1 Förderungsbereiche und Förderungsziel
Beschreibung des individuellen Förderbedarfs
5.2. Förderungsvorschläge:
Ausgangslage, Vorgehensweise, Methoden, Zuständigkeiten; Förderort Einbezug weiterer diagnostischer und pädagogisch-institutioneller Hilfen
5.3 Beantwortung der Fragestellung
5.4 Ausblick: *Prognose: Denkbare Erfolge durch die Förderungsmaßnahmen und mögliche Grenzen.*

Literatur *Fachliteratur, Unterrichtswerke, Arbeitsmittel, Förderprogramme*

Anlagen *Anlagenverzeichnis mit Dokumentation der Untersuchung und der Untersuchungsergebnisse.*

Abbildung 3: Schema zur Gliederung von Sonderpädagogischen Gutachten

2.2 Der Aufbau von Gutachten

Auch wenn sich sonderpädagogische Gutachten in ihren Zielen und Funktionen unterscheiden, kann ein Schema zur Gutachtengliederung vorgeschlagen werden, das als Orientierungshilfe zum Aufbau von Gutachten dienen soll (vgl. Abbildung 3).
In der weitgehenden Übereinstimmung in den veröffentlichten Gliederungsschemata (u. a. KAUTTER et al. 1984, BUNDSCHUH [4]1999, KRETSCHMANN & ARNOLD 1999, PROBST & HOFFMANN 1999, ARNOLD 2000) widerspiegelt sich die Auffassung, dass der Begutachtungsprozess als wissenschaftlich angeleitete Einzelfalldiagnostik den Regeln eines hypothesengeleiteten Problemlösungs- und Entscheidungsprozesses folgt: Ausgehend von der Fragestellung und pädagogischen Problemanalyse orientiert sich die Planung und Durchführung der Untersuchung sowie die Interpretation der Untersuchungsergebnisse an den Hypothesen über den Ist-Zustand, seine Bedingungshintergründe, den Zielen und den Änderungsmaßnahmen.

> Im Gutachten wird dieser hypothesengeleitete, pädagogisch-diagnostische Prozess dokumentiert und transparent gemacht.

2.3 Die inhaltliche Gestaltung von Gutachten

Im Folgenden wird das vorgestellte Gliederungsschema kommentiert und Möglichkeiten der alternativen Gestaltung aufgezeigt:

Gutachtenkopf

Gutachtenkopf: Das Gutachten ist ein professionell erstelltes, nachprüfbares, vertrauliches Dokument, das Probanden- und Untersuchungsdaten unverschlüsselt wiedergibt. Ist der Datenschutz nicht gewährleistet (die Auflage der Vertraulichkeit liegt nicht vor), so sind nicht geschützte Daten zu verschlüsseln.

Untersuchungsanlass und Fragestellung

Untersuchungsanlass und Fragestellung: Dieser Abschnitt dient dem Aufbau eines ersten rahmenhaften Fallkonzeptes. Herausragende Ereignisse in der Lebensgeschichte und Daten zur aktuellen Lebenssituation dienen der Problemerhellung in der gegenwärtigen Lebenslage des Probanden. Fragestellungen werden vom Auftraggeber übernommen, gegebenenfalls präzisiert und ausdifferenziert, manchmal – im Konsens – neuformuliert oder ergänzt (z. B. wegen neuer Erkenntnisse aus der Untersuchung).

Durchführung der Untersuchung

Durchführung der Untersuchung: Alle Quellen der Datengewinnung und -verarbeitung werden aufgeführt. Die Untersuchungsverfahren können nach Inhaltsbereichen sortiert, in der zeitlichen Reihenfolge ihrer Durchführung oder in der sachlogischen Abfolge angegeben werden. Aber nur bei letzterer Dokumentation wird das hypothesengeleitete, schrittweise Vorgehen begründet und somit der Aufbau und die Auswahl der Verfahren nachvollziehbar. Sofern keine ungewöhnlichen, aus dem Kontext heraus nicht zu erwartende Verfahren ausgewählt wurden, muss die Entscheidung für ein bestimmtes Verfahren nicht begründet werden

(z. B. einen Lautprüfbogen zur Überprüfung des Phoninventars). Der Weg von der in der Regel nicht fachspezifisch formulierten Fragestellung zum fachwissenschaftlich begründeten Diagnose-Instrumentarium muss für den Gutachtenleser gedanklich nachvollziehbar sein („Aussprachefehler" führen über die „Analyse des Phoninventars" zur „phonologischen Analyse").

Erwähnt werden müssen Störungen des Untersuchungsplanes und des -ablaufs, etwa weil geplante Verfahren nicht, nur teilweise oder nicht in vorgesehener Form eingesetzt werden können oder gewünschte Informationen nicht zugänglich sind, oder weil die Bereitschaft des Probanden zur Mitarbeit eingeschränkt ist.

Interpretation

Interpretierte Darstellung der Untersuchungsergebnisse:
Die Untersuchungsergebnisse können quellenbezogen in objektiver bzw. deskriptiver Form (z. B. im Begriffssystem der Untersuchungsverfahren) wiedergegeben werden (so z. B. KORNMANN [3]1984, BUNDSCHUH [4]1999) oder es werden nur jene Daten und Befunde angeführt, die im Begründungszusammenhang Bedeutung erhalten (s. KAUTTER et al. 1984). Der Übersichtlichkeit halber wird letztere Vorgehensweise vorgeschlagen: die Untersuchungsergebnisse werden dann in einem Anhang dokumentiert.

Reihenfolge der Inhaltsbereiche

Die hier gewählte Reihenfolge der Inhaltsbereiche ist keine allgemein gültige Empfehlung. Der Aufbau sollte eher einer „psychologischen Dramaturgie" folgen (Erklärungsmächtiges in der Regel zuerst) und: a) *erkenntnisprozessorientiert* sein (die Reihenfolge der Bereiche folgt dem hypothesengeleiteten Diagnoseplan); b) *biographieorientiert* sein (aktuelles Verhalten wird aus der Lebensgeschichte verstehbar); c) *sozialökologisch orientiert* sein (das Verhalten und Erleben ist Ergebnis der Auseinandersetzung mit der aktuellen Lebenssituation); d) *verhaltensorientiert* sein (Verhalten und Verhaltensdispositionen in ihrem dynamischen und hierarchischen Beziehungsgeflecht) oder e) *förderungsorientiert* sein (zuerst Bereiche mit vorrangiger Entscheidungsbedeutung für die Konzeption des Förderplanes).

Die im Befund fachwissenschaftlich zusammengefassten Untersuchungsergebnisse (z. B. „Sensomotorik", „Problemlöseverhalten") werden theoriegeleitet interpretiert, d.h. mittels pädagogisch-psychologischer Deutungsmuster (Alltags-, Berufserfahrungs- wissenschaftlich begründetes Wissen) werden Zusammenhänge hergestellt (Beziehungshypothesen). Beziehungshypothesen",4>BeziehungshypothesenBeziehungshypothesen lassen sich u. a. herleiten: a) aus den Ergebnissen zur psychosozialen und ökosystemischen Situation („geringe Sprachanregungen" für ein „Schlüsselkind"); b) aus den Befunden zum Selbstkonzept und zu den Verhaltensdispositionen („misserfolgsorientiert" wegen geringer „Selbstwirksamkeitserwartung"); c) aus den Ergebnissen verschiedener Untersuchungsverfahren (Leistungsunterschiede im aktiven und passiven Wortschatz sprechen für „Wortformfindungsstörungen"); d) aus den biographischen Daten und den Untersuchungsergebnissen (ein „sozial isoliertes" Kind vom „Aussiedlerhof" zeigt „Sprechangst"); e) aus der Komorbidität von Syndromen („gelernte Hilflosigkeit" eines „selektiv mutistischen Mädchens").

Zusammenfassung und Schlussfolgerungen:

> Mit dem Gutachten wird ein diagnostisch begründeter Förderplan übermittelt; d.h. aus der Feststellung des Förderungsbedarfs, der lernbeeinträchtigenden und lern- und entwicklungsförderlichen Bedingungen wird der individuelle Förderplan erstellt.

Die konkreten Förderziele werden hierarchisiert und hieraus Prioritäten im zeitlichen Ablauf der Vorgehensweise festgelegt. Der pädagogisch-therapeutische Handlungsplan wird in seinen didaktischen und methodischen Grundzügen aufgezeigt und auf die gezielte Verknüpfung von Förderschwerpunkten hingewiesen. Mit dem Förderplan wird die Entscheidung über den Förderort angebahnt.

Förderort

Die konkrete Ausdifferenzierung des Förderplanes erfolgt erst während der Förderung („*praxisbegleitende Diagnostik*"; „*diagnosegeleitete Förderung*") durch die Passung der Angebote an die individuelle Ausgangslage.

praxisbegleitende Diagnostik

3 Probleme im Prozess der Begutachtung

Da mit einem Gutachten nicht leichthin zu korrigierende, lebensbedeutsame Entscheidungen getroffen werden, müssen sich Verfasser wie Auftraggeber ihrer Verantwortung im Kommunikationsprozess bewusst sein. Die schriftliche Kommunikation kann – wie die mündliche – misslingen, wenn der Empfänger den Inhaltsaspekt missachtet („ich bilde mir mein eigenes Urteil"), die Beziehungsebene missdeutet („besserwisserisches Gehabe"), den Selbstoffenbarungsaspekt überbetont („voreingenommener Diagnostiker") oder die Appellfunktion überhöht („ich lasse mich nicht bevormunden"). Beim Empfänger werden auch Widerstände geweckt, wenn ein durch implizite Persönlichkeitstheorien gefestigtes Fallkonzept (z. B. verführt eine generationenübergreifende Bildungsbiografie zu Etikettierungen wie „familiärer Sprachschwächetypus") mit dem im Gutachten mitgeteilten Fallkonzept nicht in Einklang gebracht und verändert werden muss.

Der Verfasser des Gutachtens muss diese Probleme antizipieren und sich darauf einstellen, indem er u. a.:

Hinweise für die Abfassung von Gutachten

- sich verständlich ausdrückt (Gebrauch von Fachbegriffen nur dann, wenn Alltagsbegriffe missverständlich sind) und Aussagen belegt (Konkretisierung durch Beispiele)
- alle Informationsquellen kennzeichnet
- die Qualität der Informationen verdeutlicht (objektive Daten, subjektive Informationen, Hypothesen)

- die Herkunft pädagogisch-psychologischer Deutungsmuster durchsichtig macht (Alltags-, Berufserfahrungswissen oder wissenschaftlich fundierte Deutung)
- stark belastete Beurteilungen und Entscheidungen nicht zu gesicherten Aussagen macht (etwa bei Störungen der Untersuchung, bei uneinheitlichen Ergebnissen oder erwartungsdiskrepanten Befunden)
- gesellschafts- und bildungspolitisch motivierte Entscheidungen nicht mit dem Deckmantel des vermeintlichen „Wohl des Kindes“ umhüllt (Konflikte im Zusammenhang mit Separierungsentscheidungen)
- zusammenfassende Hypothesen (Konstrukte zu Verhaltensdispositionen oder Störungssyndromen) nicht durch das Nachschieben von nicht belegten Informationen zu stützen und abzurunden versucht
- den Blick auf die Stärken eines Probanden richtet und weniger auf die Defizite
- nicht in die Rolle des Besserwissers schlüpft (genaue Arbeitsaufträge an den Gutachtenempfänger) und nicht zuletzt
- den Text sprachlich so verfasst, dass alle am diagnostisch-pädagogischen Prozess Beteiligten ihn ohne Aggressions- und Schuldgefühle akzeptieren können.

Prävention aus medizinischer Sicht

Waldemar von Suchodoletz

1 Prävention in der Medizin

Unter Prävention in der Medizin werden alle ärztlichen Maßnahmen zusammengefasst, die der Vorbeugung von Erkrankungen oder Behinderungen dienen. Diese können darin bestehen, dass Krankheitsursachen, noch bevor sie zu einer Beeinträchtigung der Gesundheit führen, beseitigt werden (primäre Prävention) oder auch darin, dass das Auftreten schwerer Erkrankungsstadien durch eine frühzeitige Erkennung und Behandlung verhindert wird (sekundäre Prävention). Der dritte Bereich (tertiäre Prävention) beinhaltet die Vermeidung einer Verschlechterung bei eingetretener Erkrankung durch eine Verhinderung von Komplikationen bzw. durch rehabilitative Maßnahmen. Zur Prävention in der Medizin zählen somit sowohl ärztliche Bemühungen um Erhaltung und Überwachung von Gesundheit als auch die Prophylaxe von Verschlechterungen bereits bestehender Erkrankungen durch therapeutische Interventionen.

1.1 Primäre Prävention

Durch primär präventive Maßnahmen ist es in den letzten Jahrzehnten in beeindruckender Weise gelungen, das Auftreten zahlreicher Erkrankungen, von denen viele mit Funktionsstörungen des Gehirns und demzufolge auch mit Sprachstörungen einhergehen, zu verhindern. Für die Prophylaxe von Sprachstörungen im Zusammenhang mit Hirnerkrankungen sind Maßnahmen zur Vermeidung von Infektionskrankheiten und zur Überwachung von Schwangerschaft und kindlicher Entwicklung von grundlegender Bedeutung. Trotz beeindruckender Erfolge stehen jedoch einige Eltern Präventivprogrammen skeptisch gegenüber und gerade bei älteren Kindern werden vorbeugende Maßnahmen, wie Impfungen oder Vorsorgeuntersuchungen, nicht selten versäumt.

Infektionskrankheiten, insbesondere diejenigen, die durch Viren hervorgerufen werden, können zu Schädigungen des Nervensystems führen. Nicht nur bei einer direkten Beteiligung der Sprachzentren, sondern auch bei Schädigung allgemeiner kognitiver Funktionen, motorischer Hirnareale oder peripherer Neuronen sind Sprachstörungen die Folge. Durch Impfprogramme , eine Expositionsprophylaxe (Desinfektion, Sterilisation, Isolierung von Erkrankten) und eine Verminderung der allgemeinen Infektanfälligkeit (Verbesserung der Ernährung u. a.) haben

Impfprogramme

Infektionen manches von ihrem Schrecken verloren. In diesem Zusammenhang ist auch die Zahl der im Rahmen von Infektionserkrankungen auftretenden Störungen der Sprache deutlich zurückgegangen.

Rötelnembryopathie

Ein besonders eindrucksvolles Beispiel für den Erfolg von Impfaktionen ist die Prävention der Rötelnembryopathie. Rötelninfektionen der Mutter in den ersten drei Schwangerschaftsmonaten führen in ca. 25 % der Fälle zu embryonalen Schädigungen. Entwicklungsstörungen des Zentralnervensystems und Hörstörungen durch Innenohrläsionen, die beide mit einer Beeinträchtigung der Sprachentwicklung einhergehen, treten bei jedem zweiten der betroffenen Kinder auf. Rötelnimpfungen nach dem 10. Lebensjahr, wie sie im Impfkalender für alle Mädchen vorgesehen sind, haben diese schwer wiegende Erkrankung in Europa nahezu in Vergessenheit geraten lassen.

Schwangerschaftsvorsorge

Für die primäre Prävention von Sprachstörungen sind Vorsorgeuntersuchungen während Schwangerschaft und der kindlichen Entwicklung von ähnlich weit reichender Bedeutung wie die Impfprogramme. Durch regelmäßige Überwachung des Gesundheitszustands der Schwangeren können Risiken für das Kind frühzeitig erkannt und in vielen Fällen abgewendet werden. So lässt sich durch rechtzeitige Diagnostik und Behandlung einer drohenden Frühgeburt, einer Stoffwechselentgleisung oder eines Mangelzustandes verhindern, dass beim Kind eine Schädigung des Gehirns mit den entsprechenden Beeinträchtigungen der Sprachentwicklung auftritt.

Während der Geburt können insbesondere intrazerebrale Blutungen infolge zu starker mechanischer Belastungen beim Durchtritt des Kopfes durch den Geburtskanal sowie Sauerstoffmangel zu Hirnläsionen führen.

Geburtsüberwachung

Eine laufende Überwachung von Wehentätigkeit und Herzfrequenz des Kindes, bei der Geburtsüberwachung inzwischen Routine, lassen Gefährdungen frühzeitig erkennen. Dadurch können bereits, bevor irreversible Hirnschädigungen eingetreten sind, therapeutische Maßnahmen ergriffen werden.

Früherkennungsuntersuchungen

Vorsorgeuntersuchungen des Kindes beginnen gleich nach der Geburt (U1) und werden bis zum mittleren Schulalter (U10) in regelmäßigen Abständen wiederholt. Ziel der ersten U-Untersuchungen ist es, Gefährdungen des Kindes zu erkennen und Schädigungen durch Intensivmaßnahmen zu vermeiden bzw. zu mindern. Die späteren U-Untersuchungen dienen insbesondere der Früherkennung von Entwicklungsauffälligkeiten und damit der Sekundärprävention.

U1

Im Rahmen der U1 wird 5 und 10 Minuten nach der Geburt der Apgar-Wert bestimmt. Dieser beinhaltet eine Beurteilung von Hautfarbe, Atmung, Herzschlag, Tonus und Reflexantwort beim Absaugenund stellt ein einfaches Maß für den Vitalzustand des Kindes dar. Aus dem Apgar-Score lässt sich die Notwendigkeit intensivmedizinischer Interventionen ableiten.

U2

Bei der U2 am 3.–10. Tag finden Normabweichungen im Bereich von Schädel, Motorik, Nervensystem und Sinnesorganen besondere Beachtung. Blutuntersuchungen ermöglichen eine Diagnostik von Hormon- bzw. Stoffwechselerkrankungen, wie Hypothyreose, Phenylketonurie, Galaktosämie und Mukoviszidose. Beim Nachweis einer Hypothyreose oder Phenylketonurie sind durch eine konsequente Therapie negative

Auswirkungen auf die Hirnentwicklung, die bei nicht behandelten Kindern zu erheblichen kognitiven Defekten führen, vermeidbar.

1.2 Sekundäre Prävention

Ab der U3, die in der 4.–6. Woche vorgesehen ist, gehört eine Beurteilung von Motorik, Sprachentwicklung und Hörfähigkeit zum Screeningprogramm. Es werden u. a. Reaktionen auf laute Geräusche überprüft und bei Auffälligkeiten sind kurzfristige Kontrollen und eine weiterführende pädaudiologische Diagnostik vorgesehen. Gleichzeitig wird auf Lautäußerungen im zufriedenen und gesättigten Zustand geachtet, die als wichtige Schritte der präverbalen Sprachentwicklung anzusehen sind. U3 bis U10

Im Rahmen der weiteren U-Untersuchungen wird die Sprachentwicklung anhand einfacher Beurteilungskriterien weiter verfolgt (Tab. 1). Screeningverfahren, die leicht zu handhaben und damit auch in der pädiatrischen Ambulanz anzuwenden sind, erlauben ein frühzeitiges Erkennen von Sprachauffälligkeiten. So wird z. B. für die U8 (3½ – 4 Jahre) das Screeningverfahren zur Erfassung von Sprachentwicklungsverzögerungen (SEV) von Heinemann & Höpfner (1993) empfohlen.

Tabelle 1: Auffällige Befunde bei der Beurteilung der Sprachentwicklung im Rahmen der Früherkennungsuntersuchungen im Kindesalter (nach Allhoff et al. 1991)

U1 (nach der Geburt)	keine Prüfung
U2 (3.–10. Tag)	keine Prüfung
U3 (4.–6. Woche)	kaum oder keine spontanen Lautäußerungen
U4 (3.–4. Monat)	kaum oder keine spontanen Lautäußerungen
U5 (6.–7. Monat)	kaum oder keine spontanen Lautäußerungen, kein stimmhaftes Lachen
U6 (10.–12. Monat)	auffallend ruhig, keine Silbenverdoppelungen
U7 (21.–24. Monat)	versteht und befolgt keine einfachen Aufforderungen, kann auf Befragen nicht drei Körperteile bei sich oder einer Puppe zeigen
U8 (43.–48. Monat)	viele und konstante Stammelfehler, Anstoßen/Unterbrechungen/Wiederholungen im Redefluss, keine Mehrwortsätze, kein Verwenden von „ich“, keine Pronomina, keine adäquaten Antworten auf einfache Fragen (Was machst Du, wenn Du müde bist? ... Du Hunger hast? ... Dir kalt ist?)
U9 (60.–64. Monat)	konstantes Stammeln, unverständliche Aussprache, Poltern, Stottern, eingeschränkter Wortschatz, häufige morphologische oder syntaktische Fehler, inadäquate Antworten auf komplizierte Fragen (Was scheint nachts am Himmel? Was lebt im Wasser? Können Schornsteine qualmen?)

Wie die Vorsorgeuntersuchungen durchzuführen sind und welche Konsequenzen sich aus auffälligen Befunden ergeben, wird durch Richtlinien des Zentralinstituts für die kassenärztliche Versorgung festgelegt (ALLHOFF et al. 1991). Doch obwohl die U-Untersuchungen eine Beurteilung aller für die Sprachentwicklung relevanten Bereiche in regelmäßigen Abständen vorsehen, wird das Ziel einer frühzeitigen Diagnosestellung in vielen Fällen nicht erreicht. Hörstörungen werden übersehen und Sprachretardierungen nicht ausreichend ernst genommen, so dass Maßnahmen zur Sekundärprävention nicht greifen können. Gerade bei der Vorbeugung von Entwicklungsstörungen hinkt die Praxis den vorhandenen Möglichkeiten hinterher.

1.3 Tertiäre Prävention

Tertiäre Prävention wird nicht sofort als solche deutlich, doch viele Maßnahmen der kurativen Medizin sind auch tertiär präventiv wirksam, indem Komplikationen und Verschlechterungen verhindert werden. Wenn nach einem Schädel-Hirn-Trauma durch die Sicherstellung der Vitalfunktionen oder eine Senkung des Hirndrucks sekundäre Hirnschädigungen verhütet werden, so verhindern diese Interventionen das Auftreten von Komplikationen, ohne dass die Behandlung als Präventivmaßnahme ins Auge fällt. Auch eine Rehabilitation, die durch eine Vermeidung des Einschleifens falscher Sprach- oder Bewegungsmuster zur Verhütung einer Verschlechterung beiträgt, gehört in den Bereich der Tertiärprävention. Therapie, Rehabilitation und Tertiärprävention sind somit nicht scharf voneinander abzugrenzen.

2 Prävention einzelner Sprech- und Sprachstörungen

Die Prävention von Sprech- und Sprachstörungen beinhaltet eine Vielzahl von Interventionen, die je nach zugrunde liegendem Störungsbild recht unterschiedlich sein können. Jede Grunderkrankung benötigt jeweils spezifische Präventivmaßnahmen.

Eine Einteilung von Sprech- und Sprachstörungen nach pathogenetischen Gesichtspunkten erlaubt eine Systematisierung vorbeugender Schritte. Sprache lässt sich schematisch als Regelkreis, dessen einzelne Bereiche isoliert störbar sind, darstellen (Abb. 1). Bei einer Einteilung von Sprachstörungen nach dem betroffenen Regelkreismodul sind Sprech- und Sprachstörungen bei allgemeinen Hirnfunktionsstörungen bzw. psychiatrischen Erkrankungen von Aphasien bei Erkrankungen der Sprachzentren, Dysarthrien bei Störungen motorischer Systeme und audiogenen Störungen bei peripheren oder zentralen Hörstörungen abzugrenzen.

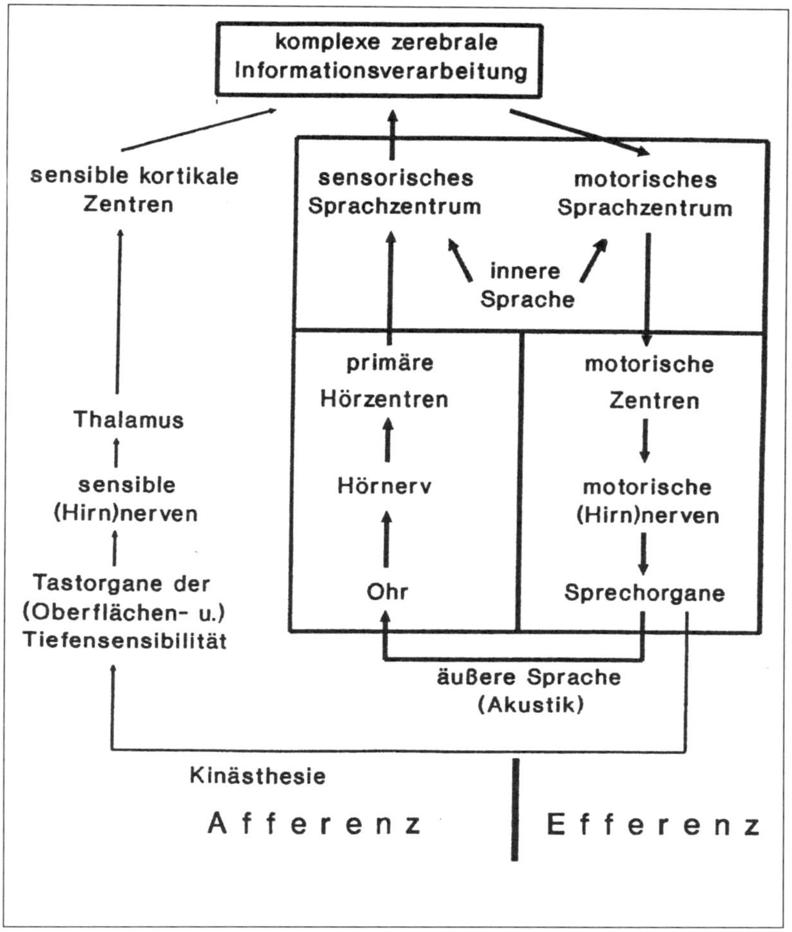

Abbildung 1: Sprachregelkreis

2.1 Prävention von Sprech- und Sprachstörungen bei anderen Erkrankungen

Sekundäre Sprech- und Sprachstörungen treten insbesondere im Zusammenhang mit allgemeinen kognitiven Beeinträchtigungen (primäre Intelligenzstörung, Demenzprozesse) und psychiatrischen Erkrankungen (Autismus, Schizophrenie, Mutismus, Konversionsneurosen mit Aphonie) auf.

Die Prophylaxe von Sprech- und Sprachstörungen im Zusammenhang mit allgemeinen hirnorganischen Erkrankungen besteht in einer Prävention von Hirnschädigungen. Zur Vermeidung solcher frühkindlicher Lä-

frühkindliche Hirnschädigungen

sionen werden seit Jahren intensive und erfolgreiche Bemühungen in der Schwangerenvorsorge, Geburtsüberwachung und Neugeborenen-Intensivtherapie unternommen. Viele Kinder, die noch vor 20 Jahren mit großer Wahrscheinlichkeit eine schwere prä- oder perinatale Hirnschädigung erlitten hätten, haben heute gute Chancen auf eine ungestörte Entwicklung. Andererseits überleben dank Intensivtherapie Kinder, die früher verstorben wären, dann allerdings nicht selten mit Schädigungen des Gehirns. Die Grenze zwischen Kindern mit guten Entwicklungschancen und mehr oder weniger großem Risiko einer Hirnläsion hat sich immer weiter zu den kleineren und unreiferen Kindern hin verschoben. Die prozentuale Häufigkeit frühkindlicher Hirnschädigungen hat sich jedoch kaum verändert.

psychiatrische Erkrankungen

Die zweite Gruppe sekundärer Sprech- und Sprachstörungen bilden Sprachstörungen im Rahmen psychiatrischer Erkrankungen. Die Möglichkeiten zur Prophylaxe des Autismus oder endogener Psychosen sind derzeitig begrenzt. Ansatzpunkte für eine Prävention finden sich jedoch bei psychoreaktiven Störungen (z. B. Mutismus, Konversionsneurose). Durch Konfliktminimierung bzw. Stärkung der Kompetenz zur Konfliktverarbeitung lässt sich die Gefahr einer psychischen Fehlentwicklung verringern. Hierbei handelt es sich aber eher um eine allgemein gesellschaftliche als um eine spezifisch ärztliche Aufgabe.

2.2 Prävention von Aphasien

Aphasien sind Folge von Schädigungen der Sprachzentren in der sprachdominanten Hemisphäre. Bei Erkrankungen vor dem achten Lebensjahr werden Aphasien allerdings nicht beobachtet. Selbst beim Ausfall der gesamten linken Hemisphäre treten keine gravierenden Sprech- oder Sprachstörungen auf. Defizite in der Sprache sind nicht ausgeprägter als allgemeine kognitive Leistungseinbußen. Das Gehirn verfügt somit in den ersten Lebensjahren über erstaunliche Kompensationsmöglichkeiten (v. Suchodoletz 2001).

Schlaganfall

Die häufigste Ursache von Aphasien sind hirnlokale Durchblutungsstörungen (Schlaganfall) infolge einer Gefäßverengung oder einer Blutung nach dem Platzen vorgeschädigter Hirngefäße. Eine ärztliche Prävention des Schlaganfalls ist durch Verminderung von Risikofaktoren möglich.

Insbesondere Herzkrankheiten gelten als Risikofaktoren. Nach einem Herzinfarkt, bei Herzklappenfehlern oder Herzrhythmusstörungen besteht durch eine Beeinträchtigung der lokalen Blutzirkulation oder durch Unebenheiten der inneren Oberfläche des Herzens die Gefahr der Entstehung von Blutgerinnseln, die mit dem Blutstrom ins Gehirn gelangen und zum Verschluss eines Hirngefäßes führen können. Das Schlaganfallrisiko ist beim Vorhofflimmern um das Sechs- bis Achtfache erhöht. Eine effektive Prophylaxe von Hirninsulten ist nicht nur durch eine konsequente Behandlung der Primärerkrankung, sondern auch durch eine Langzeitgabe von Medikamenten, die ein Verkleben der Blutplättchen hemmen (Thrombozytenaggregationshemmer) bzw. die Gerinnbarkeit des Blutes herabsetzen (Antithrombotika) möglich.

Zu weiteren Schlaganfallrisiken gehören Bluthochdruck und ein erhöhter Spiegel von Blutzucker (Diabetes) bzw. Blutfetten (Hypercholesterinämie). Diese Erkrankungen spielen bei der Entstehung einer Arteriosklerose eine wesentliche Rolle. Frühzeitige Diagnostik und konsequente Therapie können zur deutlichen Senkung des Schlaganfallrisikos führen, das z. B. durch eine Zuckerkrankheit um das Zwei- bis Dreifache ansteigt. Genauso wichtig wie die ärztliche Prävention ist jedoch eine gesunde Lebensführung mit Vermeidung von Risiken für eine Arteriosklerose bzw. einen Schlaganfall (Rauchen, Übergewicht, übermäßiger Stress, Drogen).

2.3 Prävention von Dysarthrien

Dysarthrien treten im Zusammenhang mit Erkrankungen pyramidaler, extrapyramidaler bzw. zerebellärer motorischer Hirnzentren oder Erkrankungen motorischer Hirnnerven auf. Je nach Grunderkrankung sind Präventivmaßnahmen mehr oder weniger effektiv.

Kernikterus

Eine erfolgreiche Prophylaxe gelingt bei der exprapyramidalen Dysarthrie im Zusammenhang mit einem Kernikterus (Bilirubin-Enzephalopathie) infolge einer Rhesusunverträglichkeit. In früheren Jahren litten ca. 0,6 % der Bevölkerung an dieser Erkrankung, die mit einer Choreoathetose, Intelligenzdefekten und Hörstörungen einhergeht. Die Sprache ist infolge einer extrapyramidale Dysarthrie oft unverständlich. Ursache ist eine Blutgruppenunverträglichkeit zwischen Mutter und Kind, die bei der Mutter zur Bildung von Antikörpern gegen die roten Blutkörperchen des Kindes führt. Diese werden zerstört und das im kindlichen Blut freigesetzte Bilirubin bewirkt eine toxische Schädigung insbesondere basaler extrapyramidaler Hirnzentren. Eine erste Schwangerschaft führt zu einer Sensibilisierung der Mutter, ohne dass die Antikörperproduktion gefährliche Ausmaße erreicht. Eine Schädigung des Kindes ist erst bei weiteren Schwangerschaften zu befürchten. Seit ca. 40 Jahren ist eine erfolgreiche Prophylaxe der häufigsten Form der Blutgruppenunverträglichkeit – der Rhesusunverträglichkeit (Mutter Rh-negativ, Kind Rh-positiv) – möglich. Im Rahmen von Vorsorgeuntersuchungen werden während der Schwangerschaft routinemäßig Blutgruppenantikörper bestimmt. Beim Nachweis irregulärer Antikörper im mütterlichen Blut erfolgt eine intensive Schwangerschaftsüberwachung mit Ultraschalluntersuchungen sowie Fruchtwasserpunktionen und ggf. wird die Geburt vorzeitig eingeleitet. Nach der Geburt wird der Bilirubinspiegel des Kindes engmaschig überprüft und bei deutlich erhöhten Werten eine Fototherapie bzw. eine Austauschtransfusion durchgeführt. Die Mutter erhält IgG-Anti-D, um die Erythrozyten des Kindes aus ihrem Blut zu eliminieren und so einer Sensibilisierung vorzubeugen. Damit werden Gefährdungen späterer Schwangerschaften weitgehend verhindert. Durch konsequente Prophylaxe und Therapie ist in Deutschland die Zahl der an einem Kernikterus erkrankten Kinder um über 90 % zurückgegangen (Behrens & Lelle 1997).

Dysarthrien im Zusammenhang mit degenerativen Erkrankungen motorischer Systeme können bislang nicht durch präventive Interventionen vermieden werden. Aber auch bei diesen derzeitig schicksalhaft verlaufenden Krankheitsbildern sind für die nahe Zukunft grundlegend neue Möglichkeiten zu erwarten. Als Ursache degenerativer Erkrankungen werden Stoffwechselstörungen infolge von Gendefekten vermutet. Präimplantationsdiagnostik und Gentherapie könnten Ansatzpunkte zur Verhütung derartig schwerer Krankheitsbilder liefern. Zuvor ist aber nicht nur eine Aufklärung der Genstruktur bei einer Vielzahl degenerativer Syndrome, sondern auch eine Klärung grundlegender ethischer Fragen erforderlich.

degenerative Erkrankungen

2.4 Prävention von audiogenen Sprech- und Sprachstörungen

Eine ungestörte Sprachentwicklung tritt nur ein, wenn Kinder die Umgebungssprache ausreichend deutlich wahrnehmen und über die Möglichkeit zur auditiven Kontrolle eigener Sprechversuche verfügen. Eine beidseitige hochgradige Innenohrschwerhörigkeit oder Taubheit führen unweigerlich zu Sprech- und Sprachstörungen bzw. zum Ausbleiben der Sprachentwicklung, wenn nicht therapeutisch eingegriffen wird. Die Rehabilitationsergebnisse hängen entscheidend vom Beginn der Behandlung ab (Yoshinaga-Itano et al. 1998). Im Zentrum der Prävention von Störungen der Sprachentwicklung bei hörgeschädigten Kindern stehen apparative Hörhilfen in Verbindung mit einer Sprachtherapie. Eine beidseitige Hörgeräteversorgung ist bereits ab dem 3. bis 6. Lebensmonat sinnvoll. Für Kinder mit Taubheit oder an Taubheit grenzender Schwerhörigkeit ist in den letzten Jahren ein Cochlea implant das Mittel der ersten Wahl geworden. Taub geborene Kinder werden so früh als möglich operiert, um für den primären Spracherwerb optimale Bedingungen zu schaffen.

Hörscreening

Voraussetzung einer rechtzeitigen Behandlung ist frühzeitiges Erkennen einer Hörstörung, das bei hochgradigem Hörverlust schon in der Neugeborenenperiode möglich ist. Eine verlässliche Diagnose sollte bis zum Alter von sechs Monaten gestellt sein. „Jede Diagnostik einer Hörstörung jenseits des sechsten Lebensmonats ist bereits eine Zuspätdiagnostik" (Böhme 1997, 210). Insbesondere Risikokinder und Kinder aus Familien mit hereditärer Schwerhörigkeit müssen hinsichtlich ihrer Reaktion auf Geräusche sorgfältig überwacht werden.

Obwohl eine Überprüfung von Reaktionen auf Geräusche ab der U3 (4. bis 6. Woche) zum Programm der Vorsorgeuntersuchungen gehört (Tab. 2), sind es meistens die Eltern, die eine Hörstörung als erste vermuten und nur recht selten Kinderärzte (Hartmann 1988). Den Hinweisen von Eltern wird allerdings oft wenig Beachtung geschenkt. Bis heute werden selbst hochgradige Hörminderungen viel zu spät erkannt. Das Durchschnittsalter der Diagnosestellung von an Taubheit grenzenden Hörstörungen liegt bei 1;9 Jahren, bei hochgradigen Störungen bei 2;5 Jahren und bei leichten bei 6;2 Jahren (Finckh-Kramer et al. 1998). Auch vom

Zeitpunkt, zu dem der Haus- bzw. Kinderarzt erstmals den Verdacht auf eine Hörstörung äußert, bis zur fachärztlichen Diagnose vergehen in der Regel weitere 9 Monate (HARTMANN 1993). Günstiger ist die Situation, wenn bereits bei einem Geschwisterkind eine Hörstörung bekannt ist. Dann finden im Zusammenhang mit Routineuntersuchungen des hörgeschädigten Kindes Hinweise auf Hörminderungen bei den anderen Kindern der Familie eher Berücksichtigung (FINCKH-KRAMER et al. 2001).

Tabelle 2: Beurteilung der Hörfähigkeit im Rahmen der Früherkennungsuntersuchungen im Kindesalter (nach ALLHOFF et al. 1991)

U1 (nach der Geburt)	keine Prüfung
U2 (3.–10. Tag)	Inspektion auf Ohrfehlbildungen
U3 (4.–6. Woche)	reflektorische Reaktionen auf Geräusche (u. a. aureopalpebraler Reflex)
U4 (3.–4. Monat)	Verhaltensaudiometrie (Reaktionen auf laute standardisierte Schallquellen von 60 dB, 3000–4000 Hz)
U5 (6.–7. Monat)	Verhaltensaudiometrie (Reaktionen auf standardisierte Schallquellen von 50–60 dB, 1000–4000 Hz)
U6 (10.–12. Monat)	Verhaltensaudiometrie (Reaktionen auf standardisierte Schallquellen von 50 dB, 1000–4000 Hz)
U7 (21.–24. Monat)	Verhaltensaudiometrie bzw. Screening Audiometrie (Reaktionen auf standardisierte Schallquellen von 30–40 dB, 500–6000 Hz)
U8 (43.–48. Monat) U9 (60.–64. Monat) U10 (10.–13. Jahr)	Screening Audiometrie (Reaktionen auf Töne von 30 dB, in mindestens zwei Frequenzen)

Zur Verbesserung der Prävention von Sprachstörungen infolge von angeborenen Hörminderungen wird eine routinemäßige Screeninguntersuchung aller Neugeborenen in den ersten Lebenstagen gefordert (STRUTZ & MANN 2001). Eine einfache und zuverlässige Methode, Hörstörungen von über 30 dB schon im Säuglingsalter zu erfassen, ist die Messung der transitorischen evozierten otoakustischen Emission (TEOAE). Hierbei handelt es sich um eine Überprüfung der Funktion der äußeren Haarzellen des Innenohres, die sich bei Beschallung kontrahieren. Gemessen wird die dabei abgegebene mechanische Energie. Nach den Ergebnissen der umfangreichen RIHAP-Studie (Rhode Island Hearing Assessment Project) ist im Säuglingsalter die Messung der TEOAE allen anderen Methoden der objektiven Audiometrie hinsichtlich Zuverlässigkeit und Einfachheit eindeutig überlegen. Inzwischen gibt es einfach zu bedienende Geräte, die eine Durchführung durch Schwestern auf der Neugeborenenstation ermöglichen. Die Untersuchung dauert lediglich 5 bis 10 Minuten und kann beim schlafenden oder ruhig liegenden Kind erfolgen, ohne dass eine medikamentöse Ruhigstellung erforderlich wäre. Die Messergebnisse werden automatisch verarbeitet und als „bestanden“ bzw. „nicht bestanden“ ausgegeben. Bei Kindern, die den Test auch bei Messwiederholungen nicht bestehen, ist eine ausführliche pädaudiologi-

otoakustische Emission

sche Untersuchung zu veranlassen. Würden zumindest Risikokinder (familiäre Belastung mit Hörstörungen, Risikoschwangerschaft bzw. -geburt, Fehlbildungen im Kopfbereich u. a.) im Neugeborenenalter untersucht, so könnten $^{2}/_{3}$ aller angeborenen Hörstörungen rechtzeitig einer Therapie zugeführt werden.

3 Prävention von Sprachentwicklungsstörungen

Sprachentwicklungsstörungen sind mit einer Prävalenz von etwa 7 % sehr häufige Normabweichungen während der Entwicklungsphase eines Kindes (Tomblin et al. 1997). Medizinische Möglichkeiten zur Prävention sollen deshalb gesondert besprochen werden.

3.1 Bedeutung der Prävention frühkindlicher Hirnschädigungen

Sprachentwicklungsstörungen beruhen nach übereinstimmender Auffassung auf Hirnfunktionsstörungen. Neuroanatomische und neuroradiologische Untersuchungen haben allerdings keine groben Veränderungen der Hirnstruktur nachweisen können. Lediglich in Bereichen des oberen Schläfenhirns, denen eine wesentliche Bedeutung bei der Verarbeitung verbal-akustischer Informationen zukommt, und in unteren Bereichen des Stirnhirns, deren Schädigung im Erwachsenenalter zur Broca-Aphasie führt, wurden diskrete morphologische Auffälligkeiten beobachtet (v. Suchodoletz 1997). Als Ursache werden auf Grund der Art der strukturellen Veränderungen, die als charakteristisch für embryonale Läsionen anzusehen sind, Migrationsstörungen im Rahmen einer frühkindlichen Hirnschädigung diskutiert (Clark & Plante 1998). Diese Vermutung stützt sich auch auf Tierversuche an Ratten. Bei Rattenembryonen wurden Bereiche der sekundären akustischen Hirnrinde durch Vereisung geschädigt. Die Tiere zeigten später morphologische Hirnveränderungen, ähnlich denen von Kindern mit einer Sprachentwicklungsstörung. Zudem wurde bei den Ratten in neuropsychologischen Experimenten eine auditive Diskriminationsschwäche bei schnell hintereinander folgenden Reizen nachgewiesen, eine Teilleistungsstörung, die auch bei Kindern mit Sprachentwicklungsstörungen beobachtet wird. Die Autoren sehen deshalb ihre Experimente als Tiermodell für umschriebene Sprachentwicklungsstörungen an (Fitch et al. 1994).

Der Frage, ob eine frühkindliche Hirnschädigung zu Sprachentwicklungsstörungen führt, wurde bei Kindern mit Risiken während Schwangerschaft, Geburt bzw. früher postnataler Entwicklung in mehreren prospektiven Längsschnittstudien nachgegangen. Werden Kinder mit erheblichen Risiken, wie z. B. einem extrem niedrigen Geburtsgewicht, in ihrer Entwicklung verfolgt, so fallen Störungen in der Sprachentwicklung auf,

Längsschnittstudien

die auch nicht durch fördernde Umweltbedingungen oder therapeutische Interventionen kompensierbar sind (Wolke & Meyer 1999). Aber auch leichtere – sehr häufige – Schwangerschafts- bzw. Geburtskomplikationen gehen mit einer Beeinträchtigung der Sprachentwicklung einher. Dabei ist nicht das Einzelrisiko ausschlaggebend, sondern die Zahl der Gesamtrisiken, deren Effekte kumulieren. Derartige negative Einflüsse leichterer biologischer Risiken sind aber nicht anhaltend. Sie sind im zweiten Lebensjahr eindeutig zu belegen, verschwinden aber bis zum Ende der Pubertät. Psychosoziale Einflussfaktoren nehmen im Laufe der Kindheit an Bedeutung zu und überdecken schließlich die biologisch verursachte Komponente. Die Sprachentwicklung dieser Kinder wird durch eine enge Wechselwirkung biologischer und psychosozialer Risiken bestimmt (Meyer-Probst & Teichmann 1984, Meyer-Probst & Reis 1999). Dabei finden sich Unterschiede zwischen der Entwicklung semantischer und syntaktischer Fähigkeiten. Letztere sind im Gegensatz zu semantischen Leistungen vom psychosozialen Umfeld unabhängig und stärker durch biologische Faktoren determiniert (Rice et al. 1999).

Bei Sprachauffälligkeiten als Folge biologischer Risiken handelt es sich aber nicht um umschriebene Sprachentwicklungsstörungen. Beeinträchtigungen anderer kognitiver Funktionen sind bei Kindern mit frühkindlichen Hirnschädigungen gleichfalls nachweisbar. Eine Prävention biologischer Risiken während Schwangerschaft und Geburt kann somit zu einer Prophylaxe von Störungen der Sprachentwicklung bei allgemeiner Entwicklungsretardierung beitragen, nicht aber zu einer Verminderung der Zahl von Kindern mit umschriebenen Sprachentwicklungsstörungen.

3.2 Bedeutung der Prävention von Hörstörungen

Schallleitungsschwerhörigkeit

Oft berichten Eltern von sprachgestörten Kindern darüber, dass im Kindergartenalter eine vorübergehende Schwerhörigkeit im Zusammenhang mit Mittelohrentzündungen bestanden hätte. Schönweiler (1992) ging der Frage nach, wie häufig Hörstörungen bei sprachgestörten Kindern tatsächlich anzutreffen sind. Dabei zeigte sich, dass von 1300 Kindern, die in einer pädaudiologischen Ambulanz wegen einer Sprachentwicklungsstörung vorgestellt worden waren, 48 % eine Hörstörung hatten. Bei 95 % handelte es sich um Tubenbelüftungsstörungen mit wechselnder Schallleitungsschwerhörigkeit um 20 dB. Insbesondere waren jüngere Kinder, die sich in der sensiblen Phase der Sprachentwicklung befanden, betroffen. Diese Ergebnisse werfen die Frage auf, welche Bedeutung leichtere Hörstörungen in den ersten Lebensjahren für die Ätiologie von Sprachentwicklungsstörungen haben und ob eine konsequente Behandlung von Hörstörungen die Manifestation einer Sprachentwicklungsstörung verhindern kann.

Ein Zusammenhang zwischen Sprachentwicklungsstörung und Schallleitungsschwerhörigkeit wird in Studien der 80er Jahre eindeutig bejaht. Auch Schönweiler (1992) fand bei sprachgestörten Kindern mit einer Tubenbelüftungsschwerhörigkeit schlechtere Sprachleistungen als bei solchen ohne Hörstörung. Die unzureichende Berücksichtigung zusätzlicher Einflussfaktoren und das Fehlen von Kontrollgruppen schränkt jedoch die Aussagefähigkeit vieler der älteren Studien erheblich ein. In gut kontrollierten prospektiven Untersuchungen der letzten Jahre sind die Ergebnisse weniger eindeutig.

Mittelohrentzündung

So konnte in einer Studie von Roberts et al. (1991) bei Nachuntersuchungen von Kindern, die in den ersten drei Lebensjahren eine Mittelohrentzündung mit Tubenbelüftungsstörungen hatten, im Alter zwischen 4 ½ und 6 Jahren kein Einfluss der Ohrerkrankung auf Leistungen in der Spontansprache und in standardisierten Sprachtests nachgewiesen werden. Auch rezidivierende Mittelohrentzündungen (mindestens sechs Erkrankungsschübe innerhalb eines Jahres) wirken sich nach Harsten et al. (1993) nicht negativ auf die Sprachentwicklung bzw. die akustische Diskriminierungsfähigkeit im Alter von 4 und 7 Jahren aus. In einer groß angelegten Längsschnittstudie mit Kontrolle zahlreicher Kovariaten fanden Peters et al. (1997) bei 946 Kindern, die im zweiten bis vierten Lebensjahr an beidseitigen Mittelohrentzündungen mit Tubenbelüftungsstörungen erkrankt waren, keinen Einfluss der vorübergehenden Schallleitungsschwerhörigkeit auf die Sprach- oder Leseleistungen im Alter von sieben Jahren. Nur wenn zusätzliche Risikofaktoren, wie Frühgeburt oder niedriges Geburtsgewicht, hinzukamen, unterschieden sich Kinder mit frühen Ohrerkrankungen geringfügig von solchen ohne Hinweise auf fluktuierende Hörstörungen.

Shriberg et al. (2000a) konnten eine signifikante, wenn auch niedrige Korrelation zwischen der Hörfähigkeit im 12. bis 18. Lebensmonat und dem Sprachentwicklungsstand mit drei Jahren nachweisen. Bei Kindern mit frühen Hörstörungen waren sowohl die expressiven und rezeptiven Sprachleistungen als auch die phonologischen Fähigkeiten schlechter als bei solchen mit unauffälligem Hörbefund. Die Ergebnisse hinsichtlich des Einflusses von chronischen Mittelohrentzündungen mit Paukenerguss hingegen waren widersprüchlich. Bei Untersuchungen der Inanspruchnahmepopulationen verschiedener Kliniken fanden sich bei Patienten der einen Klinik Zusammenhänge zwischen Ohrerkrankungen und Sprachentwicklung, bei denen der anderen jedoch nicht (Shriberg et al. 2000b).

Paukenröhrchen

Paradise et al. (2001) versuchten die Frage zu klären, ob durch eine frühe Behandlung eines Paukenergusses mittels Parazentese und Einsetzen eines Paukenröhrchens die Sprachentwicklung günstig beeinflusst werden kann. Ein Vergleich von 169 Kindern mit früher Behandlung und 66 Kindern mit späterem operativen Eingriff erbrachte keinen Unterschied zwischen den Gruppen hinsichtlich Lautproduktion, mittlerer Länge der Äußerungen, Wortschatz, rezeptiver Sprache, allgemeiner kognitiver Entwicklung und Verhaltensparametern.

Insgesamt zeigen die Untersuchungen der letzten Jahre, dass der Einfluss von Hörstörungen auf die Sprachentwicklung lange Zeit überschätzt worden war. Leichtere Hörstörungen führen, auch wenn sie während der sensiblen Phase der Sprachentwicklung auftreten, allenfalls zu geringen Verzögerungen bei der Aneignung des Lautrepertoires und der Sprachentwicklung. Entzündliche Ohrerkrankungen scheinen insbesondere dann eine negative Wirkung auf sprachliche Leistungen zu entfalten, wenn weitere organische Risikofaktoren hinzukommen. Die Möglichkeit einer Prävention von Sprachentwicklungsstörungen durch eine frühzeitige und konsequente Behandlung entzündlicher Ohrerkrankungen ist somit eher begrenzt.

4 Zusammenfassung

Sprech- und Sprachstörungen treten häufig im Zusammenhang mit organischen Erkrankungen des Gehirns oder psychiatrischen Krankheitsbildern auf. Eine Verhütung dieser Grunderkrankungen dient gleichzeitig der Prävention entsprechender Sprachstörungen. In der Kindheit sind Impfprogramme und Vorsorgeuntersuchungen besonders erfolgreiche Präventivmaßnahmen. Durch Impfungen bleiben Kinder von zahlreichen Infektionen und den damit verbundenen Gefährdungen des Gehirns verschont. Vorsorgeuntersuchungen während Schwangerschaft, Geburt und postnataler Entwicklung ermöglichen die Vermeidung schwerwiegender Risiken, und Kinder mit Entwicklungsauffälligkeiten kommen rechtzeitig in Betreuung. Im Erwachsenenalter ist die Therapie von Herz- und Kreislauferkrankungen zur Prävention des Schlaganfalls und damit einhergehender Aphasien von besonderer Bedeutung.

Erheblicher Nachholbedarf besteht im Bereich der Früherkennung von Hörstörungen. Trotz vorgeschriebener Überprüfungen der Hörfähigkeit während der Früherkennungsuntersuchungen werden selbst hochgradige Hörminderungen oft zu spät erkannt und vom Zeitpunkt der Äußerung eines Verdachts bis zur endgültigen Diagnosestellung und Therapie vergeht noch zu viel Zeit. Obwohl es inzwischen effektive und kostengünstige Methoden für eine objektive Audiometrie gibt, mit denen Hörstörungen bereits im Säuglingsalter zuverlässig erfasst werden können, ist ein solches Screening als Routineuntersuchung auf Neugeborenenstationen bislang nicht vorgesehen.

Präventive medizinische Interventionen bei primären Sprech- und Sprachstörungen (umschriebene Sprachentwicklungsstörung, Stottern u. a.) sind hingegen kaum verfügbar. Ähnlich verhält es sich mit Sprech- und Sprachstörungen im Rahmen schwer oder nicht behandelbarer Erkrankungen, zu denen z. B. degenerative Syndrome zählen. Der enorme Kenntniszuwachs im Bereich der Genetik lässt jedoch in den nächsten Jahren auch in diesem Bereich wesentliche Fortschritte erwarten.

Prävention aus neuropsychologischer Sicht

Josef Zihl & Karin Münzel

Neuropsychologie befasst sich mit den Auswirkungen einer angeborenen oder erworbenen Hirnschädigung auf psychische Funktionen, d.h. auf Wahrnehmung, Aufmerksamkeit, Lernen und Gedächtnis, Denken, Sprache, Motorik sowie Motivation und Emotionen. Prävention beinhaltet alle vorbeugenden Maßnahmen zur Verhinderung negativer Folgen für die physische und psychische Gesundheit. Neuropsychologische Maßnahmen, die einer Störung der Entwicklung oder des Gebrauchs von Sprache „zuvorkommen", gehören zu den Präventionsmaßnahmen, die die daraus resultierende Einschränkung der persönlichen Entfaltungsmöglichkeiten verhindern oder zumindest mildern helfen (vgl. STRASSBURG, DACHENEDER & KRESS 1997). Die frühe Diagnostik solcher Funktionsstörungen und die Einleitung geeigneter Therapiemaßnahmen setzen die Kenntnis der Zusammenhänge zwischen dem Sprachsystem und anderen psychischen Funktionssystemen voraus. Die Aufgaben neuropsychologischer Prävention betreffen sicherlich in besonderer Weise den postnatalen Zeitbereich, in dem sich die Sprache des Kindes entwickelt, umfassen aber auch die Zeit nach dem Spracherwerb, wenn das Sprachsystem durch nicht-sprachliche Funktionsstörungen (z. B. im kognitiven Bereich) indirekt in seiner Funktionsweise beeinträchtigt wird.

Auswirkungen gestörter Funktionssysteme auf die Sprache

In diesem Beitrag werden nach einer kurzen Erläuterung grundlegender entwicklungsneuropsychologischer Aspekte die Auswirkungen gestörter und damit unzureichender Funktionssysteme dargestellt, die für die Entwicklung und den Gebrauch von Sprache eine besondere Rolle spielen.

1 Grundlegende entwicklungsneuropsychologische Aspekte

Anlage und Umwelt

Die Entwicklung sprachlicher Kompetenz hängt von verschiedenen Voraussetzungen ab, die sich in vereinfachter Form unter den Begriffen „Anlage" und „Umwelt" zusammenfassen lassen (vgl. Abb. 1). Das Zentralnervensystem (ZNS) entwickelt sich auf der Basis genetischer Informationen, die auch dafür verantwortlich sind, dass sich die verschiedenen Strukturen von der Neurogenese bis zur Ausdifferenzierung in einer geordneten zeitlichen Abfolge ausbilden. Diese Entwicklungsordnung gilt für die morphologische Organisationsebene ebenso wie für die

Ebene der physiologischen Aktivitäten und der Transmittersysteme (Übersicht bei HEUBROCK & PETERMANN 2000; JOHNSON 1997). Die entstehenden Funktionssysteme lassen sich unter anderem dadurch kennzeichnen, dass die beteiligten Strukturen auf eine gemeinsame Leistung spezialisiert sind. Für ihre Entwicklung sind Lernprozesse unter Einbezug der Außenwelt unabdingbar; sie bilden die entscheidende Grundlage für die Entstehung reiz- und reaktionsbezogener Aktivitätsmuster und damit auch für den Erwerb der verschiedenen Leistungen bzw. Teilleistungen eines Funktionssystems. Die erforderlichen Koordinations- und Kooperationsprozesse werden durch dichte, in der Regel reziprok angelegte anatomische Verbindungen sicher gestellt. Funktionssysteme sind entweder räumlich konzentriert, wie z. B. das visuelle Wahrnehmungssystem, oder räumlich verteilt, wie z. B. das Sprachsystem. Zwischen den verschiedenen Funktionssystemen bestehen über afferente und efferente Bahnen direkte und indirekte Wechselbeziehungen.

Wechselwirkungen zwischen verschiedenen Funktionssystemen

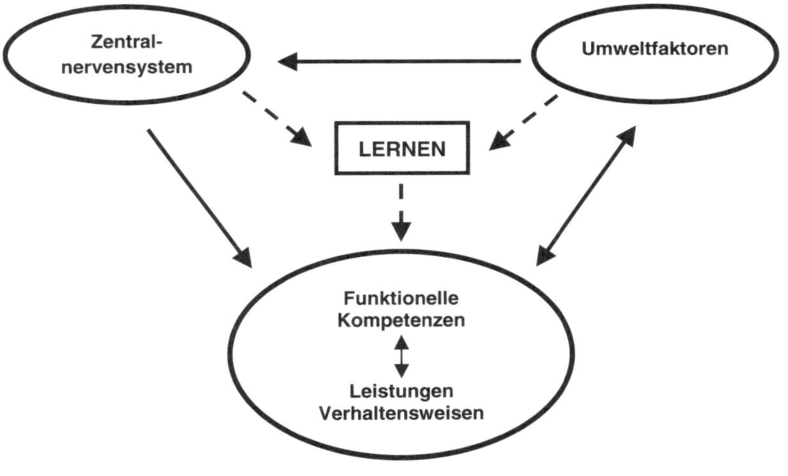

Abbildung 1: Wechselwirkungen zwischen neurobiologischen Faktoren (vor allem der Gehirnentwicklung und -differenzierung), Gehirnfunktionen, funktionellen Kompetenzen und Leistungen bzw. Verhaltensweisen. Das Zentralnervensystem stellt die Strukturen und Prozesse zur Entwicklung der verschiedenen Funktionssysteme und ihrer Zusammenarbeit zur Verfügung; Lernprozesse sorgen für die Entwicklung funktioneller Kompetenzen, die die Grundlage für Leistungen und Verhaltensweisen darstellen. Umweltfaktoren beeinflussen die Entwicklung der Funktionssysteme des Zentralnervensystems in den sensiblen Entwicklungsperioden sowie (über Lernprozesse) auch in der späteren Entwicklung. Funktionelle Kompetenzen erlauben ihrerseits die Anpassung der Umwelt an eigene Interessen und Fertigkeiten.

Die erfolgreiche Etablierung eines Funktionssystems ist in erster Linie von seiner morphologischen Entwicklung abhängig. Störungen dieser Entwicklung infolge fehlender Reifungs- und Differenzierungsprozesse sind mit einer entsprechenden Beeinträchtigung der Funktionsentwicklung verbunden (SPREEN, RISSER & EGDELL 1995; STEINHAUSEN 2000; STRASSBURG, DACHENEDER & KRESS 1997). Zusätzlich zur ungestörten morphologischen Entwicklung eines Funktionssystems (z. B. des Sprachsystems), seiner internen Kooperation sowie seiner Kooperation mit anderen Funktionssystemen (z. B. den Aufmerksamkeits- und Gedächtnissystemen oder dem motorischen System) bedarf es ganz wesentlich der Verfügbarkeit und Wirksamkeit von Informationen aus der Umwelt. Ohne diese sensorischen Informationen, die über die verschiedenen Sinnesmodalitäten in das ZNS gelangen und dort verarbeitet und kodiert werden, kann die Entwicklung eines Funktionssystems nicht „normal" voranschreiten. Im Entwicklungsplan sind besondere Zeitabschnitte vorgesehen, in denen die Umwelt sozusagen die führende Rolle für die Weiterentwicklung übernimmt und das betreffende Funktionssystem besonders empfänglich dafür ist. Diese Zeitabschnitte sind durch ein besonders effizientes und intensives Lernen gekennzeichnet; man nennt diese Zeitfenster deshalb auch zu Recht „sensible Phasen".

Bedeutung der Umwelt für Reifungsprozesse

sensible Phasen

Es ist bisher nicht genau bekannt, wann für welches Funktionssystem die sensible Phase beginnt, wie viele solcher Phasen stattfinden, und welche Dauer die jeweiligen Zeitfenster aufweisen. Bekannt sind jedoch die Folgen fehlenden Umwelteinflusses in diesen Phasen: es kann zu irreversiblen Entwicklungsstörungen kommen.

Das betroffene Funktionssystem kann sich nicht wie im Plan vorgesehen weiter entwickeln; die davon abhängigen Leistungen werden sich ebenfalls nicht ausbilden können, und unter Umständen gehen bereits angelegte Grundlagen verloren. Beispiele für solche Entwicklungsstörungen sind die fehlende Ausbildung visueller Wahrnehmungsleistungen bei Kindern mit Trübungen der Hornhaut oder der Linse (Moseley, Neufeld & Fielder 1998) oder die fehlende Sprachentwicklung eines Kaspar Hauser aufgrund fehlender Sprachreize in seinen ersten Lebensjahren (vgl. Curtiss 1977). Es hat sich mittlerweile gezeigt, dass Kinder mit einem prä- oder postnatalen Hörverlust von einem Cochlearimplantat insofern profitieren können, da dieses technische Hilfsmittel eine deutlich günstigere Sprachentwicklung ermöglichen kann (Lenarz et al. 1996; Quellet & Cohen 1999; für eine umfangreiche Diskussion siehe Leonhardt 1998).

Ein anderer kritischer Faktor für die ungestörte Entwicklung eines Funktionssystems ist die für das jeweilige Entwicklungsstadium notwendige Verfügbarkeit von unterstützenden Aktivitäten und Einflüssen anderer Funktionssysteme. Für die Sprache spielen sicherlich die Wahrnehmungssysteme, vor allem Sehen und Hören, das sprechmotorische System und das semantische bzw. verbale Gedächtnissystem eine eher spezifische Rolle. Das Aufmerksamkeitssystem, das exekutive Funktionssystem und die Funktionssysteme für Antrieb und Affekt interagieren hingegen mit dem Sprachsystem in einer eher globalen Form. Ohne die Unterstützung durch diese globalen Funktionssysteme können sich auch spezifische Funktionssysteme nicht entwickeln und ihre Funktionsfähigkeit aufrechterhalten bzw. optimieren. In Abbildung 2 sind einige wichtige nicht-sprachliche Funktionssysteme in ihrer Bedeutung für die Sprache zusammengefasst.

Spezifische Zusammenhänge und globale Unterstützung von Funktionssystemen

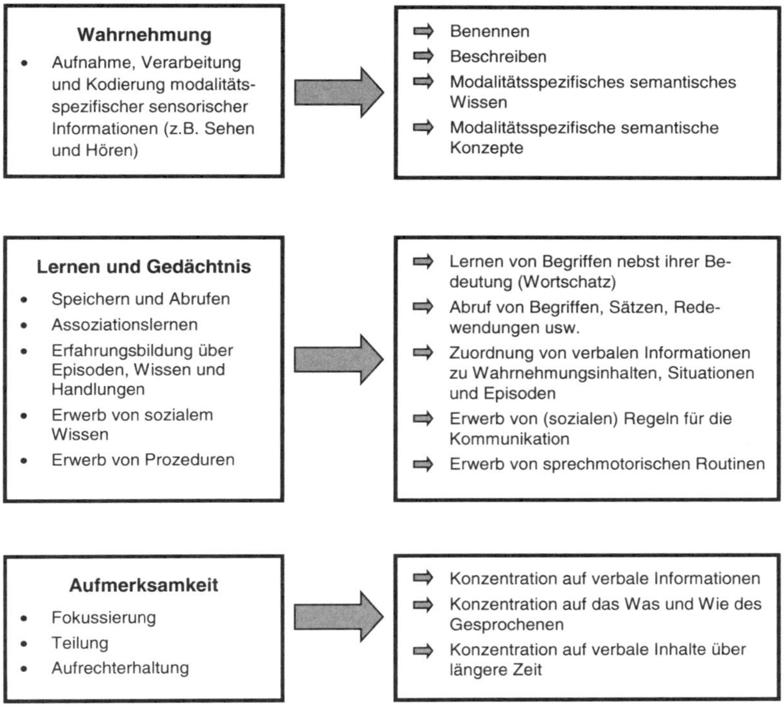

Abbildung 2: Beispiele für Zusammenhänge zwischen einigen spezifischen nichtsprachlichen Leistungen in ihrer Bedeutung für die Sprache (Lesen und Schreiben wurde nicht berücksichtigt)

Jede Störung des Entwicklungsprozesses kann morphologische oder physiologische Veränderungen verursachen und die vollständige Entwicklung und Stabilisierung von Funktionen verhindern. Allgemein wird zwar eine größere Anpassungsfähigkeit (Plastizität) des Gehirns während seiner frühen Entwicklung angenommen; ob dies allerdings zutrifft, ist unklar (Anderson et al. 2001). Der Umstand, dass eine Entwicklungsstörung oder Schädigung des ZNS in der Regel mehrere Funktionssysteme betrifft, wird die Plastizität auf jeden Fall begrenzen, weil dabei häufig auch solche Funktionssysteme betroffen sind, die für Anpassungsprozesse eine kritische Rolle spielen, z. B. Antrieb (Neugierde), Wahrnehmung, Aufmerksamkeit, Lernen und Gedächtnis, exekutive Funktionen und Emotionen. Deshalb ist es für die diagnostische Erfassung bereits im frühesten Kindesalter wichtig, neben den sprachlichen Leistungen auch diese Funktionsbereiche zu erfassen. So erfordert z. B. bereits die zuverlässige differenzialdiagnostische Unterscheidung zwischen primären („echten") und sekundär verursachten Sprachentwicklungsstörungen die Berücksichtigung des Zusammenspiels des Sprachsystems mit anderen Funktionssystemen.

Plastizität

Notwendigkeit der frühen Diagnostik

2 Auswirkungen beeinträchtigter nicht-sprachlicher Funktionen auf sprachliche Leistungen

2.1 Wahrnehmung

Das Neugeborene ist bereits zur Entdeckung, Lokalisation und Unterscheidung von Reizen in allen Modalitäten fähig; allerdings sind die visuellen Fähigkeiten zu diesem Zeitpunkt am wenigsten weit entwickelt. Die Repräsentation von Wissen ist in den ersten Lebensjahren im Wesentlichen wahrnehmungsbasiert; dies gilt sowohl für das episodische als auch für das (prä-)semantische Wissen (so genannte Metakognition; BAUER, 1997; COLE & COLE, 2001). Wissenskategorien sind in dieser Lebensphase somit vor allem Wahrnehmungskategorien, und jede Störung der Aufnahme, Verarbeitung und Kodierung sensorischer Informationen wird sich in einer entsprechend begrenzten Wissensbasis ausdrükken. Diese Begrenzung beeinträchtigt ihrerseits die Bildung von Wissenskategorien und damit die Begriffszuordnung bzw. -verwendung. Im Folgenden wird dies am Beispiel von zwei Wahrnehmungssystemen erläutert, indem ausgehend von ihrer zentralnervösen Organisation ein Überblick über die für die Sprachentwicklung kritischen Wahrnehmungsstörungen gegeben wird.

Visuelle Wahrnehmung
Der visuelle Kortex befindet sich im so genannten Hinterhauptlappen (Okzipitallappen) und teilt sich in einen primären (striärer Kortex oder Brodmann Areal 17; V1 nach der neuen Nomenklatur) und einen sekundären Anteil (visueller Assoziationskortex). Die mehr als 30 verschiedenen Areale des visuellen Assoziationskortex verarbeiten die verschiedenen visuellen Informationen (z. B. Position, Form, Farbe, Bewegung, Objekte, Gesichter usw.); sie bilden die Grundlage für die visuelle Diskriminationsfähigkeit sowie für das visuelle Erkennen bzw. Wiedererkennen. Zum Zeitpunkt der Geburt ist das visuelle System zwar morphologisch teilweise entwickelt; aufgrund der pränatal fehlenden externen Stimulation finden die entscheidenden morphologischen und funktionellen Entwicklungsschritte erst nach der Geburt statt (HAINLINE 1998; JOHNSON 1997).

visuelle Wahrnehmung und Sprache

Zu den sprachlichen Leistungen, die von einer beeinträchtigten visuellen Wahrnehmung in besonderer Weise betroffen sind, zählt zweifellos das visuelle Benennen. Typische visuelle Wahrnehmungsstörungen, die den Erwerb bzw. die Verwendung der korrekten Zuordnung eines Begriffs zu einem Objekt (Gegenstände, Gesichter, Tiere, Szenen, Orte, usw.) beeinträchtigen können, sind Störungen der Sehschärfe und der räumlichen Kontrastauflösung, der Farb- und Formwahrnehmung sowie der visuellen Raumwahrnehmung. Wenn nur ein Auge betroffen ist, reicht das andere Auge für eine „normale" Entwicklung der visuellen Wahrnehmungsfähigkeiten (außer dem Binokularsehen) aus. Sehr viel kritischer sind hingegen Sehstörungen nach angeborener oder erworbener Hirnschädigung, da die Sehleistungen beider Augen betroffen sind. Die Störungen der oben genannten visuellen Teilleistungen beeinträchtigen sowohl das visuelle Unterscheiden als auch das visuelle Erkennen. Im Fall visuell-agnostischer Störungen, die Objekte (Objektagnosie), Gesichter (einschließlich Alter, Geschlecht und Gesichtsausdruck; Prosopagnosie), Orte (Topographagnosie) und Buchstaben (reine Alexie) betreffen können (meist sind mehrere Kategorien gestört), ist nicht die Unterscheidung von Merkmalen, sondern das Erkennen selbst betroffen. Die Folge wird eine Beeinträchtigung des Lernens der Zuordnung von Begriffen zu visuellen Materialien und Kategorien bzw. ihrer Beschreibung oder eine Störung der richtigen Begriffsverwendung sein. Dutton et al. (1996) fanden in einer Gruppe von 90 Kindern mit frühkindlicher Hirnschädigung in insgesamt über 80 % eine primäre oder sekundäre Störung des visuellen Erkennens. Am häufigsten war das visuelle Erkennen von Gesichtern gestört, und zwar auch von vertrauten Menschen (Eltern, Geschwistern, Verwandte); man bezeichnet diese Störung als Entwicklungsagnosie bzw. -prosopagnosie. Daneben sind auch kategoriespezifische semantische Benennensstörungen (z. B. für Tiere) berichtet worden (Temple, 1997). Bei sonst ungestörter Sprachentwicklung lernen solche Kinder die Zuordnung der korrekten Bezeichnung (Name, Begriff) erfolgreich über die auditorische bzw. taktile Modalität. Allerdings ist zu bedenken, dass Kinder mit zerebralen Sehstörungen auch eine Beeinträchtigung in anderen Wahrnehmungsmodalitäten (z. B. in 15 % Störungen der Hörwahrnehmung; Spreen, Risser & Egdell 1995) aufweisen können.

Sehstörung, Lernen und die Zuordnung von Begriffen

Entwicklungsagnosie

Hörwahrnehmung

Die primären und sekundären auditorischen Areale liegen im Schläfenlappen (Temporallappen); ihre Funktionen ermöglichen das Unterscheiden und Erkennen von Tönen und Melodien, von zeitlichen Merkmalen (Rhythmus, Tempo), von Geräuschen (z. B. Telefonklingeln, Hundebellen) und von Musik. Die wesentliche Aufgabe des Hörsystems beim Menschen stellt die Verarbeitung von Sprachinformationen dar; diese Analyse bildet die Grundlage für das Verstehen von (gesprochener) Sprache. Einfache Hörfunktionen entwickeln sich bereits pränatal; schon Neugeborene können zwischen nicht-sprachlichen und sprachlichen Reizen unterscheiden und zeigen eine besondere Bevorzugung (menschlicher) Sprachlaute (Jusczyk, Houston & Goodman 1998).

Jede Störung auditiver Leistungen kann die Entwicklung des Sprachverständnisses beeinträchtigen; ähnliches gilt aber auch für das Entdecken, Unterscheiden und Erkennen nicht-sprachlicher auditorischer Reize, z. B. von Tönen und Geräuschen. Störungen der zentralen auditiven Verarbeitung bei Kindern können unter anderem die Ton- und Sprachunterscheidung, die auditorische Figur-Grund-Diskrimination und die Lokalisation akustischer Geräusche betreffen. Die schwerste zentrale Störung der Hörwahrnehmung wird als „congenital auditory imperception" bezeichnet (Spreen, Risser & Egdell 1995). Während bei manchen Kindern überhaupt keine Reaktionen auf akustische Reize zu beobachten sind, reagieren die meisten Kinder auf solche Reize, nicht jedoch auf gespro-

Auswirkungen zentraler auditiver Verarbeitungsstörungen

chene Sprache. Die erste Form der Störung wird auch als auditorische Agnosie, die zweite als verbale auditorische Agnosie (auch: kongenitale Wortblindheit) bezeichnet. Diese Form der Agnosie ist z. B. beim Landau-Kleffner Syndrom beschrieben worden (Temple 1997). Die Folge zentraler auditorischer Wahrnehmungsstörungen sind ähnlich wie die beschriebenen Auswirkungen visueller Wahrnehmungsstörungen; hinzu kommt jedoch als besonderes, spezifisches Defizit die Beeinträchtigung der rezeptiven Sprachentwicklung oder des (bereits erworbenen) Sprachverständnisses.

2.2 Aufmerksamkeit

Aufmerksamkeit stellt *die* grundlegende Ressource des Gehirns dar. Eine einfache Einteilung unterscheidet zwischen Intensität (Aktiviertheit, Leistungskapazität, Dauer) und Selektivität (Fokussierung oder Konzentrationsfähigkeit, Teilung der Aufmerksamkeit). An den verschiedenen Aufmerksamkeitskomponenten sind unterschiedliche kortikale und subkortikale Strukturen beteiligt. In der frühkindlichen Entwicklung wird die Aufmerksamkeit im Wesentlichen durch externe Ereignisse (Reize) gesteuert. In den ersten Lebensjahren entwickeln sich die verschiedenen Aufmerksamkeitskomponenten graduell im Kontext mit der Ausweitung der Neugierde und der Aktivitäten in den verschiedenen Funktionsbereichen, vor allem von Wahrnehmung und Motorik (Cole & Cole 2001).

Wachheit als Voraussetzung für ein Funktionieren des Sprachsystems

Eine beeinträchtigte Wachheit wird auch ein intaktes Sprachsystem kaum effizient funktionieren lassen. Störungen der fokussierten Aufmerksamkeit können die Konzentration auf sprachliche Informationen, solche der geteilten Aufmerksamkeit das gleichzeitige Beachten und Verarbeiten mehrerer sprachlicher oder sprachlicher und assoziierter nicht-sprachlicher (meist wohl wahrnehmungsbasierter) Informationen beeinträchtigen, und solche der Daueraufmerksamkeit die längerfristige fokussierte oder geteilte Konzentration auf verbale und (begleitende) nicht-verbale Informationen behindern (Anderson et al. 2001; Campbell & Dollaghan 1995). Die Folge wird eine unzureichende konzentrative Zuwendung sein, die ihrerseits eine kohärente Kommunikation erschweren wird. So können Aufmerksamkeitsstörungen auch den Spracherwerb indirekt behindern, weil eine kritische Voraussetzung für erfolgreiches Lernen nicht (ausreichend) gegeben ist (Spreen, Risser & Edgell 1995).

Aufmerksamkeit und Lernen

Zudem sind Aufmerksamkeitsstörungen häufig mit Lernstörungen assoziiert; diese Kombination stellt natürlich eine besonders ungünstige Konstellation auch für das verbale Lernen dar.

2.3 Lernen und Gedächtnis

Lernen führt zum Erwerb von Wissen, d.h. von persönlichen oder vermittelten Erfahrungen, Handlungsroutinen und Gewohnheiten; unter Gedächtnis versteht man die kurz- und langfristige Speicherung von Informationen in Form von Wissen über die Welt (semantisches Gedächtnis), über Ereignisse (episodisches Gedächtnis), das eigene Leben (autobiographisches Gedächtnis) und über Handlungen (prozedurales oder Handlungsgedächtnis). Das Gehirn verfügt über mehrere Gedächtnissysteme (Wahrnehmungswissen, semantisches Wissen, Ereignisse, Handlungen), die anatomisch getrennt sind (z. B. Wahrnehmungswissen im jeweiligen modalitätsspezifischen Assoziationskortex, semantisches Wissen im Temporallappen, Handlungswissen im Frontallappen). Für die vorübergehende, zeitbegrenzte Aufrechterhaltung und Verarbeitung der aufgenommenen Information besitzt das Gehirn ein eigenes Funktionssystem: das Arbeitsgedächtnis („Arbeitsspeicher"). Das Arbeitsgedächtnis spielt für die Sprache insofern eine wichtige Rolle, als es die vorübergehende Speicherung verbaler Informationen erlaubt und zusätzlich die Zusammenführung von und den Vergleich mit früheren Informationen (z. B. im Gespräch) ermöglicht. Die Fähigkeit zu lernen existiert bereits in der pränatalen Phase. In den postnatalen Entwicklungsperioden nehmen Lernaktivitäten und Speicherkapazität unter dem Einfluss der Umwelt und des Antriebs zur Erfahrungsbildung (Neugierde) rasch zu (Anderson et al. 2001; Slater 1998; Spreen, Risser & Edgell 1997). Die Fähigkeit zu lernen und Erfahrenes bzw. Gelerntes zu speichern gehört zu den kritischen Voraussetzungen für die Entwicklung aller Funktionssysteme; Störungen dieser Fähigkeit werden sich somit, gleichgültig ob angeboren oder erworben, praktisch immer auf Sprachleistungen auswirken.

Formen von Gedächtnissystemen

Gedächtnis und Sprache

> Da Störungen des Lernens und Gedächtnisses neben Einbußen der Aufmerksamkeit unabhängig von der Ätiologie der Hirnschädigung zu den häufigsten zerebralen Funktionsstörungen zählen (Anderson et al. 2001; Spreen, Risser & Edgell 1997), stellen sie neben den Wahrnehmungsstörungen die häufigste Ursache für eine suboptimale Sprachentwicklung bzw. Sprachkompetenz dar.

In besonderer Weise können der Spracherwerb (z. B. Lernen und Abruf von Wörtern, Redewendungen, grammatikalischen Regeln), die Assoziation zwischen Wahrnehmungs- bzw. Erfahrungsinhalten und Begriffen (z. B. für Objekte, Personen, Tiere) sowie der Erwerb und die Anwendung von Kommunikationsregeln in Abhängigkeit vom sozialen Kontext betroffen sein.

Neben den mehr oder weniger globalen Auswirkungen von Lern- und Gedächtnisstörungen auf den Erwerb und die Verwendung von Sprache, wie sie z. B. bei Hydrocephalus (Fletcher, Dennis & Horthrup 2000), Schädel-Hirn-Trauma (Anderson et al. 2001; Yeates 2000), Neurofibromatosen (Moore & Denckla 2000) oder neurodegenerativen Erkrankungen (Shapiro & Balthazor 2000) auftreten, gibt es auch spezifische Lern- und Gedächtnisstörungen für verbale Informationen. In diesen Fällen sind die Lern- und Gedächtnisfunktionen für nicht-verbale Inhalte (z. B. Wahrnehmungserfahrungen und Episoden) unbeeinträchtigt. Verbale Lern- und Gedächtnisstörungen bedingen zwangsläufig eine Behinderung der Sprachentwicklung; sie könnten somit als spezifische Störungsformen des Spracherwerbs aufgefasst werden. Allerdings ist

Hypothesen zum Zusammenhang von Lernen und Sprache

ungeklärt, ob es sich um eine echte verbale Lernstörung handelt, oder um eine Beeinträchtigung der Funktionsfähigkeit des Sprachsystems in Kombination mit der Störung anderer, für den Spracherwerb wichtiger Funktionssysteme. Lernen setzt ausreichend intakte Funktionssysteme voraus; ist dies nicht gegeben, kann Lernen in diesen Systemen auch nicht (erfolgreich) stattfinden. Insofern bleibt die Diskussion über die eigentliche Ursache für die so genannte Entwicklungsaphasie, aber auch für die Dyslexie und Dysgraphie offen (Spreen, Risser & Edgell 1997; Temple 1997). Andererseits ist bei Kindern mit sehr früher Schädigung (vor dem 6. Lebensmonat) der beim Erwachsenen für die Sprache kritischen Strukturen ein durchaus zufrieden stellender Spracherwerb möglich (Johnson 1997).

Differenzialdiagnose

Schließlich führen Störungen kognitiver Funktionssysteme nicht immer zwangsläufig auch zu einer Beeinträchtigung sprachlicher Fähigkeiten, wie z. B. Untersuchungen an Kindern mit so genanntem Williams Syndrom (Temple 1997) ergeben haben. Es wird somit wichtig sein, differenzialdiagnostisch zu unterscheiden zwischen spezifischen Lern- und Gedächtnisstörungen für verbale Informationen und unspezifischen Sprach(entwicklungs)störungen aufgrund einer allgemeinen Beeinträchtigung der Fähigkeit zu lernen und Gelerntes zu speichern. Anzufügen bleibt noch, dass Kinder ebenso wie Erwachsene trotz der Störung des Erwerbs von verbalen (semantischen) Inhalten Handlungen (Prozeduren) lernen bzw. bereits gelernte weiter verwenden können.

3 Die Rolle der Neuropsychologie bei Störungen des Sprachsystems im Rahmen von Präventionsmaßnahmen

> Die wesentliche Rolle der Neuropsychologie im Rahmen von Störungen der Sprache besteht ohne Zweifel in der frühzeitigen Erkennung und Behandlung von Funktionsstörungen, die die Sprachentwicklung oder den Gebrauch von bereits erworbenen Sprachleistungen behindern können.

Sprache und Affekt

Dazu gehören die ausführlicher dargestellten Störungen der Wahrnehmung, der Aufmerksamkeit und von Lern- und Gedächtnisleistungen. Hinzu kommt, dass andere kognitive Störungen, z. B. des exekutiven Systems, und nicht-kognitive Funktionseinbußen, z. B. im motivational-affektiven Bereich, die Sprachentwicklung im Besonderen, aber auch den Gebrauch von Sprache beeinträchtigen können (Heubrock & Petermann 2000; Steinhausen 2000). Ein Hinweis auf diesen Zusammenhang ist das häufige gemeinsame Auftreten von Sprachentwicklungsstörungen und affektiven Angst- und Anpassungsstörungen (Anderson et al. 2001; Spreen, Risser & Edgell 1995). Die richtige Anwendung der erforderlichen diagnostischen und therapeutischen Verfahren bedarf einer professionellen neuropsychologischen Ausbildung und Erfahrung, die auch die Kenntnis der funktionellen Organisation des Gehirns sowie die psychologischen und neurowissenschaftlichen Grundlagen psychischer Funktionen einschließt. Nur eine Zusammenarbeit zwischen Sprachpathologie und Neuropsychologie kann diesem interdisziplinärem Problem gerecht werden.

Prävention aus pädagogischer Sicht (inklusive linguistische und psychologische Perspektiven)

Friedrich Michael Dannenbauer

1 Zum Problem

dynamische Lebensereignisse

Bei den meisten Sprachstörungen, vor allem aber den „entwicklungsbedingten", ist von einer bedeutsamen Grundtatsache auszugehen: Sprachstörungen sind *keine stabilen Zustände*, sondern komplexe und dynamische Lebensereignisse, bei denen mit Veränderungen der Symptomebene, des Bedingungsgefüges, des subjektiven Erlebens der Lebensbedeutsamkeit durch die Betroffenen sowie mit der Entstehung psychosozialer Komplikationen zu rechnen ist.
Bei entwicklungsbedingten Störungen von Sprechen und Sprache, bei denen selten eine eindeutige Ätiologie vorzufinden ist, kann einerseits eine Rückbildungstendenz beobachtet werden. So haben z. B. die meisten Kinder, bei denen sich die Symptome *ausschließlich* auf die Aussprache konzentrieren, gute Aussichten, ohne Folgeprobleme unauffällig zu werden. Andererseits kann es auch zur Ausweitung einer Sprachstörung zu einer *Sprachbehinderung* kommen, bei der die sprachlichen Phänomene eingeflochten sind in ein vielschichtiges und dynamisches Gefüge von Bedingungs-, Begleit- und Folgestörungen, das *schicksalhafte Bedeutung* erlangen kann und die Entfaltung personaler und soziokultureller Existenzmöglichkeiten dauerhaft hemmt.

schicksalhafte Bedeutung

Ein Problem von Sprachheilpädagogik und Logopädie besteht darin, dass sie bei Kindern mit Sprachentwicklungsstörungen meist erst relativ spät in Aktion treten.

> "Die Entwicklung des [einzelnen] Kindes läuft schon einige Jahre. Es haben sich schon viele nicht-optimale Funktionsmuster etabliert, die aber am Anfang niemand registriert hat. Das Bild des Kindes ist manchmal in der Phase, in der wir es kennen lernen, schon von Sekundärsymptomen so sehr überwuchert, dass die eigentliche Behinderung schwer erkennbar ist. Ich nenne diesen charakteristischen Entwicklungsgang einer Sprachbehinderung ‚kumulative Sekundärverzerrung des Symptombildes'" (Kotten-Sederqvist 1982, 175).

kumulative Sekundärverzerrung

Im Modell lässt sich diese Entwicklungsdynamik so darstellen:

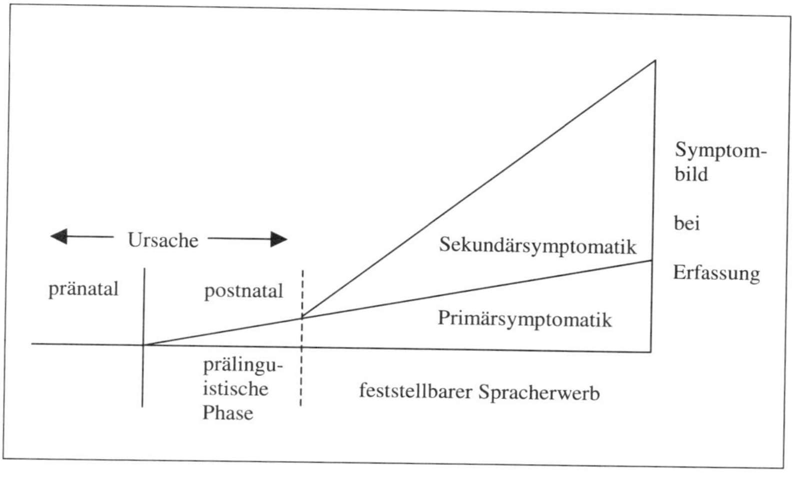

Abbildung 1: Modell einer kumulativen Sekundärverzerrung des Symptombildes von KOTTEN-SEDERQVIST (1982, 179)

Natürlich verwirklichen sich die im Modell angedeuteten Prozesse und die daraus zu ziehenden Schlussfolgerungen bei verschiedenen Störungsbildern in sehr unterschiedlicher Weise. Es wäre nicht sinnvoll, sie hier in ihrer ganzen Breite in den Blick fassen zu wollen. Ich beschränke mich daher auf das Beispiel spezifischer Sprachentwicklungsstörungen (SSES), also auf Kinder, welche gravierende Beeinträchtigungen im Erwerb der Sprache zeigen, ohne dass dafür eine offensichtliche Ursache erkennbar ist (vgl. DANNENBAUER 2001 b). Dabei handelt es sich um eine der häufigsten Entwicklungsstörungen.

spezifische Sprachentwicklungsstörungen (SSES)

Wenn bei Kindern mit SSES eine bedenkliche Akkumulation von Problemen im Bereich der Primär- und Sekundärsymptomatik festgestellt werden kann, so liegt sicher ein Grund darin, dass diese Störung häufig noch unterschätzt wird. Eltern und Kinderärzte tendieren oft dazu, zunächst einmal abzuwarten, wenn sich bei weitgehend unauffälligen nonverbalen Entwicklungsmerkmalen im frühen Alter Sprachprobleme andeuten. Manchmal wird sogar mit abstrusen Argumenten vor einer „verfrühten" Therapie gewarnt, da sie im Kind ein „Krankheitsgefühl" wecke (TIGGES-ZUZOK & KOHNS 1995). Es stellt sich eher die Frage: Ist es erforderlich und möglich, vorbeugend und steuernd in den Entwicklungsgang betroffener Kinder einzugreifen, um die Entstehung einer kumulativen Sekundärverzerrung des Symptombildes und deren Folgen zu verhindern oder abzumildern?

2 Das Beispiel der spezifischen Sprachentwicklungsstörung (SSES)

Im Folgenden skizziere ich generelle Tendenzen der Entwicklungsdynamik von SSES, die jeweils bei einem bedeutsamen Anteil betroffener Kinder und Jugendlicher beobachtet wurden, die aber im Einzelfall nicht unbedingt zutreffen müssen. Ich fasse hier Trends aus Studien, über die ich an anderer Stelle berichtet habe, zusammen (vgl. DANNENBAUER 1993; 2001 a, b; 2002).

2.1 Zur Entwicklung der Primärsymptomatik

late talkers

> Ein paradoxes Problem der Kinder mit SSES ist ihre anfängliche Unauffälligkeit. Da sie in den meisten Entwicklungsbereichen altersgerecht erscheinen, kann es unter Umständen Monate dauern, bis ihre Verzögerung in der Sprachentwicklung als gravierendes Problem erkannt wird. In der Tat sind sie von der Gruppe der *late talkers*, die mit 24 Monaten noch nicht über 50 Wörter und keine Wortkombinationen verfügen, die aber im Lauf des Vorschulalters zu ihren Altersgenossen aufholen können, kaum zuverlässig zu differenzieren.

Ihr Wortschatz bleibt längere Zeit sehr klein und wächst auch in der Folgezeit nur langsam. Die für sprachunauffällige Kinder typischen Wortschatzspurts fehlen meist. Zudem ist auf Grund von Defiziten der phonologischen bzw. artikulatorischen Entwicklung die Verständlichkeit ihrer Wörter herabgesetzt.

Erst mit einer Verspätung von meist 2 Jahren beginnen sie mit produktiven Wortkombinationen, die gewisse Ähnlichkeiten mit den frühen Äußerungsstrukturen jüngerer sprachunauffälliger Kinder aufweisen. Mit wachsender Verständlichkeit treten im Vorschulalter morphologische und syntaktische Defizite immer deutlicher in Erscheinung. Diese betreffen manche Aspekte der Grammatik stärker als andere. Besonders nachhaltig ist z. B. der Erwerb von Verbzweitstellung und Kongruenz beeinträchtigt. Zunehmend ergibt sich das Bild eines „unausbalancierten“ Retardierungsmusters, das hierzulande als *Dysgrammatismus* bezeichnet wird. Dieser kann das Erscheinungsbild von SSES für Jahre dominieren, wobei die Defizite allmählich subtiler und selektiver werden.

Dysgrammatismus

Grundsätzlich ist auch mit mehr oder weniger deutlich ausgeprägten Schwächen der Dekodierung von Äußerungsstrukturen zu rechnen. Seit nun auch in Deutschland in der klinischen Praxis entwickelte und erprobte Verfahren wie das „Informelle Verfahren zur Überprüfung von Sprachverständnisleistungen“ (ENDRES & BAUR 2000) oder die „Mäusegeschichte“ mit ersten Messwerten (GEBHARD 2001) zur Verfügung stehen, wird die Aufmerksamkeit hinsichtlich vielfältiger Möglichkeiten von Störungen des Sprachverständnisses bei SSES weiter zunehmen.

Dekodierung

Die zu Grunde liegenden Beeinträchtigungen der sprachlichen Informationsverarbeitung und ein unzureichendes Sprachwissen bringen es mit sich, dass mehr als die Hälfte der Kinder, die mit manifester SSES die Schule besuchen, erhebliche oder gar extreme, *bis ins Jugendalter* anhaltende Schwierigkeiten beim Erwerb und Gebrauch der Schriftsprache haben, die unter anderem auch durch Mängel der phonologischen Bewusstheit bedingt sind. Selbst Kinder, die noch im Vorschulalter sprachlich unauffällig wurden und im elementaren Schriftspracherwerb mithalten konnten, können bei den gestiegenen Anforderungen im Jugendalter erstmals durch unterdurchschnittliches Leseverständnis und phonologische Defizite auffallen. Viele Personen mit SSES bleiben auch im Erwachsenenalter schlechte Leser und unsicher in der Orthografie.

Schriftsprache

Im Lauf der Schuljahre scheint sich die Lautsprache der meisten Kinder weit gehend zu normalisieren. Es zeigt sich aber bei genauerer Analyse, dass noch gewisse morphologische Defizite, die leicht überhört werden, fortbestehen. Zudem verfügen sie im Vergleich zu sprachunauffälligen Altersgenossen nur über einen eingeschränkten Bestand an Konstruktionstypen mit reduzierter Komplexität. Auf Grund geringer Planungskapazitäten sind ihre Äußerungen in der Regel unflüssig und durchzogen von Neuansätzen oder gar Unstimmigkeiten. Ihre fortbestehenden Sprachprobleme werden am deutlichsten hörbar, wenn sie einen Sachverhalt zusammenhängend erzählen möchten. Dann fällt das geringe Organisationsniveau ihrer narrativen Strukturen auf. Ähnliches gilt auch für formale Sprachverwendung im Jugendalter z. B. bei der begründenden Argumentation für den eigenen Standpunkt. Ferner lassen sich im Jugend- und frühen Erwachsenenalter noch unterdurchschnittliche Verstehensleistungen auf Wort-, Satz- und Textebene beobachten.

narrative Strukturen

Einem gewissen Anteil der Kinder mit SSES gelingt es, die Sprachprobleme vollständig und folgenlos zu überwinden, so dass sie sich in weiterer Zukunft von unauffälligen Altersgenossen nicht mehr unterscheiden. Offensichtlich sind sie aber eine *Minderheit*. Kinder, bei denen noch im Grundschulalter eine manifeste SSES vorliegt, sind zum großen Teil Kandidaten für persistierende laut- und schriftsprachliche Defizite bis ins Jugend- und Erwachsenenalter. Der Charakter des Störungsbilds wandelt sich dabei von einer globalen und kompakten Ausprägungsform zu einem Erscheinungsbild mit weitstreuendem Spektrum subtiler und spezifischer Minderleistungen.

2.2 Zur Entwicklung der Sekundärsymptomatik

2.2.1 Folgen für Schullaufbahn und kognitive Entwicklung

Die Schwächen in der Verarbeitung sprachlicher Information, die Beeinträchtigungen von Sprachproduktion und Sprachverständnis haben natürlich gravierende Auswirkungen auf die Prozesse des schulischen Lernens. Laut- und Schriftsprache sind nämlich zugleich Gegenstand, Medium und Steuerungsinstrument des Unterrichts in vielen Fächern. Der Sprachumsatz im Laufe eines Unterrichtsvormittags ist enorm. Und gerade für die Verarbeitung dieses Codes haben die Kinder eine unzureichende Kapazität. Viele Kinder werden daher gar nicht anders können, als sich immer wieder aus den sprachlichen Interaktionen auszublenden, und fassen das unterrichtliche Geschehen ziemlich fragmentarisch auf. Jedenfalls sind bei Kindern mit SSES meist vielseitige Lernprobleme vorzufinden. Gering entwickeltes Vorwissen beeinträchtigt wiederum die angemessene Interpretation der im Unterricht verwendeten Sprache und damit weiterführendes sprachliches Lernen. Der Anteil der Kinder, die schließlich nicht mehr nach dem Lehrplan der Regelschule unterrichtet werden können, ist erhöht. Es gilt als sicher, dass viele Schüler in Klassen für Lernbehinderte im Grunde Kinder mit SSES sind, deren spezifische Förderbedürfnisse unzureichend erkannt wurden.

unzureichende Kapazität

Lernbehinderte

Aber auch in einem anderen Sinne schränken sprachliche Schwächen schulisches Lernen und kognitive Prozesse allgemeiner Art ein. Sprache wird nämlich mit wachsenden Anforderungen immer unentbehrlicher als Instrument, als strukturierendes Symbol- und Mediationssystem für mentale Aktivitäten des Erkennens, Denkens und Problemlösens. Das Niveau formal-operatorischer Denkprozesse, die erst im Jugendalter verfügbar werden und bei denen das Denken in Möglichkeiten und das Schlussfolgern auf Grund hypothetischer Annahmen häufig den Charakter des bewussten Einsatzes sprachlicher Mittel hat, wird von einem Teil der Personen mit SSES womöglich gar nicht erreicht. Auf jeden Fall ist die Tendenz festzustellen, dass die *Testintelligenz* von Kindern mit SSES bis ins Jugendalter *absinkt* und auch im frühen Erwachsenenalter um etwa 10 Punkte niedriger liegt als in der Kindheit.

Testintelligenz

Kinder mit SSES fällt es also zunehmend schwerer, die Leistungsstandards ihrer Altersgenossen einzuhalten. Sie geraten in die Gefahr des *schulischen Scheiterns*. Die Lernschwierigkeiten sind dabei häufig mitbedingt durch die unterrichtlichen Anforderungen an die sprachliche Verarbeitungskapazität der Kinder. Ferner kann Sprache in ihrer instrumentellen Funktion in mentalen Aktivitäten (z. B. Gedächtnis, Schlussfolgern, Problemlösen) schlechter genutzt werden. Womöglich wird bei manchen Betroffenen die Entfaltung intellektueller Potenziale durch sprachliche Schwächen auf lange Sicht gehemmt. Im Allgemeinen sind deutlich niedrigere Bildungsabschlüsse und weniger qualifizierte Berufstätigkeiten als beim Durchschnitt der Altersgenossen die Folge.

2.2.2 Folgen für die soziale Interaktion

Sprachstörungen können die Interaktion nachhaltig verändern. Dies ist auch bei SSES der Fall. Durch die Unklarheiten ihres *allmählichen Entstehens* ist sie für Bezugspersonen schwieriger zu verstehen und zu verarbeiten als selbst eine so schicksalhafte, aber von Anfang an klare Behinderung wie Down Syndrom. Schon früh kommt es zu Beeinträchtigungen des normalerweise fein abgestimmten Interaktionsgeschehens zwischen Mutter und Kind. Die sich verdichtenden Besorgnisse können dazu führen, dass das Kind negativ wahrgenommen wird und die Familie unter Stress gerät. Das Interaktions- und Sprachverhalten der Mutter (primäre Bezugsperson) wird oft direktiver. Konflikte werden z. B. eher mit Durchsetzungskraft als durch Diskussion bewältigt. Beim gemeinsamen Betrachten von Bilderbüchern kann das Abfragen von Einzelheiten statt das Vermitteln von Denkanstößen zum Erkennen von Zusammenhängen (wie bei jüngeren sprachunauffälligen Kindern) beobachtet werden. Häufig scheinen Bezugspersonen aus den sprachlichen Mängeln auf eine allgemeine Unreife des Kindes zu schließen, es in kognitiver Hinsicht zu unterfordern und somit in seiner Entwicklung zu hemmen.

negativ wahrgenommen

Bezugspersonen von Kindern mit SSES scheinen gewissenhaft auf die physischen Bedürfnisse ihrer Kinder einzugehen. Aber in einem für die psychische Entwicklung bedeutsamen Sinn leben sie oft eher parallel als interagierend mit ihren Kindern. Sie verbringen weniger Zeit mit ihnen in strukturierten Spielperioden und ermutigen sie seltener, neue Dinge zu lernen. Die Vielfalt der Stimulation im Alltag und die Versorgung mit altersgerechtem Spielmaterial liegen oft unter dem Durchschnitt. Vor allem: Es wird meist weniger liebevoll und anerkennend mit oder über das Kind gesprochen.

Für die Entwicklung sozialer Kompetenzen bedeutsam sind aber auch die Altersgenossen. Einschlägige Studien haben gezeigt, dass Kinder mit SSES von sprachunauffälligen Gefährten seltener als Spielpartner gewählt werden. Zudem sind die gemeinsamen Spielperioden anfälliger für Missverständnisse, asymmetrische Machtverhältnisse und Abbrüche. Die reduzierte Akzeptanz auf Grund eingeschränkter Möglichkeiten der Nutzung von Sprache zur Steuerung der Interaktion und häufige Zurückweisungen durch die *peers* wirken sich nicht selten fatal auf das Selbstwertempfinden der Kinder aus. Eine negative Spirale sozialer Konsequenzen kann in Gang kommen, welche die sozialen Lernerfahrungen der Kinder zunehmend einschränken. Manche Kinder ziehen sich aus der Interaktion mit Gleichaltrigen ganz zurück oder beteiligen sich lediglich passiv. Andere Kinder entwickeln kompensatorische Verhaltensweisen

Selbstwertempfinden

(z. B. Lautstärke, Gesten), die dann meist wieder von der Umwelt negativ bewertet werden.

Häufig ergibt es sich, dass die betroffenen Kinder als sozial unreif und kognitiv beschränkt wahrgenommen werden. Aus der Erfahrung sozial-interaktiver Misserfolge erwächst aber eine hohe Vulnerabilität der Kinder für psycho-soziale Auffälligkeiten, so dass sie in Gefahr geraten, eine Außenseiterkarriere mit niedrigem Selbstvertrauen und sozialen Problemen zu durchlaufen (Grimm 1999, 154).

2.2.3 Psycho-soziale Probleme und psychiatrische Risiken

gehäuftes Problemverhalten

Angesichts der Erschwernisse der sozialen Interaktion und familiärer Belastungen durch SSES ist es kein Wunder, dass die psycho-soziale Entwicklung der betroffenen Kinder bereits sehr früh eine besondere Richtung nehmen kann. Gehäuftes Problemverhalten ist schon bei Kindern in einem Alter zu registrieren, in dem eine zweifelsfreie Diagnose von SSES noch kaum möglich ist (2 – 3 Jahre). Die belasteten Entwicklungsumstände scheinen sich also schon von Anfang an auch auf die emotionale Befindlichkeit der Kinder auszuwirken. Mit zunehmendem Alter scheinen leichtere psycho-soziale Verhaltensauffälligkeiten ab-, schwerere dagegen zuzunehmen. Letzteres gilt vor allem für Kinder mit Sprachverständnisproblemen und einer Testintelligenz im unteren Grenzbereich.

internalisierende Verhaltensweisen

Bei manchen Kindern fallen die psycho-sozialen Probleme eher in die Kategorie der *externalisierenden* Verhaltensweisen und äußern sich z. B. in Form von Aggression oder Destruktivität. Häufiger sind allerdings *internalisierende* Verhaltensweisen zu beobachten z. B. in Form von Ängstlichkeit, Rückzug, rascher Frustration. Die am häufigsten vorzufindenden Auffälligkeiten sind Störungen der Aufmerksamkeit mit oder ohne Hyperaktivität. Über die Natur des Zusammenhangs zwischen SSES und psycho-sozialen Problemen gibt es verschiedene Hypothesen. Allerdings sind Vulnerabilitäts- und Resilienzfaktoren noch nahezu unerforscht. Plausibel erscheint vorläufig die Annahme einer sozialen Adaptation, da problematische Verhaltensweisen häufig situationsbezogen sind.

Bei vielen Kindern und Jugendlichen mit SSES nehmen die Probleme ein Ausmaß an, dass sie in den klinischen Zuständigkeitsbereich fallen. Das Risiko für psychiatrische Störungen erhöht sich gegenüber sprachunauffälligen Vergleichsgruppen um ein Vielfaches. Grimm (1999) hält die Zahl der sprachentwicklungsgestörten Kinder/Jugendlichen, die irgendwann zusätzliche psychiatrische Symptome zeigen, mit 50 % für realistisch angegeben.

Psycho-soziale und psychiatrische Probleme können sich auch über das Jugendalter hinaus fortsetzen. Es ist zumindest ein illustrierender Befund, dass 25-jährige Männer (N=19), die mit 7 Jahren eine ausgeprägte rezeptiv-expressive Sprachentwicklungsstörung bei normaler Intelligenz aufgewiesen hatten, ein eingeschränktes Sozialleben führten (z. B. Freizeit) mit zum Teil wenig erwachsenenartigen Interessen. Vor allem hatten zwei Drittel von ihnen noch nie eine Liebesbeziehung erlebt (RUTTER, MAHWOOD & HOWLIN 1992).

3 Die Aufgabe der Prävention

3.1 Grundbegriffe

Der hier skizzierte exemplarische Überblick über generelle Trends der Symptomentwicklung macht deutlich, dass Entwicklungsdynamik und Komplexität von SSES das Modell der kumulativen Sekundärverzerrung des Symptombildes bestätigen.

Die Sprachheilpädagogik bestimmt dementsprechend den Bereich ihrer Verantwortung und Aufgaben recht umfassend: „Im Brennpunkt ihres Interesses steht nicht allein die entwicklungsverzögerte bzw. gestörte Sprache, sondern der durch sie in seinen Lebensbezügen beeinträchtigte, in seiner Persönlichkeits- und Sozialentwicklung gefährdete oder behinderte und deshalb in besonderer Weise erziehungsbedürftige Mensch“ (KNURA 1980, 5).

Wer sich einem solchen Anspruch zu stellen hat, kann nicht tatenlos zusehen, wie sich aus scheinbar harmlosen Anfängen Problemkonstellationen herausbilden, die schließlich trotz Intervention eine fatale Lebensbedeutsamkeit erreichen können. Sprachheilpädagogik und Logopädie müssen solchen Entwicklungen *zuvorkommen* (lat. *prävenire*) und sie nach Möglichkeit durch zielführende Maßnahmen verhindern bzw. ihnen *vorbeugen*. Gleichrangig mit Handlungsfeldern wie Erziehung, Bildung, Beratung, Diagnostik und Rehabilitation ist also auch Prävention einzustufen. Seit den Empfehlungen des Deutschen Bildungsrats von 1973 „Zur pädagogischen Förderung behinderter und *von Behinderung bedrohter* Kinder und Jugendlicher“ wurde die präventive Arbeit in der Heilpädagogik ausgebaut. Im Hinblick auf SSES sind jedoch die Notwendigkeit und die Möglichkeiten von Prävention erst seit kurzem in der Diskussion. Die einschlägige Literatur und insbesondere die empirischen Grundlagen sind noch spärlich, obwohl eines klar ist: Ca. 50 % der zweijährigen *late talkers* sind von Sprachbehinderung bedrohte Kinder (GRIMM 1999).

von Behinderung bedrohte Kinder

Ebenso wie in der Medizin, Psychologie oder Kriminologie werden auch in der Pädagogik primäre, sekundäre und tertiäre Prävention unterschieden. Im Rahmen der *primären Prävention* versucht man, die Auftretenshäufigkeit von Störungen zu senken, indem man die Bedingungen beeinflusst, die zu negativen Effekten führen könnten. Primäre Prävention zielt auf gesamte Populationen und ist proaktiv. Im Falle von Sprachentwicklungsstörungen ist sie in erster Linie Aufgabe der Medizin. Diese kann durch Reihenuntersuchungen, Impfprogramme, Hörüberprüfungen und andere Vorsorgemaßnahmen die Gefahren für eine gesunde Entwicklung reduzieren und so manche konsekutiven Probleme der Sprachentwicklung verhindern.

Populationen

Individuen

Sekundäre Prävention als pädagogische Aufgabe zielt auf Individuen, die bereits Risikosignale gezeigt haben, und ist reaktiv (GOETZE 2001). Sie reagiert bereits auf frühe Anzeichen eines Defizits, wenn diese als Indikatoren für drohende Entwicklungsstörungen zu identifizieren sind. Im Falle von SSES ist z. B. eines der zuverlässigsten Frühmerkmale die Verzögerung der lexikalischen Entwicklung insbesondere im rezeptiven Bereich. Sekundäre Prävention setzt in frühem Alter ein und will erreichen, dass die Symptomentwicklung in Schweregrad und Dauer begrenzt bleibt und sich nicht zu einer lang dauernden umfänglichen Behinderung verfestigt. *Tertiäre Prävention* versucht Verschlimmerungen zu verhindern und Auswirkungen auf andere Entwicklungsbereiche einzudämmen. In diese Kategorie fallen therapeutische Maßnahmen und pädagogische Bemühungen, die oft als „Rehabilitation" zusammenfasst werden. Bei Kindern mit SSES gehört z. B. ein auf ihre Sprachverarbeitungsprobleme abgestimmter Unterricht zur tertiären Prävention.

Sekundäre und tertiäre Prävention von SSES – in der Realität nicht klar voneinander zu trennen – sind Aufgabenbereiche, welche vielerlei Vorgehensweisen umfassen (z. B. Beratung, Beeinflussung der häuslichen Interaktion, Medienerziehung, präventive Didaktik usw.). Hier soll jedoch nur darauf eingegangen werden, inwiefern sich frühe Sprachtherapie als präventiv erweisen kann.

3.2 Prävention durch frühe Sprachtherapie?

Nach der Theorie der neurolinguistischen Entwicklung von LOCKE (1997) entsteht SSES *schrittweise* auf Grund einer generellen Reifungsverzögerung des Nervensystems. Diese hat zur Folge, dass betroffene Kinder in den frühesten Phasen des Spracherwerbs nicht die „kritische" Menge an Wörtern und Wendungen in ihrem rezeptiven Lexikon abspeichern, die erforderlich ist, um in der linken Hirnhemisphäre den rein linguistischen Analysator zu aktivieren. Dieser hat nur ein begrenztes Zeitfenster (20.–36. Lebensmonat), in dem er seine Leistungsfähigkeit entfalten muss, um phonologische und grammatische Eigenschaften aus dem Sprachmaterial herausfiltern zu können. Auf Grund unzureichender Aktivierung während dieser sensiblen Phase verhält der Analysator sich schließlich wie geschädigt. Das Gehirn beginnt daraufhin zu kompensieren und homologe Strukturen der rechten Hemisphäre, die für solche

linguistischer Analysator

sensible Phase

Aufgaben wenig geeignet sind, in die linguistische Analyse einzubinden. Es bildet sich ein *dauerhaft nicht-optimales Funktionssystem* aus, das sich auch in veränderten Hirnstrukturen niederschlägt. Als Folge davon persistieren Defizite der Sprachverarbeitung, vor allem auch der schriftsprachlichen Fähigkeiten, bis ins Erwachsenenalter. Wer überhaupt unauffällig wird, schafft dies nach Meinung von SCHÖLER et al. (1998) nur durch die Verwendung eines bewusst kontrollierten Verarbeitungsmodus, der im normalen Spracherwerb keine Rolle spielt und auch bei SSES auf Dauer nur begrenzte Resultate erbringt.

Wenn diese Theorie zutrifft, dann ist die frühe Verzögerung der lexikalischen Entwicklung der „Flaschenhals“, in dem der gesamte Spracherwerb zum Stocken kommt und folgenreiche Fehlentwicklungen eingeleitet werden. Wenn es nun gelingt, Risikokinder in einem sehr frühen Alter zu erfassen und ihrem lexikalischen Lernen entscheidende Anstöße zu vermitteln, so müsste die Etablierung ungünstiger kompensatorischer Funktionssysteme zu verhindern und eine weitgehend normale linguistische Verarbeitung zu erreichen sein.

Die spektakuläre Studie von WARD (1999) liefert einen Hinweis darauf, dass ein solches primärer Prävention nahe kommendes Vorgehen erfolgreich sein kann. Mit einem Screeningverfahren, das in Reihenuntersuchungen gute prädiktive Validität für die Entstehung von Sprachproblemen gezeigt hatte, wurden Risikokinder im Durchschnittsalter von nur 10 Monaten erfasst und ihre rudimentären Sprachfähigkeiten analysiert. 122 Kinder mit rezeptiven und/oder expressiven Defiziten sowie Schwächen der auditiven Wahrnehmung wurden in Kontroll- (ohne Therapie) und Therapiegruppen eingeteilt. Nach individuell erstellten Therapieprogrammen führten die Eltern unter Anleitung von Sprachtherapeutinnen 4 Monate lang täglich eine halbe Stunde konzentrierte Inputtherapie durch, die sich z. B. durch folgende Merkmale auszeichnete: Optimierte Elternsprache mit hervorgehobener Prosodie und reduzierter Komplexität, inhaltlich eng auf den jeweiligen kindlichen Aufmerksamkeitsfocus bezogen, mit häufigen Selbstwiederholungen, wechselseitigen Imitationsritualen usw. Die Effekte, die sich bei einer Nachuntersuchung mit drei Jahren zeigten, waren überraschend klar: Nur 5 % der Therapiekinder wiesen Anzeichen sprachlicher Entwicklungsrückstände auf. Kein einziges war zur sprachtherapeutischen Behandlung überwiesen worden. Bei den Kontrollkindern, die in diesem frühen Alter keine Therapie erhalten hatten, war der Anteil der sprachauffälligen Kinder 17 mal so hoch (85 %); 30 % befanden sich in sprachtherapeutischer Behandluung. Diese Differenz ist so extrem, dass allein aus statistischen Gründen zu schließen ist, dass bei den Therapiekindern in einer Reihe von Fällen die Manifestation von SSES *verhindert* werden konnte. Demnach kann in besonders sensiblen Phasen ein relativ geringer Aufwand fein abgestimmter Maßnahmen einen großen Effekt erzielen.

Nachuntersuchung

Aber auch im Sinne mehr sekundärer Prävention beweist frühe Sprachtherapie bemerkenswerte Möglichkeiten. ROBERTSON & ELLIS WEISMER (1999) führten mit etwa 2-jährigen Kindern, die einen erheblichen

Sprachentwicklungsrückstand aufwiesen, eine interaktive und kindzentrierte Sprachtherapie unter Verwendung von Modeling-Techniken durch, die auf bessere Verständlichkeit, Zweiwortkombinationen und vor allem Wortschatz abzielte. Nach ca. 3 Monaten hatte sich in allen diesen Bereichen ein hoch signifikanter Zuwachs gegenüber einer Kontrollgruppe ohne Therapie ergeben. Darüber hinaus zeigte sich, dass sich die mit einem standardisierten Instrument gemessene soziale Reife der Kinder ebenfalls hoch signifikant gegenüber der Kontrollgruppe verbessert hatte. Ferner änderte sich die elterliche Wahrnehmung ihrer Kinder in positiver Richtung. Sie lernten, die Akzeptabilität und Responsivität ihrer Kinder neu einzuschätzen. Dadurch reduzierte sich der elterliche Stressindex ebenfalls deutlich gegenüber dem der Eltern von Kontrollkindern. Diese Ergebnisse lassen erkennen, dass der Sprachtherapie eine Schlüsselfunktion in der sekundären Prävention zukommt.

soziale Reife

Stressindex

Letztere Aussage lässt sich noch an einem anderen Sachverhalt konkretisieren: Das bei Kindern mit SSES oft beschriebene Absinken des Intelligenzquotienten im Laufe der Zeit lässt sich wahrscheinlich durch ein systematisches Denktraining sowie einen engagierten Unterricht mit optimaler Passung der Lernziele präventiv beeinflussen. Dass aber auch hier Sprachtherapie eine bedeutsame Rolle spielt, zeigt eine Nachfolgeuntersuchung von Stark et al. (1984). Die sprachentwicklungsgestörten Kinder ihrer Studie wurden mit ca. 6 Jahren erstmals untersucht. Bei der *follow-up*-Untersuchung vier Jahre später war der durchschnittliche Intelligenzquotient der Kinder *angestiegen*. Das kam dadurch zustande, dass sich ihr *verbaler* IQ signifikant verbessert hatte, während ihr Handlungs-IQ gleich geblieben war. Bezeichnenderweise nahmen die Kinder in den vier Jahren zwischen den beiden Testungen an intensiven sprachlichen Interventionsprogrammen teil.

Absinken des Intelligenzquotienten

> Es lässt sich daher begründet vermuten, dass frühe Sprachtherapie die Chancen der Kinder verbessert, Sprache in instrumenteller Funktion in ihre sich entwickelnden kognitiven Systeme zu integrieren und dadurch deren Leistungsfähigkeit zu steigern. Auf der anderen Seite ist es wahrscheinlich, dass das in vielen Studien registrierte Absinken des IQ auch auf Versäumnisse in der sprachtherapeutischen Versorgung der Betroffenen zurückzuführen ist.

4 Ausblick

Wie sich gezeigt hat, zeichnet sich SSES durch eine ernst zu nehmende Dynamik aus, die zu vielseitigen und überdauernden Gefährdungen der schulischen Laufbahn sowie der Persönlichkeits- und Sozialentwicklung betroffener Menschen führen kann. Daher ist Prävention eine Pflichtaufgabe. Es ist Unsinn, sensible Phasen verstreichen zu lassen, ohne in das sich akkumulierende Entwicklungsgeschehen einzugreifen. Bei Voraus-

setzung zeit- und kindgemäßer Methoden ist frühe Sprachtherapie nicht riskant, sondern in präventivem Sinne notwendig, um sprachliche, kognitive, soziale und emotionale Risiken minimieren zu helfen. Natürlich muss diese Sprachtherapie eingebunden sein in eine umfassende pädagogische Betreuung, die sich auf Erziehung, Bildung und Rehabilitation erstreckt.
Das schwierige Problem, Kinder, die eine solche frühe Sprachtherapie benötigen, genauer zu identifizieren, hat in letzter Zeit Hannelore Grimm einer Lösung wesentlich näher gebracht. Durch die Adaption bewährter Elternfragebögen aus den USA auf den deutschen Sprachraum (ELFRA 1 und 2) und die Konstruktion des „Sprachentwicklungstests für zweijährige Kinder" (SETK-2) hat sie die Voraussetzungen zur Früherfassung von Kindern mit Risiken der Sprachentwicklung und damit auch zur präventiven Arbeit entscheidend verbessert. Ressourcen, die in Prävention im Frühbereich *vor* dem 3. Lebensjahr investiert werden, können sich auszahlen durch ein besseres Entwicklungsergebnis von Menschen mit SSES im Jugend- und Erwachsenenalter.

Früherfassung

Evaluationsforschung in der Sprachtherapie

Barbara Giel & Claudia Iven

1 Begriffsbestimmung

Evaluationsforschung befasst sich mit der Entwicklung und Überprüfung von Programmen, Interventionen, Methoden oder Techniken. Das dafür notwendige Forschungsdesign hat Prozesscharakter und die Forschungsmethodik ist dem jeweiligen Forschungsgegenstand angepasst. Die unterschiedlichen Zielsetzungen und Interessen der am Evaluationsprozess beteiligten Personengruppen werden dabei berücksichtigt. Evaluationsforschung sollte idealerweise interdisziplinär in einer Forschergruppe angelegt sein, die aus internen und externen Mitarbeitern besteht. Zur Durchführung von Evaluationsforschung ist ein ausreichender Ressourcenrahmen in Form von Zeit, personellen und finanziellen Mitteln notwendig.

Auf den Bereich der Sprachtherapie bezogen befasst sich Evaluationsforschung mit der Entwicklung, Überprüfung und Optimierung von Präventionsmaßnahmen sowie Anamnese-, Diagnose-, Beratungs- und Therapieverfahren. Die einzelnen Elemente dieser Begriffsbestimmung werden im Folgenden ausführlich erläutert.

2 Evaluationsziele

Das Ziel von Evaluationsprozessen ist die Entwicklung von neuen bzw. die Überprüfung und Verbesserung von bestehenden Verfahren. Evaluation ist unverzichtbarer Bestandteil des Qualitätsmanagements (Giel 1999). Sie trägt zur Qualitätssicherung bei, in dem sie sich an den Kriterien *Kundenorientierung*, *state of the art* und *Forschungsethik* orientiert, wobei die verschiedenen *Qualitätsebenen* ebenso beachtet werden sollten.

Unter *Kundenorientierung* wird verstanden, dass die unterschiedlichen Zielsetzungen aller am (sprachtherapeutischen) Prozess beteiligten Personen, Gruppierungen und Institutionen bei der Entwicklung und Durchführung von Forschungsprozessen beachtet werden. Je nach Blickwinkel

Kundenorientierung

treten als Kunden Betroffene, deren Angehörige, die Kostenträger, die

Sprachtherapeuten, die Gesetzgeber etc. auf. Die Integration der verschiedenen Zielsetzungen erscheint auf den ersten Blick als eine idealtypische Forderung, der sprachtherapeutische Alltag erfordert jedoch täglich die Erfüllung unterschiedlicher Intentionen (‚Heilung', Wiederherstellung eines prämorbiden Sprachstandes, sprachliche Unauffälligkeit, Kostenreduktion, Qualitätssicherung etc.).

Das übergeordnete Ziel von Evaluationsstudien ist die Sicherung und das Management von sprachtherapeutischer Qualität, zum Beispiel mit Hilfe der Qualitätstrias nach DONABEDIAN (1966, 1982; vgl. GIEL 1999).

In engem Zusammenhang mit der Kundenorientierung steht der Begriff „*state of the art*". Unter diesem Begriff sind verschiedene Aspekte subsumiert, wie z. B. Methodenwissen und Methodenkönnen, Berücksichtigung des aktuellen wissenschaftlichen Kenntnisstandes, Erkennen von und Anpassung an neue/veränderte Anforderungen und Berücksichtigung von Experten- *und* Klientenwirklichkeit (s.u.).

state of the art

Forschungsprojekte haben immer auch *ethische Kriterien* zu beachten. Dabei sind zwei Aspekte von besonderer Bedeutung. Ein Aspekt betrifft die ethischen Grenzen und die Folgen von Forschung. Nach VON WEIZSÄCKER (in WOTTAWA & THIERAU 1990) muss der Forscher eine moralische und wissenschaftliche Verantwortung für die Konsequenzen der Forschung übernehmen. Ein zweiter Aspekt sind die Bedingungen, unter denen geforscht wird. Diese müssen für alle am Forschungsprozess beteiligten Personen akzeptabel sein. Das bedeutet, dass keiner der Beteiligten unzumutbaren physischen oder psychischen Belastungen ausgesetzt wird, dass emotionale, organisatorische und kapazitative Grenzen von Forschern und Forschungspartnern berücksichtigt werden (vgl. GIEL 2000).

ethische Kriterien

Ein bedeutsames Ziel von Evaluationsstudien im Bereich der Sprachtherapie muss die Berücksichtigung verschiedener *Qualitätsebenen* sein. Die Qualität von Sprachtherapie kann sich nicht nur an der so genannten „technical quality" (GIEL 1999, 32) messen lassen, d.h. an der objektiv beschreibbaren und messbaren sprachtherapeutischen Leistung wie der linguistischen Ebene einer Sprachstörung. Auch die so genannte „interpersonal quality" (ebd.) ist bedeutsam, also die Art und Weise, wie diese sprachtherapeutische (Dienst-)leistung erbracht und vom Kunden (= Patient) beurteilt wird. Im optimalen Fall entsprechen sich die Qualitäten von sprachtherapeutisch-linguistisch beschreibbarer Leistung und Kundenzufriedenheit, sie können jedoch auch weit auseinander klaffen. Dies ist z. B. denkbar, wenn

Qualität

- mit Hilfe eines standardisierten Testverfahrens wie z. B. des AATs eine nach linguistischen Kriterien leichte Aphasieform oder eine Restaphasie diagnostiziert wurde, der betroffene Klient jedoch einen ausgeprägten Leidensdruck, eine massive Einschränkung seines sozialen Lebens und eine psychische Belastung beschreibt,
- beispielsweise keine objektiv messbaren Verbesserungen einer Sprachstörung, z. B. bei einer Dysarthrophonie aufgrund einer progredienten Erkrankung, nachweisbar sind, das Wohlbefinden und die Lebensqualität des Patienten aber trotzdem durch die Sprachtherapie positiv beeinflusst werden konnten.

Erfolgsüberprüfung

Ein weiteres Ziel von Evaluation ist die *Überprüfung des Erfolgs und der Wirksamkeit* einer Maßnahme. Hierbei sind aus sprachtherapeutischer Sicht unbedingt zwei Beschreibungs- bzw. Bewertungsebenen zu berücksichtigen. Einerseits die Fach-/Expertenebene, auf der nach zuvor festgelegten Kriterien die sprach-, sprech- und kommunikationsspezifischen Fragestellungen bearbeitet werden. Andererseits die Kunden-/Klientenebene, auf der ebenfalls kriterien- und zielorientiert die Zufriedenheit derjenigen erhoben wird, die direkt mit dem zu evaluierenden Gegenstand konfrontiert werden (z. B. anhand von Dokumentation, standardisierter Befragung, Ratings). Nicht zuletzt aus ethischen Gründen ist es bedeutsam, beiden Ebenen den gleichen Stellenwert zuzuschreiben. Neben der „Expertenwirklichkeit" muss also auch die „Patientenwirklichkeit" erfasst werden, um die Qualität sprachtherapeutischer Leistungen umfassend beurteilen zu können (vgl. Baumgartner & Giel 2000, 276). Darüber hinaus sollen die Ergebnisse von Evaluationsverfahren potenziellen Anwendern als *Entscheidungshilfe für die Auswahl von Verfahren* dienen. In dem vielfältigen Angebot an Diagnose- und Therapieverfahren kann der Hinweis auf erfolgreiche Evaluation ein wichtiges Auswahlkriterium sein, auch im Hinblick auf die *Optimierung des Berufsalltags* insbesondere zur Effektivitätssteigerung. Daher kommt Evaluationsstudien auch eine *Entscheidungs- und Planungsfunktion* über zukünftige Maßnahmen zu.

Bei der Beurteilung und Einordnung von Evaluationsstudien sind jedoch immer die Auftraggeber und die mit dem Projekt verbundenen Interessen zu berücksichtigen. Evaluationsstudien mit dem Ziel der *Effizienzsteigerung* als einer bestmöglichen Kosten-Nutzen-Relation sind aus der Perspektive von Kostenträgern nachvollziehbar, sie müssen jedoch die Effektivität unter Berücksichtigung der oben genannten Experten- und Klientenperspektive bestimmen und dabei auf anerkannte Methoden (s.u.) zurückgreifen.

3 Evaluationsgegenstand

Die Gegenstandsbereiche von Evaluation in Pädagogik, Psychologie, Linguistik und Medizin sind unzählig. Im sprachtherapeutischen Kontext lassen sich Programme, Konzepte, Methoden, Techniken, Produkte, Systeme, Strukturen oder auch Zielvorgaben aus den Bereichen der Prävention, Anamnese, Diagnostik, Therapie, Beratung, Lehre und der Dokumentation als mögliche Gegenstandsbereiche von Evaluation nennen (vgl. Baumgartner & Giel 2000). Im Folgenden sollen exemplarische Gegenstandsbereiche mit bereits durchgeführten Evaluationsstudien vorgestellt werden. Auch wenn es im sprachtherapeutischen Kontext noch nicht selbstverständlich ist, während oder im Anschluss an Entwicklungsprozesse eine empirische Zielüberprüfung durchzuführen, so existieren doch zahlreiche Evaluationsstudien, so dass an dieser Stelle lediglich eine exemplarische Auswahl getroffen werden kann (vgl. Baumgartner &

GIEL 2000, FRATTALI 1997). Die folgenden Beispiele geben einen punktuellen Einblick in die Praxis der Evaluation in der Sprachtherapie.
Ein Beispiel für die quantitative Evaluation eines *Diagnoseverfahrens* ist der Aachener Aphasie Test (AAT), der von HUBER, POECK, WENIGER & WILLMES 1983 entwickelt wurde. Der AAT ist ein störungsspezifischer Leistungstest zur Klassifizierung von Aphasien. Er wurde in Bezug auf die Erfüllung der klassischen Test-Gütekriterien der Objektivität, Reliabilität und Validität (s. Kapitel 5.1.3) entwickelt.

Therapiemethode

Als *Therapiemethode* wurde z. B. die Funktionelle Dysphagie Therapie (FDT) nach BARTOLOME mit Hilfe einer summativen Evaluation einer Wirksamkeitsbewertung unterzogen. In einer Langzeit-Follow-up-Studie konnte an einer Stichprobe von 63 Klienten die Wirksamkeit einer intensiven (4–5 mal wöchentlich stattfindenen) Schlucktherapie bei einer durchschnittlichen Therapiedauer von 10 Wochen mittels klinischer Basisdiagnostik und Videoendoskopie nachgewiesen werden (BARTOLOME, PROSIEGEL & YASSOURIDIS 1997, BARTOLOME 1998). Die Notwendigkeit zur interdisziplinären Kooperation – hier mit der Hals-Nasen-Ohren-Heilkunde/Phoniatrie – wird am Beispiel der Schluckstörung besonders deutlich, da laryngoskopische Untersuchungen ein wesentlicher Bestandteil bei der Erhebung der Evaluationsparameter (vor und nach der Therapie) sind (SCHRÖTER-MORASCH 1999).

Therapietechniken

Die Wirksamkeit von *Therapietechniken,* wie sie beispielsweise durch den Einsatz der Gaumensegelprothese (palatal lift) möglich werden, kann ebenfalls Evaluationsgegenstand sein. Diese Gaumensegelprothese wird bei Menschen mit einer Dysarthrie zur Beeinflussung der velopharyngealen Funktion eingesetzt. Die Wirksamkeit des palatal lifts konnte in Deutschland und in den USA mit Hilfe von Outcome Studien nachgewiesen werden (DUFFY 1995, VOGEL et al. 1996, YORKSTON et al. 1989).
Ein Vergleich der *Effekte unterschiedlicher Therapiemethoden* wurde beispielweise für den Bereich der Stottertherapie von RENNER (1995) geleistet. Hierzu wurden zunächst auf der Basis einer qualitativen *Metaanalyse* die übergreifenden, d.h. methodenunabhängigen Therapieerfolgs-Parameter definiert, die von Forschern, Therapeuten und Betroffenen als wesentlich bezeichnet werden. Auf dieser Analyse aufbauend wurde sowohl ein Kriterienraster entwickelt, mit dessen Hilfe die Effekte einzelner Therapienmethoden in Bezug auf die Erfolgskriterien vergleichbar werden, als auch ein Messinstrument entworfen, das die individuellen Therapieeffekte des einzelnen Patienten im Hinblick auf die definierten Kriterien erfassen kann.

Therapieprogramme

Auch komplexe *Therapieprogramme* bzw. -konzepte wie z. B. MODAK nach LUTZ (1997) oder die Entwicklungsproximale Sprachtherapie (DANNENBAUER 1999) können evaluiert werden. Dabei ist jedoch festzuhalten, dass eng strukturierte Therapieprogramme einfacher zu evaluieren sind als eher unspezifische Therapiekonzepte.
Weitere Evaluationsgegenstände, die übergreifendere Ebenen darstellen, können beispielsweise *Projekte, Programme, Systeme* oder *Strukturen* sein. Darunter ist zum Beispiel die Wirksamkeit von Aufklärungskampagnen (z. B. Plakataktion Aktion Mensch, Infokampagne zum Thema Schlaganfall) zu verstehen, aber auch ein exemplarischer Vergleich von

nationalen und internationalen sprachtherapeutischen Ausbildungsgängen.
Der *Dokumentation* kommt im sprachtherapeutischen Prozess eine besondere Bedeutung zu. Dient sie einerseits der transparenten, sachadäquaten und ökonomischen Beschreibung der relevanten Informationen des Therapieprozesses (Anamnese, Diagnostik, Verlauf etc.), so soll sie andererseits eine Evaluation der Therapie ermöglichen. Jedoch nur einheitliche standardisierte Dokumentationsverfahren ermöglichen Evaluationsstudien auf den unterschiedlichsten Ebenen (Selbstevaluation, Methodenevaluationen etc.). Ein formativ evaluiertes Dokumentationsverfahren stellt der „Dokumentationsbaukasten Myofunktionelle Therapie" dar, der standardisierte Verfahren zur Dokumentation des Therapieverlaufs, der Berichterstattung und des Informationsaustauschs mit zahnmedizinischen Kolleginnen und Kollegen enthält (vgl. Giel 2001, 2002; Maas 2001). Der Baukasten wurde in einem mehrjährigen interdisziplinären Forschungsprojekt durch gezielte Rückkopplungsschritte zwischen Entwicklergruppe und potenziellen Anwendern in mehreren Evaluationsphasen formativ entwickelt.

4 Evaluationsformen

In der Literatur sind unterschiedliche Formen bzw. Methodiken von Evaluation zu finden. Es werden beispielsweise Differenzierungen in offene und geschlossene, interne und externe, vergleichende und nichtvergleichende, Input und Output, Mikro und Makro, theorie- und praxisorientierte Evaluation vorgenommen (vgl. Liebald 1996, Wottawa & Thierau 1998). Diese Unterscheidungen werden im Wesentlichen durch Kriterien wie den Zeitpunkt, die spezifische Methodik oder die durchführenden Personen der Evaluation bestimmt. An dieser Stelle sollen die formative und die summative Evaluation als für den sprachtherapeutischen Kontext besonders relevante Formen vorgestellt werden. Beide Formen werden am Ende dieses Abschnitts mit Hilfe eines Phasenmodells zur Evaluationsforschung konkretisiert.

formative Evaluation

Die *formative Evaluation* ist eine den Entwicklungsprozess *begleitende Forschung*. In der formativen Evaluation soll der Evaluationsgegenstand im Hinblick auf seine Ziele, die Wirksamkeit und die Anwendbarkeit während der Entwicklung untersucht werden. Dabei wird durch mehrfache Rückmeldeprozesse zwischen Entwicklern, Experten und potenziellen Anwendern versucht, eine optimale Theorie-Praxis-Vernetzung herzustellen und eine Kundenorientierung zu gewährleisten.

> „Formative Evaluation ... umfasst alle methodisch reflektierten Tätigkeiten, mit denen Informationen über die Stärken und Schwächen eines Programms erhoben werden, angefangen von der Evaluation und Kritik von ersten Programmentwürfen von Teammitgliedern bis hin zur Erprobung des Programms in der sozialen Praxis, Diskussio-

> nen mit potenziellen Anwendern, Durchführung informeller Tests, Befragung von Personen, die von dem Programm profitieren sollen, nach Stärken und Schwächen, Beobachten dieser Personen beim Bearbeiten des Programms u.v.m." (Wellenreuther 2000, 234).

Im Gegensatz dazu wird die *summative Evaluation* nach *Entwicklungsabschluss* eingesetzt. Mit Hilfe der summativen Evaluation soll herausgefunden werden, ob der Evaluationsgegenstand (s. Kapitel 3) im Hinblick auf seine Ziele wirksam ist, d.h. ob die mit der Entwicklung oder Durchführung von Programmen, Methoden oder Verfahren angestrebten Ziele erreicht werden. Aus Gründen der subjektiven Befangenheit und im Bemühen um größtmögliche Objektivität ist es sinnvoll, dass externe Evaluatoren mit der Wirksamkeitsforschung im Rahmen der summativen Evaluation beauftragt werden.

summative Evaluation

Formative und summative Evaluationsformen können ergänzend eingesetzt werden, in dem am Ende eines formativ evaluierten Entwicklungsprozesses die Wirksamkeit des Programms etc. durch eine summative Evaluation ermittelt wird (vgl. Hager et al. 2000, Wellenreuther 2000, Wottawa & Thierau 1998).

4.1 Phasenmodell zur Evaluationsforschung

Das Phasenmodell zur Evaluationsforschung (Abb. 1) zeigt exemplarisch einen möglichen Aufbau bzw. Ablauf eines mehrphasigen, im Schwerpunkt formativen Evaluationsforschungsprojektes. Jedes Evaluationsprojekt wird durch eine *Problemidentifizierung* initiiert, die meist aus einer Unzufriedenheit der unterschiedlichsten Gruppierungen (Betroffene, Gesetzgeber, Wissenschaftler, Politiker etc.) mit bestehenden Zuständen resultiert. In der *Erarbeitungsphase* wird in einer themenzentrierten Arbeitsgruppe wie beispielsweise in einem Qualitätszirkel oder in einem Arbeitsteam das Problem aufgegriffen und diskutiert. Je nach Fragestellung werden Ist- und Sollzustandsbeschreibung, wissenschaftliche Metaanalysen etc. durch die Anwendung qualitativer und quantitativer Methoden (s.u.) vorgenommen. Am Ende der Erarbeitungsphase steht die Entwicklung des *ersten Entwurfs* zur Lösung des Problems.

themenzentrierte Arbeitsgruppe

Wie in Kapitel 3 dargestellt wurde, können die Gegenstände von Evaluationsprojekten vielfältig sein, wie z.B. die Entwicklung eines Diagnoseverfahrens oder einer Aufklärungskampagne. Die Entwicklung des Evaluationsgegenstandes sollte immer unter Beteiligung externer Kooperationspartner durchgeführt werden. Dies können einerseits Kolleginnen und Kollegen aus der selben Profession sein, häufig ist es jedoch notwendig, interdisziplinäre Meinungen von kooperierenden Fachkollegen (Linguisten, Mediziner, Psychologen etc.) einzuholen. Gerade im Sinne der Kundenorientierung (s. Kapitel 2.) ist dies ein ernst zu nehmender Schritt, um Fachblindheit vorzubeugen, verschiedene wissenschaftliche Erkenntnisse zu integrieren und die unterschiedlichsten Bedürfnisse bereits im Entwicklungsstadium zu berücksichtigen.

externe Kooperationspartner

In der *ersten Evaluationsphase* werden kompetente „Partner“ zur Bewertung des ersten Entwurfs gesucht, welche natürlich außerhalb der Entwicklungsgruppe zu suchen sind, also andere Experten, die potenziellen Anwender etc. So kann beispielsweise mittels eines halbstrukturierten Experteninterviews die Meinung, Bewertung und Kritik anderer Fachkollegen gewonnen werden oder mit Hilfe einer Fragebogenstudie eine erste Einschätzung und Bewertung des Entwurfs durch die potenziellen Anwender eingeholt werden. Die Ergebnisse sind dann in der interdisziplinären Arbeitsgruppe bei der Weiterentwicklung der *zweiten Fassung* einzuarbeiten. Damit ist die erste Evaluationsphase abgeschlossen und es kann die Erprobung in der Praxis durch eine Pilotstudie starten. In der *zweiten Evaluationsphase* wird nun der entwickelte Gegenstand (Therapiemethode, Diagnoseverfahren etc.) über einen vorher festgesetzten Zeitraum bei einer bestimmten Probandenzahl in der Praxis erprobt. Die in dieser Zeit gewonnen Erfahrungen werden wiederum durch qualitative oder quantitative Erhebungsmethoden (Beobachtung, Fragebogen, Interview, Gruppendiskussion etc.) ermittelt, wobei die Ergebnisse mit den entsprechenden Auswertungsmethoden aufbereitet werden. Die dort gewonnenen Evaluationsergebnisse werden in die dann *dritte Fassung* eingearbeitet.

Bewertung durch Anwender

Mit der Endredaktion des entwickelten Programms bzw. Verfahrens endet die zweite Evaluationsphase und es erfolgt eine *Publikation* des formativ evaluierten Verfahrens im nationalen und/oder internationalen Fachbereich.

Transferevaluation

In der *Transferevaluation*, der *dritten Evaluationsphase,* erfolgt dann eine Erprobung des entwickelten Verfahrens über einen Zeitraum von ein bis drei Jahren durch die Anwender. Anstelle dieser Phase kann auch eine summative Evaluation, also eine abschließende Effektivitätsbewertung mittels meist quantitativ-empirischer Verfahren wie Testung, Versuchs- und Vergleichsauswahl etc. durchgeführt werden.

Das hier vorgestellte Phasenmodell stellt lediglich *ein* mögliches Modell zur Evaluationsforschung dar. Weitere Modelle und Ansätze sind bei Hager et al. (2000), Wellenreuther (2000), Wottawa & Thierau (1998) zu finden.

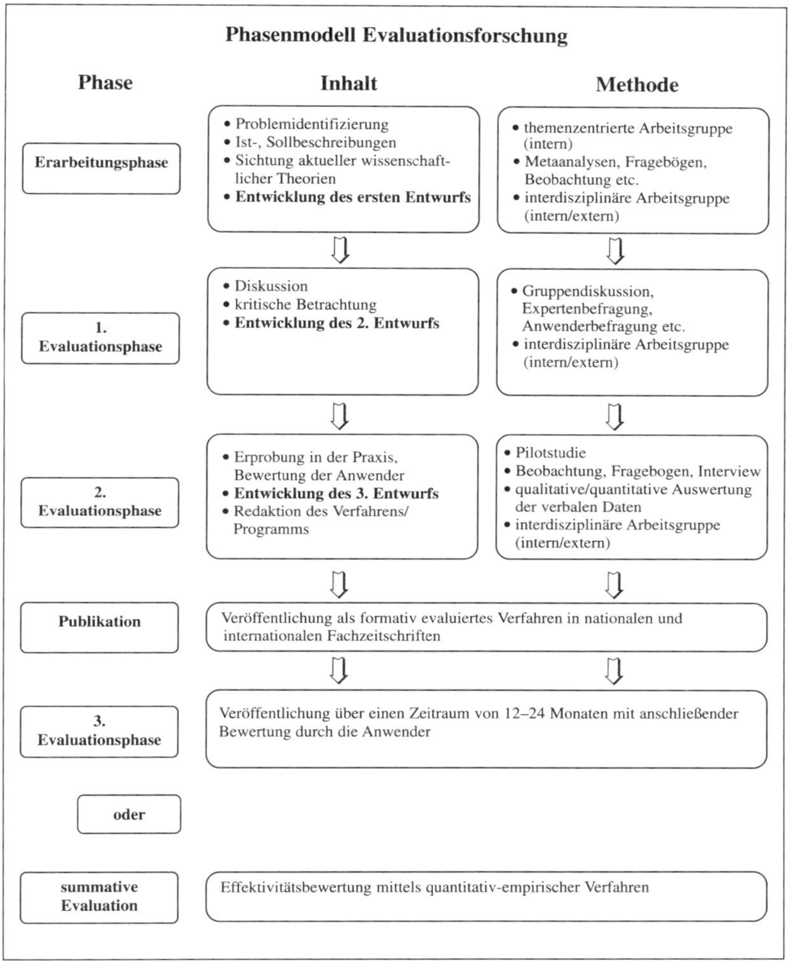

Abbildung 1: Phasenmodell Evaluationsforschung

5 Evaluationsforschung

„Den Sozialwissenschaften ergeht es nicht anders als den Naturwissenschaften: Ihre Methoden und Instrumente entwickeln sich abhängig von den Problemen der Disziplin, sie entstehen, um bestimmte Fragen untersuchen, bestimmte Probleme lösen zu können" (FRIEDRICH 1990, 13). Ziel wissenschaftlicher Forschung ist demnach die Lösung von Problemen beziehungsweise die Beantwortung von Fragen. Dies geschieht in einem Prozess des Wissenserwerbs, der „von der Amöbe bis zu Einstein" (POPPER 1996, 24; Erstveröffentlichung 1972) anwendbar ist, nämlich als

1.) Beschreibung eines Problems, einer Fragestellung oder einer zu lösenden (Anpassungs-)Aufgabe (Forschungsgegenstand),
2.) Konstruktion von Lösungsversuchen, die auf Hypothesen und Vermutungen über das Problem und seine Bewältigungsmöglichkeiten beruhen und
3.) Elimination von untauglichen Entwicklungen, dysfunktionalen Lösungsversuchen und falschen Annahmen, d.h. Verwerfen unpassender und Entwurf neuer Lösungsoptionen (vgl. POPPER 1996, 21 ff).

Gemeinsam ist qualitativen und quantitativen Forschungsansätzen, dass sie sich um die Erkenntnis und Beschreibung sozialer Wirklichkeiten bemühen. Ebenfalls gemeinsam ist ihnen, dass sie dazu eine jeweils spezifische Fragestellung mit einer dazu passenden spezifischen Methodik verfolgen. Die Art des Vorgehens in diesem Forschungsprozess ist jedoch von erheblichen Unterschieden gekennzeichnet.

5.1 Quantitative/qualitative Forschung – ein Überblick

5.1.1 Quantitative Forschung

quantitatives Paradigma

Die so genannten ‚quantitativen' oder ‚empirischen' Forschungsmethoden folgen eher einem naturwissenschaftlich orientierten Denken, das sich um die Aufdeckung von Ursache-Wirkungszusammenhängen bemüht: Der Forscher untersucht einen Forschungsgegenstand, ein Forschungsobjekt oder eine Forschungsfrage mit einem Instrument, das quantifizierbare, messbare und reproduzierbare Ergebnisse liefert. Die Konstruktion des Messinstruments ist dabei so beschaffen, dass sie unabhängig von der Person des Forschers zuverlässige und statistisch verwertbare Aussagen über den zu beschreibenden Forschungsgegenstand liefert. Beispiele für solche Methoden sind:

- kontrollierte (Labor-)Experimente
- standardisierte Testverfahren
- standardisierte Fragebögen oder Rating-Skalen

Die hierbei erhobenen Daten geben Aufschluss über die Ausprägung und Verteilung bestimmter Merkmale, Einstellungen, Verhaltensweisen etc. in der untersuchten Gruppe. Quantitative Forschungsprozesse folgen einem jeweils vorher festgelegten methodischen Ablaufschema (vgl. FRIEDRICH 1990, KROMREY 1995).

Gütekriterien

Der gesamte Prozess muss dabei die Anforderungen an die grundlegenden Gütekriterien wissenschaftlicher Untersuchungen erfüllen, nämlich an Objektivität, Reliabilität und Validität (s. Kapitel 5.1.3).
Auf das Thema Evaluation bezogen handelt es sich um ein quantitatives Vorgehen, wenn

- die Wirksamkeit von Diagnose- oder Therapieverfahren
- unter kontrollierten Bedingungen

- mit standardisierten Methoden
- im Hinblick auf vorher festgelegte Wirksamkeitskriterien
- in einer für statistische Auswertungen ausreichend großen Stichprobe
- im Vergleich mit einer Kontrollgruppe

untersucht wird.

Im Rahmen der medizinischen Evaluationsforschung werden solche quantitativen Evaluationsprozesse beispielsweise vor der Zulassung neuer Medikamente durchlaufen. Auch in der Psychologie haben naturwissenschaftlich-quantitative und experimentelle Forschungsansätze eine lange Tradition, z. B. in der Wahrnehmungs- oder Verhaltenspsychologie. Standardisierte bzw. normierte Testverfahren, so wie wir sie in der Sprachtherapie kennen, sind ebenfalls Methoden der quantitativen Forschung oder Datenerhebung. In der Sozialforschung, die sich mit der Entwicklung und Veränderung menschlichen Handelns befasst, sind solche Quantifizierungen jedoch oft nicht ausreichend, um die Komplexität psychosozialer Gegebenheiten erfassen zu können. Ein quantitatives Denken, das „sich den Menschen und Dingen annähert, indem es sie testet und vermisst, mit ihnen experimentiert und ihre statistische Relevanz überprüft" (Mayring 1990, 1), wird immer mehr von qualitativen Methoden der Forschung abgelöst oder zumindest ergänzt.

5.1.2 Qualitative Forschung

qualitatives Paradigma

Ein grundlegendes Merkmal der qualitativen Forschung ist der bewusste *Einbezug des Forschers* als handelndes Subjekt. Der Forschungsprozess wird nicht als vom Forscher unabhängig betrachtet, sondern dessen Vorannahmen, Vorerfahrungen und sein Problemverständnis wirken auf das Forschungsinteresse und das Forschungsdesign ein. Damit wendet sich die qualitative Forschung von einem quantitativen Verständnis ab: „Forschung wird nicht als Registrieren angeblich objektiver Gegenstandsmerkmale aufgefasst, sondern als Interaktionsprozess, in dem sich Forscher und Gegenstand verändern, in dem subjektive Bedeutungen entstehen und sich wandeln" (Mayring 1990, 20).
Qualitative Forschung richtet ihr Forschungsinteresse auf den einzelnen Menschen, das autonom handelnde und seine Wirklichkeit eigenaktiv konstruierende Subjekt. Das menschliche Handeln wird als situationsabhängig und subjektiv bedeutsam verstanden und in seiner historischen Entwicklung betrachtet. Damit entzieht es sich weitgehend den auf Quantifizierung zielenden Labor-Experimenten und standardisierten Messinstrumenten wie z. B. Testverfahren. Aussagen über menschliches Handeln können nur durch Kommunikation über dieses Handeln gewonnen werden, und diese Kommunikationen werden durch die Aktionen, Reaktionen und Interpretationen aller Beteiligten mit bestimmt.
Die grundlegende *Offenheit gegenüber dem Forschungsgegenstand* ist ein weiteres Merkmal qualitativer Forschung. Je nach Fragestellung und erst nach der erfolgten Beschreibung des Forschungsgegenstandes kann eine begründete Methodenwahl getroffen werden. Hier steht das Ziel der Erkenntnisgewinnung eindeutig vor dem Methodendenken. Theoretische Vorannahmen oder die Präferenz bestimmter methodischer Herange-

hensweisen dürfen den Forschungsprozess nicht so weit festlegen, dass er nicht mehr modifizierbar wäre. Im Rahmen qualitativer Forschung sind „Neufassungen, Ergänzungen und Revisionen sowohl der theoretischen Strukturierung und Hypothesen als auch der Methoden möglich [...], wenn der Gegenstand dies erfordert" (MAYRING 1990, 16).
Diese Offenheit bedeutet nun nicht, dass willkürlich und unstrukturiert vorgegangen werden kann. Auch qualitative Forschung bedient sich eines klar umrissenen Methodenrepertoires und eines begründeten methodischen Settings.
Die Datenerhebung im qualitativen Forschungsprozess geschieht mit Hilfe folgender Untersuchungs*pläne*:

- Einzelfallanalysen
- Dokumentenanalysen
- deskriptive Handlungsforschung
- qualitative Experimente

Je nach Fragestellung wird das Forschungsdesign ausgewählt, welches die angemessensten Kommunikationsmöglichkeiten zwischen Forscher und Proband bereit stellt.
Als Methoden der Datenerhebung beziehungsweise Materialsammlung kommen innerhalb dieser Forschungsdesigns folgende *Verfahren* in Frage:

- Befragungsmethoden: Interview, Fragebogen
- Gruppendiskussionen
- teilnehmende Beobachtung

(vgl. FLICK et al. 1991, MAYRING 1990).

Die hierbei gewonnenen Informationen werden systematisch aufbereitet, mit qualitativ-interpretativen Techniken ausgewertet und führen zu verlässlichen Aussagen bezüglich der Fragestellung (z. B. mit Hilfe der qualitativen Inhaltsanalyse). Qualitative Forschungsprozesse folgen einem vorher entwickelten Ablaufschema (vgl. FLICK 1992, MAYRING 1990, 1997).

5.1.3 Zur Gültigkeit quantitativer und qualitativer Verfahren

Sowohl quantitative als auch qualitative Forschungsprozesse bemühen sich darum, für andere Wissenschaftler transparent und nachvollziehbar zu sein. Die Qualität eines Forschungsprozesses bzw. -ergebnisses wird abhängig von der Methodenwahl mit unterschiedlichen (Güte-)Kriterien bestimmt. Im klassischen quantitativen Verständnis werden dabei die Kriterien der *Objektivität*, der *Reliabilität* und der *Validität* angeführt.

Objektivität

Objektivität bedeutet, dass die Untersuchung und ihre Ergebnisse von der Person des Untersuchers unabhängig sind. Andere Untersucher würden bei der Durchführung der selben Methode die selben Ergebnisse erhalten und sie auch gleich interpretieren. Der gesamte Prozess ist frei von „subjektiven Verzerrungen" (v. KARDORF 1991, 8) durch den Forscher oder die untersuchten Personen.

Reliabilität (Zuverlässigkeit) bedeutet, dass die Untersuchung tatsächlich die Faktoren erfassen kann, die sie erfassen möchte. Die Untersuchungsmethode muss nachgewiesenermaßen zur geplanten Datenerhebung geeignet sein. Reliabilität

Validität (Gültigkeit) bedeutet, dass die Untersuchung genau das misst, was sie messen möchte. Dies ist der Fall, wenn die Methoden der Untersuchung dem Untersuchungsgegenstand und der Fragestellung optimal angepasst sind. Validität

Auch die qualitative Forschung genügt bestimmten Gütekriterien, mit denen die Qualität des Forschungsprozesses und seiner Ergebnisse beurteilt werden kann. Vor allem die Validität, also die Gültigkeit, ist ein zentrales Kriterium zur Geltungsbegründung qualitativer Forschung. Jedoch finden sich in der Literatur sehr unterschiedliche Begriffe, wie ökologische, kommunikative, interne, externe oder auch konsensuelle Gültigkeit (vgl. LAMNEK 1989, LEGEWIE 1987). Methoden zur Geltungsbegründung in der qualitativen Forschung sind beispielsweise: qualitative Geltungsbegründung

- Dokumentation
- Orientierung an klar festgelegten Verfahrensregeln
- Kommunikative Validierung
- Triangulation
- intersubjektive Überprüfbarkeit.

Die *Dokumentation* von Frage- bzw. Problemstellung, Vorverständnis, Konstruktion der Erhebungsinstrumente und Analysekriterien, Durchführung und Auswertung sowie die Orientierung an *Verfahrensregeln*, die den Ablauf des Forschungsprozesses systematisieren, gestalten den qualitativen Forschungsprozess transparent und für andere nachvollziehbar. Dokumentation

Kommunikative Validierung meint, dass nach der Erhebung, Auswertung und Interpretation von verbalen Daten die Ergebnisse den Befragten zur Diskussion vorgelegt werden. Unter *Triangulation* wird verstanden, dass verschiedene Wege zur Beantwortung einer Fragestellung aufgesucht werden, wie unterschiedliche Methoden, Datenquellen, Theorieansätze, die dann im Ergebnis mit einander verglichen werden (vgl. FLICK 1992). Kommunikative Validierung Triangulation

Die *intersubjektive Überprüfbarkeit* oder auch interne Gültigkeit (LAMNEK 1989) wird hergestellt durch die gegenseitige Überprüfung der Forschungsarbeit in einer Forschergruppe. intersubjektive Überprüfbarkeit

Evaluationsforschung, die sich nicht nur an quantitativen Kriterien orientiert, wird über eine vermeintlich objektive Beschreibung von Wirksamkeits-Parametern hinausgehen und qualitative Bewertungskriterien einbeziehen. Bei der Beurteilung, ob eine Diagnose- oder Therapiemaßnahme die gewünschten Erfolge erzielen konnte, müssen also auch Aussagen *aller* am Diagnose- oder Therapieprozess beteiligten Personen bezüglich der angewandten Verfahren und Methoden eingeholt werden.

5.1.4 Zur Integration quantitativer und qualitativer Methoden in der Sprachtherapie

Die Gegenüberstellung von quantitativen und qualitativen Forschungsmethoden zeigt, dass einerseits grundlegende konzeptionelle Unterschiede bestehen (naturwissenschaftlich-experimentell versus humanwissenschaftlich-hermeneutisch, objektiv messend versus subjektiv nachvollziehend), dass der Forschungsprozess jedoch bei beiden Ansätzen einer theoretisch begründeten Struktur folgt. Die Elemente des Forschungsprozesses sind teilweise deckungsgleich, auch wenn sie methodisch unterschiedlich umgesetzt werden.

Es kann hier nicht darum gehen, für die eine beziehungsweise gegen die andere Form der Forschung einzutreten. Beide haben ihre Berechtigung und ihr Einsatzgebiet, sie können sich ergänzen, es kann kein dogmatisches „Entweder-oder" geben. Die Entscheidung für ein eher quantitatives, ein eher qualitatives oder ein kombiniertes Vorgehen kann immer nur anhand der Forschungsfrage und des Forschungsgegenstandes getroffen werden: Es gibt keine richtigen oder falschen Methoden, es gibt nur für den Gegenstand passende oder unpassende. Darüber hinaus findet sich in der Praxis der Forschung eine Methodenintegration: Quantitativen Forschungsprozessen geht eine qualitative Analyse voraus und quantitative Ergebnisse werden qualitativ interpretiert.

Methodenintegration

In der Sprachtherapie finden sich vielfältige Beispiele für die sinnvolle Verbindung beider methodischer Ansätze. So bietet es sich bei vielen Störungsbildern an, sprachspezifische linguistische Analysen mittels quantitativer Verfahren durchzuführen. Die dabei erhobenen Daten geben ein umfassendes Bild über den Sprachstatus des Patienten. Um darüber hinaus etwas über kommunikative Fähigkeiten und Belastungen, über die Lebensqualität von Betroffenen und Angehörigen sowie deren subjektive Bewertungen und Einschätzungen zu erfahren, sind qualitative Verfahren zur Informationsgewinnung zwingend erforderlich. Um ein möglichst umfassendes Gesamtbild des Störungssystems zu erhalten, ist eine Integration beider methodischer Herangehensweisen zweckmäßig. Messbare linguistische Daten werden durch qualitative Informationen zum biographischen, physischen, psychischen, sozialen und kulturellen Kontext ergänzt.

Insbesondere die Evaluation diagnostischer oder therapeutischer Verfahren ist immer auf Interpretationen und zusätzliche Informationen angewiesen, um Wirkungsweisen nicht nur analysieren, sondern auch verstehen zu können. Eine reine Datenerhebung, die auf der Auswertung einzelner Wirkfaktoren beruht, reicht hierbei nicht aus.

Mit unterschiedlichen Intentionen und zu unterschiedlichen Stadien im Forschungsprozess haben sowohl qualitative als auch quantitative Methoden ihre Berechtigung. Grundlagenforschung, in der es um das Erkennen und Beschreiben von Phänomenen geht, ist ohne experimentelle Settings und quantitative Forschungsmethoden kaum denkbar. Z. B. ist die Einteilung von Aphasiesyndromen in ein Klassifikationsschema, wie es der AAT bereit stellt, ohne diesen standardisierten Test nicht möglich. Wenn es jedoch um die individuellen Auswirkungen von Erkrankungen, aber auch von diagnostischen oder therapeutischen Maßnahmen geht, muss notwendigerweise die qualitative Forschungsmethodik hinzutreten, da sie eine erheblich größere Bandbreite an relevanten Informationen gewinnen kann. Auch damit wird deutlich, dass es in qualitätsgesicherter Sprachtherapie um eine Verbindung beider Ebenen, der technical und interpersonal quality, gehen muss (s. Kapitel 2).

5.2 Evaluationsmethodik

Zur Evaluation sprachtherapeutischer Maßnahmen stehen sowohl quantitative als auch qualitative Methoden zur Verfügung. Im Folgenden wird dabei der Schwerpunkt auf der Darstellung von Verfahren zur Erhebung verbaler Daten liegen. Darüber hinaus gibt es eine Vielzahl an weiteren Erhebungs- und Auswertungsverfahren, deren Beschreibung den Rahmen dieses Beitrags sprengen würde, so dass sie an dieser Stelle nur kurz genannt werden können. Für die grundlegende Erarbeitung dieser Methoden verweisen wir auf die Lehrbücher zur quantitativen und qualitativen Sozialforschung (z. B. Flick et al. 1991, Friedrich 1990, Kromrey 1995, Lamnek 1989, Mayring 1990).

Sozialforschung

Interview-, Gruppendiskussions- und Beobachtungsverfahren sowie Dokumenten-, Text- und Inhaltsanalysen sind Forschungsmethoden, die eher dem qualitativen Paradigma zuzuordnen sind (vgl. Lamnek 1989, Mayring 1990).

Im quantitativen Paradigma werden beispielsweise Experimente, standardisierte Fragebögen oder normierte Testverfahren zur Erhebung statistisch auswertbarer Daten angewandt (vgl. Friedrich 1990, Kromrey 1995, Wellenreuther 2000).

5.2.1 Schriftliche Befragung (Fragebogen)

Fragebögen eignen sich als Erhebungsinstrumente immer dann, wenn klar definierte Informationen zu thematisch engen Bereichen erforderlich sind. Damit sind sie im Evaluationsprozess sinnvoll einsetzbar, wenn es um die Beschreibung eines Soll- bzw. Ist-Zustandes geht, beispielsweise zu Beginn des Evaluationsprozesses oder bei der (Weiter-)Entwicklung von therapeutischen Verfahren. Sie eignen sich insbesondere bei der Datenerhebung in großen Stichproben und bei einem klar umschriebenen Informationsbereich (z. B. Anamnesebögen). So kann man mittels eines Fragebogens z. B. erfragen, welche Diagnoseverfahren in sprachtherapeutischen Praxen angewandt werden, welche Erfahrungen die Anwender damit machen und welche Veränderungen sie sich wünschen.

Datenerhebung

Fragebögen können sowohl für quantitative als auch qualitative Forschungsdesigns ausgewählt werden. Der Forschungsgegenstand bestimmt darüber, ob eher offene Fragen mit qualitativer Auswertungsmöglichkeit oder geschlossene Fragen mit quantitativen Auswertungsoptionen zur Anwendung kommen.

Offene Fragen enthalten keine Antwortvorgaben und werden angewendet, wenn wenig Vorinformationen über den erfragten Inhalt vorliegen oder eine breite Antwortvielfalt gewünscht wird.

Beispiel einer *offenen Frage*:

Fragetypen

Welche diagnostischen Verfahren wenden Sie bei Kindern mit Sprachentwicklungsstörungen an?
Geschlossene Fragen geben zwei oder mehrere Antwortalternativen vor, entweder als Auswahlfrage oder als Rangordnungsfrage. Sie werden angewandt, wenn über den Gegenstand schon eine Fülle von Vorinformationen vorliegt und daher sinnvolle Antwortalternativen angeboten werden können.
Beispiel einer *geschlossenen Auswahlfrage*:
Welche der aufgeführten Testverfahren wenden Sie bei Kindern mit Sprachentwicklungsstörungen an? Bitte kreuzen Sie an:

☐ HSET ☐ PET ☐ LSV ☐ KISTE
☐ ESGRAF ☐ AVAK ☐ PAPP
☐ Sonstige:...

Beispiel für eine *geschlossene Rangordnungsfrage*:
Wie häufig wenden Sie standardisierte Testverfahren an?
Bitte kreuzen Sie an:
☐ bei jedem Patienten
☐ häufig, aber nicht grundsätzlich
☐ nur im Einzelfall
☐ nie, ich verwende informelle Verfahren

Ergänzend zu Fragebögen werden oft Ratingskalen, Eigenschaftsprofile oder Merkmalslisten eingesetzt. *Ratingskalen* fragen nach der Einschätzung bestimmter Merkmale, Eigenschaften oder Aussagen (z. B. „Ich bin ein aktiver Mensch“ mit Zuordnungsmöglichkeiten von „trifft vollständig zu“ bis „trifft überhaupt nicht zu“). *Eigenschaftsprofile* oder *Polaritätsprofile* stellen Gegensatzpaare gegenüber und erfragen eine Beurteilung in Bezug auf das Forschungsthema (z. B. „Alte Menschen sind ...“ gesund <-> krank, passiv <-> aktiv, heiter <-> traurig). *Merkmalslisten* stellen eine Bandbreite an assoziierten Antwortmöglichkeiten bereit, aus denen die individuell zutreffenden ausgewählt werden (z. B. „Welche der folgenden Symptome traten im Laufe Ihrer Stimmstörung auf?“ Heiserkeit, Kloßgefühl, Schmerzen, Rauheitsgefühl, geringe Belastbarkeit der Stimme, eingeschränkte Lautstärke, schwankende Tonhöhe ...) (vgl. Friedrich 1990).
Im Rahmen der Evaluation von diagnostischen oder therapeutischen Verfahren können Fragebögen und ergänzende Skalen bzw. Merkmalslisten dazu dienen, eine Vielzahl von Informationen zwischen Forschern und Praxis-Anwendern auszutauschen. Daher werden sie im Laufe eines Evaluationsprozesses eventuell mehrfach mit jeweils unterschiedlicher Intention eingesetzt, so zum Beispiel zur Abklärung des Ist-Zustandes, zur Beurteilung der Praktikabilität neuer Verfahren oder zur Klärung von Veränderungswünschen (Abb.1).

Datenauswertung

Zur Auswertung von Fragebögen lässt sich zusammenfassen, dass geschlossen Fragen mit ihrer quantitativen Struktur in aller Regel eine statistische Auswertung ermöglichen und je nach Stichprobengröße und -zusammensetzung repräsentative Aussagen abgeleitet werden können. Die offenen Fragen ermöglichen eine qualitative Auswertung und Interpretation.

5.2.2 Mündliche Befragung (Interview)

Das Interview stellt eine Form der Informationsgewinnung dar, in der die persönlichen Erfahrungen und Bewertungen der Befragten einen größeren Stellenwert haben als bei einer schriftlichen Befragung. Der große Vorteil von Interviewverfahren liegt in der direkten Kommunikation zwischen den Interviewpartnern, die ein Nachfragen, Korrigieren, Verdeutlichen und Klären ermöglicht. Dadurch kommt eine wesentlich höhere Informationsdichte zu Stande als durch Fragebögen.

Im Rahmen qualitativer Forschung wurden vielfältige Interviewformen entwickelt (vgl. Flick et al. 1991), die zu einer offenen Erhebung der Informationen und zu großer Äußerungsfreiheit bei den Interviewten beitragen. Je nach Fragestellung und Forschungsgegenstand werden dabei mehr oder weniger stark strukturierte Formen zur Anwendung kommen.

Interviewformen

Offene, narrative Interviews lassen den interviewten Personen die weitesten Antwortmöglichkeiten. Narrative Interviews regen den Befragten zu einer freien Erzählung über das gestellte Thema an und ermöglichen so einen intensiven Einblick in die subjektive Bewertung und Handlungsbedeutung, die das Thema für den Befragten hat (vgl. Hopf 1991, 179; Mayring 1990, 50 ff).

Problemzentrierte, halbstrukturierte Interviews werden oft auch als *Leitfadeninterviews* oder *fokussierte Interviews* bezeichnet und orientieren sich an bestimmten Fragestellungen oder -themen, lassen der interviewten Person aber alle Freiheiten der Beantwortung. Die Fragen werden unterschiedlich strukturiert: Es gibt übergreifende, hinleitende Fragen zu großen Themenkomplexen (Oberfragen, z. B.: „Welche Diagnoseverfahren sind in Ihrem Praxisalltag wichtig?"), die je nach Ausführlichkeit der Antwort noch weiter ausdifferenziert werden können (Unterfragen, z. B. „Verwenden Sie für Vorschulkinder andere Verfahren als für Schulkinder?") oder unterbleiben. Ergänzt werden diese Fragen durch situationsabhängige und antwortabhängige Spontanfragen, die sich erst im Interview und durch die Kommunikation ergeben.

Ein Interview-Leitfaden besteht immer aus gegenstandspezifischen Ober- und Unterfragen und wird für jeden Forschungsgegenstand individuell konstruiert. Die Leitfadenkonstruktion und die Kontrolle, ob er dem Forschungsgegenstand angemessen ist, ist demnach ein entscheidender Schritt des Forschungsprozesses (vgl. Mayring 1990, 48, Wittkowski 1994).

Strukturierte Interviews oder *standardisierte Interviews* sind ein Instrument der quantitativen Sozialforschung. Die Fragethemen, -abfolge und -formulierungen sind genau festgelegt und dienen vorrangig der Erhebung großer Datenmengen zu bestimmten Themenbereichen (vgl. Friedrich 1990, 207 ff). Sie fragen Einstellungen und Bewertungen ab und können somit in der Evaluation eingesetzt werden, da sie letztlich eine mündliche Präsentation von Fragebögen darstellen (s.o.).

In der Evaluation haben Interviewverfahren eine großen Stellenwert, da sie Aussagen über die persönliche Bedeutung der zu evaluierenden Verfahren zusammentragen und der Analyse zugänglich machen. So kann die „Kundenzufriedenheit" (s.o.) thematisiert und in die Bewertung aufgenommen werden. Die Erfahrungen, die Betroffene, Angehörige und Anwender bzw. Therapeuten mit den Verfahren gemacht haben, gehen als Experten-, Anwender- oder Kundenbefragung direkt in deren Entwicklung oder Verbesserung ein.

6 Grenzen von Evaluationsprozessen

Evaluationsbemühungen stoßen dort an ihre Grenzen, wo sie nicht mehr ergebnisoffen betrieben werden, sondern einer vorher festgelegten Zweckbindung genügen müssen. Wo immer Evaluation mit dem Ziel durchgeführt wird, die kostengünstigste Methode für den schnellsten Erfolg zu ermitteln, geraten der gesamte Prozess und seine Beteiligten in den Zwang zum Wirksamkeitsnachweis, der gerade im therapeutischen Bereich nur schwer zu führen ist. Evaluation, die von Kostenträgern beauftragt ist und ausschließlich unter Kosten-Nutzen-Aspekten durchgeführt wird, lässt wichtige Qualitätsaspekte der Therapie außer Acht, insbesondere den der Kundenzufriedenheit (vgl. SCHMACKE 2000). Darüber hinaus gilt, dass Evaluationsergebnisse manipulierbar sind. Steht ein Urteil über ein zu evaluierendes Verfahren bereits im Vorhinein fest (zu teuer, zu zeitaufwändig, zu unspezifisch etc.), ist es ein Leichtes, auch methodisch gesichert zu den gewünschten Ergebnissen zu kommen (vgl. V. SCHLIPPE & SCHWEITZER 1996, 276 ff). Möchte man beispielsweise „belegen“, dass kommunikationsorientierte Therapieformen bei Aphasien weniger effektiv sind als linguistisch orientierte Verfahren, so wendet man einfach ein Testverfahren an, das linguistischen Fähigkeitszuwachs misst. Da dieser in der Therapiephase jedoch nicht angezielt wurde, wird er entsprechend niedrig sein und somit die Erwartungshaltung bestätigt. Evaluation kann demnach nur unvoreingenommen funktionieren, wenn sie ergebnisoffen geplant und durchgeführt werden kann und wenn ihre Methoden dem zu evaluierenden Verfahren angemessen sind.

Kundenzufriedenheit

Grenzen von Evaluation

Abschließend bleibt festzuhalten, dass Evaluationsprozesse nicht in der Lage sind, das diagnostische, beraterische oder therapeutische Geschehen in seiner Gesamtheit zu erfassen. Evaluation, und sei sie noch so umfassend angelegt, erfasst immer nur einen begrenzten Blickwinkel, eine Auswahl von Aspekten oder zu beobachtenden Variablen. Letztendlich erfasst auch die Evaluation nur einen Ausschnitt der Wirklichkeit. Von Beginn des Forschungsprozesses an bestimmt die Auswahl des Forschungsgegenstandes, der Methoden und der Forschungsparameter, welches Ergebnis erreicht wird.

Verstehende Diagnostik individueller Sprachentwicklungsprozesse: Außensichten und Innensichten

Ulrike Lüdtke & Reiner Bahr

1 Verstehende Diagnostik

Der Sprachentwicklung auf der Spur
Unserer Ansicht nach gibt es fünf Aspekte „normaler" oder „gestörter" Sprachentwicklung, die uns ihr Verstehen so erschweren: ihre *Individualität*, ihre *Mehrdimensionalität*, ihre *Komplexität*, ihre *Historizität* und ihre *Prozesshaftigkeit*. Diese Aspekte nicht nur aus der Außensicht der Wissenschaft, sondern auch aus der Innensicht der kindlichen Sprachentwicklungsprozesse zu beleuchten ist zentrales Anliegen unserer nachfolgenden Überlegungen. Mit einer derartigen Betrachtung des Phänomens Sprachentwicklung „vom Kinde aus" beziehen wir einen genuin *pädagogischen* Standpunkt, der individuelle Besonderheiten der Sprachentwicklung nicht als vom Menschen abstrahierte, generalisierte „Störungsbilder" betrachtet, sondern sie in ihrer umfassenden Einbettung in die kindliche Gesamtpersönlichkeit und deren familiären, institutionellen und soziokulturellen Entwicklungskontext ganzheitlich wahrnimmt.

Aspekte, die Verstehen erschweren

pädagogische Perspektive

Betrachten wir dementsprechend Diagnostik nicht als Einordnung von Symptomen in eine abstrakte Skala der objektivierten Anormalität, sondern als eine Kunst, individuell generierte Zeichen durch Rekonstruktion ihrer Entwicklungsgeschichte sinnentnehmend zu lesen, dann können wir die kindlichen Sprachäußerungen als „Spuren" verstehen. Ihrer Fährte müssen wir dann folgen, um aufzuspüren, unter welchen inneren und äußeren Entstehungsbedingungen des Kindes es bei welchen subjektiven Entwicklungsherausforderungen zu dem heutigen Erscheinungsbild seiner ganz individuellen Entwicklungsvariation sprachlicher Prozesse gekommen ist.

Diagnostik als Rekonstruktion

Relationale Ontologie
Eine derartige Betrachtungsweise befindet sich im Konsens mit dem derzeitigen sonderpädagogischen Gesamtdiskurs im Bereich der Diagnostik, welcher schon seit Jahren einen Paradigmenwechsel fordert, der durch eine Abwendung von mechanistisch-normorientierter Selektionsdiagnostik und eine Hinwendung zu verstehend-subjektorientierter Förderdiagnostik gekennzeichnet ist (vgl. u.a. Braun in diesem Band, Jantzen 1996, 2000/01, Grohnfeldt & Ritterfeld 2000). Spezifiziert auf unseren Gegenstandsbereich der individuellen Sprachentwicklungsprozesse lauten die zentralen Leitfragen dieser diagnostischen Neuorientierung:

- *Seinszustände statt Sollensanforderungen*: Wie spricht das Kind derzeit? statt: Wie sollte das Kind in diesem Alter normalerweise sprechen?
- *Subjektlogik statt Objektivierung*: Welche subjektiven Gründe hat das Kind so zu sprechen? statt: Welche objektiven Ursachen führen zu solch einer Sprache?
- *Verlebendigung statt Verdinglichung*: Wie ist das sich entwickelnde Kind in seiner sprachlichen Einzigartigkeit zu verstehen? statt: Wie ist die Sprachentwicklungsstörung zu analysieren und zu klassifizieren?

Abkehr von kausal-deterministischem Denken

Hintergrund all dieser an einem Verstehen orientierten Fragestellungen ist eine Ontologie, welche die kindliche Sprach- und Gesamtentwicklung nicht mehr als kausal-linear-deterministisch, sondern als koevolutiv-komplex-selbstorganisiert begreift. Sie vollzieht damit eine Wendung von einer Ontologie der Gegenstände zu einer Ontologie der *Relationen* (vgl. Bourdieu 1997, Jantzen 2000/01), welche allem systemhaften Denken zugrunde liegt.

2 Theoretische Außensicht: Strukturelle Aspekte der Sprachentwicklung

Notwendigkeit eines externen Bezugspunktes

Ein Fundament aus Erklärungswissen zu haben ist unabdingbare Voraussetzung für ein Verstehen der kindlichen Sprach-Zeichen, da als Basis einer reliablen und validen Diagnostik es nicht eines subjektivistisch in mir liegenden, sondern eines objektivierbaren und reflektierbaren, *externen* Bezugspunktes bedarf. Diesen adäquaten Bezugspunkt würde in unserem thematischen Rahmen eine umfassende, verallgemeinerte Theorie der kindlichen Sprachentwicklung bilden. Da es diesen theoretischen Überbau aber leider (noch) nicht gibt, müssen wir uns an dieser Stelle mit einigen wesentlichen theoretischen Bausteinen begnügen.

2.1 Mehrdimensionalität

Für das Erreichen unseres diagnostischen Ziels, die Eigenlogik individueller Sprachentwicklungsprozesse eines Kindes zu verstehen, brauchen wir einen Schlüssel, mit dem wir die Tür zur Entwicklungsgeschichte des Kindes öffnen können. Die Beiträge der Linguistik zur Sprachentwicklungsdiagnostik bieten hierfür sehr spezifisches, sehr detailliertes Erklärungswissen an, das sich als strukturelles Raster der linguistischen Sprachebenen – phonetisch, phonologisch, morphologisch, syntaktisch etc. – bedient (vgl. nachfolgende Beiträge in diesem Band). Für eine Entschlüsselung der Entwicklungsgeschichte in einem umfassenderen Sinne sind diese Erkenntnisse jedoch zu punktuell und bedürfen einer Erweiterung in Richtung eines ganzheitlichen Verstehens der Gesamtpersönlichkeit des Kindes sowie seines sozialen Umfeldes. Ein Erklärungsmodell, was sich hier als Ergänzung anbietet, ist das umfassende WHO-Konzept von möglicher Gesundheit bzw. möglicher Behinderung eines jeden Menschen, welches sich sehr gut auf unseren Personenkreis der sich sprachlich entwickelnden Kinder spezifizieren lässt.

Gemäß der Verfassung der Weltgesundheitsorganisation (WHO) ist Gesundheit der Zustand körperlichen, geistigen und sozialen Wohlbefindens und nicht allein das Fehlen von Krankheit oder Behinderung. Analog hierzu wird Behinderung als Beeinträchtigung der Funktionsfähigkeit einer Person auf Grund ihrer körperlichen, geistigen oder seelischen Verfassung definiert (vgl. ICIDH 2000 & ICF 2001). Dem in diesem Konzept zentralen Terminus der *Funktionsfähigkeit* liegt ein bio-psycho-soziales Modell zu Grunde, welches ein ganzheitliches Menschenbild repräsentiert. Er ist somit ein *mehrdimensionaler* Begriff, der – von intrapersonalen bis interpersonellen – alle funktionalen Aspekte der Gesundheit einer Person umfasst (vgl. Abb.1):

WHO

ganzheitliches Menschenbild

1. Die Dimension des *Körpers*, d.h. die Funktionsfähigkeit einzelner Strukturen und Funktionen der an den Körper gebundenen leiblich-geistig-seelischen Einheit des Menschen (z. B. Nervensystem, Sinnesorgane, Kehlkopf; sowie Kognition, Wahrnehmung, Motorik, Symbolverständnis, phonematische Differenzierungsfähigkeit) und ihr synergetisches Zusammenspiel.
2. Die Dimension der *Aktivität*, d.h. die Funktionsfähigkeit der Person bezüglich konkreter Tätigkeiten (z. B. Lernen, Fortbewegen, Sprechen, Verstehen).
3. Die Dimension der *Partizipation*, d.h. die Funktionsfähigkeit einer Person bezüglich ihrer Teilhabe an Lebensbereichen innerhalb der Gesellschaft (z. B. Mobilität, Informationsaustausch, soziale Beziehungen und Ausbildung).

Darüber hinaus wird die Funktionsfähigkeit eines Menschen von seinem Lebenskontext beeinflusst – und zwar zum einen von *personbezogenen* Faktoren (z. B. Alter, Geschlecht, Charakter, Lebensstil, soziale Herkunft, Bewältigungsmechanismen, Erziehung, Beruf sowie biographische Erfahrungen und Traumatisierungen), zum anderen von *Umweltfaktoren* (z. B. Wohnumgebung, Ernährung, Lernmittel, Klima, Familie, Freunde, soziokulturelle Normen, Medien, Bildungsinstitutionen). Alle Aspekte gemeinsam spannen einen mehrdimensionalen Raum auf, in dem sich die Funktionsfähigkeit eines Menschen in positivem wie in negativem Sinne vollziehen kann.

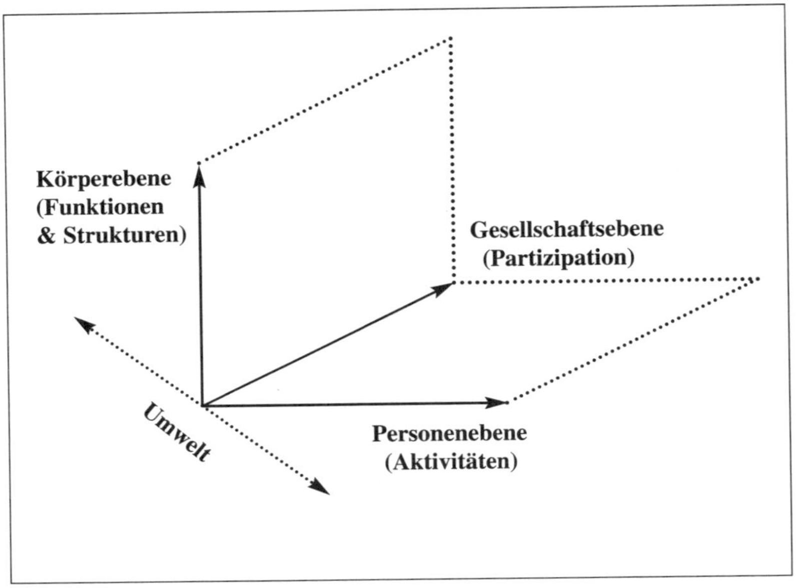

Abbildung 1: Das WHO-Konzept der Funktionsfähigkeit als mehrdimensionaler Raum (ICIDH-2, 2000, 26)

Übertragung des Menschenbildes auf die Funktionsfähigkeit des Kindes

Übertragen wir dieses ganzheitliche Konzept der mehrdimensionalen Funktionsfähigkeit eines Menschen nun auf die von uns zu diagnostizierenden, sich sprachlich entwickelnden Kinder, dann gilt es folgende Spezifikationen und Ausdifferenzierungen vorzunehmen (vgl. Abb. 2). Das ganzheitliche Menschen-Bild muss zunächst in Richtung eines in ontologischen Grundannahmen fußendes „Bild vom Kind" adaptiert werden. Darüber hinaus muss das allgemeine Konzept der Funktionsfähigkeit auf das spezielle Phänomen der Sprachentwicklung bezogen werden. Hierbei sind in jeder der drei Dimensionen der *sprachtragende* und der *sprachspezifische* Aspekt der Funktionsfähigkeit zu unterscheiden, denn unserer Auffassung nach ist die sprachliche Entwicklung des Kindes hinsichtlich seiner Kompetenz und Performanz (als linguistische Dimension) sowie seiner Sprachlichkeit (als anthropologische Dimension; vgl. Lüdtke 1998, 2001) in seine allgemeine Entwicklung eingebettet bzw. von ihr abhängig.

WHO-Dimension	Ontologie: Bild vom Kind	Sprachtragende Funktionsfähigkeit	Sprachspezifische Funktionsfähigkeit
Dimension des Körpers	Das sich entwickelnde Kind als körperlich-geistig-seelische Einheit	Sprachtragende Körperstrukturen und Körperfunktionen des Kindes (z.B. in den Bereichen Bewusstsein, Kognition, Emotionalität, Sensorik, Motorik)	KOMPETENZ Körperliche Sprachstrukturen (z.B. akustischer Kortex) und mentale Sprachfunktionen (z.B. phonologisches Rekodieren) des Kindes
Dimension der Aktivität	Das sich entwickelnde Kind als selbstständig handelndes Subjekt	Sprachtragende Aktivitäten des Kindes (z.B. des Lernens, der nonverbalen Kommunikation, der Interaktion, der Fortbewegung, der Selbstversorgung	PERFORMANZ Sprechaktivitäten des Kindes in kommunikativen Situationen
Dimension der Partizipation	Das sich entwickelnde Kind als Individuum in Gesellschaft und Umwelt	Sprachunabhängige Partizipation des Kindes an wesentlichen soziokulturellen Lebensbereichen	SPRACHLICHKEIT Sprachliche Partizipation des Kindes an wesentlichen soziokulturellen Lebensbereichen

Abbildung 2: Die drei Dimensionen der sprachlichen Funktionsfähigkeit eines Kindes

Ableitung einer Sprachentwicklungsdiagnostik

Auf Grund dieser konzeptuellen Erweiterung, die uns das ganzheitliche sprachliche Sein des Kindes mehrdimensional erschließt, können wir nun zu einer sich hiervon ableitenden Sprachentwicklungsdiagnostik (vgl. Abb.3) übergehen. Aufgabe des Modells ist es, dimensionsspezifische diagnostische Ziele zu formulieren, wobei analog die umfassende Beschreibung der diagnostischen „Bilder" eines Kindes sich jeweils in sprachtragende und sprachspezifische Aspekte aufgliedert. Unser diagnostisches Modell orientiert sich dabei erneut an den Dimensionen und der zugehörigen Terminologie der WHO, womit wir gemäß internationalem Konsens hinsichtlich der Klassifikation individueller Entwicklungsvariationen die Begriffe der *Schädigungen* und *Beeinträchtigungen* übernehmen.

WHO-Dimension	**Beeinträchtigungen (*disabilities*) der Funktionsfähigkeit**	**Ziele der dimensionsspezifischen Sprachentwicklungsdiagnostik**	
Dimension des Körpers	Schädigungen (*impairments*) • Strukturschäden und/oder • Funktionsschäden	1. STRUKTUR- /FUNKTIONSDIAGNOSTIK Umfassende Beschreibung des funktionierenden oder beeinträchtigten **Struktur- /Funktionsbildes** eines Kindes:	
		1a sprachtragende Aspekte	**KOMPETENZ** **1b** **sprachspezifische Aspekte**
Dimension der Aktivität	Beeinträchtigungen der Aktivität (*activity limitations*) • Aktivitäts-störungen	2. AKTIVITÄTSDIAGNOSTIK Umfassende Beschreibung des funktionierenden oder beeinträchtigten **Aktivitätsbildes** eines Kindes	
		2a sprachtragende Aspekte	**PERFORMANZ** **2b** **sprachspezifische Aspekte**
Dimension der Partizipation	Beeinträchtigungen der Partizipation (*participation restrictions*) • Störungen der Daseinsentfaltung	3. PARTIZIPATIONSDIAGNOSTIK Umfassende Beschreibung des funktionierenden oder beeinträchtigten **Partizipationsbildes** eines Kindes	
		3a sprachtragende Aspekte	**SPRACHLICHKEIT** **3b** **sprachspezifische Aspekte**

Abbildung 3: Mehrdimensionale Sprachentwicklungsdiagnostik eines Kindes

2.2 Komplexität und Historizität

Greifen wir noch einmal das eingangs verwendete Bild von Diagnostik als Entschlüsselung der sprachlichen „Spuren" durch Rekonstruktion der Entwicklungsgeschichte eines Kindes auf, dann sind wir durch die eingeführte mehrdimensionale Sichtweise unserem Ziel einer subjektorientierten Diagnostik ein kleines Stück näher gekommen. Um die individuellen sprachlichen Zeichen eines Kindes jedoch nicht nur symptomartig zu beschreiben, sondern sie darüber hinaus auch zu verstehen, müssen zwei weitere Theoriebausteine eingeführt werden.

Um die Verobjektivierung von Kindern durch Diagnosen zu beenden und zu einem tieferen Verständnis der inneren Zusammenhänge produzierter sprachlicher Zeichen zu kommen, müssen wir als erstes unsere reduktionistische Sicht sprachlicher Entwicklungsprozesse aufgeben und an ihre Stelle die Anerkennung ihres komplexen Charakters setzen. Konkretisiert bedeutet dies, dass die bislang isolierten Elemente unseres mehrdimensionalen bio-psycho-sozialen Entwicklungsmodells des Kindes von uns nun als komplexes Netzwerk relationaler, fließender Beziehungen ge-

Komplexität

dacht werden müssen – auch wenn diese Komplexität uns dann u.a. vor die folgenden Fragen stellt:

- Wie ist der innere Zusammenhang von Emotion, Kognition, Sensorik und Sprache bei einem Kind zu denken?
- Wie stehen seine handelnden und fühlenden sowie verstehenden und mitteilenden sprachlichen Aktivitäten in wechselwirksamer Verbindung?
- Wie sind all diese Elemente miteinander vernetzt und wie werden sie von einem spezifischen Entwicklungskontext fördernd oder hemmend beeinflusst? (vgl. Abb. 4)

Zugang zu dieser Komplexität des sprachlichen Zeichendisplays eines zu diagnostizierenden Kindes bekomme ich jedoch nicht, wenn ich meine Deutungsversuche auf die aktualgenetisch präsentierten *Oberflächenstrukturen* (vgl. WILBER 1998) in Form von Lauten, Wörtern und Sätzen beschränke. Ich muss vielmehr – gemäß *synchroner* Betrachtungsweise (vgl. DE SAUSSURE 1916) – der Frage nachgehen, wie und unter welchen Umständen die Sprachzeichen vom Kind hier und jetzt generiert werden, und wie ich von dort – in *diachroner* Betrachtung – auf die Konstruktion der Sprachzeichen innerhalb seiner individuellen, sinnhaften, selbstregulierten (Sprach)Entwicklungsgeschichte rückschließen kann (vgl. Abb. 4). Mit dieser Anerkennung der *Historizität* kindlicher Sprache und damit auch der Anerkennung von entwicklungsgeschichtlich zugrunde liegenden, subjektlogischen *Tiefenstrukturen* stelle ich erst die Bedingung für eine Entschlüsselung her – wobei ich für das Rück(auf)schließen rekonstruierendes Hintergrundwissen aus unseren maßgeblichen Bezugswissenschaften unabdingbar benötige (vgl. Abb. 4 und Kapitel 3).

Historizität

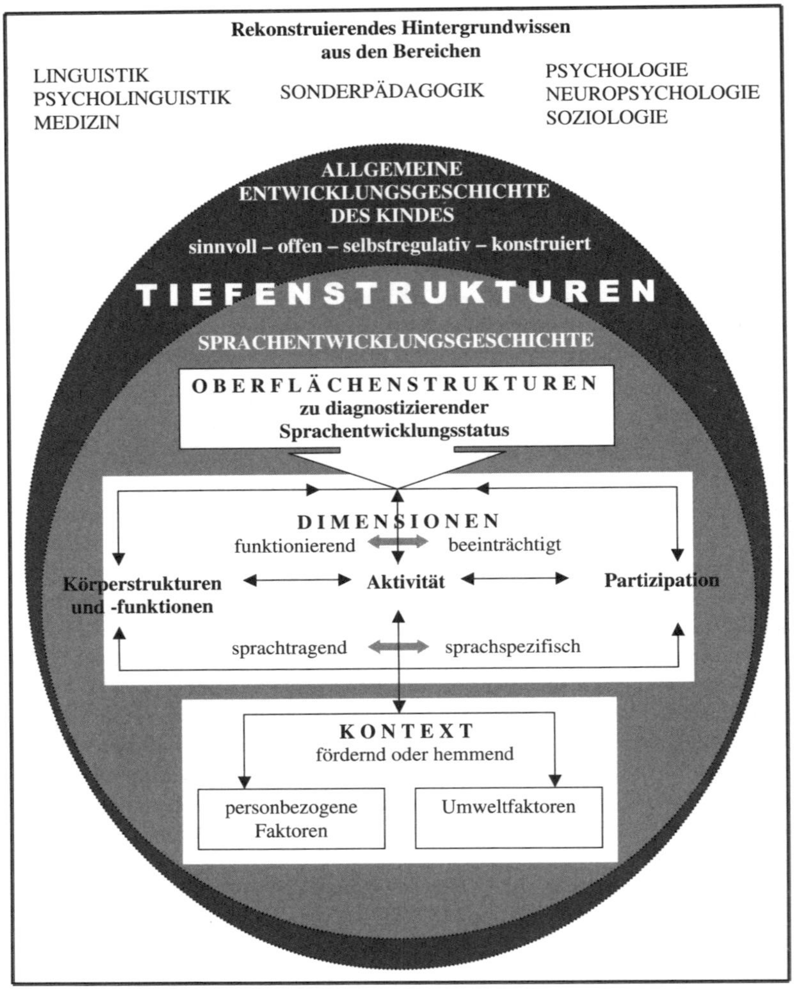

Abbildung 4: Komplexität und Historizität in der mehrdimensionalen Sprachentwicklungsdiagnostik eines Kindes

3 Theoretische Innensicht: Prozessuale Aspekte der Sprachentwicklung

Mit Einführung von Mehrdimensionalität, Komplexität und Historizität als theoretische Bausteine einer verallgemeinerten Theorie der Sprachentwicklung haben wir bereits das klassische normorientierte Diagnostikparadigma ein Stück weit dekonstruiert. Um jedoch jede individuelle Sprachentwicklung eines Kindes in ihrer Einzigartigkeit zu verstehen, müssen wir nun unsere bisherige strukturelle Betrachtungsweise durch prozessuale Aspekte ergänzen. Wir wenden uns damit von der äußeren Betrachtung statischer Zustände hin zur inneren Betrachtung dynamischer Prozesse.

3.1 Sprachentwicklungsbilder

Wenn es um kindliche Entwicklung geht, haben wir alle – bewusst oder unbewusst – durch unsere kulturell-fachwissenschaftliche Sozialisation irgendwie geartete Bilder von immer steiler werdenden Treppen bzw. Stufen vor unserem geistigen Auge, die das Kind (Entwicklungs)Schritt für (Entwicklungs)Schritt in anscheinend logischer Reihenfolge empor steigt. Dieses kausal-linear-deterministische Paradigma ist aber nach allen neueren systemischen Erkenntnissen über Entwicklung nicht mehr zutreffend und durch nachfolgend dargestelltes, koevolutiv-komplex-selbstorganisiertes Bild von Entwicklung – speziell auch von Sprachentwicklung – zu ersetzen (vgl. u.a. MATURANA & VARELA 1990, GRESCHIK 1998, PRIGOGINE 1998, v. FOERSTER et al. 2000).

Systemtheorie

Gemäß systemischer Kontexttheorie entwickelt sich ein Kind nicht isoliert, sondern unter spezifischen Bedingungen der Koevolution (vgl. Abb. 5). Auf Grund dieser Verwobenheit des Kindes mit seiner Umwelt sind seine Entwicklungsprozesse u.a. gekennzeichnet durch Äquifinalität (unterschiedliche Ursachen haben gleiche Folgen), Multifinalität (gleiche Ursachen haben verschiedene Folgen) und Epigenese (neue Konstruktionen entstehen durch transaktionale, innere und äußere Wechselwirkungen). Basierend auf synergetischen Prozessen in einem offenen System, wird die Entwicklungsrichtung des Kindes beeinflusst von der durch Resonanzbildung zwischen Subjekt und Umwelt entstehenden Feldwirkung.

subjektive Entwicklungslogik

Das Kind konstruiert dabei seine Entwicklungsdynamik aktiv und selbstorganisiert, wobei seine subjektive Entwicklungslogik immer dem Ziel der optimalen Anpassung an innere und äußere Bedingungen und damit der permanenten Herstellung von Gleichgewicht und Autonomie folgt. Auf jedem Entwicklungsniveau ist das Kind zu einer bestimmten Zeit offen für spezifische, zentrale Neukonstruktionen (z. B. Objektpermanenz), die dann für die Überführung einer Entwicklungsstruktur in eine andere (z. B. Symbolfunktion von Sprache neu erkennen) verantwortlich ist.

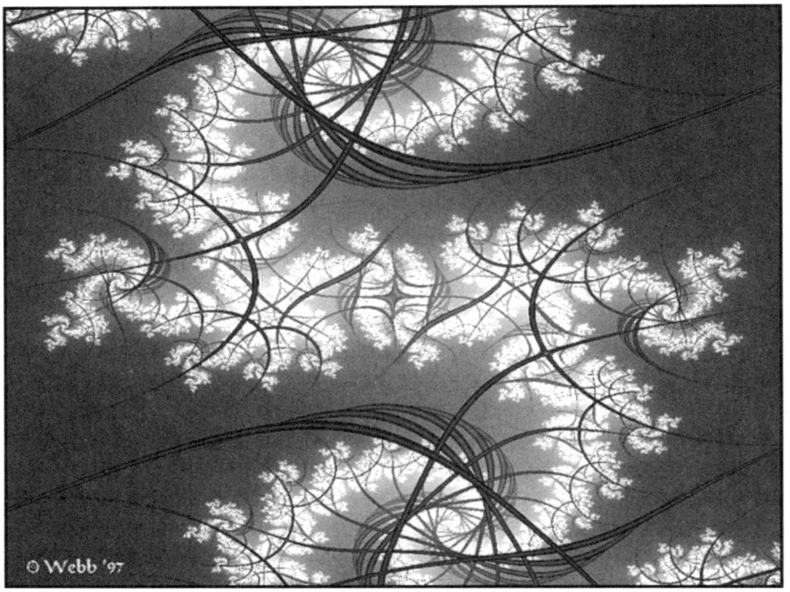

Abbildung 5: Individuelle Sprachentwicklung, vorgestellt als koevolutiv-komplex-selbstorganisierter Konstruktionsprozess (Fraktal „Cherry Blossoms" von SHARON WEBB 1997)

3.2 Rekonstruktion von Sprachentwicklungspfaden

sprachliche Neukonstruktionen als individuelle Entwicklungsvariationen

Wie kann ich nun gemäß einer derartigen paradigmatischen Vorgabe individuelle Sprachentwicklungsprozesse verstehen? Wie kann ich unter Berücksichtigung der Innensicht des Kindes seiner Entwicklungslogik folgen, um die Tiefenstrukturen seiner sprachlichen Konstruktionsprozesse zu entschlüsseln? Um die Fährte der dargebotenen sprachlichen Spuren entwicklungsgeschichtlich zu verfolgen, muss ich mich fragen, wann, wo, wie und wodurch bestimmte sprachliche Neukonstruktionen (z. B. im Bereich der Artikulation oder des Lexikons) so erfolgten, wie sie sich aktualgenetisch als Sprachzeichen präsentieren. Dabei müssen wir beachten, dass unsere Bewertungen der individuellen sprachlichen Entwicklungsvariationen in funktional oder dysfunktional (vgl. 1.1) von außen erfolgen und immer gesellschaftliche, institutionelle oder fachwissenschaftliche Normen implizieren. Für das Kind ist jede noch so geartete sprachliche „Dysfunktionalität" Ausdruck subjektlogischer Kompetenz und der von ihm gewählte und beschrittene Sprachentwicklungspfad (vgl. JANTZEN 1996) Resultat seiner Bemühungen, die ihm bestmögliche (sprachliche) Antwort auf seine individuellen Entwicklungsherausforderungen zu geben.
Oftmals entdecken wir in unserem diagnostischen Prozess einen oder mehrere, gleichzeitige oder konsekutive Entwicklungsursprünge, die

Ausgangs- bzw. Wendepunkte für individuelle Wachstumsprozesse im Bereich der Sprache des Kindes sind: umfangreiche Erkrankungen (z. B. Down-Syndrom, Epilepsie), andere organische Ursachen (Hirnverletzungen, Sinnesschädigungen, peripher organische Schädigungen), spezifische Hirnfunktionsstörungen (z. B. im Bereich der auditiven Wahrnehmung), Beeinträchtigungen der Kognition, der Emotionalität und des Lernens, sowie auch Deprivationen und psychische Traumatisierungen (z. B. Missbrauch). Wesentlich für eine verstehende Diagnostik ist aber, dass unsere Entschlüsselung dennoch nicht am „Defekt" des Subjektes ansetzt, sondern an der Erforschung, wie der Entwicklungskern in seiner kontextuellen Verschränkung mit intrapersonalen und sozialen Entwicklungsbedingungen in der Lebensgeschichte eines Kindes gewirkt haben könnte.

4 Praxisbezogene Außensicht: Strukturmomente der Sprachentwicklungsdiagnostik

Analog zu den in Kapitel 1 entwickelten Modellvorstellungen über die Mehrdimensionalität, Komplexität und Historizität der kindlichen Sprachentwicklung und einer dementsprechenden Diagnostik, sollen nunmehr Bereiche vorgestellt werden, anhand derer in der Praxis relevante Informationen zu gewinnen sind, die sich dann zur Grundlage einer Sprachentwicklungsförderung verdichten lassen (4.1). In einem zweiten Schritt wird die Frage zu stellen sein, welche kategorialen Konzeptbildungen bei der Erfassung und Einordnung der Symptome individueller Sprachentwicklungsprozesse helfen können, so dass trotz der komplexen Vernetztheit der uns hier beschäftigenden Phänomene ein begrifflicher, der fachlichen Verständigung dienender Anker zur Verfügung steht (4.2).

4.1 Mehrdimensionale diagnostische Praxis

Eine im Sinne unserer theoretischen Ausführungen durchzuführende verstehende Diagnostik zeichnet sich dadurch aus, dass sie neben der Sprache selbst auch diejenigen Bereiche in den Blick nimmt, die die Sprachentwicklung nicht bloß beeinflussen, sondern sogar mit fundieren. Diese Diagnostik berücksichtigt also vom Ansatz her sowohl die sprachtragenden (1a, 2a, 3a in Abb. 3) als auch die sprachspezifischen Elemente (1b, 2b, 3b in Abb. 3), jedoch bleibt die Darstellung einer Diagnostik der sprachlichen Kompetenz – der linguistischen Ebenen im engeren Sinne (1b in Abb. 3) – an dieser Stelle unberücksichtigt (siehe dazu die folgenden Beiträge im vorliegenden Band). In unserer Darstellung geht es vor allem um die *strukturelle Vernetztheit* aller genannten Aspekte. Einem sprachheilpädagogischen oder logopädischen Diagnostiker, der sich dieser Sichtweise anschließt, stellt sich unseres Erachtens weniger die Frage

sprachtragende und sprachspezifische Elemente

strukturelle Vernetztheit

nach der ersten Ursache einer Sprachentwicklungsstörung, sondern viel eher diejenige nach den Bedingungen, die das sprachliche und sonstige Lernen erschweren und begünstigen könnten. Sein Anliegen ist es, markante Punkte aufzuspüren, die ein Kind in seiner Entwicklungsgeschichte zu sprachlichen Neukonstruktionen veranlasst haben könnten, die heute als „Normabweichungen" auffallen (vgl. 3.2). Diesbezüglich möchten wir in Zusammenfassung unserer theoretischen Überlegungen drei Thesen aufstellen, um daraus diagnostisch-praktische Handlungskonsequenzen für den Alltag abzuleiten:

1. *Individuelle Entwicklungsprozesse im Bereich der sprachlichen Kompetenz* können mit beeinträchtigten neurologischen Funktionen und Strukturen, mit beeinträchtigten sensorischen, motorischen und kognitiven Kompetenzen zusammen hängen. Sie sind überdies immer in emotionale Erfahrungen eingebettet (Dimension des Körpers, vgl. 1a und 1b in Abb. 3).
2. *Individuelle Entwicklungsprozesse im Bereich der sprachlichen Performanz* können mit beeinträchtigten Aktivitäten des Lernens, der Wissensanwendung sowie der nonverbalen Kommunikation und Interaktion zusammen hängen (Dimension der Aktivitäten, vgl. 2a und 2b in Abb. 3).
3. *Individuelle Entwicklungsprozesse im Bereich der Sprachlichkeit* können mit Beeinträchtigungen der sprachunabhängigen soziokulturellen Erfahrungsmöglichkeiten zusammen hängen (Dimension der Partizipation, vgl. 3a und 3b in Abb. 3).

Die Diagnostik hat überdies immer auch fördernde und hemmende Kontextfaktoren eines Kindes zu bedenken und auf die Tiefenstrukturen seiner individuellen Entwicklungsgeschichte (Historizität) Bezug zu nehmen (vgl. Abb. 4). Die Thesen ruhen auf Modellvorstellungen zum Spracherwerb, die sowohl dessen biologische Grundlagen als auch dessen soziale Gebundenheit berücksichtigen (vgl. Bahr & Lüdtke 2000).

Grundlage des Spracherwerbs

Struktur-/Funktionsdiagnostik

Für die körperbezogene *Struktur-/Funktionsdiagnostik* (vgl. Abb. 3) heben wir die Bereiche Aufmerksamkeit, Gedächtnis, Sensorik, Motorik, Kognition und Emotionalität hervor. Wir sehen im Zusammenspiel der damit verbundenen Leistungen eine zentrale Grundlage des Spracherwerbs. Der folgende Fragenkatalog möchte Sprachheilpädagogen und Logopäden zur sensiblen Beobachtung anregen und gegebenenfalls zum Heranziehen spezifischer Verfahren veranlassen. Die Fragen sind in ihrer Formulierung teils ressourcenorientiert und nehmen damit – in synchroner Betrachtungsweise – Bezug auf die Oberflächenstrukturen des zu diagnostizierenden Sprachentwicklungsstatus'; sie sind teils rekonstruierend, um auch die Tiefenstrukturen aus der Entwicklungsgeschichte des Kindes – gemäß diachroner Betrachtungsweise – zu berücksichtigen (vgl. Abb. 4).

AUFMERKSAMKEIT ⇒ Welchen Dingen kann sich das Kind dauerhaft zuwenden? ⇒ Womit lässt sich gemeinsame Aufmerksamkeit herstellen? ⇐ *Womit hat sich das Kind bereits früher ausdauernd beschäftigt?* ⇐ *Wie gelang es früher, die Aufmerksamkeit zu binden?*
GEDÄCHTNIS ⇒ Welche wiederholten Sinneserfahrungen stellen sicher, dass das Kind etwas behält? ⇒ Wie lässt sich die Erfahrung des Wiedererkennens von Dingen und den dazu gehörenden Worten erreichen? ⇐ *Welche emotionalen Erfahrungen der Vergangenheit könnten das Behalten gefördert haben?* ⇐ *Von welchen Bezugspersonen hat das Kind Lernanregungen immer gut angenommen?*
SENSORIK ⇒ Wie verarbeitet das Kind Höreindrücke? Wie reagiert es etwa auf laute Geräusche und Klänge? Kann es Tonfolgen behalten und reproduzieren? ⇒ Kann das Kind Laute in ihrer bedeutungsunterscheidenden Qualität wahrnehmen? ⇐ *Wie war die sensorische Entwicklung in der frühen Kindheit: Wie wurden Berührungen, visuelle Reize, Geruchs- , Geschmackserfahrungen verarbeitet?* ⇐ *Hatte das Kind sensorische Vorlieben einerseits und Abwehrtendenzen andererseits?*
MOTORIK ⇒ Benötigt das Kind Hilfen (evtl. auch mechanischer Art) zur Herstellung der Funktionsfähigkeit seiner Sprechorgane? ⇒ Welche Hilfen zur Steigerung der Bewegungsfähigkeit benötigt das Kind? ⇐ *War das Kind schon als Säugling bewegungsfreudig und nutzte es Bewegungshandlungen, um die Welt zu begreifen und zu verstehen?* ⇐ *Welches Bewusstsein über und welche Einstellung zu seinem Körper hat das Kind entwickelt?*
KOGNITION ⇒ Welche Ansätze zur Kategorienbildung sind bei dem Kind zu erkennen? ⇒ Wie kreativ zeigt sich uns das Kind bei seinen Alltagshandlungen? ⇐ *Wie war die Spielentwicklung, insbesondere hinsichtlich des Symbolspiels?* ⇐ *In wie weit hat das Kind gelernt, Handlungen zu planen?*
EMOTIONALITÄT ⇒ Wie ist das Selbstwertgefühl des Kindes einzuschätzen? ⇒ Welche emotionalen Erfahrungen empfindet das Kind als besonders angenehm? ⇐ *Hat das Kind in frühem Lebensalter möglicherweise Angsterfahrungen gespeichert, die seine Redebereitschaft heute beeinflussen?* ⇐ *In wie weit hat das Kind gelernt, sich in die Gefühlswelt anderer hineinzuversetzen und wie ließe sich dieser Aspekt der Empathie fördern?*

Abbildung 6: Diagnostischer Fragenkatalog zur Erstellung eines individuellen Struktur-/Funktionsbildes

Erschließungsmethoden

Dieser Fragenkatalog versteht sich, genauso wie die folgenden, als Anregung, sich kreativ die Biografie und die gegenwärtige Situation des Kindes zu erschließen. Das kann beispielsweise durch freie und strukturierte Beobachtungen in Spiel- und Lernsituationen, durch Elterngespräche und durch den Einsatz formeller und informeller Verfahren geschehen. Besonders hilfreich erscheint es uns, die gewonnenen Informationen in Form eines pädagogischen Tagebuches festzuhalten.

Lernen als Konstruktion

Im Hinblick auf unsere zweite, aktivitätsbezogene These wird jeder, der ein Kind in seiner Entwicklung beobachtet, bereits in den ersten Monaten feststellen, dass es seine Umgebung relativ schnell zunehmend differenzierter erfassen kann, zunehmend aufmerksamer wird und zunehmend den zu ihm gesprochenen Worten Bedeutung verleihen kann. Lernen bedeutet nach unserem Verständnis (vgl. dazu auch Bahr & Lüdtke 2000), dass ein Kind Wiederkehrendes als Wiederkehrendes erkennen muss und dass es ein Gespür und ein Wissen für zunächst eher grobe und dann für eher feine Unterschiede zu erwerben hat. Lernen ist ein ordnender Vorgang, bei dem individuell passende (viable) Vernetzungen aufgebaut werden. So entsteht die Basis für Assoziationen. Es geht beim Lernen also darum, die oben heraus gestellten, bedeutsamen körperlichen Strukturen und Funktionen durch angemessene Aktivitäten in einen Zusammenhang zu stellen, so dass Teile zu Ganzheiten werden. Es bedarf also beispielsweise nicht allein der Aufmerksamkeit als solcher, sondern es bedarf einer gerichteten Aufmerksamkeit, damit Erfahrungen den Weg ins Gedächtnis finden. Gerade beim sprachlichen Lernen spielt die Ausrichtung der Aufmerksamkeit eine zentrale Rolle; Zollinger (1999) spricht hier von der „Triangulierung des Blickkontakts" und meint damit die Verbindung von Gegenstands- und Personenwelt über den Blick. Lernen ist demnach eine vom Kinde ausgehende, auf körperlichen Strukturen und Funktionen beruhende Aktivität, und es ist des Weiteren eine ausgesprochen kommunikative und interpersonelle Tätigkeit. Sprachliches Lernen ist ein konstruktiver Adaptationsprozess (vgl. Deacon 1998), der der lernenden Gestaltung und Gewöhnung in der Gemeinschaft anderer Menschen bedarf.

Konstruktivismus

Adaption

Unser zweiter Fragenkatalog zum Bereich der *Aktivitätsdiagnostik* (vgl. Abb. 3) möchte einige bedeutsame Dynamiken dieses Prozesses hervorheben. Wir sehen hier den sprachtragenden und den sprachspezifischen Zielbereich integral, d.h. in jeder Frage sind beide Aspekte implizit oder explizit enthalten:

GERICHTETE AUFMERKSAMKEIT

⇒ Wie gut achtet das Kind auf den sprachlichen Input?
⇒ In wie weit beobachtet das Kind, was um es herum passiert?
⇐ *Wie achtsam war das Kind im frühen Lebensalter in Bezug auf die Sprache?*
⇐ *Wie zahlreich waren die Erfahrungen, bei denen Gesehenes mit Gesprochenem verbunden wurde (z. B. beim Anschauen von Bilderbüchern)*

KOMMUNIKATION

⇒ Benutzt das Kind auch Mimik und Gestik, um sich darzustellen?
⇒ Welche anderen als die verbalen und nonverbalen Tätigkeiten könnte das Kind nutzbar machen (z. B. schriftsprachlicher Ausdruck, technische Hilfen)?
⇐ *Wie intensiv hat das Kind von sich aus früher schon den (sprachlichen) Kontakt mit anderen gesucht?*
⇐ *Welche Mitteilungs- und Erzählfreude hat das Kind in seinen ersten Lebensjahren entwickelt?*

INTERPERSONALITÄT
⇒ Wie geht das Kind mit Nähe und Distanz um?
⇒ Wie nimmt es Hilfe und Kritik von anderen an?
⇐ *Welche Gelegenheiten hatte das Kind, soziale Regeln zu lernen?*
⇐ *Hat das Kind gelernt, Grenzen zu akzeptieren?*

WISSENSANWENDUNG
⇒ Welche sprachlichen Regeln sind dem Kind in der Anwendung bereits geläufig?
⇒ Wie groß ist die Achtsamkeit des Kindes im Alltag, insbesondere im Spiel und bei der Sprachverwendung?
⇐ *Welche Wege der Problemlösung hat das Kind gelernt – mit Sprache und ohne Sprache?*
⇐ *Hat das Kind gelernt, Lösungsalternativen abzuwägen?*

Abbildung 7: Diagnostischer Fragenkatalog zur Erstellung eines individuellen Aktivitätsbildes

Wechselwirkungen im Kontext

Wechselwirkungen

Unsere dritte These verweist auf die Wechselwirkung individueller Sprachentwicklungsprozesse mit den sozio-kulturellen Bedingungen unter denen sie stattfinden. Wir gehen davon aus, dass jedes sprachliche Sich-Darstellen eines Kindes, welches ja immer auf soziale Unterstützung angewiesen ist, seinerseits auf das Umfeld zurückwirkt. Weicht dieses sprachliche Sich-Darstellen von der Norm ab, so ist regelmäßig davon auszugehen, dass etwa das Verhalten von Verwandten und Gleichaltrigen, Erzieherinnen und Lehrern sowie aller weiteren Personen, die mit dem Kind in Kontakt kommen, Unverständnis, Rückfragen, Korrekturen, Aufforderungen zum „richtigen“ Sprechen und die Rückmeldung von Leistungs„versagen“ im schulischen Raum als typische Folgen nach sich zieht. Ebenso können Mitleid und das Fernhalten von Anforderungen als Reaktionen vorkommen. Somit haben Sprachheilpädagogen und Logopäden auch mit sozialen Problemfeldern zu tun, die die gesellschaftliche Partizipation des Kindes betreffen. Besonders hervorzuheben ist unseres Erachtens die möglicherweise eingeschränkte Teilhabe an sozialen Beziehungen, am Informationsaustausch sowie an den Angeboten der Bildung und Ausbildung.

Reaktionen des Umfeldes

Partizipationsdiagnostik

Die ressourcenorientierten und rekonstruierenden Fragen des dritten Katalogs im Bereich der *Partizipationsdiagnostik* (vgl. Abb. 3) wollen dafür sensibilisieren. Auch hier werden die sprachtragenden und die sprachspezifischen Zielbereiche wieder als integral angesehen.

SOZIALE BEZIEHUNGEN
⇒ Welche fördernden personalen Bedingungen findet das Kind zu Hause vor?
⇒ Wie umfangreich und intensiv ist der Kontakt mit Gleichaltrigen?
⇐ *Welche fördernden und/oder hemmenden Erfahrungen hat das Kind in früher Kindheit durch seine Eltern erfahren?*
⇐ *Welche anderen Personen aus der Verwandtschaft haben Einfluss auf die Entwicklung des Kindes genommen?*

INFORMATIONSAUSTAUSCH ⇒ Wie stellt sich die Kommunikation innerhalb der Familie dar? ⇒ Mit welchen Medien und mit Hilfe welcher neuen Technologien wäre das Kind zu fördern und / oder zu motivieren? ⇐ *Welche Stetigkeiten und/oder Unstetigkeiten in der familiären Kommunikation hat das Kind früher erfahren?* ⇐ *Welche sprachfördernden Materialien hat das Kind von jeher im Umgang mit anderen benutzt? Wuchs das Kind in einer anregungsarmen oder anregungsreichen Umgebung auf?*
BILDUNG UND AUSBILDUNG ⇒ Welche häuslichen Möglichkeiten könnten das Kind hinsichtlich bildungsspezifischer Inhalte (insbesondere Lesen, Schreiben, Rechnen) fördern? Wo liegen hier Grenzen, z. B. ökonomischer Natur? ⇒ Welche schulischen Fördermöglichkeiten gibt es vor Ort? ⇐ *Welche spezifischen frühfördernden Hilfen standen dem Kind zur Verfügung?* ⇐ *Was hat der Kindergarten geleistet und/oder versäumt?*

Abbildung 8: Diagnostischer Fragenkatalog zur Erstellung eines individuellen Partizipationsbildes

Der durch diesen Fragenkatalog angeregte Dialog mit dem zu diagnostizierenden Kind führt allmählich zu einer Rekonstruktion und damit Konstruktion individueller Bilder, die der Sprachheilpädagoge oder Logopäde nunmehr in sein Vorwissen zu integrieren hat. Daraufhin erfolgt im diagnostischen Prozess eine permanente, wechselseitige Abgleichung zwischen den eigenen Konstruktionen und den abstrakten theoretischen Konstrukten über spezifische Störungsbilder und Syndrome, so dass nach geraumer Zeit eine für weiterführende förderdiagnostische Überlegungen hilfreiche, aber vorläufige Kategoriebildung erfolgen kann.

4.2 Kategorien individueller Sprachentwicklungsvarianten

Selbstverständnis der Fachwissenschaften

Angesichts der hier heraus gearbeiteten Mehrdimensionalität, Komplexität und Historizität individueller Sprachentwicklungsvarianten verwundert es nicht, dass es im gesamten deutschen Sprachraum bisher keine zufrieden stellende, einheitliche Verwendung von Begriffen für sprachliche Entwicklungsstörungen gibt. Hinzu kommt, dass die Beschäftigung mit Sprachstörungen überhaupt aus unterschiedlichen historischen Wurzeln erwächst (vgl. Braun & Macha-Krau 2000). So legt beispielsweise eine medizinische Herangehensweise ihrem Selbstverständnis nach eher ätiologisch orientierte Begriffe (peripher organisch bedingte, zentrale, funktionelle Störungen der Sprachentwicklung) nahe, während eine linguistische Betrachtung eher beschreibend vorgeht und die Ebenen des Sprachsystems in den Blick nimmt (phonetisch-phonologische, lexikalisch-semantische, morphologisch-syntaktische Entwicklungsstörungen der Sprache). Lange Zeit schien die von Scholz (1970) geprägte Unterscheidung einer so genannten temporell affizierten (also zeitlich verzögerten) Sprachentwicklung (Sprachentwicklungsverzögerung) von einer strukturell affizierten (also im System ganz eigenartigen) Sprachentwicklung (Sprachentwicklungsstörung) eine klare diagnostische Trennung darzustellen; heute ist jedoch klar, dass ein verspätetes Einsetzen der Sprachentwicklung typisches Merkmal auch strukturell abweichender Spracherwerbsverläufe ist (vgl. DANNENBAUER 2001a).

Die etablierte Sprachheilpädagogik legt im Zusammenhang mit Störungen der Sprachentwicklung traditionell ihren Schwerpunkt auf die Beschäftigung mit deren *sprachspezifischen* Anteilen im Bereich der Kompetenz (vgl. Abb. 3, 1b) und folgt heute zumeist der linguistischen Ebeneneinteilung. Damit verbindet sich eine deskriptive Diagnostik, die deutliche Hinweise und Ziele für die Förderung in diesen sprachspezifischen Bereichen herzuleiten vermag (z. B. entwicklungsproximaler Ansatz nach DANNENBAUER 1999). Durch die Konzentration auf die sprachlichen Ebenen hat sich in der Forschung allerdings das Bild eines „normal" intelligenten, „normal" lernfähigen Kindes verdichtet, mit dessen sonstigen Symptomen und sozialen Folgen allein die Praxis fertig zu werden habe. Erst in jüngster Zeit zeichnen sich durch die Einbeziehung von Einteilungen aus dem Amerikanischen inhaltliche Erweiterungen ab (vgl. OWENS 1998, GRIMM 1999).

deskriptive Diagnostik

Die tatsächlich vorgefundenen Gegebenheiten lassen sich anhand der folgenden Bezeichnungen abstrahierend zusammenfassen: Spezifische Sprachentwicklungsstörung mit evtl. spezifischen Leitsymptomen (Phonologie, Semantik, Grammatik); zeitlich verzögert einsetzende Sprachentwicklung; Sprach-Lern-Beeinträchtigung; Beeinträchtigung der Sprachentwicklung bei geistiger Behinderung, bei tief greifender Entwicklungsstörung/Autismus, bei Vernachlässigung und/oder Missbrauch, bei nachgewiesener Hirnverletzung, bei nachgewiesenen Sinnesschädigungen, bei beeinträchtigter Entwicklung des Sprechens.

abstrahierte Kategorien beeinträchtigter Sprachentwicklung

Wir wollen nun im abschließenden fünften Kapitel am Beispiel der Kategorie *Sprach-Lern-Beeinträchtigung* analog zu Kapitel 2 prozessuale Aspekte – nunmehr im direkten Bezug auf die Praxis – akzentuieren.

5 Praxisbezogene Innensicht: Prozessuale Aspekte der Sprachentwicklungsdiagnostik

5.1 Sprach-Lern-Beeinträchtigung

Die Kategorie *Sprach-Lern-Beeinträchtigung* (engl. *language learning disability*, OWENS 1998) wird im deutschen Sprachraum bisher nicht verwendet. Die praktischen Erfahrungen der Verfasser bestätigen aber, dass gerade damit ein Konstrukt vorliegt, das viele Probleme sprachlich beeinträchtigter Kinder und ihrer Bezugspersonen erklären kann.

typische Merkmale der Sprach-Lern-Beeinträchtigung

Owens (1998, 29ff.) legt einige typische Merkmale der Sprach-Lern-Beeinträchtigung dar. Sie sei zumeist charakterisiert durch: Auffälligkeiten in der Motorik, Aufmerksamkeit, Wahrnehmung, im Symbolgebrauch, im Gedächtnis und in der Emotionalität. Merkmale der Sprachverwendung sind die meistens unproblematische Beherrschung des Sprecherwechsels; Schwierigkeiten, Fragen zu stellen oder Klärung einzufordern; Schwierigkeiten, Gespräche zu initiieren oder aufrecht zu erhalten; Schwierigkeiten, semantische Relationen zu unterscheiden (vergleichend, räumlich, zeitlich); Wortfindungs- und Definitionsprobleme; Verwechslung von Konjunktionen (und, aber, weil etc.); Verwechslung von Artikeln; Schwierigkeiten mit Verneinung und Passivkonstruktionen, Relativsätzen, Adjektivformen; inkonsistente Lautproduktionen, vor allem bei zunehmender Komplexität; Verwirrung beim Verstehen von W-Fragen.

Diese Auflistung bringt Besonderheiten in den sprachtragenden Funktionen zusammen mit solchen in der sprachlichen Kompetenz und Performanz. Sie verweist damit auf Tiefenstrukturen, die eine entwicklungsgeschichtlich grundlegende Bedeutung haben. Kinder, deren Beeinträchtigung in der Sprachentwicklung auf derartigen Vernetzungen beruhen und die somit auch in der Entwicklung ihrer Sprachlichkeit beeinträchtigt sind, besuchen nach unserer Einschätzung sehr häufig die Sprachheilschule. Sie werden – auch aus historischen Gründen – nicht als „lernbehindert“ angesehen. Die unmittelbar praktische Relevanz dieser diagnostischen Kategorie zeigt sich im Alltag immer dann, wenn ein Kind mit Beeinträchtigungen in der Sprachentwicklung – unabhängig vom Konstrukt des Intelligenzquotienten – tatsächlich in seinem Lernen beeinträchtigt ist, namentlich beim Erwerb und Gebrauch all jener Fertigkeiten, die bei der „normgerechten“ Bewältigung von Lebensanforderungen unerlässlich sind (z. B. Zuhören, Sprechen, Lesen, Schreiben, Rechnen, soziale Wahrnehmung, Selbstregulation). Nach Owens haben 75 % der Kinder, die nach diesem Selbstverständnis in ihrem Lernen beeinträchtigt sind, auch eine Sprach-Lern-Beeinträchtigung. Und so wie bei Kindern, die die Sprachheilschule besuchen, oftmals deren reale Lernbeeinträchtigung diagnostisch unzulänglich erfasst wird, werden Kinder an Schulen für Lernbehinderte oftmals in ihren individuell beeinträchtigten Sprachprozessen nicht hinreichend verstanden.

Bewältigung von Lebensanforderungen

5.2 Diagnostik als Begegnung

An dieser Stelle schließt sich der Kreis zu den Eingangsüberlegungen bezüglich einer verstehenden Diagnostik: Diese wird in der Praxis immer dann möglich, wenn wir das Zusammentreffen mit dem Kind als bewusste, achtsame *Begegnung* gestalten. Deren Verwirklichung verlangt aber eine Abkehr vom traditionellen Diagnostik-Verständnis: Traditio-

Achtsamkeit

nell strebt Diagnostik danach, den Gegenstand der Erkenntnis auf einen Begriff zu bringen, sozusagen dem Kind einen Namen zu geben. Diagnostische Kategorien verleihen Orientierung und geben für den Moment Sicherheit. Sie können Eltern beispielsweise dazu verhelfen, sich entsprechend (z. B. durch Recherche in Buchkatalogen und im Internet) sachkundig zu machen. Je tiefer sie allerdings in die Materie eindringen, um so mehr werden sie merken, wie vielschichtig Strukturen und angenommene Zusammenhänge sind. Die anfängliche Sicherheit wird früher oder später einer allenfalls scheinbaren Sicherheit weichen, denn die individuellen sprachlichen Konstruktionen sind keinesfalls einfach zu analysierende Softwarepakete, die auf der „Festplatte Gehirn" (SCHULTE 2000) gespeichert sind. Betrachtet man ein Kind allein von außen (also als Objekt), so wird man geflissentlich übersehen, dass es selber die dualistische Trennung zwischen Sprachbesitz und Sprachgebrauch, zwischen Kompetenz und Performanz niemals vornehmen würde.

Dualismus

Die Innensicht des Kindes nimmt erst derjenige ein, der als Diagnostiker bereit ist, sich auf eine Begegnung mit dem Kind einzulassen (vgl. BAHR 2002). Es ist die Begegnung unterschiedlicher sprachlicher Wirklichkeiten, die jeweils für sich genommen nicht „besser" oder „schlechter" als die andere ist. Eine Diagnostik als Begegnung im sprachheilpädagogischen und logopädischen Kontext unterliegt einem pädagogischen Selbstverständnis. Sie orientiert sich an den Wesensmerkmalen des sprachfördernd wirkenden Menschen, des sprachlich beeinträchtigten Menschen und des sprachfördernden Geschehens (ausführlich: BAHR & LÜDTKE 2000). Als Rekonstruktion sprachlicher und außersprachlicher Gegebenheiten wird diese Diagnostik immer auch nach den lebensbedeutsamen Zusammenhängen einer individuellen sprachlichen Entwicklung fragen. Sie wird stets bemüht sein, ihre Konstruktionen nicht als Defizitkatalog zu formulieren, sondern vorhandene Ressourcen freizulegen und versuchen, das Kind in seinem So-Geworden-Sein zu verstehen. Voraussetzung ist dabei die bedingungslose Akzeptanz des Anderen, weil nur Akzeptanz überhaupt Verständigung ermöglicht (vgl. WULF 2001). Erst indem ich als Diagnostiker mich selbst überwinde, mich öffne für das Anders-Sein, das mir begegnet, schaffe ich die Grundlage dafür, dass auch ein Kind bereit ist, sich mir – seinem Anderen – gegenüber zu öffnen. Hierbei handelt es sich dann nicht um eine Diagnostik *über* das Kind, sondern um eine Diagnostik *mit* dem Kind: um wirklich verstehende Diagnostik.

sprachliche Wirklichkeiten

Wesensmerkmale

Akzeptanz

Aussprachestörungen (Phonetik, Phonologie)

Detlef Hacker & Herbert Wilgermein

Eine Störung der Aussprache lässt sich unschwer feststellen. Hierzu bedarf es lediglich einer kurzen Beobachtung. Erheblich schwieriger ist es hingegen, die erhobenen Sprachdaten und möglichen zusätzlichen Informationen so präzise zu analysieren und zu interpretieren, dass sich hieraus für ein Kind erreichbare therapeutische Zielsetzungen ergeben. Dabei gilt es zu beachten, dass kindliche Aussprachestörungen keine Zustände sind, „sondern komplexe und dynamische Prozesse, die vor allem aus einer Entwicklungsperspektive heraus zu interpretieren sind" (DANNENBAUER 1998, 303).

therapeutische Zielsetzungen

Obwohl innerhalb der vergangenen zwanzig Jahre ein enormer Forschungsaufschwung stattgefunden hat und die Entwicklung neuer Diagnoseverfahren kontinuierlich voranschreitet, suchen wir vergeblich nach einem Verfahren, das in der Lage wäre, auf die komplexe Frage von Aussprachestörungen umfassend Antwort zu geben. Der einzelne Therapeut ist folglich gefordert, zwischen den unterschiedlichen diagnostischen Instrumenten zum gegebenen Zeitpunkt auszuwählen, um in seinem hypothesengeleiteten Vorgehen die individuelle Problematik möglichst adäquat abbilden, analysieren und interpretieren zu können. Kindliche Aussprachestörungen erscheinen so facettenreich und variabel, dass die Anwendung einer festgelegten Testbatterie wenig geeignet ist, um zu einem tragfähigen Ergebnis zu gelangen. Gefragt ist eher, ein tiefgreifendes Verständnis der individuellen Symptomatik zu erreichen. Hierzu gehört auch die Feststellung, dass bei weitem nicht jedes Phänomen der kindlichen Aussprache bislang hinreichend erklärt wäre.

hypothesengeleitetes Vorgehen

Grundsätzlich erfordert die Diagnostik der Aussprache einen mehrdimensionalen Ansatz. Anatomische, physiologische und neurologische Gegebenheiten ebenso wie Fragen der kognitiven Voraussetzungen und psychosozialen Faktoren sind interdisziplinär zu erörtern (GRUNWELL 1992). Der Intention unseres Beitrags gerecht werdend beschränken wir uns nachfolgend allein auf Themen, die von der sprachtherapeutischen Praxis zu behandeln sind.

Mehrdimensionalität

1 Sprachprobe

Um Aussagen über eine mögliche Abweichung der Aussprache eines Kindes im Vergleich zu Gleichaltrigen treffen zu können, bedarf es zuerst einer geeigneten Sprachprobe. Anhaltspunkte über die Art und den notwendigen Umfang ergeben sich in der Regel aus dem ersten explorierenden Gespräch mit den Eltern. Bei Kleinkindern ist die Beobachtung der verbalen Interaktion mit den Eltern neben zu Hause erhobenen Tonbandaufzeichnungen möglicherweise die einzige Form der Datengewinnung. Ältere Kinder hingegen werden unmittelbar zu sprachlichen Äußerungen veranlasst werden können. Dabei sind unterschiedliche Performanzmodalitäten wie freies Sprechen, Benennen und Nachsprechen zu berücksichtigen, um mögliche Diskrepanzen therapeutisch nutzbar machen zu können. Die Datenerhebung steht ebenso in Abhängigkeit vom Lebens- und Entwicklungsalter wie vom ersten Eindruck der Symptomatik eines Kindes. Aber auch externe Faktoren wie die Variablen Zeit und Situation nehmen auf die Erhebung Einfluss (Romonath 1993). Ist die Diagnostik grundsätzlich als ein prozessuales Geschehen in seiner Wechselwirkung mit der therapeutischen Intervention zu sehen, gilt die möglichst in einer Sitzung abzuschließende Sprachprobe lediglich als eine Momentaufnahme. Erstreckt sich die Erhebung auf zwei oder mehrere Sitzungen, so sind die zeitlichen Abstände möglichst eng zu begrenzen.

unterschiedliche Sprechleistungen

prozessuales Geschehen

Zweifelsfrei kommt dem Sprachverhalten in alltäglichen Kommunikationssituationen der Stellenwert eines Gradmessers jeglicher sprachlicher Entwicklung zu (Hacker [4]1999). Dennoch nehmen freie Sprachproben in der sprachtherapeutischen Praxis eine eher untergeordnete Rolle ein. Insbesondere wegen des beträchtlichen Zeitaufwandes bleibt diese Form der Erhebung von Sprachdaten eher wissenschaftlichen Fallstudien vorbehalten. Als praktikables Vorgehen erweist sich in der therapeutischen Praxis das Benennen von Bildern, wie es methodisch sowohl in unterschiedlichen Artikulationstests (z.B. Gey 1976, Metzker 1967) als auch in phonologisch orientierten Verfahren zur Ausspracheuntersuchung (z.B. Babbe 1994, Hacker & Wilgermein 1999a, 1999b, Wagner 1994) eingesetzt wird. Obwohl auch das Nachsprechen zuverlässige Daten zu liefern vermag (vgl. Hacker & Weiss 1986, Romonath 1991), hat es in der Praxis wenig Relevanz. Vor- und Nachteile freier Sprachproben gegenüber dem Benennen diskutiert Hacker ([4]1999). Ist das Benennen das Verfahren der Wahl, so sollten die unter therapeutischen Fragestellungen zusätzlichen Informationsmöglichkeiten des freien Sprechens im Fokus bleiben. Dies betrifft zunächst die Repräsentativität erhobener Daten. Nachweislich wird die artikulatorische Genauigkeit von syntaktischen, morphologischen, lexikalischen, prosodischen und nicht zuletzt pragmatischen Faktoren beeinflusst (Chiat 1989, Schwartz et al. 1980). Beim freien Sprechen wird sich die Aussprache also nicht auf einem so hohen Niveau wie beim Benennen einzelner Wörter zeigen. Das Erkennen kindlicher Strategien der Auswahl und Vermeidung spezifischer phonologischer Strukturen, der Variabilität der Aussprache identischer Zielstrukturen ebenso wie die Entdeckung progressiver und regressiver Idiome erscheint therapeutisch bedeutsam.

freie Sprachprobe

Benennen

kindliche Strategien

Idealerweise sollte das Benennen folglich durch eine freie Sprachprobe ergänzt werden.

Umfang von Sprachproben

Der Umfang notwendiger Sprachdaten hängt wesentlich vom Erwerbsstand eines Kindes, von der Art und dem Ausmaß der individuellen Störung sowie von der Zielsetzung der Untersuchung ab. Während Screeningverfahren weniger als 50 Wörter prüfen, gehen die meisten Autoren umfangreicherer und aussagefähigerer Verfahren von 80 bis 120 Items aus.

Transkriptionen

Als Standard für Niederschriften müssen phonetische Transkriptionen unter Verwendung der Zeichen des Internationalen Phonetischen Alphabets (IPA) gelten. Statt enger phonetischer werden in der Praxis vorwiegend breite Lauttypentranskriptionen vorgenommen. Aber auch diese erfordern vom Transkribierenden wesentliche theoretische Kenntnisse über die Fachgebiete der artikulatorischen und akustischen Phonetik sowie einschlägige praktische Erfahrungen. Zusätzliche diakritische Zeichen werden von Schlenker-Schulte & Schulte (1990) vorgeschlagen. Wünschenswert erscheint ein System, das auch wesentliche suprasegmentelle Phänomene abzubilden vermag. Die Güte der Transkriptionen hängt nicht allein von der Versiertheit des Therapeuten ab. Geht man realistischerweise von einer Live-Mitschrift aus, so wird die Konzentration des Transkribierenden durch die Interaktion mit dem Kind stark beansprucht. Dazu kommen allgemeine Probleme bei Niederschriften wie Hörererwartungen oder Ungenauigkeiten im Detail, so beispielsweise bei Fragen der Stimmgebung (vgl. Amorosa & Scheimann 1989). Grenzen der Hörbarkeit beinhalten immer die Gefahr des Verlorengehens möglicherweise entscheidender Elemente wie die Aspiration, soweit sie von Kindern in distinktiver Funktion verwendet werden (Ball & al. 1996). Für die Zukunft steht zu erwarten, dass technische Hilfen für akustische Analysen in größerem Maße genutzt werden können.

Tonbandaufnahmen

Wünschenswert derzeit sind zumindest Tonbandaufnahmen zwecks gesonderter Transkriptionsmöglichkeiten, die in der Regel aber wegen praktischer Gegebenheiten entfallen. Aus Gründen der Objektivität empfehlen wir, zumindest in größeren Abständen innerhalb einer Sitzung Mitschriften von zwei unabhängigen Hörern erstellen zu lassen.

2 Einheiten und Ebenen

Störungen der Aussprache betreffen symptomatisch die verschiedenen Einheiten und Ebenen des Lautsystems in differenzierter Weise.

Einzelprobleme

Nur bei relativ isolierten aussprachebezogenen Problemen erscheint es praktisch sinnvoll, sich auf Einzelaspekte zu beschränken, so beispielsweise bei leicht überschaubaren lautlichen Abweichungen wie lateralen oder interdentalen Lautbildungen ebenso wie bei eng umrissenen Auffälligkeiten prosodischer Merkmale.

> Um das Lautsystem eines Kindes begreifen zu können, wird es jedoch generell darauf ankommen, die wesentlichen Einheiten und Ebenen der Sprache näher zu betrachten. Keinesfalls genügt es, kindliche

Aussprache allein unter dem Blickwinkel der Lautproduktion im Vergleich zur Zielsprache segmentell nach Übereinstimmungen, Auslassungen, Fehlbildungen und Ersetzungen von Einzellauten und Mehrfachkonsonanzen durchzusehen, wie dies von tradierten Lautprüfverfahren suggeriert wird. Neben segmentellen sind auch phonotaktische und Fragen der Prosodie zu berücksichtigen.

Segmentebene/ Phonotaktik/Prosodie

Wort

Eine wichtige Analyseeinheit ist das Wort, das ein-, zwei- oder mehrsilbig erscheint. Als wichtiger Bedeutungsträger steht es am Anfang des eigentlichen Spracherwerbs. Länge, Struktur und Komplexität eines Wortes beeinflussen die Genauigkeit der Artikulation einzelner Zielsegmente erheblich (Ingram 1976). Aus diesem Grunde sollten vorgegebene Wortstrukturen systematisch kontrolliert werden. Wichtige methodische Hilfestellungen bietet hierzu die metrische Phonologie. Sie zeigt, dass die kindliche Wortproduktion nicht unwesentlich von metrischen Patterns der Sprache beeinflusst wird (Schwartz & Goffmann 1995). Bekanntermaßen werden unbetonte Silben gegenüber betonten bevorzugt ausgelassen. Dies geschieht in Abhängigkeit von ihrer Stellung im Wort: Zumindest in trochäischen Sprachen neigen Kinder zur Auslassung unbetonter Silben in initialer Stellung.

Silbe

Häufig in der Sprachtherapie vernachlässigt kommt auch der Silbe große Relevanz zu. Ihre unterschiedliche Komplexität wirkt sich ebenso eindeutig wie die Wortstruktur auf die artikulatorische Genauigkeit einzelner Segmente aus. Von der wechselseitigen Beeinflussung silbenan- und auslautender Segmente in der Kindersprache ist vielfach berichtet worden. Zu wenig beachtet worden sind distributionelle Gesichtspunkte, so beispielsweise die Auslautverhärtung. Die Wichtigkeit der Unterscheidung offener von geschlossenen Silben erscheint nicht zuletzt mit Verweis auf den normalen Spracherwerb relevant. Die offene, also mit einem Vokal endende Silbe, geht entwicklungsgemäß regelmäßig der geschlossenen Silbe, die auf einem oder mehreren Konsonanten endet, voraus. Die Silbe selbst besteht aus einem Silbengipfel, der meist von einem Vokal oder Diphtong gebildet wird, und Silbenrändern, die sich vergleichsweise durch einen geringeren Grad an Sonorität auszeichnen. Dem Silbengipfel als Nukleus geht meist ein anlautender Konsonant oder anlautende Konsonanten als Onset voraus, den konsonantischen Abschluss der Silbe bildet die Koda. Nukleus und Koda formen schließlich den Reim.

Phon

Als phonetische Einheiten werden die Phone auf segmentaler Ebene ermittelt. Es handelt sich um segmentierbare Laute, die in eckigen Klammern notiert werden wie beispielsweise [a], [t], [x]. Die Zusammenfassung aller Laute – wie sie an einer geeigneten Sprachprobe eines Kindes zu ermitteln sind – ergibt das individuelle Phon- oder auch Phontypeninventar, das die phonetischen Möglichkeiten eines Kindes auf segmenteller Ebene erkennen lässt. Diese können sehr wohl auch Laute umfassen, die nicht zum Inventar der Hoch- oder Umgebungssprache gehören. Erst die Untersuchung darüber, ob die ermittelten Phontypen vom Kind auch zur Bedeutungsunterscheidung genutzt werden, eröffnet den Blick auf das individuelle Phoneminventar. Dies kann sich insofern vom Phontypeninventar unterscheiden, als nicht alle von einem Kind produzierten Phone

Phoninventar

Phoneminventar

zur Bedeutungsdifferenzierung herangezogen werden. Als Beispiel steht hierfür die Verwendung von [t] und [k] als freie Varianten eines Phonems. Dies beinhaltet die gegenseitige Austauschbarkeit beider Segmente, ohne dass dies Einfluss auf die Bedeutung der Zielwörter hätte. Beschrieben worden ist in der Kindersprache aber auch die komplementäre Verwendung der genannten Phontypen. Danach erschiene [t] am Silbenanfang, [k] hingegen postvokalisch. Die genannten Beispiele verweisen zugleich auf den Aspekt allophonischer Varianten eines Phonems.

distinktive Eigenschaften

Distinktive Merkmale sind schließlich zumeist artikulatorisch-phonetisch definierte Eigenschaften, mit deren Hilfe sämtliche Phoneme einer Sprache eindeutig voneinander unterschieden werden können. So lassen sich im Deutschen die Nasalkonsonanten von allen anderen Konsonanten mit der Eigenschaft [+ nasal] abgrenzen. Häufig weichen die Merkmalssysteme bei kindlichen Aussprachestörungen in Art und Umfang vom System der Hochsprache ab.

3 Fragestellungen

Die Zusammenfassung des Sprachbefundes eines Kindes kann unter Verweis auf die vorgenannten Einheiten und Ebenen vorgenommen werden. Unter Berücksichtigung interindividueller Unterschiede lassen sich nachfolgende Fragestellungen exemplifizieren. Letztlich sind dies Fragestellungen, wie sie über jedes phonologische System aufgeworfen werden können (Velleman 1998).

a. Phonotaktisches Repertoire: Welche Silben- und Wortformen werden verwendet? Wie viele Silben enthalten die Wörter? Gibt es geschlossene gegenüber offenen Silben? Welchen Beschränkungen unterliegen Konsonantenhäufungen? Gibt es Harmonisierungen oder Silbenverdopplungen? Gibt es phrasenbezogen lautliche Interaktionen?
b. Phonetisches Repertoire: Welche Phontypen und artikulatorischen Eigenschaften bilden den Gehalt der Silben und Wortformen? Welche Vokale und Konsonanten können beobachtet werden? Welche Artikulationsarten und -orte werden genutzt?
c. Phonemisches Repertoire: Welche Phoneme sind im System klassifizierbar? Welches sind die zugrunde liegenden distinktiven Merkmale? Wie sind die Phoneme unter distributionellen Gesichtspunkten verteilt? Welches sind die wichtigsten Allophone?
d. Phonologische Regeln: Welche Prozesse und Beschränkungen lassen sich im interaktiven Geschehen zwischen den verschiedenen Ebenen und Einheiten beschreiben? Welche Rolle spielt die Morphologie bei der Aussprache einzelner Wörter?

e. Prosodische Eigenschaften:
Welche Wort- und Satzakzente herrschen vor?
Wie sind die Silben gewichtet?
Welche Veränderungen von Tonhöhen lassen sich systematisieren?
Unterscheiden sich Silben hinsichtlich ihrer Dauer?

unabhängige und abhängige Analyse

Alle genannten Fragen betreffen im ersten Schritt die unabhängige Analyse (HACKER & WILGERMEIN 2001). Erst in einem zweiten Schritt wird im Einzelfall zu überprüfen sein, in welcher Weise die kindliche Aussprache hinsichtlich der aufgeworfenen Fragen von der Umgebungssprache abweicht.

4 Verfahren

mangelnde Normen

Der logopädischen Praxis stehen unterschiedliche Verfahren zur Ausspracheuntersuchung von Kindern zur Verfügung. Mögliche Störungen der Aussprache lassen sich mit ihrer Hilfe mehr oder weniger adäquat beschreiben. Ihnen allen aber haftet der Mangel fehlender Normierungen an. Sie lassen keine differenzialdiagnostischen Aussagen darüber zu, ob und in welchem Umfang die Aussprache eines Kindes im Einzelfall vom normalen Spracherwerb abweicht. Grundsätzlich liegt ihre normative Ausrichtung auf der normalen, entwickelten Umgebungs- oder gar Hochsprache. Im testtheoretischen Sinn normierte deutschsprachige Sprachtests wiederum schließen die Aussprache in der Regel als Untersuchungsgegenstand aus. Folglich sieht sich der Praktiker vor die Aufgabe gestellt, eine (therapierelevante) Abweichung der Aussprache eines Kindes vom normalen Erwerb anhand der dürftigen empirischen Daten, die bisher an deutschlernenden Kindern erhoben worden sind, selbst zu konstruieren. Anhaltspunkte geben beispielsweise GROHNFELDT (1980), HACKER & WEISS (1986) sowie ROMONATH (1991).

Lautprüfverfahren

Zur Erfassung und Beschreibung kindlicher Aussprachestörungen werden auch heute noch die verschiedenen sogenannten Lautprüfungen als halbstandardisierte oder informelle Verfahren dominieren. Als Artikulationstests geben sie zwischen dreißig bis zu über 250 Wörtern vor, an denen unterschiedlich umfangreiche Kataloge an Einzellauten und Lautkombinationen geprüft werden. Häufig wird bei der Untersuchung allein zwischen richtig und falsch unterschieden, mitunter werden aber auch Ersatzlaute notiert. Eine Systematik der Wortauswahl hinsichtlich Länge und Komplexität lässt sich meist ebensowenig erkennen wie eine theoriegeleitete Auswahl der zu prüfenden Laute und Lautkombinationen selbst. Unter Verweis auf die vorgenannten relevanten Einheiten und Ebenen der Aussprache wird die Einengung der Lautprüfverfahren schnell ersichtlich: Grundsätzlich geht es um Einzellaute und Konsonantenhäufungen bis zu maximal drei Gliedern, letztere zumeist beschränkt auf den Wortanfang. Fokussiert wird also allein ein Aspekt der segmentellen Ebene.

Prozessanalysen

In Anlehnung an angloamerikanische Vorbilder wurden Merkmals- und Prozessanalysen an deutschsprachigen Kindern erstmals in den achtziger Jahren zur Anwendung gebracht (HACKER 1987, HACKER & WEISS 1986). Auf dieser Grundlage beruhen heute mehrere deutschsprachige Verfahren wie die

- Pyrmonter Analyse Phonologischer Prozesse PAPP (BABBE 1994)
- die LOGO Ausspracheprüfung (WAGNER 1994) sowie das
- Analyseverfahren zur Ausspracheuntersuchung bei Kindern AVAK (HACKER & WILGERMEIN 1999a und b).

Gegenüber den Lauprüfverfahren bemühen sie sich um umfassendere Aussagen über die kindliche Aussprache. Ihnen ist gemeinsam, dass sie unter Rückgriff auf phonologische Prozesse verallgemeinernde Aussagen über kindliche Sprachproduktionen treffen. Nicht der Einzellaut, sondern das Verhalten ganzer Lautgruppen im Verhältnis zur Erwachsenensprache wird generalisierend ermittelt.

Anzahl an Prozessen

Untersucht BABBE (1994) insgesamt 50 phonologische Prozesse, so führt WAGNER (1994) etwa ebenso viele auf, überlässt es aber dem Untersucher selbst, die jeweiligen Prozesse einzutragen. Dies fällt nicht nur beispielsweise bei Assimilationen schwer, wenn einzelne Prozesse unklar definiert oder aber nicht eindeutig voneinander abgegrenzt werden. HACKER & WILGERMEIN (1999a und b) führen bei AVAK im Erhebungsbogen nur zwölf Prozesse auf, die sie in der Kindersprache für besonders relevant halten. Weitere Prozesse können vom Untersucher selbst ergänzt werden. Die große Differenz zwischen den Zahlen der Prozesse bei den drei genannten Verfahren liegt nicht zuletzt an Unterschieden im Detail: So unterscheiden BABBE (1994) und WAGNER (1994) – wenngleich nicht übereinstimmend – allein neun Prozesse über vokalische Substitutionen, während diese in AVAK vom Untersucher gesondert eingetragen werden müssen. Den bei HACKER & WILGERMEIN (1999a und b) verallgemeinerten Prozess der Reduktion von Mehrfachkonsonanz gliedert WAGNER (1994) in sieben, BABBE (1994) in elf unterschiedliche phonologische Prozesse.

Die drei genannten Verfahren sind in der Durchführung relativ zeitaufwändig, gleichwenn nur zwischen 100 und 113 Items (Wörter) geprüft werden. Es ist daher zu begrüßen, mit AVAK das erste deutschsprachige Analyseverfahren auch in einer edv-gestützten Version zur Verfügung zu haben. Der zeitliche Aufwand der Auswertung einer Sprachprobe wird damit erheblich gemindert.

Screening

Dies gilt insbesondere für das Screeningverfahren zur Ausspracheuntersuchung – SVA (HACKER & WILGERMEIN 1999 a und b), das ebenfalls in einer Computerversion vorliegt. Als Kurzverfahren prüft es insgesamt 44 Items. Die abgeleiteten Aussagen zur Aussprache eines Kindes sind vergleichbar mit AVAK, gleichwohl auf einer geringeren Datenbasis. Welche Daten bei AVAK im vorliegenden Ergebnisbogen zusammengefasst werden, zeigt die Abbildung 1.

Analyse-Verfahren zur Aussprachenuntersuchung bei Kindern

Name:				Datum:	
Geburtsdatum:		Alter:		Untersucher:	

1.	Phonetische Ebene							Bewertung
1.1.	Verwendete Wortformen	SS	SS	SSS	SSS	SSSS	SSSS	
1.2.	Verwendete Silben	KV	VK	KVK	KVKK	KKV	KKVK	KKVKK

1.3.	Phoninventar		bilabial	labio-dental	dento-alveolar	palato-alveolar	palatal	velar	uvular	un lok	Bewertung
	PLOSIV	fortis									
		lenis									
	FRIKATIV	fortis									
		lenis									
	NASAL										
	LATERAL										
	VIBRANT										
	AFFRIKAT		0								

1.4.	Positionsbeschränkung		
1.5.	Sonstige verwendete Segmente		
1.6.	Phonetische Besonderheiten		

2.	Phonologische Prozesse	Bemerkungen	
2.1	AUS		
2.2.	VMW		
2.3.	AFK		
2.4.	ASS		
2.5.	RMK		
2.6.	ALV (V)		
2.7.	LAB		
2.8.	VEL		
2.9.	ALV (R)		
2.10.	PLO		
2.11.	FRI		
2.12.	AFF		
2.13.			
2.14.	.		
2.15.			
2.16.			
2.17.			
3.	Lautpräferenz		
4.	Therapieplanung		

Abbildung 1: AVAK Ergebnisbogen

Der erste Teil – überschrieben mit phonetischer Ebene – berührt Aussagen zur unabhängigen Analyse. Verwendete Wortformen und -akzente ebenso wie Silbenformen verweisen auf das produktive Repertoire eines Kindes. Notwendige phonetische Kenntnisse vorausgesetzt eröffnet ein artikulatorisch-phonetisches Schema Aussagen über das individuelle Phontypenrepertoire eines Kindes. Positionsbeschränkungen, von der Umgebungssprache abweichende Segmente und phonetische Besonderheiten runden das Bild ab. Erst im zweiten Teil ergibt sich ein Überblick über wirksame phonologische Prozesse, die zwecks Eintragung individueller Besonderheiten nicht abschließend aufgelistet sind. Lautpräferenz erfährt als spezifisches Charakteristikum einzelner kindlicher Idiolekte besondere Beachtung. Sämtliche genannten Einträge werden hinsichtlich ihrer Therapierelevanz am rechten Seitenrand bewertet, so dass die unter Ziffer 4 zu formulierenden therapeutischen Zielsetzungen hiervon unmittelbar abgeleitet werden können.

Auch wenn AVAK bezogen auf die zuvor genannten Verfahren als das weitreichendste bezeichnet werden kann – man denke beispielsweise an die Betrachtung der kindlichen Aussprache als autonomes System, an Silbenstrukturen, die Unterscheidung von Phoninventar und Phonemstatus, an die funktionelle Belastung einzelner Segmente, Lautpräferenzen etc. – , so bleiben auch hier Fragen über die kindliche Aussprache offen, wie sie im vorausgegangenen Kapitel exemplarisch aufgeführt worden sind. Unter anderem gehören hierzu Fragen über mögliche Abweichungen (bedeutungs-) entscheidender prosodischer Eigenschaften der Intonation, der Akzentstrukturen von Wörtern und Sätzen sowie der relativen Quantität von Segmenten. Obwohl mit dem Prosody Profile (Crystal 1982) vor langer Zeit ein probates Verfahren vorgelegt worden ist, werden Fragen der Prosodie in der Kindersprache erst in den letzten Jahren intensiver diskutiert. Beispielhaft verweisen wir auf die kürzlich von Fikkert et al. (1998) vorgelegte diagnostische und therapeutische Vorgehensweise bei phonologischen Störungen, die sich konsequent auf den Erwerb des prosodischen Systems konzentriert. Zentrale Ansatzpunkte sind hierbei unvollständige Silbenstrukturen und abweichende Wortbetonungsmuster. Bereits jetzt hat der Kenntnisgewinn über den kindlichen Aneignungsprozess prosodischer Eigenschaften der Sprache zu einem sich ständig erweiterndem Verständnis des gesamten phonologischen Erwerbs geführt. Allerdings darf über die einander teilweise widersprechenden Ergebnisse und theoretischen Schlussfolgerungen nicht hinweg getäuscht werden. Dies betrifft nicht zuletzt die ungeklärten Interdependenzen zwischen segmentalen und suprasegmentalen Aspekten im Aneignungsprozess der Lautsprache wie beispielsweise die artikulatorische Genauigkeit gegenüber der Realisierung verschiedener Wortakzente (Kehoe & Stoel-Gammon 1997, Schwartz & Goffman 1995).

Prosodie

segmentale und suprasegmentale Aspekte

Kontrovers diskutierte Arbeiten der nichtlinearen Phonologie haben in den vergangenen Jahren auf die klinische Linguistik verstärkt Einfluss genommen. Erste Analysen von Sprachproben aussprachegestörter Kinder deuten an, dass die zugrunde gelegten Annahmen über hierarchisch organisierte Repräsentationen nicht nur zu einer adäquateren Beschreibung, sondern auch zu einem besseren Verständnis von kindlichen Aussprachestörungen zu führen vermögen (vgl. Dinnsen 1997, Bernhardt & Stoel-Gammon 1997).

5 Interpretation erhobener Sprachdaten

In der Praxis erwarten wir bei aller Komplexität der Fragen, die über Aussprachestörungen gestellt werden, möglichst einfache Antworten und therapierelevante Lösungen. Denn therapeutische Interventionen stehen zumeist unter dem Diktat knapper zeitlicher Ressourcen. Trivial zu bemerken, dass unausgereifte diagnostische Ergebnisse den therapeutischen Prozess übermäßig in die Länge zu ziehen drohen. Positiv ausgedrückt: eine fundierte Diagnostik vermag die sich anschließende Intervention eindeutig zu begründen und somit die Voraussetzung für rasche Veränderungen der Aussprache eines Kindes zu schaffen. Prinzipiell ist die Diagnostik nie abgeschlossen, steht sie doch stets in enger Wechselbeziehung zur Therapie selbst.

Soweit es sich im Einzelfall nicht um erworbene Störungen im Sinne exogener Noxen handelt, ist die individuelle Symptomatik eines Kindes immer aus dem Entwicklungsgeschehen heraus zu betrachten und zu deuten. Relevant sind folglich Fragen nach dem Zeitpunkt der Stagnation des lautsprachlichen Erwerbs oder aber nach dem Zeitpunkt des Abweichens vom normalen Aneignungsprozess. Die Beurteilung der individuellen Symptomatik wird immer auf dem Hintergrund des Entwicklungsalters eines Kindes erfolgen müssen.

individuelle Symptomatik

Zeitpunkt der Stagnation

So sind die bekannten Einteilungen von Schweregraden beispielsweise bei der sogenannten Dyslalie in partielles, multiples und universelles Stammeln (Böhme [3]1997) ohne Bezug zum Lebens- und Entwicklungsalter eines Kindes bereits in prognostischer Hinsicht von geringer Aussagekraft.

Ebenso wie die Therapie selbst erfolgt auch die Interpretation des sprachlichen Befundes in qualitativer und quantitativer Hinsicht unter Bezugnahme auf den normalen Erwerb aller Aspekte des Lautsystems (Hacker & Wilgermein 1999a). Entwicklungsbezogen können Störungen der Aussprache beispielsweise den von Hacker ([4]1999) postulierten Phasen des prälinguistischen Stadiums, der Phase der ersten 50 Wörter, dem Erwerb des phonologischen Systems oder der Phase seiner Vervollkommung zugeordnet werden. Dies wird in zweierlei Hinsicht erschwert. Zum einen weist die Kenntnis des normalen Erwerbs noch immer erhebliche Lücken auf, zum anderen stößt man nicht selten auf das Phänomen der unausbalancierten Entwicklung (ebd.) oder dem chronological mismatch.

normaler Erwerb als Bezugspunkt

Die Orientierung am normalen Spracherwerb legt nahe, welche Zielstrukturen zum gegebenen Zeitpunkt von diagnostischem Interesse sind. Denn der häufige Vergleich kindlicher Sprachproduktionen mit der Hochsprache führt nicht selten zu überzogenen therapeutischen Zielsetzungen. Nur der Vergleich des individuellen Erwerbsstandes mit dem normalen Erwerb ermöglicht eine Angabe über den Grad der Abweichung und somit die Schwere einer Aussprachestörung.

überzogene Zielsetzungen

Bedingungsgefüge

Bereits anhand der erhobenen Sprachproben können Hypothesen über das Bedingungsgefüge der individuellen Problematik aufgeworfen werden. So lässt eine stark verwaschene und undeutliche Artikulation an eine Hörstörung, verschiedene Sigmatismen hingegen an orofaziale Dysfunktionen (Bigenzahn 1995), Abweichungen der Nasalitätsmerkmale an organische Erkrankungen oder Störungen beispielsweise der Gaumensegelfunktion denken. Im Rahmen der Therapieplanung sind folglich im Sinne eines prozessualen und hypothesengeleiteten Vorgehens eine Reihe ergänzender Fragen zu klären, die von der individuellen Symptomatik eines Kindes abzuleiten sind. Erst hiernach erscheint es denkbar, eine Aussprachestörung in ihrer spezifischen Ausprägung zu klassifizieren, was auch für die sprachsystematische Unterscheidung zwischen phonetischen und phonologischen Störungen gilt (Dannenbauer 1995, Scholz 1990). Hieraus geht auch hervor, dass wir den Terminus Aussprachestörung als Oberbegriff expressiver Störungen unterschiedlichster Ätiologie und Genese verwenden.

6 Ergänzende Fragen

Neben Fragen des Erwerbs grammatischer, semantischer und pragmatischer Fähigkeiten ebenso wie entwicklungspsychologischer Aspekte sind es vorrangig drei Themen, die im Zusammenhang mit Aussprachestörungen zu diskutieren sind. Es handelt sich zum einen um auditive, zum zweiten um motorische sowie kinästhetische Funktionen, zum dritten um metasprachliche Leistungen.

auditive Funktionen

Die Diagnostik auditiver Funktionen gehört zum pädaudiologischen und damit medizinischen Aufgabengebiet, so dass sich eine Diskussion an dieser Stelle erübrigt. Mit dem Ausschluss peripherer Hörstörungen sind es vor allem verbal auditive Funktionen, die einer weitergehenden Beurteilung bedürfen. Dabei muss beachtet werden, dass die Kenntnisse über die normale Entwicklung auditiver Funktionen nicht einheitlich interpretiert werden (Böhme [3]1997). Die Notwendigkeit der Unterscheidung von Eigen- und Fremdhören erweist sich am Beispiel des Fis-Phänomens: Vermag ein Kind Äußerungen fremder Sprecher zu unterscheiden, so setzt dies nicht zwingend voraus, dass es hierzu auch bei eigenen Sprachproduktionen in der Lage sein muss. Besondere Bedeutung wird der

Lautdiskrimination

Fähigkeit zur Lautdiskrimination beigemessen. Methodisch eignet sich hierfür der Einsatz von Minimalpaaren echter Wörter ebenso wie die Anwendung sinnarmer Kunstsilben oder -wörter. Im Zusammenhang mit Aussprachestörungen sollten diese Differenzierungsleistungen immer auf die spezifische Problematik des einzelnen Kindes eingegrenzt werden.

Mundmotorik/Kinästhetik

Mundmotorische ebenso wie kinästhetische Funktionen erscheinen als essenzielle Voraussetzungen für die Aussprache. Insbesondere die Zungenmotilität, der Lippenschluss und die Gaumensegelfunktionen werden in engem Zusammenhang mit phonetisch begründeten Aussprachestörungen diskutiert. Auch hierbei gilt als Leitsatz, die konkreten diagnostischen Fragestellungen von der individuellen Symptomatik abzuleiten.

Gesondert zu betrachten sind Probleme der Bewegungsplanung, die terminologisch im Zusammenhang mit dyspraktischen Störungen gesehen werden.

metasprachliche Leistungen

In den beiden vergangenen Jahrzehnten hat sich die Diskussion über metasprachliche Leistungen von Kindern insbesondere im Zusammenhang mit Problemen bei der Aneigung der Schriftsprache intensiviert. Aber auch die Betrachtung der Kindersprache unter dem Blickwinkel metasprachlicher Kompetenzen hat an Aufmerksamkeit gewonnen. Über die im Kontext von Aussprachestörungen verwendeten Konstrukte metaphonologischer Fähigkeiten, phonologischen Wissens, phonologischen Bewusstseins und phonologischer Bewusstheit besteht dennoch terminologische Unklarheit. Umfangreiche Beobachtungen über spontane und elizitierte Selbstkorrekturen, Reimbildungen, analytische und synthetische Prozesse wie lautliche Segmentierungen und Aneinanderreihungen sind in ihrer Bedeutung für den Erwerb der Lautsprache und mögliche Störungen bisher eher tentativ. Theoretischen Erörterungen stehen allenfalls empirisch belegte korrelative Zusammenhänge gegenüber, die kausale Interpretationen im Einzelfall nicht zulassen. Insofern entspringen manch neuere Konzepte eher pragmatischem Druck als wissenschaftlichen Grundlegungen. Allemal steht eine Erwerbsfolge metasprachlicher Indikatoren aus (Wehr 1998). Es bleibt zu hoffen, dass zukünftige Forschungen das Konstrukt um das phonologische Bewusstsein substanziieren werden.

Grammatische Störungen

Hans-Joachim Motsch

1 Grammatische Störungen und Theorien des Grammatikerwerbs

Mit Grammatischen Störungen wird hier *die* Teilproblematik des gestörten kindlichen Spracherwerbs bezeichnet, bei der Kinder die morphologischen und syntaktischen Fähigkeiten, die sie zum korrekten Gebrauch ihrer Bezugssprache benötigen, nicht altersgemäß erwerben.

Spracherwerbsstörung

Das dabei entstehende Erscheinungsbild entspricht häufig nicht einer rein zeitlichen Verzögerung, sondern wesentlich häufiger einem inhomogenen Fähigkeitenprofil. Grammatische Störungen stehen als Teilaspekt einer Spracherwerbsstörung in Abhängigkeit zu den anderen betroffenen Sprachebenen, insbesondere zu der semantisch-lexikalischen und phonetisch-phonologischen Ebene. Während zu Beginn der Spracherwerbsstörung häufig der verspätete Sprechbeginn, Sprachverständnisstörungen und persistierende phonologische Vereinfachungsprozesse imponieren, tritt die grammatische Störung zu einem späteren Zeitpunkt, wenn die Äußerungen der Kinder drei und mehr Worte umfassen, deutlich in den Vordergrund.

Dysgrammatismus

Der historisch ältere Terminus des kindlichen *Dysgrammatismus* ist problematisch, da er in seiner Entstehung von der falschen Annahme geprägt wurde, dass die grammatische Störung eine eigenständige, isolierte und isolierbare Sprachstörung sei.

Spezifische Sprachentwicklungsstörung

Auch bei grammatischen Störungen scheint eine idiographische, einzelfallorientierte Betrachtungsweise der bisher dem Phänomen angemessenste Zugang zu sein (Motsch 1990). Das Ziel, durch den definitionsgemäßen Ausschluss sensorischer, neurologischer und pervasiver Störungen eine homogene Untersuchungsgruppe „spezifisch sprachentwicklungsgestörter Kinder" zu erhalten, wurde nicht erreicht (Schöler, Fromm, Kany, 1998). Demnach ist es für die diagnostische Fragestellung nicht sinnvoll, eine Eingrenzung auf diese aus Forschungsinteresse heraus geschaffene Teilgruppe von Spracherwerbsstörungen vorzunehmen, die als *Spezifische Sprachentwicklungsstörungen* bezeichnet wird.

Plausibel erscheint, dass das diagnostische Interesse je nach zu Grunde gelegter Theorie des Grammtikerwerbs unterschiedlich ist. So werden sich Vertreter eines funktionalistischen Ansatzes (Bates, MacWhinney 1982) mehr für Problemlösungsstrategien des Kindes interessieren, mit denen das Kind auch andere kognitiven Fähigkeiten erwirbt. Anhänger der Lernbarkeitstheorie (Pinker 1984) oder auch der Theorie der Operating Principles (Slobin 1985) gehen davon aus, dass das Kind im Rahmen angeborener Strategien des Spracherwerbs über auf grammatisches Lernen spezialisierte Mechanismen verfügt, die ihm die Konstruktion des einzelsprachlichen grammatischen Regelsystems seiner Bezugssprache ermöglichen. Vor diesem Hintergrund ist es nötig festzustellen, welche grammatischen Fähigkeiten das Kind erreicht hat und wo genau der Grammatikerwerb stagniert oder blockiert ist. Förderdiagnostisch kann dann die Frage beantwortet werden, welche Informationen (Input) aus dem Sprachangebot erforderlich sind und in welcher Form sie angeboten werden müssen, um dem Kind die grammatische Weiterentwicklung zu ermöglichen. Für alle drei aktuell diskutierten Theoriegruppen gilt zudem als unbestritten, dass auch die Perzeptions- und Speicherungsstrategien für die Bezugssprache ungestört sein müssen, damit spezifisch grammatische oder auch eher allgemeine Problemlösungsstrategien bei der Auswertung des sprachlichen Inputs zur Konstruktion grammatischen Wissens führen können.

Funktionalistischer Ansatz

Lernbarkeitstheorie

Perzeptions- und Speicherungsstrategien

2 Diagnoseziele und Qualitätskriterien

Aus diesen Vorüberlegungen ergeben sich die diagnostischen Ziele:

a) Feststellung der erreichten morphologischen und syntaktischen Fähigkeiten
b) Feststellung ggf. vorhandener, am Entstehen der grammatischen Störung beteiligter ursächlicher Faktoren (Bedingungen)

Vor der Darstellung diagnostischer Methoden sollen die qualitativen Kriterien (Standards) zu deren Beurteilung offen gelegt werden.

Diagnostische Standards

Entwicklungsorientierung. Das Ergebnis der Diagnose muss es sein, die grammatischen Fähigkeiten unter Bezug auf die durch den aktuellen Forschungsstand belegte Erwerbsreihenfolge abzubilden. Dieses Ziel, den grammatischen Entwicklungsstand des Kindes durch die Brille der altersabhängigen Spracherwerbsreihenfolge anzuschauen, hat in der angloamerikanischen Sprachpathologie eine lange Tradition (Menyuk 1969, Miner 1969, Lee 1974). Braun (1999, 311) stellt 30 Jahre später vorsichtig auch für den deutschsprachigen Raum die Entwicklung zu einer zunehmenden linguistischen Vertiefung der Prüfungsinhalte und eine Wende von der bloßen Übernahme der Erwachsenengrammatik zur konstruktiven grammatischen Eigengestaltung des Kindes fest.

Grammatische Fähigkeiten

Hierbei ist es sinnvoll, sich in Anbetracht der Fülle grammatischer Einzelphänomene auf die für das grammatische Lernen wesentlichen Fähigkeiten zu beschränken (Motsch 2000, 20ff):

Morphologische Fähigkeiten:
Subjekt-Verb-Kongruenz, Kasusmarkierung, (Plural- und Genusmarkierung)
Syntaktische Fähigkeiten:
Verbzweitstellung im Hauptsatz, Verbendstellung im subordinierten Nebensatz (Überwindung der Auslassungen obligatorischer Äußerungselemente)

Der Erwerb dieser Fähigkeiten wird vom normal spracherwerbenden Kind mit einer Varianz von 3-6 Monaten wie folgt abgeschlossen (vgl. Clahsen 1986, Dannenbauer 1999):

3;0 Jahre	3;6 Jahre	4;0 Jahre
Subjekt-Verb-Kongruenz Verbzweitstellung im Haupsatz	Kasusmarkierung	Verbendstellung im subordinierten Nebensatz

Therapieschwerpunkte

Daraus lassen sich drei zentrale grammatische Therapieschwerpunkte ableiten:
- Subjekt-Verb-Kongruenz und Verb-Zweitstellung im Hauptsatz
- Kasusmarkierung
- Verbendstellung in subordinierten Nebensätzen

Auditive Verarbeitung

Ursachenorientierung. Das Erreichen des zweiten Zieles (b) ist schwieriger, da die Frage offen ist, welche Faktoren in welchem Zusammenhang zu grammatischen Störungen stehen. Hier scheinen Informationen zu auditiven Aufnahme- und Verarbeitungsstrategien des Kindes nötig. Aktuell befinden sich folgende Faktoren in der Ursachendiskussion: auditives Arbeits-/Kurzzeitgedächtnis (phonologische Schleife), Vollständigkeit des phonologischen Systems, phonematische Differenzierungsfähigkeit und die Fähigkeit zur Wahrnehmung zeitlicher Abfolgen und Programmgestaltung.

Therapierelevanz. Auf der Basis der entwicklungsorientiert gewonnenen Daten können Therapieziele begründet werden und aufgrund der ursachenorientierten Informationen das therapeutische Vorgehen einzelfallorientiert an die ggf. eingeschränkten Möglichkeiten des Kindes adaptiert werden (Motsch 2002). Dies ist umso leichter möglich, wenn die Diagnostik auf die genannten zentralen Therapieschwerpunkte abgestimmt ist: Subjekt-Verb-Kongruenz und Verbzweitstellung im Hauptsatz, Kasusmarkierung, Verbendstellung im subordinierten Nebensatz.

Ökologische Validierung

Art der Datenerhebung. Gewonnene Sprachdaten des Kindes sollen in möglichst natürlichen, kommunikativ-interaktionalen Kontexten gewonnen werden (ökologische Validierung).

Validität (Gültigkeit) ist im quantitativen Ansatz der klassischen Testtheorie eines der wichtigsten Testgütekriterien. Sie gibt den Grad der Genauigkeit an, mit dem ein Testverfahren das Konstrukt misst, das es zu messen vorgibt, hier also die grammatischen Fähigkeiten der Kinder. Dieser Begriff der Konstruktgültigkeit wurde im qualitativen Ansatz der Sozialwissenschaften durch die ökologische oder auch kommunikative Gültigkeit ersetzt . Ergebnisse sollen für Alltagssituationen Gültigkeit besitzen (Lebensnähe). Dies wird für Ergebnisse aus künstlichen (Sprach-) Testsituationen allgemein angezweifelt.
Durch die Datenerhebung sollen nicht nur die produktiven Fähigkeiten des Kindes überprüft werden (Kodieren), sondern auch die weiteren Sprachmodalitäten Verstehen (Dekodieren), Rekonstruieren und Reflektieren grammatischer Strukturen (Multiperformanzprinzip).

Multiperformanzprinzip

Ökonomie. Auf dem Hintergrund nicht unbegrenzt vorhandener finanzieller und zeitlicher Ressourcen sowie eines hypothesenorientierten Vorgehens sind Verfahren umso praxistauglicher, wenn die Erlangung der Durchführungskompetenz nicht zu aufwendig und die für die Durchführung und Auswertung benötigte Zeit möglichst kurz ist. Positiv ist, wenn sich neben den zentralen grammatischen Ergebnissen auch weitere sprach- oder entwicklungsdiagnostisch relevante Beobachtungen in der Untersuchungssituation machen lassen.

Durchführungsaufwand

3 Diagnostische Verfahren

3.1 Auswahl

Der Schwerpunkt der nachgängig besprochenen Verfahren liegt auf der Feststellung des grammatischen Fähigkeitenstandes der Kinder. Ursachenorientierte Verfahren gehören in den Rahmen einer mehrdimensionalen Sprachdiagnostik, da sie nicht nur für das Entstehen grammatischer Störungen von Bedeutung sind.

Mehrdimensionale Sprachdiagnostik

Es werden Verfahren aus folgenden Kategorien besprochen:
- informelle Prüfmaterialien
- Subtests aus standardisierten (Sprach-)Entwicklungstests
- diagnostische Inventare
- Sprachanalysen (Spontansprachanalyse, Evozierte Sprachanalyse)

3.2 Informelle Prüfmaterialien

Braun (1999, 311) listet „praxisbewährte“ Überprüfungsverfahren auf. Aus der Gruppe der älteren, informellen Protokoll- und Prüfbögen hat

Dysgrammatiker-Prüfmaterial

das Dysgrammatiker-Prüfmaterial (Frank, Grziwotz 1978) in der Praxis wegen seiner einfachen Einarbeitung und Durchführbarkeit eine große Verbreitung erfahren. Das Ziel des Prüfmaterials ist es, bei der Gruppe der 3-7jährigen Kinder eine Eingrenzung der „grammatisch-syntaktischen Schwierigkeiten" vorzunehmen sowie zeitgleich einen ersten Eindruck anderer Entwicklungsaspekte (u.a. Farben, Mengen) zu gewinnen. Methodisch werden teils mit Bildunterstützung in ca. einer Stunde folgende Bereiche überprüft und in einen übersichtlichen Testbogen eingetragen:

1. Sprachverständnis
2. Satzbildung
3. Syntax und Grammatik
4. Reproduktion vorgegebener Satzmuster
5. Wortschatz
6. Sprachliche Ausdrucksfähigkeit
7. Sprachliche Merkfähigkeit
8. Fähigkeit zu Analogiebildung

Auswahl und Aufbau der Subtests orientieren sich weder an einem Grammatikerwerbsmodell noch an der normalen Erwerbsreihenfolge grammatischer Fähigkeiten und sind somit linguistisch nicht fundiert.

Validität

Da die Überprüfung trotz des informellen Charakters testdiagnostisch aufgebaut ist (anweisen, abfragen), fehlt auch hier die ökologische Validierung. Zudem müssen methodenkritisch mehrere Items als problematisch beurteilt werden.

Beispiele: Als Überprüfung des Satzverständnisses sollen die Kinder auf einem Bild zeigen „Das Mädchen schaukelt." Da sich auf dem Bild nur ein einziges Mädchen, das auf der einzigen Schaukel sitzt, befindet, kann der Satz mit der Schlüsselwort-Strategie eines 18 Monate alten Kindes verstanden werden. Die Evozierung von Satztypen wie „Peter schläft" läßt weder eine Aussage über den Erwerb der Verbzweitstellung noch über den Erwerb der Subjekt-Verb-Kongruenz zu.

Damit liefert die Ergebniszusammenstellung weder einen entwicklungsorientierten Überblick der grammatischen Fähigkeiten noch daraus direkt ableitbare Therapieschwerpunkte.

3.3 Subtests aus standardisierten (Sprach-) Entwicklungstests

Die in den 70er Jahren entwickelten (Sprach-)Entwicklungstests enthielten bereits immer auch Items zur Überprüfung der Fähigkeit, syntaktisch-morphologische Regeln anzuwenden.

PET

Psycholinguistischer Entwicklungstest (PET). Der PET (Angermaier 1974) überprüft bei 3-10jährigen Kindern in 6 von 12 Subtests sprachliche Fähigkeiten (Durchführungsdauer: ca.90 Minuten). Im „Grammatiktest" werden in 32 unvollständigen Sätzen folgende Fähigkeiten überprüft:

1. Pluralbildung
2. Steigerungsformen
3. Reflexivpronomen
4. Vergangenheitsformen im Perfekt
5. Ableitungen (Wortarten)
6. Partizipbildung

Dieses später als verbaler Intelligenztest wegen seiner problematischen linguistischen Basis in die Kritik geratene Verfahren ist für die Überprüfung grammatischer Fähigkeiten ungeeignet. So überprüft er lediglich therapeutisch wenig bedeutsame morphologische Fähigkeiten. Anhand dieser Subtests lassen sich keine Aussagen zur Regelkompetenz des Kindes machen.

HSET

Heidelberger Sprachentwicklungstest (HSET). Dieser von GRIMM und SCHÖLER 1978 für die Altersgruppe der 3-9-Jährigen entwickelte und 1991 überarbeitete Test (Durchführungsdauer: ca. 60-90 Minuten) versucht die kindliche Verstehens- und Produktionskompetenz zu rekonstruieren. Der HSET war der erste deutschsprachige Test, der vorgab, die sprachlich-linguistische Kompetenz des Kindes umfassend zu untersuchen, und sich selbst als Instrument der Frühdiagnose und -therapie empfahl. In den 5 Subtests wird u.a. Verstehen und Imitieren von Satzstrukturen sowie morphologisches Regelwissen an Kunstwörtern überprüft. Eine Standortbestimmung der grammatischen Fähigkeiten des Kindes ist damit nicht zu erreichen, da die gemessenen grammatischen Fähigkeiten nicht die zentralen Schwerpunkte der Grammatikerwerbsreihenfolge abbilden.

SETK 3-5

GRIMM hat für 2001 den Sprachentwicklungstest für drei- bis fünfjährige Kinder (SETK 3-5) als Ergänzung zu dem 2000 erschienenen Sprachentwicklungstest für zweijährige Kinder (SETK 2) angekündigt. Abzuwarten bleibt, ob die darin enthaltenen Subtests „Verstehen von Sätzen“ und „Morphologische Regelbildung“ eine Verbesserung im Vergleich zu den HSET-Subtests darstellen.

3.4 Diagnostische Inventare

In der sprachdiagnostischen Praxis ist es immer sinnvoll und auch üblich gewesen, unterschiedliche, sich ergänzende diagnostische Zugänge fallbezogen zu kombinieren.

IDIS

Inventar diagnostischer Informationen bei Sprachentwicklungsauffälligkeiten (IDIS). In dieser Tradition befindet sich die in Erprobung befindliche Zusammenstellung z.T. vorhandener Testverfahren (Mottier, K-ABC, SET, Dysgrammatiker-Prüfmaterial u.a.) und neu konzipierter Aufgaben (SCHÖLER 1999). Ziel des Inventars ist eine Differenzialdiagnostik auf allen Spracherwerbsebenen. Dadurch soll eine klare Abgrenzung zum ungestörten Spracherwerb möglich werden sowie eine Diskriminierung unterschiedlicher Formen von Spracherwerbsauffälligkeiten mit entsprechender therapeutischer Konsequenz (Forschungsziel).

Differenzialdiagnostik

Bezogen auf grammatisches Lernen enthält das Inventar zur Überprüfung der morphosyntaktischen Leistungsfähigkeit des Kindes Aufgaben, die einzelne grammatische Strukturformen erfassen:

Denk-Mit: Evozierung von Satzstrukturen, an denen Verbzweitstellung im Hauptsatz und Verbendstellung im Nebensatz beobachtbar sind (Produktion)
Schenk-Mit: Evozierung von Dativ- und Akkusativformen (Produktion)
Mach-mit: Verständnis von Sätzen
Such-Mit: Produktion lokaler Präpositionen
Erkennen und Korrigieren grammatischer Fehler: Reflektion

In den ständig wechselnden Testaufgaben ist es möglich, auch Informationen zu den drei wichtigen Förderschwerpunkten zu erhalten. IDIS überprüft dabei mehrere Modalitäten (Performanz und Kompetenz). Erreichte Werte können mit „Risikowerten" konfrontiert werden. Die umfangreiche Testbatterie ist in ihrer Durchführung zeitlich aufwendig und damit nur bedingt praxistauglich. Zudem werden mit der Addition z.T. auch älterer Verfahren deren Nachteile mit „eingekauft".

3.5 Sprach-Analysen

Profilanalyse

Spontansprachanalyse. Clahsen entwickelte in Anlehnung an Crystal et al. (1976) die Profilanalyse, ein linguistisches Verfahren zur Feststellung des erreichten grammatischen Entwicklungsstandes von Kindern. Das Verfahren umfasst 4 Arbeitsschritte (Clahsen 1986, 77):

a) Erhebung einer Spontansprachstichprobe von mindestens 100 auswertbaren kindlichen Äußerungen in einer möglichst ungezwungenen Kommunikationssituation (Aufzeichnung mit Video- oder Tonbandgerät),
b) Verschriftung (Transkription) der kindlichen Äußerungen,
c) Analyse der Äußerungen im Hinblick auf die im Profilbogen enthaltenen Kategorien,
d) Interpretation des Profilbogens (Beurteilung des grammatischen Entwicklungsstandes des Kindes).

Entwicklungsprofil

Gegenüber herkömmlichen Diagnoseverfahren besteht der wesentliche Vorteil der Profilanalyse darin, dass nicht nur Abweichungen und Fehler in den Äußerungen grammatisch gestörter Kinder erfasst werden. Vielmehr erlaubt die Profilanalyse die Rekonstruktion des grammatischen Regelsystems auf seinem jeweiligen Entwicklungsstand und in seiner aktuellen Funktionsdynamik. Kernstück der Profilanalyse ist das Entwicklungsprofil, das in 5 Phasen (ca. 1,5- 4 Jahren) wesentliche linguistische Merkmale und Funktionszusammenhänge des ungestört verlaufenden Grammatikerwerbs des Deutschen darstellt. Die Phasen enthalten *die* linguistischen Strukturen und Merkmale, für welche die Kindersprachforschung zeigen konnte, dass sie in einer streng geordneten und invarianten Reihenfolge erworben werden (CLAHSEN 1988). Innerhalb der Syntax werden die Bereiche Verbstellung, Komplementstrukturen, Interrogation und Negation in Haupt- und Nebensätzen erfasst, innerhalb der Morphologie insbesondere die reguläre Verbflexion sowie Kasusformen; ferner die wichtigsten Wortarten, entwicklungsbedingte Auslassungen und der Aufbau von Konstituentenstrukturen.

Spracherwerbsreihenfolge

Computerunterstützte Profilanalyse (COPROF).

COPROF

Wenige Jahre später wurde COPROF (CLAHSEN, HANSEN 1991) entwikkelt, eine PC-unterstützte Version der Profilanalyse, die den dritten Arbeitsschritt, die Analyse, vereinfachen hilft. COPROF ist ein interaktives Programm, das den Analyseablauf selbst steuert. Der Benutzer gibt die zu analysierenden Äußerungen über die Tastatur des Computers ein und beantwortet eine Reihe von Fragen, die COPROF in Abhängigkeit von Äußerungslänge, Äußerungstyp, vorkommenden Elementen etc. stellt. Intern überprüft COPROF bei jeder Äußerung die Vollständigkeit der Datenanalyse und trägt damit zur Erhöhung der Durchführungsobjektivität bei. Das Programm errechnet aus allen Angaben die Analyseergebnisse selbständig. Eine Profilanalyse von 100 bereits transkribierten spontansprachlichen Äußerungen kann mit Hilfe von COPROF in ca. 1-1,5 Stunden durchgeführt werden.

Forschungsinstrument

Diese Merkmale weisen COPROF als ein hochdifferenziertes Analyseverfahren aus, das vielfach in der Sprachforschung und in Therapieeffektivitätsstudien zur Anwendung kam (ROTHWEILER 1988, HAFFNER 1995, HARTMANN 1995, HANSEN 1996). Der COPROF-Profilbogen kann aber seine Provenienz, den psycholinguistischen Forschungskontext, aus dem heraus er entwickelt wurde, nicht leugnen. Die dadurch bedingte hochgradige Formalisierung der Strukturen dürfte vielen Praktikern als unüberwindbare Hürde erscheinen. Durch die Differenzierung der Konstituenten- und Satzstrukturtypen wirkt er überfrachtet und wegen der Fülle der dargestellten Informationen unübersichtlich. Zudem sind einige diagnostisch relevante Informationen im Profilbogen selbst nicht aufgeführt. Dies sind bereits einige Gründe, weswegen sich COPROF in der sprachdiagnostischen Praxis nicht etablieren konnte (SCHÖLER, HÄRING, SCHAKIB-EKBATAN 1996). Der erforderliche Zeitaufwand zur Durchführung, Verschriftung und Auswertung ggf. mehrerer Spontansprachproben wirkt von vorneherein abschreckend. Zudem ist die Einarbeitung in die Profilanalyse nicht einfach. Entmutigend muss dann die Feststellung sein, dass nach Durchlaufen des zeitlich unökonomischen Verfahrens einerseits nicht alle erhaltenen Informationen förderrelevant sind und andererseits selbst in repräsentativen Sprachkorpora aufgrund ihres kontextuellen Zufälligkeitscharakters förderrelevante Informationen fehlen.

Formalisierung

Zufälligkeit

Deswegen bezweifelt DANNENBAUER (1992), ob eine Spontansprachanalyse ihr erklärtes Ziel überhaupt erreichen kann, nämlich das individuelle Regelsystem eines Kindes zu rekonstruieren. Durch die Zufälligkeit der Formen und Strukturen in einem begrenzten Ausschnitt der Alltagskommunikation scheint dies nicht gewährleistet zu sein. Darüber hinaus verweist er darauf, dass in Spontansprachproben nur eine von mehreren sprachspezifischen Modalitäten überprüft wird: das Kodieren. Orientiert

Sprachmodalitäten

an SLOBIN (1979) fordert er ergänzend die Überprüfung der Modalitäten Rekonstruieren, Dekodieren und Reflektieren.

Modifikationen der Profilanalyse

In der Folgezeit gab es Versuche, die umfangreiche Profilanalyse zu vereinfachen durch eine Reduktion der Auswertungskategorien und eine andere Darstellung der Ergebnisse.

Morphosyntaktisches Entwicklungsgitter. BERTZ (1994) reduzierte den Auswertungsbogen auf die drei grammatisch relevanten Phasen III-V nach CLAHSEN. Erforderlich bleibt immer noch die zeitaufwendige Transkription von 100 spontansprachlich gewonnenen kindlichen Äußerungen, die in 5 Durchgängen ausgewertet werden. Beibehalten wird auch die nicht einfach zu erlernende Kodiertechnik der Satzstrukturen (Kategorien und Auswertungskürzel).

Screening

Screening-Verfahren zur Diagnostik des kindlichen Grammatikerwerbs. Eine im Hinblick auf Zeitökonomie und Handhabung deutlichere Reduktion versuchte SCHREY-DERN (1994). Bei 4-7jährigen Kindern soll mit dem Screening eine schnelle Abklärung der Behandlungsbedürftigkeit und Therapieschwerpunktsetzung möglich werden. In einer Untersuchungszeit von 10-15 Minuten sollen 30-50 kindliche Äußerungen erreicht werden, die nach folgenden Kategorien ausgewertet werden:

Quantitativ: 1. Äußerungslänge (Konstituenten)
Qualitativ: 2. Wortarten
3. Verbflexion
4. Kasusentwicklung
5. Syntaktische Entwicklung

Die Ergebnisse sind in einem übersichtlichen Entwicklungsprofil eintragbar. Das anwenderfreundliche und praxisorientierte Screening ist auf die drei zentralen Therapieschwerpunkte abgestimmt. Es bleiben jedoch die zuvor genannten Nachteile der Spontansprachdiagnostik.

Evozierte Sprach-Analyse. Als konstruktive Alternative zu dem auch in der sprachdiagnostischen Praxis als unbefriedigend erlebten Stand der Möglichkeiten wurde seit einigen Jahren die Auswertung evozierter Sprachproben bewertet (SCHÖLER, HÄRING, SCHAKIB-EKBATAN 1996, MOTSCH 1998).

> Evozierte Sprachproben werden in geplanten Spielsituationen erhoben, in denen bestimmte morphologische Veränderungen oder Satzkonstruktionen fast zwingend auftreten, in jedem Fall aber sinnvoll eingesetzt werden können.

ESGRAF

ESGRAF – Evozierte Sprachdiagnose grammatischer Fähigkeiten (MOTSCH 1999, 2000) ist ein spieldiagnostisches Verfahren, das förderrelevante Informationen über den erreichten Stand der grammatischen Fähigkeiten eines Kindes liefert. Die Zielgruppe sind 4-10jährige spracherwerbsgestörte Kinder, die erkennbare Auffälligkeiten beim Erwerb des grammatischen Systems ihrer Bezugs-Sprache zeigen. Ein spezifischer

Schwerpunkt wird auf die Problematik älterer spracherwerbsgestörter Kinder gelegt, deren „Spontansprach-Oberfläche" in Hauptsätzen eigentlich unauffällig ist. Spezifisch für ESGRAF sind

a) die kindgerechte *Erhebungssituation*
ESGRAF besteht aus einer geplanten, mittelbaren Rollenspielanordnung mit Figuren und Spielgegenständen (5 aufeinanderfolgende Spielsequenzen), in der das Kind in die Rolle einer Figur (Mädchen / Junge) schlüpft, die mit ihrer Freundin / ihrem Freund Unterschiedliches unternimmt. Die Rolle der Freundin / des Freundes sowie die Rollen der anderen auftretenden Figuren spielt der Diagnostiker. Die Spielaktivitäten greifen auf bekannte Handlungserfahrungen und beliebte Spielformen der Kinder zurück (Autofahren, Einkaufen, Telefonieren, Versteck- und Ratespiele). Rollenspiel

b) das *Evozieren* wesentlicher grammatischer Strukturen
Im Gegensatz zu inhaltlich offenen Spontansprachproben schaffen die geplanten Spielsituationen der ESGRAF immer wieder strukturell obligatorische Kontexte für analyserelevante grammatische Formen. Die Aufgabenstellungen variieren von Spielsequenz zu Spielsequenz. Dadurch werden unterschiedliche Äußerungsformen evoziert und die Zufälligkeit üblicher Spontansprachproben vermieden. Zudem wird das Multiperformanzprinzip berücksichtigt, d.h. in den Spielsequenzen der ESGRAF kommt es sowohl zu nichtmodellierten Äußerungen (Kodieren), die durch Fragen und Aufträge evoziert werden, als auch zu modellierten Äußerungen, bei denen der Diagnostiker in irgendeiner Form eine Vorgabe der Zielstruktur liefert (Rekonstruieren). Zudem werden kindliche Handlungen ausgewertet, die auf das Sprachverständnis komplexer Satzstrukturen schließen lassen (Dekodieren). ESGRAF bietet viele Freiheitsgrade. So können einzelne Spiele zu spezifischen Fragestellungen (z. B. Kasusmarkierung) ausgewählt werden oder aber im Verlauf der Abklärung Spiele weggelassen oder modifiziert werden, wenn sich dies aus dem wahrnehmbaren Fähigkeitenstand des Kindes begründet. Damit ergibt sich eine Durchführungs- und Auswertungszeit zwischen 30 und 60 Minuten. Auf die zeitaufwendige Transkription der Kindäußerungen kann ganz verzichtet werden. Multiperformanzprinzip

c) ein leicht erlernbares *Auswertungsverfahren* der kindlichen Produktionen
Aufbau und Auswertung der ESGRAF orientieren sich am normalen Spracherwerb. Die derart gewonnene Ergebnisdarstellung lässt im Auswertungsbogen sofort die Fähigkeiten und Schwierigkeiten des Kindes erkennen. Die Fülle grammatischer Kategorien wurde auf die förderrelevanten Kategorien reduziert.

d) *Interpretationshilfen*, die das Bestimmen des jeweiligen Therapie- oder Förderschwerpunktes erleichtern.
Das Auswertungsverfahren der ESGRAF steht in der Tradition der Profilanalyse. Deutliche Vereinfachungen erfolgen in ESGRAF jedoch u.a. hinsichtlich der Satzstrukturtypen-Analyse. Die ESGRAF-Auswertung verzichtet auf eine Reihe von Analysekategorien, die für eine praxisbezogene Anwendung nicht nötig sind. Satzstrukturtypenanalyse

ESGRAF reduziert aber nicht nur Analysekategorien. Es differenziert bestimmte Bereiche aus, die über die Phase 5 von CLAHSEN hinausreichen, um auch Probleme älterer spracherwerbgestörter Schulkinder erfassen zu können, deren „Spontansprach-Oberfläche“ in einfachen Hauptsätzen nahezu unauffällig geworden ist. So überprüft ESGRAF u.a. die Fähigkeiten,

Spontansprachoberfläche

- die 6 im Spracherwerb früherworbenen subordinierten Nebensatzkonstruktionen (komplexe Syntax) verstehen oder produzieren zu können,
- die 9 häufigsten Pluralformen des Deutschen markieren zu können,
- über Vergangenes, Zukünftiges und Mögliches sprechen zu können (Futur, Perfekt, Konjunktiv).

> Während die Profilanalyse ein reines Analyseverfahren ist, stellt ESGRAF zusätzlich zur Auswertungsprozedur eine strukturierte Methode der Gewinnung analyserelevanter sprachlicher Daten bereit.

Gerade die strukturierten Spielformen der ESGRAF stellen einen wesentlichen Fortschritt in der Datenerhebung dar. Da alle förderrelevanten grammatischen Formen überprüft werden, wird die Zufälligkeit freier Spontansprachproben überwunden. Zudem berücksichtigt ESGRAF das von DANNENBAUER (1992) geforderte Multiperfomanzprinzip. Im Dienste zeitökonomischer Datengewinnung liefern die ESGRAF-Spielsituationen über den Auswertungskorpus für die grammatische Analyse hinaus wichtige weitere sprachdiagnostische Informationen z.B. zu phonetisch-phonologischen Auffälligkeiten, zum Sprachverständnis und elementaren Wortschatz, zu Auffälligkeiten des Stimmklangs und Sprechablaufs, zum Kommunikations- und Kooperationsverhalten, zur Spiel- insbesondere Rollenspielfähigkeit (Symbolfähigkeit), zu Farben- und Zahlenkenntnissen. Die auch für sprechscheue Kinder motivierende und angstreduzierende Form der Datenerhebung lässt ESGRAF als mögliche Form eines beziehungsstiftenden Erstkontaktes geeignet erscheinen.

Zeitökonomische Datengewinnung

Die Merkmale des Erhebungs- und Auswertungsverfahrens ESGRAF empfehlen es als förderdiagnostisches Verfahren für die sprachtherapeutische Praxis (MOTSCH, HANSEN 1999, SCHOLZ 2000).

4 Zusammenfassung

Ältere Dysgrammatiker-Prüfmaterialien halten einer aktuellen Kritik in vielen Punkten nicht mehr Stand. Subtests in zeitaufwändigen Sprachentwicklungstests oder Diagnoseinventaren fehlt nicht nur die ökologische Validierung. Vielmehr erlauben sie nur bedingt die Rekonstruktion des kindlichen Regelwissens in allen therapierelevanten Fähigkeitsbereichen. In der Arbeit mit Vorschulkindern empfiehlt sich zudem ein testdiagnostischer Einstieg nicht als positiv beziehungsstiftende Interaktionsform des Erstkontakts.

Eine zusammenfassende Bewertung der besprochenen Verfahren zeigt, dass das Ziel einer theoriegeleiteten, entwicklungsorientierten, multimodalen, kindgemäßen und dennoch zeitökonomischen Erfassung der förderrelevanten morphologischen und syntaktischen Fähigkeiten des grammatisch gestörten Kindes am besten im Rahmen einer evozierten Sprachdiagnose erreicht werden kann. Vorteile der Spontansprachanalyse bleiben im Rahmen der evozierten Sprachdiagnose erhalten. Nachteile (fehlendes Multiperformanzprinzip, Zufälligkeit der im auswertbaren Sprachkorpus erreichten Strukturen, aufwendige Einarbeitung ins Analyseverfahren und die Auswertung, zeitökonomische Aspekte) werden durch die Methodik evozierter Sprachdiagnose getilgt.

Diagnostik semantisch-lexikalischer Störungen

Christian W. Glück

1 Zur Lage der Diagnostik

Bereits seit fast 15 Jahren wird wiederholt der desolate Zustand der diagnostischen Möglichkeiten für die Untersuchung semantisch-lexikalischer Aspekte der Sprache von Kindern und Jugendlichen angeprangert.

desolater Zustand

Die Kritik bezieht sich sowohl auf den puren Mangel an diagnostischen Verfahren als auch auf deren mangelnde Ausrichtung an linguistischen und auf die Sprachentwicklung bezogenen Kriterien.

Grundprobleme der herkömmlichen Wortschatzdiagnostik

Die herkömmliche Wortschatzdiagnostik, der es vorrangig um die Abschätzung der Größe des Wortschatzes eines Kindes geht, kämpft insbesondere mit drei Grundproblemen:

a) Der Wortschatz eines Kindes ist von einem rapiden, altersabhängigen Entwicklungsverlauf gekennzeichnet.
b) Der Umfang des Lexikons wird sehr rasch, spätestens mit drei Jahren, unübersichtlich groß.
c) Der Wortschatz ist die Sprachebene mit der stärksten, interindividuellen Variabilität in einer Sprechergemeinschaft. Diese Variabilität ist ausgeprägter als etwa bei Aussprache oder Satzbildung. Sie begründet sich in der sozio-kulturellen Einbettung des Sprechers.

Für die Erstellung eines standardisierten, allgemein anwendbaren Wortschatztests ergibt sich daraus die grundsätzlich nie zur Zufriedenheit zu beantwortende Frage:
„Welche ausgewählten Wörter sind in welchem Alter repräsentativ für die Gesamtwortschätze der Individuen der deutschsprachigen Bevölkerung?“

veränderte Zielperspektive in der Wortschatzdiagnostik

Erst eine veränderte Zielperspektive der Wortschatzdiagnostik, verbunden mit differenzierten Beurteilungskriterien, können diese Sackgasse in einen gangbaren Weg verwandeln. Die entscheidenden Impulse dafür stammen aus den Theoriebildungen zum mentalen Lexikon (Levelt 1989), zur kognitiven Informationsverarbeitung (Baddeley 1986) sowie aus den Hypothesen zum Spracherwerb (Markman 1989) und einer breiteren, empirischen Basis zum Verlauf des Spracherwerbs (Bates et al. 1995).
Mögliche, neue Zielfragestellungen für die Diagnostik, die sich aus diesen Ansätzen ergeben, sind:

a) Welche sprachlichen und kognitiven Strategien setzt das Kind beim Erwerb neuer Wörter ein?
b) Wie stehen dem Kind informationsverarbeitende Basisfunktionen für den Erwerb neuer Wörter zur Verfügung?
c) Welche linguistische Struktur besitzt der aufgebaute bzw. verwendete Wortschatz?
d) Wie baut das Kind die strukturelle Organisation der Wissensbestandteile von Wörtern in seinem mentalen Lexikon auf?
e) Welchen prozessualen Bedingungen unterliegt der Abruf von Wörtern aus diesem Lexikon?
f) Welche Bewältigungsstrategien setzt das Kind ein, wenn es auf lexikalische Lücken oder Wortabrufschwierigkeiten stößt?

2 Ein diagnostisches Modell

Diese Fragestellungen wurden in ein diagnostisches Modell integriert, das ausdrücklich nicht zum Ziel hat, bestimmte Diagnoselabels bereitzustellen. Stattdessen werden Kriterien für eine differenzierte, therapieorientierte Beschreibung verschiedener Dimensionen der semantisch-lexikalischen Fähigkeiten eines Kindes angeboten.

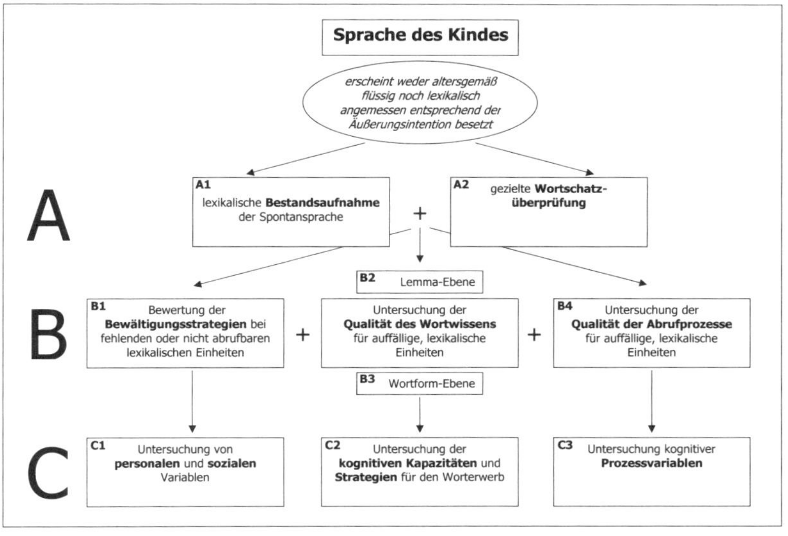

Abbildung 1: Übersicht über das diagnostische Modell

Sowohl theoretische Überlegungen als auch praktische Erfahrungen legen nahe, dass es Kinder mit Störungen in ganz isolierten, einzelnen Bereichen dieses semantisch-lexikalischen Fähigkeitsprofils gibt. Bei der überwiegenden Anzahl von Betroffenen zeigen sich jedoch mehrere Auffälligkeiten, z. B. beim Wortwissen **und** beim Wortabruf, was wiederum theoretisch damit zu begründen ist, dass der Prozess des Wortabrufs nur so

häufig gemischte Auffälligkeiten

gut sein kann, wie es die Strukturen des Wortwissens erlauben. Eine Trennung in verschiedene Diagnosekategorien ist daher nicht sinnvoll.

Fähigkeitsprofil

Das diagnostische Vorgehen gliedert sich in drei Abschnitte:
A. Allgemeine Einschätzung des Wortschatzes
B. Differenzielle Einschätzung von Teilaspekten
C. Einschätzung von Basisvariablen

In jedem Abschnitt werden die Untersuchungsziele und im Folgenden die Untersuchungsparameter dargestellt.

2.1 A: Allgemeine Einschätzung des Wortschatzes

allgemeine Einschätzung

Hier erfolgt eine allgemeine Einschätzung des Wortschatzes eines Kindes. Der Wortschatz aus den Äußerungen des Kindes wird hinsichtlich seiner Wortartenverteilung, seiner Reichhaltigkeit (type–token-Verhältnis) sowie seines Umfanges in möglichst unterschiedlichen Themenbereichen (Interessenswortschatz, Alltagswortschatz und unvertrauter Wortschatz) beurteilt (A1). Parallel dazu sollte eine Wortschatzüberprüfung mit einem standardisierten oder informellen Verfahren durchgeführt werden. Nur so sind bei geschickt vermeidenden und kompensierenden Kindern die lexikalischen Auffälligkeiten zu erkennen (A2).

D. Crystal: PRISM-L

Für die Beurteilung in A1 stehen keine allgemein etablierten Verfahren zur Verfügung. Eine deutsche Übertragung des semantisch-lexikalischen Profils PRISM-L (profile in semantics-lexicon; Crystal, 1982) ist erarbeitet worden, dauert aber m.E. für den Praxiseinsatz zu lang (vgl. Glück 2002). Orientierungswerte für die Wortartenzusammensetzung und Worthäufigkeiten müssen verschiedenen Autoren entnommen werden (Templin 1957 in: Kegel 1987, August 1984, Pregel & Rickheit 1987, Kauschke 1999).

informelle Wortschatzüberprüfung

Hinsichtlich A2 existieren v.a. für den vorschulischen Bereich standardisierte Verfahren, z.B AWST 3–6 (Angaben zu den Verfahren s. Tab. 2) und als rezeptiver Wortschatztest der PPVT, dessen Originalfassung (von 1959) in deutscher Teilnormierung vorliegt. Zur Kritik an diesen und Darstellung weiterer Verfahren verweise ich auf Günther (1991), Glück (2000). Noch nicht abgeschlossene Entwicklungen sind derzeit bei mehreren Autoren in Arbeit. Darüberhinaus sind informelle Wortschatzüberprüfungen mit einem festen Set an Items sinnvoll, wenn bestimmte Themengebiete erschöpfend getestet werden sollen, oder wenn bestimmte Items kulturspezifisch sind, und diese daher nicht in standardisierten Tests enthalten sind (z. B. bei mehrsprachigen Kindern).

2.2 B: Differenzielle Einschätzung von Teilaspekten

differenzielle Beurteilung

Eine differenzielle Beurteilung der semantisch-lexikalischen Fähigkeiten eines Kindes erfolgt hinsichtlich der Aspekte:

- Qualität des gespeicherten Wortwissens getrennt für die beiden Ebenen des mentalen Lexikons (Lemma-Ebene und Wortform-Ebene; B2 und B3)
- Qualität der Abrufprozesse von Wörtern aus dem mentalen Lexikon (B4)
- Bewältigungsstrategien des Kindes bei fehlenden oder momentan nicht zugänglichen lexikalischen Einheiten (B1)

Tabelle 1: SemLexKrit – semantisch-lexikalische Analysekriterien

SemLexKrit	Aussagedimensionen			
	Bewältigung	semant. Wortwissen	phonolog. Wortwissen	Abruf
Bewältigungsstrategien				
UM Umschreibung				
UF Umformulierung				
SK Selbstkorrektur				
WN Wortneuschöpfung				
MK Metakommentar				
NB Nachfrage um Bedeutung				
NW Nachfrage um Wortform				
IK initiierte Korrektur				
ZE Zeigen				
FP Feste Phrase				
TA abrupter Themenabbruch				
semantische Ersetzungen – Der verwendete Begriff ist / hat (eine):				
SY im Kontext unpass. Synonym				
ÜO Überordnung				
NO Nebenordnung				
UO Unterordnung				
GT Gegenteil				
AW Art und Weise				
TG Teil vom Gesamten u.u.				
FB Funktionsbezug				
ÖB örtlichen Bezug				
MB Materialbezug				
SA situationale Assoziation				
VÄ visuelle Ähnlichkeit				
phonologische Ersetzungen – Der verwendete Begriff ist/ hat (eine):				
PÄ phonemisch ähnlich				
PF falsche Phonemfolge				
MF falsche Morphemfolge				
PA Präfixauslassung				
PV Präfixvertauschung				
Abrufverhalten				
VZ Verzögerung				
GP gefüllte Pause				
GE abruffördernde Geste				
WH Wiederholung				
ST Starter				
AL Vorgabe Anfangslaut				
AS artikulator. Suchbewegung				
UW unspezif. Wort o. Phrase				
PE pronominale Ersetzung				
ÜG Übergebrauch eines Wortes				
AÄ Abbruch der Äußerung				
KA keine Antwort				
sonst.				
VF visuelle Fehlinterpretation				

Für die Beurteilung der unter B1 bis B4 angeführten Kriterien ist eine Analyse der Auffälligkeiten in den Äußerungen des Kindes (Spontansprache, Testanworten) bspw. anhand des Kriterienkatalogs SemLexKrit (vgl. Tab. 1) hilfreich. SemLexKrit orientiert sich auch an den Vorschlägen anderer Autorinnen (Wiig & Semel 1984, Fried-Oken 1987, Füssenich 1999, Kolfenbach 2000).

Analysekriterien SemLexKrit

So kann in B1 festgestellt werden, ob das Kind produktive Bewältigungsstrategien im Sinne von Synonym-Ersetzungen, treffende Umschreibungen, gestischer Begleitung u.ä. zeigt, oder eher unproduktive Strategien wie Passepartout-Wörter und nichtinformative Umschreibungen. Zu beachten ist auch, ob es lexikalische Lücken und semantische Ungenauigkeiten selbst erkennt (Metakommentare) und entsprechende Informationen eigeninitiativ einholt (z. B. durch Nachfrage).

produktive Bewältigungsstrategien

B2 und B3 betreffen die beiden Ebenen des mentalen Lexikons.

Ebenen des mentalen Lexikons

> Die SemLexKrit-Analyse gibt Hinweise auf gehäufte eher semantisch oder eher phonologisch begründete Fehlproduktionen. Hinweise über die innere, semantische Differenzierung können den verschiedenen, semantischen Relationen im SemLexKrit entnommen werden.

Auch wenn es für die Beurteilung der Kriterien in B2 und B3 kein geschlossenes Testverfahren gibt, so können doch informelle Aufgabenstellungen und Subtests, die aus bestehenden Testverfahren „entliehen“ werden, gezielt ausgewählte semantische oder phonologische Leistungen ansprechen (semantische Leistungen: Kategorisierungsaufgaben z. B. Subtests Begriffsklassifikation und Wortfindung aus dem HSET, Ähnlichkeitsaufgaben z. B. Wortschatztest zum CFT 20, Lexikalische Assoziationsaufgaben).

Abrufprozesse

Anzeichen für einen flüssigen oder nicht-flüssigen Wortabruf können den Beobachtungen der Spontansprache und den z. B. in SemLexKrit enthaltenen Analysekriterien entnommen werden. Hier sind es insbesondere Stockungen im zeitlichen Ablauf sowie Metakommentare des Klienten selbst über seine Abrufprozesse, deren Häufigkeit und Ausprägung beachtet werden sollten.

Variation des Abrufkontextes

Für eine methodisch gezieltere Überprüfung der Abrufgeschwindigkeit bieten sich Verfahren der Schnellbenennung und Assoziationenbildung an (R.A.N., TASB, Subtest Farbenbenennen aus BISC, Lexikalische Assoziationsaufgabe). Die systematische Variation des Abrufkontextes kann gute diagnostische Hinweise auf die Flexibilität und Kontextbindung geben. Dies macht es dringend geboten, Bildbenennungsaufgaben durch Aufgaben zur Benennung nach Beschreibung, zur Satzergänzung sowie zum gezielten Einsatz von Abrufhilfen zu ergänzen. Gleichfalls verschaffen Variationen der sozialen Situation und der kommunikativen Verantwortlichkeit einen Überblick über die Stabilität des Abrufprozesses unter verschiedenen Stressbedingungen.

2.3 C: Einschätzung von Basisvariablen

Aus diesen Überlegungen resultieren weitere diagnostische Aspekte, die gleichsam einer Ebene „darunter" zuzuordnen sind:

Basisvariablen

- Eigeninitiative und Eigenmanagement (C1)
- kognitive Verarbeitungskapazitäten und Worterwerbsstrategien (C2)
- kognitive Prozessvariablen (C3)

Eigeninitiative und -management

Eigeninitiative und Eigenmanagement gehören zu den Basisvariablen, die indirekt (Aufgeschlossenheit gegenüber Neuem, Kontakt- und Kommunikationsfreudigkeit) sowie direkt auf den Wortschatzerwerb und Wortgebrauch wirken. Eine umfassende Checkliste o.ä. zu diesen Aspekten existiert nicht. Einzelverfahren zu Teilaspekten (Temperament, Erziehungsverhalten, Stressverhalten u.a.m.) sind in der psychologischen Praxis verbreitet. An direkten Auswirkungen auf den Wortschatz sind zu bedenken:

- positives Problembewusstsein in realistischer Selbsteinschätzung (z. B. von lexikalischen Lücken und semantischen Ungenauigkeiten)
- mögliche Überschätzung der Wortfindungsproblematik im Selbstbild mit sekundären Störungsfolgen (z. B. Rückzug, emotionale Blockade)
- Eigeninitiative und Explorationsfreude (z. B. Fähigkeit zur strategischen Informationsgewinnung)
- Fähigkeit zum Erwerb und zur Anwendung von Metawissen (z. B. Wissen über die eigenen Wortschatzstärken und -schwächen, die verschiedenen Möglichkeiten der Deblockierung und Kompensation)
- anregendes und unterstützendes soziales Klima (z. B. angstfreies Nachfragen können, Vertrauen in die Fähigkeiten des Kindes)

soziale Entwicklungsbedingungen

Lexikalische Erwerbsprinzipien:
- Ganzes-Objekt-Annahme
- Annahme der gegenseitigen Ausschließlichkeit
- Taxonomieannahme

Der Charakter der von E. Markman (1989) angenommenen lexikalischen Erwerbsprinzipien ist zwar strittig, aber selbst sprachentwicklungsgestörte Kinder scheinen diesen Annahmen, wenn auch nicht in so deutlichem Ausmaße, zu folgen. Diese Prinzipien unterstützen den Prozess der Schnellzuordnung (*fast mapping*) von Wortform und Wortbedeutung beim Wortlernen. Bisher liegen hierzu jedoch nur experimentelle Methoden vor (Rothweiler 2001) und diagnostische Verfahren müssen erst noch daraus entwickelt werden.

Aufmerksamkeit

Die Wirksamkeit dieser Prinzipien könnte z.T. auch mit Aspekten der Aufmerksamkeit erklärt werden. Gelenkte Aufmerksamkeit und geteilte Aufmerksamkeit (*joint attention*) sind wesentliche Basisvariablen des Wortschatzerwerbs (Samuelson & Smith 1998) und können mit psychologischen Tests und Beobachtungsverfahren beurteilt werden.

phonologisches Arbeitsgedächtnis

Die überaus stabilen Befunde zum Einfluss des phonologischen Arbeitsgedächtnisses auf die Wortschatzentwicklung (Gathercole & Baddeley 1993) lassen eine diesbezügliche Untersuchung insbesondere bei weiteren Auffälligkeiten auf der Ebene der Wortformen angeraten sein. Die Nutzungskapazität des phonologischen Arbeitsgedächtnisses wird zumeist bestimmt über das Nachsprechen von Zahlenreihen (PET, HAWIK-R) oder von sinnfreien Wörtern (Mottier-Silben, DPW, IDIS).

Neben den strukturellen Gegebenheiten des mentalen Lexikons sind es basale, kognitive Prozessvariablen, die die Qualität des Wortabrufes beeinflussen. Dazu gehören:

Automatisierung

- die Automatisierung
- die Ausbreitung der Aktivität in funktionellen Netzwerken
- Stabilität und Resistenz gegen Interferenz

Es wird deutlich, dass die Grenze zu den kognitiven Kapazitäten (bspw. Aufmerksamkeitskontrolle) fließend ist. Die sprachheilpädagogische Diagnostik hält allerdings zur Untersuchung dieser Basisvariablen nur wenige Verfahren bereit, z. B. die bereits Erwähnten zur automatisierten Schnellbenennung (TASB) und zur Aktivierungsausbreitung (Lexikalische Assoziationsaufgabe). Die Stabilität des Abrufs kann mit Doppelaufgaben (*dual task*-Aufgaben) beurteilt werden, bei denen bspw. zur Benennungsaufgabe eine zweite, störende Aufgabe (bspw. Zählen) hinzukommt.

Grenzen sprachheilpädagogischer Diagnostik

Nicht alle der genannten Basisvariablen können Gegenstand sprachheilpädagogisch-logopädischer Diagnostik sein und müssen bei entsprechenden Anzeichen durch neuropsychologische und/oder neurophysiologische Untersuchungen abgedeckt werden.

Tabelle 2: Im Text erwähnte Testverfahren

AWST 3-6	Kiese, C. & Kozielski, P.-M. (^{2}1996): Aktiver Wortschatztest für 3-6jährige Kinder (AWST 3–6). Göttingen: Hogrefe
BISC	Jansen, H., Mannhaupt, G., Marx, H. & Skowronek, H. (1999): Bielefelder Screening zur Früherkennung von Lese-Rechtschreibschwierigkeiten (BISC). Göttingen: Hogrefe
CFT 20	Weiß, R. H. (^{4}1997): Grundintelligenztest Skala 2 (CFT 20) mit Wortschatztest (WS). Göttingen: Hogrefe
DPW	Dannenbauer, F. M. (2000): Dannenbauers Pseudowörter. Unveröffentl. Experimentalversion
HAWIK-III	Schallberger, U., Tewes, U. & Rossmann, K. (2000): Hamburg-Wechsler-Intelligenztest für Kinder III (HAWIK-III). Göttingen: Hogrefe
HSET	Grimm, H. & Schöler, H. (^{2}1991): Heidelberger Sprachentwicklungstest. Göttingen: Hogrefe
IDIS	Spohn, B. & Schöler, H. (1998): Inventar diagnostischer Informationen bei Sprachentwicklungsauffälligkeiten. Materialien aus dem Forschungsprojekt „Differenzialdiagnostik“, Nr. 3, 31 S. Heidelberg: Pädagogische Hochschule
Lexikal. Assoziationsaufgabe	etwa nach: Hasselhorn, M., Jasper, A. & Harnando, M.-D. (1990): Typizitätsnormen zu zehn Kategorien für Kinder von der Vorschule bis zur vierten Grundschulklasse, Sprache & Kognition, 9, 2, 92–108
Mottier-Silben	aus: Linder, M. & Grissemann, H. (^{6}2000): Zürcher Lesetest (ZLT). Göttingen: Hogrefe
PET	Angermaier, M. J. W. (1977): Psycholinguistischer Entwicklungstest

PPVT	Dunn, L.M. & Dunn, L.M. (1997): Peabody Picture Vocabulary Test (PPVT). IIIrd rev.. Minneapolis: American Guidance Service.
RAN	Denckla, M. B. & Rudel, R. (1976). Rapid automatized naming (RAN): Dyslexia differentiated from other learning disabilities. Neuropsychologia, 14, 471–479.
TASB	Glück, C. W. (2000): Test zur automatisierten Schnellbenennung. Unveröffentl. Experimentalversion

3 Interpretation

Durch dieses Vorgehen wird ein individuelles Fähigkeitsprofil erstellt, dessen Interpretation wiederum auf der Basis unterschiedlicher therapeutischer Herangehensweisen erfolgen kann:

Zielabhängige Interpretation

a) Erkennung von kompensatorischen Ressourcen
b) Einsicht in die relativen Stärken
c) Aufdeckung der Defizite

Dabei soll mit dem diagnostischen Modell nicht der Eindruck erweckt werden, dass es zur Eingangsdiagnostik komplett durchgeführt werden müsste. Vielmehr sollte das Modell bei der Erstellung vorläufiger Hypothesen über das Bedingungsgefüge der semantisch-lexikalischen Störung eines Kindes und seine Veränderung dienlich sein. Erst die im therapeutischen Prozess gewonnenen, diagnostisch verwertbaren Informationen und weitere gezielte Überprüfungen führen zur Bestätigung oder Revision der therapieleitenden Hypothese. Demgemäß wird Diagnostik hier als adaptiver, therapiebegleitender Prozess angesehen.

Diagnostik als adaptiver Prozess

4 Schlussbemerkungen

Die Beschränkung auf die grundlegenden Aspekte des diagnostischen Modells in der hier gebotenen Kürze lässt notwendigerweise einige bestehende und in der diagnostischen Zieldimension ausgesprochen sinnvolle Untersuchungsverfahren außer Acht. Das sind Verfahren, die die Betrachtung des einzelnen Wortes in verschiedenen Ebenen erweitern. Das betrifft u.a. den Bezug auf den semantisch-syntaktischen Kontext der Gesamtäußerung und den in der zeitlichen Ebene angesiedelten Verlauf des Wortlernens.

Gerade die Entwicklung diagnostischer Verfahren, die Teilaspekte des komplexen und dynamischen Geschehens „Wortlernen“ abbilden, ermöglichen in besonderer Weise die veränderte Zielperspektive in der Wortschatzdiagnostik.

Mit diesem Desiderat schließen zu können, weist immerhin auch auf die bisherigen Anstrengungen hin, die eingangs beschriebene Lage der Diagnostik im Bereich semantisch-lexikalischer Fähigkeiten zu verbessern.

Förderdiagnostische Aspekte beim Erlernen der geschriebenen Sprache bei Kindern mit Sprachentwicklungsstörungen

Claudia Osburg

1 Felix – ein Junge mit nicht erkannten Sprachentwicklungsstörungen

1.1 Zum Beispiel Felix

Felix – ein Kind mit Sprachentwicklungsstörungen

Felix hat mit 3;5 Jahren sprechen gelernt. Spät – aber nun, im Alter von 6 Jahren, kann er sich sprachlich verständlich machen. Fähigkeiten wie Symbolverständnis, Problemlösestrategien etc. wurden bei ihm nie überprüft. Bei der Schuleingangsuntersuchung wurde allerdings festgestellt, dass er noch nicht schulreif sei. Ein Jahr Vorschule – und dann könne auch Felix lesen und schreiben lernen wie die anderen Kinder auch. Das zumindest wurde den Eltern mitgeteilt. Oberflächlich scheint Felix seinen Entwicklungsrückstand bald aufgeholt zu haben. Eine Analyse seiner Vorgeschichte und seiner sprachlichen Fähigkeiten aber zeigt die Notwendigkeit zusätzlicher Sprachtherapie und gezielter didaktischer Überlegungen beim schulischen Schriftspracherwerb. Können mögliche Schwierigkeiten beim Schriftspracherwerb bereits frühzeitig erkannt werden? Welche Aspekte sollte ein diagnostisches Vorgehen dabei berücksichtigen? Diese Fragen stehen im Zentrum der folgenden Überlegungen.

1.2 Frühzeitiges Erkennen von Sprachentwicklungsproblemen als elementare Voraussetzung präventiver Förderung

Unerkannte Sprachschwierigkeiten aufgrund mangelnder Überprüfung

Fast alle Kinder lernen spätestens mit drei bis vier Jahren sprechen. Einige dieser „langsamen“ Kinder zeigen im weiteren Verlauf eine unauffällige Sprachentwicklung, bei anderen Kindern aber kann der späte Sprechbeginn ein Hinweis auf Sprachentwicklungsstörungen sein. Wird das Augenmerk nur auf „formale“ Sprachfähigkeiten gelegt, wie auf eine weitgehende Beherrschung der Sprachlaute oder auf eine beginnende grammatikalische Korrektheit, bleiben die zentralen Schwierigkeiten häufig unerkannt. Das Einbeziehen weiterer (kognitiver) Fähigkeiten in die (Förder-)Diagnostik, wie z. B. die praktisch-gnostischen Kompetenzen, die sozial-kommunikativen oder die symbolischen, ermöglicht bereits weit vor dem 4. Lebensjahr Rückschlüsse auf mögliche sprachliche Schwierigkeiten zu ziehen und diesen präventiv zu begegnen (vgl. dazu das diagnostische Vorgehen von ZOLLINGER 1996). Diese Förderung wäre wichtig, um Kindern bessere Ausgangsbedingungen beim Erlernen der geschriebenen Sprache zu geben.

Kompetenzen im Zusammenhang mit sprachlichen Fähigkeiten

1.3 Folgestörungen von nicht erkannten Sprachentwicklungsstörungen bei Schulkindern

Werden die Schwierigkeiten wie die von Felix nicht oder sehr spät erkannt, können insbesondere beim schulischen Schriftspracherwerb Folgeprobleme auftauchen. Dies ist einerseits durch das Medium Schrift an sich begründet, da Schrift ein *sprachliches* Medium ist, andererseits auch aufgrund der Bedeutung, die Sprache im Unterricht zukommt (vgl. DANNENBAUER 2001). Sprache ist nicht nur Ziel, sondern auch Medium des Unterrichts. Bei einer weitgehend „unauffälligen" Sprache kommt erschwerend hinzu, dass die inhaltlichen Probleme der Kinder nicht berücksichtigt werden und ihnen (zu Unrecht) ein angemessenes Sprachverständnis unterstellt wird. Die Kinder kompensieren mangelndes Sprachverständnis häufig durch sogenanntes „Stören", „Arbeitsverweigerung" etc., d.h. ihr Verhalten wird als störend oder böswillig interpretiert, statt als mangelndes Verstehen. Schriftspracherwerbsprobleme können die Folge sein, da die Kinder z. B. über eine geringere Erzählkompetenz verfügen, über ein reduziertes Textverständnis (vgl. KNAPP 1998), „Wortfindungsstörungen" können charakteristisch sein oder es können Probleme durch metasprachliche Anforderungen entstehen, grammatikalische Unsicherheiten sichtbar werden oder sich erhöhte Schwierigkeiten beim Konstruieren von graphemisch-phonemischen Korrespondenzen zeigen.

Schrift als sprachliches Medium

„Stören" als Kompensierung mangelnder sprachlicher Fähigkeiten

2 Förderdiagnostische Überlegungen

2.1 Kritik an normierten Testverfahren

Untersuchungen zeigen, dass bereits in den ersten beiden Schuljahren die Weichen für eine langfristige Rechtschreibentwicklung gestellt werden (vgl. HÜTTIS-GRAFF 1998). Neben dem frühzeitigen Erkennen von Problemen auf Ebene der gesprochenen Sprache ist das Erkennen von Problemen auf Ebene der geschriebenen Sprache deshalb mindestens genauso zentral. Wie aber kann dies geschehen zu einem Zeitpunkt, zu dem die

die Bedeutung der ersten beiden Schuljahre

Kinder gerade erst beginnen, ihre schriftsprachlichen Kompetenzen zu entfalten?

Kritik an standardisierten Tests

Viele Tests zur Überprüfung sprachlicher Fähigkeiten (vgl. z. B. den HSET, den PET), die die klassischen Gütekriterien wie z. B. Validität, Reliabilität erfüllen sollen, sind u. a. aus drei Gründen problematisch (vgl. dazu Gläss 1982, Heidtmann 1988, Jetter u.a. 1983)

1. Es erfolgt i. d. R. eine Auswertung nach „richtig“ oder „falsch“, die keinen Raum zur *(Re-)Konstruktion* der kindlichen Hypothesen zulässt, die zu dem Ergebnis geführt haben.
2. Sie berücksichtigen nicht die *individuellen* Fähigkeiten und Probleme des Kindes und haben keine *förderdiagnostische* Relevanz.
3. Sie verstehen sich als *langfristiges* Diagnoseinstrument (zur Selektion) statt als eine diagnostische *Momentaufnahme*.

2.2 Theorien zum Erwerb der geschriebenen Sprache

Methodenstreit

Das Vorgehen bei der Überprüfung bzw. Beobachtung der kindlichen (schrift-) sprachlichen Fähigkeiten ist Resultat der eigenen Vorstellung (Theorie), wie Kinder Schrift „entdecken“. Wenngleich der Methodenstreit der 60er Jahre hinsichtlich der „besseren“ Methode (analytisch, synthetisch) erfolgreich überwunden und als Streit ohne Sieger ausgegangen ist (vgl. Bartnitzky 1998), besteht aktuell in der Praxis immer noch die Gefahr, dass die Diskussion um Methoden und Materialien sich verselbständigt (vgl. Schwander 1989, 55), d.h. Material wird primär aus pragmatischen Gründen ausgesucht, statt es hinsichtlich seiner didaktischen Möglichkeiten zu reflektieren.

Teilleistungsstörung

Problematisch ist weiter die immer noch gängige Theorie der „Teilleistungsstörung“. Ausgegangen wird hierbei davon, dass Schriftspracherwerb ein Resultat verschiedener Leistungen ist. Haben die Kinder Probleme beim Schriftspracherwerb, so sei eine „Teilleistung“ gestört, wie z. B. die auditive Wahrnehmung, die visuelle, die taktil-kinästhetische. Isolierte diagnostische Überprüfungen (und Übungen) zu den einzelnen „Teilleistungen“ wären Konsequenzen solcher Annahmen, i. d. R. sind die Angebote schriftunspezifisch. Scheerer-Neumann weist auf ein generelles Problem dieser Ansätze hin:

„Ist ‚praun‘ (braun) ein visueller oder ein auditiver Fehler oder auf eine dialektbedingte Aussprache des Kindes zurückzuführen? Eine entsprechende Einteilung stößt also schon an methodische Grenzen. Sie setzt zudem eine naive Vorstellung über die Vorgänge beim Lesen und Rechtschreiblernen voraus, die entweder visuell oder sprachlich bedingt sein sollen. Tatsächlich sind aber beim Lesen und Schreiben immer eine Vielzahl von interagierenden Prozessen beteiligt, die sich nicht leicht nach ‚kognitiven‘ Funktionen sortieren lassen.“ (Scheerer-Neumann 1989, 21)

schriftunspezifische Verfahren

Ebenso pointiert fasst Günther die Kritik an sprachunabhängigen „Wahrnehmungsprogrammen“ zusammen:

„Wahrscheinlich täte man besser daran, bei Leseproblemen näher am Leseprozess zu forschen als bisher. Leseschwache Schüler erlernen das Lesen nämlich nicht, wenn sie kleine Blümchen zu unterscheiden lernen. Die besten Prädikatoren für die Lese(/Schreib-)fertigkeit, so lauten die trivial anmutenden Ergebnisse, sind das Wiedererkennen und Unterscheiden von Buchstaben und Wörtern.“ (GÜNTHER 1994, 198)

Spätestens seit dem Spracherfahrungsansatz von BRÜGELMANN (1983) wird der Schriftspracherwerb als ein „Denkprozess“ aufgefasst, als ein aktiver Konstruktionsprozess. Beim Schriftspracherwerb sind vom Kind bestimmte kognitive und sprachanalytische Fähigkeiten gefordert, wie z. B. Einsicht in die Bedeutung von Schrift, Buchstabenkenntnis, Fähigkeit zur Baustein-Gliederung. Für eine *schriftsprachspezifische* Förderung sollten deshalb *schriftsprachspezifische* Angebote gemacht werden, d.h. *Angebote*, bei denen Kinder mit Schrift operieren, wie sie z. B. in der didaktischen Landkarte Berücksichtigung finden.

Spracherfahrungsansatz

Zentral ist am Paradigmenwechsel der 80er Jahre, Fehler als Entwicklungsschritte statt als Defizite zu verstehen und das Erlernen der geschriebenen Sprache als (Re-)Konstruktion der Schrift durch die Kinder (vgl. BARTNITZKY 1998, DEHN 1990,16).

„Fehler“ als Entwicklungsschritt

Aktuell viel versprechende Ansätze fassen deshalb auch Lernprobleme einerseits als Lehr-Lernstörung auf, d.h. das „Problem“ wird nicht ausschließlich beim Schüler gesucht, sondern ist Resultat einer nicht gelungenen Passung von Lehren und Lernen. Probleme beim Schriftspracherwerb können einerseits als *Lehrproblem* verstanden werden (AUGST/DEHN 1998, DEHN 1990, KRUSE 1996, HÜTTIS-GRAFF 1998). Andererseits aber können mangelnde sprachliche Kompetenzen das Lernen erheblich erschweren.

Schriftspracherwerbsprobleme als Lehrstörung

Schriftsprachspezifische Diagnosemöglichkeiten *speziell für Kinder mit sprachlichen Auffälligkeiten* sind deshalb nicht vorhanden, da diese Kinder Schrift prinzipiell wie andere Kinder auch lernen – wenngleich unter besonderen Bedingungen.

Zwei hilfreiche diagnostische „Beobachtungshilfen“ aus dem Bereich des Schriftspracherwerbs werden im Folgenden hinsichtlich ihrer Brauchbarkeit für Kinder mit sprachlichen Auffälligkeiten diskutiert.

2.3 Das Stufenmodell von K.-B. Günther

Das Stufen- bzw. Strategiemodell von GÜNTHER zum Erwerb der geschriebenen Sprache (in Anlehnung an das Modell von U. FRITH) bietet sich an, um die *Regelgeleitetheit* kindlichen Lernens zu *beschreiben*. Es ist im Gegensatz zu anderen Modellen unter der Berücksichtigung von Kindern mit sprachlichen Auffälligkeiten konzipiert, bietet aber keine

Stufenmodell

pauschal ableitbaren Fördermomente. Es versteht sich vielmehr als Beobachtungsinstrument zur (Re-)Konstruktion der kindlichen Strategien und kennzeichnet den Aneignungsprozess des Schriftspracherwerbs als „fünfphasig mit je spezifischen Strategien alternierend im Modus des Lesens und des Schreibens“ (GÜNTHER 1986, 32, vgl. auch 1991).

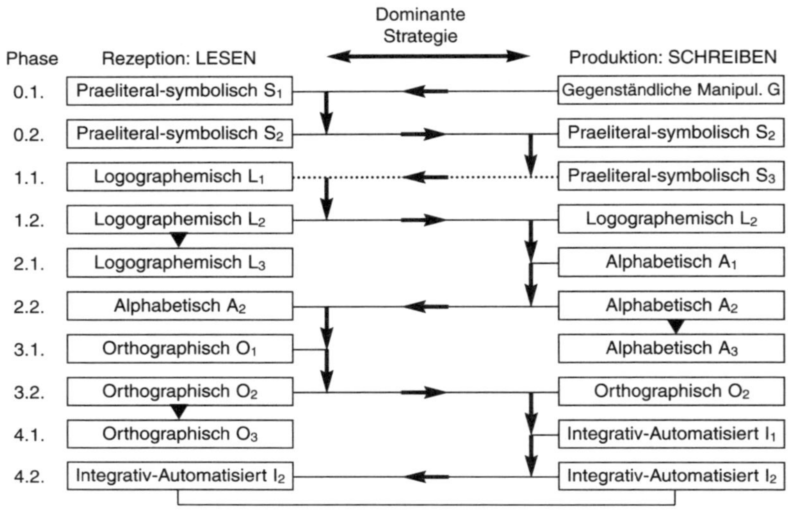

Abbildung 1: „Modell der Aneignung der schriftlichen Sprache...“ Entnommen aus GÜNTHER (1986, 33)

präliteral-symbolische Strategie

Durch das Modell werden die engen Wechselwirkungen von Lesen und Schreiben hervorgehoben und es wird eindrucksvoll verdeutlicht, dass das Kind innerhalb einer Strategie auf unterschiedlichem Niveau operieren kann. Hat das Kind in der sensumotorischen Phase (Piaget) mit Gegenständen „manipuliert“, so kann es sich am Ende dieser Phase Gegenstände auch in deren Abwesenheit vorstellen; die Fähigkeit zum „permanenten Objekt“ ist herausgebildet. Das Kind hat Voraussetzungen für *präliteral-symbolische* Fähigkeiten, wie z. B. das Nachahmen von Schreibbewegungen. Kinder wie Felix haben vermutlich grundlegende Fähigkeiten dieses Entwicklungsschritts erworben. Sie haben erkannt, dass Sprache der Kommunikation dient und dass sie mittels Sprache etwas erreichen können. Zu fragen wäre aber, inwieweit Felix den symbolischen Charakter – in seiner kommunikativen Breite – entdeckt hat. Setzt er Sprache generell ein, um den Anderen (und die Welt) zu *verändern*? Da Felix mittels Sprache meist nur Handlungen begleitet, wäre weiter zu fragen, ob er sich über das Hier und Jetzt hinwegsetzen kann, ob er über Dinge berichtet, die „nicht sicht-, hör-, oder fangbar“ sind oder ob er von Ereignissen erzählen kann, die passiert sind oder passieren werden (vgl. ZOLLINGER 1996). Inwieweit also hat er die repräsentative Funktion von Sprache generell entdeckt und ihren symbolischen Charakter (Sprache als Mittel der Kommunikation und Repräsentation) erkannt? Wird diesen Fragen nicht angemessen begegnet, wird er ggf. nicht, wie den Eltern

mitgeteilt, unter gleichen Ausgangsbedingungen Schrift erwerben wie sprachlich unauffällige Kinder.
Auf der *logographemischen Stufe* erkennt bzw. erliest sich das Kind anhand bestimmter Merkmale ein Wort (z. B. Schriftzüge wie Shell, McDonald). Es ist umstritten, wie intensiv und wann die Kinder dieses Vorgehen wählen. Die kritischen Einwände zu Entwicklungsmodellen manifestieren sich insbesondere in dieser Stufe (vgl. z. B. DEHN 1991, BREMERICH-VOS 1991, SCHEERER-NEUMANN 1998).

logographemische Strategie

Ein Hauptproblem kann für Kinder mit sprachlichen Auffälligkeiten ein an der alphabetischen Strategie orientiertes Vorgehen darstellen, da eine Verschiebung von einer primär „visuellen“ Orientierung hin zu einer „auditiven“ erfolgt. Gekennzeichnet ist diese Phase durch ein „lauttreues Verschriften“, durch eine Orientierung an der gesprochenen Sprache. Sind Kinder beispielsweise im phonologischen Bereich der Sprache auffällig, orientieren sie sich an einem „unzureichenden oder falschen“ Modell, das zudem noch einer Unstabilität unterliegen kann (vgl. OSBURG 2000). Konsequenz hieraus sollte jedoch nicht sein, Kindern Schrift vorzuenthalten, denn gerade durch eine didaktisch angemessene Förderung können dem Kind mittels Umgang mit Schrift veränderte Ausgangsbedingungen ermöglicht werden. Folgeprobleme sind auch bei der orthographischen Strategie, bei der die Kinder (erste) orthographische Regeln entdecken, insbesondere durch die sprachliche Instabilität möglich. Andersherum gilt auch hier, dass sich mit dem Erwerb der geschriebenen Sprache die Fähigkeiten der gesprochenen Sprache verändern können (vgl. FÜSSENICH 1998, SCHMIDT-BARKOW 1999, vgl. auch Band 4).

alphabetische Strategie

orthographische Strategie

2.4 Die Lernbeobachtung von M. DEHN

Auch Mechthild Dehn sieht den Schriftspracherwerb als eine sprachanalytische Tätigkeit. In einer Studie konnte sie beobachten, dass nicht die Methode entscheidend ist für Lernen, sondern dass ein wichtiger Indikator für einen erfolgreichen Schriftspracherwerb darin besteht, wie Kinder sich der Schrift nähern und mit „Fehlern“ (als didaktische Notwendigkeit) umgehen (vgl. DEHN 1990, 33f., 1987). Während „gute“ Schüler stringent verfahren, sich der Lösung schrittweise nähern und Fehler selbst korrigieren, fehlt diese Stringenz bei lernschwachen Schülern weitgehend und sie zeigen einen Mangel an Flexibilität. Aus dieser Studie ist eine Lernbeobachtung entstanden, die drei erhebliche Vorteile aufweist:

Schriftspracherwerb als sprachanalytische Tätigkeit

Erstens ist sie relativ schnell und einfach durchführbar, zweitens können bereits zu einem sehr frühen Zeitpunkt *Prognosen* hinsichtlich *Förderbedarf* gegeben werden und drittens bietet sie Ausgangspunkt für eine gezielte Förderung. Bei dieser Lernbeobachtung (den Bereich des Lesens spare ich aus Platzgründen auch hier aus) sollen die Kinder im November Klasse 1 die („unbekannten“) Wörter „Sofa“, „Mund“, „Limonade“ und „Turm“ verschriften, bei der Verschriftung im Januar und Mai kommen die Wörter „Reiter“ und „Kinderwagen“ hinzu (vgl. DEHN 1990).

Vorteile der Lernbeobachtung

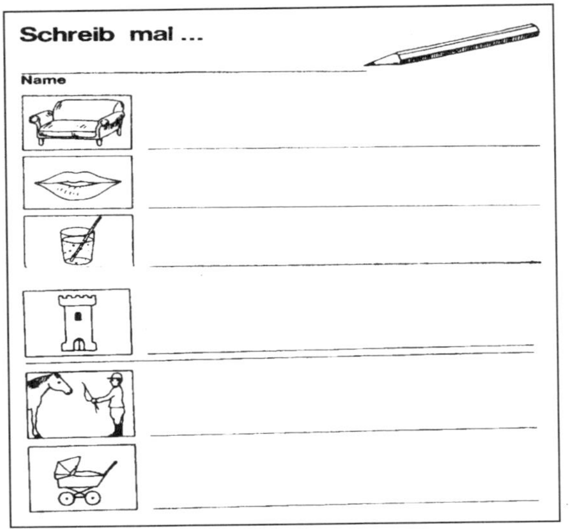

Abbildung 2: Die Lernbeobachtung. Entnommen aus DEHN (1990, 262f.)

Anpassung der Auswertungskriterien

Die Auswertung kann qualitativ oder quantitativ erfolgen. Während es bei der qualitativen Auswertung um die Anzahl der richtigen Buchstaben geht, lässt die qualitative Auswertung Rückschlüsse auf die Regelgeleitetheit der schriftlichen Äußerung zu. Ein Kind, das beispielsweise „ta" für Limonade schreibt, hat wesentliche Regeln des Schriftaufbaus noch nicht erkannt. Wird die Lernbeobachtung zum Erkennen von Lernschwierigkeiten bei sprachlich auffälligen Kindern eingesetzt, kann dies nur dann effektiv geschehen, wenn die Regelgeleitetheit der geschriebenen Sprache in Verbindung mit der Regelgeleitetheit der gesprochenen Sprache gebracht wird. Wenn Marina beispielsweise zu „Reiter“ [eta] sagt und „ETA“ schreibt, verschriftet sie das Wort lauttreu – eine Nichtberücksichtigung ihrer gesprochenen Sprache ließe fälschlicherweise Rückschlüsse auf mangelnde Fähigkeiten beim alphabetischen Zugriff (GÜNTHER) zu (vgl. bereits OSBURG in Band 2, vgl. auch 2000, CRÄMER/SCHUMANN 1999). Zentral ist weiter, dass aus der Beobachtung im November allein noch keine sicheren Rückschlüsse auf Schwierigkeiten gezogen werden können, sondern erst ein Einbeziehen der folgenden Beobachtung den Lernzuwachs aufzeigt.

3 Diagnostischer Ausblick

Anhand von Beispielen, wie Kinder mit sprachlichen Auffälligkeiten schreiben, wurde bereits in Band 2 gezeigt, dass die kognitiven Fähigkeiten dieser Kinder höchst heterogen sein können.

Deshalb sollten für die Auswertung von förderdiagnostischen Materialien nicht die Ergebnisse von sprachlich unauffälliger Kindern als Bezugsnorm dienen, sondern die Materialien sollten Möglichkeiten bieten, aus den Ergebnissen Rückschlüsse auf den Zusammenhang von kindlichen Fähigkeiten (generell) und Anforderungen der diagnostischen „Aufgabe"/Beobachtungssituation zu ziehen.

Auswertung von schriftlichen Produkten im Kontext der gesprochenen Sprache

Anhand von Stufenmodellen, anhand der Lernbeobachtung und anhand anderer qualifizierter *schriftsprachspezifischer* Beobachtungskriterien ist es möglich, Ableitungen hinsichtlich der kindlichen Zugriffsweisen zu treffen – hier exemplarisch dargestellt für den Bereich von Aussprachstörungen. Schriftsprachspezifisch bedeutet dies ein Einbeziehen der Fähigkeiten auf der Ebene der gesprochenen Sprache. Hier ist wichtig, nicht pauschalisierend von *dem* sprachbehinderten Kind auszugehen, sondern hinsichtlich der Auffälligkeit Beobachtungschwerpunkte zu setzen. Weiterhin bedeutet dies ein Einbeziehen der Fähigkeiten, die Kinder beim Schriftspracherwerb lernen sollen bzw. über die sie bereits verfügen (z. B. Analyse von Sprachlauten). Beliebige Wahrnehmungsübungen wie zur auditiven Wahrnehmung (Geräuschmemory) oder zur visuellen (fehlende Teile ergänzen, Kettenglieder in einer bestimmten Farbe anzumalen) sind in diesem Kontext nicht aussagekräftig. Sind die Probleme der Kinder „offensichtlich", d.h. ist ihnen durch ihr phonologisches Wissen eine erwartungsgemäße Aussprache nicht möglich oder verfügen sie über ein eingeschränktes grammatikalisches Wissen, aufgrund dessen sie zu Aussagen kommen wie „Die Hund hat nach Haus gegangen", so *scheint* eine Förderung auf den ersten Blick „leichter", da die sprachliche Auffälligkeit *scheinbar* erkennbar ist. Wie komplex aber dennoch ein angemessenes didaktisches Vorgehen sein kann, wird in Band 4 gezeigt. Bei Schwierigkeiten im semantischen Bereich der Sprache oder bei grundlegenden sprachlichen Fähigkeiten, wie beim Erwerb metasprachlicher Fähigkeiten und phonologischer Bewusstheit, sind Kinder häufig aufgrund unerkannter Schwierigkeiten benachteiligt, denn sie erhalten keine spezifische Förderung und werden zudem an Fähigkeiten gemessen, über die sie nicht verfügen. Besonders schwierig kann sich das Erkennen begrifflicher Diskrepanzen erweisen, wie es anhand des Beispiels „Nisse ist auf den Aua gefallen" bereits in Band 2 dargestellt wurde – die Re-Konstruktion ist aber grundlegend, da Kinder andernfalls beim Aufgabenverständnis Schwierigkeiten haben können oder aufgrund vieler weiterer Missverstehenssituationen Lernverweigerungen aufbauen (vgl. FÜSSENICH 1999, OSBURG 2002).

Stufenmodelle und Lernbeobachtung als schriftsprachspezifische Beobachtungsmöglichkeiten

Einbeziehen kognitiver Fähigkeiten

pauschalisierende Wahrnehmungsüberprüfungen sind wenig aussagekräftig

„verdeckte" Sprachschwierigkeiten beachten

Besonders schwierig ist auch die Diagnose bei Kindern nicht deutscher Muttersprache, da Lehrende oft nicht die Kompetenzen der Muttersprache erkennen und dem kulturellen Hintergrund (Sprache als Teil der Identität) nur begrenzt Rechnung tragen können.

Kinder nicht deutscher Muttersprache

Die bisherigen Überlegungen sollten zweierlei verdeutlichen: Wenn Kinder Schwierigkeiten beim Schriftspracherwerb haben, so können häufig sprachliche Schwierigkeiten Auslöser dieser sein. Wichtig ist deshalb die sprachlichen Fähigkeiten detaillierter zu überprüfen. Andersherum ist

misslungenes Lernen als Lehr-Lernstörung

Lernen aber immer eine Eigenaktivität des Lerners und ein misslungenes Lernen sollte als Lehr-Lernstörung verstanden werden, bei der sowohl Lehrer als auch Schüler Eigenanteile haben.

Schrift zur Förderung sprachlicher Kompetenzen

Abstand zu nehmen ist von der Vorstellung, Kindern mit Sprachstörungen Schrift vorzuenthalten, denn gerade durch die Auseinandersetzung mit der geschriebenen Sprache können sie ihre sprachlichen Ausgangsbedingungen verbessern. Schrift ist aber bei weitem kein Allheilmittel, sondern es bedarf sorgfältiger didaktischer Planung, die weit über universell einsetzbare Methoden hinausgeht (vgl. Band 4). Wenn Kinder mit erhöhten Schwierigkeiten Schrift lernen sollen, ist es fast schon trivial zu behaupten, diesen Kindern mehr Zeit für Schrift zu geben, statt sie ihnen zu kürzen.

Hörschäden

Gottfried Diller

Hörstörungen können die Folge von organisch-physiologisch bedingten Funktionsstörungen in jedem Bereich des Hörorgans, der Hörbahnen und der Hörzentren (vgl. KOLLMEIER 1997, 1) sowie von funktionellen Wahrnehmungsstörungen sein (vgl Lauer 1999).

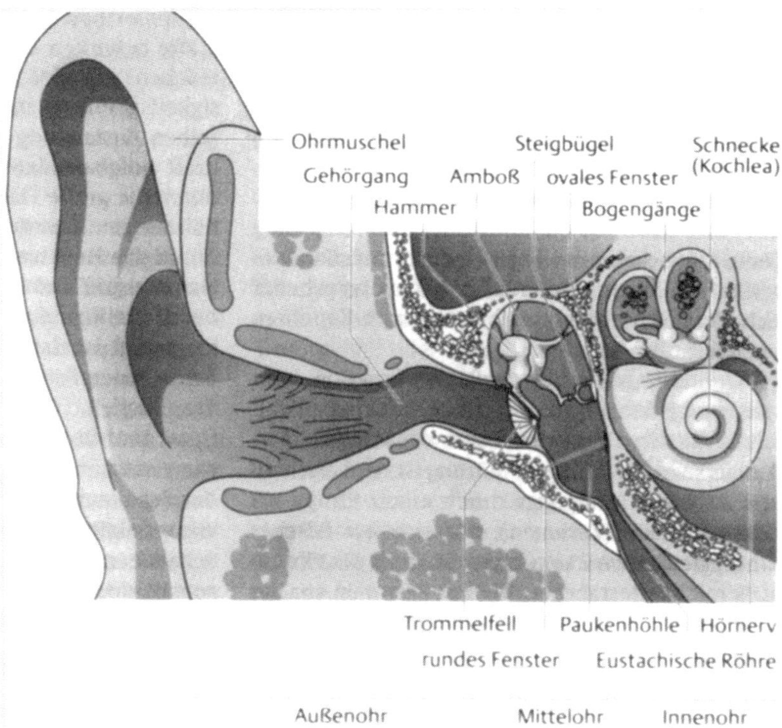

Abbildung 1: Aufbau des Ohres (aus KIESSLING *et al 1997, 1)*

Organische Hörstörungen

Schallleitungsschwerhörigkeiten basieren auf Funktionsstörungen des Gehörgangs, des Trommelfells oder des Mittelohres. In der Regel kann durch Medikamente, operative Maßnahmen oder Hörgeräte die Hörfähigkeit nahezu völlig wiederhergestellt werden.

Schallempfindungsschwerhörigkeiten (Sensorineurale Hörstörungen) sind cochleär bzw. retrocochleär bedingt. Cochleäre Störungen sind oft

mit dem Ausfall oder mit Funktionsstörungen der Sinneszellen (Haarzellen) in der Cochlea (Hörschnecke) verbunden.
Bei kindlichen Hörschäden handelt es sich in 98 % der Fälle um cochleäre Hörschäden.
Schallempfindungsschwerhörigkeiten können im Prinzip medikamentös nicht beeinflusst werden. Hörgeräte und Cochlear–Implantate können unter bestimmten Voraussetzungen eine gute Hörfähigkeit ermöglichen.
Retrocochleäre Schwerhörigkeiten werden durch Hörstörungen im zentralen Bereich des Hörsystems, zu dem die zentrale Hörbahn, subkortikale und kortikale Hörzentren zählen, verursacht (vgl. BÖHME 1988). Sie kommen relativ selten vor. Der zentrale Teil des Hörsystems beginnt an der Eintrittstelle des Nervus vestibulocochlearis in den Hirnstamm. Möglichkeiten, Hörschäden in diesem Bereich zu therapieren, stehen heute erst am Anfang (vgl. LASZIG 1995).

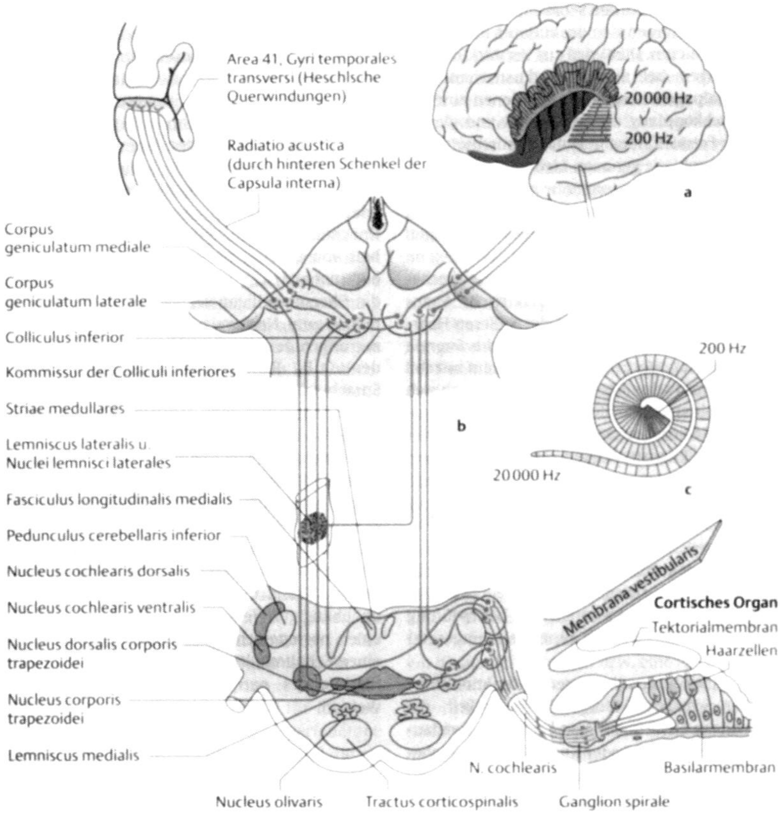

Abbildung 2: Schematischer Aufbau der Hörbahn (DUUS P. 1995)
a) Primärer Hörkortex mit Tonotypie
b) Stationen der Hörbahn vom Innenohr zum Kortex
c) Frequenzanordnung im Innenohr

Von den physiologisch bedingten Hörschädigungen, die bisher beschrieben wurden, sind die funktionellen Störungen der auditiven Informationsverarbeitung im zentralen Hörsystem zu unterscheiden.

Auditive Verarbeitungs- und Wahrnehmungsstörungen (AVWS) sind funktionelle Hörstörungen. Betroffen sind Prozesse des Hörens im Bereich des Zentralnervensystems, wie z. B. die Analyse von Zeit-, Frequenz- und Intensitätsbeziehungen akustischer Signale und binaurale Interaktionen. Audiologische Hörschwellenprüfungen sind in diesen Fällen unauffällig. Kinder mit AVWS werden oft erst durch eine gestörte Sprachentwicklung auffällig.

Funktionelle Hörstörungen

Hörschäden können hereditär (erblich-genetisch) bedingt oder erworben sein. Sie können in jedem Alter auftreten.

Als **postlingual hörgeschädigt** sind alle diejenigen zu bezeichnen, die nach Abschluss des Lautspracherwerbs plötzlich oder progredient eine Hörschädigung erleiden. Darunter fallen Altersschwerhörige genauso wie junge Erwachsene, die durch Krankheit oder andere traumatische Ereignisse ihre Hörfähigkeit verloren haben.

Als **perilingual hörgeschädigt** sind diejenigen zu bezeichnen, die als Kinder und Jugendliche etwa bis 14 Jahren hörgeschädigt wurden.

Perilingual Hörgeschädigte liegen zwischen den deutlich zu definierenden Gruppen der prä- und postlingual Hörgeschädigten. Sowohl ihre psychosoziale, emotionale als auch ihre kognitiv-kommunikative Entwicklung ist deshalb äußerst schwer zu bewerten.

Prälingual hörgeschädigt, sind diejenigen, die perinatal oder vor Beginn des Spracherwerbs in den ersten Lebensmonaten einen Hörschaden erworben haben.

Je nach Ausmaß, Zeitpunkt des Eintritts und der Dauer einer Hörschädigung kann die sprachliche, geistige, psychosoziale, motorische und emotionale Entwicklung eines hörgeschädigten Menschen unterschiedlich verlaufen.

1 Diagnostik

Bei der Diagnostik von Hörschäden arbeiten in der Regel verschiedene Berufsgruppen mit sich ergänzenden Aufgabenstellungen zusammen: Medizin (Phoniatrie und Pädaudiologie), Audiologie (Hörgeräteakustik) und die Hörgeschädigtenpädagogik (Pädagogische Audiologie). Abbildung 3 zeigt im Überblick die gebräuchlichsten Verfahren zur Diagnose von Hörschädigungen, wobei die fett gedruckten auch von Hörgeschädigtenpädagogen im Rahmen der Pädagogischen Audiologie durchgeführt werden können.

Die medizinische Diagnostik von **Erkrankungen oder Fehlbildungen** des Hörorgans erfolgt durch den HNO-Arzt, bei Kindern ist es der Pädaudiologe, dem dafür eine Reihe von Untersuchungsverfahren, angefangen von der allgemeinen Ohruntersuchung (Otoskopie) bis hin zu bildgebenden Verfahren (Röntgen, Kernspin-Tomographie CT, Magnetresonanz-Tomographie MRT, Positronen-Emissions-Tomographie PET usw.), zur Verfügung stehen.

Pädaudiologie

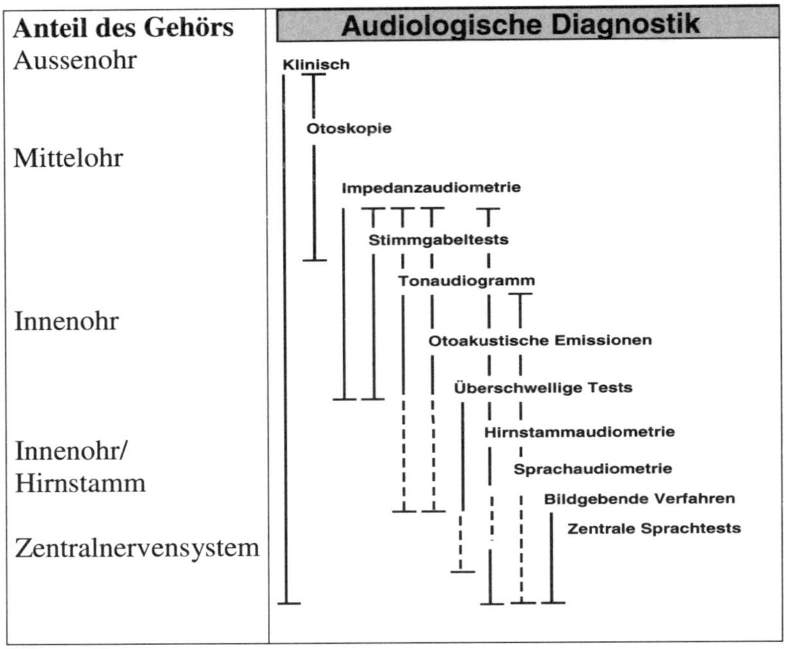

Abbildung 3: Funktion Beispiele möglicher Störungen und Verfahren zur Diagnostik von Anteilen des Gehörs (vgl. KOLLMEIER 1997, 3)

audiologische Diagnostik

Die audiologische Diagnostik von Hörschädigungen wird auf der Grundlage von subjektiven und objektiven Hörtests durchgeführt. Subjektive Hörtests werden bei wenigen Ausnahmen mit dem **Audiometer** durchgeführt. Dabei handelt es sich um computergesteuerte Anlagen, die in der Lage sind, genau definierte Frequenz- und Lautstärke abhängige Töne und Geräusche zu erzeugen. Ebenso kann die Lautstärke (gemessen in Dezibel, dB) von Musik, Zahlen, Wörtern und Sätzen bestimmt werden. Folgende **subjektive Hörtests** stehen zur Verfügung:

Stimmgabeltests: Der Rinne- und der Weber-Versuch zur Bestimmung einer Luft- bzw. Knochenleitungsschwerhörigkeit oder einer einseitigen Hörstörung. Diese Verfahren sind allerdings heute nur noch von geringer Bedeutung (vgl. LEHNHARDT, 1987/1).

Tonaudiometrie

Bei der **Tonaudiometrie,** die mit und ohne Kopfhörer (im Freifeld) durchgeführt werden kann, soll der Proband angeben, ab welcher Lautstärke er den Ton gerade noch gehört hat. Damit wird die subjektive Hörschwelle ermittelt. Die subjektive Aussage der Testperson wird dann in ein **Audiogrammformular** eingetragen. Neben dem Ausmaß des Hörschadens (leicht-, mittel-, hochgradige Schwerhörigkeit oder Gehörlosigkeit) lässt sich weiterhin feststellen, um welche Art der Hörstörung es sich handelt (Schallleitung, Schallempfindung oder kombinierte Form).

Sprachaudiometrie

Die **Sprachaudiometrie** basiert auf dem gleichen Prinzip wie die Tonaudiometrie und ist ein zusätzliches, wichtiges Testverfahren, auf das man, wenn immer möglich, nicht verzichten sollte. Hierbei geht es darum festzustellen, ab welcher Lautstärke die Betroffenen gesprochene Sprache

(Zahlen, Wörter oder Sätze) korrekt verstehen. Damit wird die Sprachverständlichkeitsschwelle ermittelt und der **Diskriminationsverlust** für Sprache bestimmt, d.h. es wird festgestellt, wie viel Prozent der mit normaler Lautstärke (65 dB) gesprochenen Sprache nicht mehr verstanden werden. Diese Untersuchung kann man in unterschiedlichsten Testbedingungen durchführen, z. B. mit und ohne Kopfhörer, mit und ohne Hörgeräten oder Cochlear-Implant (CI), aber auch mit und ohne Störgeräusche. Sprachtests sind in der Regel ab dem 2.–3. Lebensjahr möglich. Sie geben zahlreiche wichtige Information über die Hörschädigung und ihre Auswirkungen, speziell über die Möglichkeiten des Hörgeschädigten, Lautsprache in den unterschiedlichsten akustischen Bedingungen zu verstehen. Gleichzeitig zeigen sie, wie sich eine etwaige Versorgung mit Hörgeräten oder Cochlear-Implant (CI) auf die Hörfähigkeit auswirkt. Damit werden viele Hinweise für die Förderung und die Hörgeräte- bzw. CI-Anpassung gegeben. Zur Bestimmung von mittel-, innenohr-, hörnervbedingten Hörschädigungen sind Ton- und Sprachaudiometrie sehr gut geeignet. Zur weiteren diagnostischen Abklärung zwischen sensorischer und neuraler Hörstörung dienen **überschwellige Tests**. Aber auch das Vorliegen eines **Recruitments** (Lautheitsausgleich) kann mit diesen Verfahren getestet werden. Überschwellige Tests (Fowler, Sissi, Kingsbury, Lüscher, vgl. LEHNHARDT 1987, 87ff) zählen ebenfalls zur subjektiven Audiometrie. Im Regelfall werden Geräusche und Sprache bei mittleren und großen Lautstärken gehört, also weit über der eigentlichen Hörschwelle, eben überschwellig. Ergebnisse von überschwelligen Tests sind bei der Hörgeräteanpassung zu berücksichtigen, z. B. damit nicht eine zu hohe Verstärkung für den Hörgeschädigten das Hören unangenehm oder schmerzhaft werden lässt.

überschwellige Tests

Bei der Diagnose von zentralen Hörstörungen, gerade wenn sie funktioneller Art sind, müssen **zentrale Sprachtests** durchgeführt werden. Zentrale Sprachtests dienen immer häufiger dazu, Kinder mit **AVWS** zu diagnostizieren, z.B. Kinder mit peripher normaler physiologischer Hörfähigkeit, aber mit gestörter zentraler Hörkompetenz. Um hier eine möglichst sichere Diagnose stellen zu können, sind sowohl objektive wie eine Vielzahl von subjektiven Hörtests durchzuführen. Dabei geht es nicht mehr nur um die Fähigkeit, intensitäts- und frequenzspezifisches Hören und Sprachverstehen zu überprüfen, sondern es sollen selektiv differenzierte auditive Verarbeitungsprozesse untersucht werden. Dazu gehören das Richtungshören, die auditive Selektion, Separation, Zeitauflösung, Musteranalyse, Differenzierung, Identifikation, Synthese, Sequenzierung, Ergänzung, Aufmerksamkeit und die allgemeine Sprachkompetenz (vgl. NIEKISCH 2001).

Abgrenzung zu zentralen Hörstörungen

Durchführung, Auswertung und Interpretation subjektiver Hörtests stellen besonders bei Kindern hohe Anforderungen an die durchführenden Fachkräfte. Der allgemeine Entwicklungsstand des Kindes, seine Reaktionsmöglichkeiten, die intellektuelle Verarbeitungskompetenz, Verhaltensauffälligkeiten und Mehrfachbehinderungen sind ebenso zu berücksichtigen wie die individuelle Hör-, Sprech- und Sprachkompetenz (vgl. BDH 2000, 5). Eine weitere Hilfe zur Durchführung der subjektiven Hör- und Sprachtests bei Kindern sind speziell für diese Zielgruppe konstruierte Kinderaudiometrieanlagen und Audiometrieräume.

Grenzen subjektiver Testverfahren

Bei allen subjektiven Verfahren ist man sehr auf die Mitarbeit des Hörgeschädigten angewiesen. Besonders bei Säuglingen, Kleinkindern und nicht kooperationsfähigen Personen haben subjektive Tests ihre Grenzen. Ein weiteres Problem besteht darin, dass die subjektiv gemachten Aussagen zum Hören nicht immer der tatsächlich vorhandenen Hörfähigkeit entsprechen. In den letzten Jahren wurden immer mehr objektive Verfahren entwickelt. Bei diesen Messungen ist die aktive Mitarbeit der Testperson nicht erforderlich. Es gibt nur sehr wenige ausschließende Kriterien. Theoretisch sind bereits wenige Tage nach der Geburt die Untersuchungen durchführbar.

objektive Verfahren

Die **Impedanzmessung** prüft, ob das Mittelohr funktionsfähig ist. Mit Hilfe der **Tympanometrie** wird die Schwingungsfähigkeit des Trommelfells und der Gehörknöchelchen (Hammer, Amboss, Steigbügel) überprüft. Die **Stapediusreflexmessung** testet, ob der Stapediusreflex ausgelöst wird, der sicherstellt, dass zu laute Höreindrücke nicht bis ins Innenohr vordringen können und dort etwaige Hörschäden verursachen. Lässt sich dieser Reflex nicht auslösen, weiß man: es liegt eine Schallleitungsschwerhörigkeit oder eine hochgradige Schallempfindungsschwerhörigkeit (Hörverlust >80 dB) vor.

Die Messung der **Otoakustischen Emissionen** (OAE) ist ein sehr schnelles und völlig unkompliziertes Verfahren. Innerhalb weniger Minuten weiß man, ob eine Innenohrschwerhörigkeit vorliegen könnte. Die OAEs werden deshalb auch als Screening Methode bei Neugeborenen benutzt. Allerdings kann man keine zuverlässige Aussage über das Ausmaß einer etwaigen Hörschädigung machen. Dazu benötigt man die **Hirnstammaudiometrie, Brainstem Electric Response Audiometrie, BERA** oder die **Notched Noice BERA.** Da mittels Klebeelektroden Hirnstrompotenziale am Kopf abgeleitet werden müssen, ist es erforderlich, dass der Betroffene zwischen 30–60 Minuten ruhig liegt. Kleinkinder werden für diese Untersuchung meist sediert. Mit der BERA-Messung war bisher eine frequenzspezifische Hörmessung noch nicht möglich. Die Notched Noice BERA erlaubt nun auch eine Bestimmung des Hörverlusts in den Frequenzen 500Hz, 1000Hz, 2000Hz und 4000Hz.

ergänzender Einsatz mehrerer Verfahren

Da alle zur Verfügung stehenden subjektiven und objektiven Hörtests ihre Grenzen haben und keine absoluten Bestimmungen mit einem Verfahren möglich sind, werden heute zur exakten Abklärung eines Hörschadens, in Abhängigkeit von den Möglichkeiten des Hörgeschädigten selbst, nahezu alle Verfahren benutzt, um die gewonnenen Ergebnisse miteinander zu vergleichen und eine möglichst exakte Diagnose zu stellen, die im Falle einer physiologischen Hörstörung heute mit hoher Reliabilität möglich ist.

2 Prävention

Im Rahmen einer repräsentativen Untersuchung (n: 541) fand die Fördergemeinschaft Gutes Hören (FGH 1997) heraus, dass jeder dritte Erwachsene ab 18 Jahren bereits eine Hörstörung hatte. Doch nur jeder zehnte wusste davon. Schätzungsweise geht man von 12–14 Millionen Menschen mit Hörstörungen in Deutschland aus. Dem gegenüber sind beim

Statistischen Bundesamt Deutschland zum 31. 12. 1999 nur 246 556 Hörgeschädigte erfasst.

Tabelle: Altersverteilung aller Hörgeschädigten (Statist. Bundesamt 31. 12. 1999)

Altersverteilung von Hörschäden

Altersangaben in Jahren	Prozentverteilung
0–15	2,92 %
15–25	3,26 %
25–45	11,52 %
45–65	31.28 %
65–75	25.50 %
> 75	25,50 %

Bei Kindern ist der Anteil an Hörschädigungen deutlich geringer. Man geht davon aus, dass er im Durchschnitt etwa bei 0,25 % liegt (vgl. Krüger 1990, Diller 2000).
Wie sich der Umfang der Hörstörung auswirken kann, zeigt die folgende Tabelle:

Tabelle: Hörverlust – Auswirkungen und Maßnahmen

Hörverlust	Auswirkungen	Maßnahmen
< 15	keine	regelmäßiger Hörtest
15–35 dB	evtl. Probleme in schwierigen Hörsituationen, in Gruppen, bei lauten Geräuschen: Partyeffekt	regelmäßiger Hörtest Hörtraining
35–65 dB	regelmäßige Hörprobleme, lautes Sprechen erforderlich, visuelle Hilfen werden notwendig	Hörgeräte notwendig
65–95 dB	versteht keine Sprache, bei Erwachsenen: Sprache wird schlechter, visuelle Hilfen werden notwendig, Recruitment	Hörgeräte notwendig hörgerichtete Förderung
> 95 dB	evtl. nur noch Hören von sehr lauten Geräuschen, Vibrationen, visuelle Orientierung	Hörgerät oder C, intensive hörgerichtete Förderung

Bei Kindern ist der Lautspracherwerb gefährdet und wesentlich erschwert. Weiterhin können die emotionale, soziale, kognitive und motorische Entwicklung behindert werden.
Hör- und neurophysiologische Erkenntnisse, hörtechnische Innovationen und vor allem Praxiserfahrungen zeigen: die beste präventive Maßnahme, um den Auswirkungen einer Hörstörung vorzubeugen, ist ein möglichst frühzeitiges Erkennen des Hörschadens und damit verbunden eine schnelle Hörgeräte- oder Cochlear-Implant Versorgung. Bei Kleinkindern sollte dies innerhalb der ersten 3 Monate erfolgen. Je früher hörgeschädigte Kinder mit Hörgeräten oder CI versorgt sind (vgl. Markides 1986,

Hörgeräteversorgung bei Kleinkindern

YOSHINAGA-ITANO 1998, DILLER 2001), um so leichter konnten sie die Lautsprache erwerben. Seit einigen Jahren werden nunmehr auch in Deutschland Modellprojekte zur Einführung eines generellen Neugeborenen-Hörscreenings durchgeführt (vgl. NEUMANN 2001). Während die Akzeptanz der Hördiagnostik bei Kindern, bei Fachleuten und betroffenen Eltern sehr hoch ist, gelingt es nur schwer, das Gleiche bei erwachsenen Hörgeschädigten zu erreichen. Die Akzeptanz von Hörgeräten fällt Erwachsenen, vielleicht auch aus gesellschaftlichen Gründen, immer noch relativ schwer (vgl. RÖMER 2001).
Wenn auch unter anderen Aspekten so gilt auch für Hörschädigungen im Erwachsenenalter die Forderung einer frühzeitigen Diagnose und apparativen Versorgung zur Prävention von sozio-emotionalen und Kommunikationsproblemen. Nur wenn Hörschäden rechtzeitig entdeckt und mit modernsten Hörgeräten und CI ausgeglichen werden, kann die wichtige Funktion des Restgehörs beim Kind weiterentwickelt und beim Erwachsenen genutzt werden.
Leider lässt sich eine technische Hörhilfe nicht mit einer Brille vergleichen, an die man sich relativ schnell auch ohne zusätzliches „Üben“ gewöhnen kann. Eine apparativ versorgte Hörschädigung bedarf in der Regel eines auditiven Lernprozesses sowohl für Kinder als auch für Erwachsene, der hörpädagogisch bzw. hörtherapeutisch zu begleiten ist (vgl. DILLER 1996, 1997, 2000). Eine hörgerichtete Förderung mit Maßnahmen des Hörtrainings und der Hörerziehung können mit dazu beitragen, dieses Ziel zu erreichen.

3 Evaluation

„ ‚Tun wir das richtige?’ und ‚Tun wir es auf richtig Weise?‘, das sind zentrale Fragen jeder Qualitätsentwicklung – wie auch jeder Evaluation“ (HEINER 1999, 63). Unter dem Aspekt der Hördiagnostik gibt es im Gegensatz zur Gesamtsituation in der Hörgeschädigtenpädagogik, die zwischen den Polen einer konsequenten hörgerichteten Förderung mit dem damit verbundenen Menschenbild (vgl. DILLER 1998) und einer entschiedenen bilingualen Erziehung streitet (vgl. GÜNTHER 2001), kaum einen nennenswerten Dissenz. Die frühestmögliche Erkennung eines Hörschadens ist für alle ein anerkanntes Ziel. Wie dieses Ziel, diese Qualität gesichert werden kann, unterliegt zur Zeit einem internen Evaluationsprozess (vgl. NEUMANN et al. 2001).
Unabhängig von dieser Maßnahme bleibt festzustellen: Wir kennen bereits viele Kriterien, die eine Hörfähigkeit konstituieren. Die Diagnostik gelingt noch nicht in jedem Fall. Wir benötigen nach wie vor eine Vielzahl von diagnostischen Instrumentarien, um die gesamte audiologische Dimension einer Hörschädigung zu erfassen. Erst durch die gemeinsame Auswertung der ermittelten Daten sind wir annähernd in der Lage, therapeutisch tätig zu werden.
In Gang gekommene Diskussionen zur Qualitätssicherung bzw -entwicklung durch Evaluation können mit dazu beitragen, die Diagnostik von Hörschädigungen nachhaltig zu verbessern. Konkrete Evaluationsmodelle dazu liegen noch nicht vor.

Möglichkeiten und Grenzen eines diagnostischen Vorgehens bei zweisprachigen Kindern

Drorit Lengyel

Die Arbeit mit zweisprachigen Kindern gehört in schulischen und außerschulischen Einrichtungen mittlerweile zum Alltag pädagogischer Praxis. Dennoch gestaltet sich die Einschätzung schwierig, ob ein zweisprachiges Kind einer sprachtherapeutischen Förderung bedarf. Wie können Sprachtherapeuten diese Entscheidung zuverlässig treffen, wenn ihnen keine Verfahren zur Verfügung stehen, die die Zweisprachigkeit der Kinder nicht nur berücksichtigen, sondern sie als Bedingungsvoraussetzung anerkennen? Bedenkt man zusätzlich, dass die aus einer mangelhaften Diagnose entstehenden Probleme eine effektive und erfolgreiche Förderung zweisprachiger Kinder beeinträchtigen, wird die Notwendigkeit, diagnostische Handlungskonzeptionen zu entwickeln, offensichtlich.
Dieser Beitrag soll einen knappen Überblick im Bereich Zweisprachigkeit bieten und darstellen, aus welchen Gründen die für einsprachige Kinder konzipierte Diagnostik nicht auf zweisprachige übertragbar ist. Die Ergebnisse einer empirischen Studie zeigen jedoch, dass die Anwendung solcher Methoden bisher den Alltag der sprachtherapeutischen Praxis bestimmt. Vor diesem Hintergrund wird abschließend überlegt, wie man diesen Problemen begegnen kann.

Herkömmliche Diagnostik ist nicht auf zweisprachige Kinder übertragbar

1 Zweisprachigkeit

In der Frage, wer als zweisprachig gelten kann, treffen unterschiedliche Sichtweisen aufeinander (Fthenakis 1985). Allein die Tatsache, dass alle Definitionen einen Zustand beschreiben, in dem mehr als eine Sprache auftritt, ist gemeinsamer Bezugspunkt (Lambeck 1984). Nach Grosjean (1996) ist entscheidend, dass sich diese Menschen im alltäglichen Leben zweier Sprachen bedienen, wobei das Hauptaugenmerk nicht auf dem Grad der Sprachbeherrschung liegt, sondern auf der kommunikativen Kompetenz dieser Personen in Bezug auf ihre alltäglichen Bedürfnisse. Er betont, dass der Zweisprachige nicht zwei Monolinguale vereint, sondern eine Gesamtheit darstellt, die ihre eigene Kompetenz aufweist, nämlich die, unterschiedliche Sprachen gemäß der Kommunikationssituation, dem Gesprächsgegenstand oder -partner anwenden zu können.

Zweisprachige weisen eine eigene Kompetenz auf

Für eine sprachpädagogische Auseinandersetzung, die die Bedeutsamkeit der Zweisprachigkeit betrachtet, ist der von Ingrid Gogolin 1988 eingeführte Begriff der „lebensweltlichen Zweisprachigkeit“ zusätzlich in-

lebensweltliche Zweisprachigkeit

teressant. Er hebt die „Sprach-Lern-Situation“ von Kindern ethnischer Minderheiten besonders hervor und zeigt, dass sie, um Handlungsfähigkeit zu erlangen, ihr Leben im Einwanderungsland zweisprachig organisieren müssen (Kracht 1996, 358).

unterschiedliche Erwerbsformen

Im Bereich der Zweisprachigkeit unterscheidet man unterschiedliche Erwerbsformen. Beim simultanen Erwerb werden zwei Sprachen gleichzeitig vornehmlich in der Familie erlernt, zumeist nach dem Prinzip „une langue – une personne“ (Ronjat 1913 in: Koehn & Müller 1990, 49). Diese private Zweisprachigkeit bietet äußerst günstige Erwerbsbedingungen, da beide Sprachen von Beginn an zum Lebensumfeld des Kindes gehören und die bewusste Entscheidung der Eltern für ein reiches und vielfältiges sprachliches Angebot sorgt (Graf 1987).

Im Falle des sequenziellen Erwerbs lernt das Kind die zweite Sprache *aktiv*, nachdem die erste Phase monolingual abgelaufen ist. Dies tritt dann ein, wenn in der Familie eine andere Sprache gesprochen wird als in der Umwelt. Gerade dieser Zweitspracherwerb kann problematisch verlaufen, weil eine Reihe von außersprachlichen Faktoren großen Einfluss ausüben. Dies sind zum einen solche, die den kulturellen, politischen und gesellschaftlichen Rahmen betreffen (z. B. Auswirkungen der Dominanz der Majorität), zum anderen sind es gruppenspezifische und individuelle sozialpsychologische Faktoren, wie z. B. das Ausmaß des Sprachkontaktes, die Sprachlernmotivation, die Bewertung der eigenen Sprache und die Haltung der Familie zur Sprache und Kultur des Einwanderungslandes, welche die unterschiedlichen Varietäten und Ausprägungen des Erwerbs beeinflussen (Kuhs 1989; Müller 1985).

Vor- und Nachteile hängen vor allem mit unterschiedlichen Erwerbsbedingungen zusammen

Betrachtet man die beiden möglichen Erwerbsformen, so wird deutlich, dass Vor- und Nachteile, die oftmals der Zweisprachigkeit angelastet werden, vor allem mit den unterschiedlichen Erwerbsbedingungen zusammenhängen und nicht unbedingt mit der Tatsache, dass sich die Personen zweier Sprachen bedienen (Grosjean 1996; Kupfer-Schreiner 1994).

In Anlehnung an Kracht (2000, 1) wird Zweisprachigkeit hier als „der Gebrauch und Erwerb von *mindestens* zwei Sprachen“ verstanden und schließt daher auch die Mehrsprachigkeit von Personen ein. Außerdem widmet sich der Beitrag hauptsächlich Kindern aus ethnischen Minderheiten, da sie die größte Gruppe der zweisprachigen Kinder in sprachtherapeutischen Praxen ausmachen (s. Untersuchungsergebnisse in: Lengyel 2001, 114ff.). Der Begriff „ethnische Minderheit“ wird dem der „Migranten“ vorgezogen, weil er treffend die „gesellschaftlichen Herrschafts- und Abhängigkeitsverhältnisse“ beschreibt (Gogolin 1988, 14).

Dieser kurze Exkurs, der in das komplexe Gefüge von Zweisprachigkeit nur einführen kann, soll dazu beitragen, die Probleme im diagnostischen Vorgehen einzuordnen. Er soll außerdem die Bedeutung eines Perspektivenwechsels in Theorie und Praxis der Sprachheilpädagogik verdeutlichen.

2 Diagnostik bei zweisprachigen Kindern

2.1 Zur aktuellen Lage in der Diagnostik

Von August bis September 1999 wurde eine Fragebogenuntersuchung in sprachtherapeutischen Praxen in Nordrhein-Westfalen durchgeführt (LENGYEL 2001), die sich zum Teil auch mit der Diagnostik bei zweisprachigen Kindern beschäftigte. An dieser Stelle sollen kurz zwei wesentliche Ergebnisse vorgestellt werden:

Ergebnisse einer Fragebogenuntersuchung

Welche diagnostischen Verfahren werden angewendet?

Die Mehrheit der Therapeuten (54 %) führt bei zweisprachigen Kindern *ausschließlich* die gleichen standardisierten bzw. informellen Verfahren durch wie bei einsprachigen. 30 Prozent nehmen zusätzlich eigene, selbstentwickelte oder veränderte ‚Verfahren' zu Hilfe. Die übrigen 16 Prozent greifen auch auf andere Verfahren zurück als bei einsprachigen Kindern, wobei es sich hier insbesondere um nonverbale Tests handelt.

Verwendung gleicher Verfahren

Die Auswertung zeigt weiterhin, dass eine Defektdiagnostik sehr verbreitet ist und die Sprachstandsmessung immer noch im Vordergrund steht. Außerdem kann festgestellt werden, dass alle selbstentwickelten ‚Verfahren' aus einer Notsituation heraus erstellt worden sind und in Bezug auf ihre diagnostische Aussagekraft kritisch hinterfragt werden müssen.

Welche Bedeutung haben zusätzliche diagnostische Maßnahmen bei zweisprachigen Kindern?

Zusätzliche diagnostische Maßnahmen in Form von Beobachtung der Interaktion, der basalen Fähigkeiten, des Spiel- und Sozialverhaltens sowie einer tiefer gehenden Familienanamnese besitzen bei zweisprachigen Kindern keinen höheren Stellenwert als bei einsprachigen. Dieses Ergebnis ist erstaunlich, denn aufgrund mangelnder diagnostischer Alternativen in Form von standardisierten bzw. informellen Testverfahren wurde vermutet, dass solche Maßnahmen in den Vordergrund rücken, um Aufschluss über die allgemeine und sprachliche Entwicklung zu erlangen (LENGYEL 2001).

Keine zusätzlichen Maßnahmen

Im Praxisalltag orientiert sich die Diagnostik bei zweisprachigen Kindern demnach an Verfahren, die für einsprachige Kinder konzipiert worden sind. Andere Maßnahmen, die die kindliche Entwicklung näher beleuchten, gewinnen dabei jedoch nicht an Bedeutung.

Praxisalltag

2.2 Grenzen der bisher durchgeführten Diagnostik bei zweisprachigen Kindern

Sicherlich trifft allgemein formulierte Kritik an standardisierten Verfahren sowie Grenzen diagnostischer Methoden auch auf die Diagnostik bei zweisprachigen Kindern zu. Dennoch gibt es eine Vielzahl spezieller Aspekte, die wir uns als Sprachtherapeuten – zumeist Mitglieder der Dominanzkultur und monolingual (s. Untersuchungsergebnisse in: LENGYEL 2001, 97) – bewusst machen müssen.

Verfälschung der Ergebnisse

In der Diagnostik bei zweisprachigen Kindern stellt sich das Problem, dass die „auf Einsprachigkeit fußenden diagnostischen Methoden" Unterschiede in der zweisprachigen Entwicklung nicht berücksichtigen und somit zu einer Verfälschung der „getesteten sprachlichen Fähigkeiten" führen (KRACHT & WELLING 1995a, 93) bzw. eine Unterschätzung sprachlicher Leistungen nach sich ziehen. Diese Tests differenzieren die sprachlichen Leistungen nicht ausreichend und setzen „einen Großteil der Fertigkeiten voraus", die bei einsprachigen altersgemäß entwickelt sein müssten, die aber zweisprachige Kinder u.U. in ihrer Entwicklung noch gar nicht erworben haben können (RÖHR-SENDLMEIER 1987, 225).

Daher sind die Testergebnisse, die auf den Altersnormen der einsprachigen Sprachentwicklung basieren, nicht auf zweisprachige Kinder übertragbar. Hinzu kommt, dass in erster Linie der Wissensstand in der Zweitsprache überprüft wird, nicht aber die *zweisprachige Entwicklung* des Kindes.

Probleme der Differenzialdiagnose

Schwierigkeiten ergeben sich auch bei der diagnostischen Einschätzung vorhandener ‚Informationen', da bislang keine eindeutigen Kriterien vorliegen, festgestellte Auffälligkeiten voneinander abzugrenzen (LANGDON 1989; ZELLERHOFF 1989). Wann handelt es sich um entwicklungsgemäße Schritte in der Erwerbschronologie, wann um fossilierte Strukturen der Lernersprache, d.h. Strukturen, die während des Zweitspracherwerbs nicht weiter an die Zielsprache angenähert werden (BAUSCH & KASPAR 1979), und wann um klassische Leitsymptome einer Sprachentwicklungsverzögerung oder -störung?

Probleme der kulturellen Dominanz

Betrachtet man die kindlichen Erfahrungen, auf denen sprachliche und kommunikative Kompetenzen aufgebaut und weiterentwickelt werden, so ergibt sich ein zusätzliches Problem. ‚Herkömmliche' diagnostische Verfahren basieren auf allgemeinen Grundannahmen der Dominanzkultur und überprüfen, auch durch die Bildauswahl und die Art der Aufbereitung, in erster Linie den Wissensstand in der Dominanzkultur (MILLER 1987). Es werden also implizit Kenntnisse und Erfahrungen vorausgesetzt, die das zweisprachige Kind u.U. innerhalb seiner spezifischen Lebenssituation, die kulturell anders geprägt sein kann, nicht oder anders erlebt hat. Dieses Problem der ‚kulturellen Dominanz' lässt sich auch bei nonverbalen Tests nicht ausschließen.

Das fehlende Bewusstsein für die Unterschiedlichkeit des angeeigneten Wissens sowie die mangelnde Erfahrung, dieses Wissen richtig einzu-

ordnen, führen zu falschen Einschätzungen der Kenntnisse, Ressourcen und nächsten Lernschritte des betroffenen Kindes. Werden diese Aspekte nicht berücksichtigt, so kann die „kulturell naive Anwendung normierter diagnostischer Verfahren" (HOLLENWEGER 1996, 13) dazu führen, dass Kinder, die zweisprachig sind und darüber hinaus durch einen überwiegend anderen kulturellen und sozioökonomischen Kontext geprägt werden, per se schlechtere Resultate erzielen. Es gilt daher, sich bewusst zu machen, dass Entwicklungsschritte und Verhaltensweisen, die uns auffallen, innerhalb des kindlichen Erfahrungshorizonts und -hintergrundes angemessen sein können.
Betrachten wir die Untersuchungsergebnisse (s. 2.1) und die hier aufgeführte Kritik an den bisher eingesetzten diagnostischen Methoden, so wird deutlich, dass andere Möglichkeiten der Herangehensweise erörtert werden müssen.

3 Überlegungen zum diagnostischen Vorgehen bei zweisprachigen Kindern

Die nachfolgenden Ausführungen stellen noch keine empirisch überprüften Verfahrensweisen dar. Vielmehr handelt es sich um Überlegungen, wie man in der jetzigen Situation, die unser Handeln erfordert, zu einer angemessenen Einschätzung der (sprachlichen) Entwicklung gelangen kann.

Hypothesengeleitetes Vorgehen
In der Diagnostik ist es grundsätzlich notwendig, dass die Auffälligkeiten der Kinder „immer in Beziehung zu gesellschaftlichen, kulturellen, psychischen, psychosozialen und zweitspracherwerbstheoretischen Bedingungen gesetzt werden" (LENGYEL 2001, 139). Ein hypothesengeleitetes Vorgehen im Sinne einer prozessorientierten Förderdiagnostik scheint in Bezug auf zweisprachige Kinder unabdingbar. Auf diese Weise kann der Blick weg von den für zweisprachige Kinder unzulänglichen Messverfahren hin zur Erfassung des komplexen Bedingungsgefüges ‚Zweisprachigkeit' gerichtet werden.

Förderdiagnostik als Prinzip

Vertiefung der Familienanamnese
Eine tiefer gehende Familienanamnese bzw. „biographische Analyse" (KRACHT 2000, 395) ist notwendig, um die Situation, in der sich das Kind befindet, besser einzuschätzen und zu verstehen. Dabei können hemmende und fördernde außersprachliche Faktoren herausgefiltert und als mögliche Ursachen eines gestörten Spracherwerbs in Betracht gezogen werden. Die Beleuchtung des Prozesses der Migration sowie der sozialen Bedingungen und kulturellen Besonderheiten, unter denen die Familie lebt, tritt hierbei in den Vordergrund. Auch eine Hypothesenaufstellung über die Familien-Umwelt-Interaktion und den Umgang mit „Minderheitenstreß" (GÜÇ 1991, 10) kann die soziale und sprachliche

Erfassung der sozialen Bedingungen und kulturellen Besonderheiten

Realität des Kindes näher erfassen. Anhand der Familienanamnese ist es auch möglich, die Ressourcen der jeweiligen Familie, die „im Kulturellen" versteckt sein können, aufzudecken (Güç 1991, 10).

Die Sprachbiographie

Entscheidendes Moment im diagnostischen Vorgehen ist, neben der biographischen Analyse, das Erstellen einer „Sprachbiographie" (Stalder 1996, 97). Kracht (2000, 395) spricht in diesem Zusammenhang von einer „Sprachhandlungsanalyse". Innerhalb dieser erfolgt die Auseinandersetzung mit der muttersprachlichen Entwicklung, denn die Störungen des Sprechens und der Sprache müssen immer vor diesem Hintergrund betrachtet werden. Die Angehörigen sollten über den Verlauf der muttersprachlichen Entwicklung berichten und zu einer Einschätzung der sprachlichen und kommunikativen Kompetenzen des Kindes angehalten werden. Abzuklären wäre auch, ob Auffälligkeiten in der Muttersprache vorliegen (Wendlandt 1988; Demirel 1995). Es ist in dem Zusammenhang wichtig zu erfahren, unter welchen Bedingungen und in welchem Alter das Kind die Zweitsprache erworben hat. Dieses Können darf dabei nicht mit dem der monolingualen Kinder verglichen werden, sondern muss in Beziehung zur sprachlichen Umgebung gesetzt werden. Hierfür ist die Einschätzung des bisherigen Ausmaßes, der Qualität sowie der Art und Weise des Sprachkontaktes und des sprachlichen Inputs in der Zweitsprache notwendig. Um sich dem Erfahrungshorizont und somit auch der sprachlichen Entwicklung des Kindes anzunähern, ist die Beschäftigung mit den kindlichen Erfahrungen notwendig. Erlebt das Kind die Zweitsprache positiv oder verbindet es mit ihr negative Gefühle? Welche Erfahrungen wurden bislang mit Sprechern der Zweitsprache gemacht?

Einschätzung der muttersprachlichen Entwicklung und des Sprachkontaktes

Erfahrungen des Kindes mit der Zweitsprache

Für die Einschätzung der Entwicklung müssen nicht nur zweitspracherwerbstheoretische Kenntnisse mit einfließen, sondern auch die spezifischen Lebensbedingungen der jeweiligen Familie berücksichtigt werden (s. Familienanamnese). Hierzu hat Miller (1987) in seinem Artikel einen Fragenkatalog zusammengestellt, und auch Langdon (1989) liefert eine Übersicht.

Die Beobachtung als diagnostisches Prinzip

In einer gestalteten Interaktionssituation ist es möglich, den individuellen „Sprachgebrauch des Kindes" (Kracht 2000, 396), d.h. das kindliche Kommunikationsverhalten, die soziale und emotionale Entwicklung sowie die kognitive Entwicklung, die das Lernerverhalten des Kindes bestimmt, herauszufiltern (Stalder 1996; Müller 1985). Unter Berücksichtigung zweitspracherwerbstheoretischer Erkenntnisse können auch Hypothesen über die linguistischen Kompetenzen erstellt werden. In der Praxis hat sich dabei auch die Verwendung von Wörterbüchern der Muttersprachen, z. B. in Bezug auf die Besonderheiten der Artikulation, als hilfreich erwiesen (Kracht 2000).

kommunikative und sprachliche Fähigkeiten treten in der Beobachtung hervor

In der Beobachtung einer Spielsequenz, die mit Hilfe des Therapeuten gestaltet wird und an der die Mutter oder andere Angehörige teilnehmen, zeigen sich die Entwicklungsschritte, die das Kind schon durchlaufen hat, sowie die Leistungen, die es im Zweitspracherwerb schon vollbracht hat. So können z. B. die Mitteilungsfähigkeit, das Sprachverständnis, der

Wortschatz in der Muttersprache (und auch in der Umweltsprache), der Einsatz von Mimik und Gestik, der Sprachwechsel, das Verhältnis der Sprachen zueinander und basale Grundfertigkeiten beobachtet und eingeschätzt werden (Stalder 1996). Außerdem können Ressourcen des Kindes und seiner Familie sowie die nächsten Entwicklungsstufen deutlich werden.

Um zu einer Einschätzung der beobachteten Situation(en) zu gelangen, müssen wir uns auch bewusst machen, dass die Kinder bereits eine Vielzahl von sprachlichen und kommunikativen Fertigkeiten entwickelt haben, auf die sie beim Erwerb der Umweltsprache zurückgreifen können (Kracht & Welling 1995b). Sie eignen sich die Strukturen der Zweitsprache über eine Lernersprache an, die immer mehr der Umweltsprache und ihrem System angeglichen wird und fallen dabei nicht in eine „Babysprache" zurück (Müller 1985, 110).

Zweisprachige Kinder haben bereits Fähigkeiten entwickelt

Die Beobachtung einer Interaktionssituation kann demnach eine Testung ersetzen, weil der Verlauf der sprachlichen Entwicklung viel genauer nachgezeichnet werden kann, Fördermaßnahmen und Ziele dabei entwickelt werden können und die Dynamik des sprachlichen Erwerbsprozesses anerkannt wird.

Erlangung interkultureller Handlungskompetenz

Zusätzlich wichtig, nicht nur für die Diagnostik, sondern auch für den gesamten therapeutischen Prozess, scheint die „Erlangung interkultureller Handlungskompetenz" (Lengyel 2001, 137) ebenso wie eine gewisse Sensibilität und Einfühlungsvermögen gegenüber ‚dem Anderen' (Wright & Sherrard 1994) sowie das Hinterfragen seiner eigenen Interaktionsformen und Verhaltensweisen als speziell dieser Kultur zugehörig. Wir können uns so bewusst werden, dass wir über das Kind andere, neue Verhaltensweisen kennenlernen, die unseren Erfahrungshorizont erweitern. Nur indem wir uns auf das Kind einlassen und es als eigenständigen, aktiven Kommunikationspartner anerkennen, d.h. also auch uns unbekannte Kommunikationsmuster sensibel erfassen, ist eine Förderung möglich, die einer Persönlichkeitsförderung gleichkommt.

Hinterfragen der eigenen Interaktionsformen und Erweiterung des Erfahrungshorizonts

4 Desiderata

Das bisher genannte Vorgehen erfordert zusätzliche Kompetenzen auf Seiten der Sprachtherapeuten, die sie innerhalb ihrer Ausbildung so nicht erhalten (Kracht et al. 1997; s. Untersuchungsergebnisse in: Lengyel 2001, 109). Dennoch können und müssen die Möglichkeiten, die die Beobachtung eines Interaktionsgeschehens und die Auseinandersetzung mit der individuellen Situation (Familienanamnese, Sprachbiographie) vor dem Hintergrund zweitspracherwerbstheoretischen Wissens bieten, weiter ausgeschöpft werden. M.E. können sie auch zum jetzigen Zeitpunkt dazu führen, sich diagnostischen Einschätzungen in Bezug auf einen sprachtherapeutischen Förderbedarf zweisprachiger Kinder anzunähern. Letztendlich muss das Aufgabengebiet der zweisprachigen Kin-

Notwendigkeit weiterer Forschungen

der auch wissenschaftlich weiter erschlossen werden. Es müssen der notwendige Perspektivenwechsel innerhalb der Theorie und Praxis eingeleitet sowie Begrifflichkeiten (Sprachbehinderung, der zugrunde gelegte Sprachbegriff) neu bestimmt werden, um zweisprachige Kinder nicht von vorne herein auszugrenzen (Kracht 2000; Mertens 1996). Des Weiteren müssen Kriterien erörtert werden, anhand derer geklärt werden kann, wann und unter welchen Bedingungen ein zweisprachiges Kind einer sprachtherapeutischen Förderung bedarf.

Störungen der Redefähigkeit: Stottern

Stephan Baumgartner

1 Sprachheilpädagogische Linie

Seit vielen Jahren sieht die Sprachheilpädagogik die Diagnostik des Stotterns ambivalent. Auf der einen Seite besteht die Notwendigkeit, Stottern zu objektivieren und zu quantifizieren, um damit auch die Effektivität sprachheilpädagogischen Handelns nachzuweisen. Auf der anderen Seite gibt es gerade gegenüber dem Einsatz jener auf Präzision, Zeitstabilität und relativer Konstanz des Sprechproblems ausgerichteter Untersuchungsverfahren erhebliche Einwände, weil man einer komplexen, dynamischen und multidimensionalen Störung wie dem Stottern eben nicht mit diesem Instrumentarium gerecht werden kann und will. Sprachheilpädagogen strebten früh von der „organphysiologischen Sichtverengung" weg zur Analyse eines auch heilpädagogisch besser benutzbaren systemischen, sprachlichen Entwicklungsgeschehen mit individueller Lernvoraussetzung, auf das nur ein funktionales, hypothesengeleitetes und förderndes diagnostisches Handeln die Antwort sein konnte (Baumgartner 1980). Von der kausalen zur systemischen, vom Symptom zur Lebenssituation, von der Schwäche zur Fähigkeit, von der objektiven zur kontrollierten subjektiven „Verstehensdiagnostik" war die Devise (Schoor 2000). „Diagnostische Prozesse haben auch die Aufgabe, subjektive Theorien aller Beteiligten mit einzubeziehen und bereits vorhandene intra- und interindividuelle Fertigkeiten und Fähigkeiten aufzudecken. Auf diese Weise werden die Betroffenen in die Lage versetzt, im Verlauf der Therapie handelnd an der Bewältigung ihres Problems mitzuwirken" (Hansen & Iven 1992, 244). Grundsätzlich war das Interesse an Behandlungsmethoden, die dann auch häufig zufälliger und unspezifischer Natur waren, um ein Vielfaches höher als an einer Diagnostik, die zu einer sorgfältig evaluierten, selektiven (ist die Therapieform für einen spezifischen Klienten geeignet?), differenziellen (sind für einen Klienten spezifische Behandlungsformen notwendig?) oder adaptiven Indikation (flexible Anpassung der Therapie an eine Person, die stottert) führte.

ambivalente Ausgangssituation

Verstehensdiagnostik

Die Zeit ist reif, diagnostische Verfahren sowohl in Form der Eingangsdiagnostik als auch der Prozess-, Ziel- und Erfolgsdiagnostik als integralen Bestandteil stottertherapeutischen Vorgehens zu konzeptualisieren (Bernstein, Ratner & Healey 1999; Conture 2001; Onslow & Packman 1999). Dabei darf die Sprachheilpädagogik als Heilpädagogik im Kontext ihrer Theorien nicht unreflektiert an einer auf das Symptom eingeengten Fokussierung, mangelnder ökologischer Validität, „Zersplitterung ganzheitlicher Phänomene“, Vernachlässigung der Individualität, Fremdverstehen und „subjektiver Situationsdefinition“ vorübergehen (vgl. EBERWEIN 1998, 194). Was auch international zu beobachten ist, gewinnt für die Sprachheilpädagogik mit der Integration quantitativer und qualitativer Methoden an Bedeutung (BAUMGARTNER 2002; MAND 1990; TETNOWSKI & DAMICO 2001). Qualitative Methoden, die z. B. teilnehmende Beobachtung, Interaktions- und Gesprächsanalysen, freie Gespräche, nicht standardisierte Interviews, Fragebogen, Fallanalysen und Therapiedokumentationen umfassen, sollten nicht zuletzt die für die selbstgesteuerte Veränderung der Sprechflüssigkeit so bedeutsamen *persönlichen* Ziele bestimmen. Gibt es noch berechtigte Zweifel, dass die stotternde Person und nicht das Programm das therapeutische Vorgehen festlegt? Wie sonst als mit idiographisch-nomothetischer Methodik kann man endlich auch die Person des Diagnostikers selbst in die Gesamtanalyse einbeziehen? Heilpädagogische Leitlinien für die qualitative Diagnostik von Personen, die stottern, könnten veränderte Fragen (vom „Wie ist es entstanden?“, über das „Was ist?“ zum „Was soll sein?“), neue Perspektiven (Vergangenheit, Gegenwart und Zukunft in der Entwicklung einbeziehen), veränderter Blickwinkel (das Kind in seinen bedeutungsvollen Beziehungen) sowie die Erkenntnis der begrenzten Reichweite diagnostischer Methoden sein (EGGERT 1998, 34).

Integration quantitativer und qualitativer Methoden

2 Prozessdiagnostik

Selbstverständnis adaptiven

Die Prozessdiagnostik spielt besonders im Hinblick auf adaptive Formen der Stottertherapie eine zentrale Rolle. Adaptation“,4>VorgehensAdaptation bedeutet die kontinuierliche Anpassung an die veränderte Problemlage und die situationsbestimmte Feinsteuerung der sprachlichen Interaktion in einer Therapiesequenz. Adaptation ist notwendig, weil nach der Selbstorganisationstheorie (z. B. HAKEN 1998) alle Beteiligten reflexive Subjekte sind, die mit Zielen und Methoden konstruktiv umgehen (BAUMGARTNER 2001, 2002).

Adaptiv regulierte Stottertherapien sind multimethodisch, stark klärungs- und kommunikationsorientiert. Durch klärungs- und ressourcenorientierte Intervention angeregt, lässt das stotternde Kind erst in der Interaktion mit dem Sprachheilpädagogen oder seinen Bezugspersonen Ziele, die bedeutsam und die mit allen gemeinsam zu formulieren sind, erkennen. In der Folge müssen die Beteiligten die komplexe Problemlage erst nach und nach herausarbeiten, um gemeinsame Therapieziele zu klären, zu formulieren und zu elaborieren. Immer wieder überprüft die Prozessdiagnostik die Kohärenz einzelner Ziele im Zielsystem. Die fortlaufende Ausdifferenzierung der sprachtherapeutischen Ziele, die fortlaufende Explizierung lebendiger, klarer und konkreter Vorstellungen von dem, was sich aus der Diagnose ergibt, setzt saliente Wegmarkierungen für die betroffenen Personen.

sprachtherapeutische Ziele

Die Besonderheiten des kindlichen Stotterns liegen darin, dass viele therapierelevante Klientenmerkmale sich überhaupt erst im Verlauf der Therapie selbst sicher erfassen lassen.

Beziehungsgestaltung und Bearbeitung der sprachlichen und kommunikativen Problemlage und -lösung sind in der realen, fortschreitenden Therapiesituation zu beobachten, außer, man geht von vorneherein geschlossen monomethodisch und therapeutenzentriert, wie bei einigen Varianten des Fluency Shapings, vor.
Phasen der Identifikation, wie sie in der Therapie nach van Riper auch bei jungen Kindern eingebaut werden, sind ein seit vielen Jahren bewährtes Prozedere mit prozessdiagnostischen Elementen. Über ein ganzheitliches Verständnis vom Spracherwerb identifizieren Kind und Therapeut nach und nach alters- und störungsangemessen Verhaltens- und Erlebensdefizite sowie ein Fähigkeitsprofil zur besseren Bewältigung der Sprechflüssigkeit im Kontext von „Ich und mein Stottern" (Baumgartner 1999). Nach und nach erstellen Sprachheilpädagogen im Verlauf der Behandlung ein zunehmend präziseres sowie valideres Modell des stotternden Kindes und seiner Interaktionen und helfen ihm bei der Bewältigung flüssigen Sprechens, bei der Klärung von Motiven, Zielen und Einstellungen.

Fähigkeitsprofil

Die Modelle des Sprachheilpädagogen ändern sich, das Problembewusstsein und die Bewältigungsstrategien der Eltern und des Kindes ändern sich. Somit hat die Diagnostik die Aufgabe, therapeutische Vorgehensweisen an die sich entwickelnden Fähigkeiten des Kindes und seiner Umwelt anzupassen. Durch kontinuierliche Beobachtung und Analyse wird der Erwerb der Sprechflüssigkeit jetzt sinnvoll und gezielt gefördert. Diagnostische Daten über die Nützlichkeit der Therapie und über Entscheidungen, inwieweit man den gesetzten Zielen näher gekommen ist, kommunizieren die Beteiligten. Mit der Verlaufskontrolle als Element der Prozessdiagnostik stellen sie fest, inwieweit Kind und Familie von den gezielten Maßnahmen profitieren, wie zufrieden sie damit sind, oder in welche Richtung die Maßnahme zu modifizieren ist (Baumgartner & Giel 2000).

Verlaufskontrolle

3 Zieldiagnostik

Weil das stotternde Kind und seine Familie viele Wünsche und Anliegen haben, sollten Sprachheilpädagogen eine Zieldiagnostik betreiben, die verschiedene Zielebenen (kurzfristige und langfristige Ziele, Lebensziele, persönliche und therapeutische Ziele) zusammenführt. Eine auf die Sprechflüssigkeit reduzierte Statusdiagnostik würde nicht nur den Modellvorstellungen zum Stottern widersprechen, sondern auch der hierarchisierten Struktur zielorientierten menschlichen Handelns. Therapieziele sind eingebundener Teil eines Zielsystems mit u.a. persönlichen Zielen und Lebenszielen. Persönliche Ziele konkretisieren Pläne und situationsspezifische Handlungen. Persönliche Ziele verleihen dem Handeln Struktur und Bedeutung. Sie steuern, was man im Alltag konkret dafür tut, seine langfristigen Ziele zu erreichen. Streben nach persönlichen Zielen korreliert hoch mit Wohlbefinden. Hingegen beschreiben Lebensziele langfristig, stabil und konsistent, „was eine Person zukünftig in ihrem Leben erreichen will" (PÖHLMANN et al. 2001, 205).

Zielformulierungen als gemeinsamer Prozess

Die Diagnostik trägt ihren Teil zur Formulierung von Therapiezielen als „gerichtete Veränderungen" der Sprechflüssigkeit bei. Die beteiligten Personen vereinbaren mit dem Sprachheilpädagogen persönliche Ziele als Resultat ihres gemeinsamen diagnostischen Wissens. Dadurch steigen Selbstwirksamkeits- und Eigenerfolgserwartungen. Die Klarheit der Zielformulierung verbessert die Erfolgsprognose. *Kommunizierte* Therapieziele zu erarbeiten, ist um einiges anspruchsvoller, als die Übernahme methodischer Therapieziele, die vom jeweiligen Methoden-Know-how des Sprachheilpädagogen abhängen (vgl. HOLTFORTH 2001). Kommunizierte Therapieziele motivieren zur aktiven Mitarbeit und zur Entwicklung eigener sprachlicher Interaktionsstrategien. Sie stellen Focus und Orientierung in der kommunikativ und somit sehr lebendig angelegten Sprachtherapie dar.

4 Modellgeleitete diagnostische Hypothesenbildung

Von ihrem systemischen und konstruktivistischen Selbstverständnis her benötigt die Sprachheilpädagogik ein polyfaktorielles, integratives und dynamisches Modell des Stotterns. Dieses Selbstverständnis teilt sie in weitgehender Übereinstimmung mit der internationalen Stotterforschung (z. B. CONTURE 2001; GOTTWALD & DIETRICH 2000). Polyfaktorielle Modelle beschreiben verschiedene, interagierende Faktoren mit oder ohne stärkerer Wertung eines neurophysiologischen/neuromotorischen Faktors im Verbund der anderen (BLOOM UND COOPERMAN 1999; DE NIL 1999; RUSTIN & COOK 1999; STARKWEATHER & GOTTWALD 1990 – wieder diskutiert in CURLEE 2000 –; WALL & MEYERS 1995).

Das 5-dimensionale Modell von SUSCA und HEALEY (2000) reflektiert besonders eindrucksvoll sich verändernde, miteinander verwobene kognitive (Verstehen, Wissen, Bewusstsein), linguistische (Sprachfähigkeiten), soziale (wirksame Kommunikation), affektive (Gefühle, Einstellungen, Stimmungen) und motorische (Kontrolle der Sensorik und Motorik der Sprechbewegungen) Kapazitäten, die Stottern zu jedem Zeitpunkt seines Auftretens individualisieren. Wie andere auch, liefert dieses Modell Anhaltspunkte für eine theoriegeleitete diagnostische Hypothesenbildung. Man kann mit seiner Hilfe ein individuelles Profil der sprachlichen und kommunikativen Problemlage der stotternden Person erstellen und in diesem Profil den sprachheilpädagogisch erwünschten Focus auf die Kapazitäten der Person richten. Kontrastiert man z. B. das Fähigkeitsprofil eines stotternden 3-jährigen mit einem 7-jährigen Kind so könnte

individuelle Profilbildung und Ausrichtung auf Kapazitäten

ersteres in den Komponenten Affekt, Kognition und soziale Interaktion unauffällig sein, nicht aber in den Komponenten Motorik und Linguistik. In diesem Fall wäre sich das Kind seines Stottern nicht bewusst, reagiert darauf nicht emotional und ist sozial von seinen Peers akzeptiert. Dagegen sind seine sprachliche Fähigkeiten sowie seine Sprechbewegungskoordination nicht so entwickelt, dass das Kind hiermit die Anforderungen der meisten kommunikativen Situationen sicher bewältigen könnte. Die Sprechflüssigkeit kollabiert bereits unter geringfügig stressenden Sprechbedingungen (ebd., 214). Das ältere Kind hingegen hat seine sprachlichen Fähigkeiten altersgemäß entwickelt, jedoch funktioniert seine Sprechmotorik weiterhin eingeschränkt. Obwohl nicht eindeutig als „auffällig“ zu diagnostizieren, erreichen Selbstbewusstsein, Selbstwertgefühl und Selbstvertrauen das eigentlich zu erwartende Niveau nicht, und auch das mittlerweile ausgeprägte Vermeidungsverhalten schränkt die soziale Interaktionsfähigkeit dieses Kindes ein.
Smith (1999) setzt die Erkenntnislage über das Stottern einprägsam in Analogie zur Tätigkeit von Vulkanen. Konzentriert sich der Diagnostiker auf das sichtbare Stotterereignis (Vulkanerruption), verliert er den Überblick über die Dynamik der Vorgänge, die zum Stottern führen (weit und tief gespannte Bewegungen tektonischer Platten, die die Vulkanaktivität steuern).

Stotterereignisse sind Ergebnis multifaktoriellen Inputs, systemisch organisierter Interaktionen zwischen den motorischen, kognitiven, linguistischen und affektiven Komponenten der Sprachproduktion.

Z. B. muss bei der Wiederholung des Sprechmusters „Babababall“ zu unterschiedlichen Zeitpunkten trotz der Musterähnlichkeit mit unterschiedlichen Interaktionsmodi der Faktoren gerechnet werden, die sein Zustandekommen verursachen. Smith hebt in ihrem Arbeitsmodell die Dysfunktionalität der Sprechmotorik als „Herzstück“ jeglicher Stottervariante hervor. Ob kognitiver (Gedächtnis), linguistischer (syntaktische Komplexität) oder emotionaler (Sprechangst) Faktor: alle drei sind (hypothetisch) direkt oder indirekt mit sprechmotorischen Abläufen verbunden. Der Output des sprechmotorischen Systems bewegt sich, abhängig von der Aktivität der genannten Faktoren, von Sprechmoment zu Sprechmoment auf einem Kontinuum zwischen Instabilität und Stabilität. Instabilität bewirkt den augenblicklichen Zusammenbruch des sprechmotorischen Systems, und die Person stottert. Im Einzelfall ist diagnostisch zu prüfen, unter welchen Bedingungen diese Variablen den sprechmotorischen Prozess so schwächen, dass Stottern die Folge ist.

Bedeutung der Sprechmotorik

In der Analogie zur Vulkantätigkeit ist Stottern mehr als beeindruckender Rauch. Es setzt – und das muss diagnostisches Handeln leiten – bereits vor dem sichtbar/ fühlbar/ hörbaren Sprechereignis ein (z. B. Hirnaktivität, Wechsel der Atmungstätigkeit, phonologische Enkodierung) und ist damit auch noch nicht beendet (z. B. interne Bewertungen, externe Reaktionen). Stotterereignisse sind im Sprechfluss keine „Inseln“ mit klaren Konturen. Es gibt weder eine Milli- noch Nanosekunde, die Anfang oder

Ende des Stotterns markiert wie den Beginn oder das Ende der vulkanischen Eruption (ebd., 30).

Bedeutung der familiären Umwelt

Besonderes Gewicht fällt in der Mehrzahl der Modelle dem Faktor „familiäre Umwelt“ zu. Die Bedeutung der Familie für den Erwerb von Sprache und Sprechflüssigkeit ist unbestritten (Grimm 2000). Der Einfluss des sprachlichen Inputs der Eltern wird in der Diagnostik systematisch in den Variablen: Intonationsmuster, Satzlänge, Satzkomplexität, semantische Komplexität, Turn-taking, Unterbrechung, tägliche gemeinsame Dialogzeit, Direktivität, kritische Kontrolle der kindlichen Äußerung sowie Sprechgeschwindigkeit untersucht (z. B. Baumgartner 1999b; Bloodstein 1995; Gottwald & Starkweather 1999). Neben den negativen nehmen besonders die positiven Lernerfahrungen auf den Erwerb der Unflüssigkeit Einfluss. Man denke nur an die natürlichen emotionalen und kognitiven Anstrengungen des Kindes im Spiel, in Konfliktlösungen, während sozialer Verhandlungen, als Ergebnis des Übereifers beim Erlernen neuer Techniken oder der selbstinitiierten Überforderung auf einer Geburtstagsparty (Schwartz 1998, 10).

> In mehrdimensionalen Modellen bringt jedes stotternde Kind ein einzigartiges Set an Fähigkeiten flüssig zu sprechen ein, und erst die Interaktion dieser Fähigkeiten mit den Gegebenheiten der kommunizierenden Umwelt bestimmen Auftreten und Entwicklung der Flüssigkeit. Diagnostische Aufgabe ist die Aufdeckung der Art und Weise, wie die individuelle Sprechpotenz des Kindes mit spezifischen Merkmalen der kommunizierenden Umwelt interagiert (ebd. 1998, 8).

Anders als mit polyfaktoriellen Modellen können Sprachheilpädagogen Individualität, Dynamik und Variabilität des Stotterns nicht vorläufig erklären, vor allem nicht die sehr schnellen Moment-zu-Moment-Veränderungen der Sprechflüssigkeit, den Beginn und das Ende eines Stottereignisses. Der Geschwindigkeit und Variabilität von Anfang und Ende des Oberflächenereignisses „Stottern“, liegen kausale Prozesse, die zugleich schnell, variabel und dynamisch interaktiv wirken, zugrunde (Conture 2001, 29). Dazu gehören Auslöser wie syntaktisches Enkodieren, lexikalisches Selegieren, Speichern und Abrufen, phonologisches Enkodieren und die artikulatorische Exekution.

diagnostische Konsequenzen

Mehrdimensionale Modelle repräsentieren Wissen, das von einem holographisch arbeitenden Sprachgehirn ausgeht, von der Vernetztheit des Sprachproduktionssystems als strukturiertem Ganzen. Eine diagnostische Konsequenz wäre, nicht ein Element, z. B. der Häufigkeit des Stotterns besonders präzise zu diagnostizieren, sondern die für das Ingangsetzen des Erwerbs der Sprechflüssigkeit jeweils günstigste Stelle herauszufiltern. Therapeutische Anstöße an dieser Stelle lösen Veränderungen an anderen aus.

5 Zum Gegenstand diagnostischer Evaluation

Nach Dekaden der Forschung und der Diskussion gibt es immer noch keine Übereinkunft, wie Stottern beschreibbar, identifizierbar und kategorisierbar ist (Packman & Onslow 1999). Ein Grund liegt in der Schwierigkeit festzumachen, was überhaupt „Sprechflüssigkeit" ist (Baumgartner 1999). So verwundert das Fehlen einer universal akzeptierten Definition des Stotterns keineswegs: „Personen, die persistent, vorhersagbar und konsistent Stottern in sprachlichen Interaktionen produzieren, können wahrscheinlich als Personen, die stottern bezeichnet werden" (Conture 2001, 58; vgl. Bakker 1999, 186). Manche Definitionen spezifizieren quantitative Kriterien, andere nicht.

Meistens reduziert man Stottern zur besseren Objektivierung auf die Ebene des Sprechverhaltens, um dieses dann anhand der Merkmale Frequenz, Dauer und Stärke zu diagnostizieren. Die Zuverlässigkeit der Diagnose steigt erst mit der Feststellung von Mitbewegungen, sichtbaren muskulären Anstrengungen sowie kognitiver Besorgtheit und emotionalem Unbehagen. Allerdings wird schon wieder in den Dimensionen Vermeidungsverhalten, emotionale und kognitive Unsicherheit, verbunden mit geringer Selbstakzeptanz die Objektivität der Diagnose geringer (Hegde 1996, 380f.).

Kontinuum der Sprechflüssigkeit

Auf dem Kontinuum von flüssig zu unflüssig und gestottert zu unflüssig besteht grundsätzlich Schwierigkeit kategoriale Grenzen zu fixieren. Ist z. B. eine Prolongation zuverlässig und valide zu messen? Lautverlängerungen unterhalb der 300msec Grenze werden selten als Stottern, häufiger als kurzes „Hängen bleiben" wahrgenommen. Bei wie viel msec kann die Dauer der Stopphase bei der Plosivproduktion als typisch oder auffällig gelten? Sind 60msec oder auch 100msec normal? Zuhörer bemerken bei 200msec durchaus übereinstimmend eine kurze Lautprolongation und fällen bei einem Stop von 150msec das Urteil „flüssig", obwohl eine Dauer von 60msec typisch wäre (Conture 2001, 11). Sind Silbenwiederholungen oder die Wiederholung einsilbiger Wörter bei entsprechender Auftretenshäufigkeit Stottern oder nicht? Was die einen bestätigen, bezeichnen andere als Ausdruck einer expressiven Sprachverzögerung (Packman & Onslow 1999, 4). Aus Mangel an adäquaten Normen für Sprechunflüssigkeiten schlägt z. B. Conture (2001, 79) vor, dass „wahrscheinlich ein Sprechflüssigkeitsproblem vorliegt", wenn durchschnittlich 3 oder mehr Unflüssigkeiten innerhalb eines Wortes pro 100 Wörter bezogen auf Sprechsituationen unterschiedlichen Schweregrades produziert werden.

Über die Jahre sind grundlegende Klassifikationsaspekte relativ stabil geblieben (Bloodstein 1995). Melnick & Conture (2000, 26f.) begrenzen Stottern deutlich auf Unflüssigkeiten *innerhalb* eines Wortes und unterscheiden es von Unflüssigkeiten *zwischen* Wörtern. Sind Äußerungen eine Kette von Wörtern, die a) eine Idee mitteilen, b) von Pausen begrenzt sind und c) durch eine Intonationskontur verbunden werden, dann sind Merkmale gestotterter Äußerungen:

- Laut- und Silbenwiederholungen,
- Wiederholungen ganzer monosilbiger Wörter,
- hörbare Lautprolongationen und
- gespannte Pausen oder Blockaden während der Äußerung eines Wortes, am Äußerungsbeginn bzw. -ende (auch als nicht hörbare Prolongationen bezeichnet; vgl. Conture 2001, 82f.; Yaruss et al. 1999).

Melnick & Conture definieren als Unflüssigkeiten zwischen Wörtern:

- Interjektionen,
- Wiederholungen ganzer, polysilbiger Wörter und
- Wiederholungen von Phrasen, die vollständig aus ganzen Wörter bestehen.

Anderson & Conture (2000) präzisieren Kriterien, die stotternde von nichtstotternden Kindern unterscheiden:

- 3 oder mehr Unflüssigkeiten im Wort (Laut-/Silbenwiederholungen, Lautverlängerungen, Blockaden) und/oder Wiederholungen einsilbiger Wörter pro 100 Wörter,
- eine Punktzahl von 11 oder mehr auf dem Stuttering Severity Instrument-3 (Riley 1994), zudem
- Eltern, die über das Stottern ihres Kindes besorgt sind oder die glauben, ihr Kind stottere oder könnte sich zu einem Kind, das stottert, entwickeln.

Probleme der Diagnostik

Abschließend bleibt festzuhalten, dass Stottern bei Kindern als fluktuierendes, variierendes Sprechverhalten auftritt. Das erschwert Sprachheilpädagogen ein repräsentatives Urteil über das Symptom. Sie müssen von einer Instabilität in der Übereinstimmung der Urteile der Umwelt, des Therapeuten sowie des betroffenen Kindes ausgehen und sie haben zu lernen, mit Unsicherheiten in der Urteilsbildung umzugehen (vgl. Yaruss 1997). Wenn es um die Entscheidung geht, ob ein Stotterereignis vorliegt, wie seine Frequenz oder der Ort seines Erscheinens ist, muss also die Fähigkeit der das Stottern beurteilenden Person in die Evaluation eingehen (Yaruss et al. 1998).

Relativität der Abgrenzung

Von sprachheilpädagogischer Seite gibt es keinen Zweifel: „Stottern“ und „Stotterer“ sind relative Begriffe. Die Entscheidung, ob jemand stottert und behandlungsbedürftig ist oder nicht, ist relational zu dem betroffenen Kind, seiner Entwicklung und den Haltungen, Gefühlen und Glaubenssätzen seiner Familie (vgl. Conture 2001, 58). Stottern bezieht sich grundsätzlich immer nur auf eine bestimmte Person und auf die Einzigartigkeit ihres sprachlichen und kommunikativen Lernens. Sprachheilpädagogen denken „Person“ als „autopoetisches Integral“ , das sich in seiner Entfaltung als „integrales Gefüge von Erlebens-, Denk-, Handlungs- und Präsentationsweisen“ zeigt (Antor & Bleidick 2001, 166).

6 Kann man Stottern und seine Veränderung messen?

Die Person, die stottert, entzieht sich einer allumfassenden Messbarkeit im naturwissenschaftlichen Sinn. Stottern nach wissenschaftlichen Kriterien sicher zu erfassen verhindern:

- verdeckte, von außen nicht direkt beobachtbare Ereignisse in der Person,
- nicht messbare Einflüsse (z. B. die kommunikative Sicherheit, die die Familie dem Kind vermittelt),
- selbstreferenzielles Lernen ("Stottern erzeugt Stottern", individuelle Reaktionen des Kindes auf Reaktionen der Eltern auf Reaktionen des Kindes,
- die hohe Komplexität des Stotterns,
- seine Nonlinearität, Mehrdimensionaliät und Dynamik (BAUMGARTNER 2002, SMITH 1999; STARKWEATHER 1999).

Was man nicht sehen und messen kann, ist für den Erwerb der Sprechflüssigkeit auch wichtig. Das Bewusstwerden und Akzeptieren von Gefühlen, Gedanken, Wahrnehmungen und Einstellungen im diagnostisch-therapeutischen Prozess setzt Veränderungen sichtbarer Aspekte des Stotterverhaltens ingang. „Die nicht zu beobachtbaren Ereignisse scheinen größere Bedeutung zu haben als die beobachtbaren" (STARKWEATHER 1999, 238). Je mehr man sich folglich auf das Sichtbare, etwa bei der Quantifizierung von Stotterereignissen konzentriert, desto wahrscheinlicher erhält der Diagnostiker triviale Informationen. Diagnostik muss im Sinne des Objektiven unwissenschaftlich werden, wo es um individuelle und persönliche Variablen geht (ebd., 231). Es ist die qualitative Diagnostik, die über die Tatsache, *dass* ein Lernzuwachs messbar ist, hinausgeht und Aussagen vornimmt, *wie* die betreffende Person ihr Sprechflüssigkeit erwirbt (TETNOWSKI & DAMICO 2001, 22). In der Dimension des Qualitativen reflektiert Diagnostik Stottern als persönliches Ereignis, das auch introspektiv aus der Erfahrung sehr subjektiver Verarbeitungs- und Konstruktionsprozesse zu erschließen ist.

sichtbare und nicht beobachtbare Ereignisse

qualitative Diagnostik

Diagnostik muss sich der Frage nach der grundsätzlichen Fremd- und Selbstkontrolle des Stotterns stellen. Umso mehr, als linguistische Erkenntnisse auf eine Sprachproduktion verweisen, die auf den Ebenen des phonologischen sowie artikulatorischen Programmierens und Exekutierens automatisch und halbautomatisch verläuft (vgl. BAUMGARTNER 1999). Die Wiederherstellung der Sprechflüssigkeit ist ganz im Sinne der Selbstheilung ein selbstgesteuerter Prozess mit vielen Variablen. Augenfälligster Beweis sind die so genannten spontanen Remissionen – treffender ist der Begriff der natürlichen Selbstheilung ("unaided recovery" oder „natural recovery" (BAUMGARTNER 2002; GRINAGER AMBROSE & YAIRI 1999a) –, von denen immerhin bis zu 80 % der jungen stotternden Kinder betroffen zu sein scheinen.

natürliche Selbstheilung

> Die Frage nach einer sprachheilpädagogisch erwünschten Diagnostik ist auch eine Frage an die Art und Weise der Behandlung. Geht es primär um die Modifikation des Stotterverhaltens oder um die selbstinitiierte Wiederherstellung der Sprechflüssigkeit im Sinne der Heilung ("recovery")?

Modifikation versus Heilung

Modifikation ist primär fremdgesteuert, Heilung stärker selbstgesteuert mit Eigenverantwortung für die Zielsetzung, die Auswahl der Methoden und das Erreichen der Ziele. Anders als Modifikation setzt Heilung Kommunikation über die Symptomatik, die Ursachen, die Ziele, die Ressourcen und die Behandlungseffekte voraus. Heilung ist ein offener, voranschreitender Prozess, Modifikation hat einen Anfang, eine Mitte, ein Ende und sie hat im Gegensatz zur Heilung möglichst präzise vorgegebene Kriterien für das Behandlungsende. *Die Person, die stottert*, erlaubt, ob die Selbstheilung vorangeht oder nicht. *Sie* evaluiert das Ergebnis therapeutisch initiierter Handlung (STARKWEATHER 1999, 243). *Sie* ist die finale Autorität und nicht die Methode, noch der Sprachheilpädagoge. Diagnostische Handlungen, die eine Selbstheilung aktivieren, überprüfen fortlaufend kommunikative Erfahrungen, Veränderungen der Selbst- und Fremdwahrnehmung, Gefühlserleben, Einstellungen zum Stottern und zur Sprechfähigkeit. Sie gewähren fortlaufend, bei Minimierung der Entwicklung von Störungsbewusstsein, heilungsfördernde Einsichten in Vermeidungstechniken, Möglichkeiten der Selbstverantwortungsübernahme und zudem ein lösungsorientiertes Neudefinieren der sprachlichen und kommunikativen Stärken.

7 Prädiktoren

Risikofaktoren

Bis heute haben Längsschnittstudien nicht sicher einzelne Prädiktoren für den chronischen Verlauf des Stotterns identifizieren können. Stottern in der Familie, eingeschränkte phonologische Fähigkeiten, hohes Störungsbewusstsein kombiniert mit großer Besorgtheit der Eltern und die Produktion von Unflüssigkeiten über einen längeren Zeitraum (1 Jahr und länger) gelten als Risikofaktoren (SCHWARTZ 1998, 46; vgl. NATKE 2000, 53 f.).

Dank eines speziellen Computerprogramms (Artifical Neural Network) konnten kürzlich GEETHA et al. (2000) mit erheblichen Aufwand und mit 92 prozentiger Treffsicherheit Prädiktoren für normale und gestotterte Unflüssigkeiten objektivieren:

- Es traten eindeutig Typen von Unflüssigkeiten, die nur bei stotternden Kindern zu beobachten waren, nämlich Prolongationen und Blockaden auf. Laut- und Silbenwiederholungen produzierte auch die Kontrollgruppe, aber Frequenz, Anzahl der wiederholten Silben, Produktion des Schwa-Lautes und Geschwindigkeit der Wiederholungen unter-

schieden beide Gruppen signifikant. Hörbare und nicht hörbare Pausen waren gemeinsames Sprechmerkmal beider Gruppen.
- Die Häufigkeiten der Unflüssigkeiten unterschieden sich. Produzierten unauffällige Kinder 2–3 % ihrer Äußerungen unflüssig (Laut-/Silbenwiederholungen und Prolongationen), waren es 3–30 % bei den stotternden Kindern (10 % in der Mehrzahl).
- Dauer der Unflüssigkeiten: Die Kontrollgruppe äußerte die Unflüssigkeiten fließend, während die stotternden Kinder dafür 0,5–60 sec (die Mehrzahl 2–9 sec) benötigte.
- Sichtbare Mitbewegungen gab es nur in der Experimentalgruppe.
- Sprechrate: Bei 60–70 % der stotternden Kinder lag eine erhöhte Sprechrate bezogen auf mehrere Sprechsituationen vor.
- Die Variabilität der Art und Schwere der Symptomatik war erheblich.
- Einstellungen gegenüber sich selbst und anderen Personen waren in der Gruppe der stotternden Kinder um ein Vielfaches problematischer und entwicklungshemmender als bei nicht stotternden.
- Die stotternden Kinder produzierten signifikant mehr zusätzliche sprachliche Auffälligkeiten, wobei fast 80 % der jüngeren stotternden Kinder davon betroffen waren.

Indikatoren für den Therapiebeginn

Für CONTURE (2001, 122) ist „typischerweise“ mit der Therapie dann zu beginnen, wenn:

- die Anzahl der Unflüssigkeiten 10 % übersteigt,
- hörbare und nichthörbare Lautprolongationen mehr als 30 % aller Unflüssigkeiten im Wort ausmachen,
- der Score auf der Stuttering Severity Scale 19 (Riley 94) oder mehr beträgt,
- 17 oder mehr Punkte auf dem Stuttering Prediction Instrument (Riley 1981) erreicht werden,
- auffällige Augen(-lid)bewegungen während des Stotterns zu beobachten sind,
- das Kind Stottercluster zeigt, d.h. mehrere Stotterereignisse hintereinander auftreten (“Mamamam k-k-kann ich zum Markus gehen?“), besonders, wenn diese Cluster 25 % oder mehr der Unflüssigkeiten ausmachen,
- das Stottern seit mehr als 18 Monaten auftritt (vgl. YARUSS, LASALLE & CONTURE 1998).

8 Effektivität und Erfolg

Placeboeffekte

Die Präzision, mit der Therapie fachsprachlich analysiert, Therapieziele expliziert, Kriterien der Zielerreichung formuliert, Auftrag und Problemlösungen kontinuierlich protokolliert, theroriebezogen reflektiert und der Therapieabschluss dokumentiert wird, geht als Kriterium in die Qualität einer Therapie ein. Professionelle Diagnostik liefert Daten, die die Überlegenheit gekonnt angewandter Therapieverfahren gegenüber unspezifischen Verfahren mit u.U. Placeboeffekten belegen. Auch der Praktiker dürfte, eben weil die Rate der natürlichen Heilung so hoch ist, erhebliches Interesse an der Beantwortung der Fragen:

- Ist die Behandlung effektiver als eine natürliche Heilung?
- Hat die Behandlung einen Einfluss auf die natürliche Heilung?
  im Rahmen seiner Evaluation haben (Baumgartner & Giel 2000).

Messbar ist Erfolg in der Behandlung des Stotterns bei Kindern therapieübergreifend, therapiespezifisch und störungsübergreifend. Therapieübergreifend fehlen im deutschsprachigen Raum immer noch solide standardisierte Instrumentarien, die Therapieergebnisse sinnvoll vergleichbar machen (Oertle et al. 2001). Das betrifft sowohl objektive wie subjektive Maße. Störungsspezifisch führt man z. B. die immer wieder gleiche Messung der Sprechflüssigkeit vor (Ausgangszustand), während (Zwischenmessung), unmittelbar nach der Therapie (post-Messung) und einige Zeit nach der Therapie (Katamnesemessung) aus.

Therapieziele als Voraussetzung der Qualitätssicherung

Zunehmend wichtiger wird im Rahmen der Qualitätssicherung die Formulierung von Therapiezielen für die individualisierte Prozess- und Erfolgsmessung (Therapiezielskalierung; vgl. Goal Attainment Scaling, GAS, Kiresuk et al. 1994). Therapieerfolg heißt jetzt, dass für jedes stotternde Kind a) die Veränderungsbereiche benannt und konkret formuliert werden und b) woran zu erkennen ist, dass der gewünschte Endzustand erreicht wurde. Individuelles Erfolgsmaß sind die *Grade* der Zielerreichung.

Kriterien für eine erfolgreiche Behandlung

Heute gelten als Kriterien für eine erfolgreiche, datenbasierte Behandlung des Stotterns (Blood & Conture 1997; Bloodstein 1995; Costello Ingham & Riley 1998; Ingham & Cordes 1999; Packman & Onslow 1999):

- die Ergebnisse müssen mit zuverlässigen und objektiven Daten wie der Reduktion der Stotterhäufigkeit belegt werden,
- den Erfolg bestätigen erst wiederholte Messungen und ausreichend umfangreiche Spontansprechproben,
- Verbesserungen müssen außerhalb der Therapie in realistischen Alltagssituationen nachgewiesen werden,
- die Stabilität des Erfolgs geht erst aus Langzeitbeobachtungen hervor,
- die sprachlichen Äußerungen der behandelten Person sind vom Gesprächspartner als natürlich und spontan zu bewerten,
- die behandelte Person sollte ohne ständige Selbstkontrolle und -beobachtung sprechen können.

1993 schlug Curlee, die Forderungen der WHO berücksichtigend, eine solide Evaluation vor, deren Gültigkeit bis heute nicht bezweifelt wird. Entsprechend misst man die Stotterfrequenz, die Dauer der typischen und längsten Stotterereignisse, die Länge stotterfreier Äußerungen, die Sprechgeschwindigkeit und beurteilt die Natürlichkeit des Sprechens. In Anbetracht der Komplexität des Stotterns ergänzen den diagnostischen Befund:

- die Einstellung des Klienten zur Störung,
- sein allgemeines Wohlbefinden,
- seine Lebensqualität insgesamt und schließlich
- seine soziale und kommunikative Interaktionsfähigkeit und -willigkeit.

Somit wäre grundsätzlich nicht nur Erfolg über Vorhandensein und Nichtvorhandensein gestotterter Unflüssigkeiten zu definieren, sondern auch über qualitative Aspekte wie den selbstbewussteren Umgang mit dem Reststottern, die Zunahme positiver Selbstwertgefühle gegenüber der eigenen sprachlichen Leistung oder die Selbstbehauptung in kommunikativen Problemlagen. Das Behandlungsergebnis sollte funktional im Hinblick auf die Alltagskommunikation sein: die Fähigkeit des Kindes, in verschiedenen Situationen erfolgreich zu kommunizieren.

Umgang mit dem Reststottern

Was auf den ersten Blick vielleicht schon plausibel erscheint, darf nicht darüber hinweg täuschen, wie wenig eindeutig die Effizienz von Behandlungen nach bestimmten Methoden ist (CORDES 1998). Das wird sich solange nicht ändern, als der Dissenz über Therapieziele und Stotterdefinitionen weiterbesteht. Aus der Reanalyse wichtiger Therapiestudien der letzten Jahre heraus kritisierten INGHAM und CORDES (1999) die Erfolgsmeldungen so mancher Datenhardliner. Kaum eine der Studien war wirklich datentauglich und konnte den Beweis der Effektivität antreten.

Die Gefahr besteht, dass Evaluationen sich zu häufig ausschließlich beobachtbarer Sprecherereignisse und wenig umfangreicher Sprechproben bedienen. Effektivitätsnachweise einzelner Methoden beruhen dann auf einem statistisch gesicherten Vergleich ausschließlich eben dieser quantitativen Daten (EICHSTÄTT et al. 1998). Selbst in den USA, in denen die publikationsfreudige Phalanx der Postbehavioristen des Fluency Shapings am liebsten nach dem McDonald Slogan: „One Taste Worldwide" therapeutischen Einheitsbrei vermarkten würden, nimmt der Widerstand gegen die Messbarkeit und Pseudoobjektivierung der Diagnostik zu. Erfolgreiche Therapiepraxis ist mit Zahlen allein nicht belegbar. Schnelle, billige und kalkulierbare Sprachtherapie braucht Technologie, Empirismus, Ordnung und Effizienz. Das sind Werte, über die man in Deutschland immer schon allein deswegen gestritten hat, weil mit ihnen häufig ein fanatisches Bekenntnis zur Uniformiertheit und Konformität verbunden war und ist (BAUMGARTNER 1998b; BAUMGARTNER 2002; COOPER 1999).

Pseudoobjektivierung

9 Statusdiagnostik

> Die Statusdiagnostik umfasst als Eingangsdiagnostik
> - die Vorerhebung (Johannsen & Johannsen 1998; Schwartz 1998; Gottwald & Starkweather 1999),
> - die umfassende Problem- und Ressourcenanalyse,
> - die standardisierte und nicht standardisierte Diagnose der Sprach-, Sprech- und Kommunikationsfähigkeit,
> - die Analyse der Art und des Umfangs weiterer, mit dem Stottern interagierender Auffälligkeiten (vor allem Mitbewegungen als zuverlässiger Prädiktor; Emotionalität; Kognition; Aufmerksamkeitsdefizite und Hyperaktivität; neuromotorische Fähigkeiten) und schließlich
> - die Dokumentation, die Hypothesen sowie die Interpretation aller Daten (Conture 2001; Ham 2000 ; Schwartz 1998).

Interviews

Interviews leiten die Betroffenen und haben das Ziel, nützliches und zuverlässiges Wissen über die Problemlage zu erinnern (Haynes & Pindzola 1998). Ihre psychologische Dimension ist es u.a., Zuversicht zu verbreiten und Selbsthilfebemühungen zu unterstützen (Conture 2001, 66). Zentral sind das Verstehen des Problems und seine Wahrnehmung aus der Perspektive der Betroffenen. Interviews sind personenorientiert zu führen. Lösungsorientierte, konstruktive „W-Fragen“ (Fragen, die mit einem „W“ beginnen – Wo, Wer, Wie, Was, Woran) fördern innere Suchprozesse (Rustin et al. 1997; Rustin & Botterill 2000; Silverman 1996; Peters & Guitar 1991).

9.1 Umfassende Problemanalyse

Gegenüber der Prozessdiagnostik spielt die Statusdiagnostik vor Therapiebeginn nach wie vor eine zentrale Rolle (z. B. Ham 2000; Hedge 1996; Johannsen & Schulze 1993). Sprachheilpädagogen werden ihre Eingangsdiagnostik als umfassende Problem- und Ressourcenanalyse theoriegeleitet anlegen. Sie richten ihr Interesse auf den kontextuellen Charakter der sprachlichen und kommunikativen Problemlage und deren Lösung (Baumgartner 1999; Iven 2000). Sie verstehen Stottern und seine positive Veränderung heilpädagogisch als gemeinsames Problem aller Beteiligten. Erstkontakt, Vorerhebung, Interviews, standardisierte und nichtstandardisierte Diagnose sowie die fortlaufende Problemanalyse beziehen sie vernetzt auf die Nutzerperspektive des Kindes, die Analyse des unterstützenden sozialen Systems sowie auf ihre Person selbst, die sich in den diagnostischen Prozess einbezieht. Es ist selbstverständliche diagnostische Aufgabe, das eigene berufsspezifische Können, die Grenzen eigener diagnostischer und therapeutischer Fähigkeiten, die reflexiven Verweise auf die eigene Position (*ich* weiß, *ich* glaube, *ich*

kontextueller Charakter der sprachlichen Problemlage

verstehe) als Selbstbeforschung offenzulegen (Baumgartner 2000; Dodd 2000).
Die Sensitivität des Sprachheilpädagogen für komplexe Problemlagen ist diagnostisches Thema, sein Verständnis für das nicht Sehbare und Hörbare, für die unausgesprochenen Gefühle und Ideen. Kann er als Diagnostiker die gerade bei stotternden Kindern so schnell wechselnden Interaktionen in der Therapie richtig „lesen" und sein Handeln optimal an die Veränderungen adaptieren? Verstärkt er, so gut es geht, glaubt er an die Veränderungswilligkeit der Betroffenen, zeigt er uneingeschränkte Zuwendung, benutzt er seine umfangreiche Methodenkenntnis (Conture 2001, 385)? In der Perspektive des gemeinsamen Problems wird es der Sprachheilpädagoge sein, der die Kommunikation über die Symptomatik der stotternden Person, die Ursachen der Störung ihrer Sprechflüssigkeit sowie die Ziele und die Effekte der Behandlung anregt.

Aufdeckung von Selbsthilfe und Lösungswegen

Die heilpädagogisch angelegte Problemanalyse dient des weiteren der Aufdeckung von Selbsthilfe und Lösungswegen, von Kooperation, Verweigerung und Kontrolle, insbesondere von Ressourcen. „Knüpft ein entsprechendes therapeutisches Vorgehen an den bestehenden intrapersonalen, interpersonellen und externen Möglichkeiten der Person an" (Willutzki 2000, zit. Koban und Willutzki 2001, 227), muss Diagnostik alles offenlegen, was nicht unter Pathologieverdacht steht und was zur Entwicklung positiver Perspektiven geeignet erscheint. Für die diagnostische Bestimmung, *was* in der Therapie verändert werden soll, sind die mit dem Stottern des Kindes verbundenen Probleme maßgeblich. Für die diagnostische Frage, *wie* diese Probleme am besten verändert werden können, sind die Ressourcen wichtiger. Ressourcenanalyse trägt ihren Teil zu einer tragfähigen „Pull-Motivation" , als „vorwärtsgerichtetem Entwurf von Perspektiven und eigenen Projekten" bei (Koban & Willutzki 2001, 226). Sie klärt, ob eher hohes Autonomiestreben und damit Zielformulierungen in weniger direktiven Vermittlungsformen angebrachter sein werden, oder ob das Kind stärker der Fähigkeit vertraut, sich führen und anleiten zu lassen und von daher wohl eher von direktiveren Verfahren profitieren wird.

bilinguale Überforderung

Es gilt als empirisch gesichert, dass Stottern Ergebnis bilingualer Überforderung sein kann (Cooper & Cooper 1998, 257). Kulturelle Praktiken gehen in den Spracherwerb genauso wie in individuelle Charakteristika der stotternden Person und ihrer Familie ein. Kulturelle Erfahrungen filtern sprachliches Lernen. Kultur und kommunikative Fähigkeit bilden eine Einheit. So müssen Sprachheilpädagogen in Erwägung ziehen, dass eigene diagnostisch-therapeutische Wertvorstellungen nicht unbedingt mit denen anderer Kulturen übereinstimmen:

- Welche Bedeutung kommt Stottern in anderen Kulturen zu?
- Wie werden Tabus behandelt?
- Welche Rolle spielen „Zeit", „Schweigen" oder „Pausen"?
- Wie wird Erfolg definiert?
- Wie ist das Rollenverständnis von Jungen und Mädchen?
- Wie geht die Familie mit „Anerkennung" und „Turn-taking" um (vgl. Watson 2000; Bloom & Cooperman 1999)?

Kommunikative Fähigkeiten der stotternden Person müssen in der Erst- wie in der Zweitsprache/den Zweitsprachen diagnostiziert und sorgfältige Überlegungen angestellt werden, ob die Therapie in der präferierten Sprache erfolgen sollte (COOPER & COOPER 1998, 257). Therapieerfolg wäre dann über alle Sprachen hinweg zu verifizieren.

9.2 Analyse der Sprech- und Kommunikationsfähigkeit

Sprachheilpädagogen analysieren die Flüssigkeit und die Unflüssigkeit des Sprechens im Kontext des sprachlichen Verhaltens der Eltern, deren Spiel- und Interaktionsfähigkeit und deren Verwendung von kommunikativen Stressoren im Therapieraum und zu Hause.

> Zu prüfen sind: Unterbrechungen, Sprecherwechsel, Zuhörverhalten, Sprechgeschwindigkeit, Äußerungslänge, thematische Kohärenz, Reaktion der Eltern auf das Stottern, Reaktion der Eltern auf den sprachlichen Output des Kindes insgesamt, bilingualer Druck.

Analysen spontaner Äußerungen statt Sprechhierarchien

Interaktionsangebote beziehen sich vor allem auf unstrukturierte, spontane Handlungen und freies Spiel. Somit verlieren die klassischen Sprechhierarchien gegenüber Analysen spontaner Äußerungen an Bedeutung (JOHANNSEN & JOHANNSEN 1998; RUSTIN et al. 1997; RUSTIN & BOTTERILL 2000; PETERS & GUITAR 1991; MEYERS & WOODFORD 1992). Zum anderen gilt es, sprachtherapierelevante Informationen aus den Therapeut-Kind-Interaktionen im Therapieraum zu filtern:

> – Wie kommuniziert das Kind mit einer fremden Person?
> – Wie reagiert es auf veränderte Sprechmerkmale des therapeutischen Modells (vgl. das Fluency Enhancing Modell von GOTTWALD & STARKWEATHER 1999),
> – Was bewirkt das Modellieren und Kommentieren von Sprechunflüssigkeiten (leichtere Stottervarianten)?
> – Geht das Kind auf das Thematisieren seines Stotterns ein?
> – Unter welchen Bedingungen reduziert es seine motorischen und kognitiven Anstrengungen (YARUSS & QUESAL 2000, 227)?
> – Wie gelingt Sprechen unter erschwerten Bedingungen? (Zeitdruck im Rollen- oder Puppenspiel; Auffordern zum Sprechen; Unaufmerksam zuhören, etc.)?

9.3 Objektive und subjektive Maße

Objektive Maße beziehen sich vor allem

- auf die Art und Häufigkeit des Stotterns,
- die Durchschnittsfrequenz jedes einzelnen Stottertypus,
- die Relation des jeweiligen Stottertypus zur Gesamthäufigkeit der gestotterten Unflüssigkeiten,
- die durchschnittliche Dauer von zufällig ausgewählten Stotterereignissen aus einem umfangreichen Sample, die Artikulations- und Sprechgeschwindigkeit,
- die Konsistenz des Stotterns und den Ort seines Auftretens,
- auf interagierende sprachliche Fähigkeiten (Dahm 1997; Hall & Burgess 2000; Lincoln & Harrison 1999; Melnick & Conture 2000; Rustin et al. 1997; Yaruss et al. 1998).

Neben den quantitativen, dokumentiert die Statusdiagnostik qualitative Verhaltens- und Erlebensaspekte der Sprechfähigkeit und andere, lediglich indirekt erfassbare Fähigkeiten und Eigenschaften (Yaruss & Quesal 2000, 227). Insofern sollten die Betroffenen ihr eigenes konstruktives sprachliches und kommunikatives Handeln mit Hilfe von Ratingskalen selbst beurteilen und bewerten.

Ratingskalen

Bereits stotternde Kinder erleben Gefühle der Hilflosigkeit, den Verlust von Kontrolle über ihre Sprechbewegungen, Einschränkungen ihrer Selbstwirksamkeit. Wie ausgeprägt ist ihr Selbstwertgefühl in ihren kommunikativen Beziehungen, wie die Einstellung zu ihrem Sprechen, wie ihre allgemeine Erwartung, dass sie selbst Einfluss auf das haben, was mit ihnen geschieht ? Wie schätzen die Eltern die Vulnerabilität ihrer Kinder ein (Oyler & Ramig 1995, zit. Hill 1999, 153; Yovetich et al. 2000)?

Beurteilung durch Eltern

Mit der CAT-Skala (Children's Attitudes About Talking, De Nil & Brutton 1991) beurteilen Kinder mit richtig oder falsch u.a. Fragen zu ihren emotionalen Reaktionen auf spezifische Sprechsituationen oder zu ihrem Sprechen. Der Fragebogen zur Erhebung von Stresserleben und Stressbewältigung im Kindesalter (SSK; Lohhaus et al. 1996) vermittelt Einblicke in das Ausmaß des kindlichen Stresserlebens und der Stressbewältigungsmechanismen. KIDCOPE (Rathner & Zangerle 1996) überprüft die Häufigkeit und die Wirksamkeit kognitiver und verhaltensspezifischer Coping-Strategien von Kindern (vgl. Silverman 1996, Renner 2000).

Fragebogen zum Stresserleben

Coping

Fragebögen dienen der Erfassung der Zufriedenheit sowohl des Kindes als auch seiner Eltern mit dem Behandlungsprogramm. Sie geben Einblick in die Zuversicht der Eltern, sich gegenüber dem zukünftig auftretenden Stottern kompetent verhalten zu können. Sie bewerten z. B. Erfolg (im Sinne der Zielsetzung) und Akzeptabilität (im Sinne der Zufriedenheit mit den Elternsitzungen; Riss 2000). Hayhow et al. (2000) erfassen mit einer Kombination von Fragetypen zuverlässig die Veränderungen, die Eltern im Sprechen ihres Kindes und in seinem Selbstvertrauen bemerkt haben. Kontinuierlich überprüfen Eltern die motorische Anstrengungsbereitschaft, Begleitsymptome, die Enttabuisierung des Stotterns oder die Reduktion ihrer Handlungsunsicherheit.

Zufriedenheit als Merkmal von Erfolg und Akzeptabilität

Poltern

Antje Lemke-Eidams

1 Einleitung

Poltern ist eine Sprech-Sprachstörung mit vielen Gesichtern.
In der Literatur finden sich 65 Symptome, die dem Poltern zugeschrieben werden (HINZMAN & ST. LOUIS 1986; vgl. SICK 1999). Nur wenige dieser Symptome fußen auf empirischen Erhebungen, sondern gründen auf Beobachtungen oder Hypothesen. Trotz dieser Vielzahl von möglicherweise assoziierten und fakultativen Symptomen stehen die obligatorischen Symptome des Polterns nach dem heutigen Forschungsstand noch nicht sicher fest.
Um die Diagnose Poltern stellen zu können, müssen beispielsweise nach ST. LOUIS (1992, 42; zit. nach SICK 1999) „(1) abnormal fluency which is not stuttering and (2) a rapid and/or irregular speech rate" vorliegen. Phonetisch-artikulatorische Auffälligkeiten, linguistische Defizite und teilweise schwer verständliche Äußerungen zählen die meisten Forscher auch zum gepolterten Sprechen. Ausführlicher wird die Poltersymptomatik im Band 2 dieser Reihe behandelt.

weitgefächerte Befunderhebung

Das Ziel der Befunderhebung muss eine möglichst weitgefächerte Anamnese und Diagnostik sein. Nur so können alle Symptome erfasst werden, die im Zusammenhang mit Poltern stehen. Hierbei ist eine interdisziplinäre Zusammenarbeit mit Ärzten, Lehrern, Therapeuten und Erziehern unbedingt notwendig. Auch die Wechselbeziehungen der Symptome untereinander sollten schon in der Diagnostikphase berücksichtigt werden (MYERS & ST. LOUIS 1995).
Da Poltern selten in Reinform, sondern häufig in Kombination mit Stottern als „Stotterpoltern" oder „Polterstottern" auftritt, ist eine differenzierte Diagnostik besonders wichtig. Beispielsweise tritt nach WEISS (1964; vgl. SICK 1999) Poltern auf, bevor sich Stottern entwickelt und verstärkt sich bei schwächer werdendem Stottern wieder.
Bei Kindern ist die Diagnose Poltern wahrscheinlich nicht vor dem dritten bis vierten Lebensjahr zu stellen (WEISS 1968; vgl. SICK 1999). Die Diagnostik bei Kindern und Erwachsenen wird im Folgenden größtenteils zusammengefasst.

2 Befunderhebung bei Poltern

Dokumentation der Spontansprache

Neben der ausführlichen Anamnese, den Diagnoseaufgaben und einigen Tests steht die Untersuchung der Spontansprache im Mittelpunkt. Für die Analyse der Spontansprache bietet es sich an, die gesamte Untersuchung durch qualitativ hochwertige Ton- und Videoaufnahmen zu dokumentieren.

2.1 Anamnese

Mögliche Fragen bei der Befunderhebung

- Anlass der Anmeldung.
- Familiäres Auftreten von Poltern, Stottern oder Sprachentwicklungsstörungen.
- Kindliche Entwicklung: Verlauf der Schwangerschaft und Geburt, Krankheiten, Unfälle, sprachliche und motorische Entwicklung, Händigkeit, Schulleistungen, Lese-Rechtschreibfähigkeiten, Aufmerksamkeitsspanne (beispielsweise in der Schule).
- Rhythmisch-musikalische Fähigkeiten: Wird ein Instrument beherrscht? Hat der Patient Taktgefühl (Singen, Tanzen)?
- Fällt dem Patienten manchmal ein Wort nicht ein oder vergisst er, was er sagen oder wie er etwas sagen wollte?
- Beschreibung des Polterns durch den Patienten (keine Vorgabe von Symptomen). Was fällt ihm selber auf und was weiß er durch andere?
- Entstehung, Verlauf und aktueller Stand des Polterns. Hypothesen des Patienten zur Verursachung und Aufrechterhaltung des Polterns.
- Faktoren, die die Symptomatik beeinflussen (z. B. Müdigkeit, Konzentration...).
- Auftreten/Veränderung der Symptomatik beim Lesen, Sprechen von Fremdsprachen, Telefonieren, Sprechen in der Zweiersituation und vor Gruppen.
- Eigene Strategien des Patienten zur Verbesserung des Sprechens.
- Reaktionen von Familie, Freunden, Vorgesetzten/Lehrern, Kollegen/Mitschülern zu Beginn des Polterns und aktuell auf die auftretenden Symptome. Muss der Patient eine Äußerung mehrmals wiederholen? Wird ihm zugehört? Wird er von anderen gebeten, langsamer zu sprechen?
- Auswirkungen dieser Reaktionen auf das Verhalten, auf Einstellungen und Gefühle des Patienten: Treten Sprechängste, Anspannungen beim Sprechen, sprachliches oder situatives Vermeideverhalten auf?
- Selbsteinschätzung: Wie stark stört den Patienten das Poltern auf einer Skala zwischen 0 (gar nicht) und 10 (sehr stark)?
- Bisherige Therapien.
- Erwartungen des Patienten an die Therapie.
- Sozio-familiäre Situation des Patienten: Familie, Freunde, Beruf/Schule, Freizeitgestaltung. Wie würde sich eine erfolreiche Therapie auf diese Bereiche auswirken?

- Selbsteinschätzung des Patienten bezüglich des Sprechens am Ende des Gesprächs. Welche Symptome traten in Relation zu anderen Situationen auf?

(vgl. Daly & Burnett 1999; Georgieva & Miliev 1996; v. Hinckeldey, Schneider & Zückner 1997)

2.2 Untersuchung der Spontansprache

Die Poltersymptomatik kann unterschiedlich stark auftreten. Das liegt zum einen daran, dass viele Polternde ihr Sprechen teilweise kontrollieren können. Zum anderen schwankt die Stärke der Symptomatik in Abhängigkeit von der Sprechsituation (Daly 1996; vgl. Sick 1999).
Daher empfiehlt Daly, dem Patienten offene und geschlossene Fragen zu stellen und ihn in verschiedenen Sprechsituationen zu untersuchen. Beim freien Sprechen (vor allem mit emotionaler Beteiligung [A. L.-E.]) ist mit der ausgeprägtesten Symptomatik zu rechnen (Daly 1999).

Erfassung der Spontansprache

Zur Erfassung der Poltersymptomatik in Bezug auf verschiedene Sprechsituationen eignen sich folgende **Diagnoseaufgaben:**

- Interview des Patienten zu motivierenden Themen, z. B.: Urlaub, Hobbies, Lieblingsfilm.... Daraus einen etwa dreiminütigen Monolog des Patienten transkribieren.
- Telefongespräch mit mehrfachem Sprecherwechsel.

Die Ton- und Videoaufzeichnungen werden transkribiert und analysiert. Mithilfe neuerer Computerprogramme, wie „COOL EDIT PRO™" kann man eine Äußerung segmentieren, gleichzeitig auditiv und visuell analysieren und zeitlich im Bereich von Millisekunden exakt messen. Diese Programme eignen sich hervorragend für die Analyse von gepolterter Spontansprache, da sich Abschnitte beliebig oft in unterschiedlicher Wiedergabegeschwindigkeit abhören lassen und auch Sprechpausen genau gemessen werden können.

mögliche Auswertung über Computerprogramme

Nachzulesen ist die detaillierte Anwendung eines vergleichbaren Computerprogrammes bei U. Sick (1999). Dieser Artikel orientiert sich in der Beschreibung der diagnostischen Vorgehensweise bei Poltern an ihren Ausarbeitungen.

2.2.1 Sprechgeschwindigkeit

Die Sprechgeschwindigkeit wird in Silben pro Minute oder Sekunde gemessen (=Artikulationsrate). Dies sollte unter Ausschluss der Pausen und Unflüssigkeiten, die die Artikulationsrate verfälschen können, geschehen. Fehlt die instrumentelle Möglichkeit, Pausen zu messen, sollte die Sprechgeschwindigkeit von fortlaufenden Atemphrasen gemessen werden, die kaum Pausen und Unflüssigkeiten sowie mindestens 10 Wörter enthalten (St. Louis & Myers 1995, 1996).
Als Atemphrase definiert Sick den Zeitraum, der die Atempause vor Äußerungsanfang und die Äußerung bis zum Beginn der nächsten Atem-

pause einschließt. Schwankungen der Sprechgeschwindigkeit werden erfasst, indem man die Artikulationsraten von jeweils angrenzenden Atemphrasen miteinander vergleicht. Schwankungen der Sprechgeschwindigkeit innerhalb einer Atemphrase können durch geteilte Atemphrasen gemessen werden. Hierbei bilden die gefüllten und ungefüllten Pausen innerhalb einer Atemphrase die Grenzen der geteilten Atemphrasen.

Variation der Sprechgeschwindigkeit

Diagnoseaufgaben (Beschreiben einer Bildergeschichte):
- *Der Patient soll deutlich langsamer sprechen.*
(St. Louis & Myers 1997). Hierdurch kann festgestellt werden, ob der Patient seine Sprechgeschwindigkeit bewusst beeinflussen kann und ob die Symptomatik von der Sprechgeschwindigkeit abhängig ist.
- *Der Patient soll versuchen, noch schneller zu sprechen.*
(St. Louis & Myers 1995). Verstärkt sich dabei die Symptomatik, ist diese von der Sprechgeschwindigkeit abhängig. Verringern sich die Symptome, ist die Symptomatik stark von der Sprechkontrolle abhängig. Kann der Patient seine Sprechgeschwindigkeit nicht steigern, bewegt sich seine Artikulationsrate ohnehin schon am obersten Limit und sollte reduziert werden.

2.2.2 Phonetik und Artikulation

Es sollten mindestens 25 fortlaufende Atemphrasen qualitativ nach phonetischen Aspekten untersucht werden (St. Louis & Myers 1997). Auch unverständliche Äußerungen sollten gezählt werden. Auffällig häufige Ersetzungen, Hinzufügungen und Vertauschungen von Lauten und Silben weisen auf phonologische Störungen hin, während Reduzierungen von Lauten, Silben und Konsonantenclustern sowohl phonetisch-artikulatorische als auch phonologische Ursachen zugrunde liegen können (vgl. Sick 1999, 53).

Tests:
- Überprüfung auf Dyslalie und phonologische Störungen.
- Diadochokinese: Bei schlechten Diadochokinesefähigkeiten sollte die orale Koordinationsfähigkeit trainiert werden.

bewusst deutliche Artikulation

Diagnoseaufgabe (Beschreiben einer Bildergeschichte):
- *Der Patient soll so deutlich sprechen wie möglich.*
(Myers & Bradley 1992; vgl. Sick 1999). Reduzieren sich dadurch die phonetischen Auffälligkeiten, sollten sie in Beziehung zur Artikulationsrate gesehen werden. Außerdem wird deutlich, welche phonetischen Auffälligkeiten unabhängig von der Sprechkontrolle bestehen bleiben.

2.2.3 Unflüssigkeiten

Auswertungskriterien

Auftretende Unflüssigkeiten werden qualitativ und quantitativ ausgewertet. Die typischen spannungsfreien Unflüssigkeiten bei Poltern werden

von St. Louis & Myers (1995) als Oberflächensymptom für zugrundeliegende sprachsystematische Störungen betrachtet. Ferner können sie durch erhöhte Sprechgeschwindigkeit verursacht sein (Myers, 1992; vgl. Sick 1999). Myers & Bradley (1992, ebd.) regen an, Unflüssigkeiten im Verhältnis zur linguistischen bzw. kognitiven Komplexität einer Äußerung zu untersuchen.
Häufig ist eine Mischsymptomatik mit Symptomen des Polterns und des Stotterns (spannungsvollen Dehnungen und Blockierungen) zu beobachten. In diesen Fällen sollte auch eine Stotterdiagnostik durchgeführt werden.

2.2.4 Sprachstörungen

Die Bereiche *Syntax, Morphologie, Lexikon und Semantik* sollten durch eine linguistische Fehleranalyse des Spontansprachtranskriptes überprüft werden.

Videoaufzeichnungen

Wichtig ist außerdem die Einschätzung der *pragmatischen Fähigkeiten.* Hierbei sind Videoaufzeichnungen hilfreich, um die Interaktion und die non-verbalen Aspekte des Sprechens zu erfassen, z. B. den Einsatz mimisch-gestischer Mittel und das Blickverhalten.
Es gibt einen nichtstandardisierten Einschätzungsbogen von Prutting & Kirchner (1987), in dem 30 verschiedene Punkte der Pragmatik abgefragt werden. Myers (1996) gibt an, dass stark Polternde mehr als die Hälfte dieser Punkte verletzen würden.
Weiterhin sind die Punkte *Kohäsion und Kohärenz* oft beeinträchtigt. Nicht nur mangelnde adäquate kohäsive Mittel schränken die Kohärenz ein. Auch durch Sprachplanungsschwierigkeiten, z. B. indem Details elaboriert werden, kann der „Rote Faden“ verloren gehen.

Nacherzählungen

Diagnoseaufgabe zur Kohärenz und Kohäsion:
- *Der Patient soll zwei Texte unterschiedlicher Länge nacherzählen*

2.2.5 Prosodie

Betonung sowie Intonation können ohrenphonetisch eingeschätzt werden. Auffällige Wort- sowie Satzakzente sowie ein inadäquater Tonhöhenverlauf werden im Transkript notiert. Fällt in der Spontansprache eine gestörte Betonung auf, könnte man zusätzlich die Akzentsetzung auf Wortebene durch das Lesen einer Wortliste überprüfen.
Bei einer schwankenden Lautstärke ist es möglich, die Extremwerte in dB meist direkt am Tonbandgerät abzulesen.

2.2.6 Sprechpausen

Falsch gesetzte Pausen und Pausen von unpassender Länge werden gemessen und im Transkript markiert. Dabei sollte die Umgebung der Pausen analysiert werden, da Pausen Wortfindungsstörungen oder Unflüssigkeiten anzeigen könnten.

2.2.7 Atmung und Stimme

Atmung und Stimme können gestört sein und sollten mit den gängigen diagnostischen Mitteln überprüft werden.

2.3 Überprüfung assoziierter Fähigkeiten

2.3.1 Eigenwahrnehmung

Die Eigenwahrnehmung ist in zwei Bereiche einzuteilen:

Störungsbewusstsein und Sprechkontrolle

1) Störungsbewußtsein: Einige Polternde haben ein Störungsbewußtsein und können Sprechängste entwickeln.
2) *Sprechkontrolle (Monitoring):* Eine gestörte Sprechkontrolle ist ein Teil der Poltersymptomatik. Die meisten Polternden können jedoch mehr Sprechkontrolle bei verstärkter Selbstaufmerksamkeit erlangen (siehe Diagnoseaufgabe im Bereich Artikulation).

2.3.2 Aufmerksamkeit

Einige Polternde sind in ihren Aufmerksamkeitsleistungen gestört, was sich im Kindesalter in Hyperaktivität äußern kann. Dies sollte ggf. neuropsychologisch abgeklärt werden.

2.3.3 Auditive Wahrnehmung

Einige Autoren, z. B. MOLT (1996), weisen darauf hin, dass Polternde auditive Wahrnehmungsstörungen haben können. Eine eingeschränkte auditive Wahrnehmung wirkt sich negativ auf die Sprachentwicklung, auf das Self-Monitoring und das Zuhörerverhalten aus. Das Hörvermögen sollte in jedem Fall überprüft werden.

Testverfahren

Folgende Tests können durchgeführt werden (vgl. SICK 1999,58):

- *Auditives Gedächtnis*: Geprüft werden kann mit dem Mottier-Test und dem Untertest „Zahlenfolgegedächtnis“ aus dem Psycholinguistischen Entwicklungstest (PET, ANGERMEIER 1974).
- *Auditive Analyse, Ergänzung und Synthese*: Untertest aus dem PET (ebd.). Altersnormen für Kinder bis 10 Jahre.
- *Dichotisches Hören* (MOLT 1996): Wird vom Audiologen durchgeführt.

2.3.4 Lesen und Schreiben

Das Vorliegen einer Lernbehinderung oder Lese-Rechtschreibschwäche sollte ausgeschlossen werden.

Lese-Rechtschreibfehler werden untersucht und mit Auffälligkeiten des Sprechens in der Spontansprache verglichen. Zumeist treten auffallend viele Fehler nur bei erhöhtem Lese- und Schreibtempo auf.

Texte erstellen und vorlesen

Diagnoseaufgaben:
Der Patient soll einen längeren Text verfassen.
(Daly & Burnett 1999). Hierbei können zusätzlich die schriftlichen semantisch-syntaktischen Leistungen und die Bereiche Kohäsion und Kohärenz erfasst werden. Bei erhöhtem Schreibtempo wird der Patient angehalten, langsam zu schreiben.
Schreibproben aus alten Schulheften des Patienten stützen die Diagnostik.
Der Patient soll einen Text in verschiedenen Tempi lesen.

2.3.5 Motorik

Besonders bei polternden Kindern sollte auf die Grob- und Feinmotorik geachtet und Auffälligkeiten beispielsweise vom Ergotherapeuten überprüft werden. Die mundmotorischen Fähigkeiten können z. B. mit Untersuchungsverfahren aus der Myofunktionellen Therapie getestet werden.

3 Zusammenfassung

Bei der Diagnostik des Polterns kommt es zum einen darauf an zu untersuchen, in welchen Bereichen und in welchem Ausmaß Schwierigkeiten bestehen. Zum anderen muss die Art und Weise, in der diese Bereiche zusammenspielen, genauer betrachtet werden: Welche Symptome bestehen trotz verlangsamten Sprechtempos oder bei größtmöglicher Selbstkontrolle des Patienten weiter?
Es sollte herausgefunden werden, ob die Poltersymptomatik mehr von der Sprechkontrolle, der Sprechgeschwindigkeit oder anderen Faktoren, wie der Sprachplanung, abhängig ist.

Störungsprofil

Aus den gewonnenen Daten lässt sich so ein umfassendes und individuelles Störungsprofil erstellen, an dem sich die nachfolgende Therapieplanung orientieren kann.

Mutismus – Plädoyer für eine Forschungsoffensive innerhalb der Sprachheilpädagogik/Logopädie

Boris Hartmann

„Weshalb gehen Sie zu einem Sprachtherapeuten oder Logopäden?" „Sind Sie nicht bei einem Psychotherapeuten oder in einer Klinik für Kinder- und Jugendpsychiatrie besser untergebracht?" So oder so ähnlich klingen die Stellungnahmen von Ärzten, speziell Kinder- und Jugendpsychiatern, die von Eltern mutistischer (lat. mutus = stumm) Kinder und Jugendlicher konsultiert werden (müssen) zwecks Co-Gutachtenerstellung für einen Entscheid von Kostenträgern (Krankenversicherungen) im Hinblick auf die Genehmigung von Mutismus-Therapien. Immer noch befindet sich die Behandlung von mutistischen Kindern und Jugendlichen durch Sprachheilpädagogen und Logopäden in einer Legitimationspflicht, während psychologische Psychotherapeuten, Spieltherapeuten oder psychiatrische Ambulanzen und Kliniken wie selbstverständlich diese Klientel behandeln können oder, geht es nach dem Willen der Kostenträger, geradezu behandeln sollten.

Asymmetrische Indikation

Es wird im Folgenden versucht, eine historisch geleitete Begründung für dieses Meinungsbild zu erarbeiten, um über die Fokussierung von Therapieimplikationen auf dem Gebiet der Sprachheilpädagogik/ Logopädie die Bedeutung dieser Disziplinen für die Mutismus-Forschung und Mutismus-Therapie zu diskutieren.

Historische Deduktionen

1 Historischer Abriss der Mutismus-Forschung

Als Beginn der Mutismus-Forschung – zumindest was die Beschreibung eines Schweigephänomens bei intaktem Sprechvermögen angeht – kann die Veröffentlichung von KUSSMAUL „Die Störungen der Sprache" im Jahr 1877 (vgl. Ausgabe 1910) angesehen werden. KUSSMAUL beschreibt dort das Schweigen bei geistig nicht beeinträchtigten Personen aufgrund eines religiös induzierten Gelübdes oder aus anderen Gründen selbstauferlegten Zwangs zur Stummheit. Es wird der Terminus „Aphasia voluntaria" eingeführt, der, entweder der lateinischen oder deutschen Form folgend („freiwillige Stummheit" bzw. „freiwilliges Schweigen"), 57 Jahre lang den wissenschaftlichen Diskurs bestimmt. Der Begriff „elektiver Mutismus" wird 1934 von TRAMER, einem Schweizer Arzt, begründet, der das Schweigen im Kindes- und Jugendalter als *gesteigerte Reaktionsform heredofamiliärer Genese der sonst physiologischen Scheu von Kin-*

Medizinische Ableitungen

dern gegenüber fremden Erwachsenen interpretiert und das Schweigen als pathologische Fixierung eines „frühestinfantilen Abwehrreflexes" (TRAMER 1934, 35) bezeichnet. Sein Terminus setzt sich in der deutschsprachigen und internationalen Fachliteratur durch und wird bis heute – parallel zur Attributierung „selektiver Mutismus" – für die Beschreibung eines Schweigephänomens bei intakter Sprechfähigkeit einem (unbewusst) ausgewählten Personenkreis gegenüber verwendet.

Die zweite historische Linie innerhalb der Mutismus-Forschung geht auf eine Theorie zurück, die seinerzeit das humanistische Verständnis revolutionierte und entscheidend für das der Moderne und Postmoderne wurde: die Psychoanalyse, begründet von Sigmund FREUD, einem deutschstämmigen jüdischen Arzt aus Mähren. FREUD (1904) beschreibt in seinem Fall ‚Dora' das situativ bedingte Schweigen einer Frau bei Abwesenheit ihres Geliebten und deutet die Sprechhemmung als *Konversionsneurose im Rahmen einer Hysterie*. Der psychoanalytische Ansatz wird im 20. Jahrhundert zu einem der entscheidenden Interpretationsmuster in der Mutismus-Forschung, bei dem der partielle oder totale Mutismus auf seelische Probleme oder Konflikte bei den Betroffenen zurückgeführt wird, die mittels einer Strategie („problem-solving-theories", vgl. MARTIN & FITZPATRICK 1965) gelöst werden. Als Beispiel ist das Schweigen aufgrund eines affektiven Traumas („thymogener Mutismus", vgl. WATERINK & VEDDER 1936), eines „Pseudobilingualismus" zwischen Elternhaus und Schule (vgl. MISCH 1952), einer ödipalen Problematik (vgl. KAPLAN & ESCOLL 1973), einer familienneurotischen Mutter-Kind-Beziehung (vgl. HESSELMAN 1983) sowie einer Verleugnungsproblematik von Scham im Kontext mit Kastrationserlebnissen (vgl. VOLL 1993) zu nennen.

Psychoanalytische Interpretationen

Sowohl innerhalb der europäischen als auch der amerikanischen Mutismus-Forschung sind es im 20. Jahrhundert – der anfänglichen Tradition des 19. Jahrhunderts entsprechend – fast ausschließlich Mediziner, d.h. mehrheitlich Kinder- und Jugendpsychiater oder Psychoanalytiker, die sich der Beschreibung, Interpretation und Erstellung von Behandlungskonzeptionen des Mutismus annehmen.

2 Mutismus – Ein Forschungsgegenstand der Sprachheilpädagogik/ Logopädie?

2.1 Internationale Diagnosekriterien

ICD-10 der WHO

Nach der ICD-10 der WHO (World Health Organization) ist der „elektive Mutismus" (ICD-10 Code: F94.0) „durch eine deutliche, emotional bedingte Selektivität des Sprechens charakterisiert. Das Kind zeigt seine Sprachkompetenz in einigen Situationen, in anderen definierten Situationen jedoch nicht. Meistens tritt die Störung erstmals in der frühen Kindheit auf, mit ungefähr gleicher Häufigkeit bei beiden Geschlechtern. Meist ist der Mutismus mit deutlichen Persönlichkeitsbesonderheiten, wie Sozialangst, Rückzug, Empfindsamkeit oder Widerstand, verbunden. Typischerweise spricht das Kind zu Hause oder mit engen Freunden, ist jedoch in der Schule oder bei Fremden mutistisch" (DILLING, MOMBOUR & SCHMIDT 2000, 310).

Diagnostische Leitlinien

Für die Diagnose werden folgende Leitlinien vorgegeben:

1. „Ein normales oder nahezu normales Niveau des Sprachverständnisses.
2. Eine Kompetenz im sprachlichen Ausdruck, die für eine soziale Kommunikation ausreicht.
3. Einen Beleg dafür, dass die betroffene Person in einigen Situationen normal oder fast normal sprechen kann und spricht" (s.o. 310).

Mutismus als soziales Problem

Weiter heißt es: „Eine Minderheit der Kinder mit elektivem Mutismus hat eine Vorgeschichte mit einer gewissen Sprachentwicklungsverzögerung oder mit Artikulationsproblemen" (DILLING, MOMBOUR & SCHMIDT 2000, 310). Die Kommunikationsstörung „elektiver Mutismus" (dazugehöriger Begriff: selektiver Mutismus) wird in der ICD-10 unter die Gruppe „F94 Störungen sozialer Funktionen mit Beginn in der Kindheit und Jugend" subsumiert, d.h. das partielle Schweigen wird als eine *soziale Störung* verstanden.

Diagnosekriterien des DSM-IV

Eine andere internationale Klassifikation – das Diagnostische und Statistische Manual Psychischer Störungen DSM-IV – gibt folgende diagnostische Kriterien für 313.23 „Selektiver Mutismus" vor:

A. „Andauernde Unfähigkeit, in bestimmten Situationen zu sprechen (in denen das Sprechen erwartet wird, z. B. in der Schule), wobei in anderen Situationen normale Sprechfähigkeit besteht.
B. Die Störung behindert die schulischen oder beruflichen Leistungen oder die soziale Kommunikation.
C. Die Störung dauert mindestens einen Monat (und ist nicht auf den ersten Monat nach Schulbeginn beschränkt).
D. Die Unfähigkeit zu sprechen ist nicht durch fehlende Kenntnisse der gesprochenen Sprache bedingt, die in der sozialen Situation benötigt wird oder dadurch, dass der Betroffene sich in dieser Sprache nicht wohlfühlt.
E. Die Störung kann nicht besser durch eine Kommunikationsstörung (z. B. Stottern) erklärt werden und tritt nicht ausschließlich im Verlauf einer Tiefgreifenden Entwicklungsstörung, Schizophrenie oder einer anderen Psychotischen Störung auf" (SASS, WITTCHEN & ZAUDIG 1998, 155f).

Bei den zugehörigen Merkmalen und Störungen wird darauf verwiesen, dass Kinder mit dieser Störung im allgemeinen über normale Sprachfähigkeiten verfügen, „gelegentlich können jedoch auch eine begleitende Kommunikationsstörung (z. B. Phonologische Störung, Expressive Sprachstörung oder Gemischte Rezeptiv-Expressive Sprachstörung) oder ein medizinischer Krankheitsfaktor, der Auffälligkeiten bei der Artikulation verursacht, auftreten. Geistige Behinderung, Hospitalisierung oder extreme psychosoziale Belastungsfaktoren können mit der Störung verbunden sein“ (SASS, WITTCHEN & ZAUDIG 1998, 154).

Nosographische Fragestellungen

Das Ausklammern von Schweigephänomenen, die in Verbindung mit Bilingualismus und einer Nichtbeherrschung der neu zu erlernenden Sprache des sozialen Umfeldes auftreten (Kriterium D), ist problematisch bzw. zu diskutieren, weil in der Praxis bei Immigrationsfamilien häufig auftretend (vgl. KRACHT & SCHÜMANN 1994, STEINHAUSEN & JUZI 1996, DUMMIT et al. 1997). Auch ist der (s)elektive Mutismus nicht *nicht besser* durch eine Kommunikationsstörung (Kriterium E) zu erklären: *Mutismus ist eine Kommunikationsstörung.*

2.2 Implikationen für das (sprach-) therapeutische Handeln

Beide internationale Klassifikationen von Krankheiten beinhalten die fakultative Verbindung von Mutismus mit sprachlichen Abweichungen. In der ICD-10 wird auf eine mögliche Kombination mit Sprachentwicklungsverzögerungen bzw. Artikulationsproblemen hingewiesen, das DSM-IV beschreibt eine gewisse Überlagerung von phonologischen, expressiven, gemischt rezeptiv-expressiven oder artikulatorischen Störungen. Wie sieht es nun in der Praxis aus?

> Der therapeutische Umgang mit mutistischen Kindern und Jugendlichen zeigt tatsächlich eine auffällige Verknüpfung von artikulatorischen, grammatikalischen und semantisch-lexikalischen Devianzen mit der künstlichen Stummheit.

Mutismus im Kontext sprachlicher Problemfelder

In der Analyse von veröffentlichten Fallstudien der letzten 25 Jahre konnten ISENSEE, HASELBACHER & ROUSS (1997) nachweisen, dass 50 % der auf dieses Merkmal untersuchten Mutisten Sprachstörungen aufwiesen, zusätzlich waren 21,4 % bilingual. Das bedeutet in der quantitativen Bewertung eine Inzidenz von 71,4 % im Hinblick auf das Zusammentreffen von Schweigephänomenen und sprachlichen Problemfeldern. In der Studie von STEINHAUSEN & JUZI (1996) zeigten 38 % der 100 mutistischen Kinder und Jugendlichen Sprach- und Sprechstörungen: 20 % Artikulationsstörungen, 28 % expressive Sprachstörungen, 2 % rezeptive Sprachstörungen, 9 % Stottern und 1 % Poltern. In der von KRISTENSEN (2000) an 54 Kindern vorgenommenen Untersuchung betrug der Anteil von Mutisten mit sprachlichen Auffälligkeiten 51,9 %.

Neugestaltung sprachheilpädagogischer und logopädischer Therapieimplikationen

„One possibility is that children with language problems who satisfy the biological and environmental conditions for anxiety disorders may be more likely to develop SM. The anxiety of interacting with others in social situations can be compounded by difficulty with speech and language“ (ANSTENDIG 1999, 431). Die mittlerweile stärkere Fokussierung sprachlicher Problemstellungen in der Genese des Mutismus ergibt folgendes Netzwerk sprachtherapeutischer/logopädischer Therapiefelder (s. Abb. 1):

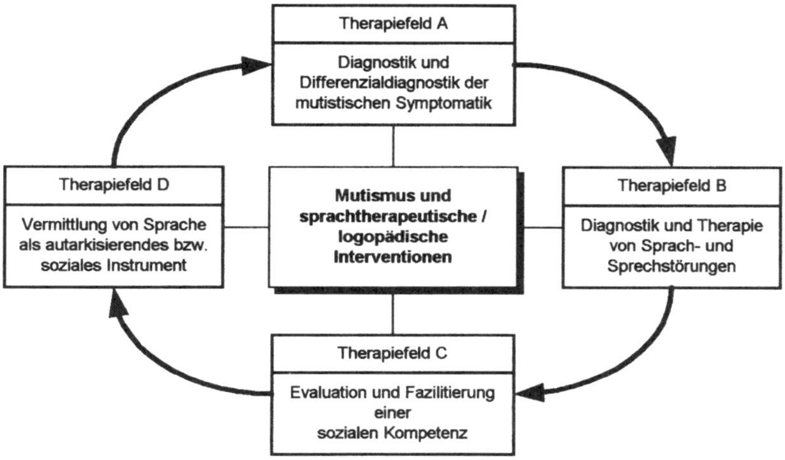

Abbildung 1: Sprachtherapeutische/ logopädische Implikationen der Mutismus-Therapie

Bei der *Diagnostik und Differenzialdiagnostik der mutistischen Symptomatik (Therapiefeld A)* wird mit Hilfe von Klassifikationssystemen (ICD-10, DSM-IV, s. Kap. 2.1) eine nosographische Zuordnung und Abgrenzung des Schweigens vorgenommen. Die Praxis zeigt, dass bei der ersten Konsultation Mutisten häufig mit der von Kinderärzten gestellten Diagnose „Autismus" vorgestellt werden. Bei der Differenzialdiagnostik sind neben der autistischen Symptomatik vor allem neurologisch bedingte Regressionsphänomene (Bsp.: Aphasien neurovaskulärer, tumorbedingter bzw. hirntraumatischer Ätiologie; progressive Sprachregressionen bei Landau-Kleffner-Syndrom) zu unterscheiden. Die Koordination interdisziplinärer Untersuchungen kann in Absprache mit dem verordnenden Arzt vom Sprachheilpädagogen/Logopäden vorgenommen werden.

Mutismusdiagnostik

Werden im Rahmen der gesamtpersonalen und damit verbunden verbalsprachlichen Öffnung des mutistischen Kindes/Jugendlichen sprachliche Problemfelder deutlich, so tritt parallel die *Diagnostik und Therapie von Sprach- und Sprechstörungen (Therapiefeld B)* in den Vordergrund. Wer außer Sprachheilpädagogen/Logopäden verfügt über die Kompetenz, Erfahrung und Ausstattung von Diagnostika bzw. Therapiematerialien, um phonetisch-phonologische, morphosyntaktische, semantisch-lexikalische und pragmatisch-kommunikative Störungen zu behandeln, die – wie in Studien belegt – mit einer mutistischen Symptomatik verbunden sein können?

Sprachdiagnostik

Die Interpretation des Schweigens als soziale Störung (vgl. ICD-10, s.o.) bzw. als Vermeidungsverhalten im Zusammenhang mit Sozialangst (vgl. Dummit et al. 1997) erfordert eine *Evaluation und Faszilisation der sozialen Kompetenz (Therapiefeld C)*. Die semantische Öffnung sprachtherapeutischen/logopädischen Handelns über die Behandlung der vorliegenden Sprach-, Sprech- und Stimmstörung hinaus zu einer sozialen (Re-)Integration des Betroffenen mit der gemeinsamen Entwicklung von

Evaluation der Sozialkompetenz

sozialen Handlungsstrategien arbeitet der Notwendigkeit einer (sprachtherapeutisch/logopädisch induzierten) sozial-kommunikativen Kompetenzbildung innerhalb der Mutismus-Forschung und Mutismus-Therapie entgegen.

Sprache und Sprechen als soziales Instrument

In Verbindung mit der Anbahnung einer angstreduzierenden sozialen Kompetenz rückt die *Vermittlung von Sprache als autarkisierendes/soziales Instrument (Therapiefeld D)* in den Vordergrund (Sprachkompetenz = Sozialkompetenz). Es gilt, Sprache und Sprechen als Instrument begreifbar zu machen, mit dem eine gesamtpersonale Selbständigkeit entwickelt werden kann, das der Mitteilung von Bewertungen, Bedürfnissen bzw. emotionalen Zuständen dient und das die eigene Persönlichkeit wieder in den Kontext des sozialen Miteinanders stellt (vgl. HARTMANN 1992 und 1997).

Fünf Befundebenen

Für die Diagnostik ergeben sich damit über die genannten Felder hinaus fünf Befundebenen:
- die *somatische Konstitution* des Betroffenen bzw. der Familienangehörigen,
- die *psychische Konstitution* des Betroffenen bzw. der Familienangehörigen,
- die *kommunikative Konstitution* des Betroffenen bzw. des Familien- und Sozialsystems sowie
- die *kognitiven Bewertungsmechanismen* und
- die *affektiven Prozessierungsmechanismen* beim Betroffenen (vgl. HARTMANN 2002).

3 Zum Postulat einer sprachtherapeutischen/logopädischen Indikationsstellung

Impulse für die Entwicklung von Interpretationsansätzen und therapeutischen Strategien innerhalb der Mutismus-Forschung kamen in der historischen Retrospektive über ein Jahrhundert lang ausschließlich von den Disziplinen der Kinder- und Jugendpsychiatrie und/oder Psychoanalyse.

Die häufige Kombination von mutistischen Verhaltensweisen und Sprach- und Sprechstörungen auf der einen Seite und damit verbunden angsterzeugenden Einschränkungen der sozialen Kompetenz auf der anderen stellt eine Indikation dar für die Verordnung sowie Inanspruchnahme des Heilmittels Sprachtherapie.

Damit wird nicht der Ausblendung einer notwendigen Interdisziplinarität innerhalb der Mutismus-Forschung das Wort geredet.

Mutismus – ein Forschungsgegenstand der Sprachheilpädagogik und Logopädie

Aber: Die Analyse der sprachlichen Qualität bezüglich der Population mutistischer Kinder und Jugendlicher (s. Kap. 2.1 und 2.2) sowie die Interpretation des Stellenwerts von Sprach- und Sprechstörungen in der Genese des Schweigens ergibt – wenn nicht erfordert – ein (längst überfälliges) Plädoyer für eine Forschungsoffensive innerhalb der Sprachheilpädagogik und Logopädie.

Zur Diagnostik von Sprechangst

Reinholde Kriebel

Diagnostische Fragestellungen

Die Diagnostik der Sprechangst hat festzustellen, inwieweit Ängste bezüglich der sozialen Kompetenz i.S. der Redeängstlichkeit vorliegen, d.h. überwiegend auf Sprechen in öffentlichen Situationen bezogen sind, oder inwieweit eine allgemeine (generalisierte) Kommunikationsangst vorliegt, die auch nicht-öffentliche Sprechsituationen einschließt, und diese sind wiederum abzugrenzen von Ängsten in sozialen Situationen auch durch nichtverbales Verhalten auffällig zu werden, sich „peinlich zu verhalten" (s.a.Band 2).
Sprechangst ist also in ihrer Bereichsspezifität zu bestimmen als diskrete/isolierte oder generalisierte soziale Angst. Daneben ist ihre Intensität festzustellen, also die Stärke des Disstresserlebens in der Sprechsituation und damit verbundene Verhaltenskonsequenzen wie kurzfristig Sprechabbruch, mittelfristig Sprechvermeidung und längerfristig Rückzug von Sprechsituationen generell oder – was wenig untersucht ist – eine angstmotivierte exzessive Sprechrate („extensive speech communication"; Mc Croskey & Richmond 1990).

> Sprechangst in normaler und subklinischer Ausprägung ist also von Sprechphobie (Logophobie) zu unterscheiden.

Differenzialdiagnostisch ist abzuklären, ob Sprechangst als isolierte Störung oder Begleiterscheinung anderer Störungen auftritt, um eine adäquate Zuweisung zu unterschiedlichen therapeutischen Interventionen zu ermöglichen (z. B. van Dam-Baggen & Kraaimaat 1989; s. Band 4). Subklinische Ausprägungen der Sprechangst dürften gerade im sprachheilpädagogischen Bereich besondere Beachtung finden, da Sprechangst und mit ihr verbundene Einstellungen zum Sprechen und zur Kommunikation die Wirksamkeit heilpädagogischer Maßnahmen bei anderen Rede- und Sprechstörungen negativ beeinflussen können. Beispielsweise kann selektiver Mutismus, d.h. die Verweigerung von zumeist jüngeren Kindern (ab ca. 4 Jahren), in nichthäuslichem Kontext zu sprechen, ein Ausdruck von extremer Sprechangst sein. Bei Sprechfluss-Störungen (z. B. Stottern) ist bekannt, dass durch Sprechangst bedingte Erregungsanstiege Auslöser, Begleiterscheinung oder Folge von Sprechunflüssigkeit sein können (Stäcker et al. 1982, Craig 1990, Beushausen 1996). Die Diagnostik der Sprechangst sollte präventiv möglichst früh in der Entwicklung, zumindest als Screening-Verfahren Berücksichtigung finden,

da Sprechangst sich zum Teil früh ausbildet (s. Band. 2), und Kinder ihre Kontaktprobleme kaum wahrnehmen.
Die Sprechangstdiagnostik hat im Rahmen von Kommunikationswissenschaften und „Speech Science" eine lange Tradition. Es liegen gut untersuchte Messinstrumente – insbesondere auf Fragebogenebene – vor, die Sprechangst und verwandte Phänomene erfassen (Übersichten Leary 1991, Haubel & Spitznagel 1983, Kriebel 1975). Im deutschen Sprachbereich wurden Verfahren aus dem Amerikanischen adaptiert oder neue entwickelt (s. Tab 1).

Klassifikation nach Diagnosesystemen

Nach DSM-IV (APA 1994; s.a. ICD-10 1999) ist soziale Phobie charakterisiert durch ausgeprägte und anhaltende Ängste, sich ungeschickt/demütigend in einer oder mehreren sozialen oder Leistungssituationen zu verhalten. Die Bildung von Subtypen ist möglich (zsf. Boone et al. 1999, Stangier & Heidenreich 1997).

Soziale Phobie diskreter vs generalisierter Subtyp

Sprechangst als öffentliche Redeangst ist eine Form der sozialen Phobie vom „diskreten Typ", primär auf den Leistungsaspekt der Situation bezogen. Im Weiteren kann eine selbstunsichere (vermeidende) Persönlichkeitsstörung (SP) diagnostiziert werden, definiert als intensives, weit verbreitetes Muster von Hemmungen und extremer Sensitivität gegenüber negativer Bewertung in einer Vielzahl von sozialen Situationen. Hier bestehen große Überlappungen mit dem Subtyp „generalisierte soziale Phobie".
Entsprechend einer wachsenden Zahl empirischer Hinweise unterscheidet sich bei der sozialen Phobie der generalisierte vom diskreten Subtyp hinsichtlich Störungsgrad (pathogener) und Reaktionsqualitäten. Differenzialdiagnostische Validität ist besonders dann gegeben, wenn die Personen, die sich selbst als stark sprechängstlich bezeichnen und gleichzeitig die Kriterien der sozialen Phobie erfüllen, in solche mit Furcht vor öffentlichem Reden (diskreter Typ) und solche mit Angst auch in nicht öffentlichen Sprechsituationen (generalisierter Typ) unterteilt werden (Boone et al., Hoffmann et al. 1997, Lewin et al. 1996, Hoffmann et al. 1995).

> Die Reaktionsunterschiede beim öffentlichen Reden verweisen beim Sprechängstlichen (Logophobiker) auf ein am Leistungsaspekt der Redesituation orientierte stärker physiologisch geprägte Furchtreaktion (erhöhte Herzfrequenz), wo hingegen beim Kommunikationsängstlichen (Sozialphobiker) eine variable, stärker kognitiv geprägte Reaktion (erhöhtes Sprechangsterleben) im Vordergrund steht. In den sprecherischen Fähigkeiten zeigen sich keine Unterschiede.

Stangier & Heidenreich (1997) schlagen hier die Differenzierung Sozialphobie vs. soziale Angststörung vor, bzw. Sozialphobiker vom Leistungstyp vs. Sozialphobiker vom Interaktionstyp.

Messebenen von Sprechangst

Entsprechend den verschiedenen Reaktionsebenen kann Sprechangst über subjektiv-verbale (Fragebogenverfahren), über Verhaltensbeobachtung einschließlich Leistungsindikatoren und über psychophysiologische Parameter erfasst werden. Während die das offene Verhalten erfassenden Fremdratings und die psychophysiologischen Parameter die aktuelle

Belastung erheben, können die Fragebogenmaße Sprechangst sowohl dispositionell personenbezogen als Eigenschaft (Trait, Sprechängstlichkeit) als auch situationsbezogen als Zustand (State, Sprechangsterleben) operationalisieren.

Diagnose über Fragebogenverfahren

Die Fragebögen zur Sprechangst lassen sich hinsichtlich ihrer Bereichsweite unterscheiden. In Tabelle 1 wird versucht, die zahlreichen Operationalisierungen der älteren und neueren Literatur zu ordnen, und es werden typische Beispiele gegeben. Es gibt spezifisch auf das öffentliche Reden bezogene Fragebögen und solche, die sich auf Angst in vielen Sprechsituationen, also vor mündlicher Kommunikation überhaupt, beziehen. Beide Gruppen unterscheiden sich von Fragebögen, die auch nichtverbale Handlungen einbeziehen. Die damit angesprochenen sozialen Ängste können sich auf wenige Situationen (vom diskreten Typ) oder auf viele interpersonelle Situationen beziehen (vom generalisierten Typ). Vor allem die letzte Spalte enthält Operationalisierungsversuche zum klinischen Störungsbild der sozialen Phobie. Inwieweit die Tabelle Verfahren abbildet, die subklinische bis klinische Ausprägungen der interpersonellen Ängste erfassen, oder inwieweit die Sprechangstverfahren auch die sozialen Phobien abdecken, muss die weitere Forschung zeigen.

Tabelle 1: Überblick über Fragebogenverfahren zur Erfassung verschiedener Bereiche interpersoneller Ängste (ausgewählte Verfahren)

Sprechangst		soziale Phobie	
Spezifisch: Redeangst	Unspezifisch: Kommunkations-ängste	Diskret: wenige Sit.	Generalisiert: viele Situationen
ST-SPAI (State-Trait-Speech-Anxiety Inventory); Lamb 1972 dtsch: **ST-SPAI** (Trait-State-Sprechangst-Instrumentarien); Kriebel 1984 bei Beushausen (1996) benannt als Lamb–SA-Trait (Lamb-Speech-Anxiety-Trait-Bogen) **FRÄ** (Fragebogen zur Redeängstlichkeit); Spitznagel et al. 2000 **PRCS** (Personal Report of Confidence as a Speaker); Paul 1966	**PRCA-24** (Personal Report of Communication Apprehension); McCroskey 1982 dtsch: **KA-A** (Allgemeines Kommunikationssystem); Hauk et al 1990	**U-Fragebogen** (Ullrich, Ullrich de Muynck 1977) **IAF** (Interaktionsangst-Fragebogen); Becker 1987	**FNE** (Fear of Negative Evaluation Scale) **SAD** (Social Avoidence and Distress Scale); Watson & Friend 1969 dtsch: **SANB** (Skala „Angst vor negativer Bewertung"); **SVSS** (Skala „Vermeidung sozialer Situationen"); Vormbrock & Neuser 1983 **SIAS** (Social Interaction Anxiety Scale); **SPS** (Social Phobia Scale); Mattich & Clarke 1989 dtsch: (Namen beibehalten) Stangier et al. 1999 **SPAI-C** (Social Phobia and anxiety survey for children) Beidel et al. 1996 dtsch: **SPAI-C-D**; Melfsen et al. 1999

Redeängste

Das **ST-SPAI** erzielt sehr befriedigende testtheoretische Werte. In deutscher Fassung liegen – wenn auch an Studenten erhoben – getrennte Normen für Männer und Frauen vor. Die Vorhersage der aktuellen Sprechangst in einer Redesituation gelingt mit der SPA-Trait-Skala deutlich besser als mit allgemeinen Angstskalen.

Der **PRCS** erfasst subjektive und verhaltensbezogene Aspekte der Redeangst. Hohe Ausprägungen erfüllen die Kriterien der Sozialen Phobie (z. B. Boone et al. 1999).

Von den vorliegenden Verfahren unterscheidet sich der **FRÄ**. Er ist nicht nur auf die Konfrontationsphase des Redehaltens, sondern auch auf Vorbereitungs-, Antizipations- und Entspannungsphase bezogen. Der Angsthöhepunkt liegt häufig vor der eigentlichen Rede (Kriebel 1984, Spiegler et al. 1968). Kognitive (Besorgtheit) und affektive (Aufregung/Emotionalität) Aspekte der Angst werden differenziert (s.a. Brüstle et al. 1985). Der FRÄ umfasst die beiden Faktoren „Emotionalität" und „Besorgtheit" mit jeweils 4 Subskalen: „Tage vor der Rede", „Unmittelbar vor der Rede", „Während der Rede", „Nach der Rede". Nur die Skalen zur Emotionalität differenzieren den Zeitverlauf. Die 4 Skalen sind geeignet, den selbstkognizierten Verlauf der emotionalen Erregtheit vom Tag vor der Rede bis nach der Rede zu beschreiben.

Kommunikationsängste

Der **PRCA 24** hat in einer Vielzahl von Populationen Anwendung gefunden. Sprechangst wird unter 4 Situationskontexten mit jeweils 6 Fragen erhoben: „Kleine Gruppen", „meetings", „dyadische Konversation", „Rede halten". Die Skala ist in der Lage, konkretes Verhalten in der Redesituation vorherzusagen. Die Diskriminationskraft einzelner Situationen ist offensichtlich kulturabhängig („meeting vs small groups"; Pribyl et al. 1998).

Soziale Ängste

Auf umschriebene Situations- und Verhaltensaspekte lassen sich der U-Fragebogen und der IAF beziehen. Der **U-Fagebogen** erfasst soziale Angst unter dem Aspekt verschiedener sozialer Kompetenzen, der **IAF** bereichsspezifische Angstneigungen in Bewährungssituationen und bei physischen und psychischen Angriffen. Die beiden Fragebögen sind nicht spezifisch auf sozialphobische Ängste bezogen.

Eine bereichsweite Erfassung von Bewertungsängsten und Vermeidungsverhalten in sozialen Situationen ist mit **SANB** und **SVSS** möglich. Nur wenige Items sind aufs Sprechen bezogen. Die testtheoretischen Kriterien, an einer studentischen Stichprobe erhoben, sind befriedigend und zeigen hohe konkurrente und Kriteriumsvalidität auf. Nach Heimberg (1994) ist die Sensitivität der SANB, obwohl häufig zur Therapieevaluation verwendet, fraglich.

Soziale Phobien

Speziell auf das klinische Störungsbild der sozialen Phobien sind die Skalen SIAS und SPS bezogen. Mit der **SIAS** werden kognitive und affektive Reaktionen in verschiedenen sozialen Kontaktsituationen (z. B. mit Autoritäten, mit Fremden, in Gruppen mit gegengeschlechtlichen Personen) erfasst. 6 von 20 Items sind auf mündliche Kommunikation bezogen. Mit der **SPS** wird Besorgnis und Unbehagen erfasst in Situationen, in denen man selber (z. B. „Im Bus jemandem gegenüber sitzen") oder die eigenen Handlungen (wie „Schreiben", „Essen/Trinken") der Beobachtung anderer ausgesetzt ist. Auf Sprechen ist 1 von 20 Items bezogen. Die an relativ kleinen klinischen Gruppen erhobenen testtheoretischen Werte sind sehr befriedigend. Eine erwartete differenzielle Validität der Skalen hinsichtlich interaktions- und leistungsbezogener Ängste konnte nicht bestätigt werden.

Erfassung bei Kindern

Für Kinder und Jugendliche ab 8 Jahren liegt mit dem **SPAI-C-D** ein reliables und valides Instrument vor, das körperliche Beschwerden, Vermeidung und Fluchtverhalten in verschiedenen Situationen erfasst. Die Ängste dürfen hierbei nicht nur gegenüber Erwachsenen bestehen, sondern müssen auch bei Gleichaltrigen auftreten.

Ein gemeinsamer Faktor

Die Interkorrelationen zwischen den aufgeführten Verfahren, sowohl innerhalb als auch zwischen den Spalten als auch in Bezug auf Skalen, die ähnliche Konstrukte wie Schüchternheit, soziale Gehemmtheit, Scham erfassen, sind beträchtlich. DALY (1978) hat mit 25 Fragebögen die inhaltlich plausible Unterscheidung in Leistungs- , Kommunikations- und soziale Ängste faktorenanalytisch nicht bestätigen können. Es ergab sich ein genereller Verhaltensfaktor (zsf. KRIEBEL 1992). BUSS (1980) sieht das Gemeinsame der verschiedenen sozialen Ängste im Unbehagen in Gegenwart anderer Personen, was mit der Vorstellung zu tun hat, sich selbst als soziales Objekt zu wahrzunehmen.

Diagnostisches Interview

Zu empfehlen ist ein klinisch **diagnostisches Interview**, um Ausmaß, psychopathologische Begleiterscheinungen und differenzielle diagnostische Einordnung der Sprechangst zu ermöglichen. Erfasst werden kann auch, inwieweit sich Vermeidungsverhalten in einem perfektionistisch rigiden Denkstil manifestiert (SP). Die Betroffenen erleben oftmals große Entlastung, wenn mit der Redesituation verbundene Verwirrung auf empathisches Verständnis stößt. Isolierte Redeängstlichkeit wird oftmals angeboten, um schambesetzte weitergehende Kontakt- und Interaktionsängste zu verdecken. Soziale Phobien weisen zumeist hohe Komorbidität mit anderen Störungen auf (in 81 % der Fälle), insbesondere mit Angststörungen, depressiven Störungen und Substanzenabhängigkeit (vgl. z.B. STANGIER & HEIDENREICH 1997). Wieweit ein solch aufwendiges Interview im Rahmen der Sprachheilpädagogik leistbar und praktikabel ist, muss im Einzelfall entschieden werden.

Fremdrating

Über **Fremdratings** erhobene Verhaltensmaße sind in der Lage, Ängste aufzudecken, wenn subjektiv-verbale Maße unauffällig sind und um Störungsbereiche zu entdecken, die therapierelevant und -sensitiv sind. Erhoben werden Verhaltensmaße, die für Angst, Nervosität durchlässig erscheinen (z. B. Sprechtempo, Sprechunflüssigkeiten, Körperhaltung), Vermeidungsverhalten (z. B. Sprechabbruch) und auf die Kompetenz des Sprechers bezogene soziale Fertigkeiten.

Die sichtbaren verhaltensbezogenen Auswirkungen von Sprechangst lassen sich über die **Ratingliste** VON PAUL (1966) erfassen. Die Liste hat in vielen Therapieuntersuchungen Anwendung gefunden. Seit kurzem steht von FYDRICH (1996) eine differenziertes **Kodierungssystematik,** die er von TROWE et al. (1978) adaptiert hat, zur Verfügung. Hierbei werden 5 Bereiche der Kompetenz in Interaktionssituationen operationalisiert (Blickkontakt, Tonfall, Sprechdauer, Nervosität und ein allgemeines Maß von Kompetenz). Bei befriedigender Raterobjektivität konnten hiermit Sozialphobiker von anderen Angststörungen und nichtphobischen Kontrollpersonen unterschieden werden. Dabei weisen Sozialphobiker die geringste soziale Kompetenz auf.

Zusammenfassen zur Evaluierung von therapeutischen Maßnahmen ist eine multimodale Diagnostik der Sprechangst zu fordern. Neben Selbst- und Fremdeinschätzungen sollten auch physiologische Erregungsparameter – zumindest die Herzfrequenz – erhoben werden. Künftig sind neben physiologischen Reaktionstypen in Zusammenhang mit Sprechangsterleben auch Typenbildungen, die mögliche Wechselwirkungen mit sprecherischen Fähigkeiten berücksichtigen, zu fordern.

Zentrale Aspekte der Diagnostik bei Aphasie

Jürgen Steiner

1 Einführung

Diagnostik und Prämissen

Wie wir diagnostizieren hängt entscheidend von unserem Selbstverständnis ab. Wenn wir Sprache wesentlich über die linguistischen Bausteine definieren, werden wir anders diagnostizieren, als wenn wir Sprache als Medium der Verständigung zwischen Menschen sehen. Wenn wir den Weg zur Gesundheit über die Symptombeseitigung wählen, werden wir anders diagnostizieren, als wenn wir Gesundheit als das Bewusstsein der eigenen Situation und den Grad der Nutzung der Ressourcen in der Situation verstehen. Wenn wir Aphasie als eine Sprachstörung bei einer hirnorganisch geschädigten Person verstehen, werden wir anders diagnostizieren, als wenn wir Aphasie als Dialogstörung zwischen Personen sehen. In einem pädagogischen Verständnis sind Verständigung – Ressourcen – Dialog essenzielle Bestandteile der Problemsicht und werden deshalb in diesem Beitrag berücksichtigt.

Literaturempfehlung

Ziel dieses Beitrages ist es, eine anleitende Übersicht, eine Ordnung des diagnostischen Prozesses zu geben. Ziel ist es nicht, möglichst viele Verfahren zu erwähnen (vgl. Lang 1981 sowie Niebuhr & Hansen 2001); Berücksichtigung finden jene, die als deutschsprachige Version vorliegen und die sich durchgesetzt haben. Aus diesem Grunde wird der Aachener Aphasie Test, AAT (Huber u.a.1983), an mehreren Stellen eingebunden, während zum Beispiel die Tübinger-Luria-Christensen-Neuropsychologische-Untersuchungsreihe, TÜLUC (Hamster, Langer & Mayer 1980), oder der Amsterdam-Nijmegen-Everyday-Language-Test, ANELT (Blomert 1997), nicht aufgegriffen werden. Für die hier entwickelte Ordnung sind die folgenden Literaturempfehlungen stellvertretend:

- Für einen allgemeinen Überblick über das *Störungsbild der Aphasie* sei Lutz (1992), Steiner (2001) und Tesak (1999) empfohlen.
- Einen Einblick in eine *medizinische orientierte Diagnostik* von Aphasie erhält man bei Fischer, Gress-Heister & Heister (1994) und bei Poeck (1989).
- Bei den vielen Veröffentlichungen über *Aphasiediagnostik aus dem Blickwinkel der strukturellen Linguistik* kann das Buch von Huber (1991) als Stellvertreter angesehen werden; die *pragmatische Perspektive* wird bei Becker (2001) abgehandelt.
- Die *pädagogische Perspektive der Aphasiediagnostik* wird bei Steiner *(1996a)* mit der Einführung der Bedeutungsdiagnose grundgelegt.

- Aus der Sicht der/des praktisch Handelnden sind als *praktisch-diagnostisches Handwerkszeug* für die Akutphase der Aphasie Schnell Test, AST (Kroker 2000), und für die stabile Phase der Aachener Aphasie Test, AAT (Huber u.a. 1983.), unverzichtbar.

2 Dimensionen der Diagnostik

Interdisziplinarität

Bei der Diagnosestellung und natürlich auch bei der Behandlung einer Aphasie gibt es eine Reihe von arbeitsteiligen Aufgabenstellungen, die im interdisziplinären Austausch geleitet besprochen werden müssen. Beispielsweise klärt

- die ärztliche Seite unter anderem die Medikation,
- die Neuropsychologie unter anderem den Status von Aufmerksamkeit und Gedächtnis,
- die Psychotherapie unter anderem die Voraussetzungen zur Krankheitsverarbeitung,
- die Ergotherapie unter anderem die feinmotorischen Möglichkeiten bezüglich des Schreibens und
- die Sozialberatung unter anderem die Familien- und Arbeitssituation.

Interdisziplinarität und Organisationsrahmen

In einer stationären Einrichtung (Beispiel: Rehabilitationsklinik) ist Arbeitsteilung und Austausch wesentlich einfacher zu realisieren als in der ambulanten Therapie (Beispiel: freie Praxis). Die Mindestvoraussetzung für das Ermöglichen von Interdisziplinarität ist das Bereitstellen der Ressource Zeit – in der heutigen Therapiepraxis leider keine Selbstverständlichkeit (vgl. Steiner 1998).

Grundvoraussetzungen zur Diagnostik

Vor Beginn der Aphasiediagnostik sollte unbedingt Seh- und Hörstatus, Grad der Belastbarkeit (als maximale Daueraufmerksamkeitsspanne, mindestens 10 Minuten), Grad der Orientiertheit und die Bereitschaft zur Mitarbeit (störungsbewusst und zum Vertrauensvorschuss bereit) geklärt sein (vgl. Neubart, Palm & Steiner 1998: Geriatrie-Indikations-Checkliste, Ginch). Sind einige der genannten Punkte nicht geklärt, wird die Diagnose erheblich erschwert.

Diagnostik als Prozess

Wer diagnostiziert, möchte Schlüsselinformationen gewinnen, um die Einflussnahme zu planen, zu strukturieren und überprüfbar zu machen. Wenn von Schlüsselinformationen gesprochen wird, ist damit gemeint, dass Diagnostik ein offener und dynamischer Prozess ist, der sich einerseits unter dem Druck der schnellen Hilfe für die Betroffenen nicht völlig reduzieren, sich andererseits aber im Bestreben, das gesamte Spektrum aller Einzelinformationen abzudecken, auch nicht unmäßig ausdehnen darf. Diagnostik hat einen konkreten Auftrag für zielgerichtetes Handeln: Sie will zunächst so informativ wie nötig sein, um sich im weiteren Verlauf ständig zu reflektieren, zu ergänzen und zu erneuern.

Vorbereitung der Therapeutin

Diagnostik, ob nun im Rahmen eines informellen bzw. standardisierten Verfahrens vorstrukturiert oder als eigene freie Konzeption, geht in folgenden Schritten vor:

- Durchführungsmodalitäten beachten bzw. festlegen,
- Protokoll bereithalten oder erstellen,
- Material bereit halten,
- Patient einweisen (mit einer Wiederholungsschleife, explizit machen, was ich als Untersucherin und was er als Untersuchter macht),
- keine Hilfe bei der Durchführung,
- Auswertung,
- Besprechung mit dem Patienten und weitere Planung.

Diagnostische Zielsetzungen

Therapieren heißt, planvoll und nachvollziehbar Probleme in einem Zeitrahmen zu bearbeiten, um den Weg und das erreichte Ergebnis einem Resümee zu unterziehen. Planvoll bedeutet, dass man auf der Grundlage von Annahmen über die Problemkonstellation und die Kompensationsmöglichkeiten im Bereich Sprache und Kommunikation ein nächstes erreichbares Ziel bestimmt, geeignete Mittel auswählt und die Schritte der Vorgehensweise bestimmt. Es können vier Ebenen der Diagnostik unterschieden werden:

- Benennen des Problems (Differenzialdiagnose),
- Erfassung der subjektiven Bedeutsamkeit des Problems (Bedeutungsdiagnose),
- Erfassung der Ressourcen (Förderdiagnostik),
- Dokumentieren des Ist-Standes (Therapiekontrolle).

Die erwähnten Testverfahren Aphasie Schnell Test, AST (vgl. Kroker 2000), und Aachener Aphasie Test, AAT (vgl. Huber u.a. 1983), bedienen (und intendieren) nur den erst- und den letztgenannten Bereich.

Beteiligte Personen

Am diagnostischen Prozess beteiligt sind die Primärbetroffenen („Aphasiker"), die Hauptgesprächspartner als Sekundärbetroffene („Angehörige") sowie therapeutisch Tätige, die nach Möglichkeit ein sich austauschendes und sich gegenseitig supervidierendes Team bilden.

Methoden der Diagnostik

Die Methoden reichen vom informellen Gespräch mit Leitfragen bis hin zur psychometrisch abgesicherten Testdiagnostik; im Wesentlichen bedient man sich der

- Befragung (z. B. sprachbezogene Eigenanamnese und dialogbezogene Fremdanamnese, vgl. Steiner 1993),
- Transkriptauswertung einer Spontansprachprobe (vgl. Peuser 2000),
- Beobachtung in einer Dialoganalyse (vgl. Bongartz 1997, Steiner 1993),
- Testung (standardisiert versus nicht-standardisiert, z. B. Huber u.a.1983).

Die drei erstgenannten Verfahren können als niedrigstrukturiert, das letztgenannte als hochstrukturiert angesehen werden.

3 Differenzialdiagnose – Bedeutungsdiagnose – Förderdiagnose – Therapiekontrolle

3.1 Differenzialdiagnose

Diagnostische Entscheidungen

Bei der Differenzialdiagnose geht es um die Entscheidung

- Aphasie versus keine Aphasie,
- Aphasie mit oder ohne begleitende Dysarthrie/Dysarthrophonie (bzw. Dysphagie),
- Zuordnung zu einem Syndrom (Aphasieform), die Erwartungen an die Art der Probleme und auch Erwartungen an die Prognose festlegt,
- Bestimmung des Schweregrades der Aphasie,
- Erfassung der neurologisch bedingten Begleiterscheinungen (Gesichtsfeldeinschränkungen, Facialisparese, Apraxien, Neglect u.a., vgl. Poeck 1989).

Aphasie versus keine Aphasie

Die Frage Aphasie versus keine Aphasie kann in der Akutphase sehr gut mit dem Aphasie Schnell Test, AST von Kroker (2000), geklärt werden; in der stabilen Phase braucht im Rahmen des Aachener Aphasie Tests nur der Token Test und der Testteil Schriftsprache durchgeführt zu werden.

Tabelle 1: Entscheidung Aphasie – keine Aphasie

	Verfahren	Kriterium	Zeit	Wert für Aphasie
akute Phase	AST	Gesamttest	5–15‘	< 26 (Skala: 0–31)
stabile Phase	AAT	Token Test Schriftsprache	ca. 15‘ ca. 20‘	> 6 (Skala: 0–50) < 79 (Skala: 0–90)

Begleitende Dysarthrie, Dysarthrophonie, Sprechapraxie, Dysphagie

Die Frage nach einer begleitenden Dysarthrie, Dysarthrophonie oder Sprechapraxie, verstanden als unterschiedliche neurologisch bedingte Aussprache- und Atem-Sprech-Koordinationsprobleme (vgl. Giel 2001 sowie Ziegler 2001), kann grob durch die Beobachtung der Spontansprache geklärt werden. Ist die Sprechweise verwaschen, undeutlich, arhythmisch kann von einer Dysarthrie ausgegangen werden; kommen stimmliche Probleme hinzu, gilt es eine Dysarthrophonie abzuklären, sind die Äußerungen von großer artikulatorischer Inkonsequenz mit Suchverhalten gekennzeichnet, steht die Abklärung einer Sprechapraxie an. Die Frage nach einer begleitenden Dysphagie, verstanden als neurogen bedingte Schluckstörung, ergibt sich in einem orientierenden Schritt durch das anamnestische Gespräch mit dem Patienten, dessen Angehörigen oder dem Pflegepersonal. Steht eine Verdachtsdiagnose im Raum, ist weitere Abklärung erforderlich.

Syndromzuordnung

Auf der Grundlage unterschiedlicher theoretischer Hintergründe sind die Einteilungen der Aphasien bei verschiedenen Autoren in unterschiedlich stark differenzierter Weise vorgenommen worden: Während WERNICKE (1874) eine Dreiteilung (Motorische, Sensorische, Leitungsaphasie) vornahm, unterschied LEISCHNER (1972) zehn Aphasiesyndrome. Durchgesetzt im deutschen Sprachraum hat sich die Vierteilung der Aachener Schule (HUBER u.a. 1983, POECK 1989): Broca-, Amnestische, Wernicke- und Globalaphasie. Ein Schema zur differenzialdiagnostischen Vorgehensweise zur Ermittlung der Standardsyndrome und der Sonderformen mittels Aachener Aphasie Test, AAT (vgl. HUBER u.a.), findet sich in STEINER (2001, 213). Die Variationsbreite bezüglich der Ausprägung der verbliebenen sprachlichen Leistungsfähigkeit bzw. des Grades der Störung ist ganz enorm (vgl. STEINER 2001, 212), so dass man sehr vorsichtig sein sollte mit seinen Erwartungen. Eindeutig erwartbar ist zunächst nur, dass erstens Broca- und globalaphasische Patienten mühevoll, schleppend und mit großer Anstrengung sprechen, während dies bei Wernicke- und Amnestischen Patienten nicht der Fall ist, und zweitens, dass Broca- und Amnestische weniger schwer beeinträchtigt sind als Globalaphasische und Wernicke-Patienten. Diese Aussage ist jedoch sehr allgemein und reduziert die Bedeutung der Syndromzuordnung als diagnostische Fragestellung ganz erheblich. Die Chance einer Differenzialdiagnose ist die erleichterte Verständigung im Interdisziplinären Team; die Gefahr ist, dass Pauschalitäten die klare Sicht auf die Besonderheit des Einzelfalles verstellen (Aphasie als „Individualsyndrom“, vgl. TESAK 1999, STEINER 2001).

Bestimmung des Schweregrades

Zur Schweregradbestimmung eignet sich der Token Test im Rahmen des Aachener Aphasie Tests: Ursprünglich als Sprachverständnistest von DE RENZI & VIGNOLO (1962) konzipiert (erste deutsche Version von ORGASS 1982), hat er sich als valides Instrument zur Beurteilung des Sprachgedächtnisses als zentrale Größe für die Aphasie erwiesen. Das Grundprinzip dieses Testes ist, dass der Untersuchte mit abstrakten, situativ nicht erschließbaren Begriffen in länger und komplexer werdenden Anweisungen umgehen muss. Auf jeden Fall ist der Token Test ein unverzichtbarer Baustein der Aphasiediagnostik. Erfahrene Untersucherinnen wissen, dass die Leistungsfähigkeit der Patienten im Token Test immer wieder überraschen kann (vgl. hierzu auch BIRCHMEIER 1984). Durch HUBER u.a. (1983) gibt es im Rahmen des Anhangs zum AAT Prozentränge für den deutschen Sprachraum, anhand derer sich die individuelle Leistung des Patienten einordnen lässt.

3.2 Bedeutungsdiagnose

Zum Begriff Bedeutungsdiagnose

Mit Bedeutungsdiagnose (vgl. STEINER 1996a) ist das subjektive Bewerten der jetzigen Lage gemeint: Wie erlebe ich mich und andere in meiner Sprache (Sprachwelt), in meinen Gesprächen (Dialogwelt) und in meinen Kontakten zum Umfeld (Anforderungswelt)? Mit der Bedeutungsdiagnose rücken also (über den sprachstrukturellen Aspekt hinaus) dialogische Probleme und Ressourcen (als dialogischer Aspekt) sowie Probleme und Ressourcen im Lebensvollzug (als psychosozialer Aspekt) in das Blickfeld.

Berücksichtigung der subjektiven Bedeutsamkeit bei der Zielbestimmung

Subjektive Beschwerden und daraus folgende Schwerpunktsetzungen bezüglich Therapiezielen und -maßnahmen und objektiv beobachtbare Abweichungen von der Normalität im Bereich Sprache und Kommunikation sind zwei verschiedene Dinge. Therapieziele sollten zwischen den Betroffenen und der Therapeutin verhandelt werden und nicht einfach als Verordnung erfolgen; das Testat „Erfolg" ist schließlich nicht nur das Ergebnis einer objektiven Beurteilung, sondern auch eine Kategorie des subjektiven Erlebens. Deshalb sollte Konsens bezüglich des Zieles und Transparenz bezüglich des Weges hergestellt werden. In dieser Sichtweise arbeitet die Therapeutin mit einem „Arbeitsauftrag" der Betroffenen.

3.3 Förderdiagnose

Helfende Diagnostik

Im Rahmen einer helfenden Diagnostik rückt man von dem in Kapitel 1 angesprochenen Prinzip der Durchführung „Keine Hilfe bei der Durchführung" ab. Hier geht es auch nicht nur um Defizite und Leistungen des Patienten, sondern um die Ermittlung und die Hierarchie von geeigneten Hilfen. In diesem Sinne geht beispielsweise der Aachener Aphasie Bedside Test (Biniek 1993, 23) vor: Es geht um die Ermittlung der Stimulierbarkeit als diagnostisches Ziel. Die Fragestellung ist hier allgemein: Gelingt eine Leistung

- indem der Patient alleine handelt,
- indem ich den initialen Impuls gebe (Bsp.: Vorgabe der ersten drei Zahlen im Reihensprechen),
- indem ich den Patienten führe (Bsp.: Hand beim Schreiben führen, Mitsprechen),
- oder, wenn die Leistung nicht gelingt, kann der Patient meine Handlung aufmerksam verfolgen und nachvollziehen (Bsp.: für den Patienten Bilder handelnd ordnen)?

Spontansprachdiagnostik

Eine detaillierte und einfache Anleitung, wie eine Spontansprachprobe zu erheben, der transkribierte Text zu reinigen ist und wie eine deskriptive und kontrastive Textanalyse durchzuführen ist, gibt Peuser (2000, 170f.). Die Spontansprachdiagnostik ist in ihrer eigentlichen Intention keine Ressourcendiagnostik, allerdings kann sie durchaus so verstanden werden, weil sie in einer natürlichen Situation objektiviert, was ist, und ohne Bewertungen auskommt.

3.4 Therapiekontrolle

Dokumentation als Grundvoraussetzung

Eine Therapiekontrolle ist immer dann möglich, wenn die Vorgehensweise bei der Erstdiagnose in einer Folgediagnose durch eine exakte Dokumentation wiederholbar gemacht wird. Deshalb kann man auch mit nicht-standardisierten Verfahren eine Therapiekontrolle durchführen. Allerdings ist es nur in einem standardisierten Verfahren über den Prozentrang (bzw. über Z- oder T-Werte) möglich, die Verbesserungen zu objektivieren.

3.5 Definition Aphasiediagnostik

Nach den bisherigen Ausführungen kann nun Aphasiediagnostik wie folgt definiert werden:

Definition Aphasiediagnostik

> *Aphasiediagnostik ist vorrangig der Prozess, die intraindividuellen Sprachprobleme und Kompensationsmöglichkeiten sowie die interindividuellen Dialogbedingungen vor dem Hintergrund des Lebenszusammenhangs zu ermitteln und zu systematisieren, um ein therapeutisches oder beraterisches Angebot zu planen; nachrangig geht es um die Benennung des Problems als Zuordnung zu einem Aphasiesyndrom und um die Ermöglichung einer Therapiekontrolle.*

In dieser Definition erfüllen (und intendieren!) sowohl der Aphasie Schnell Test von Kroker (2000) als auch der Aachener Aphasie Test nur Teilaspekte. Da sie aber die Frage der Indikation („Aphasie – keine Aphasie") eindeutig durch ihre Standardisierung klären, sind beide Verfahren unverzichtbar – der Stellenwert für die Bestimmung des Therapieziels und des Therapieplanes muss jedoch als gering eingeschätzt werden. Das bedeutet, dass die Therapeutin im Hinblick auf die Zielbestimmung und die inhaltliche Planung auf informelle Verfahren oder auf eigene Konzepte („handgestrickte Diagnostik", vgl. Kapitel 3.3) zurückgreifen wird.

Diagnostische Anforderungen

Allgemein geht es einer logopädisch-sprachheilpädagogischen Aphasiediagnostik unter Berücksichtigung der sprachlichen, dialogischen und psychosozialen Aspekte um folgende Fragen:

1. Wie stark ist die sprachlich-kommunikative Abweichung von der „Normalität" (als Indikations- und Schweregradfrage)?
2. Inwiefern überlagern oder dominieren andere psychische Funktionen (Denken, Erinnern, Antrieb, Motivation, Gefühlslage, Bewegen) die Sprach- und Kommunikationsstörung (als Frage nach dem Zusammenspiel der psychischen Funktionen)?
3. Wie lassen sich Störungsumfang und Restressourcen auf der sprachstrukturellen Ebene bestimmen: (A) im Laut- und Schriftsprachsystem, (B) in den Modalitäten phonemisch-semantisch-syntaktisch-textual und (C) in den Vollzugsebenen rezeptiv-imitativ-produktiv (als linguistische Frage)?
4. Welche Hypothesen können über Mechanismen der (Fehl-) Kompensation aufgestellt werden (psycholinguistische Frage nach den Wirkfaktoren)?
5. Wie wurden Gespräche, Kontakte und Aktivitäten bisher gelebt und inwiefern haben sich diese verändert (Frage nach dem Lebensvollzug)?
6. Inwieweit sind die Angehörigen in die Therapie mit einzubeziehen (Frage nach Coping-Ressourcen)?
7. Was ist mein Arbeitsauftrag (Frage nach dem Zielkonsens zwischen den Beteiligten)?

In diesem Fragekatalog ist die linguistische Diagnose nur ein Baustein unter anderen; die klassische linguistisch ausgerichtete Aphasiediagnostik bezieht sich (nur) auf Punkt 2.

4 Sprachlichkeit – Sprache – Gespräche

Aphasiediagnostik möchte die Sprech- und Gesprächsbedürfnisse und -anforderungen erfassen. Dies geschieht in einer sprachbezogenen Anamnese. Des Weiteren will sich die Therapeutin ein Bild machen, welche Inhalte bezüglich verstehen, sprechen, lesen und schreiben sinnvoll und vorrangig sind. Dieses Bild wird durch die Sprachstrukturelle Diagnostik erstellt. Darüber hinaus möchte die Therapeutin beurteilen, wie die Initiative und die Aufrechterhaltung von Gesprächen sowie der Umgang mit Missverständnissen zu beurteilen ist. Dies klärt sie in einer dialogisch orientierten Diagnostik.

4.1 Einblick in die Sprachlichkeit

Sprachlichkeit und Anamnese

Die Sprachbezogene Anamnese fragt nach

- dem jetzigen und früheren Sprachumsatz (Lesen-Schreiben-Gespräche),
- dem Lebenszusammenhang (Familie, Muttersprache, Freizeitgestaltung),
- den sprachlichen Anforderungen in der Umwelt (Schule, Beruf),
- dem Krankheitsverlauf (Zeitpunkt des Ereignisses, Verlauf, bisherige und jetzige Maßnahmen sowie Berichte),
- den Begleitproblemen (psychische Belastungen, Apraxien u.a.).

Es kann sehr sinnvoll sein, vor der Fremdanamnese (Gespräch mit dem Ehepartner) die Eigenanamnese (Gespräch mit dem Aphasiepatienten) durchzuführen, um unvoreingenommen die Qualität der Verständigung zu beurteilen.

4.2 Sprachstrukturelle Diagnostik

Sprachsystem – Sprachebene – Modalität – Setting

Sprachstrukturell geht es darum, sich ein Bild von der Sprachverarbeitungsgsfähigkeit des Patienten zu machen; diesen Überblick erhält die Diagnostikerin durch die Zusammenschau von folgenden vier Dimensionen:

1. Sprachsystem: Lautsprache (phonisch) – Schriftsprache (graphisch),
2. Sprachebene: Phonem/Graphem (phematisch) – Wort (semantisch) – Satz (syntaktisch) – Text (textual),
3. Modalität (Sprachvollzugsebene): expressiv (phonisch: Sprechen, graphisch: Schreiben) – imitativ (phonisch: Nachsprechen, graphisch: Nachschreiben) – rezeptiv (Hörverstehen, Lesesinnverständnis) – transformativ (Lautlesen, Diktat schreiben),

4. Setting (Rahmenbedingungen des Sprachvollzugs): spontan – evoziert

Beispielsweise misst der Untertest „Benennen" im Aachener Aphasie Test den Leistungsgrad im System der Lautsprache auf der semantischen und syntaktischen Sprachebene (Wort und Satz) die expressive Modalität in einem Sprache evozierenden Setting: Der Patient soll eine passende Wort- oder Satz-Äußerungen zu einem gezeigten Bild machen.

Tabelle 2: Sprachstrukturelle Diagnostik in der Übersicht

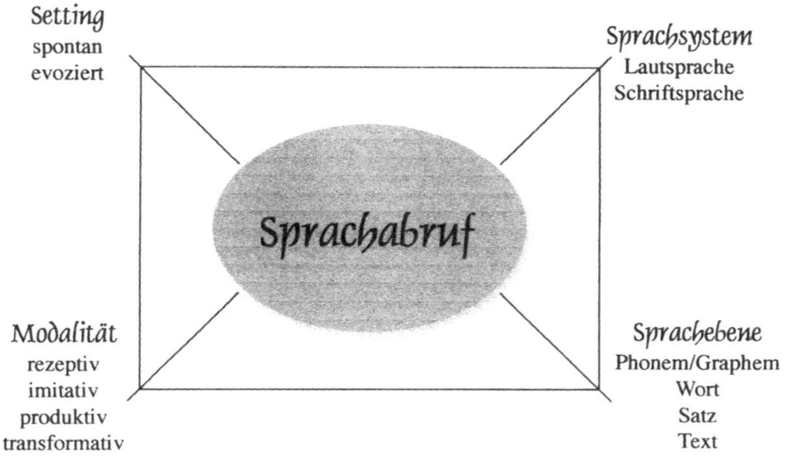

Die Begriffe Sprachsystem und Sprachebene sind nicht weiter erklärungsbedürftig; die Modalitätsbegriffe rezeptiv-imitativ-produktiv-transformativ können sinnvoll übersetzt werden mit Verstehens-, Nachahmungs-, Hervorbringens- und Umformungsleistung, im Setting kann man unmittelbare Sprachleistungen ohne Aufforderung (spontan) von Sprachleistungen auf Anfrage durch Vorstrukturieren der Situation (evoziert) unterscheiden.

Prüfungsumfang des Aachener Aphasie Tests

Von der Übersicht in Tabelle 2 ausgehend ist klar, dass der Aachener Aphasie Test nur einen Teilausschnitt der sprachstrukturellen Diagnostik erfasst; beispielsweise wird der wichtige Bereich „spontan schreiben" nicht geprüft. Eine komplette Übersicht der sprachstrukturell erfassbaren Leistungsfähigkeit des Patienten ergibt sich aus dem Produkt aus Sprachsystemen (2) x Sprachebenen (4) x Hervorbringungsmodalitäten (4) x Setting (2). Es ergeben sich 34 engere sprachstrukturelle Prüfungen, wobei noch nicht berücksichtigt ist, dass in jedem Fall auf Textebene, evtl. aber auch auf Wort- und Satzebene, unterschiedliche Abstufungsniveaus der Anforderung sinnvoll erscheinen:

- Minimalniveau (Voraussetzung für Verständigung),
- mittleres Niveau (Zurechtfinden im Alltag),
- gehobenes Niveau (Erfüllung beruflicher Belastungen).

Lücken des AAT

Dabei sind nicht alle Prüfungen sinnvoll. Eine Übersicht mit einer Einordnung des AAT zeigt Tabelle 3. Es wird deutlich, dass der Aachener

Aphasie Test als relevante, aber nicht komplette, sondern eben ergänzungsbedürftige sprachstrukturelle Prüfung verstanden werden sollte (der AAT deckt etwa 50 % der engeren relevanten Prüfungen ab; 18 von 34). Die kommunikativ hochrelevante Orientierung im Bereich der Textebene kann der Aachener Aphasie Test nicht leisten (hierzu sei für ein anspruchsvolles Niveau CLAROS-SALINAS 1993, für ein einfaches Niveau PULLER, STEINER & WORMS 1992 empfohlen).

Tabelle 3: Sprachstrukturelle Prüfung bei Aphasie mit Einordnung des Aachener Aphasie Tests (mit * gekennzeichnet)

Schriftsprache	**produktiv (schreiben)**	evoziert	T	Pat. verfaßt schriftlichen Text nach (Bild-) Vorlage
			S	Pat. schreibt Sätze nach (Bild-) Vorlage
			W	Pat. schreibt Worte nach (Bild-) Vorlage
			G	Pat. ordnet Buchstaben zu Worten -> AAT
		spontan	T	Pat. verfaßt schriftlichen Text ohne Vorlage
			S	Pat. schreibt Satz ohne Vorlage auf
			W	Pat. schreibt Worte ohne Vorlage auf
			G	0
	imitativ (nachschreiben)	evoziert	T	0
			S	Pat. schreibt schriftlich präsentierte Sätze nach
			W	Pat. schreibt schriftlich präsentierte Worte nach
			G	Pat. schreibt schriftlich präsentierte Grapheme nach
	perzeptiv (Lesesinn)	evoziert	T	Pat. beantwortet Fragen zum Gesamtverständnis eines Schriftstückes
			S	Pat. ordnet schriftlich präsentierte Sätze zu einer Vorlage -> AAT
			W	Pat. ordnet schriftlich präsentierte Worte zu einer Vorlage -> AAT
			G	0
	transformativ (Lautlesen/Diktat)	evoziert	T	Pat. liest einen schriftlich präsentierten Text laut vor
			S	Pat. liest schriftlich präsentierte Sätze laut vor -> AAT
			W	Pat. liest schriftlich präsentierte Worte laut vor -> AAT
			P/G	Pat. liest Buchstaben laut vor
		evoziert	T	Pat. schreibt einen mündlich erzählten Text auf
			S	Pat. schreibt vorgesprochene Sätze auf -> AAT
			W	Pat. schreibt vorgesprochene Worte auf -> AAT
			P/G	Pat. schreibt vorgesprochene Phone auf
Lautsprache	**produktiv (benennen)**	evoziert	T	Pat. erzählt zu einer Vorlage
			S	Pat. benennt (Bildvorlagen) auf Satzebene -> AAT
			W	Pat. benennt (Bildvorlagen) auf Wortebene -> AAT
			P	0
		spontan	T	Pat. erzählt in einer Gesprächssituationen -> AAT
			S	Satzgenerierung in einer Gesprächssituationen -> AAT
			W	Wortgenerierung in einer Gesprächssituationen -> AAT
			P	Phonologische Realisierung in einer Gesprächssituation -> AAT
	imitativ (nachsprechen)	evoziert	T	0
			S	Pat. spricht Sätze nach -> AAT
			W	Pat. spricht Worte nach -> AAT
			P	Pat. spricht Phone nach -> AAT
	perzeptiv (Hörverstehen)	evoziert	T	Pat. beantwortet Fragen zum Gesamtverständnis einer mdl. Schilderung
			S	Pat. zeigt passendes Bild zu einem gerade gehörten Satz -> AAT
			W	Pat. zeigt passendes Bild zu einem gerade gehörten Wort -> AAT
			P	0

Abkürzungen: T = Textebene, S = Satzebene, W = Wortebene, P = Phonemebene, G = Graphemebene, P/G = Phonem-Graphem-Korrespondenz, AAT = Teil der Prüfung innerhalb des Aachener Aphasie Tests (mindestens 5 Items), 0 = nur bedingt sinnvolle Prüfung

4.3 Dialogdiagnostik

Notwendigkeit einer dialogischen Diagnostik

Zum Verstehen und Verstandenwerden gehören zwei Menschen. Eine sprachstrukturell orientierte Diagnostik kann zwar Fehler der Sprachproduktion, -imitation und -perzeption erklären; diese sind aber nicht die alleinige Ursache von Kommunikationsproblemen. Die Regeln für Gespräche sind andere als die der Sprachverarbeitung. Zudem wird der Bedarf nach einer dialogischen Diagnostik (und Therapie) von den Betroffenen selbst eingefordert: In einer Studie von HÖNIG & STEINER (2001) war eines der Hauptergebnisse, dass Angehörige als Aphasie-Mitbetroffene sich selbst ohne therapeutische Leitung Strategien in Gesprächen mit ihrem betroffenen Partner erarbeiteten. Die meisten Befragten (N=95) hatten schon über mehrere Jahre Therapie, wurden jedoch seitens der Therapeutin bisher nicht über hilfreiche Gesprächsstrategien informiert. Fast alle Befragten wünschten sich eine kommunikativ orientierte Mitbehandlung. In einer Studie von MICKEL (2001) ergab eine Befragung von 25 Pflegenden im Akutkrankenhaus, dass kein großer Mangel bezüglich Informationen zum Störungsbild Aphasie bestand, auch der Austausch mit den Sprachtherapeutinnen, die konsiliarisch das Krankenhaus betreuten, wurde positiv bewertet. Supervisionsbedarf im Bereich Sprache und Kommunikation wurde im Thema „Hilfreiche Strategien in Gesprächen“ gesehen.

Verstehen als Methode der dialogischen Diagnostik

Das dialogische Geschehen ist lebendig und spontan, ein „ingenieursmäßiges Eingreifen“ ist hier weder diagnostisch noch therapeutisch möglich. Philosophisch ausgedrückt geht es um das Umfassen der Person in ihrer Potenzialität und Aktualität (vgl. BUBER 1979). Entscheidend ist der Grad an Bewusstheit, wie Gespräche ablaufen. Nur wenn sich alle Beteiligten bewusst darüber sind, was ist, gibt es Entscheidungsmöglichkeiten (als Arbeitsergebnis der Therapie): „Die Menschen [und ihre Gespräche] regulieren sich entweder durch Gewohnheit oder durch bewusste Wahl (YONTEF 1999).“ Dialogdiagnostik will die Voraussetzungen für das Ermöglichen einer bewussten Wahl schaffen. Eine Diagnostik in diesem Sinne entfernt sich vom Beurteilen und nähert sich dem respektvollen Wahrnehmen an; die Diagnostikerin versucht die zusammengebrochene Dialogwelt wertschätzend mit den Augen der Betroffenen zu sehen. In dieser Welt haben wir es nur teilweise mit messbaren Daten zu tun.

Grundsäulen für das Verstehen von Dialogen

In einer dialogischen Sicht geht es darum, verstehend zu filtern, zu sortieren und zu reduzieren, wie der Dialog früher war und wie sich dieser verändert hat. Eckpfeiler dabei sind (vgl. STEINER 1993, 1996 sowie BECKER 2001)

- der Umfang der Kontakte (mit wem spricht der Patient?),
- die Hauptprobleme in Gesprächen (warum kommt es zu Missverständnissen und Zusammenbrüchen?),
- die Hauptressourcen in Gesprächen (was wird von wem getan, um das Gespräch befriedigend zu gestalten?),
- die Gesprächsthemen und Themenverfolgung sowie Themenwechsel (worüber wird gesprochen?),

- die Initiative zu Gesprächen, Aufrechterhaltung von Gesprächen bzw. Gesprächsanteile und Sprecherrollenwechsel (wer übernimmt für welche Sequenzen die Verantwortung?),
- die Kooperationsbereitschaft mit dem Gesprächspartner (wer fordert von wem wie Hilfe an?),
- die Rahmenbedingungen für Gespräche (unter welchen Bedingungen finden Gespräche statt?).

Nicht-sprachliche Operationen, Gestik und Zeichnen

In einer dialogischen Diagnostik geht es aber nicht nur um den Dialog selbst, sondern auch um die Grundlagen für mögliche Ersatzhandlungen zur Verständigung ohne Sprache. Mit nicht-sprachlichen Operationen ist gemeint, dass sich die Untersucherin ein Bild über die allgemeine Orientiertheit des Patienten im Hinblick auf zielgerichtetes Handeln macht: Können Dinge oder Abbildungen richtig erkannt, geordnet oder in eine Reihenfolge eingepasst werden? Im Bereich der Gestik und des Zeichnens kann man der Systematik der Sprachstrukturellen Diagnostik folgen: Können Gesten/Zeichnungen verstanden (rezeptive Leistung) oder nachgeahmt (imitative Leistung) werden? Werden Gesten spontan im Gespräch benutzt oder können sie auf Anforderung hin produziert werden (produktive Leistung)? Bei der Beurteilung der produktiven Leistungsfähigkeit im Rahmen der symbolischen Kompetenz für Gesten spielt auch eine Rolle, ob diese im Gespräch begleitend, vorwegnehmend oder ersetzend gebraucht werden. Diese Faktoren der symbolischen Kompetenz werden in nur wenigen Testverfahren geprüft (Ausnahme: Aachener Aphasie Bedside Test, AABT, vgl. BINIEK 1993).
In Kapitel 1 wurde die Vorbereitung der Therapeutin vor der Durchführung der Diagnostik bereits angesprochen. Da es zum einen viele Bereiche der sprachstrukturellen Aphasiediagnostik gibt, die bisher unbearbeitet sind und zum anderen die dialogische Aphasiediagnostik komplex und dynamisch ist, soll als Einschub eine kurze Anweisung für das Erstellen eines Protokolls im Rahmen eines eigenen „Selbstbau-Konzeptes" zur Diagnostik gegeben werden:

Systemelemente

- Anweisung schriftlich fixieren und Material dokumentieren (wegen der Wiederholbarkeit),
- beobachtbare Reaktionen in ein Punktsystem bringen
  a) System mit zwei Bewertungskategorien: Leistung wird erbracht ja/nein (0/1 Punkt),
  b) System mit mehreren Antwortkategorien: Leistung wird erbracht korrekt / korrekt nach Wiederholung oder mit Unsicherheit / teilkorrekt / falsch (0–3 Punkte),
- Raum lassen für
  a) sonstige Beobachtungen (z.B. vermutete Kompensationsstrategien),
  b) Notizen zur anschließenden Befragung des Patienten,
  c) gemessener Zeitverbrauch zur Erbringung der Leistung,
- im Laufe der Routine eine Schweregradeinschätzung vornehmen (bei einer Skala von 0–10 oder 0–30),
- erbrachte Leistung in Prozent ausdrücken.

In einer vereinfachten Sichtweise gehen professionell konzeptionierte Verfahren auch nicht anders vor.

Systematik einer dialogischen Diagnostik

Wenn man die sinnvolle Dreiteilung rezeptiv-imitativ-produktiv aus dem Bereich der Sprachverarbeitung für Gespräche übernimmt, wäre die Leistungsfähigkeit des Patienten in dialogischen Situationen zu betrachten, in denen mehr die Teilhabe am Gespräch gefragt ist (perzeptiv-dialogisch), mehr das Aufgreifen von Impulsen (imitativ-dialogisch) oder mehr das aktive Steuern von Gesprächseröffnungen, -fortführungen und -themenwechseln (dialogisch-produktiv).

Gruß-, Kommentar- und Antwortfähigkeit

In der produktiven Modalität interessiert natürlich vor allem die Qualität der Gesprächsanteile:

- Wie und in welcher Intensität benutzt der Patient selbständig Grußformeln und ermöglicht damit eine Antwort bzw. eine Gesprächseröffnung,
- wie und in welcher Intensität gibt der Patient in der Situation des Zuhörens Kommentare, die zur Aufrechterhaltung oder Steuerung des Gesprächs beitragen,
- ist der Patient antwortfähig und wenn ja in welcher Qualität (Ja-Nein-Fragen, Alternativ-Fragen, offene Fragen)?

Konversationsanalyse

Der Ausgangspunkt der kommunikativen Diagnostik ist, dass man die Gesprächskompetenz in natürlichen Situationen untersuchen sollte und dabei Beobachtungen von Interpretationen klar trennen sollte (vgl. Bauer & Kaiser 1989). Ausgangspunkt bei Bongartz (1997) sind jene Gesprächspassagen, die Verbesserungshandlungen nach sich ziehen. Bleiben Verbesserungshandlungen aus, kommt es zu Missverständnissen oder Gesprächszusammenbrüchen. Als Ressource gilt es aufzugreifen, dass der Sprecher in Eigenregie oder in Kooperation mit dem Partner Selbstverbesserungen vornimmt, sich verbessern lässt, Verbesserungen bestätigt oder Hilfe anfordert und diese bestätigt. Seitens beider Gesprächspartner sind die Nachfrage, die Bitte um Wiederholung, das Angebot von Zusatzinformationen jeweils mit einer Bestätigung wesentliche gesprächsanalytische Elemente und wesentliche Bausteine für die spätere Therapie.

5 Diagnostische Schlussfolgerungen

Von der Diagnose zur Prognose

Es gibt eine Reihe von Einflussfaktoren für die Erfolgseinschätzung; wenn der Patient sich prinzipiell verständlich äußern kann und Gespräche ohne erhebliche Verstehensprobleme geführt werden, wenn Kontakte gewahrt bleiben und mit Kapazitäten zur Unterstützung in der Familie gerechnet werden kann, wenn der Patient sich mit Sinn selbst beschäftigen kann, dann kann von einer eher günstigen Prognose gesprochen werden.

Von der Diagnose zur Beratung

Die diagnostische Vorgehensweise und die wesentlichen Ergebnisse sollten den Betroffenen mitgeteilt werden. Diagnostik ist der Transparenz verpflichtet (vgl. Steiner 2000). Die Probleme sollten ernst genommen, nicht beschönigt und nicht negativiert werden, beobachtete Ressourcen sollten klar herausgestellt werden. Für alle Beteiligten ist ein Beratungsstil hilfreich, der Anteilnahme und Sachlichkeit in einer positiven Sprache zusammenbringt.

Von der Diagnose zur Therapieplanung

Diagnostizieren heißt nicht, maximale Präzision zu leisten; dieser Anspruch führt nur zur Überforderung der Therapeutin. Diagnose will filtern, reduzieren, sortieren und zu einer Ordnung des nachfolgenden Handelns kommen. Auf verschiedenen Ebenen gilt es letztlich einfache Fragen zu klären, nämlich

- was sind die Hauptprobleme,
- welche Ressourcen haben wir bei welchen beteiligten Personen,
- was kann ich als Therapeutin initiieren,
- welche zusätzlichen Informationen, Materialien brauche ich zur Vorbereitung?

Der Versuch, in einer Kausalitätskette von Modellen der Normalität und Abweichung zu einem Modell der Verortung des individuellen Problems zu gelangen, um gezielte Maßnahmen zu planen, die sich nachweislich kontrollieren ließen, muss als Utopie der Diagnostik angesehen werden. Deshalb ist ein pragmatisches Vorgehen erlaubt, welches der Linie Sortieren-Gewichten-Besprechen-Handeln folgt. Im Zusammenhang mit der Gestalttherapie hat Staemmler (1999) treffend von der „kultivierten Unsicherheit" als diagnostisch-therapeutische Haltung gesprochen: Jede Diagnose ist Konstruktion, in jeder Diagnose ist der Kontext als Größe einzurechnen und jede Diagnose ist nur eine Momentaufnahme in einem sich entwickelnden Prozess.

Von der Diagnose zum Bericht

Durch die bisherige Darstellung sollte deutlich geworden sein, dass ein Bericht, der alle vorangestellten Aspekte aufgreifen und abwägen möchte, um begründet therapeutische Konsequenzen daraus zu ziehen, mehrere Seiten umfassen würde. Aus Gründen der Praktikabilität wird die Therapeutin deshalb nur einen kurzen Bericht mit zentralen Aspekten verfassen. Solch ein Bericht könnte wie folgt aussehen:

Beispiel Therapiebericht

Kurzbericht zur therapeutischen Ausgangslage

Patient Herr N., bisher 3 Termine à 45 Minuten

Testdiagnostik. *Der Token Test ergibt einen Fehlerwert von 29 (max. 50, Prozentrang 47). Der Testteil Benennen des AAT ergibt einen Leistungswert von 51 Punkten (max. 120, Prozentrang 37), der Testteil Sprachverständnis ergibt einen Wert von 89 Punkten (max. 120 Punkte, Prozentrang 65).*

Dialogdiagnostik. *Herr N. zeigt eine unveränderte Initiative zum Gespräch. In schnellen Small-Talk-Sequenzen ist der Patient teils völlig unauffällig. Die Verständigung wird hauptsächlich erschwert durch sehr viele semantische Paraphasien (ca. alle 6 Inhaltsworte ereignet sich 1 Versprecher). Herr N. nimmt sehr selten Verbesserungshandlungen vor – und wenn, sind diese langwierig und erfolglos. Da sich der Patient kaum unterbrechen lässt, seinerseits aber häufig Unterbrechungen vornimmt, kann von einer deutlich erschwerten Gesprächs-Kooperationsbereitschaft ausgegangen werden.*

Arbeitshypothesen. *Als Hypothese der Hauptverursachung dominiert derzeit die mangelnde Kontrollmöglichkeit, die sich gleichermaßen*

auf die interne Sprachverarbeitung als auch auf die Gesprächsorganisation auswirkt.
Ressourcen. *Der Patient verfügt über ein hohes sprachliches Ausgangsniveau, er ist in hohem Maße reflektiv und äußerst motiviert.*
Berufsbezogene Informationen. *Der Patient übt einen Sprechberuf aus. Die kommunikativen Anforderungen sind vielfältig und reichen vom Kundengespräch über Mitarbeiterbesprechungen bis hin zu Präsentationen. Herr N. hat den festen Willen, in das Berufsleben zurückzukehren.*
Bedeutungsdiagnostik. *Nach einer therapeutisch geführten Tonbandkonfrontation steht für den Pat. derzeit die Reduktion der vielen Versprecher sowie das Wahrnehmen von Missverständnissen im Vordergrund.*
Benenndiagnostik. Es ist von einer mittelschweren Wernicke-Aphasie ohne Dysarthrie auszugehen.
Empfehlung. *Wir empfehlen nachdrücklich eine sprachstrukturell und dialogisch ausgerichtete Therapie mit maximaler Intensität für die ersten drei Monate; danach sollte eine Zwischenbilanz gezogen werden.*

6 Ausblick

Bei Aphasie haben wir es mit Menschen zu tun, die nach einem gravierenden Ereignis aus dem Leben gerissen werden, die künftig mit einer Hirnschädigung leben müssen und ein weiteres Ereignis fürchten. Es gilt einerseits die Probleme zu demaskieren, ohne den Patienten zu desavouieren (vgl. FISCHER, GRESS-HEISTER & HEISTER 1994) und andererseits die Ressourcen in selbst gefundenen Kompensationen zu würdigen, um mit einem therapeutischen Angebot gezielt an dem anzuknüpfen, was wirklich für die Beteiligten im Vordergrund steht.

Zur Diagnostik bei Dysarthrie/ Dysarthrophonie

Barbara Giel

1 Diagnostik als Konstruktion

Wenn man etwas diagnostizieren, d.h. beschreiben möchte, so wird jeder Befunderhebungsprozess geleitet von den impliziten oder expliziten alltags- oder wissenschaftstheoretischen Annahmen sowie den zugrunde liegenden Modellen. Die Definitionen, die Kausal-, die Phänomenologie- und auch die Therapiemodelle bestimmen die zu betrachtenden Aspekte innerhalb einer Diagnostik. Einer systemisch-konstruktivistischen Betrachtung folgend wird Diagnostik verstanden als Prozess der bewussten Modellbildung, „um beobachter- und perspektivenabhängige, zweckgebundene, selektiv und abstrahierende Konstruktion(en)" vornehmen zu können (Schiepek 1999, 68). In einem solchen Verständnis sind Diagnosen Wirklichkeitskonstruktionen, die durch Konsensverfahren entwickelt wurden. Sie stellen jedoch lediglich relative ‚Wahrheiten' dar, da sie von vielen Faktoren abhängig sind. Ein Faktor ist die aktuelle wissenschaftliche Erkenntnislage, die nicht unabhängig von den erkennenden Wissenschaftlern zu sehen ist. Der Faktor Zeit ist von großer Bedeutung, da jede Zeit für bestimmte Erkenntnis- und Wissenschaftstheorien steht. Der Faktor Kultur ist ebenso zu berücksichtigen, da in verschiedenen Kulturen unterschiedliche Codes für Sprache, Bewegung, Handeln etc. existieren. Diagnosemodelle stellen also sich ständig verändernde Konstrukte dar.

Modellbildung

(Diagnose-) Modelle sind komplexitätsreduzierende Darstellungen, die es ermöglichen sollen, einen Sachverhalt, Prozess oder Gegenstand zu verstehen, zu untersuchen bzw. zu erforschen. Dabei wird ein Bild – hier von der Entstehung, Aufrechterhaltung und Phänomenologie von Dysarthrien – konstruiert, das also von dem jeweiligen Beobachtungsstandpunkt abhängt. Die Beobachtungsperspektive und das Beobachtungsziel werden die Darstellung der Dysarthrie/Dysarthrophonie beeinflussen (vgl. Abb.1).

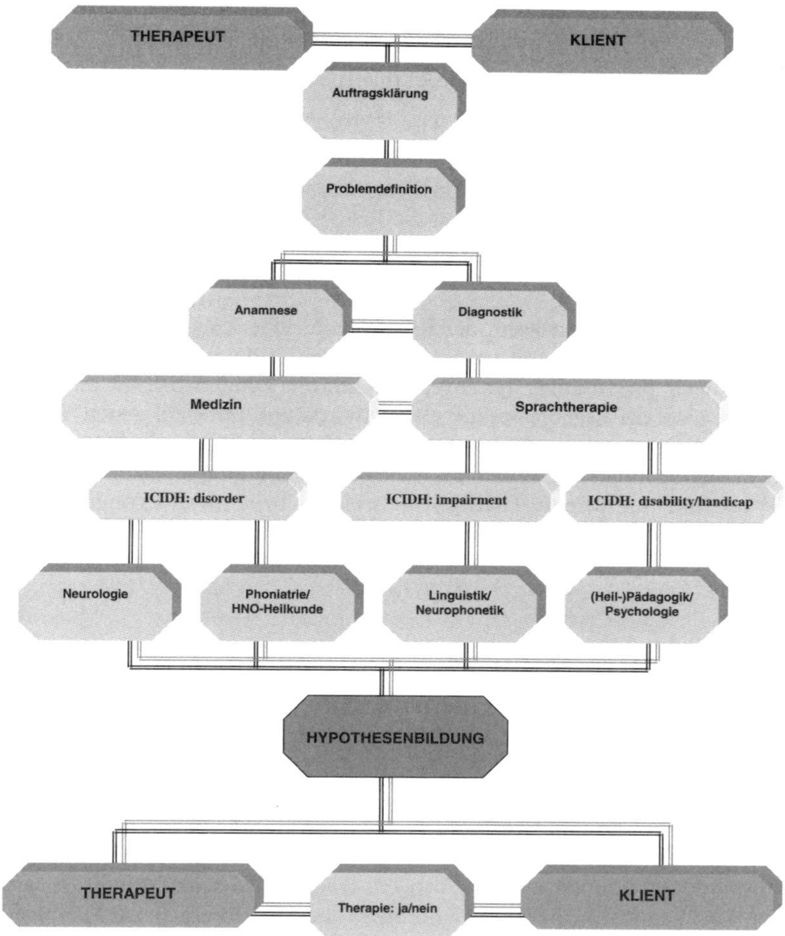

Abbildung 1: Diagnostikmodell bei Dysarthrie/Dysarthrophonie

2 Zur Kundenorientierung

Sprachtherapie bei Dysarthrie/Dysarthrophonie ist eine Dienstleistung im Gesundheitswesen. Die in den sprachtherapeutischen Prozess involvierten Personen und Gruppen (Klienten, Angehörige, Ärzte, Krankenkassen, Therapeuten) haben ein Interesse daran, dass möglichst ihre jeweiligen Ziele erfüllt werden. Da der Klient im Mittelpunkt des sprachtherapeutischen Geschehens steht und der Erfolg in der Sprachtherapie maßgeblich von ihm abhängt, ist es wichtig, zu Beginn des sprachtherapeutischen Prozesses, also zum Zeitpunkt der Anamnese und Diagnostik, seine individuelle Sichtweise der Problemlage, seine Bedürfnisse, seine Ziele etc. zu erheben. Dies ist um so bedeutsamer, da seine Wirklichkeits-

Wirklichkeits-
konstruktionen

konstruktionen in Bezug auf die Dysarthrie nicht unbedingt mit der seiner Angehörigen oder mit den Wirklichkeitskonstruktionen von Experten wie Medizinern und Sprachtherapeuten übereinstimmen müssen (vgl. GIEL 2000, PÖSSL 1996).

Zu Beginn eines jeden sprachtherapeutischen Prozesses sollte daher die Klärung des Auftrages und die Erfragung der Klientensicht bezogen auf die Problemlage stehen.

Zu diesem Zeitpunkt kann der Klient auch seine Ziele für die Therapie erstmals äußern. Sinnvoll erscheint jedoch eine nochmalige Zielformulierung nach Beendigung der interdisziplinären Diagnostik, da dann der Klient über die Ergebnisse aufgeklärt wurde und mit dem neuen Wissen nun vielleicht realistischere oder andere Ziele äußern kann. Der Prozess der Zielformulierung bildet die Basis für die Therapieplanung und ist Voraussetzung für eine Therapiebilanzierung bzw. -evaluierung. Er wird genauer in dem folgenden Band dieser Lehrbuchreihe (Band 4) beschrieben.

2.1 Auftragsklärung, Klärung des Überweisungskontextes

Am Anfang der Beratung/Therapie ist die Motivation (Eigen- und/oder Fremdmotivation) und die Erwartung (Eigen-, Fremderwartung), die mit der Kontaktaufnahme verbunden wird, zu klären. Bevor mit der Diagnostik begonnen wird, ist es sinnvoll, zu erfragen, wie der Erstkontakt zustande gekommen ist (vgl. Abb.1.). Damit wird schnell deutlich, wer die an Diagnostik, Beratung und/oder Therapie interessierte Person ist und welche Aufträge an den Therapeuten gestellt werden. Unter Auftrag wird hier die Intention verstanden, mit der die Begegnung verbunden ist.

Kunden und Leistungserbringer

Will man die Klienten/Patienten als Kunden verstehen (zum Kundenbegriff in der Sprachtherapie s. GIEL 1999, BAUMGARTNER & GIEL 2000) und Ärzte, Therapeuten als Leistungserbringer, so ist es von großer Bedeutung, welcher Bedarf, welche Erwartungen und Fragestellungen formuliert werden und welche Einstellungen gegenüber der Sprachtherapie bestehen.

Nicht selten sind der Auftraggeber und die zu ‚behandelnde Person' nicht identisch, das heißt andere aus dem Kontext des Klienten stammende Personen hatten die Idee zu diesem Kontakt.

Im deutschen Gesundheitssystem ist es obligatorisch vorgesehen, dass Ärzte die Indikation für Heilmittel – hier Sprachtherapie – festlegen. Oft sehen auch enge Bezugspersonen (Partner, Eltern, Kinder, etc.) die Notwendigkeit für Sprachtherapie und haben den Betroffenen auf die Idee gebracht bzw. mühevoll zu einem Erstgespräch überredet. Aber nicht immer stimmen diese Intentionen mit denen des Klienten überein.

Auch unmögliche, nicht realisierbare Aufträge, wie beispielsweise die Wiederherstellung der prämorbiden Sprechfähigkeit, Erfolge in einem minimalen Zeitaufwand oder differierende Vorstellungen von beispielsweise Ehepartner und Betroffenen, können aufgedeckt, geklärt und gegebenenfalls abgelehnt werden. Durch die zu dokumentierende Auftragsklärung wird von Vorstellungsbeginn an Transparenz und Nachvollziehbarkeit für alle am Therapieprozess beteiligten Personen hergestellt (vgl. Giel 2002, von Schlippe & Schweitzer 1997, Sickinger 1997).

unmögliche Aufträge

2.2 Problemanalyse

Bei der Problemanalyse soll herausgefunden werden, worin das (Kommunikations-) Problem besteht und zu welchen Zeitpunkten sowie in welchen Situationen bzw. an welchen Orten es auftritt.

Von Interesse ist ebenso, ob die Kommunikationsveränderung als störend oder belastend interpretiert wird. Die Frage nach Erklärungsversuchen von den Klienten bzw. ihrer Umwelt rundet das Bild der Klientensichtweise ab und gibt dem Therapeuten Hinweise auf die Bedeutsamkeit und Bewertung im individuellen, familiären und sozialen Kontext des Klienten.

Es bietet sich an, die Auftragsklärung (Kap. 2.1) und die Problemanalyse in das Anamnesegespräch zu integrieren.

3 Anamnese: Dysarthrie/ Dysarthrophonie

Anamnese bedeutet die „Darstellung der Vorgeschichte einschließlich Beschreibung der aktuellen Situation und das Sammeln, Systematisieren sowie diagnostische Verarbeiten der Informationen“ (Schmidt & Kessler 1976). Anamnesen werden in einer Zeit, in der medizinisch-funktionalistische Betrachtungsweisen dominieren und in der das Gespräch immer mehr in den Hintergrund rückt, meist zu wenig Bedeutung beigemessen. Dabei war es gerade die Medizin, die lange Jahre für die therapeutische Indikation auf die subjektiven Beschreibungen der Patienten angewiesen war. Das genaue Zuhören und das Erheben verbaler Aussagen und Daten durch professionelles Fragenstellen sind eine hohe Kompetenz, die nicht zuletzt aufgrund finanzieller Systematiken im Gesundheitswesen zunehmend verlernt und dem immer weniger Zeit eingeräumt wird.

Anamnese als Gespräch

Eigenanamnese
Fremdanamnese

Aber gerade die Patientensicht (*Eigenanamnese*) und die Sichtweise der Angehörigen bzw. Bezugspersonen (*Fremdanamnese*) liefern für die Hypothesenbildung, die Planung und die Durchführung des therapeutischen Prozesses unverzichtbare, wertvolle und handlungsrelevante Informationen.

Interview

Eine professionell durchgeführte Anamnese ist einem halbstrukturierten Leitfadeninterview gleichzusetzen, das standardmäßig zu stellende Primärfragen und wahlweise zu stellende Sekundärfragen beinhaltet. Darüber hinaus sollten offene und geschlossene Fragen gestellt werden, damit einerseits vergleichbare Daten gewonnen werden, andererseits aber dem Klienten und dem Therapeuten genügend Handlungs- und Entfaltungsraum gegeben wird. Das Stellen von Suggestivfragen und Fragen mit vorher festgelegten Antwortkategorien sollte vermieden werden (vgl. Hopf 1991, Wittkowski 1994).

Fragebogen

Als weitere Methode zur Erhebung anamnestischer Daten steht der Fragebogen zur Verfügung, der jedoch auf Grund seiner eingeschränkten Aussagekraft (offene Fragen werden in Fragebögen meist nur unzureichend beantwortet) eher für die Erhebung der so genannten harten Daten, wie beispielsweise die persönlichen Daten, Krankheits-, Therapiezeiträume etc., geeignet erscheint.

Bei der Entwicklung eines Anamneseschemas oder eines Anamneseleitfadens ist, ähnlich wie bei der Erhebung diagnostischer Informationen, eine begründete Selektion vorzunehmen. Ein wahlloses Sammeln von Daten, Angaben und Berichten bringt das Problem der Auswertung und Weiterverarbeitung mit sich. Deshalb sollte sich der Therapeut beim Erhebungsprozess immer die Frage stellen, warum, was, wann und zu welchem Zweck erfragt wird.

Aufgrund von Kapazitätsgrenzen und zur Komplexitätsreduktion ist es notwendig, in der sprachtherapeutischen Anamnese nur solche Daten zu erheben, die nicht schon von anderer Seite erhoben wurden und dort abzurufen sind. Dies erfordert jedoch eine weitgehend standardisierte

Informationsaustausch

Weitervermittlung von Informationen der Kooperationspartner durch beispielsweise ausführliche Berichte oder aber, ökonomischer, Kommunikationsbögen zum schnellen Austausch der jeweils relevanten Daten (vgl. Giel 2002).

Grundsätzlich können in einer Anamnese somatische/organische, psychische, sozioökonomische, kulturelle und biographische Faktoren erhoben werden. Vor allem sollten kommunikative und patholinguistische Faktoren erfragt werden, wobei hier keine klare Trennung zum Diagnoseprozess gezogen werden kann. Die Anamnese ist Bestandteil der diagnostischen Informationsgewinnung. Kriterien für die Anamnese bei zentral bedingten Sprechstörungen sind beispielsweise von Schröter-Morasch & Deuster 1998 oder Ziegler & Vogel 1998 veröffentlicht worden.

4 Bausteine einer interdisziplinären Diagnostik

Wie bereits an anderer Stelle beschrieben wurde, stellen Dysarthrien/Dysarthrophonien komplexe Störungsbilder dar, die den Betroffenen und seine Umwelt in unterschiedlichster Weise aus dem physischen und psychischen Gleichgewicht bringen können (Giel 2001a, b). Die Weltgesundheitsorganisation (WHO) weist mit der ‚International Classification of Impairments, Disabilities and Handicaps' (ICIDH) auf die verschiedenen Auswirkungs**ebenen** hin, die daher in der Diagnose, Beratung und Therapie die Tätigkeit verschiedener Fachdisziplinen fordert (Ziegler et al. 1998).

ICIDH-Modell

> Das Wissen um die Komplexität des Phänomens Dysarthrie/Dysarthrophonie zwingt Sprachtherapeuten, verschiedene diagnostische Sichtweisen zu beachten. Informationen aus unterschiedlichen Perspektiven, das heißt Fachdisziplinen (Neurologie, HNO-Heilkunde, Linguistik/Neurophonetik, Pädagogik, Psychologie), und die Sichtweise der Betroffenen bzw. Angehörigen müssen strukturiert gesammelt und weiterverarbeitet werden.

In der folgenden Abbildung 2 wird ein Modell gezeigt, das eine Selektion der unterschiedlichen Perspektiven, deren Zielgerichtetheit sowie Diagnosemethoden darstellt. In dem Modell wird eine Einteilung nach der medizinischen und sprachtherapeutischen Fachdisziplin vorgenommen, wobei die entsprechende Ebene aus dem ICIDH-Modell diesen Ebenen zugeordnet wird. Die eine Dysarthrie/Dysarthrophonie verursachende Grunderkrankung (z. B. Morbus Parkinson) oder das auslösende Ereignis (Schädel-Hirn-Trauma, Schlaganfall) entspricht im ICIDH-Modell der Ebene der Krankheit/Störung (disorder), die eine neurologische und halsnasen-ohrenärztliche Diagnostik erfordert. Auf der Ebene der Schädigung (impairment) werden die neurophonetischen Auswirkungen (Störungen von Respiration, Phonation, Artikulation, suprasegmentaler Ebene) der neurologischen Grunderkrankung durch eine linguistische Betrachtung beschrieben. Die Auswirkungen auf die Kommunikation (Fähigkeitsstörung/ disability) und die daraus entstehenden psychosozialen Beeinträchtigungen (handicap) bedürfen einer pädagogischen und psychologischen Analyse.

medizinische und sprachtherapeutische Disziplin

Wie in Abbildung 1 und 2 dargestellt, stellt die Diagnostik bei Menschen mit Dysarthrie/Dysarthrophonie ein interdisziplinäres Geschehen dar, *in dem jede Fachdisziplin auf ihrem Spezialgebiet befundet.* Die Ergebnisse der einzelnen Fachdisziplinen sowie die Erfassung und die Bedeutung der Klientenperspektive ermöglichen dem Sprachtherapeuten ein professionelles Vorgehen.

Interdisziplinäre Kommunikation

> Ein schneller, transparenter Transport der Diagnoseinformationen zwischen den Kooperationspartnern ist Voraussetzung für eine klientenorientierte, ressourcensparende und qualitätssichernde Arbeit (s. Kapitel 3). Innerhalb der interdisziplinären Zusammenarbeit ist es wichtig, dass die für die jeweilige Disziplin notwendigen Informationen zu verschiedenen Zeitpunkten sachadäquat und ökonomisch übermittelt werden.

Interdisziplinäre Kommunikationsbögen, die die wichtigsten Anamnese-, Diagnose- und Therapieinformationen für die jeweilige Fachdisziplin (Ärzte, Heilmittelerbringer etc.) enthalten, können bei der interdisziplinären Kooperation eine bedeutende Rolle tragen (GIEL 2002).
Im Folgenden werden die einzelnen Diagnostikelemente kurz skizziert, in dem sowohl die Zielsetzungen als auch die zur Verfügung stehenden Verfahren kurz vorgestellt werden. Auf vertiefende Literatur wird hingewiesen.

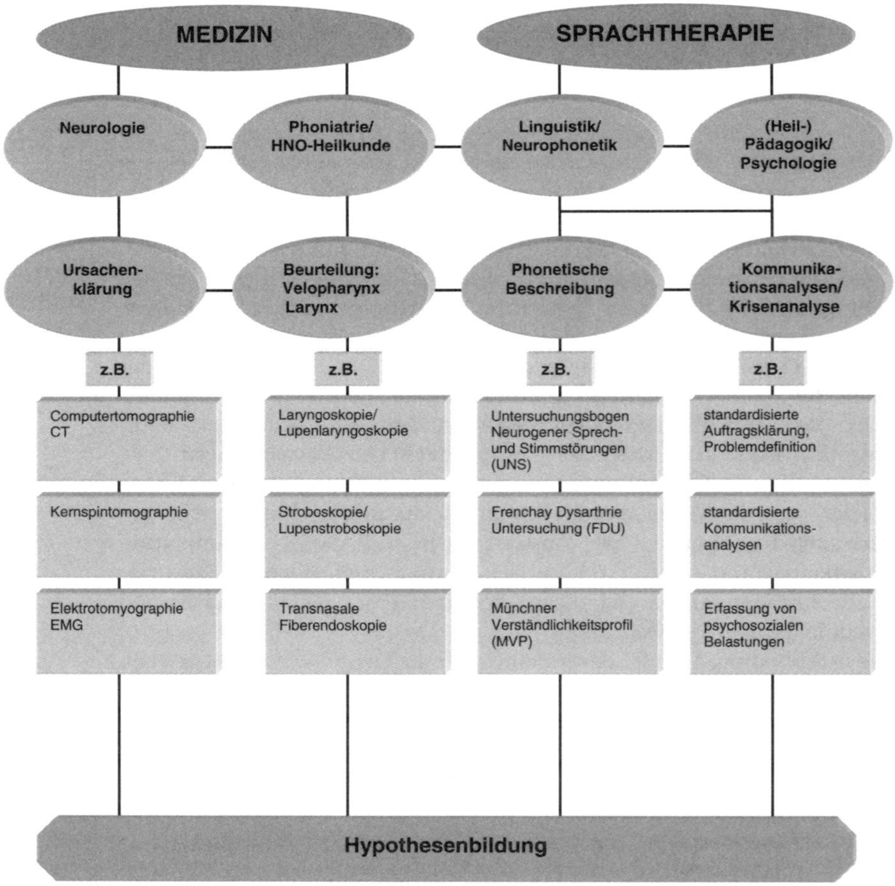

Abbildung 2: Spezifiziertes Diagnostikmodell bei Dysarthrie/Dysarthrophonie

5 Die medizinische Ebene

5.1 Neurologische Informationen

Die Neurologie als spezielle Fachdisziplin der Medizin hat die Erforschung, die Diagnostik und die Therapie aller Erkrankungen des Nervensystems i.w.S. zum Gegenstand. Mit Hilfe unterschiedlichster Untersuchungsverfahren versuchen Neurologen, Ursachen, Entstehungs- und Aufrechterhaltungsbedingungen für Erkrankungen des zentralen und peripheren Nervensystems sowie der Muskulatur zu erforschen und zu erklären.

Zahlreiche neurologische Erkrankungen können von Beginn an oder im Krankheitsverlauf eine Dysarthrie/Dysarthrophonie verursachen. Aufgrund der Heterogenität der Erkrankungen und der differierenden Prognosen und Verläufe ist für Sprachtherapeuten von Bedeutung, möglichst differenzierte neurologische Daten zu erhalten.

differenzierte neurologische Daten

Nach dem ICIDH-Modell stellt dieser Bereich die Ebene der Krankheit (disorder) dar, die in den meisten Fällen den ersten Baustein im Diagnoseprozess von Menschen mit Dysarthrien darstellt und im Fall von Dysarthrien von medizinischer Seite geleistet werden muss.
Dazu zählen folgende Informationen:

- Art und Stadium der Erkrankung, Lokalisation und Ausmaß der Schädigung,
- Sensomotorische Funktionsstörungen,
- Wahrnehmungsstörungen,
- Kognitionsstörungen,
- Persönlichkeitsveränderungen,
- geplante Therapie,
- aktuelle medikamentöse Versorgung,
- medizinische Prognose.

neurologischer Kontext

Durch diese Informationen können Sprachtherapeuten den *neurologischen Kontext* der Dysarthrie konstruieren. Die *Art und das Stadium der Erkrankung* (Apoplex, Schädel-Hirn-Trauma, Multiple Sklerose, etc.) geben bedingt Auskunft über die zu erwartende Dysarthrieform. So ist beispielsweise bei Kleinhirnschädigungen oder bei einer Heredo Ataxie eine ataktische, bei dem Parkinson-Syndrom eine hypokinetisch-rigide, bei der Chorea-Huntington eine hyperkinetische Dysarthrie/Dysarthrophonie zu erwarten. Wobei diese Klassifikationen für die Therapie nur eingeschränkt aussagekräftig sind, da Erscheinungsbild und Symptomatik des Gesamtkörpers nicht linear auf das Erscheinungsbild des Sprechsystems übertragen werden können und die differenzierte neurophonetische und phoniatrische Betrachtung fehlt.
Ebenso bedeutsam ist die Information, ob eine Grunderkrankung einen einmaligen Charakter hat, wie beispielsweise ein Schädel-Hirn-Trauma

oder ein Schlaganfall, ob eine Erkrankung schnell oder langsam fortschreitend ist, wie beispielsweise eine Amyotrophe Lateralsklerose oder ein Parkinson-Syndrom, ob zurzeit ein akuter Schub der Erkrankung, wie es beim Verlauf der Multiplen Sklerose sein kann, vorliegt. Dies sind bedeutende Aussagen im Hinblick auf die *medizinische Prognose* und damit auf den Krankheitsverlauf. *Störungen der Sensomotorik* wie beispielsweise Veränderungen der Körper- und Kopfhaltung sowie deren Bewegung durch Tonusveränderungen wirken sich direkt auf die Erscheinungsform der Dysarthrie aus. *Wahrnehmungs-* und *Kognitionsstörungen* können den therapeutischen Prozess erheblich beeinflussen und bedürfen einer Berücksichtigung bei der Therapieplanung und Durchführung. Wenn die Aufmerksamkeit herabgesetzt ist, die Merkfähigkeits- und die Konzentrationsleistung eingeschränkt ist oder das Planen von Handlungen elementar gestört ist (Apraxie), so wird dies die subjektive Einschätzung des Klienten und die aktive Mitarbeit beeinflussen. Eine enge Zusammenarbeit mit der Neuropsychologie ist hier angezeigt, da dieser differenzierte Diagnose- und Therapieverfahren zum Erkennen und Fördern von Wahrnehmungs- und Kognitionsstörungen zur Verfügung stehen (Goldenberg 1998).

Prognose

Sensomotorik

Wahrnehmung, Kognition

Da der Neurologe meist der die Heilmittel (Sprachtherapie, Physiotherapie, Ergotherapie) verordnende Arzt ist, kann er Informationen über weitere *geplante* oder bereits durchgeführte *Therapien,* wie beispielsweise Physiotherapie oder Ergotherapie, zwecks interdisziplinärer Kooperation weitergeben. Da bestimme Medikamente psychische, vegetative oder motorische Systeme beeinflussen, ist es für den Sprachtherapeuten bedeutsam, Informationen darüber zu erhalten. Medikamentöse Nebenwirkungen können zu unerwünschten Dyskinesien (beispielsweise bei der Gabe von dopaminergen Präparaten bei der Parkinsontherapie), zu vermehrtem Speichelfluss oder zu allgemeiner Verlangsamung führen.
Die wichtigsten Untersuchungsschritte in der Neurologie sind die Inspektion, die Untersuchung der Hirnnerven, die Prüfung der Reflexe, der Motorik, der Sensibilität, der Koordination, der vegetativen Funktionen, der psychische Befund sowie die neuropsychologische Untersuchung. Dazu stehen dem Neurologen zahlreiche manuelle und apparative Verfahren wie beispielsweise die Elektroenzephalographie (EEG), die Elektromyografie (EMG), die Elektroneurographie (ENG), Muskelbiopsien und Liquoruntersuchungen zur Verfügung. Zu den neuroradiologischen Untersuchungen zählen die Computertomografie (CT), die Kernspinresonanztomografie, die Messung der Hirndurchblutung, die Doppler Ultraschallsonographie sowie die Evozierten kortikalen Potenziale (vgl. Berlit & Seeger 1991, Duus 1995).

5.2 Hals-Nasen-Ohren-Heilkunde/Phoniatrie

Die Hals-Nasen-Ohrenheilkunde hat als medizinische Fachdisziplin die Erforschung, Diagnose und Therapie der im Hals (Pharynx, Larynx), in der Nase und in den Ohren auftretenden Erkrankungen, Störungen oder Behinderungen zum Gegenstand. Die Phoniatrie ist ein ehemals der

HNO-Heilkunde zugeordnetes, seit 1992 eigenes Fachgebiet, welches spezialisiert ist auf die Erforschung, Diagnostik und Therapie von Stimm-, Sprech- und Sprachstörungen aus medizinischer Sicht.

Nach dem ICIDH-Modell leistet die HNO-Heilkunde/Phoniatrie ebenfalls elementare Leistungen für die Diagnostik auf der Ebene der Krankheit (disorder), da die endoskopische Beurteilung des oropharyngealen Bereichs unter neurologischen Aspekten ein zwingend notwendiger Baustein im Diagnoseprozess von Menschen mit Dysarthrien darstellt.

Der klinischen Untersuchung von Atmungsmuskulatur und deren Bewegung, des äußeren Halses, des extra- und intraoralen Bereichs, d.h. die Befundung der mimischen, der Zungen-, der Kau- und der Velummuskulatur und deren Bewegungen wird durch den Sprachtherapeuten mittels Inspektion, Palpation und evtl. durch eine einfache Spiegeluntersuchung durchgeführt (Breitbach-Snowdon 1995; Enderby 1991; Schröter-Morasch 1998, 55). Der klinischen Untersuchung durch den Sprachtherapeuten sind jedoch klare Grenzen gesetzt. Spätestens da, wo das menschliche Auge nichts mehr sieht und die manuelle Palpation nicht möglich ist, müssen andere Methoden zum Einsatz kommen. Die Beurteilung von Pharynx, Velopharynx und Larynx ist Aufgabe der Phoniatrie/Hals-Nasen-Ohren-Heilkunde und kann durch unterschiedliche direkte, indirekte oder apparative Untersuchungstechniken erfolgen.

Pharynx, Velopharynx, Larynx

Die wichtigsten Methoden für die Befundung von Menschen mit Dysarthrophonien sind die Laryngoskopie, die Stroboskopie, Lupenlaryngoskopie (evtl. mit Videographie), die Lupenstroboskopie (evtl. mit Videographie), die transnasale (flexible) Fiberendoskopie (evtl. mit Videographie). Für die sprachtherapeutische Therapieplanung, hier besonders für den Bereich von Stimme, Resonanz und suprasegmentaler Ebene sind die phoniatrischen Informationen von größter Bedeutung. Ohne eine Abklärung des Stimmstatus ist keine Dysarthro*phonie*-Therapie möglich. Die Therapieplanung der zentral bedingten Dysphonie setzt also die differenzierte Kenntnis des pharyngealen und laryngealen Befundes voraus.

Apparative Differenzialdiagnostik

Zur Befunderhebung von Atmung, Phonation und Artikulation stehen Medizinern und Sprachtherapeuten zahlreiche apparative Verfahren zur Verfügung. Diese technischen Verfahren zur physiologischen, aerodynamischen und akustischen Diagnostik von Dysarthrien (vgl. Gröne 1998) bieten die Möglichkeit, zusätzlich objektivierbare Daten zu erlangen. Da diese in der Regel jedoch ein entsprechendes Equipment voraussetzen, das nur den wenigsten Therapeuten zur Verfügung steht, werden sie hier nicht weiter ausgeführt. Eine ausführliche Darstellung findet sich bei Gröne (1998). Der bestechende Vorteil dieser Verfahren ist, dass sie weitgehend beobachtbar und kontextunabhängig sind und damit zum größten Teil das Kriterium der Objektivität erfüllen. Je nach Fragestel-

physiologische, aerodynamische und akustische Verfahren

lung ist der Einsatz solcher Verfahren gerade in der Therapieforschung angezeigt.

6 Die sprachtherapeutische Ebene

Auf der sprachtherapeutischen Ebene werden die Informationen erhoben, die entweder direkt die Sprechstörung aus phonetischer Sicht oder aber die kommunikativen, psychischen oder sozialen Konsequenzen der Dysarthrie betreffen. Sprachtherapeuten sind qua ihrer Ausbildung genau für diese Bereiche qualifiziert. Sie sind die Experten für linguistische Fragestellungen und durch ihre pädagogischen und psychologischen Fächer ebenso Experten für den Umgang mit den kommunikativen und psychosozialen Veränderungen und Belastungen, die mit einer Dysarthrie einhergehen können.

Im Zentrum sprachtherapeutischen Handelns steht nicht die Analyse der Dysarthrie, sondern der Mensch mit einer Dysarthrie/Dysarthrophonie. Auf der Grundlage des medizinischen Fachwissens wird der Fokus auf die phonetisch beschreibbare Störung des Sprechens bzw. der Sprechmotorik (Schädigung/impairment), auf die Kommunikationsstörung (Fähigkeitsstörung/ disability) und je nach Bedarf auch auf die Ebene der sozialen Beeinträchtigung (handicap) gerichtet.

6.1 Linguistik/Neurophonetik

Die Neurophonetik als besondere Disziplin der Linguistik beschäftigt sich mit den neurologisch bedingten Veränderungen beim Sprechen. Auf der neurophonetischen Ebene wird in der Dysarthrie/Dysarthrophonie-Diagnostik einerseits eine auditive Analyse des Sprechens und andererseits eine visuelle (evtl. taktile) inspektive Befundung der Sprechmotorik und -sensorik (so weit wie möglich) vorgenommen. Es wird also versucht, eine phonetische Beschreibung der abweichenden Sprecherzeugung vorzunehmen und dabei Hypothesen über die neurologische Verursachung und Aufrechterhaltung der Sprechstörung, die sich in meist sensomotorischen Erscheinungsformen zeigen, zu bilden.

Dazu hat es sich bewährt, die Spontansprache, Nachsprechaufgaben sowie spezielle Überprüfungen auf Tonband oder wenn möglich auf Video aufzunehmen. Das Gehörte und Gesehene wird dann transkribiert und beschrieben. So können die Artikulation und teilweise auch die Sprechstimme und die Ruheatmung beschrieben werden. In den meisten

Dysarthrie-Befunderhebungsverfahren wird die Atmung, die Stimmgebung und die Artikulation sowie die suprasegmentale Ebene mittels Spontansprachbeobachtung, Nachsprechaufgaben, aktiver Überprüfung von Sprechmotorik und -sensorik sowie einer Erhebung des Stimmstatus etc. befundet.

Atmung, Stimme, Artikulation, suprasegmentale Ebene

Aufgrund der neurophonetischen Analyse können dann meist Hypothesen über die verursachenden und aufrechterhaltenden Zusammenhänge gebildet werden (vgl. VOGEL 1987). Wenn beispielsweise in der auditiven Befundung eine Lenisierung der labialen Plosive transkribiert wurde und die visuelle Inspektion der Sprechmotorik einen inkompletten Mundschluss, eine Unfähigkeit zur Lippenrundung etc. ergeben hat und die Palpation auf eine hypotone Lähmung des M. orbilcularis oris mit evtl. seinen Synergisten hinweist, könnte folgende Hypothese formuliert werden: Aufgrund einer beidseitigen Mundast betonten Fazialisparese ist die Lippenmotorik stark eingeschränkt, was zu einer Lenisierung von [b, p] führt.

Hypothesenbildung

Es sei an dieser Stelle darauf hingewiesen, dass bei der Diagnostik der Sprechmotorik zwischen der Primärsymptomatik und den kompensatorischen Bewegungen unterschieden werden muss.

6.2 Umfassende Untersuchungsverfahren

In den letzten Jahren sind mehrere umfassende Verfahren zur auditiven, visuellen und taktilen, inspektiven sowie sensomotrischen Beurteilung des Sprechens veröffentlicht worden. Im deutschsprachigen Raum haben vor allem die Frenchay Dysarthrie Untersuchung (FDU) als standardisierter Test und der Untersuchungsbogen Neurogener Sprech- und Stimmstörungen (UNS) als umfassendes informelles Verfahren Verbreitung gefunden. Beide Verfahren werden vorgestellt, wobei dem UNS aufgrund seiner angemessenen Differenziertheit ein breiterer Raum gegeben wird.

Frenchay Dysarthrie-Untersuchung

Die Frenchay Dysarthrie Untersuchung (FDU) wurde 1983 in England von Pamela ENDERBY entwickelt und 1991 VON GROSSSTÜCK et al. ins Deutsche übersetzt, wobei der Untertest „Verständlichkeit" für die deutsche Version überarbeitet und sprachlich angepasst wurde. Es handelt sich um ein standardisiertes Testverfahren, das den Anspruch erhebt, eine Klassifikation der Dysarthrie in fünf Formen vornehmen zu können (ENDERBY 1991). Die FDU besteht aus acht Überprüfungsebenen mit 28 Untertests und zwei weiteren Rubriken. Die Ergebnisse der Untertests (Reflexe, Respiration, Lippenbewegungen, Kiefer, Gaumensegel, Stimme, Zunge, Verständlichkeit) werden in einem übersichtlichen Säulendiagramm auf einer fünfstufigen Skala eingezeichnet. Unter der Rubrik „beeinflussende Faktoren" sollen deskriptive Angaben zu Gehör, Sehvermögen, Zähnen, Sprache, psychischer Verfassung und Körperhaltung sowie unter „andere Faktoren" Angaben zur Sprechgeschwindigkeit und zur kinästhetischen Wahrnehmung gemacht werden. Es wurde bereits

Testverfahren

ausführlich Kritik an diesem Verfahren geübt (VOGEL & ZIEGLER 1992), so dass an dieser Stelle nur einige markante Schwächen genannt werden sollen: Die Auswertungssystematik mittels je fünf Textpassagen pro Untertest ist trotz Standardisierung an einigen Formulierungen uneindeutig. Darüber hinaus zeigt sich, dass das Ergebnisprofil aufgrund der aufwändigen und komplizierten Auswertungssystematik von den meisten Therapeuten nach eigenem Ermessen ausgefüllt wird, so dass die objektive Vergleichbarkeit nicht mehr gegeben ist (eigene Befragung). Ein weiteres Problem stellen die Inhalte der Untertests dar. Werden beispielsweise bei dem 1. Test Reflexe: Husten, Schlucken, Salivation geprüft, so ist festzustellen, dass Salivation kein Reflex ist, dass der Würg- und Palatalreflex gänzlich unerwähnt bleibt und dass das Bestehen pathologischer Reflexe keine Beachtung findet, diese aber in der Therapie sehr wohl beachtet werden müssen. Ein wesentlicher Kritikpunkt ist außerdem, dass im Säulendiagramm lediglich der Schweregrad der Dysarthrie also Quantitäten sichtbar sind, die Qualität der Bewegung, Funktion etc. wird leider nicht festgehalten. Für die funktionelle Therapieplanung ist es von Bedeutung, die Art und Weise, wie etwas ausgeführt wird, zu dokumentieren. Eine umfassende kritische Betrachtung wurde von VOGEL und ZIEGLER bezogen auf die Auswahl der Inhalte, die Entwicklung und die Evaluation des Tests vorgenommen (VOGEL & ZIEGLER 1992).

Untersuchungsbogen Neurogener Sprech- und Stimmstörungen (UNS)

deskriptives Diagnoseverfahren

Der UNS ist ein deskriptives von BREITBACH-SNOWDON 1995 entwickeltes Untersuchungsverfahren für Dysarthrien/Dysarthophonien, in dem durch auditive, visuelle und taktile Methoden diagnostiziert wird. Das Ziel von UNS ist es, anhand neurophonetischer Kriterien eine ausführliche funktionell-pathophysiologische Beschreibung der zentral bedingten Sprech- und Stimmstörung zu erstellen. Die inhaltliche Struktur basiert auf Ergebnissen der Münchner Arbeitsgruppe Neurophonetik um VON CRAMON, VOGEL & ZIEGLER, wobei die formale Struktur teilweise dem „Dysarthria profile" von ROBERTSON (1982) entnommen wurde.

Auf dem neun Seiten starken Überprüfungsbogen werden die sieben Bereiche *Spontansprache, Artikulation, Diadochokinese, Prosodie, Atmung, Artikulatorische Muskulatur/Mundinnenraum* und *Phonation* durch zahlreiche Unteraufgaben überprüft. Dabei bieten die verschiedenen Unteraufgaben eine dezidierte Beschreibungsmöglichkeit der genannten Funktionsbereiche. In dem ersten Teil soll durch ein Interview eine grobe Orientierung der *Spontansprache*, des Kommunikationsverhaltens, der Verständlichkeit und der Prosodie unter Beobachtung der Gesamtkörperhaltung vorgenommen werden.

Die Beurteilung der *Artikulation* erfolgt durch Nachsprech- und Leseaufgaben, wobei bestimmte Ziellaute im Hinblick auf Artikulationsmodus, Artikulationsart und Überwindungsmodus überprüft und anhand weiterer phonetischer Kriterien beschrieben werden. (Mögliche Anzeichen für eine Sprechapraxie, die in diesem Teil beobachtet werden können, sollen außerhalb des Verfahrens überprüft werden.)

Die *Diadochokinese* wird durch Silbenwiederholungen, bei denen teilweise eine Zeitmessung (Silben/sec) erfolgt, untersucht.
Die *Prosodie* wird durch Beobachtung bzw. Messung von Wortakzentuierung, Satz-/Textintonation und Lesegeschwindigkeit (u.a. Silben/sec) erfasst.
Bei der *Atmung* wird die Ruhe- und Sprechatmung anhand verschiedener Parameter beschrieben. Darüber hinaus wird die Luftabgabe- und Tonhaltedauer sowie die Vitalkapazität und der subglottische Druck ermittelt.
Die Veränderungen der *Artikulatorischen Muskulatur* und des *Mundinnenraumes* werden durch die Unteraufgaben Mundmotorik, Orale Sensibilität, Reflexe sowie durch die Beschreibung des Gesichtes und des Mundinnenraumes überprüft.
Die Überprüfung der *Phonation* umfasst zahlreiche Parameter (Stimmqualität, -stabilität, -einsatz, Sprechstimmlage, Stimmleistungen, Nasalitätsprüfungen) und wurde deutlich an den durch von Cramon und Vogel veröffentlichten „Stimmtest zur Überprüfung zentraler Stimmstörungen" (1984) angelehnt.
Für die Interpretation einiger Unteraufgaben verweist die Autorin in der Handanweisung auf die auditiv und pathophysiologisch orientierte Hypothesenbildung der gewonnenen Stimmmerkmale und gibt hierfür zahlreiche Beispiele. Die Durchführungsdauer wird mit ca. einer dreiviertel Stunde und die Auswertungszeit abhängig von der Komplexität der Störung und der Untersucherroutine zwischen einer halben und eineinviertel Stunde(n) angegeben. Am Ende der Untersuchung ist es dann dem jeweiligen Therapeuten freigestellt, anhand welcher Kriterien die Flut der Einzelinformationen/-beschreibungen interpretiert werden soll. Leider fehlen außer im Bereich Phonation konkrete Kriterien für die Erstellung von Arbeitshypothesen bezüglich der funktionell – pathophysiologischen Kausalzusammenhänge, die besonders im Bereich von Dysarthrien/Dysarthrophonien eine genaue Kenntnis der theoretischen Konstrukte voraussetzen.

Arbeitshypothesen

6.3 Verfahren zur Verständlichkeitsbewertung

Die Verständlichkeit von gesprochener Sprache ist ein wichtiger Bestandteil zur Einschätzung einer Dysarthrie nicht zuletzt deshalb, weil der Grad der Beeinträchtigung große Auswirkungen auf das Gelingen von Kommunikationsprozessen hat.
Die Verständlichkeitseinschätzung ist zu einem hohen Maße von der subjektiven Einschätzung des Untersuchers abhängig. Unterschiedliche Hörer kommen nicht selten zu unterschiedlichen Bewertungen der Verständlichkeit.

Dies wird durch verschiedene Faktoren bedingt:
- den Kontext
- das Vorwissen des Kommunikationspartners/Hörers (über z. B. die Biographie, die Erkrankung, den Gesprächsinhalt)

– die sprachliche Redundanz (wiederholte explizite oder/und implizite Darstellung desselben Inhaltes)
– den Grad der Vertrautheit mit der Sprechstörung (Phänomen des „Einhörens").

Schätzskala, Transkriptionsverfahren, Wortidentifikationsverfahren

Es gibt drei Möglichkeiten, die Verständlichkeit zu beurteilen. ZIEGLER & VOGEL nennen Schätzskalen, Transkriptionsverfahren und Wortidentifikationsverfahren (vgl. ZIEGLER & VOGEL 1998). An dieser Stelle sollen zwei Verfahren zur Verständlichkeitsbeurteilung kurz vorgestellt werden: die subjektive Einschätzung mittels der NTID (National Technical Institut for the Deaf) – Verständlichkeitsskala (SAMUR & METZ 1989) und die objektive computergestützte Beschreibung mittels des Münchner Verständlichkeitsprofils (ZIEGLER 1992, 1994a, 1994b).

Münchner Verständlichkeits-Profil (MVP)

Wortidentifikationsverfahren

Das Münchner Verständlichkeitsprofil ist das für den deutschsprachigen Raum am weitesten entwickelte Wortidentifikationsverfahren, das eine objektive, reliable und valide Bewertung ermöglicht. Es wurde von ZIEGLER et al. nach einer phonetischen Systematisierung konstruiert mit dem Ziel, die subjektiven Beurteilungsphänomene, wie beispielsweise die Abhängigkeit von situativem und semantischem Kontext, von der Redundanz des Beurteilers und von dem (Vor-)Wissen des Untersuchers bei der Untersuchung auszuschließen. In dem computergestützten Verfahren identifiziert der Untersucher – von einem ihm unbekannten Klienten – das Zielwort aus einer Vorgabe von jeweils 12 phonetisch ähnlichen Zielwörtern. Das Ergebnis wird in einem Profil dokumentiert, aus dem hervorgeht, bei welchen Lauten differenziert nach Lautklasse, Artikulationsmodus und -stelle die meisten Schwierigkeiten bestehen. Besonders Therapieverläufe und -veränderungen können so ohne die subjektive Färbung des Therapeuten objektiv beurteilt werden. Der Computereinsatz ist durch den Testaufbau unumgänglich, da die Verwaltung von 2800 Test- und Alternativwörtern, von mehr als 2000 Trägersätzen und dem Zufallsverfahren sich nur so bewältigen lässt. Da dieses Verfahren aufgrund der Kosten nur wenigen Therapeuten zur Verfügung steht, liegt sein derzeitiger Einsatz im Bereich von wissenschaftlichen Instituten oder großen klinischen Einrichtungen, die damit Therapieevaluation und/oder Therapieforschung betreiben können (vgl. ZIEGLER 1994a, 1994b).

NTID (National Technical Institut for the Deaf) – Verständlichkeitsskala

Schätzskala

Die ursprünglich für die Verständlichkeitseinschätzung hörbehinderter Menschen konzipierte Verständlichkeitsskala weist fünf Bewertungsstufen auf und wurde von SAMUR und METZ entwickelt (1989). Die Reliabilität dieser fünfstufigen Verständlichkeitsskala wird als relativ hoch eingestuft, vorausgesetzt die Bewertung wird von einem Sprachtherapeuten durchgeführt, der die einzuschätzende Person *nicht* kennt (vgl. ZIEGLER 1994b, ZIEGLER & VOGEL 1998, 48).

NTID-Verständlichkeitsskala (SAMUR & METZ 1989 in ZIEGLER & VOGEL 1998)

1 Die sprachlichen Äußerungen sind unverständlich.
2 Die sprachlichen Äußerungen sind mit Ausnahme einiger Wörter oder Phrasen unverständlich.
3 Die sprachlichen Äußerungen sind schwer zu verstehen, doch der Inhalt ist im Wesentlichen verständlich. (Die Verständlichkeit kann sich bei längerem Zuhören erhöhen.)
4 Die sprachlichen Äußerungen sind mit Ausnahme einiger Wörter oder Phrasen verständlich.
5 Die sprachlichen Äußerungen sind völlig verständlich.

Die NTID-Verständlichkeitsskala stellt im Hinblick auf den Zeitaufwand und das zu erwartende Ergebnis ein ökonomisches Verfahren dar.

6.4 Computersysteme zur Diagnose von Dysarthrien/Dysarthrophonien

In den letzten Jahren wurden zunehmend computergestützte Verfahren zur Diagnose und Therapie der zentral bedingten Sprechstörung entwikkelt. Maßgeblich daran beteiligt waren und sind die Entwicklungsgruppe Klinische Neuropsychologie (EKN) des Städtischen Krankenhauses München-Bogenhausen sowie das Institut für Nachrichtentechnik der Universität der Bundeswehr München. Der Einsatz der computergestützten Verfahren dokumentiert den Wunsch nach der Verfügbarkeit objektivierbarer Daten. Auch wenn diese Verfahren für die meisten Anwender noch nicht zugänglich sind, so bieten sie vor allem hervorragende Evaluationsmöglichkeiten. Wissenschaftliche Studien beispielsweise zur Evaluation von Therapien bzw. von Therapiemethodiken lassen sich so handhabbarer und vergleichbarer realisieren (vgl. Runge 2000).

objektive Daten

Exemplarisch sei der *Testplatz zur Untersuchung von Sprechfunktionen (TUS)* genannt, der mehrere Module zur Analyse von Sprechstörungen enthält. Ein Modul stellt das oben vorgestellte Münchner Verständlichkeitsprofil (MVP) dar. Darüber hinaus ist je ein Modul zur auditiven Beurteilung, zur Lautstärkenkontrolle und zur Silbenwiederholung integriert (vgl. Tröndle & Besthorn 1999).
Darüber hinaus ist das *Modulare Diagnosesystem zur akustischen Standardanalyse zentraler Sprechstörungen (MODIAS)* erwähnenswert. „MODIAS ist ein modular konzipiertes, PC-gestütztes Analysesystem zur Standarduntersuchung von Sprechstörungen und deren Befundung anhand akustischer Parameter“ (Merk 2001). Das besondere an MODIAS ist im Gegensatz zum TUS, dass hier nicht die Bewertungen vom Therapeuten vorgenommen werden, sondern dass das System diese Leistung selber durchführt. Die Bereiche Sprechtempo, -rhythmus, -flüssigkeit, Kehlkopffunktionen, Artikulation und Diadochokinese werden abgeprüft. Von diesem seit 1994 in der Entwicklung befindlichen System sind von fünf vorgesehen Modulen bislang drei fertig gestellt (Tröndle & Besthorn 1999).

6.5 Pädagogisch-psychologische Ebene

Die linguistische und die pädagogische Ebene sind bei der Rehabilitation von Menschen mit Dysarthrien/Dysarthrophonien kaum von einander zu trennen. Die Störungen der Kommunikation werden hervorgerufen durch die neurophonetischen Beeinträchtigungen. Die Kommunikationsstörung entspricht im ICIDH-Modell der Ebene der Fähigkeitsstörung (disability), wobei die durch sie entstandenen und entstehenden psychosozialen Veränderungen die Ebene der Beeinträchtigungen (handicap) darstellen.

> Es ist zu betonen, dass die noch so genaue (neuro-) phonetische Analyse erst einmal noch nichts über die Auswirkungen der Sprechstörung während der Kommunikation aussagt.

Kommunikation im Alltag

Experteneinschätzung

Klienteneinschätzung

Ergab die neurophonetische Analyse beispielsweise, dass u.a. aufgrund einer Schädigung des Nervus Hypoglossus eine hypotone Zungenparese vorliegt, was wiederum in der Realisierung von Vokalen zu einer Zentralisierung führt, so kann die individuelle Bedeutung für die Kommunikation hieraus nicht direkt abgeleitet werden. Die daraus resultierende individuelle Beeinträchtigung der Kommunikation im Alltag hängt von vielen Faktoren, wie die Kumulation von Symptomen, und von den jeweiligen Kompensationsstrategien ab. Umso wichtiger ist es, dass in der sprachtherapeutischen Diagnostik die kommunikativen Beeinträchtigungen, die für den Klienten und seine Umwelt vorhanden sind, genau analysiert werden. Hier ist zu unterscheiden zwischen der Experteneinschätzung, die zum Beispiel durch die Beurteilung der Verständlichkeit mit Hilfe der NTID-Skala (siehe oben) vorgenommen werden kann, und der Klienteneinschätzung bzw. der Bewertung der Kommunikationspartner. Die Klientenwirklichkeit und die Expertenwirklichkeit müssen nicht zwangsläufig übereinstimmen. So können von Sprachtherapeuten als leicht eingestufte Dysarthrien im individuellen Erleben des Betroffen als erheblich kommunikationsbelastend bewertet werden und umgekehrt können schwere Dysarthrien/ Dysarthrophonien subjektiv als relativ gering belastend interpretiert werden. Die individuelle Bewertung durch den Klienten wird von verschiedenen Faktoren wie beispielsweise der prämorbiden Bedeutung des Sprechens beeinflusst (vgl. Giel 2000, Runge 2000).

> Die Auswirkungen der sprechmotorischen Störungen auf die Kommunikation, den Alltag, das Privat- und Berufsleben müssen daher Teil der sprachtherapeutischen Diagnostik sein.

Zum gegenwärtigen Zeitpunkt existieren noch keine standardisierten Verfahren zur Erhebung der kommunikativen und/ oder psycho-sozialen Auswirkungen einer Dysarthrie. Als geeignet, dieses Defizit auszugleichen, erscheinen Methoden aus dem systemisch-lösungsorientierten Ansatz wie beispielsweise die Problemanalyse, die Auftragsklärung oder das lösungsfocussierte Interview, die gegebenenfalls auch andere Kommunikationspartner miteinbeziehen. Exemplarisch soll hier die Problemanalyse kurz beschrieben werden, bei der herausgefunden werden soll, worin das (Kommunikations-)Problem besteht und zu welchen Zeitpunkten sowie in welchen Situationen bzw. an welchen Orten es auftritt. Von Interesse ist ebenso, ob die Kommunikationsveränderung als störend oder belastend interpretiert wird. Die Frage nach Erklärungsversuchen seitens des Klienten bzw. seiner Umwelt rundet das Bild der Klientensichtweise ab und gibt dem Therapeuten Hinweise auf die Bedeutsamkeit und Bewertung im individuellen, familiären und sozialen Kontext des Klienten (von Schlippe & Schweitzer 1997, Giel 2001a).

Problemanalyse

Da bei zentral beeinträchtigten Menschen die Umwelt (Angehörige, Pflegepersonal etc.) direkt oder indirekt von der Störung betroffen sind und dort wiederum auch Konstrukte über die Entstehung, Aufrechterhaltung und Beeinflussung der Dysarthrie gebildet werden, bietet es sich an, durch bestimmte Fragetechniken wie beispielsweise zirkuläre Fragen etc. diese Sichtweise darzulegen.

In der medizinischen Diagnostik und der linguistischen Ebene der sprachtherapeutischen Diagnostik wird der Fokus meist auf die Defizite gelenkt. Leider wird in Diagnoseprozessen häufig ausschließlich aufaddiert, was nicht funktioniert bzw. was gestört oder beeinträchtigt ist. Im Rahmen einer pädagogisch/psychologisch orientierten Diagnostik ist es jedoch bedeutsam, herauszufinden und zu würdigen, was alles trotz Dysarthrie/Dysarthrophonie gelingt. Im Sinne einer Ressourcendiagnostik sollte erhoben und konkret transparent gemacht werden, *wie* und *wann* es dem Klienten trotz seiner Sprechstörung möglich ist, (erfolgreich) zu kommunizieren. Die Antworten geben Hinweise auf die meist unbewussten kommunikativen Fertigkeiten und Fähigkeiten, die es gilt, transparent und bewusst werden zu lassen. Aber auch eine differenzierte Situationsanalyse bezogen auf die bestehenden Kommunikationsschwierigkeiten bieten Ansatzpunkte für die Therapie.

Ressourcendiagnostik

Halbstrukturierte Interviews können für diesen Diagnoseprozess hilfreich sein. Ein fließender Übergang zur therapeutischen Arbeit ist hier natürlich gegeben. Je nach Verlauf des Erstkontaktes, ist es auch möglich, dass direkt zu Beginn des Erstkontaktes die Problemanalyse neben der Auftragsklärung in das Anamnesegespräch integriert wird.

Aus pädagogisch/psychologischer Sicht stellen Dysarthrien/Dysarthrophonien und die zugrundeliegenden Grunderkrankungen kritische Lebensereignisse dar, mit denen der Klient und seine Bezugspersonen sich auseinander setzen müssen. Die Folgen der Dysarthrie, aber vor allem auch der Grunderkrankung führen zu einem Ungleichgewicht des Person-Umwelt-Gefüges. Neben den veränderten Kommunikationsbedingungen können die Betroffenen mit weiteren kritischen Lebensereignissen wie zum Beispiel vorzeitiger Berufsaufgabe, Partnerschaftsprobleme, Aufgabe von Freizeitaktivitäten, Freundeskreisreduktion, Aufgabe von Zukunftsperspektiven und -zielen konfrontiert sein. Nicht selten werden im sprachtherapeutischen Kontext Krisen erkennbar, die sich aus den genannten belastenden Faktoren und Ereignissen ergeben, auch wenn ihnen noch immer zu wenig Beachtung geschenkt wird (Pössl 1996).

Dysarthrien als kritische Lebensereignisse

kritische Lebensereignisse

Dies geschieht nicht zuletzt deshalb, weil es an geeigneten Diagnose- und Therapieverfahren für den Bereich der Krankheitsverarbeitung bei diesen Menschen mangelt. Theorien zur Stressforschung und Lebensereignisforschung geben Hinweise auf die Komplexität der Zusammenhänge.

7 Zur Dokumentation und Evaluation

Aus der Genese der Störung ergibt sich, dass die Befunderhebung bei Menschen mit Dysarthrie/Dysarthrophonie kein einmaliges Ereignis darstellt. Erst der Einsatz und die Dokumentation der gleichen (möglichst standardisierter) Verfahren zum Therapiebeginn, im Therapieverlauf und am Ende der Therapie ermöglichen eine Evaluation der Therapie und eine Bilanzierung der Therapieziele.

Am Ende des Diagnoseprozesses ist der Klient über die Ergebnisse, die Hypothesen und die Therapiemöglichkeiten aufzuklären. Danach ist ihm die Therapieentscheidung zu überlassen. Dies ist umso wichtiger, da der Klient über die zwingend notwendige Kooperation im Hinblick auf Therapieerfolge aufzuklären ist. Nachdem die Zielformulierung des Klienten vorliegt, wird zum eigentlichen Therapieprozess übergeleitet. Die Ergebnisse der Diagnostik sowie die Zielvereinbarungen sollten so dokumentiert werden, dass sie nach einem festgelegten Zeitraum zu einer ersten Bilanzierung herangezogen werden können. Sie sollte für alle in den Therapieprozess direkt oder indirekt involvierten Personen/Gruppen (Klient, Therapeut, Angehörige, Arzt, kooperierende Therapeuten, Krankenkassen etc.) nachvollziehbar gestaltet sein.

Bilanzierung

Sprechapraxie

Anne Schulte-Mäter & Wolfram Ziegler

1 Diagnostische Zielsetzungen

Die Diagnostik von Erwachsenen und Kindern mit Sprechapraxie verfolgt das Ziel, das Störungsbild in seiner Ausprägung und in seinem Verlauf zu beschreiben, die daraus resultierende kommunikative Einschränkung abzuschätzen und Leitlinien für die Behandlung zu gewinnen. Sowohl für die verbale Entwicklungsdyspraxie als auch für die Sprechapraxie bei Erwachsenen stellt sich ein besonderes differenzialdiagnostisches Problem hinsichtlich der Abgrenzung gegenüber phonologischen Störungen einerseits und gegenüber dysarthrischen Defiziten andererseits.

2 Sprechapraxie bei Erwachsenen

2.1 Ätiologie und assoziierte Störungen

Die Diagnose einer Sprechapraxie bei Erwachsenen mit erworbener Hirnschädigung orientiert sich zunächst an ätiologischen und klinischen Kriterien:

Klinische Merkmale

(1) In der Regel handelt es sich um Patienten, die einen Infarkt oder eine Blutung im Versorgungsgebiet der linken mittleren Hirnarterie erlitten haben. Andere Ätiologien sind selten. Als Läsionsort wird die linke vordere Inselrinde angenommen (Dronkers 1996).
(2) Die Patienten sind meist aphasisch, häufig liegen Agrammatismus und Wortfindungsstörungen vor. Das Profil der aphasischen Symptomatik zeigt in allen Testteilen mit mündlicher Sprachproduktion einen relevanten Störungsanteil an.
(3) Bei der Prüfung nicht-sprachlicher oraler Bewegungen zeigen die Patienten vielfach Anzeichen einer bukkofazialen Apraxie (Bizzozero et al. 2000). Darüber hinaus kann auch eine Apraxie für motorische Handlungen der oberen Extremitäten, insbesondere für Handgesten, vorliegen.

Der Zusammenhang sprechapraktischer Störungen mit hemiparetischen und mit nonverbal-apraktischen Symptomen ist nicht ursächlich, sondern durch die Lokalisation der Hirnläsion bedingt. Ähnliches gilt für das gleichzeitige Vorliegen syntaktischer oder lexikalischer Störungen der Sprachproduktion oder des Sprachverstehens.

2.2 Differenzialdiagnose

Die mündliche Sprachproduktion ist durch die in Tabelle 1 aufgelisteten Merkmale gekennzeichnet.

Tabelle 1: Merkmale der Sprechapraxie nach erworbener Hirnschädigung

Segmentale Störungsmerkmale – Phonemsubstitutionen mit wohlartikulierter Lautbildung (z. B. Decke → Tecke) – phonetische Entstellungen (z. B. Denasalierung von **m**, **n**, Überaspiration von **p**, **t**, **k**) – kombinierte phonetische und phonematische Fehler
Suprasegmentale Merkmale – verlangsamte Artikulation, Dehnung von Lauten und Lautübergängen – intersilbische Pausen – Fehlversuche, Initiierungsprobleme – silbisches Sprechen („Rastersprechen“)
Such- und Korrekturverhalten sichtbare und hörbare Suchbewegungen Selbstkorrekturen nach Fehlversuchen Unzufriedenheit, Sprechanstrengung
Variabilität Fehlerinkonstanz (Phoneme in unsystematischer Weise korrekt oder fehlerhaft) Fehlerinkonsistenz (Fehlerqualität variiert) „Inseln“ störungsfreier Produktion

phonetische Entstellungen

Die Beobachtung eines relevanten Anteils phonetisch entstellter Laute gibt einen Hinweis darauf, dass sich das Störungsbild nicht durch eine Beeinträchtigung der lexikalischen Form oder der phonologischen Encodierung von Wörtern erklären lässt. Anders als bei den Dysarthrien unterliegen die phonetischen Störungsmerkmale einer hohen Variabilität, manche Äußerungen können sogar völlig störungsfrei produziert werden.

Suchbewegungen

Das Auftreten von Suchbewegungen lässt den Schluss zu, dass eine Beeinträchtigung im Zugriff auf artikulatorische Routinen vorliegt. Ausgeprägte Suchbewegungen treten weder bei dysarthrischen Patienten noch bei Patienten mit aphasisch bedingten phonologischen Störungen auf.

Die Diagnostik von schriftsprachlichen oder von phonologischen Beurteilungsleistungen (z. B. internes Reimen) leistet keinen substanziellen Beitrag zur Abgrenzung sprechapraktischer Störungen von Störungen der phonologischen Encodierung: Zum einen beinhalten Schreiben, Segmentieren oder Reimen auch Verarbeitungsleistungen, die für das Generieren eines phonologischen Codes beim Sprechen unerheblich sind (Castro-Caldas et al. 1998). Zum anderen können bei einigen dieser Aufgaben auch Repräsentationen eine Rolle spielen, die mit der Pro-

grammierung von Sprechbewegungen in Zusammenhang stehen und bei sprechapraktischen Patienten beeinträchtigt sind.
Ein besonderes Problem ergibt sich bei der Diagnostik von Patienten mit geringer Sprachproduktion, etwa im Rahmen einer Globalaphasie, oder von mutistischen Patienten. Sprachautomatismen bei globaler Aphasie können, auch wenn sie flüssig und wohlartikuliert sind, ein sprechapraktisches Problem maskieren (VOGELSANG & WALLESCH 1995). Bei Vorliegen eines Mutismus sind akinetische und suprabulbäre Ursachen auszuschließen (ZIEGLER & ACKERMANN 1994). In vielen Fällen ist die sprechapraktische Ursache dieser schweren Störungen erst im Verlauf der Rückkehr mündlicher Sprachäußerungen sicher festzustellen.

Mutismus

2.3 Untersuchungsverfahren

Die klinische Untersuchung sprechapraktischer Patienten dient dazu, das in Tabelle 1 beschriebene Störungsmuster zu erfassen und in seiner individuellen Ausprägung zu beschreiben. Ein Hauptproblem besteht darin, den Einfluss begleitender Symptome (z. B. Wortabrufstörungen oder Agrammatismus) auf das Störungsbild abzuschätzen. Ein weiteres Problem entsteht aus der Tatsache, dass die Beurteilung des Kernsymptoms der phonetischen Entstellungen durch eine geringe Beurteilerübereinstimmung geprägt ist.

Spontansprache. Sprechproben, die im Rahmen eines halbstandardisierten Interviews (z. B. nach dem Aachener Aphasietest; HUBER et al. 1983) gewonnen wurden, können mit Hilfe von Schätzskalen beurteilt werden. Die Erfassung der segmentalen Störungsaspekte (phonetische Entstellungen, phonematische Paraphasien) und der Suchbewegungen steht hier im Vordergrund, da Redeflussvariablen durch lexikalisch oder syntaktisch bedingte Störungen konfundiert sein können.

Schätzskalen

Nachsprechen. Je nach dem Schweregrad der Störung können Satzlisten oder Wortlisten verwendet werden. Das Nachsprechen von Sätzen gibt Aufschluss über den Redefluss, also über Sprechtempo, intersilbische Pausen, Fehlversuche und Selbstkorrekturen, sowie über phonetische und phonematische Störungsanteile. Akustische Verfahren können die Analyse erleichtern und objektivieren (MERK & ZIEGLER 1999). Bei der Verwendung von Wortlisten sind Aussagen zum Redefluss nur sehr eingeschränkt möglich. Es empfiehlt sich, das Wortmaterial systematisch nach Wortlänge und phonologischer Komplexität zu variieren.
Im Unterschied zur Spontansprachanalyse ist es bei der Analyse nachgesprochener Äußerungen leichter, zuverlässige quantitative Resultate zu erzielen. Bei der Befundung von Wortlisten kann jede Testaufgabe bezüglich der segmentalen Fehler und der Redeflussvariablen nach einem *richtig/falsch-Kriterium* bewertet werden.

Wort- und Satzlisten

Untersuchung nonverbaler motorischer Leistungen. Mit Hilfe von Aufgabensammlungen zur Prüfung nonverbaler fazio-oraler, lingualer oder

bukkofaziale Apraxie

laryngealer Bewegungen lässt sich das Vorliegen einer bukkofazialen Apraxie prüfen (Bizzozero et al. 2000). Die Bewegungen sind auf verbale Instruktion oder imitatorisch auszuführen.

> Bukkofaziale Apraxie und Sprechapraxie treten häufig – aber nicht immer – zusammen auf.

artikulatorische Diadochokinese

Bei der Prüfung der „artikulatorischen Diadochokinese" (möglichst schnelles Wiederholen einer Silbe, z. B. /ba/ oder /da/) sind sprechapraktische Patienten – verglichen mit dysarthrischen Patienten – relativ geringfügig beeinträchtigt. Dagegen zeigt sich bei Silbenwiederholungsaufgaben mit wechselnden Silben (z. B. /bada/) eine deutliche Leistungsminderung.

2.4 Diagnostik kommunikativer Beeinträchtigungen

Kommunikation im Alltag

Die kommunikativen und die sprechmotorischen Fähigkeiten sprechapraktischer Patienten können erheblich dissoziieren (Dronkers et al. 1998). Die Fähigkeit, im Alltag zu kommunizieren, kann durch Befragen der Patienten oder ihrer Angehörigen oder durch eine Analyse des Gesprächsverhaltens im Anamnesegespräch ermittelt werden. Dabei ist auch der Einsatz alternativer Kommunikationsmittel (Gestik, Mimik, Schreiben, Kommunikationsbuch) zu bewerten. Eine Übersicht über alltagsbezogene Diagnostikverfahren findet sich in Glindemann, Ziegler & Kilian (2001).

3 Verbale Entwicklungsdyspraxie

Die verbale Entwicklungsdyspraxie (VED) zu identifizieren und gegenüber anderen Störungen der Sprechmotorik bzw. phonologischen Störungen abzugrenzen ist eine herausfordernde Aufgabe, die sich nicht immer in einer diagnostischen Sitzung bewältigen lässt. Oftmals erhärten sich anfängliche Verdachtsmomente erst in einem langwierigen Diagnoseverfahren bzw. nach mehreren Therapiesitzungen [„*Therapieresistenz*"?].

3.1 Anamnestische Daten

Wenn auch die folgenden Merkmale generell bei Kindern mit Sprachentwicklungsstörungen häufig zu finden sind, so kann doch davon ausgegangen werden, dass sie (insbesondere, wenn mehrere davon zutreffen) bezeichnender für Kinder mit einer VED als mit einer Störung des phonologischen Systems sind (Schulte-Mäter 1996):

- „ruhige Babys", d.h. keine oder nur sehr eingeschränkte Lallproduktionen in der Säuglingszeit
- Probleme mit der Nahrungsaufnahme im Säuglingsalter, evtl. anhaltende Schwierigkeiten: z. B.: häufiges Verschlucken, Ablehnung festerer Nahrungssubstanzen etc.
- Auffälligkeiten in der Entwicklung fein- und grobmotorischer Geschicklichkeit [*generelle Dyspraxie?*]
- extrem verspäteter Sprechbeginn und stark verzögerte expressive Sprachentwicklung bei gutem Sprachverständnis

Die extreme Verzögerung des Sprechbeginns kongruiert nicht mit den offensichtlich normalen Reaktionen auf diverse Stimuli der Umwelt. Bei sichtlicher Zunahme des Sprachverständnisses werden kaum verbale Imitationsversuche unternommen. Viele der betroffenen Kinder verfügen zunächst nur über eine Art Vokalsprache. Der Unterschied zu einem verspäteten Sprechbeginn, der häufig Sprachentwicklungsverzögerungen kennzeichnet, ist die Diskrepanz zwischen den relativ guten rezeptiven und den massiv eingeschränkten expressiven Fähigkeiten der „VED-Kinder" (Davis et al. 1998).

Vokalsprache

Diskrepanz: rezeptive vs. expressive Fähigkeiten

3.2 Differenzialdiagnose

Zunächst sollten Untersuchungen der intra- und extraoralen Muskelfunktionen durchgeführt werden, um funktionale organische Schäden im orofazialen Bereich [*Muskelschwächen? Fehlbildungen?*] oder neuromuskuläre Defizite [*Lähmungen?*] auszuschließen. Die Möglichkeit einer Koexistenz von einer VED mit funktionalen Defiziten des orofazialen Systems muss jedoch in Betracht gezogen werden.

intra- und extraorale Muskelfunktionen

Da eine *orale Dyspraxie* (entspricht der bukkofazialen Apraxie bei Erwachsenen) häufig im Zusammenhang mit einer VED vorkommt, sollten im Rahmen der mundmotorischen Diagnostik die nonverbalen Willkürbewegungen überprüft werden.

orale Dyspraxie

Wird eine orale Dyspraxie diagnostiziert, so liegt auch der Sprechstörung mit hoher Wahrscheinlichkeit eine Dyspraxie zugrunde.

Zur *kindlichen Dysarthrie* lassen die störungsspezifischen Unterschiede eine relativ sichere Abgrenzung zu: Die Ermittlung der Leistungsgrenzen der sprechmotorischen Funktionskreise Atmung, Phonation und Artikulation („Maximum Performance Tasks": vgl. Thoonen et al. 1999) gilt diesbezüglich als probates Verfahren. Beachtet werden muss allerdings, dass auch hier Mischformen beider Störungen möglich sind.

kindliche Dysarthrie

Vor allem in Bezug auf *phonologische Störungen* gestaltet sich die differenzialdiagnostische Arbeit sehr diffizil, da sich die Symptomatik häufig überschneidet und die Erscheinungsbilder von Patient zu Patient sehr variabel sein können. Als mögliche Hinweise auf eine VED können jedoch folgende differenzialdiagnostische Kriterien angeführt werden:

phonologische Störungen

- Suchbewegungen der Artikulatoren
- Hoher Anteil an diversen Lautbildungsfehlern (vgl. SCHULTE-MÄTER 2001) – v.a. bei zunehmender Äußerungslänge
- extreme Schwierigkeiten, artikulatorisch komplexe Lautfolgen zu produzieren
- Kinder mit einer VED „verschlucken" häufig Silben – im Gegensatz zu den Kindern mit phonologischen Störungen, die in der Regel die Silbenstrukturen beibehalten.

sequenzielle Sprechbewegungsabfolgen

Besonders der Beobachtung der sequenziellen Sprechbewegungsabfolgen sollte große Aufmerksamkeit gewidmet werden (Yorkston et al. 1999). Oft sind es nur subtile Anzeichen, wie angedeutete Lauteinschübe und glottale Verschlüsse, auf die es zu achten gilt.
Das Fehlerprofil von Kindern mit phonologischen Störungen lässt sich in der Regel recht gut kategorisieren [*phonologische Prozesse?*].
Die *vergleichende Aufstellung von Symptomen* in Tabelle 2 versteht sich als Orientierungshilfe im differenzialdiagnostischen Verfahren.

Tabelle 2

Symptom	**Verbale Entwicklungsdyspraxie**	**Kindliche Dysarthrie**	**Phonologische Störung**
Schwäche, Dyskoordination oder Lähmung der Sprechmuskulatur	nein	ja	nein
Inkonsistenz der Lautbildungsfehler (z. B. kann dasselbe Wort unterschiedlich artikuliert werden)	ja	nein	möglich, aber meist konstantes phonologisches Fehlkonzept (phonolog. Prozesse)
Art der Lautbildungsfehler und Wortformveränderungen	– Lauteinschübe – Vokal-/Diphtongveränderungen – Substitutionen – Elisionen (Wortanfang am häufigsten betroffen) – Metathesen – Additionen – Prolongationen – Reduktion von Konsonantenverbindungen – Laut- und Silbenwiederholungen – Vereinfachungen von Wortformen – Perseverationen	Distorsionen vorherrschend	– Substitutionen – Elisionen (Wortende am häufigsten betroffen) – Additionen – Reduktion von Konsonantenverbindungen

Symptom	Verbale Entwicklungsdyspraxie	Kindliche Dysarthrie	Phonologische Störung
Bei zunehmender Wort- / Satzlänge:	Anstieg der Fehlerquote	Abnahme der Deutlichkeit	Keine Veränderung
Hochfrequente automatisierte Äußerungen	gelingen besser	keine signifikante Verbesserung	keine signifikante Verbesserung
Prosodie, Sprechgeschwindigkeit, Rhythmus und Betonung	ggf. beeinträchtigt (in der Bemühung um korrekte Artikulation)	entsprechend der Art der Dysarthrie beeinträchtigt	nicht beeinträchtigt
Tonhöhen- und Lautstärkekontrolle	eingeschränkte Modulation möglich	beeinträchtigt	unbeeinträchtigt
Stimmqualität	raue, heisere Stimmgebung möglich	entsprechend der Art der Dysarthrie beeinträchtigt	unbeeinträchtigt

3.3 Untersuchungsverfahren

3.3.1 Sprechleistungen

Bislang gibt es keine standardisierten Testverfahren zum Nachweis des Vorliegens einer VED. Im Verlauf eines herkömmlichen Diagnostikverfahrens, das die Überprüfung des Lautbestandes, des Wortschatzes und der Grammatikkenntnisse impliziert, zeigen sich gegebenenfalls eine Reihe charakteristischer Merkmale (vgl. Tabelle 2). Anhand bekannter Lautbestandtests mit Bildvorlagen (z. B. Metzker 1967; Frank & Grziwotz 1974) oder auch Wortschatztests (z. B. Kiese & Kozielski 1979) wird sich der Diagnostiker ein Bild über das Lautrepertoire, die Fehlertypizität und -variabilität machen. Ergeben sich störungsspezifische Anhaltspunkte, so sollte das Testverfahren eine Wiederholung fehlgebildeter Wörter in einem zweiten und gegebenenfalls dritten Durchgang vorsehen [*Fehlervariabilität?*].

Lautbestandtest
Wortschatztests

Wiederholung fehlgebildeter Wörter

Ebenso können über *Nachsprechleistungen* Störgrößen auf segmentaler Ebene ermittelt werden. Das nachzusprechende Wortmaterial sollte durch steigende Silbenlänge sukzessiv den Anforderungsgrad an die Sprechbewegungsplanung erhöhen [*Fehlerzunahme?*]. Von Bedeutung könnte hier zudem ein Vergleich der Fehlerquote bei sinnvollen vs. sinnfreien Wortvorgaben sein: Sprachauffälligen – und auch normalsprechenden – Kindern unterlaufen in der Regel erheblich mehr Fehler bei den Nonsenswörtern (Dollaghan & Campbell 1998), während Kinder mit einer VED mit einem 2:1 Verhältnis kaum signifikant bessere Sprechleistungen bei realen Wörtern präsentieren (Thoonen et al. 1997). Allerdings ist anzunehmen, dass dysarthrische Kinder ein vergleichbares Fehlerprofil zeigen (Dannenbauer 2000).

Nachsprechleistungen

sinnvolle vs. sinnfreie Wortvorgaben

Spontansprachanalyse

Die *Spontansprachanalyse* ist ein unverzichtbarer Bestandteil der Untersuchung. Ob Konversation, Bildbeschreibung oder Erzählung – die Spontansprache stellt erhöhte Anforderungen an kognitive und linguistische Leistungen, wodurch sich eine zusätzliche Erschwernis des Sprechbewegungsablaufs erwarten lässt (CARUSO & STRAND 1999).

jüngere Kinder

Derartige Prüfverfahren lassen sich jedoch nur bei größeren Kindern mit schon verfügbaren Wortproduktionen durchführen. Bei *jüngeren Kindern*, die lediglich über eine Art Vokalsprache und eventuell einzelne Wörter verfügen, kann sich ein Verdacht auf eine VED zunächst auf nicht mehr als die anamnestischen Daten und Anzeichen einer oralen Dyspraxie stützen.

3.3.2 Diadochokinetische Leistungen

Silbenfolge /pataka/

Die Produktion alternierender Sprechbewegungen – ein grundlegendes Problem sprechdyspraktischer Kinder – lässt sich mit verschiedenem Silben- bzw. Wortmaterial überprüfen. Als bekanntestes Prüf-Item gilt die Silbenfolge /pataka/, die einen schnellen Wechsel der drei Artikulationsorte erfordert. Dem Lautinventar des jeweiligen Kindes gemäß ist jede Abwandlung dieser Silbenfolge legitim. Auch Wörter, deren Produktion entsprechende Leistungen erfordern, gelten durchaus als probate Test-Items für diadochokinetische Sprechbewegungen.

Diagnostik funktioneller und organischer Stimmstörungen

Christiane Neuschaefer-Rube &
Marianne Spiecker-Henke

1 Einleitung

Stimme als Medium der Kommunikation

Die Stimme ist wichtigstes Medium der Kommunikation. Über die Stimme, die entwicklungsgeschichtlich älter ist als die Sprache, werden nicht nur sachbezogene Informationen vermittelt, sondern ebenso Gefühle und Emotionen als Ausdruck leib-seelischen Geschehens eines Menschen. In der wechselseitigen Interaktion zwischen Sprechendem und Hörendem gestaltet die Stimme das nicht fassbare „Dazwischen" (M. Buber), in der sich Begegnung, Verständigung und Beziehung erst ereignen können.
Die Stimme ist dabei Handwerkszeug, ein nahezu universelles Instrument, das wir mal achtsam, mal auch rücksichtslos gebrauchen. Ihre volle Funktionsfähigkeit wird als selbstverständlich vorausgesetzt wie andere körperliche Leistungen des Alltags. Erst wenn die Stimme versagt, wird sich der Betroffene ihrer Bedeutung im kommunikativen Austausch bewusst. Dabei ist das subjektive Erleben der Stimmstörung für den Patienten von erheblicher Bedeutung. Menschen, die nicht auf große Stimmleistungen angewiesen sind, werden eindeutige Beeinträchtigungen als hinnehmbar empfinden. Andere mit hohen stimmlichen Ansprüchen im Beruf verspüren existenzielle Ängste schon bei geringen Irritationen der Stimme.
Daraus folgert die Notwendigkeit, in Diagnostik und Therapie nicht nur biologisch-organische Funktionen der Stimme zu erfassen, sondern auch psychische und kommunikative. Der stimmkranke Mensch muss stets in seiner Ganzheitlichkeit gesehen werden, eingebunden in ein Geflecht von vielfältigen Bezügen und Einflussfaktoren. Die Stimmstörung ist daher nicht nur als eine isolierte Erkrankung des Phonationsapparates anzusehen, sondern als ein komplexes biopsychosoziales Geschehen, das dementsprechend zu diagnostizieren und zu behandeln ist.

Ganzheitlichkeit der Diagnostik

2 Zum Begriff Diagnose

R.H. Braun (zit. n. Uexküll, [5]1996, 301) unterscheidet zwei Diagnosebegriffe: einmal die Diagnose als „Summe der Erkenntnis" (ein Prozess, der nie abgeschlossen ist), andererseits die Diagnose als „Zuordnung eines Krankheitsfalls zu einem Begriff unseres nosologischen Systems". Damit lässt sich der Begriff Diagnose auch definieren: „Diagnosen sind

Diagnosebegriff

Entscheidungen zwischen Interpretationsmodellen für Vorgänge, die den Sinnen nicht unmittelbar zugänglich sind und die wir ‚Krankheiten' nennen" (UEXKÜLL, [5]1996, 301). Diagnostizieren heißt – in Anlehnung an die ursprüngliche Bedeutung des griechischen Wortes „diagnosis = Entscheidung" – aber immer auch Entscheiden zwischen mindestens zwei Möglichkeiten. Dabei werden die persönlichen Maßstäbe und Bewertungen der diagnostizierenden Person nicht ohne Einfluss bleiben auf die Entscheidungen, die zu einem bestimmten Problem zu fällen sind, auch wenn größtmögliche Objektivität angestrebt wird.

3 Zur Symptomatik von Stimmstörungen

Leitsymptom Heiserkeit

Veränderungen des Stimmklangs wie eine bestehende Heiserkeit oder Stimmschwäche, Einschränkungen der Stimmbelastbarkeit bis hin zu Abbrüchen der Stimme sowie anhaltendes Trockenheitsgefühl, Räuspern, Brennen oder Kloßgefühl im Hals bilden die häufigsten Anlässe, einen Arzt aufzusuchen. Nicht selten befürchten die Patienten eine Krebserkrankung des Kehlkopfes oder zumindestens einen chronischen Entzündungsprozess, während funktionelle Ursachen der Symptomatik nur von stimmlich vorgebildeten Patienten als Möglichkeit in Betracht gezogen werden.

Ziel der ärztlichen Untersuchung ist es, funktionelle und organische Ursachen bestehender Stimmbeschwerden zu diagnostizieren, um ein individuelles Behandlungskonzept zu erstellen. Hierbei liefern die *auditiv erkennbaren Stimmcharakteristika* im Kontext mit den Schilderungen des Patienten zur *zeitlichen Entstehung* seiner Stimmbeschwerden sowie Angaben zu deren *Tagesrhythmik* bereits erste differenzialdiagnostisch relevante Informationen. *Heiserkeit* als solche ist keineswegs hinreichend, um organische und funktionelle Formen von Stimmstörungen zu differenzieren, da beide Arten von Störungen sich klanglich ähnlich manifestieren können. Hierbei ist zu beachten, dass das Ausmaß der Heiserkeit nicht immer Rückschlüsse auf die Schwere der zugrundeliegenden Erkrankung und deren Prognose erlaubt. Sowohl organische als auch funktionelle Stimmstörungen können langanhaltende Klangveränderungen der Stimme verursachen. Innerhalb *kürzester Zeit auftretende oder zunehmende Stimmveränderungen* haben dagegen meistens ernsthafte organische Ursachen. Beispiele hierfür sind fortgeschrittene Stadien von Krebserkrankungen oder auch Kehlkopfpapillome.

Zeitabhängigkeit der Stimmstörung

> Eine erkennbare *Tagesrhythmik* einer bestehenden Heiserkeit mit belastungsabhängiger Stimmverschlechterung zum Abend deutet auf eine funktionelle Ursache hin. Dagegen ist bei Heiserkeit infolge organischer Kehlkopferkrankungen eine Tagesrhythmik nicht typisch.

Hinweise auf eine organische Erkrankung ergeben sich dagegen bei einer stark *wechselnden Stimmbeeinträchtigung*. Mögliche Ursachen hierfür sind flottierende Prozesse wie im Atemstrom bewegliche Stimmlippenpolypen, Intubationsgranulome oder Reinke-Ödeme. Diese Prozesse treten stimmlich in Erscheinung, wenn sie den glottalen Stimmlippenschluss mechanisch behindern oder sich als pathologische Masse an der Stimmlippenschwingung beteiligen. In diesen Fällen können sie eine Diplophonie oder eine Verminderung der Sprechstimmlage bewirken, während sie zwischenzeitlich keine oder nur geringe Stimmveränderungen verursachen.

Wechselnde Stimmbeeinträchtigung

Eine stark *behauchte, geschwächte Stimme* kann Ausdruck einer unkompensierten Stimmlippenlähmung sein, sofern sie aus voller Gesundheit, im Anschluss an einen grippalen Infekt oder nach einer Schilddrüsenoperation auftritt. Sie ist auch typisch für Patienten mit Aryknorpelluxation oder für Patienten nach Herzoperation, die aufgrund atemabhängiger Schmerzen nach der Eröffnung des Brustkorbs eine Phonasthenie aufweisen. Eine plötzlich auftretende behauchte oder gepresste *Flüsterstimme* findet sich als Leitsymptom einer psychogenen Aphonie oder einer akuten Kehlkopfentzündung. Beide Erkrankungen können häufig erst nach Kehlkopfinspektion diagnostisch sicher differenziert werden.

Symptom Stimmschwäche und Aphonie

Subjektive *Atemnot* wird sowohl als Symptom von funktionellen als auch organischen Formen von Stimmstörungen angegeben. Allerdings sind die Ursachen dieser Atemnot sehr verschieden. Während sie bei funktionellen Stimmstörungen durch eine Atem-Phonations-Dyskoordination verursacht werden, resultiert die Atemnot bei Stimmlippenlähmungen und bei organischen Stimmlippenprozessen aus der bei diesen Erkrankungen verminderten Glottisöffnung. In diesen Fällen ist das bereits in Ruheatmung hörbare, bei Belastung verstärkte pathologische Atemgeräusch (Stridor) Ausdruck eines bedrohlichen Sauerstoffmangels.

Symptom Atemnot

Ein weiteres Symptom einer Stimmstörung bildet das *Globusgefühl*, das vonseiten der Patienten häufig als „Schluckstörung“ angegeben wird. Es ist häufig gekoppelt mit Reizempfindungen im Halsbereich, wie Fremdkörpergefühl, Kratzen oder Wundgefühl, Schmerzen mit unterschiedlich lokalisierter Ausstrahlung, oft verbunden mit einer Karzinophobie. Letztere wird vom Patienten meistens als so schwerwiegend empfunden, dass sie im Vordergrund der Beschwerden steht. Im Unterschied zur eigentlichen Schluckstörung tritt die empfundene Symptomatik typischerweise nicht während des Essens auf. Das Globusgefühl kann sowohl als Symptom einer hyperfunktionellen Stimmstörung auftreten, bei Halswirbelsäulen- und Schilddrüsenerkrankungen oder in psychischem Kausalzusammenhang.

Symptom Globusgefühl

4 Aufgaben und Fragestellungen in der Diagnostik

stimmgesund versus stimmkrank

In den Fokus diagnostischen Interesses gerät die Stimme, sobald üblichen Stimmanforderungen nicht mehr entsprochen werden kann oder veränderte private und berufliche Umstände eine gesteigerte Leistungsfähigkeit der Stimme fordern. Jede Diagnostik bedingt eine Festlegung dessen, was „gesund" bzw. „normal" ist. Deutliche krankhafte Veränderungen sind mit einem entsprechenden Instrumentarium objektiv zu erfassen. Schwierigkeiten bestehen jedoch auf den verschiedenen Funktionsebenen zur Abklärung der Begriffe „noch normal" versus „schon krankhaft". Damit bezeichnen „Stimmgesundheit" auf der einen und „Stimmstörung" auf der anderen Seite Polaritäten eines Kontinuums von unterschiedlichsten Zuständen, die jeweils individuell und in gemeinsamer Verantwortung von Arzt, Therapeut und Patient zu definieren sind.

Diese Situation beruht auf der großen Variabilität menschlicher Eigenschaften und Fähigkeiten, ganz zu schweigen von der differierenden subjektiven Einschätzung einer Stimmveränderung durch den Betroffenen beziehungsweise Untersucher. In der praktischen Anwendung ist deshalb von einer hypothetischen Norm auszugehen mit fließenden Übergängen in beide Richtungen. Störungen der Stimme verursachen recht unterschiedliche Funktionseinschränkungen. Während Heiserkeit häufig bereits vom medizinischen Laien bemerkt wird, lässt sich die Mehrzahl der Funktionseinschränkungen erst im Rahmen einer differenzierenden qualitativen und quantitativen Diagnostik ermitteln.

eigenständiges Störungsbild, Initial- oder Sekundärsymptomatik

Hierbei ist zu unterscheiden, ob die Stimmstörung als eigenständiges Störungsbild auftritt, ob sie als Initial- oder Sekundärsymptomatik einer allgemeinen oder systemischen (häufig neurologischen) Erkrankung zu betrachten ist oder als Zusatzsymptomatik einer bereits bestehenden Kommunikationsstörung (z. B. Hörstörung, Redeflussstörung). Es ist daher notwendig, dass eine Stimmdiagnostik Fragestellungen zur Verursachung, Auslösung und Aufrechterhaltung einer Störung umfasst. Gerade bei Stimmstörungen ist es von Bedeutung, psychogene und umfeldbedingte Ursachen aufzudecken und zu klären, ob eine Beeinträchtigung der Kommunikationsfähigkeit bereits eine sekundäre depressive Grundstimmung oder gar eine psycho-soziale Isolation verursacht hat.

Interdisziplinäre Diagnosefindung

Die Ausrichtung und der Umfang der durchgeführten Stimmdiagnostik (und die spätere Therapie) haben sich am Persönlichkeitsbild und am Lebensentwurf des Patienten zu orientieren. Aufgrund des häufig komplexen Bedingungsgefüges von Stimmstörungen, in diesem Zusammenhang sind auch Hörstörungen besonders zu berücksichtigen, werden je nach Erfordernis neben HNO-Ärzten und Phoniatern auch Vertreter anderer Fachdisziplinen in den Diagnostikprozess einzubeziehen sein wie Hausärzte, Internisten, Neurologen, Psychotherapeuten oder Physiotherapeuten.

Gemeinsame Aufgabe des Arztes, des Stimmtherapeuten und auch des Patienten ist die Diagnosefindung. In dem damit verbundenen Dialog sind unterschiedliche Verantwortungsbereiche und Verständigungsebenen enthalten. Dazu gehören z. B. die Schilderung der Beschwerden durch den Patienten, die Herausstellung der aktuellen Grundproblematik, die Erfassung stimmrelevanter Einflussfaktoren, die Förderung der Eigenverantwortlichkeit des Patienten gegenüber seinem Krankheitsprozess und die Darstellung realisierbarer Therapieziele. Die Qualität und die Individualität der Diagnostik ist abhängig sowohl vom Grad der Offenheit und Vollständigkeit der Beschwerdeschilderung des Patienten als auch von der Interaktionsfähigkeit des Therapeuten, eine angemessene sprachliche und emotionale Verständigungsebene mit dem Patienten zu entwickeln. Von Bedeutung ist es, neben den sprachlichen Äußerungen des Patienten gleichzeitig seine nicht-sprachliche Ausdrucksweise aufzunehmen und in den Verstehensprozess einzubeziehen. Da diese Kommunikationsform praktisch immer unbewusst abläuft, vermittelt sie seine innere Befindlichkeit auf sehr eindeutige Weise und verhilft zur diagnostischen Abklärung der emotional-psychischen Ebene. Der Prozess der Diagnosefindung verläuft überlappend mit ersten therapeutischen Maßnahmen, wobei Erfolg oder Misserfolg diagnostisch genutzt werden. So lassen sich diagnostische und therapeutische Prozesse nicht voneinander trennen. Sie bilden durch ständige Rückkopplungseffekte ein zusammenhängendes Ganzes.

Eigenverantwortlichkeit des Patienten

Abklärung der emotional-psychischen Ebene

5 Praxis der Anamneseerhebung

5.1 Erstgespräch

Die Diagnostik beginnt bereits mit der ersten Kontaktaufnahme. Sie liefert eine große Zahl von Einzelinformationen, die für das diagnostische Gesamtbild von richtungsweisender Bedeutung sind und gewisse Schwerpunktbereiche frühzeitig erkennen lassen. Zu diesem Zeitpunkt steht die menschliche Begegnung und intensive Zuwendung im Dialog mit dem Patienten im Vordergrund. Der Patient wird erfahren, dass er im Arzt bzw. Stimmtherapeuten nicht nur einen sachkundigen Fachmann hat, sondern auch einen verständnisvollen Zuhörer. Damit sind notwendige Voraussetzungen gegeben für die Entwicklung der wichtigen Beziehungs- und Vertrauensbasis, durch die die Weichen für den weiteren Verlauf und den Erfolg von Diagnostik und Therapie gestellt werden. Diese Atmosphäre des Vertrauens kommt besonders dann zum Tragen, wenn tiefer liegende Probleme des persönlichen Bereichs in die Stimmerkrankung einfließen.

Entwicklung einer Vertrauensbasis

Schon die Art und Weise, wie der Patient seine Beschwerden ausdrückt oder negiert und welche Formulierungen er benutzt, haben häufig Symbolcharakter und weisen auf tiefere Zusammenhänge im psychisch-emotionalen Bereich hin. Der Volksmund hat für solche psychosomatischen Zusammenhänge viele tiefgründige Redewendungen gefunden, z. B. „die Kehle ist mir wie zugeschnürt“ oder „es hat mir die Stimme verschlagen“. Von besonderer Bedeutung ist in diesem Prozess, das Miteinander-Spre-

Symbolhafte Vermittlung der Beschwerden

chen auf einer sprachlichen Ebene zu führen, die der Patient versteht. Allein eine ungenügende Berücksichtigung dieser Notwendigkeit kann die Entwicklung der Vertrauensbasis verhindern.

Abklärung der Hintergrundsituation

Im Rahmen des ersten Kontaktes vermittelt der Patient dem Therapeuten einen Eindruck nicht nur von der Art der Beschwerden und ihrer Vorgeschichte, sondern auch von seiner Gesamtsituation einschließlich des beruflichen wie familiären Umfeldes, seiner eventuell stimmbelastenden Hobbies und Gewohnheiten. Dadurch werden die biophysische, die psychische und die soziale Ebene in bezug auf schädigende Einflüsse erfasst. Wichtige Funktion hat die Frage, in welcher Weise der Patient und seine Mitmenschen seine Stimmstörung erleben, welche Bedeutung und Bewertung er ihr selbst zumisst und wie sehr er dadurch in seinem emotionalen und kommunikativen Bereich beeinträchtigt ist. Eine Stimmstörung kann gelegentlich auch der unbewusste Versuch sein, sich aus einer Konfliktsituation herauszuziehen. Die Stimmstörung erfüllt dann die Aufgabe eines sekundären Krankheitsgewinns, die der Therapeut erkennen und aufdecken muss. In Tabelle 1 „Orientierende Stimmanamnese" sind Fragestellungen aufgeführt, um einen orientierenden Eindruck von der Stimmsituation zu erhalten.

Tabelle 1: Orientierende Stimmanamnese (Aus: Spiecker-Henke 1997, 76)

Orientierende Stimmanamnese

- **Vorgeschichte:**
  Beginn der Stimmerkrankung und bisheriger Verlauf; subjektive Stimm- und Kommunikationsgeschichte
- **Vorerkrankung**
  Bronchitis, Laryngitis mit/ohne Stimmschonung
- **Art der Erscheinung:**
  Veränderung der stimmlichen Leistungsfähigkeit, schnelle Ermüdbarkeit, Versagen der Stimme, wechselnde Heiserkeit, Schmerzen und Mißempfindungen, unzweckmäßiger Stimmgebrauch, fehlerhafte Stimmtechniken
- **Zeitliche Zusammenhänge:**
  Wann im Laufe der Stimmbelastung, wann Erholungsphasen, tageszeitliche Schwankungen, Symptomatik am Wochenende, in den Ferien, Schilderung eines typischen Tages in der Berufssituation
- **Umfeldbedingte Zusammenhänge:**
  Stimmliche Berufs- oder Familiensituation, Lärm, schlechte Akustik, Staub, Streß und andere Abhängigkeiten (z.B. Reaktion auf bestimmte Personen oder Situationen), ungünstige Sprach- und Stimmvorbilder
- **Psychische Zusammenhänge:**
  Einstellung des Patienten zu seiner Stimmerkrankung: Welche Bedeutung hat sie für ihn? Wie sehr leidet er unter ihr? Reaktion der Umgebung auf die Stimmerkrankung
- **Bisherige therapeutische Maßnahmen:**
  Operationen, Hormonbehandlung, vorangegangene Stimmbehandlungen

5.2 Daseinskategorien als Suchraster

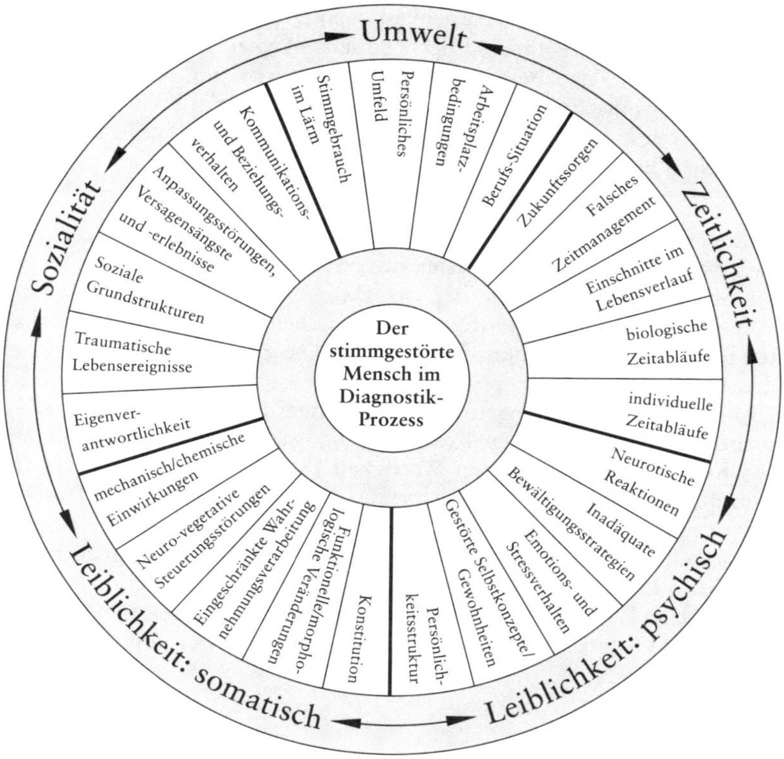

Abbildung 1: Ätiologische Faktoren von Stimmstörungen unter daseinskategorialer Zuordnung (Nach Spiecker-Henke 1994, 253)

Die Vielfalt der Einflussmöglichkeiten, die im Zusammenhang mit der Diagnostik einer Stimmstörung zu beachten sind, erfordert eine Systematik der Erfassung. Grundsätzlich ist eine Multikausalität anzunehmen, wobei es sich in aller Regel um biologische, psychische und soziale Faktoren der Entstehung und des Verlaufs einer Stimmstörung handelt. Die theoretische Grundlage bildet das biopsychosoziale Krankheitsmodell von Engel (1979), das aus einer psychosomatischen Denkweise entwickelt wurde (Spiecker-Henke, 2001, 272). Bei dieser Ausgangslage bietet es sich an, das in der Phänomenologie entwickelte System der Daseinskategorien und das Modell der daseinskategorialen Strukturanalyse bezogen auf Stimmstörungen anzuwenden.

Daseinskategorien in der Anamnese

Diese Sichtweise geht von der Annahme aus, dass der Mensch in einem vorgegebenen Bedingungsgefüge gesehen werden muss, welches sich in die Kategorien der Leiblichkeit (somatisch und psychisch), der Umwelt, der Sozialität und der Zeitlichkeit gliedert. Dadurch ist es möglich, eine ganzheitliche Betrachtungsweise im Rahmen eines systemtheoretischen Prinzips anzuwenden, in dem alle Einzelerscheinungen der individuellen Stimmerkrankung erfasst und größeren analytischen Einheiten sinnhaft zugeordnet werden können.

In diesem Sinne ist eine Diagnostik über das System der Daseinskategorien wesentlich als ein Suchraster zu verstehen und anzuwenden. In Abbildung 1 sind im Rahmen der vier Daseinskategorien solche Bereiche aufgeführt, die eine Stimmstörung verursachen, auslösen, aufrechterhalten oder mindestens begünstigen können. Die Zuordnung zu den einzelnen Kategorien ist keine absolute, vielmehr sind je nach dem angesprochenen Inhalt Zuordnungen zu mehr als einer Kategorie möglich. Diese mehrfachen Möglichkeiten weisen auf die bestehenden Bezüge zu anderen Komponenten hin, deren Wertigkeit für den Krankheitsprozess im Einzelfall abzuklären ist. Gleichzeitig demonstrieren sie die deutliche Vernetzung, denen Erkrankungen der Stimme unterliegen. Die Begriffe der einzelnen Felder stellen Schwerpunktbereiche dar, die möglichst weitgehend in Einzelelemente aufzugliedern und genau zu beschreiben sind. Die Tabelle 2 bringt für die Kategorie „Leiblichkeit somatisch“ ein Beispiel einer weitergehenden Aufschlüsselung der Schwerpunktbereiche.

Tabelle 2: Allgemeine somatische Faktoren mit Bezügen zur Stimme (Aus: SPIECKER-HENKE 1997, 77)

Allgemeine somatische Faktoren

- **Konstitutionelle Komponenten:**
  Anlagebedingte Anomalien und Defekte des Kehlkopfes und Ansatzrohres
  Angeborene oder erworbene Veränderungen im Phonationsapparat
  Körperliche Haltungsanomalien
  Schleimhautbeschaffenheit: Trockenheit, Borkenbildung, vermehrter Schleim, Ödeme
- **Störungen der Wahrnehmung**
  Störungen des peripheren Gehörs
  Störungen der akustischen und kinästhetischen Diskrimination
- **Störungen mit direktem Bezug zur Phonation:**
  Akute oder chronische Erkrankungen im HNO- oder Bronchialbereich: häufige Infekte, Bronchitis, Sinusitis, Asthma, Trockenheit im Mund-Rachen-Raum
  Allergien
  Störungen der Atmung
  Motorikstörungen an Lippen, Mund, Zunge und weichem Gaumen
  Operationen im HNO- oder Schilddrüsenbereich
  Veränderungen von muskulärem Tonus, Haltung, Bewegung, Koordination
  Halswirbelsäulensyndrom (bes. C_3 / C_4)
- **Störungen mit indirektem Bezug zur Phonation:**
  Nervenleiden vegetative Labilität,
  Herz-Kreislauf-Erkrankungen, ösophagealer Reflux
  Andere komplexe Erscheinungen: Erschöpfungszustände, Kopfschmerzen, Schlafstörungen, Wetterfühligkeit
- **Schädigende Einwirkungen:**
  Medikamentöse Einwirkungen
  (anabole und / oder virilisierende Hormone, Schmerzmittel, Tranquilizer)
  Gifte (Nikotin, ätzende Dämpfe) Suchtprobleme
  Lärm
  Temperaturschwankungen
  Trockenheit und Staub

6 Beobachtende und auditive Beurteilung der Stimme

Die Leistungen der Stimme gemäß ihren Funktionskreisen Atmung, Stimmerzeugung und Artikulation sowie ihre klanglichen Eigenschaften lassen sich in den verschiedenen Parametern meist auch objektiv erfassen. Der apparative Aufwand hierfür ist jedoch recht groß und kann überwiegend nur in phoniatrischen Einrichtungen aufgewendet werden. Aber auch mit geringeren Mitteln lassen sich im Praxisalltag viele Stimmfunktionen überprüfen (vgl. Tab. 3) und Zuordnungen zu bestimmten Verdachtsdiagnosen treffen. Dabei ist das bedeutungsvollste Diagnosemittel das geschulte Gehör des Untersuchers, das ein funktionelles Hören als akustischen und ein funktionelles Nachvollziehen als kinästhetischen Erfassungsprozess ermöglicht. Tabelle 3 zeigt verschiedene Parameter, die im Rahmen der Funktionsprüfung der Stimme relevant sind.

Tabelle 3: Parameter der Sprech- und Singstimme, die bei einer Stimmbeurteilung erfasst werden (Nach SPIECKER-HENKE 1997, 82)

Elemente aus dem Bereich der Sprechstimme	Elemente aus dem Bereich der Singstimme
• Klang und Stimmlage (bei Konversation, im Beruf, beim Rufen, bei Vertäubung) • Resonanz • Lautstärke • Ansatz, Einsatz, Absatz • Reaktion (im Lärm, in Problemsituationen) • Dynamik (Steigerungsfähigkeit) • Stabilität • Belastbarkeit (30 Minuten lautes Lesen bei 80 dB und 20 cm Mikrophonabstand) • Prosodische Merkmale: melodische, dynamische, temporale Komponenten (bei Konversation und Lesen)	• Tonhöhenumfang (physiologisch, musikalisch) auf Vokal a • Dynamikentfaltung in der Vokalise, im Lied • Klangfarbe • Stimmeinsatz (piano – forte), Stimmabsatz • Stimmansatz • Tonhaltedauer auf Vokal o • Kontinuität • Schwelltonvermögen und Steigerungsfähigkeit • Resonanz • Registerdivergenzen beim Hinauf- und Hinuntersingen • Vibrato • Stimmgattung

Die *Mittlere Sprechstimmlage* bezeichnet die Tonhöhe, um die sich die Stimme beim Sprechen bewegt und von der sie im Rahmen der Sprechmelodie nach oben und unten abweicht.

> Die mittlere Sprechstimmlage liegt im unteren Drittel des Stimmumfanges; bei Männern zwischen G-c (98–131 Hz), bei Frauen zwischen g-c' (196–262 Hz). Sie variiert in Abhängigkeit vom gesprochenen Text, der umgebenden Lärmkulisse und der inneren Sprechspannung.

mittlere Sprechstimmlage

Die Sprechstimme wird mit Hilfe eines Tasteninstrumentes beim neutralen Reihensprechen ermittelt, oder über die Kaustimme nach FRÖSCHELS. Liegt die Sprechstimmlage deutlich über der individuellen Norm, bedeutet dies eine ständig erhöhte muskuläre Spannungslage beim Sprechen und damit eine Reduzierung der stimmlichen Belastbarkeit. Eine Senkung der mittleren Sprechstimmlage geht meistens mit entzündlichen oder ödematösen Prozessen der Stimmlippen einher, bedingt durch Vergrößerung der schwingenden Masse. Sie kann auch Leitsymptom einer hormonellen Stimmstörung der Frau darstellen. Eine Verschiebung der

Sprechstimmlage nach oben ist als Symptom häufig gekoppelt mit hyperfunktionellen Stimmstörungen oder einer Mutationsfistelstimme beim Mann.

Stimmeinsätze bezeichnen die Art und Weise, wie sich die Stimmlippenbewegungen vor und zu Beginn der Phonation verhalten. Die damit verbundenen akustischen Effekte lassen verschiedene Parameter erkennen, die für die Beurteilung der Stimmfunktion von Bedeutung sind. Der gehauchte oder weiche Stimmeinsatz ist typisch für eine hypofunktionelle Stimmstörung. Noch während die Stimmlippen sich einander nähern, strömt bereits unmodulierte Atemluft durch die Stimmritze. Je nach Intensität des anblasenden Luftstroms wird akustisch vor der Stimmgebung ein hauchartiges Reibegeräusch hörbar. Beim festen, physiologischen Stimmeinsatz legen sich die Stimmlippen zu einem lockeren vollständigen Schluss aneinander. Der Druck der subglottal gestauten Luft wird kurzfristig erhöht, bis sich die Stimmlippen lösen und zu schwingen beginnen. Die Realisierung dieses Stimmeinsatzes ist charakteristisches Merkmal der deutschen Hochsprache. Pathologisch ist der harte Stimmeinsatz, bei dem die Stimmlippen stark aneinandergepresst werden und durch hohen gestauten Luftdruck unter der Stimmritze auseinander gesprengt werden (Glottisschlag). Akustisch werden gepresste, knallartige Stimmeinsätze hörbar, teilweise unter Beteiligung der Taschenfalten. Gleichzeitig mit dieser Einsatzart sind häufig muskuläre und koordinative Fehlfunktionen im Atemapparat, im Hals-Schulter-Bereich, der mimischen Muskulatur sowie im Ansatzrohr (faukale Enge) zu beobachten. Der Glottisschlag findet sich fast immer im Zusammenhang mit hyperfunktionellen Stimmstörungen, forcierter Sprechstimme und in psychisch gespannten Sprechsituationen.

gehauchte Stimmeinsätze

physiologischer Stimmeinsatz

Glottisschlag

Der *Stimmumfang* reicht vom tiefsten gerade noch leise anklingenden Ton bis zum höchsten Pfeif- oder Falsetton und erreicht einen Umfang von zwei, bisweilen drei Oktaven. Der musikalisch verwertbare Umfang liegt in wesentlich engeren Grenzen. Der Stimmumfang ist bei organischen wie auch funktionellen Stimmstörungen fast immer mehr oder weniger eingeschränkt. Charakteristisch sind Einengungen bei der Mutationsfistelstimme, bei Stimmlippenlähmungen, bei N. Laryngeus superior-Affektionen, bei entzündlichen Prozessen oder bei hyper- und hypofunktionellen Stimmstörungen.

Stimmumfang

Fehlerhafte Bewegungsabläufe bzw. unphysiologisches Zusammenwirken der Funktionskreise Atmung, Artikulation und Körperhaltung werden registriert, interpretiert und in die Gesamtbeurteilung eingebunden. Ein Stimmbelastungstest und Prüfungen der Rufstimmfunktion sind immer dann erforderlich, wenn die angegebenen Beschwerden nicht mit dem situativen Stimmeindruck übereinstimmen.

7 Diagnostik des Kehlkopfes

7.1 Äußere Untersuchung des Halses

Inspektion und Palpation des Halses

In der medizinischen Diagnostik erhält der Untersucher erste Informationen zu möglichen funktionellen und organischen Ursachen einer bestehenden Stimmstörung bereits durch äußere Betrachtung (Inspektion) und manuelle Untersuchung (Palpation) des Halses. Erfasst werden Bau, Form, Größe, Stellung und Verschieblichkeit des Kehlkopfes sowie der Spannungszustand seines Aufhängeapparates. Diagnostisch relevante Besonderheiten kehlkopfbenachbarter Strukturen sind beispielsweise Narben und Schwellungen im Halsbereich, bestehende Schilddrüsen- bzw. Lymphknotenvergrößerungen oder ein vorhandener Halsvenenstau. Durch vorsichtige Palpation des Halses sind auch stimmlich relevante lokale Druckempfindlichkeiten und Schmerzzustände diagnostizierbar.

7.2 Endoskopische Untersuchung des Kehlkopfes (Laryngoskopie)

Da funktionelle und organische Stimmstörungen ähnliche Stimmklangveränderungen verursachen können, ist eine Differenzierung erst auf Grundlage einer endoskopischen Kehlkopfuntersuchung möglich. Hierbei werden Kehlkopf-Morphologie, Kehlkopf-Funktionsstellung bei Phonation und Bewegungsfähigkeit der Stimmlippen bei Glottisöffnung (inspiratorische Abduktionsbewegung) und Glottisschluss (phonatorische Adduktionsbewegung) in einem einzigen laryngoskopischen Untersuchungsgang beurteilt.

Laryngoskopischer Untersuchungsgang

Laryngoskopie

Kehlkopfuntersuchungen mit dem klassischen abgebogenen Spiegel nach GARCIA und CZERMAK werden derzeit nur noch als Screening-Untersuchung durchgeführt. Die Kehlkopf-Diagnostik erfolgt überwiegend endoskopisch im Dauerlicht, wobei sowohl starre, durch den Mund eingeführte Lupenlaryngoskope großer Helligkeit verwendet werden (70°- und 90°-Optiken mit bis zu 6-facher Bildvergrößerung) als auch flexible, durch die Nase eingeführte Fiberglasoptiken geringerer Helligkeit und ohne Bildvergrößerung. Vorteile der flexiblen Endoskope sind die natürlichere Kehlkopf- und Zungenstellung während der Untersuchung und die stufenlose Abknickbarkeit der Endoskopspitze. Die Endoskope werden an einen Videorekorder oder einen digitalen PC angeschlossen, um die Laryngoskopie aufzuzeichnen. Durch den Einsatz derartiger Bilddokumentationstechniken lässt sich nicht nur die Untersuchungsdauer stark verkürzen, die Befunde können dem Patienten auch sofort erläuternd demonstriert werden.

Bildaufzeichnung

Laryngoskopischer Befund des gesunden Kehlkopfes

Der gesunde Kehlkopf ist durch eine morphologisch-strukturelle und funktionelle Symmetrie gekennzeichnet. Die physiologische Kehlkopfsymmetrie betrifft den Bau des Schild- und Ringknorpels, die Form der Aryhöcker und der aryepiglottischen Falten, die Morphologie der Stimmlippen und der Taschenfalten ebenso wie die Beweglichkeit der Stimmlippen. Hierbei ist die Schleimhautbeschaffenheit laryngealer Strukturen mehrheitlich rosig, wobei eine Gefäßzeichnung und eine glottale Verschleimung bereits als pathologisch zu werten sind. Funktionell sind die Stimmlippen bei Respiration seitengleich und symmetrisch geöffnet, bei Phonation seitengleich verschlossen. Dieser Glottisschluss ist bei stimmgesunden Männern vollständig, während stimmgesunde Frauen im hinteren Stimmlippendrittel einen Restspalt aufweisen dürfen.

Kehlkopf-Morphologie

Laryngoskopische Veränderungen der Kehlkopf-Morphologie

Veränderungen der Kehlkopf-Morphologie können nicht nur bei organischen, sondern auch bei funktionellen Formen von Stimmstörungen auftreten. Bei letzteren sind sie jedoch deutlich geringer ausgebildet als bei organischen Kehlkopferkrankungen. Sie äußern sich entweder als Kehlkopfskelettanomalie, als Gewebeasymmetrie, als Gewebezunahme oder als Substanzdefekt.

Als mögliche konstitutionelle Faktoren, die im Zusammenhang mit *funktionellen Stimmstörungen* häufig nachgewiesen werden können, gelten u.a. Aryasymmetrien, Aryüberkreuzungen sowie Längsfurchen der Stimmlippen, die man als Sulcus glottidis bezeichnet. Umschriebene Gewebezunahmen wie Randkantenödeme der Stimmlippen, Stimmlippenknötchen betrachtet man als Kehlkopfveränderungen, die auf Grundlage einer bestehenden, typischerweise hyperfunktionellen Stimmstörung entstehen. Bei hypofunktionellen Stimmstörungen findet man laryngoskopisch dagegen eher Hinweise auf eine muskuläre Schwäche der Stimmlippen in Form eines ovalären Glottisspaltes. Laryngoskopisch nachweisbare Veränderungen wie Reinke-Ödeme und Kontaktgranulome gelten als komplexes organisches (Nikotinschädigung bei Reinke-Ödemen, Reflux bei Kontaktgranulomen) und funktionelles Geschehen (übermäßige und fehlerhafte Stimmbelastung). Laryngoskopische Befunde bei *organischen Stimmstörungen* zeigen neben seltenen Größenanomalien einzelner oder sämtlicher Kehlkopfstrukturen, und neben seltenen glottalen Segelbildungen überwiegend laryngeale Gewebezunahmen. Beispiele hierfür sind entzündliche Stimmlippenveränderungen (vermehrte Durchblutung, hyperplastische Beläge) sowie sämtliche Ausprägungen gutartiger (Zysten, Polypen, Angiome etc.) und bösartiger Kehlkopfveränderungen (meistens Karzinome, selten Sarkome).

glottale Gewebezunahmen

Seltener als die genannten pathologischen Befunde findet man Kehlkopfveränderungen, die glottale Substanzdefekte zeigen. Hierzu gehören muskuläre Stimmlippenexkavationen infolge unbehandelter Stimmlippenlähmungen oder glottale Substanzdefekte als Folge traumatischer oder operativer Einwirkungen (Chordektomie, Arytaenektomie).

glottaler Substanzdefekt

Laryngoskopische Veränderungen der Kehlkopf-Funktionsstellung bei Phonation

Bei der laryngoskopischen Beurteilung phonatorischer Kehlkopf-Funktionsstellungen gibt es im Wesentlichen vier verschiedene Befundformen: den phonatorischen Glottisspalt, den ein- oder beidseitigen Taschenfalteneinsatz, die posterior-anteriore Phonationsstellung und die phonatorische Aryhöckerüberkreuzung. Ein durchgehender, unterbrochener oder breiter *Glottisspalt* gilt immer als pathologisch. Ursachen des unvollständigen Glottisschlusses bei Phonation sind entweder funktionelle Verspannungen oder muskuläre Atrophien der Stimmlippen, organische Substanzdefekte nach larynxchirurgischen Eingriffen oder eine bestehende Stimmlippenlähmung. Ausnahmsweise zeigt sich ein hinterer Glottisspalt (Flüsterdreieck) auch bei psychogener Aphonie. Während ein kleiner Glottisspalt den Stimmklang von rau belegt bis behaucht verändern kann, führt ein großer Glottisspalt funktionell häufig zur Aphonie, da eine atemstrominduzierte Stimmlippenschwingung in diesen Fällen physikalisch nicht mehr zustande kommt.

Glottisspalt

Häufig mit einem Glottisspalt kombiniert findet sich ein ein- oder beidseitiger *Taschenfalteneinsatz*. Durch die damit verbundene Weichteilüberlagerung der Stimmlippen wird die Stimmlippenschwingung mechanisch gedämpft, was in einem veränderten Stimmklang resultiert. Während der Taschenfalteneinsatz bei funktionellen Stimmstörungen und bei Stimmlippenlähmungen therapeutisch unerwünscht ist, kann er bei Patienten nach operativer Entfernung der Stimmlippe in manchen Fällen als notwendiger Kompensationsmechanismus bewertet werden. In diesen Fällen beteiligen sich die Taschenfalten an der Stimmlippenschwingung, wodurch ein rauer tiefer Stimmklang entsteht. Eine seltener nachweisbare pathologische phonatorische Funktionsstellung bezeichnet man als *posterior-anteriore Phonation* (p.a.-Phonation). Bei dieser Störung, die in einem funktionell ähnlichen Stimmklang resultiert wie der Taschenfalteneinsatz, berühren die nach vorne verlagerten Aryhöcker unmittelbar den Kehldeckel und verlegen so den Kehlkopfeingang, der bei physiologischer Stimmgebung bereits als Resonator genutzt werden kann. Bei gewohnheitsmäßiger p.a.-Phonation bilden sich bleibende Verdickungen der inneren Kehldeckelfläche, die als Petioluswulst bezeichnet werden. Des Weiteren findet sich laryngoskopisch in Phonationsstellung manchmal eine *Überkreuzung der Aryhöcker*, die sowohl als Ursache funktioneller Stimmstörungen als auch als gewünschte Kompensation bei organischen Kehlkopferkrankungen vorkommt.

Taschenfalteneinsatz

p.a.-Phonation

Laryngoskopische Veränderungen der Stimmlippenbeweglichkeit

Unter der Voraussetzung, dass die laryngoskopische Untersuchung unter relativer Entspannung des Patienten durchgeführt wird, sind nachweisbare Bewegungsverlangsamungen, -verzögerungen, -einschränkungen und -hemmungen einer oder beider Stimmlippen in der Regel organisch oder neurogen verursacht. Differenzialdiagnostisch zu unterscheiden sind u.a. Stimmlippenlähmungen, Aryhöckerluxationen und -entzündungen sowie entzündliche und tumoröse Infiltrate der Stimmlippen. Hiervon zu differenzieren sind häufig nur vorübergehend nachweisbare Koordinationsstörungen der Stimmlippen nach Intubation und Beatmung. Para-

Bewegungsstörungen der Stimmlippen

doxe Stimmlippenbewegungen, d.h. ein Glottisschluss bei Inspiration sowie ein laryngoskopisch sichtbares Stimmlippenzittern, können auf eine zentrale Schädigung hinweisen.

7.3 Stroboskopische Untersuchung der Stimmlippenschwingungen

In Höhe der mittleren Sprechstimmlage finden sich pro Sekunde etwa 110 Stimmlippenschwingungen beim stimmgesunden Mann bzw. 220 bei der stimmgesunden Frau. Diese sind weder mit bloßem Auge, noch mit Endoskop oder Mikroskop sichtbar. Um die Stimmlippenschwingungen dennoch beurteilen zu können, wird die Glottis mit einer Serie von Blitzen beleuchtet, wobei eine Synchronisation zwischen der Grundfrequenz der erzeugten Stimme und der Blitzrate erfolgt. Dieses von Oertel 1895 eingeführte Verfahren wird als Stroboskopie bezeichnet und gehört zu den wichtigsten medizinischen Verfahren der Stimmdiagnostik. Wenn Blitzfrequenz und Schwingungsfrequenz der Stimmlippen bei der Untersuchung exakt übereinstimmen, ergibt sich ein „stehendes Bild", das indirekte Hinweise auf eine bestehende Schwingungsirregularität der Stimmlippen liefert. Bei systematischer Verschiebung der Beleuchtungsphase über den Schwingungszyklus der Stimmlippen erhält man ein „bewegtes Bild" von hohem diagnostischen Wert.

Prinzip der Stroboskopie

Stroboskopischer Untersuchungsgang
Je nach Ausstattung kann die Larynxstroboskopie unter Verwendung eines Kehlkopfspiegels, eines Mikroskops oder eines Endoskops erfolgen. In der klinischen Stimmdiagnostik wird die Lupenstroboskopie am häufigsten durchgeführt. Die Bildaufzeichnung erfolgt analog derjenigen bei Laryngoskopie (Farbvideostroboskopie, Digitale Stroboskopie), wobei experimentell bereits automatisierte Auswertungsverfahren dieser Bildsequenzen entwickelt wurden (Sovakar et al. 1996). Der Einsatz flexibler Endoskope zur stroboskopischen Untersuchung ist erst mit Optiken neuerer Generation möglich, die über eine gerade ausreichende Bildhelligkeit verfügen. Vorteil der Methode ist die Möglichkeit, das Schwingungsverhalten der Stimmlippen in physiologischer Zungen- und Kehlkopfhaltung durchzuführen. Nachteil ist die fehlende, bei Lupenstroboskopie vorhandene Vergrößerung der Stimmlippen.

Lupenstroboskopie

Um die Schwingungsfähigkeit der Stimmlippen umfassend beurteilen zu können, wird die Stroboskopie in tiefer, mittlerer und hoher Stimmlage durchgeführt. Hierbei werden folgende Schwingungsparameter für beide Stimmlippen vergleichend beurteilt: die Hauptschlagrichtung der Schwingungen, die *Schwingungsamplitude*, die *Randkantenverschieblichkeit* (RKV), das *Phasenverhalten* und die Regularität der Stimmlippenschwingungen, vorhandene Verformungen der Stimmlippen sowie Form und Dauer des stroboskopischen *Glottisschlusses* (Schönhärl 1960, Luchsinger 1970).

Physiologische und pathologische stroboskopische Befunde

Stroboskopischer Normalbefund

Physiologischerweise beobachtet man stroboskopisch in tiefer und mittlerer Tonlage regelmäßige, symmetrische Gegenschlagsbewegungen der Stimmlippen mit seitengleichen Amplituden, deutlich sichtbaren und symmetrischen Randkantenverschiebungen bei vollständigem Glottisschluss. Tonhöhenabhängig reduzieren sich die in tiefer Lage ausladenden Stimmlippenschwingungen über die mittlere bis zur hohen Stimmlage unter Abnahme der Schwingungsamplituden und Randkantenverschiebungen infolge des Wechsels vom laryngealen Vollregister zum laryngealen Randregister. Dieser Wechsel vollzieht sich parallel zum resonatorischen Übergang der Stimme von der Bruststimme zur Kopfstimme.

Stroboskopischer Befund bei funktionellen Stimmstörungen

> Leitsymptom funktioneller Stimmstörungen sind Irregularitäten und Phasenverschiebungen der Stimmlippenschwingungen, wobei diese bei hyperfunktionellen Störungen in Kombination mit verkürzten bzw. verminderten Schwingungsamplituden, reduzierten Randkantenverschiebungen und bestehendem Glottisspalt oder verkürztem Glottisschluss auftreten. Typische Befunde hypofunktioneller Stimmstörungen sind dagegen nachweisbare Erweiterungen der Schwingungsamplituden bei vermehrten Randkantenverschiebungen infolge der funktionell verminderten Stimmlippenspannung.

Stroboskopischer Befund bei organischen Stimmstörungen

Pathologische stroboskopische Befunde bei organischen Formen von Stimmstörungen ergeben sich aus vorhandenen Veränderungen der schwingenden Masse und aus der häufig fehlenden Schleimhautverschieblichkeit der Stimmlippen infolge bestehender Infiltration. Die häufig vorhandenen, oft flottierenden Ödeme, Polypen, Tumore etc. stören nicht nur die glottalen Grundschwingungen. Angeregt durch die ausströmende Atemluft können sie während der Phonation überlagernde Schwingungsmodi auslösen. Sie verursachen oft ausgeprägte Irregularitäten und Seitendifferenzen der Schwingungsphasen, -amplituden sowie der vorhandenen Randkantenverschiebungen. Letztere sind bei bestehender Stimmlippeninfiltration, ausgelöst durch entzündliche oder tumoröse Prozesse, nicht mehr nachweisbar, was klinisch als „stroboskopischer Stillstand" bezeichnet wird.

Bei vorhandener Stimmlippenlähmung kann man sehr unterschiedliche Befunde nachweisen. Während man einerseits nahezu unauffällige stroboskopische Befunde findet, kann bei ausgeprägter glottaler Verschlussinsuffizienz auch jegliche stroboskopisch erkennbare Stimmlippenschwingung ausbleiben, während sich in anderen Fällen Stimmlippenschwingungen mit nach vertikal verlagerter Hauptschlagrichtung nachweisen lassen.

7.4 Radiologische Diagnostik des Kehlkopfes

Radiologische Kehlkopfdiagnostik

Radiologische Untersuchungen des Kehlkopfes werden überwiegend im Zusammenhang mit organischen Stimmstörungen durchgeführt. Bei endoskopisch nachweisbaren Kehlkopferkrankungen gutartiger oder bösartiger Dignität erleichtern sie die Indikationsstellung zur Kehlkopfoperation. Die hochauflösende Computertomografie (CT) ist zur Untersuchung skelettaler Strukturen und Gelenke besonders gut geeignet. Sie wird daher zur Diagnostik von Aryhöckerluxationen und anderen Kehlkopftraumen eingesetzt. Die Magnetresonanztomografie (MRT, NMR) eignet sich besonders zur Bestimmung von Raumforderungen und anderen Weichteilstrukturen. Unter funktionellen Fragestellungen werden radiologische Techniken gelegentlich zur Bestimmung der Kehlkopfstellung genutzt (Frommhold & Hoppe 1966; Neuschaefer-Rube et al. 1996).

7.5 Elektrophysiologische Diagnostik des Kehlkopfes

Als wichtigste elektrophysiologische Untersuchungstechnik in der Kehlkopfdiagnostik ist die Elektroglottografie (EGG) zu nennen. Bei diesem Verfahren lässt man zwischen zwei außen am Kehlkopf angelegten Elektroden einen hochfrequenten Wechselstrom oszillieren, für den der Kehlkopf einen kapazitiven Widerstand darstellt, der sich abhängig von Stimmlippenschwingungen und -bewegungen verändert. Das resultierende Glottogramm ermöglicht unterschiedliche Aussagen über das phonatorische Öffnungs- und Verschlussverhalten der Stimmlippen während der Schwingung (Böhme 1997, 124). Auf Grundlage dieser Parameter sind Rückschlüsse möglich u.a. auf das Einschwingverhalten der Stimme, den Charakter der Stimmeinsätze, die Schwingungsfrequenz der Stimmlippen, die Regelmäßigkeit der Schwingungsabläufe und auf das verwendete Stimmregister. Aus diesem Grund wird das Verfahren zur Charakterisierung funktioneller Stimmstörungen eingesetzt.

Elektroglottografie

Die vergleichsweise invasive Technik der Elektromyografie des Larynx, die vor Einführung des CT zur Diagnostik von Aryluxationen genutzt wurde, ist noch von Bedeutung, um neurogene und myogene Stimmlippenlähmungen zu differenzieren und um die Diagnose einer Spastischen Dysphonie elektrophysiologisch abzusichern.

Elektromyografie

8 Diagnostik der Atemfunktion

8.1 Untersuchung der Phonationsatmung

Diagnostik der Phonationsatmung

Bei atemrhythmisch angepasster Phonation erfolgt die Einatmung regelmäßig, ohne die Sprechgeschwindigkeit zu beeinflussen und ohne Nebengeräusche zu verursachen. Ausatemzeit und Tonhaltedauer erreichen mit 15–25 sec etwa vergleichbare Werte. Die respiratorischen Hebe- und Senkbewegungen sind vorwiegend im costoabdominalen Bereich lokalisiert. Demgegenüber findet man bei funktionellen Stimmstörungen obere respiratorische Brustbewegungen (Hochatmung), die nicht selten mit Schulterbewegungen und mit schlürfenden Atemgeräuschen einhergehen. Während der kurzen Einatmung und der phonatorisch verlängerten Ausatmung kommen komplexe Koordinationsmuster zustande, in denen Zwerchfell, Rippen-, Bauch- und Rückenmuskulatur teilweise synergistisch, teilweise antagonistisch organisiert sind. Diese Bewegungsmuster können durch synchrone Aufzeichnungen thorakaler und abdominaler Atemexkursionen (Gutzmann 1902) analysiert werden. Dieses als Pneumographie bezeichnete Verfahren erlaubt vielfältige Aussagen über die Atemfrequenz, die Atemtiefe, den Zeitablauf und die Regularität der Atemexkursionen. Zur Untersuchung der Luftströmungsrate und des Luftverbrauchs während der Stimmgebung stehen inzwischen kombinierte Hardware-Software-Systeme zur Verfügung, mit denen aerodynamische Messdaten in direkter Abhängigkeit zur Stimmleistung erhoben werden können.

8.2 Lungenfunktionsdiagnostik (Spirometrie)

Spirometrische Diagnostik

Spirometrische Untersuchungen (vgl. Tab. 4) werden bei Patienten mit Stimmstörungen inzwischen routinemäßig durchgeführt. Diese Form der Lungenfunktionsdiagnostik (vgl. Ulmer et al. 1991) ist nicht nur geeignet, ätiologisch relevante Lungen- und Bronchialerkrankungen zu diagnostizieren. Sie dient auch dazu, die atemphysiologischen Auswirkungen kehlkopfbedingter Strömungshindernisse (Ödeme, Polypen, Tumore, Lähmungen etc.) zu quantifizieren und die Indikationsstellung zur Tracheotomie bzw. zu glottiserweiternden Eingriffen zu erleichtern. Bei funktionellen Stimmstörungen eignet sich die Spirometrie, gewohnheitsmäßige Atemauffälligkeiten wie eine bestehende Flachatmung (hohe Atemfrequenz, niedriges Atemzugvolumen) oder Verschiebungen der Atemmittellage (veränderte in- und exspiratorische Reservevolumina) zu erkennen.

> Eine verminderte Vitalkapazität deutet nur dann auf eine funktionelle Stimmstörung hin, wenn sie nicht durch eine geeignete Atemstromregulation kompensiert wird. Bei der Interpretation der spirometrischen Befunde sind konstitutionelle Faktoren zu berücksichtigen.

Tabelle 4: Im Rahmen der klinischen Stimmdiagnostik erhobene spirometrische Parameter, deren Definition und Referenzwerte.

Parameter	Definition	Referenzwerte
Atemfrequenz (AF)	Zahl der Einatmungen pro Minute	8–20/min
Atemzugvolumen (AZV)	Menge Atemluft, die pro Einatmung aufgenommen wird	350–850 ml
Atemminutenvolumen (AMV)	Produkt von AF und AZV	6–8 l/min
Vitalkapazität (VK)	verfügbare Volumendifferenz zwischen maximaler Ein- und Ausatmung VK = AZV + IRV + ERV	Die VK ist abhängig von Geschlecht, Körpergröße und Lebensalter und übersteigt meistens 3,5 l
Inspiratorisches Reservevolumen (IRV)	Das nach normaler Inspiration zusätzlich maximal einzuatmende Luftvolumen	etwa 1,5 l
Exspiratorisches Reservevolumen (ERV)	Das nach normaler Exspiration zusätzlich maximal auszuatmende Luftvolumen	etwa 1,5 l
Relative 1-Sekunden-Kapazität (Tiffeneau-Test)	Der prozentuale Anteil von VK, der nach maximaler Inspiration bei forcierter Exspiration innerhalb von 1 Sekunde ausgeatmet werden kann	etwa 80 % von VK

9 Diagnostik der oberen Atemwege

Diagnostik des Ansatzrohres

Phonatorische Auffälligkeiten wie offene oder geschlossene Rhinophonien, das so genannte Knödeln und die Taschenfaltenstimme werden durch veränderte Strömungs- und Resonanzeigenschaften der oberen Atemwege hervorgerufen. Ursache hierfür sind teilweise morphologische, teilweise funktionelle Verengungen oder Erweiterungen der stimmphysiologisch als „Ansatzrohr" bezeichneten Atemwege. Aus diesem Grund gehört die fachärztliche Untersuchung (Spiegelung und Endoskopie) zur Routinediagnostik sämtlicher Formen von Stimmstörungen. Sie umfasst eine Inspektion der Mundhöhle, der Nase (Rhinoskopie), des Rachens (Pharyngoskopie) und des Kehlkopfeingangs (vgl. Kapitel 7). Neben der inneren Nasenform und der phonatorischen Zungenlage sind Gaumen und Gaumensegel sowie die Weichteilgestaltung im Kehlkopfeingang für die Ansatzrohrfunktion von besonderer Bedeutung. In Abhängigkeit vom inspektorischen Organbefund werden radiologische Untersuchungen (MRT, CT, Ultraschallverfahren) veranlasst, die unter funktionellen Fragestellungen bisher nur experimentell durchgeführt werden (Wein et al. 1995).

10 Phonetografische Diagnostik

Stimmfeldmessung

Im Unterschied zu den bisher genannten medizinischen Verfahren, mit denen Stimmerzeugungsmechanismen untersucht werden, nutzt man die phonetografische Diagnostik, um die funktionellen Grenzen der Stimmfähigkeit zu ermitteln. In seiner klassischen Form repräsentiert das so genannte „Stimmfeld“ die leisest und lautest möglichen, gesungenen (DAMSTÉ 1970) bzw. gesprochenen Töne (HACKI 1988) über den Tonhöhenumfang der Stimme.

Dieser wird in der Literatur für stimmgesunde Frauen mit 24–30 Halbtönen angegeben, der stimmgesunder Männer, etwa um eine Oktave nach unten verschoben, mit 28–33 Halbtönen. Die mittlere maximale Stimmdynamik liegt etwa bei 35 dB(A).

Phonatorische Funktionsdefizite infolge organischer oder funktioneller Dysphonien äußern sich typischerweise als Flächenreduktionen der Stimmfelder, wobei der Stimmumfang und/oder die Stimmdynamik betroffen sind. Registerbrüche sind als obere Einkerbungen der Stimmfelder zu erkennen. Eine Erweiterung der diagnostischen Aussagefähigkeit der Methode ergibt sich durch die Einführung der 3D-Phonetografie, bei der die tonhöhen- und stimmstärkebezogen ermittelte maximale Tonhaltedauer als dritter Messparameter eingeführt wird (NEUSCHAEFER-RUBE & KLAJMAN 1996). Registerabhängige Funktionsdefizite bei beginnenden funktionellen Stimmstörungen können mit dieser 3-parametrigen Methode früher und präziser erfasst werden als mit der 2-parametrigen Phonetografie. Grundsätzlich ist die phonetografische Diagnostik gut geeignet, phonatorische Funktionsstörungen zu erfassen und im Behandlungsverlauf zu dokumentieren.

3D-Phonetografie

11 Elektroakustische Stimmanalyse

Sonagrafie, Grundton-Periodizitäts-Analyse

Die vielfältigen elektroakustischen Analyseverfahren liefern sehr unterschiedliche Instrumentarien, Stimme als Produkt qualitativ und quantitativ zu charakterisieren. Spektrografische Verfahren (Sonagrafie) gehören zu den häufiger angewendeten Techniken, da sie sowohl zur 4-stufigen Heiserkeitsanalyse (YANAGIHARA 1967) als auch zur Bestimmung der Tragfähigkeit der Stimme bei Sängern (Bestimmung des Sängerformant-Bereiches) eingesetzt werden können (BARTHOLOMEW 1934). Prosodische Merkmale der Stimme wie die Variationsbreite und der Melodieverlauf des Grundtones werden mit dem gleichnamigen Verfahren zur Grundtonanalyse ermittelt. Sehr verbreitet sind auch Methoden zur Periodizitätsanalyse, die sowohl zur Beurteilung der Zeitdifferenzen zwischen aufeinander folgenden Schwingungsperioden (Jitter) als auch zur Beurteilung der entsprechenden Amplitudendifferenzen (Shimmer) entwickelt wurden (s. Übersicht bei KLINGHOLZ 1986). Diese Maße sind geeignet, die Genauigkeit und Stabilität der Stimme bei allen möglichen Störungsbildern zu ermitteln. Kombinationen verschiedener Parameter zur Objektivierung der Stimmgüte, unter Gruppierung der akustischen Parameter zu unterschiedlichen Phonationsmechanismen, haben zur Definition des Göttinger Heiserkeits-Diagramms geführt (FRÖHLICH et al. 1998), das in der stimmdiagnostischen Praxis zunehmend an Bedeutung gewinnt.

Heiserkeits-Diagramm

12 Schlussbetrachtungen

Die Vielfalt der möglichen Ursachen einer Stimmstörung bzw. der Einflüsse, die beteiligt sein können, zeigt die Notwendigkeit einer intensiven anamnestischen und diagnostischen Aktivität. Dies gilt ganz besonders, sobald psycho-soziale Komponenten beteiligt sein können. Ein hilfreiches Suchraster ist die Anwendung der daseinskategorialen Betrachtungsweise. Dadurch lassen sich die unterschiedlichsten Wirkungen und Wechselbezüge aus dem Hintergrundgefüge des Patienten erfassen. Nicht alle Hinweise müssen relevant sein, aber eine ganzheitliche Sichtung der Faktoren mit ihren Bezügen untereinander lässt in der Regel wichtige Zusammenhänge hervortreten. Gleichzeitig ergeben sich Ansätze für ein therapeutisches Handeln, aus dessen Verlauf sich neue Möglichkeiten im Therapieprozess abzeichnen.

Diagnostische Maßnahmen bei Patienten mit Larynx- und Hypopharynxkarzinomen

Axel Kürvers

1 Präoperative medizinische Diagnostik

Leitsymptome

Laryngoskopie

Bei richtiger Reaktion seitens des Patienten und seines aufgesuchten Arztes hinsichtlich der *Leitsymptome,* die von den Larynx- und Hypopharynxkarzinomen je nach Lokalisation und Größe verursacht werden – *Stimmveränderungen, Schluckstörungen, Fremdkörpergefühle, Atemnot, Schmerzen* – gelingt häufig bereits dem erfahrenen HNO-Arzt die Erkennung des Karzinoms bei einer gründlichen *Kehlkopfspiegeluntersuchung,* die durch eine *Lupenlaryngoskopie* und eine *Stroboskopie zu* ergänzen ist, um Detailstrukturen im Bereich des Tumors zu erkennen und anhand der Stimmlippenschwingungen Hinweise für infiltrierende Prozesse zu gewinnen. Anstelle der klassischen direkten Laryngoskopie bei schlecht zugänglichen Kehlköpfen ist heute vielfach die *Laryngoskopie mit Glasfaseroptiken,* die bei einer Durchmessergröße von 3 bis 4 mm transnasal eingeführt werden können, getreten. Zur Beurteilung der Oberflächenbeschaffenheit und der Ausdehnung des Tumors, der Entnahme einer Gewebeprobe *(Biopsie)* bzw. der Entfernung kleinerer Tumoren schließt sich die *Mikrolaryngoskopie* an und die letztlich erst völlige Sicherheit in der Beurteilung maligner Prozesse bringende *histologische Aufarbeitung* des entnommenen Gewebes im pathologischen Institut.

Biopsie

Histologie

CT

Palpation

Zur prätherapeutischen Feststellung der Eindringtiefe des Tumors und seiner Ausbreitung ins submuköse Gewebe verwenden viele Kliniken heute die *Computertomografie* (CT), durch die die Xeroradiografie, die Laryngografie und die konventionelle Tomographie an Bedeutung verloren haben. Zum Ausschluss oder Nachweis von Metastasen haben sich neben der *Palpation* der Halsweichteile, das *CT* und die *Sonografie* durchgesetzt. Ergänzt wird die ärztliche Untersuchung von Pharynx und Larynx fast immer routinemäßig durch die *Inspektion* des gesamten *Ansatzrohres,* der *Trachea,* der *Bronchien* und der *Lunge* sowie gegebenenfalls durch eine *Abdomensonografie* und ein *Knochenzintigramm,* wenngleich Knochenmetastasen bei der Erstdiagnose äußerst selten vorkommen und von daher manche Kliniken bereits wieder auf ein Knochenzintigramm verzichten.

Sonografie
Zintigramm

Kann der Kehlkopf aufgrund der Tumorausdehnung nicht durch weniger invasive Maßnahmen zumindest in Teilen erhalten werden, müssen sich Patient und Angehörige auf einen zweifelsfrei schwer wiegenden Eingriff einstellen – wobei laut Hunt (1964) keine andere Erkrankung so tief greifende Veränderungen der Physiologie und Psyche hervorruft wie die Laryngektomie, ist die Kehlkopfentfernung nach GREENE (1947, 54) doch „eine Wahl zwischen frühem Tod und Verlust der Stimme".

2 Ziele sprachtherapeutischer Diagnostik

Rehabilitation

Im gesamten Rehabilitationsprozess stellt die *stimmliche Rehabilitation* eine der wichtigsten postoperativen Aufgaben dar. Es wird unterstellt, dass das Ergebnis der stimmlichen Rehabilitation entscheidenden Einfluss auf die psychische, soziale und berufliche Stellung des an Kehlkopfkrebs erkrankten Patienten hat, so dass konsequenterweise ambulante und vor allem stationäre Dienste relativ gut ausgebaut wurden und den Betroffenen, häufig in Kooperation mit den Selbsthilfeverbänden Kehlkopfloser, therapeutische Hilfen anbieten.

Ziele

Das sich reduzierende Erkrankungsalter und die steigende Anzahl fortgeschrittener, prognostisch sehr ungünstiger Hypopharynxkarzinome stellen neben den gravierenden funktionellen, psychischen und sozialen Auswirkungen radikaler Maßnahmen am Larynx und Hypopharynx ein zunehmendes Problem dar, weshalb angesichts einer krankheitsbedingt z. T. dramatisch verkürzten Lebenserwartung das oberste Ziel *sprachtherapeutischer Bemühungen* in einer schnellen, effektiven und patientenangepassten stimmlichen Rehabilitation bestehen muss, wobei die heutigen *Möglichkeiten zur stimmlichen Rehabilitation* im wesentlichen auf *drei Prinzipien* basieren, die im vierten Band des Handbuches näher zu erläutern sind:

Ersatzstimmen

- Verwendung eines mechanischen oder elektronischen Tongebers, der den Primärton erzeugt und die Luftsäule im Ansatzrohr in Schwingungen versetzt.
- Die operative Anlage einer Verbindung zwischen Trachea und Ösophagus bzw. zwischen Trachea und Hypopharynx mit oder ohne Verwendung im Shunt liegender Stimmprothesen.
- Das Erlernen körpereigener Ersatzstimmen unter Benutzung eines im Ansatzrohr oder im Ösophagus angelegten Luftdepots und der Ausbildung einer Pseudoglottis ohne technische Hilfsmittel.

Transplantation

Versuche, menschliche Kehlköpfe zu *transplantieren*, scheiterten bisher bzw. stellen für Krebserkrankte bisher noch keine Alternative dar (vgl. KÜRVERS 1997 u. 1999).

3 Prätherapeutische Diagnostik ersatzstimmlich relevanter Faktoren

Fälschlicherweise könnte der Eindruck entstehen, dass grundsätzlich eine Palette von Möglichkeiten bereitstände, aus der Behandler und Patienten gemeinsam auswählen könnten. Welche der im diagnostischen Geschehen zu untersuchenden Faktoren den *Weg der stimmlichen Rehabilitation* mitbestimmen, soll bei Betrachtung des nachstehenden *Flussdiagramms* deutlich werden (Tab. 1).

Tabelle 1: Den Weg der stimmlichen Rehabilitation beeinflussende Faktoren

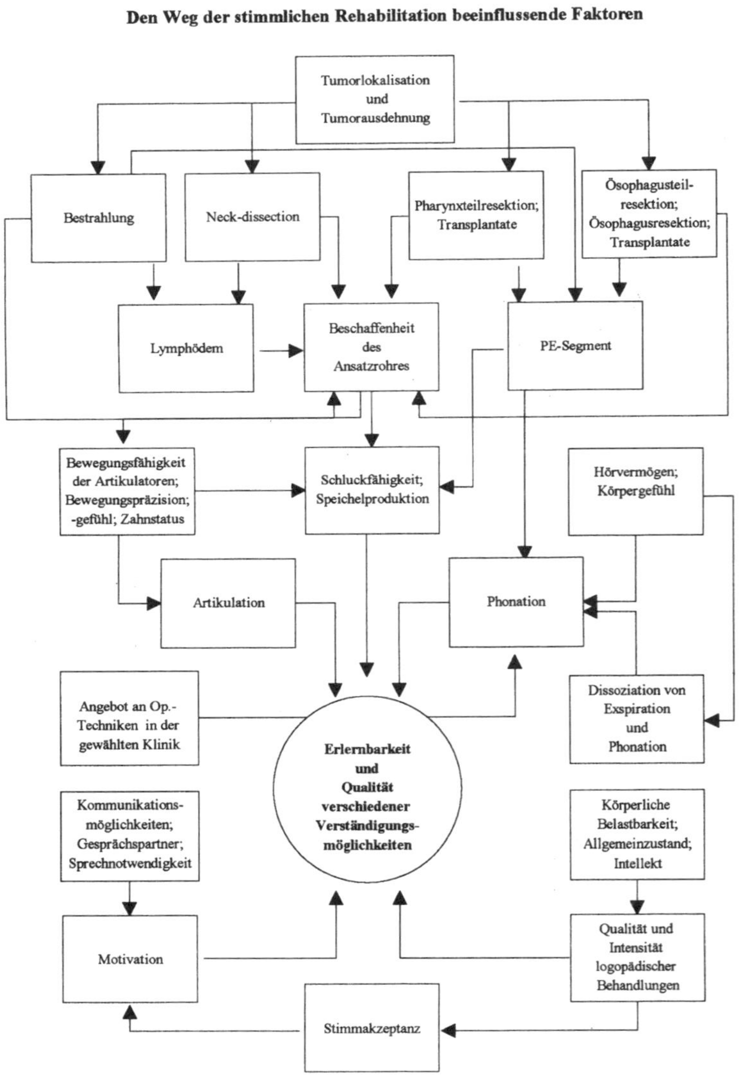

Tumorlokalisation und *Tumorausdehnung* entscheiden nicht nur über die Notwendigkeit der totalen Laryngektomie, sondern geben die medizinische Orientierung für den gesamten chirurgischen, radiologischen und gegebenenfalls chemotherapeutischen Behandlungsplan, sofern der Allgemeinzustand und die Einwilligung des Patienten hierzu keine Einschränkungen auferlegen. *Bestrahlung, Neck-dissection, Pharynxteilresektionen* mit und ohne der Notwendigkeit zur *Gewebetransplantation* zur Defektdeckung sowie *Ösophagusteil-* oder *Komplettresektionen* sind damit unmittelbar eine Folge der Tumorgröße und der lokalen Metastasierung von Lymphknoten und -bahnen. Lokalisation Ausdehnung

Darüberhinaus geben die Lokalisation und die Ausdehnung des Karzinoms wichtige Orientierungspunkte für die statistisch zu errechnende *Überlebenschance* des Patienten, was sich zwangsläufig auch auf die zeitlichen Möglichkeiten der stimmlichen Rehabilitation auswirkt. Prognose

Die genannten Faktoren beeinflussen vorübergehend oder bleibend die Ausbildung und Ausprägung von *Lymphstaus,* die *Beschaffenheit des Ansatzrohres* und des stimmgebenden pharyngealen-ösophagealen Segmentes *(PE-Segment).* Je nach Umfang chirurgischer und radiologischer Veränderungen des Ansatzrohres verändern sich die Bewegungsfähigkeit der *Zunge,* der *Lippen,* des *Kiefers* und des Velums sowie die *Bewegungspräzision* und das *Bewegungsgefühl* durch Irritationen der Rezeptoren und der nervalen Prozesse. Umfangreiche *Zahnextraktionen sowie Veränderungen im Kieferbereich,* die zur Zahnlosigkeit führen bzw. ein Tragen bereits vorhandener Zahnprothesen zunächst nicht mehr zulassen, können *Artikulations*einbußen nach sich ziehen und damit die Qualität der Ersatzstimme negativ beeinflussen. PE-Segment Artikulation

Schluckfähigkeit wird determiniert durch Zungenbeweglichkeit und -kraft, durch die Form, die Weite und die Elastizität des Hypopharynx sowie die Beschaffenheit des pharyngeal-ösophagealen (PE) Segmentes. Schluckfähigkeit

Mundtrockenheit als Folge verminderter und veränderter *Speichelproduktion* behindert nicht nur den Nahrungstransport, sondern erschwert gleichfalls die ösophageale Sprechluftaufnahme. Neben der operationsbedingten Resektion der Speicheldrüsen führt insbesondere die Bestrahlung zu einer teilweise irreversiblen Reduzierung der Speichelproduktion. Speichel

Ein unbeeinträchtigtes *Hörvermögen* erleichtert nicht nur die aktive Mitarbeit beim Stimmunterricht, sondern versetzt die Patienten auch eher in die Lage, die ösophageale und tracheo-ösophageale Tonproduktion bezüglich der Parameter Stimmeinsatz und Tonhöhe auditiv zu kontrollieren und zu modifizieren, die korrekte Abdichtung des Tracheostomas bei Verwendung einer Stimmprothese und die störungsgeräuschfreie Handhabung beim Einsatz elektronischer Sprechgeräte zu überprüfen. Außerdem stellt ein gutes Gehör eine wichtige Voraussetzung für die notwendige *Dissoziation von Exspiration und Phonation* dar, wie sie beim Pseudoflüstern, beim Sprechen mit Gerät und bei der ösophagealen Phonation gefordert wird, um verständlichkeitseinschränkende Nebengeräusche zu vermeiden. Gehör Exspiration

Die ösophageale und tracheo-ösophageale Phonation wird zum einen durch die Beschaffenheit von Hypopharynx und proximalem Teil des Ösophagus sowie durch die Fähigkeit des Sprechers zur entspannten, kraftminimierten, weichen Stimmgebung ohne störende, exspiratorische Begleitgeräusche qualitativ bestimmt.

Belastbarkeit
Intellekt

Als ein entscheidender Faktor für die Fähigkeit zur Mitarbeit wird die *körperliche Belastbarkeit,* die sich im *„Allgemeinzustand"* ausdrückt, und ein Mindestmaß an *intellektueller Fähigkeit* angesehen. Je nach Wahl der Ersatzstimme wird ein unterschiedliches Maß an körperlicher Beanspruchung und geistiger Differenzierungsfähigkeit gefordert.

Therapie

Zweifellos erfordern die verschiedenen stimmlichen Kompensationsmöglichkeiten, aber auch die Lernfähigkeit jedes einzelnen Patienten, ein verschieden hohes Maß an therapeutischer Hilfe, wobei die *Qualität und Intensität logopädischer Behandlungen* in für die Rehabilitation kehlkopfektomierter Patienten ausgewiesenen Kliniken in der Regel als gesichert anzunehmen ist, die Möglichkeiten ambulanter Therapien jedoch gerade im ländlichen Bereich problematisch sind, so dass auch die therapeutische Versorgungsmöglichkeit mit über die Erlernbarkeit und Qualität der verschiedenen Verständigungsmöglichkeiten entscheidet.

Motivation
Stimmakzeptanz

Die Variable *„Motivation"* stellt zweifellos einen der stärksten Motoren im Lemprozess dar. Familienstand, Familiengröße, Schriftsprachkenntnisse, Anzahl der Sozialkontakte oder die berufliche Tätigkeit können Anhaltspunkte bieten für die Häufigkeit von *Kommunikationskontakten, Sprechnotwendigkeiten* und *stimmlichen Anforderungen.* Motivation ist in dem Modell als Bereitschaft definiert, eine oder mehrere Ersatzstimmen erlernen zu wollen, was *Stimmakzeptanz* bei der sprachtherapeutischen Behandlung voraussetzt.

4 Diagnostik zur Therapieplanung

Akzeptanz

Bei Betrachtung des *Flussdiagramms* zeigt sich, dass die *Akzeptanz* im ersten Auswahlprozess ersatzstimmlicher Möglichkeiten ein wesentlicher Faktor ist, der den Grad intrinsischer und die Aufnahmebereitschaft an extrinsischer *Motivation* bestimmt und damit jede Therapieausrichtung ohne Einbezug von Patientenwünschen zum Scheitern verurteilt, wenn nicht zufällig eine Kongruenz besteht. Der hohe Anteil nicht benutzter Sprechgeräte zugunsten der Verwendung der Pseudoflüsterstimme oder der geringe Anteil an getragenen Hörgeräten soll an dieser Stelle als Hinweis auf das *Akzeptanzproblem* und auf die seitens des Behandlers vorgenommene Akzeptanzignorierung genügen.

Anatomie
Kooperation

Leider vergrößert auch die Akzeptanz nicht die Durchlässigkeit *anatomischer Grenzen,* weshalb sie im Flussdiagramm auch an der Basis positioniert wurde, aber sie zeigt die Richtung und möglicherweise die Reihenfolge eines stimmtherapeutischen Rehabilitationsprogramms, das sich an den *Ergebnissen einer gründlichen Untersuchung orientiert.* Dort wo Wahlmöglichkeiten gegeben sind, erweist es sich als effektiver, den erwachsenen Patienten mit entsprechender Beratung *an der Wahl zu beteiligen,* als ihm eine Maßnahme zu verordnen. Zu unterschiedlich sind die kommunikativen Bedürfnisse, die anatomischen Voraussetzungen und die Lernmöglichkeiten der Patienten, um einheitlich gültige

Wege zu beschreiten. Es wird *Lebensphasen* geben, in denen es für den Betroffenen und seine Angehörigen entscheidender ist, sich überhaupt verständigen zu können, als sich mit der Frage zu beschäftigen, welches Verständigungsmittel bei guter Erlernung welche Vor- und Nachteile besitzt. Auch ist bekannt, dass Menschen auf unterschiedliche Weise lernen und es *zur pädagogischen Diagnostik* gehört, den *Lerntyp* und die *Lernstrategien* zu ermitteln. Ist dies gewährleistet, hören möglicherweise die nicht nachvollziehbare Gleichsetzung von Qualität und Therapiehäufigkeit sowie der Versuch auf, Behandlungsbedürftigen ein gleiches Maß an Therapiestunden zuzubilligen.

Lebenssituation

Lerntyp

Da sich Akzeptanz verändern kann und Ablehnung und Befürwortung Resultate von *Lernprozessen* sind, erweisen sich Ton- und Videoaufnahmen von Sprechern mit unterschiedlichen Formen und Qualitäten der Ersatzstimme sowie der Kontakt zu rehabilitierten Patienten für die *Entscheidungsfindung* als sehr hilfreich und können einen enormen Motivationsschub bewirken. Hier sei eindringlich davor gewarnt, jedem Patienten bereits präoperativ zu suggerieren, dass er problemlos wieder „sprechen lernen wird" oder ihn postoperativ mit gleichem Versprechen aus dem Akutkrankenhaus in die ambulante oder stationäre Rehabilitationsphase zu entlassen. Das Aufzeigen nicht realisierbarer Ziele führt nicht selten zur Resignation, zu ungerechtfertigten Beschuldigungen oder zur Ablehnung von Behandlern, wenn das leichtfertig ausgesprochene Ziel nicht zu verwirklichen ist. Von den *anatomischen Gegebenheiten* ausgehend können wir erst nach Abschluss der chirurgischen und zumeist radiologischen Behandlung aufzeigen, welche Möglichkeit der Ersatzstimmanbildung zum gegebenen Zeitpunkt realisierbar ist. Nicht immer werden wir bleibende Veränderungen an den an der Stimm- und Sprechfähigkeit beteiligten Organen, Muskeln und Gewebestrukturen vorfinden, so dass wir bei der Beurteilung auf vorübergehende Beeinträchtigungen Rücksicht nehmen sollten und *therapeutische Ziele* veränderbar bleiben müssen.

Lernprozesse

Entscheidungsfindung

Je nach *Kompetenz* und *Zuständigkeitsbereich* des jeweiligen Untersuchers und Behandlers geht der diagnostische Prozess weit über die Bereiche *Sprache, Sprechen, Stimme* und *Schlucken* hinaus und weitet sich auf die Themenbereiche: *Soziales und finanzielles Stützsystem, Krankheitsverarbeitung, berufliche Perspektiven, Berentung, rechtliche Möglichkeiten als Schwerbehinderter, Hilfsmittelversorgung und -anpassung, Selbsthilfegruppen, Nachsorge und therapeutisches Versorgungssystem* aus und gehört entweder zum *Arbeitsauftrag* entsprechend ausgebildeter Sprachtherapeuten/Logopäden oder wird in Kooperation mit Kollegen/-innen eines größeren *Rehabilitationsteams* untersucht und bei der Arbeit mit dem Betroffenen und seinen Angehörigen berücksichtigt. Anregungen für die *Dokumentation* der Untersuchungsergebnisse in speziellen *Befundbögen* für laryngektomierte Patienten finden sich z. B. bei KÜRVERS (1997).

erweiterte Diagnostik

Dokumentation

Rhinophonie und Lippen-, Kiefer-, Gaumen-, Segel-Fehlbildung

Sandra Neumann

1 Hypernasalität, Hyponasalität und Cul-de-sac-Resonanz

Auffälligkeiten des Stimmklanges im Sinne einer Veränderung der Nasalität können den perzeptiven Eindruck eines Menschen innerhalb der Kommunikation erheblich stören und organische wie auch funktionelle Ursachen haben. Es wird differenzialdiagnostisch zwischen einer Hypernasalität, Hyponasalität und Cul-de-sac-Resonanz unterschieden (ausführlich s. NEUMANN Bd. 2).

Analyseziele

Die Ziele der Diagnostik erstrecken sich von der Abklärung organischer Ursachen bzw. funktioneller Auslöser über subjektive wie objektive sprachtherapeutische Analysen zur Beurteilung der Resonanz und des nasalen Durchschlags hin zur exakten Dokumentation rückverlagerter Artikulation bei Menschen mit Lippen-, Kiefer-, Gaumen-, Segel-Fehlbildung (LKGS-Fehlbildung).

1.1 Hals-Nasen-Ohren-ärztliche Abklärung

Bevor sprachtherapeutische Analysemethoden eingesetzt werden, sollte eine genaue und systematische Untersuchung durch den HNO-Arzt erfolgen.

Methodisches Vorgehen:

Inspektion der inneren Nase

Inspektion der inneren Nase zur Beurteilung deren Durchgängigkeit in Bezug auf Rhinitis, Sinusitis, Septumdeviationen (re./li.), stenosierende Narbenbildungen (re./li.), Choanalatresie, Muschelhyperplasie (re./li.), Nasopharynxtumore, hypertrophe Adenoiden oder Tonsillen. Diese können die Nasenluftpassage anterior bzw. posterior behindern oder ganz blockieren und infolge eine Hyponasalität verursachen.

In Hinblick auf eine Hypernasalität sollte eine Fehlbildung der inneren Nase mit einem knöchernen Defekt des harten Gaumens, dem Auseinanderweichen der Velummuskulatur und einer Vomerhypoplasie, erkannt bzw. ausgeschlossen werden.

Von resonatorischer Bedeutung ist die Erkennung einer Vomerhypoplasie, welche vor allem bei submukösen Gaumen-Segel-Fehlbildungen auftritt. Hierbei erfolgte keine Ausbildung zweier Nasengänge, da der Vomer embryonal nicht mit dem harten Gaumen verschmolzen ist (NEUMANN Bd. 2, GRZONKA u.a. 2001).

Untersuchung des Ohres

Untersuchung des Ohres zur Abklärung von Hörminderungen infolge von Fehlbildungen des inneren Ohres (Schallempfindungsschwerhörigkeit), Schallleitungsschwerhörigkeit, vernarbtem Trommelfell, Seromukotympanon, Tubenverschlussstörung und/oder Cholesteatom in Hinblick auf eine funktionelle Hypernasalität (Godbersen 1989). Zur Durchführung von Hörscreenings und Hördiagnostiken siehe Coninx (in Band 2) und Diller (in diesem Band).
Auf besondere Untersuchungsmaßnahmen bei Kindern mit LKGS-Fehlbildungen wird in Punkt 2 eingegangen.

> **Ziel der Untersuchung:** Abklärung, ob und inwieweit anatomische oder funktionelle Beeinträchtigungen der inneren Nase, des Nasenrachens und der Ohren die vorliegende pathologische Nasalität verursachen.

1.2 Klinische Inspektion des Gaumens und Velums

Weiterhin sollte eine Beurteilung des harten Gaumens und des Velums durch einen erfahrenen Mediziner vorgenommen werden.
Methodisches Vorgehen: Diese Untersuchung ist subjektiver Art. Sie analysiert systematisch die anatomischen und funktionellen Parameter: Vorliegen einer ein- oder beidseitigen Velumparese, verkürztes oder zu dünnes Velum (Sedláčková-Syndrom, Fehlbildung der Muskulatur), Uvula bifida, Fehlbildung (submukös) von Velum und/oder Gaumen (LKGS-Spalte?), dabei Vorliegen von Restlöchern im harten Gaumen und Velum?, Motilitätsstörung des Velums, velopharyngealer Abschluss möglich?, Würgreflex auslösbar? (Böhme 1997, Friedrich u.a. 2000, Eggeling 1983).

Morphologie von Gaumen und Velum

> **Ziel der Untersuchung:** Abklärung, ob anatomische oder funktionelle Störungen des Gaumens bzw. des Gaumensegels als Ursache für die vorliegende pathologische Resonanzveränderung in Betracht kommen.

Ergänzt werden sollten diese Untersuchungen durch den objektiven Parameter der flexiblen Endoskopie der inneren Nase und des Nasopharynx (s. Video-Nasopharyngoskopie).

1.3 Subjektive sprachtherapeutische Analysemethoden

Bei der Analyse der vorliegenden Resonanzstörung im Sinne einer Hyper- bzw. Hyponasalität oder Cul-de-sac-Resonanz werden in der Praxis subjektive wie objektive Diagnostika verwendet. Der anwendende Sprachtherapeut muss sich der Subjektivität der nachfolgenden Untersuchungsverfahren bewusst sein und darf sich bei therapeutischen Entscheidungen nicht ausschließlich auf subjektive Erkenntnisse verlassen.

1.3.1 Auditiv-perzeptive Analyse der Resonanz

auditive Einschätzung

Methodisches Vorgehen: Der erfahrene Sprachtherapeut differenziert auditiv zwischen einem hypernasalen oder hyponasalen Stimmklang. Die Einschätzung erfolgt innerhalb einer Spontansprachsituation oder auf Silben-, Wort- oder Textebene durch Nachsprechen, Vorlesen oder Benennung von Bildmaterial.
Material: Lautprüfbogen nach Grziwotz & Frank ([6]1985), LOGO-Ausspracheprüfung (Wagner 1995) etc.

> **Ziel der Untersuchung:** Auditive Differenzierung zwischen einer Hyper- und Hyponasalität z. B. bei der Erstvorstellung.

1.3.2 Hauchspiegelprobe nach Czermak

Methodisches Vorgehen: Ein Czermak'scher Spiegel oder eine speziell ausgeformte Metallplatte wird horizontal unter die Nasenlöcher gehalten. Es werden systematisch alle Laute isoliert und auf Silben-, Wort- und Satzebene abgefragt.
Physiologischer Befund: Durch die austretende Sprechluft durch die Nase kommt es **nur** bei den Nasalen /m/, /n/, und /ng/ zu einem schmetterlingsförmigen Beschlag auf dem Spiegel.
Pathologischer Befund: Bei einer Hyponasalität entsteht bei den Nasalen dort kein Beschlag auf dem Spiegel, je nachdem, an welcher Seite der inneren Nase eine Behinderung der Luftpassage besteht.

Differenzialdiagnose Hyper- bzw. Hyponasalität

Liegt eine Hypernasalität vor, so kommt es zu einem zusätzlichen schmetterlingsförmigen Beschlag bei der Artikulation von Plosiven, Frikativen und Affrikaten. Die betroffenen Laute werden dokumentiert. Ein asymmetrischer Beschlag kann sich hier bei einer Cul-de-Sac-Resonanz äußern.
! Achtung: Kleine Kinder neigen dazu, willentlich die Platte zu behauchen und extra durch die Nase zu sprechen!

> **Ziel der Untersuchung:** Die orientierende Unterscheidung zwischen Hyper- und Hyponasalität mittels Feststellung des nasalen Durchschlags (s. Neumann Band 2). Sie liefert als subjektive Untersuchung erste zuverlässige Erkenntnisse.

1.3.3 A-I-Probe nach Gutzmann

Methodisches Vorgehen: Die Vokale /a/ und /i/ werden nacheinander abwechselnd artikuliert, wobei die Nasenflügel nach jedem Durchgang [/a/ – /i/] manuell verschlossen und wieder geöffnet werden. Bei kleinen Kindern ist dies gut in umgekehrter Reihenfolge [/i/ – /a/] mit Hilfe eines Stofftier-Esels o.ä. durchführbar und spielerisch in die Analysesituation zu integrieren.

Von dem Vorliegen einer Hypernasalität kann ausgegangen werden, wenn bei Lautieren **mit geschlossener Nase** eine Stimmklangveränderung auftritt. Hypernasalität

Ist hierbei keine Veränderung des Stimmklangs zu verzeichnen, kann eine unbeeinträchtigte Resonanz oder eine Hyponasalität vorliegen. Dieses müsste dann durch andere Verfahren analysiert werden.

Ziel der Untersuchung: Feststellung einer Hypernasalität. Subjektives Verfahren zur ersten Orientierung.

1.3.4 Phonendoskop nach Gutzmann

Methodisches Vorgehen: Das Phonendoskop (Nasenhörrohr) besteht aus einem 70 cm langen Gummischlauch mit austauschbaren Olivenansätzen an beiden Enden. Eine Olive wird abschließend vor ein Nasenloch des Zuuntersuchenden gehalten. Das andere Ende hält der Untersucher in seinen Gehörgang. So erfolgt ein Nachsprechen ausgewählter Testwörter aus Lautprüfmitteln (s.o.). Der Schlauch verstärkt eine nasale Luftflucht akustisch und ermöglicht somit die Auskultation unphysiologischer Begleitgeräusche. !Achtung: Unterschied zu nasalen Turbulenzen! nasaler Durchschlag

Physiologischer Befund: Liegt kein nasaler Durchschlag oder Hypernasalität vor, werden keinerlei Zusatzgeräusche durch das Phonendoskop wahrgenommen.

Pathologischer Befund: Bei Plosiven treten Durchschlaggeräusche auf, Frikative werden von nasalem Blasen begleitet. Bei Vorliegen einer Hypernasalität kommt es bei Vokalen, besonders /u/ und /i/, zu einem verstärkten Dröhnen. Ein artikulationsbegleitendes Schnurren deutet auf eine geringe velopharyngeale Insuffizienz hin.

Ziel der Untersuchung: Das Erkennen eines nicht-hörbaren nasalen Durchschlags und einer Hypernasalität (s. Neumann Band 2).

1.3.5 Weitere subjektive Verfahren

Diese Verfahren werden auch bei Verdacht auf Gaumensegelparese angewendet.

Die **Kopfdrehprobe nach Nadolenczny** ermöglicht eine Verstärkung der Hypernasalität, wenn bei einer einseitigen Velumparese der Kopf des Zu- Velumparese

untersuchenden zur gesunden Seite gedreht wird und sich somit der Abstand des gelähmten Gaumensegels zur Rachenhinterwand vergrößert.
Der **modifizierte Zungenankertest** (Dalston et al. 1990) kann eine velopharyngeale Dysfunktion durch Aufblasen der Wangen erkennen lassen, wenn die Zunge vorher herausgestreckt und mit einem Gazestreifen festgehalten wird. So wird die Sphinkterinsuffizienz nicht mit der Zunge kompensiert, sondern äußert sich als Reibegeräusch bzw. nasaler Durchschlag.
Die **Liegeprobe nach Schlesinger** dient zur Differenzialdiagnose zwischen einer funktionellen Hypernasalität und einer Velumparese. Der Zuuntersuchende legt sich flach auf den Rücken und artikuliert spontan. Bei einer funktionellen Störung setzt die Hypernasalität aus, da sich das Velum der Pharynxwand annähert. Bei einer Parese des Velums wird dies nicht beobachtet (Böhme 1997, Friedrich u.a. [2] 2000).

1.4 ‚Objektive' sprachtherapeutische Analysemethoden

Diese objektiven sprachtherapeutischen Analysemethoden sind von apparativer Art und bewerten die Messvariablen entweder nach standardisierten Normen oder sie sind weiterhin abhängig von der individuellen Einschätzung des Untersuchers. Ihre Objektivität ist somit teils relativ.

1.4.1 Video-Nasopharyngoskopie (Nasendoskopie)

Methodisches Vorgehen: Ein flexibles Endoskop (Fiberglasoptik) wird in ein Nasenloch eingeführt und oberhalb des Velums positioniert. Per Videoaufnahme werden nun Bilder des velopharyngealen Sphinkters (ausführlich s. Neumann Band 2) aufgezeichnet. Folgende Punkte werden zudem berücksichtigt: Form und Größe der Adenoide, Länge und Motilität des Velums, Motilität der lateralen Pharynxwände und des Passavant'schen Wulstes. Die Beurteilung des velopharyngealen Abschlusses (VPA) erfolgt auf drei Ebenen aus anatomisch-morphologischen, funktionellen (Schlucken) und funktionell-artikulatorischen Gesichtspunkten (Bressmann 1999, Wohlleben 1997, Eggeling 1983).

HNO-Befund

Velopharyngealer Sphinkter

Die artikulatorische Analyse per Endoskop erweist sich auf Einzellautebene als aussagekräftiges objektives Verfahren. Auf Wortebene gilt dies nur bedingt. In der Spontansprache kann die artikulatorische Muskelbewegung aufgrund ihrer Komplexität und Geschwindigkeit nicht zu segmentierbaren Lauten zugeordnet werden. Testbögen auf Laut-, Silben- und Wortebene sind zu finden bei Hemprich 1989, Eggeling 1983 und Wohlleben 1997.
!Achtung: Ein physiologischer VPA beim Schluckakt lässt nicht auf einen unauffälligen VPA bei der Artikulation rückschließen (Hemprich 1989)!

Artikulationsverlagerung

Vorteile: Durch die transnasale Endoskopie entsteht nur eine geringe Belastung des Zuuntersuchenden. Die Artikulation wird nicht irritiert.

Die Lautrealisation kann durch die Videoaufnahme exakt abgebildet und protokolliert werden.
Im Therapiebereich kann das flexible Nasendoskop sehr erfolgreich als Video-Feedback-Therapie bei Hypernasalität und rückverlagerter Artikulation bei Erwachsenen mit LKGS eingesetzt werden (Brunner u.a. 1994, Witzel et al. 1989).

Ziel der Untersuchung: Objektivierende HNO-ärztliche Untersuchung, Dokumentation des velopharyngealen Sphinkters und seiner evtl. Dysfunktion, Darstellung und Klassifikation der rückverlagerten Artikulation bei Menschen mit LKGS-Spalte (s.u.).

1.4.2 Hochfrequenzkinematographie/ Videofluoroskopie

Methodisches Vorgehen: Diese objektive Techniken sind bildgebende Verfahren auf der Grundlage der Durchleuchtung (Röntgen), welche im Gegensatz zum statischen Fernröntgenbild eine dynamische Darstellung der Velumbewegungen ermöglichen. Unabdingbar ist hierbei die Untersuchung in den drei Ebenen: sagittal, posterior-anterior und Sphinx. Das Vorgehen führt dank der hohen Ortsauflösung und der Darstellung feinster anatomischer Strukturen auch bei schnellen Bewegungsvorgängen zu einer exakten dreidimensionalen Beurteilung des VPA. Aufgrund seiner Non-Invasivität und der geringen Strahlenbelastung ist es besonders gut bei Kleinkindern anzuwenden (Sader u.a. 1994, Peterson-Falzone et al. 2001)

dynamische dreidimensionale Beurteilung des VPA

!Achtung: Es ist generell nicht zulässig, von der Morphologie und der Funktion des Velums und des VPA auf die artikulatorisch-perzeptiven Konsequenzen Rückschlüsse zu ziehen!

Ziel der Untersuchung: Die dynamische Darstellung der Güte des velopharyngealen Sphinkters, der Velum- und Pharynxbewegungen. Präoperative Indikationsstellung für eine Velopharynxplastik bei Menschen mit LKGS.

1.4.3 Nasometer

Methodisches Vorgehen: Das Nasometer (Fletcher 1979) ist ein Gerät zur computerisierten Nasalanzmessung. Mittels getrennter Messung von oralem und nasalem Schalldruck erfolgt eine Berechnung der Nasalanz. Diese berechnet sich wie folgt:

$$\text{Nasalanz} = \frac{\text{Nasales Schallsignal}}{\text{Nasales + orales Gesamtschallsignal}} \times 100$$

nasale und orale Schalldruckmessung

Das Nasometer besteht aus einem Kopfteil mit Mund- und Nasenmikrofon, welche durch eine Metalldämmplatte voneinander abgetrennt sind und somit den nasalen und oralen Sprechschall isoliert aufnehmen können. Die aufgenommenen Daten werden durch den Computer analysiert (ausführlich s. BRESSMANN 1999, STELLZIG u.a. 1994). Momentan stehen aber noch keine nasometrischen Normdaten für das Deutsche zur Verfügung.
Nachteile: Durch die schwere Dämmplatte unbequem für kleine Kinder zu tragen; das Signal wird in Gleichstrom umgewandelt und lässt sich somit nicht parallel mit dem perzeptiven Eindruck vergleichen.

Ziel der Untersuchung: Differenzierung von pathologischer Nasalität von normaler physiologischer Resonanz mittels Auswertung des prozentualen nasalen Schalls in Bezug auf den Gesamtschall.

1.4.4 Nasal View

Methodisches Vorgehen: Das Nasal View (AWAN 1997) ist eine empirische und validierte Weiterentwicklung (BRESSMANN 1999) des Nasometers. Es besteht aus einem Headset mit Mikrofonen für Mund und Nase durch eine leichte Trennplatte aus Styrene voneinander abgeschirmt. Die zugehörige Software läuft mit einer konventionellen Soundkarte unter dem Betriebssystem Windows/Microsoft auf einem herkömmlichen PC. Die nasalen bzw. oralen Signale werden innerhalb des kompletten Frequenzganges analysiert und können einzeln oder als Ausschnitte bearbeitet oder wiedergegeben werden. Auf der Bildschirmoberfläche wird das orale und das nasale Oszillogramm (Amplitude-Zeit-Kurve) zusammen mit einer Nasalanzkurve und Nasalanzstatistiken angezeigt.

Visuelle Nasalanzkurve

Es wird der modifizierte Heidelberger Rhinophoniebogen (HEPPT u.a. 1991, STELLZIG 1994, s. Tab.1) verwendet und durch das Leipogramm ohne Nasallaute „Der Wald“ (BRESSMANN 1999, s. Tab. 2) ergänzt.

Tabelle 1: Modifizierter Heidelberger Rhinophoniebogen

1. Lange Vokale (ca. 2 sec.) /a:/ /i:/ /u:/ /y:/
2. Nasal-oraler Wechsel Ampel Lampe
3. Sätze ohne Nasallaute Peter spielt auf der Strasse. Das Pferd steht auf der Weide. Der Vater liest das Buch. Die Schokolade ist sehr lecker. Fritz geht zur Schule.
4. Sätze mit Nasallauten Nenne meine Mama Mimi. Neun Nonnen nennen nie einen Namen.

Tabelle 2: „Der Wald", ein Leipogramm ohne Nasallaute (nach BRESSMANN 1999)

Silbenzahl	
7	Der Wald ist voller Tiere.
11	Gehst Du über die Wege, so triffst Du sie.
10	Es ist so herrliches Wetter heute.
12	Die Drossel zwitschert fröhlich ihr prächtiges Lied.
9	Der Fuchs schleicht leise durch das Gebüsch.
13	Sieh, dort läuft auch der stolze Hirsch über die Wiese.
11	Freudig zeigt er Dir das kräftige Geweih.
6	Jetzt wird es wieder Herbst.
6	Bald wird es bitter kalt.
7	Da hat es jedes Tier schwer.
Gesamt: 92 Silben	

Die beiden Maße ‚Nasalance Distance' und ‚Nasalance Ratio' repräsentieren die individuelle Spannweite für die maximale und minimale Nasalanz eines Menschen. Sie werden zur Verbesserung der Untersuchungsreliabilität angewendet und sind besonders hilfreich zur Einordnung von problematischen Fällen (BRESSMANN 1999). Sie berechnen sich wie folgt:

Reliabilität

Nasalance Distance = maximale Nasalanz – minimale Nasalanz
Nasalance Ratio = minimale Nasalanz / maximale Nasalanz

Es konnte belegt werden, dass sich der Grad der Validität der Untersuchung nicht verringert, wenn in einer Kurzform nur die Sätze „Peter spielt auf der Strasse" und „Nenne meine Mama Mimi" nachgesprochen werden (BRESSMANN 1999).

Ziel der Untersuchung: Differenzierung von pathologischer Nasalität von physiologischer nasaler Resonanz.

1.4.5 Weitere objektive Verfahren

Ein viel versprechendes Verfahren zur non-invasiven Beurteilung von Artikulationsbewegungen ist die **Elektromagnetische Artikulographie** (nach ENGELKE & HOCH 1994). Da diese nur in der mediosagittalen Ebene einsetzbar ist, erweist sich eine simultane Kombination mit der Videopharyngoskopie als nützlich.
Durch eine pathologische Nasalität veränderte Formantstrukturen (Abschwächungen, Verstärkungen und Zusatzformanten) können mit Hilfe einer **Sonagraphie** (elektroakustische Schallanalyse) in einer Spektrumkurve dargestellt und analysiert werden.
Zu einer Reihe von Verfahren, welche orale und nasale Luftstromgeschwindigkeit und Luftdruck messen, gehört die **Rhinomanometrie.** Diese beurteilt die nasale Luftdurchgängigkeit, die bei Hyponasalität analysiert werden sollte.

Die **Elektromyografie** stellt eine Beurteilung der Velummuskulatur und der innervierenden Nerven mittels Ableitung der Muskelaktivität dar. Da die Empfängerspulen in das Velum eingestochen werden, liegt eine niedrige Compliance der Zuuntersuchenden vor (ausführlich s. PETERSON-FALZONE [3]2001).

2 LKGS-Fehlbildung

Komplexität der LKGS-Fehlbildung

Die Folgebeeinträchtigungen einer LKGS-Fehlbildung lassen sich nicht auf eine Hypernasalität reduzieren, sondern erstrecken sich von Beeinträchtigungen der Hörfähigkeit, Dystonie des Gesamtkörpers, myofunktionellen Dyskinesien, Wahrnehmungsstörungen, kraniofazialen Wachstumshemmungen und Dysphonien hin zu Artikulationsverlagerungen. Sie sind derartig komplex, dass sie auch einer komplexen und vielschichtigen Analyse bedürfen.

2.1 Analyse und Förderdiagnostik

Komplexe und mehrdimensionale Analyse

Die folgenden Methoden beschreiben eine mehrdimensionale Erfassung LKGS-typischer Sprechauffälligkeiten und deren möglichen Ursachen.
Die **HNO-ärztliche Abklärung** muss verstärkt den Schwerpunkt auf mögliche Fehlbildungen der inneren Nase legen. Wurde die Fehlbildung genau diagnostiziert und entsprechend operiert oder liegen noch immer keine getrennten Nasenhöhlen vor? Kann sich die Eustach'sche Röhre öffnen? Sind Adenoide und/oder Tonsillen kompensatorisch hyperplastisch? Liegt ein chronisches Seromukotympanon vor? Gibt es Hinweise auf eine Innenohrschädigung? (ausführlich s. DILLER in diesem Band bzw. CONINX in Bd. 2)
Die anschließende **medizinische Abklärung** sollte ihr Augenmerk besonders auf Merkmale einer submukösen Gaumen-Segelspalte legen. Bei einer schon diagnostizierten LKGS-Fehlbildung sind Restlöcher im Alveolarbereich in Bezug auf eine Hypernasalität und nasalen Durchschlag zu beachten. Generell muss eine Klassifikation der LKGS nach dem dreidimensionalen Schema der ICD 10 erfolgen, damit auch Fehlbildungen des Vomers ihre entsprechende Diagnose und Therapie erfahren.
Eine **Differenzialdiagnostik der pathologischen Nasalität** sollte kombiniert mit subjektiven wie objektiven Parametern durchgeführt werden (s.o.). Das **Nasal View** (AWAN 1997) erweist sich bei Menschen mit LKGS als hervorragende objektive Methode eine Hypernasalität zu belegen, da sie auf Referenzdaten für das Deutsche (BRESSMANN 1999) zurückgreifen kann.

Nasal View

Orofaziale Dysfunktionen sollten anhand einer systematischen MFT-Diagnostik beleuchtet und analysiert werden, wobei auch der Aspekt der Dystonie des Gesamtkörpers eingehend beurteilt werden muss (ausführlich s. HAHN & HAHN in diesem Band).

Die **Video-Nasopharyngoskopie** ermöglicht bei Menschen mit LKGS eine Beurteilung der velopharyngealen Insuffizienz auf supravelarer, infravelarer und laryngealer Ebene. Der Ort der rückverlagerten Artikulation wird im Mesopharynx und am Larynx sichtbar und muss systematisch transkribiert werden. Bei der Diskussion um eine Velopharynxplastik (ANDRÄ & NEUMANN 1996, PETERSON-FALZONE et al. ^{3}2001) kann diese Methode wertvolle Hinweise zur Indikation, Art der Operation und der Erfolgswahrscheinlichkeit liefern, da sie die Verschlussart des VPA ermittelt (HEMPRICH 1992).

Die **Artikulationsanalyse** darf nicht nur den quantitativen Aspekt der Artikulationsstörung (Fehlerzahl) erfassen, sondern muss in Hinblick auf die Therapie unbedingt eine qualitative Fehleranalyse (Art der Fehler) miteinbeziehen. Daher ist es notwendig, systematisch aufgebaute Verfahren hinzu zu ziehen und die Artikulationsveränderungen phonetisch zu transkribieren. Dies setzt die Kenntnis der spezifischen Transkriptionszeichen für rückverlagerte und nasalierte Artikulation voraus. Ein ausführlicher Screeningbogen, Great Ormond Street Speech Assessment '98 – Deutsche Version (GOS. SP. ASS. '98 – D) liegt seit Januar 2002 vor (BRESSMANN, SELL, HARDING-BELL 2002) und sollte in allen Kliniken und Praxen Verwendung finden, um mit vergleichbaren Daten zu arbeiten und somit eine Qualitätssicherung im Bereich der Prozess- und Ergebnisqualität zu ermöglichen. Von entscheidender Wichtigkeit ist auch die **Analyse phonologischer Prozesse.** Dieser Bereich ist bei Kindern mit LKGS bisher wenig beachtet und unerforscht geblieben. Analyseverfahren wie der AVAK-Test (ausführlich s. HACKER & WILGERMEIN in diesem Band) können besonders bei schwer verständlichen Kindern Einblick in die Systematik der Aussprachestörung bieten.

qualitative Artikulationsanalyse

Transkription

Parallel dazu sollte eine **Spontansprachprobe mit Videoaufnahme** erstellt werden, welche eine auditive Analyse in Hinblick auf die Verständlichkeit des Menschen mit LKGS ermöglicht. Auf diese Weise können mimische, gestische, prosodische und suprasegmentale Faktoren in die Analyse miteinfließen und in ihrer Wirkung auf kommunikative Prozesse eingeordnet werden.

Tertiäre Stimmstörungen können anhand einer **Stimmdiagnostik** (ausführlich s. SPIECKER-HENKE & NEUSCHÄFER-RUBE in diesem Band) beurteilt werden. Hier kann das Sprechanalysesystem **‚MODIAS'** (MERK & ZIEGLER 1999) computerisierte Aussagen über die Stimmqualität erbringen (BRESSMANN 1999).

MODIAS

2.2 Evaluation

Die Praxis zeigt deutliche Mängel in der Durchführung einer umfassenden Analyse. Vielfach kann nur von einem subjektiven Screening gesprochen werden, da objektive Parameter institutionell nicht zur Verfügung stehen. Generell wird nach klinikinternen auditiven Schemata vorgegangen, welche die Faktoren Nasalität, Artikulation, Verständlichkeit etc. subjektiv nach 3- bis 7-Punkt-Skalen bewerten. Diese lassen sich jedoch nur für ein erstes Screening zur Dokumentation verwenden. Eine komplexe Beurteilung der Morphologie und der Dysfunktion der Artikulatoren ist besonders bei der Indikationsabklärung einer Velopharynxplastik von absoluter Notwendigkeit. Diese kann jedoch nur in einer Klinik mit erfahrenen Fachleuten durchgeführt werden.

objektive Diagnostikanforderung

> Eine möglichst umfassende Einschätzung der Sprechauffälligkeiten gewährt eine Kombination aus einer Artikulationsanalyse mit Videoaufnahme, dem Nasal View und mindestens einem objektiven bildgebenden Verfahren, wie Nasendoskopie, Videokinematographie oder Fluoroskopie.

standardisiertes Analyseverfahren

Ratgeber

Von besonderer Wichtigkeit und Notwendigkeit ist hierbei die präzise und einheitliche qualitative Erfassung LKGS-typischer phonetischer Auffälligkeiten. Nur aufgrund dieser kann zukünftig die Frage nach Operationstechniken und deren Auswirkungen auf die Sprechorgane auch aus sprachtherapeutischer Sicht diskutiert, zentrenübergreifend verglichen und weiterentwickelt werden. Erst wenn die Sprachheilpädagogik **standardisierte** Analyseverfahren für die LKGS-spezifischen Sprechauffälligkeiten entwickelt und etabliert hat, wird sie ihren wissenschaftlichen Standort neu bestimmen und sich gleichberechtigt in dem interdisziplinären Behandlungsteam erweisen können. Nur durch die zukünftige Entwicklung vergleichbarer Standards kann eine Qualitätssicherung auf der Prozess- und Ergebnisebene der sprachtherapeutischen Maßnahmen ermöglicht werden. Ein erster Schritt ist das Screening-Verfahren GOS. SP. ASS '98 – D. Hier spielt auch die Aufklärung der betroffenen Eltern mittels sprachtherapeutischer Ratgeber (Neumann 2001) eine bedeutende Rolle.

2.3 Prävention

Prävention von möglichen Folgebeeinträchtigungen und Sprechauffälligkeiten bei Kindern mit LKGS-Fehlbildung heißt die frühzeitige Erkennung von Risikobereichen (Gehör, Zungenfehlfunktion, Fehlbildungen des Vomers etc.) durch eine komplexe Förderdiagnostik. Grundlegende Basis ist die medizinische **dreidimensionale Diagnostik der ICD-10** (Koch 1993). Denn nur wenn alle Ebenen der Fehlbildung einer exakten Diagnose unterliegen, können diese auch entsprechend operiert werden. Eine interdisziplinär koordinierte Früherkennung und -förderung ab der Geburt des Kindes lässt Sprechauffälligkeiten oft gar nicht erst entstehen (ausführlich s. Neumann 2000). Die gleichberechtigte Mitarbeit der Sprachheilpädagogik und Logopädie innerhalb eines interdisziplinären Teams aufgrund von objektivierbarer Diagnostik und komplexer Therapie ist somit zukünftiges Ziel, welches es zu erarbeiten gilt.

Myofunktionelle Störungen

Vevi Hahn & Hermann Hahn

1 Diagnostik

Myofunktionelle Störungen (MFS) sind häufig am Entstehen und Erhalt von Aussprachestörungen beteiligt und mitverantwortlich für Therapieresistenz oder Rezidive in der logopädischen Behandlung. Nahezu die Hälfte der Kinder mit Aussprachestörungen und/oder Sprachentwicklungsverzögerung zeigen myogene Komponenten unterschiedlicher Ausprägung und Kombination (Frey et al. 2000). Meilinger (1999) fand bei 61,4 % der Schulanfänger ein ausgeprägtes Zungenpressen und bei 19,8 % komplexe Störungen. MFS betreffen die Muskelfunktion, den Muskeltonus oder die Bewegungsabläufe im orofazialen, also Mund-Gesichts-Rachenbereich. Gestört ist ein komplexes Gleichgewicht, das eng mit Körperhaltung, Bewegung und Atmung verknüpft ist. Wesentlich ist dabei das Alter, denn die orofazialen Funktionen und die oralsensorischen Leistungen reifen von reflexhaften Bewegungsabläufen bei der Geburt zu hochentwickelten Praxien im Kindesalter. Auffälligkeiten in der funktionellen Einheit des Mundraums können ein Indiz für eine verzögerte Gesamtentwicklung oder für psychosoziale Probleme sein. Wichtig ist ein möglichst frühes Erkennen myofunktioneller Störungen bereits in der Kindheit. Entsteht bei Sprach-, Sprech-, Stimm- und Kommunikationsstörungen der Verdacht auf MFS und/oder senso- und psychomotorische Defizite, *ist eine interdisziplinäre Abklärung unabdingbar.*

Interdisziplinäre Diagnostik

> Die Diagnostik von MFS beruht auf dem Wissen der im Mundraum beteiligten Fachdisziplinen, nämlich der Zahnmedizin/Kieferorthopädie, der HNO-Medizin, der Logopädie/Sprachheilpädagogik, Pädiatrie, Neurologie und der medizinischen und psychologisch/ pädagogischen Rehabilitation. Aufgrund des interdisziplinären Befundes und der standardisierten myofunktionellen Begutachtung wird dann die Myofunktionelle Therapie als vorbereitende, begleitende oder stabilisierende Maßnahme innerhalb einer interdisziplinären Behandlung eingeleitet.

Die zunächst neuromotorischen Konzepte der MFT (GARLINER) haben in den letzten Jahren eine Erweiterung durch logopädische, atemtherapeutische und neurosensorische Ansätze und durch komplementäre Methoden erfahren. Wesentlich waren das Einbeziehen der orofazialen Wahrnehmung als ein Schlüssel zur Diagnostik und nunmehr sensomotorischen Therapie sowie die Erkenntnisse über Zusammenhänge mit Haltung und Atmung, die ein komplexeres System offenbaren als in den ursprünglich eher motorisch-mechanistisch ausgerichteten Konzepten erkennbar. Nachdem mehrere Disziplinen die MFT in ihre Behandlung integriert haben, ist eine standardisierte Befunderhebung mit fachspezifischen Schwerpunkten Voraussetzung. Dies gelang mit dem Befundbogen orofazialer Dyskinesien des AK-MFT e.V. (1995) und mit dem Kölner Diagnostikbogen für Myofunktionelle Störungen (Giel & Tillmanns-Karus 2000). Beide sind konzeptübergreifend konzipiert und für alle im orofazialen Bereich tätigen Therapeuten, also auch für Sprachheilpädagogen/Logopäden, und für alle Methoden orofazialer Therapien geeignet. Sie bieten einen praxisgerechten Umfang und eine ökonomische Durchführung. Ziel ist, „über Fachrichtungen und Methoden hinweg eine bessere Verständigung (z. B. bei Überweisung oder als Abschlussbericht) zu erreichen und gegenüber Gesetz und Kostenträgern eine verlässliche Dokumentation und einen Qualitätsnachweis zu erbringen“ (Befundbogen AK-MFT 1995). Qualitätsnachweis und Katamnese sind so für die Beurteilung einer effizienten Therapie von MFS möglich.

Befundbogen orofazialer Dyskinesien

Die myofunktionelle Diagnose umfasst Anamnese, allgemeine und spezielle Krankengeschichte, Beurteilung des orofazialen Komplexes incl. Habits, des Sprechens, der Sprache und Stimme sowie Tests, bzw. Messungen und Audio-/Photo-/Videodokumentation.

Anamnese

Die gezielte Befragung des Klienten (bei Kindern müssen Eltern/ Bezugspersonen einbezogen werden) gibt zunächst subjektiv Auskunft über dessen Wünsche, Erwartungen und Probleme. Im Gespräch weisen Fragen nach der allgemeinen frühkindlichen Entwicklung (körperlich, psychisch, kognitiv, sprachlich) auf Auffälligkeiten oder psychomotorische Entwicklungsverzögerungen hin. Besondere Aufmerksamkeit gilt der Ernährung im ersten Lebensjahr (Saugen, Stillen, Umstellung auf feste Nahrung, Lebensmittelunverträglichkeiten, Schluck- und Verdauungsprobleme) und den bestehenden Ess- und Trinkgewohnheiten (Kauen, Schmatzen, unkontrollierter Speichelfluss, Bevorzugung von Weichem, Stoffwechselstörungen). Familiäre Auffälligkeiten verweisen auf genetische Ursachen oder Nachahmung. Allgemeinerkrankungen, Traumen, Operationen und Phobien haben meist Spuren in der Psyche und in der individuellen und familiären Lebensgeschichte hinterlassen. Körpersprache und Mimik runden den ersten Gesamteindruck ab.

Die interdisziplinäre Befunderhebung obliegt den verschiedenen Fachbereichen. Es handelt sich keinesfalls um eine vollständige fachliche Erhebung, sondern um notwendige Hinweise auf die Dyskinesie, die vom zuständigen Spezialisten angefordert werden. Wichtig ist dabei eine einheitliche, phänomenbezogene Begrifflichkeit.

HNO-Status

Der HNO-Status beurteilt die besonders im Mund-Rachenraum reich vorhandenen lymphatischen Gewebe (Tonsillen/ Adenoide), die Nasenwege, den Mundschluss. Atemtyp und Qualität der Atmung werden begutachtet und mögliche Ursachen für eine habituell oder organisch bedingte Mundatmung eruiert.

Die zahnmedizinisch/kieferorthopädische Diagnostik (Zahnstatus, Klassifizierung der Zahn- und Kieferfehlstellung und der Bisslage, vorhandene orofaziale Schmerzen oder formverändernde Syndrome wie z. B. LKG-Spaltbildungen), bereits stattgefundene Eingriffe und Behandlungen können in den Befundbogen übertragen werden. Dabei sollten Logopäden/Sprachtherapeuten über Dysgnathien, die Relevanz von Gebissentwicklungsstörungen für die Lautbildung und gängige kieferorthopädische Geräte ebenso Bescheid wissen, wie umgekehrt der Zahnarzt/Kieferorthopäde grundlegende Kenntnisse über Lautbildung und logopädische Störungsbilder besitzen sollte.

zahnmedizinisch/ kieferorthopädische Diagnostik

Die Differenzialdiagnose von Sprach-, Sprech-, Stimm- und Kommunikationsstörungen ist nicht Gegenstand einer myofunktionellen Befunderhebung, sie muss speziellen Verfahren überlassen werden. Ein Überblick lässt uns die Komplexität der orofazialen Dyskinesie erfassen. Funktionell bedingte Artikulationsstörungen z. B. müssen auf ihre Ursachen und Kontexte mit myofunktionellen Störungen oder grob- und feinmotorischen Reifungsrückständen hin betrachtet werden. Hier ergibt die myofunktionelle Diagnose einen entscheidenden Hinweis auf das therapeutische Vorgehen (meist MFT vor Logopädie).

Logopädischer Befund

Neurologische Auffälligkeiten oder Erkrankungen, z. B. neurologisch bedingte Tonus- oder Sensibilitätsveränderungen infolge von Schädigungen des N. trigeminus, N. facialis, N. hypoglossus bedürfen der fachärztlichen Abklärung, inwieweit sie durch eine MFT beeinflussbar sind. Stirnrunzeln, Augenbrauenheben, Naserümpfen u.a. geben erste Hinweise.

Neurologischer Befund

Der Kölner Diagnostikbogen verweist auf Magen- und Verdauungsprobleme, die einer gastroenterologischen Untersuchung zugeführt werden müssen. Auffallend häufig ist der Befund von Druck, Globusgefühl bzw. Schmerzen nach Essen oder Trinken – ein mögliches Zeichen für falsches Schlucken, Luftschlucken, ungenügendes Kauen oder zu hastiges Trinken.

Haltungsschwächen, Hypotonie oder Verspannungen der HWS und WS hängen eng mit dem orofazialen Komplex zusammen (Diagnose durch den Orthopäden). In jedem Fall sind schiefe Kopf- und Körperhaltung, Veränderungen der HWS/WS oder des Muskeltonus (hyperton, hypoton), schiefe Bipupillarlinie, Körpermitbewegungen, Kiefergelenksschmerzen, Asymmetrien der Körperhaltung im Sitzen und Stehen oder Dysbalancen beim Laufen in die myofunktionelle Diagnose einzubeziehen. Die allgemeine Entwicklungsreife lässt sich über Tests zur altersentsprechenden Fein- und Grobmotorik (Reife der Handfunktion, Diadochokinese der Hand/Finger, Überschreiten der Körpermittellinie, grob- und feinmotorische Koordination) ermitteln.

Orthopädischer Befund

Lutschgewohnheiten sind Ursache und gleichzeitig Bestandteil von MFS. Ausprägung und Folgen der Habits sind mannigfach und hängen von Art, Dauer, Häufigkeit und Intensität des Lutschens oder Beißens ab. Sie verweisen immer auch auf psychische Hintergründe und emotionale Verankerung, auf Schuldempfinden, Versagen und familiäre Konflikte. Hier muss die Befragung besonders behutsam vorgenommen und an ein mögliches Hinzuziehen eines Psychologen gedacht werden. Oft erfährt man solche abnormen Gewohnheiten nicht in der Erstuntersuchung.

Lutschgewohnheiten

MF-Untersuchung

> Die eigentliche Untersuchung der orofazialen Funktionen und der Strukturen des orofazialen Systems geschieht
> - durch Inspektion/Funktionsprüfung,
> - durch Palpation,
> - durch spezielle Untersuchungsverfahren wie Palatogramm, elektronische Messung, u.a.

Wir gehen von einer fein abgestimmten Wechselbeziehung zwischen der Form der skelettalen Mundstrukturen und der Funktion der sie umgebenden intra- und perioralen Muskeln aus. Form und Funktion bedingen sich gegenseitig, d.h. dass die Zunge (innerer Funktionskreis) und Lippen/ Wangen (äußerer Funktionskreis) durch Ruhe- und Bewegungsdrucke einen formenden Einfluss auf die Hartgewebe von Kiefer, Gaumen und Zähne ausüben.

Lippe

Die Lippen werden nach Aussehen/Morphologie, nach Ruhetonus und Kraft, nach Funktion und Einzelbeweglichkeit, nach Sensibilität, hinsichtlich der Ruhelage und des Mundschlusses beurteilt.

Zunge

Der Begutachtung der Zunge in ihren Funktionen, in ihrem Aussehen, in ihrer Ruhelage kommt in der MFT eine zentrale Rolle zu. Es werden beurteilt: Morphologie (wobei eine echte Makroglossie kaum vorkommt), Tonus, Spannung, Aussehen (Impressionen und Oberfläche), Asymmetrie, das Zungenbändchen, die Ruhelage und Motilität, die Qualität isolierter Bewegungen und ihre Sensibilität. Ihre Bewegungsmuster werden bei der Schluck-, Kau-, Sprechfunktion überprüft. Zungenmotilität und -sensibilität werden in gesonderten Tests festgestellt.

M. masseter
M. temporalis

Die einfache Palpation des M. masseter und M. temporalis – ob sie symmetrisch, hypoton oder hyperton sind – wird ergänzt durch eine Messung zur Beurteilung der Symmetrie und Kraftanspannung (siehe Myometer). Asymmetrien dieser Muskeln können auf vielfältige Zusammenhänge hinweisen: Kieferfehlstellungen (lateral offener Biss), Haltungsasymmetrien, Knirschen oder Pressen, bevorzugte Kauseite. Eine spezielle Überprüfung der Kaumuskulatur obliegt dem Zahnarzt (Funktionsanalyse).

M. mentalis

Der M. mentalis wird hinsichtlich seines Aussehens und seiner kompensatorischen Mitbewegung beim Schlucken beurteilt.

Zur Diagnose der Mundstrukturen gehört noch die Inspektion des Gaumens in seiner Form und Beschaffenheit, das Aussehen der Rugae palatinae und Wangeninnenseiten, die Inspektion der mimischen Muskulatur (Farbe, Spannung, Motilität).

Motilität

Zur *Funktionsüberprüfung* der orofazialen Muskeln können verschiedene Testbögen herangezogen werden. Das Kriterium ist die Einzelbeweglichkeit, die *Diadochokinese* (die Fähigkeit, isoliert schnelle, kleine und rhythmische Bewegungen auszuführen), die gezielte Bewegung, das Nachahmenkönnen. Hiermit wird bereits das Mundraumgefühl und die Vorstellung von unserem Mundraum überprüft.

Orale Stereognose

Eine wichtige Bewertung der sensorischen Fähigkeiten der Mundstrukturen stellen *Tests zur Oralen Stereognose* dar. Sensorisch/ sensible und Wahrnehmungsdefizite beeinträchtigen die Entwicklung der orofazialen

Motorik und deren Automatisierung. Sie können ein Kofaktor orofazialer Dyskinesien sein. Anhand von 9 Prüfkörpern wird die orale Stereognose getestet (V. HAHN 1997). Probanden mit normal entwickelter oraler Stereognose tasten die Plättchen zwischen Zunge und Gaumen schnell, ohne Kraftaufwand und richtig. Probanden mit mangelhafter stereognostischer Leistung bewegen die Testkörper ziellos im Mund herum, lutschen lange daran, suchen nach einer Identifikation und machen Fehler. Zur Überprüfung der oralen Sinne werden ergänzend Riechen und Schmecken getestet.

Das Schlucken steht im Zentrum der myofunktionellen Diagnose.

Schlucken

Ist das Schlucken angestrengt, verkrampft, läuft Speichel aus dem Mund, gibt es Geräusche, begleitet eine Grimasse der mimischen Muskulatur oder Synergien der Kopfbewegung den Schluckvorgang? Ist die Zunge sichtbar, wird immer weiter in den Mund gestopft, obwohl noch nicht geschluckt wurde? Kann das Schlucken schwer eingeleitet werden? Werden feste Nahrungsmittel geschluckt? Bleiben Speiserückstände oder Flüssigkeit im Mund nach dem Schlucken zurück? Stößt die Zunge beim Trinken gegen den Becher?

Der Schluckvorgang muss intraoral, d.h. im eigentlichen Bewegungsraum der Zunge beurteilt werden.

Dokumentation

Eine Beurteilung durch Abhalten der Lippen mit den Fingern ist ungenügend und irritierend. Daher muss zur Diagnostik des Schluckens die *Palatographie* herangezogen werden. Das Palatogramm wird beim Speichelschlucken, Schlucken von Festem und Flüssigem und in der Lautbildung eingesetzt. Zeit- und kostenaufwändig ist die Zweifarbenkontrastpalatographie, die nach Anfertigung einer Gaumenplatte mehrere Tests hintereinander mit 2 Farben erlaubt und damit die Dokumentation für klinische Zwecke gewährleistet (TRÄNKMANN 1997). Einfacher, v.a. auch bei Kindern ist die sogenannte Payne-Technik mit fluoreszierender Paste, die mit winzigen Punkten auf Zungenspitze, -mitte und -ränder aufgetragen wird und nach dem Schlucken die Kontaktpunkte der Zunge im Mundraum unter Schwarzlicht sichtbar macht. Die auch dem Klienten deutliche Visualisierung seines Schluckproblems kann in Mundschemata eingetragen, mit Photo oder Video festgehalten werden.

Palatogramm

Neben der Palatographie, den Tests zur Motilität und zur Oralen Stereognose dokumentieren weitere Verfahren die Diagnose und den Therapieverlauf: *Federwaage und Myometer.* Die Messungen sind nicht objektivier- oder reproduzierbar zwischen verschiedenen Behandlern, aber für Klient wie Therapeut machen sie die Problematik sichtbar und stellen somit ein pädagogisch-motivierendes Instrument für die Effektivität des Übens dar. Mit der Federwaage und einem daran befestigten Spezialknopf wird der Widerstand der Lippen, d.h. die Kraft der Lippen bei Zug gemessen. Die Messungen mit dem Myometer (früher Myoscanner) beziehen sich auf den Pressdruck der Lippen, den Pressdruck der Zunge, die

Federwaage

Myometer

kompensatorische Mitanspannung des M.mentalis und die Kontraktion der Mm.masseteren beim Schlucken.

Tonometer

Mit dem Funktionstonometer (Thiele) wird die Schließkraft des M.orbicularis oris und des Velums gemessen, die Funktionalität der Wangen- und Mundbodenmuskulatur überprüft.

Fotografien (von vorn – beim Schlucken – von rechts – von links – enface – Profil – Ganzkörper), Videoaufnahmen, Kiefermodelle, gnathologische Registrierungen und Fernröntgenaufnahmen, bzw. deren Auswertung durch den Kieferorthopäden vervollständigen die Dokumentation.

Wissenschaftliche Verfahren

An Kliniken oder Hochschulen werden aufwändigere und teurere High-tec-Verfahren zur myofunktionellen Diagnostik eingesetzt. Sie genügen den wissenschaftlichen Ansprüchen, sind digitalisiert und computerisiert:

- Elektromyogramm (EMG) zur Bestimmung der Muskelkräfte
- Articulograph zur Visualisierung der Sprech- und Schluckbewegung,
- Zungensonographie zur Visualisierung der Zungendynamik bei Sprechen und Schlucken auch in Pseudo-3 D-Rekonstruktion,
- SensOral System (Engelke) zur Information über Luftstrom und Atmung über einen längeren Zeitraum,
- Röntgenkinematographie zur Kontrolle des pharyngealen und ösophagealen Schluckens,
- Fachübergreifende Untersuchungsmethoden z. B. zur Kraniomandibulären Dysfunktion (Slavicek u.a.)

Behandlungsplan

Laut- oder Kommunikationsbogen

Eine vollständige Diagnose von MFS ist meist in einer Sitzung nicht möglich. Laut Umfrage und Auswertung des AK-MFT e.V. bei 55 Behandlern (H. Hahn 1992) dauert eine Erstuntersuchung ca. eine Stunde. Damit ist die Aufmerksamkeit v.a. kleinerer Kinder überfordert. Je umfassender und differenzierter die Kofaktoren der MFS erkannt werden, umso kausaler, ökonomischer und individueller lässt sich die MFT gestalten. Aus dem myofunktionellen Diagnostikbogen mit den stichpunktartigen Fachbefunden ergibt sich das Ineinandergreifen der Behandlungsmaßnahmen. Die notwendigen Informationen übertragen die Behandler gekürzt in einen Laut- oder Kommunikationsbogen und geben ihn dem Patienten für die Dauer der Therapie mit. Aus der Diagnose erklären sich die Therapieziele, ergibt sich die Therapieplanung, das Procedere und der zeitliche Ablauf im Team Klient/ Therapeut/ Arzt.

2 Prävention myofunktioneller Störungen

Prävention

Aufgrund der hohen Präsenz von MFS v.a. auch bei sprech-/bzw. sprachgestörten Kindern kommt der Prävention und möglichst frühen Behandlung von Saug- und Schluckstörungen große Bedeutung zu. Aufklärung über das Entstehen von MFS und deren Folgen ist bei allen mit Säuglingen und Kleinkindern beschäftigten Berufsgruppen nötig. Eltern, Erzieher und Therapeuten brauchen Wissen über das regelrechte Wachstum der Zähne und Kiefer, den zeitgemäßen Abbau der Reflexe, Aufbau der korrekten Mundraumvorstellung, die normale Reifung der Mundfunktionen mit richtigem Saugen, gesunder Nasenatmung, kräftigem Kauen, physiologischem Schlucken und ungestörtem Lauterwerb. Dies gilt v.a. bei angeborenen oder früh erworbenen Veränderungen der Mundmuskulatur oder- strukturen (Morbus Down, LKG-Spaltbildungen, Pierre Robin Syndrom, Cerebralparese u.a.). Sie brauchen von Geburt an eine spezielle orofaziale Förderung und Betreuung.

Primäre Prävention

> Primäre Prävention heißt Ausschaltung schädlicher prädisponierender Faktoren und absolute Förderung der normalen Entwicklung und Reifung.

Das normale Verhalten lernt der Säugling vom Vorbild der Eltern, es ist ein soziopsychischer und individueller Lernprozess, der ungehindert physiologisch stattfinden muss. Mütter brauchen Motivation und Aufklärung, mindestens 6 Monate zu stillen. Auch Flaschenernährung mit einem physiologisch geformten Sauger ist intensive Zuwendung mit richtiger Haltung des Säuglings und Augenkontakt. Über das Sattwerden hinaus wird das Saugbedürfnis befriedigt und mundmotorisches Training geleistet. Frühgeborene oder LKG-Spaltkinder brauchen eine besondere Unterstützung der Saugfunktion. Bei starkem Lutschbedürfnis ist der Beruhigungssauger besser als der Daumen, da er eher abgewöhnt werden kann. Der rechtzeitige Abbau von Saug-, Beiß- und Würgreflex gibt den Weg für differenzierte Bewegungsabläufe frei. Frühes Kauen halbfester und fester Nahrung kann ab dem 5.–6. Lebensmonat gefördert werden. Die Flasche sollte abgestellt werden, sobald das Kind aus der Tasse trinken kann (1 Jahr). Dem Mundschluss und der Nasenatmung muss besondere Beachtung geschenkt werden, damit sich die physiologische Atembewegung durch die Nase etabliert. Die Mundhygiene als intraorale Stimulierung der Mundschleimhaut, als Streichen der Zahnleiste oder des bezahnten Kiefers und als periorale Stimulierung der Lippen und Wangen vermittelt im Rahmen einer interdisziplinären Früherziehung bei Mehrfachbehinderungen eine verbesserte Mundraumwahrnehmung und -sensibilität.

Sekundäre Prävention/ Frühbehandlung

> Die Frühbehandlung oder sekundäre Prävention erfasst möglichst früh Fehlentwicklungen oder Abweichungen, interveniert frühzeitig bezüglich eines altersgerechten orofazialen Wachstums und einer physiologischen Reifung. Dabei muss die Familie als Ko-Therapeut gewonnen und ihre erzieherische Eigenverantwortlichkeit gestützt werden.

Auf Lutschgewohnheiten sollte man ab drei Jahre altersadäquat und behutsam eingehen. Saugen und Lutschen sind Bewegungsabläufe, die längst von komplexeren Funktionen wie Trinken, Kauen, Artikulieren abgelöst sein sollten. Habits behindern die Reifung der orofazialen Funktionen, die Entwicklung der korrekten taktil-kinästhetischen und propriozeptiven Sinne und stören das korrekte Wachstum von Zähnen/Kiefer und Gaumen. Die Mundvorhofplatte stellt beim Abbau von Habits ein Hilfsmittel dar. Sie ist ein präventiv wirkendes kieferorthopädisches Gerät, das zusätzlich eine frühe positive Einflussnahme auf die orofaziale Muskulatur (Lippenschluss) und die oralen Funktionen gewährt. Eine behinderte Nasenatmung durch Infektionen der Luftwege oder Allergien hat vielfache Konsequenzen für die orofaziale und ganzkörperliche Gesundheit. Offene Mundhaltung, Mundatmung, inkompetente Lippen, interdentale Zungenlage, schlaffe orofaziale Muskulatur, schlaffe Haltung und Mittelohrentzündungen, entzündete Tonsillen und/oder Adenoide sind häufig ein komplexes Erscheinungsbild. Ihm muss sorgfältige Beachtung geschenkt werden im Hinblick auf die orofazialen Funktionen, auf den Lauterwerb, Artikulation und Stimmgebung.

Gemeinsame Mahlzeiten lassen Zeit für Kauen, Schlucken, Schmecken, Riechen und Gespräch. Abwechslungsreiche Ernährung schafft gesunde Nahrungsgewohnheiten, der Zuckergenuss soll gering gehalten werden. Das regelrechte Durchbrechen der Milchzähne und deren Pflege/Erhalt gewährleisten eine ausgeglichene Muskelfunktion und den Erwerb des korrekten Schluckens und der Lautbildung.

Viel Bewegung an frischer Luft und ein bewegungsanregendes Umfeld stimulieren die grobmotorische Koordination und Körperspannung. Eine harmonische und aufrechte Haltung beeinflusst wiederum die physiologische Entwicklung der orofazialen Funktionen.

Frühe MFT

Als präventive Maßnahme kann eine frühe, spielerisch gestaltete MFT (3–5 Jahre) angesehen werden; sie beugt einer Verfestigung von MFS und der Entstehung von Sekundärpathologien vor; sie bereitet bei Aussprachestörungen die eigentliche logopädische Behandlung vor. Die frühe MFT will Habits überwinden, die oralsensorische Wahrnehmung unterstützen, eine eutone Muskelspannung aufbauen, die Mundmotorik über Primärfunktionen fördern, die korrekte Platzierung der Zunge und den Lippenschluss üben, Würgreiz/Hypersensibilität und den unkontrollierten Speichelfluss abbauen, die Kaufunktion und gesunde Ernährung fördern, koordinierte Bewegungen und Balance üben (Lleras & Müller 1995; Heilmann et al. 1999). Bestimmte Dysgnathien (offener Biss, Kreuzbiss) sollten frühzeitig im Hinblick auf Gebissentwicklung, orofaziale Funktionen und Lautbildung behandelt werden. Je früher der kausale Zusammenhang zwischen Dyskinesie (Habit, falschem Schlucken) und Dysgnathie erkannt wird, umso eher kommt es zu Spontankorrekturen der Anomalien (Tränkmann 1997). Die zahnärztliche Prophylaxe verhindert frühen Milchzahnverlust, der wiederum Weichteilfunktion und Artikulation beeinträchtigt.

Tertiäre Prävention/MFT

Eine MFT wirkt immer präventiv, denn unphysiologische Atem-, Schluck- und Kaumuster komplizieren in jeder Altersstufe die Behandlung des Sprechens und des Gebisses. MFS neigen zur Verschlechterung, zeigen lebenslang Folgen und treten später bei Distress verstärkt auf. Rezidive oder Spätfälle bedürfen immer der kritischen Bestandsaufnahme, ob nicht MFS übersehen wurden. Vorsorgeuntersuchungen, wie sie unser Gesundheitssystem anbietet, wollen die Entwicklung steuern und prophylaktisch über die verschiedenen Entwicklungsstadien hinweg betreuen, z. B. über den Zahnwechsel, Wachstumsschübe, über Schuleintritt, über soziale und milieubedingte Veränderungen hinweg. Den

Sprachheilpädagogen/ Logopäden, Kindergärtnerinnen kommt bei der Früherkennung eine wichtige Rolle zu. Bei gestörter Mundmotorik, anatomischer und/oder orofazialer Veränderung geht immer die MFT jeder Weiterbehandlung, ob kieferorthopädisch oder logopädisch, voraus.

3 Evaluation

Evaluation

Um die Umsetzung der Qualitätskriterien wie Systematik des Konzepts und Nachweis seiner Effizienz, Standardisierung und Dokumentation der Diagnostik, Qualifizierung des MF-Therapeuten (Zertifikat, Fortbildung und praktische Erfahrung) und interdisziplinäre Zusammenarbeit ist der AK- MFT e.V., Gesellschaft für orofaziale Dyskinesien, seit seiner Gründung bemüht. In den 1995 erarbeiteten „Standards" geht es um die trotz aller Modifizierungen standardisierte Aus- und Fortbildung, um die Zertifizierung zum Myotherapeuten, um eine normierte Befunderhebung, Dokumentation und Berichterstattung (S. BERNDSEN, MFT-Mitteilungen 1/2001). Die Professionalisierung der MFT ist auch Gegenstand der Forschungsprojekte an der Universität zu Köln, Seminar für Sprachbehindertenpädagogik (GIEL & TILLMANNS-KARUS). In Blockeinheiten wird das Diagnoseverfahren, die Verlaufsdokumentation und Verfahren der Kommunikation und Kooperation erfasst. Einen Mangel an datengestützten Einzelfallstudien und an effektiver interdisziplinärer Zusammenarbeit ergab eine Interview-/Fragebogenstudie von KLOCKE/ KORBMACHER/KAHL-NIEKE (2000). Sie schlagen deshalb interdisziplinäre Fortbildungen, bessere Motivation und Aufklärung des Patienten über Art und Relevanz der MFT durch den Überweisenden und rechtzeitiges Screening zur Prävention und Früherkennung von MFS vor. GIEL (MFT-Mitteilungen 1/2001) konnte aufgrund der gelungenen Kooperation aus Kieferorthopädie und Sprachheilpädagogik einen interdisziplinären Kommunikationsbogen evaluieren, der verbindlich eingeführt werden soll.

Dysphagie

Gudrun Bartolome &
Heidrun Schröter-Morasch

Hauptkategorien der Dysphagiediagnostik

Die Diagnostik der Dysphagie gliedert sich in zwei Hauptkategorien. Zum einen werden die klinischen Dysphagie*symptome* erfasst und damit geklärt, ob eine Störung vorliegt oder nicht. Zum anderen erfordert bei positivem Befund die Frage nach der geeigneten therapeutischen Intervention eine genaue Analyse der Störungs*ursache*. Wegen der Vielfalt der beteiligten Strukturen sind an der Differenzialdiagnostik der Dysphagie verschiedene medizinische Fachdisziplinen beteiligt. Die Untersuchungsmethoden gliedern sich in 1. Basisdiagnostik und 2. Ergänzende Verfahren. Letztere kommen bei speziellen Fragestellungen zum Einsatz.

Tabelle 1: Interdisziplinäre Diagnostik der oropharyngealen Dysphagie

	Verfahren	**Fachdisziplin**
1. Basisdiagnostik	Klinische Eingangs-untersuchung Videoendoskopie Videofluoroskopie/ Röntgenkinematographie	Sprachheilpädagogik/ Logopädie Phoniatrie/HNO-Heilkunde Radiologie
2. Ergänzende Diagnostik	Bronchoskopie Manometrie Komb. Radiomanometrie Zervikale Auskultation Pulsoximetrie	Pneumologie Gastroenterologie/Chirurgie/ HNO-Heilkunde Gastroenterologie/Chirurgie/ HNO-Heilkunde; Radiologie Sprachheilpädagogik/Logopädie Spracheilpädagogik/Logopädie; verschiedene medizinische Disziplinen

1 Basisdiagnostik

1.1 Die klinische Untersuchung bei Schluckstörungen

Die Untersuchung gliedert sich in 1. die Anamneseerhebung einschließlich Erfassung relevanter Daten aus der Krankengeschichte, 2. die Untersuchung am Schluckvorgang beteiligter Organe und 3. die direkte Schluckprobe ohne/mit Nahrung (MURRAY 1999; BARTOLOME [2]1999). Die Basisdiagnostik beginnt mit der klinischen Eingangsuntersuchung. Diese dient dazu, erste therapeutische Maßnahmen und das weitere diagnostische Vorgehen festzulegen. Durch die klinische Untersuchung können Störungen der oralen Phase relativ zuverlässig eingeschätzt werden, die pharyngeale Schluckphase wird allerdings nur unvollständig erfasst (BARTOLOME 1999a). Deshalb kann diese Methode die beiden anderen basisdiagnostischen Maßnahmen Video-Pharyngolaryngoskopie und Röntgen-Videographie *nicht* ersetzen.

Ziele und Grenzen der klinischen Untersuchung

Materialanforderungen
Für die klinische Untersuchung benötigt der Therapeut folgende Hilfsmittel:

Grundausrüstung

- Grundausrüstung:
  Gummihandschuhe, Spatel, Watteträger, Taschenlampe, Larynxspiegel Größe 0 und Eiswasser (zur Reflexstimulation), Spuckschale (zur Expektoration nach Rachenreinigung)
- Für Ess- und Trinkversuche (falls möglich):
  verschiedene Nahrungskonsistenzen (z. B. Tee, Götterspeise, Brot)
  In Spezialfällen: Trinkgefäß mit Nasenausschnitt (zur Vermeidung der Kopfextension); Schiebelöffel, Pipette (zur Plazierung der Nahrung/Flüssigkeit im hinteren Mundraum).

Die speziellen Materialanforderungen für den Umgang mit Trachealkanülenträgern sind in diesem Zusammenhang nicht erwähnt.

Untersuchungsgang

Anamnestische Erhebung

(1) Einleitend werden die wichtigsten Informationen aus der Krankengeschichte gesammelt, die Kommunikations- und Kooperationsfähigkeit orientierend beurteilt und die Ernährungweise (oral/nonoral/Nahrungskonsistenz) sowie der Respirationsstatus (Trachealkanüle geblockt, ungeblockt) festgehalten. Die gezielte anamnestische Erhebung gliedert sich in Fragen zu allgemeinen Symptomen (z. B. Gewichtsabnahme, Bronchitis usw.) und zu phasenspezifischen Störungsmerkmalen. Bleibt beispeilsweise Nahrung auf der Zunge liegen, weist dies auf Störungen der oralen Phase hin. Berichtet der Patient über Steckenbleiben der Nahrung im Hals oder in der Speiseröhre ist die pharyngeale bzw. die ösophageale Phase betroffen. Nach Unter-

suchungen von Wright und Ellis (1997, 143) stimmen die Patientenangaben über die Lokalisation der Störung in hohem Maße mit dem radiologischen Befund überein. Liegen schwere Kooperations- und Kommunikationsstörungen vor, muss die gezielte Befragung entfallen.

Untersuchung der Schluckorgane

Untersuchungsmodalitäten

(2) Die Untersuchung am Schluckvorgang beteiligter Organe umfasst die Hals- und Gesichtsmuskulatur, die Zunge, den Kiefer, den Gaumen, den Rachen und den Kehlkopf. Die Beurteilung bezieht sich auf drei Modalitäten, die statischen Verhältnisse (Ruhebeobachtung), die Funktion (reflektorische und willkürliche Bewegungen) und die Sensibilität. Aus der Ruhebeobachtung ergeben sich Informationen über Lage, Strukturveränderungen, Ruhetonus und eventuelle unwillkürliche pathologische Bewegungen (z. B. Ruhetremor). Normale reflektorische Abläufe, insbesondere der Palatal- und Würgreflex, werden mittels taktiler Reize nach Auslösbarkeit und Bewegungsradius geprüft. Dies gilt auch für die Feststellung pathologischer Reflexe, die bei schweren Hirnschädigungen auftreten können. Beispiele hierfür sind Mundöffnungs-, Saug-, Schmatz-, Kau- und Beißreflex. Die Willkürbewegungen werden im Hinblick auf Bewegungsumfang, Zielgenauigkeit, Kraft, Geschwindigkeit, Wiederholbarkeit, Tonus, unwillkürliche und apraktische Bewegungen beurteilt. Man überprüft für das Schlucken relevante Bewegungskomponenten, z. B. Lippenschluss, Kieferrotation, Zungenhebung, Glottisadduktion usw. Der Patient soll die Zielbewegung nach verbaler Anweisung des Therapeuten durchführen. Die Beurteilung der Berührungsempfindung erfolgt durch Betupfen der Lippen und der intraoralen Schleimhäute mit einem Wattestäbchen. Bewertet werden die Angaben des Patienten über die Intensität der Wahrnehmung und die Seitengleichheit der Empfindung. Die Prüfung der genannten Modalitäten liefert orientierende Informationen über den möglichen Ausprägungsgrad der Schluckstörung und damit wichtige Hinweise für die direkte Schluckprobe.

Klinische Schluckprüfung

(3) In der direkten Schluckprüfung beginnt man mit der Bewertung des Speichelschluckens. Falls möglich schließen sich Probeschlucke mit kleinen Bolusvolumen ($^1/_3$ Teel.) flüssiger, breiiger und fester Nahrungskonsistenzen an. In folgenden Fällen sind die Ess- und Trinkproben nicht indiziert:

- Gravierende strukturelle Defizite
- Schwere motorische oder/und Wahrnehmungsstörungen
- Fehlendes oder schwaches willkürliches Husten
- Pathologische Lungenbefunde.

Beurteilungskriterien

Die *Beurteilungskriterien* der klinischen Schluckprobe beziehen sich auf Nahrungsaufnahme, Mundschluss, Kauen, Kehlkopfhebung, Stimmprobe, Hustenreaktionen und Schluckeffizienz (Kontrolle der Retentionen im Mundraum und nach Rachenreinigung). Eine Zusammenfassung der klinischen Dysphagiehinweise ist in Band 2 dieser Lehrbuchreihe dargestellt.

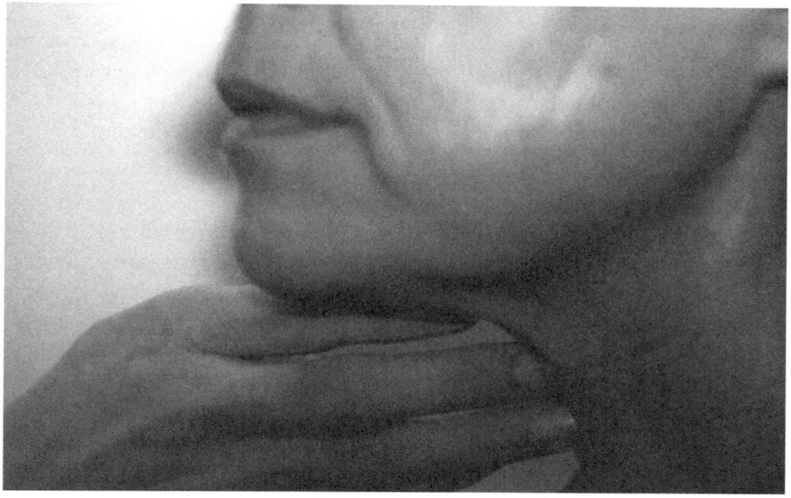

Abbildung 1: Schluckkontrollgriff zur palpatorischen Prüfung der Hyoid- und Larynxhebung

1.2 Video-Pharyngolaryngoskopie

Die Video-Pharyngolaryngoskopie sollte bei jedem Patienten mit klinischem Verdacht auf eine Dysphagie selbstverständlich sein. Wegen ihrer verborgenen Lage können Pharynx und Larynx nur mit instrumentellen Methoden untersucht werden. Die Endoskopie bietet die Möglichkeit der direkten Beobachtung struktureller Veränderungen, sensomotorischer Beeinträchtigungen sowie der Erfassung der Symptome der gestörten Schluckfunktion. Die Videoaufzeichnung der erhobenen Befunde erlaubt die Befunddokumentation, die Information von Patienten und Angehörigen, die Beurteilung durch mehrere Untersucher einschließlich des Therapeuten und eine Kopplung mit anderen Untersuchungstechniken (z. B. der Röntgenuntersuchung oder EMG-Messungen). Die endoskopische Untersuchung der Schluckfunktion sollte im Rahmen einer phoniatrischen bzw. HNO-ärztlichen Untersuchung erfolgen. Sie ist in einem frühen Stadium durchführbar und wenig belastend für den Patienten. Als Ziele können genannt werden:

Pharyngolaryngoskopie

Direkte Beobachtung von Struktur und Funktion

Phoniatrische/ HNO-ärztliche Untersuchung

Erfassung der Gefährdung des Patienten und Festlegung evtl. notwendiger Sofortmaßnahmen (Verbot oder Modifikation oraler Nahrungszufuhr, Tracheotomie), Eingrenzung der Störungsursache und des Störungsschwerpunktes, interdiszplinäre Therapieplanerstellung und Therapieevaluation. Da durch diese Untersuchung jedoch keine dynamische Beurteilung des gesamten Schluckablaufs möglich ist und eine Vielzahl struktureller und neurologischer Ursachen einer Schluckstörung nicht erfasst werden kann, ist bei klinisch relevanter Dysphagie stets auch die Durchführung einer radiologischen Untersuchung anzustreben (Schröter-Morasch et al. 1999).

Ziele und Grenzen der endoskopischen Untersuchung

Material-/Geräteanforderung:

- Lichtquelle, Endoskop (flexibles Endoskop, Lupenlaryngoskop mit 90° bzw. 70° Winkeloptik), Videokamera mit Videorekorder und Monitor bzw. digitaler Aufzeichnung über PC.
- Substanzen zur Schlucküberprüfung: s. klinische Untersuchung

Untersuchungsmodalitäten

Untersuchungsgang
Die Untersuchung erfolgt 1. vor der Nahrungsaufnahme als „Ruhebeobachtung" und durch Prüfung sprachlicher und nicht-sprachlicher Funktionen mit Relevanz für die Schluckfunktion (Atmung, Phonation, Atemstopp und Preßverhalten, Husten, Räuspern), 2. während/nach der Aufnahme von Flüssigkeit/Nahrung in unterschiedlicher Menge, Konsistenz und Temperatur 3. während/nach Durchführung therapeutischer Maßnahmen (Haltungsänderungen, Reinigungstechniken, Schlucktechniken).

Untersuchungsmethoden

Transnasale flexible Endoskopie (FEES)

Transnasale Untersuchung (Flexible endoscopic evaluation of swallowing „FEES" Langmore 1988, Bastian 1991): Ein flexibles Endoskop wird nach leichter Betäubung der Nasenschleimhaut in den unteren Nasengang eingeführt und zunächst Velumbewegungen und Kontraktionen der Pharynxwand beobachtet. Nach Vorschieben durch den Epipharynx lassen sich Mesopharynx einschließlich des Zungengrundes sowie Hypopharynx und Larynx beurteilen. Das Endoskop bleibt während der gesamten Untersuchung eingeführt. Es lassen sich in der Regel jedoch nur pathologische Vorgänge der prä- und postdeglutitiven Phase beobachten, da während der pharyngealen Phase durch die Anhebung des Velums das Endoskop mitbewegt und die Optik gegen die Pharynxwand gedrückt wird, wodurch keine Sicht mehr möglich ist („white out"). Diese Untersuchung lässt sich auch bei Patienten mit reduzierter Kooperationsfähigkeit z. B. bei intensivpflichtigen Patienten und bei Kindern (Hartnick et al. 2000) sowie bei Patienten mit gesteigertem Würgreflex durchführen. Nachteilig sind die Beeinträchtigung des Patienten durch den „Fremdkörper Endoskop", die vermehrte Sekretbildung und die Schwierigkeit der ruhigen Positionierung bei Patienten mit ausgeprägten motorischen Störungen (Paresen, Ataxie, Tremor, Dystonie). Schleimhautverletzungen, Blutungen und Auslösung eines vasovagalen Reflexes sind selten, aber möglich.

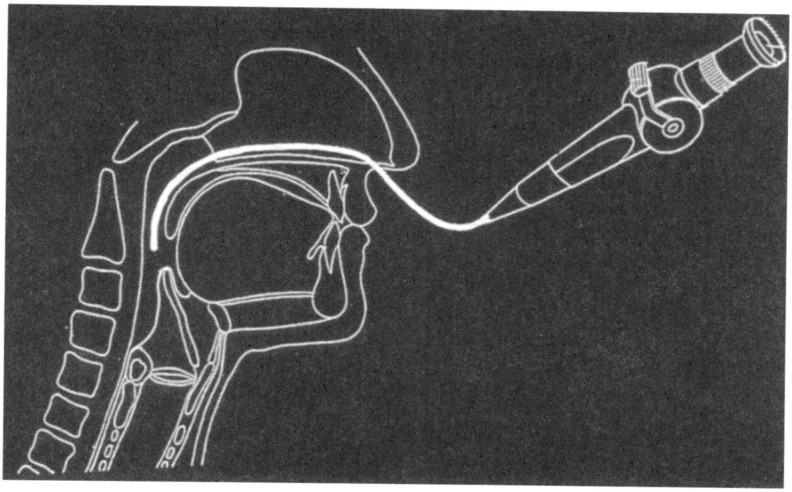

Abbildung 2: Transnasale Pharyngolaryngoskopie mit flexiblem Endoskop. (Aus: SCHRÖTER-MORASCH, H. ([2]1999)

Transorale Endoskopie des Schluckvermögens (TOES)

Transorale Endoskopie bei Schluckstörungen („TOES“, SCHRÖTER-MORASCH *1993*): Ein starres Lupenlaryngoskop mit einer 90° Winkeloptik wird durch den Mund bis hinter das Velum eingeführt und Hypopharynx und Larynx beurteilt. Ebenso wie bei der flexiblen Endoskopie wird zunächst der Zustand in Ruhe erfasst und relevante Funktionen geprüft (s.o). Nach der Aufnahme von Flüssigkeit/Nahrung erfolgt die erneute Endoskopie, ebenso wie nach der Durchführung von therapeutischen Strategien. Das bedeutet, dass der Patient während einer Untersuchung mehrfach endoskopiert wird, weshalb eine entsprechende Kooperationsfähigkeit des Patienten gegeben sein muss. Obwohl selbstverständlich keine Lokalanästhesie erfolgen darf, ist für den geübten Untersucher die Lupenlaryngoskopie in der Regel ohne Auslösung eines Würgreflexes durchführbar, zumal ein großer Anteil schluckgestörter Patienten zumindest einseitige Sensibilitätsstörungen im Rachen aufweist (AVIV 1996). Betont werden muss, dass mit dieser Untersuchungsmethode die Resultate der gestörten Schluckfunktion bzw. der therapeutischen Interventionen erfasst werden, eine direkte Beobachtung während des Schluckvorganges ist nicht möglich (SCHRÖTER-MORASCH 1999).

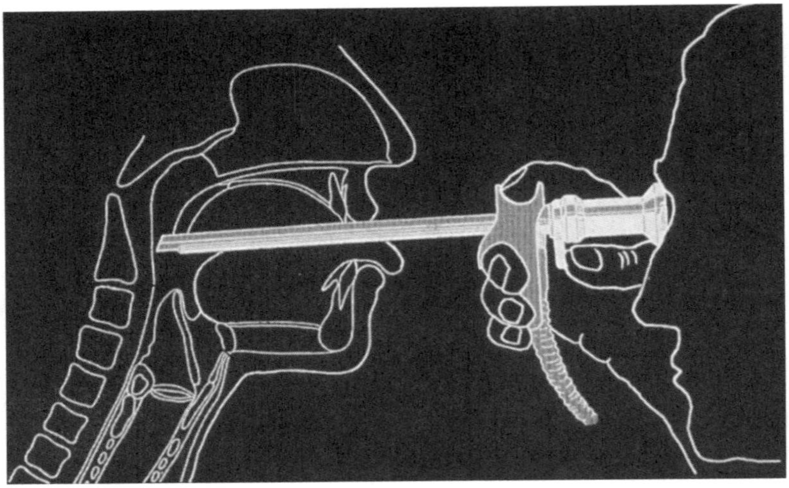

Abbildung 3: Transorale Pharyngolaryngoskopie mit starrem 90° Winkel-Lupenlaryngoskop (Aus: SCHRÖTER-MORASCH, H. (^{2}1999)

Transstomatale Untersuchung

Transstomatale Untersuchung: Bei Patienten mit einem Tracheostoma kann durch Einführung eines flexiblen Endoskops durch das Tracheostoma mit „Blick nach oben" die Glottis während des Schluckvorganges beobachtet werden. Dies ist die einzige endoskopische Methode, welche eine Aspiration, also den Durchtritt von Material durch die Glottis (Speichel, Sekret, Nahrung) direkt nachweist (GALLENBERGER, SCHRÖTER-MORASCH 1999).

Beurteilungskriterien

Die wichtigsten Kriterien zur Beurteilung sind:

Strukturelle Veränderungen

(1) Strukturelle Veränderungen, z. B. angeborene Defekte; Gewebsdefizite, Oedeme, Schleimhautveränderungen und Narben nach chirurgischer/radiologischer/chemischer Tumorbehandlung; Entzündungen (wichtig: „Posteriore Laryngitis" als mögliches Zeichen eines Refluxes); Verletzungen; altersbedingte Strukturveränderungen

Neurologische Störungen

(2) neurologische Symptome: Tonusveränderungen, Bewegungsstörungen (Pharynx- und Larynxparesen, Hyperkinesen, laryngeale Apraxie), Sensibilitätsstörungen (SCHRÖTER-MORASCH, BARTOLOME 1998).

Sichtbare Symptome der Dysphagie: Residuen

(3) Hauptsymptome der gestörten Schluckfunktion:

- **Residuen** (Liegen bleiben/Ansammlung von Speichel/Sekret/Nahrung/Flüssigkeit in den Valleculae, den Sinus piriformes, den Pharynxwänden, der hinteren Kommissur)

Penetration

- **Penetration** (Eindringen von o.g. Substanzen in den Kehlkopfeingang bis zu den Stimmlippen) und

Aspiration

- **Aspiration** (Eindringen von o.g. Substanzen bis unterhalb der Glottisebene)

(4) Reaktion des Patienten auf Retention, Penetration, Aspiration (reflektorisches Räuspern, Husten)

(5) Fähigkeit zur Reinigung von Kehlkopf und Trachea durch willkürlichen Hustenstoß, zur Verminderung von Retentionen durch Hochräuspern und Nachschlucken bzw. Ausspucken.
Mit diesen Kriterien lässt sich sowohl das Vorhandensein als auch der Schweregrad der Aspiration abschätzen (Schröter-Morasch 1999).

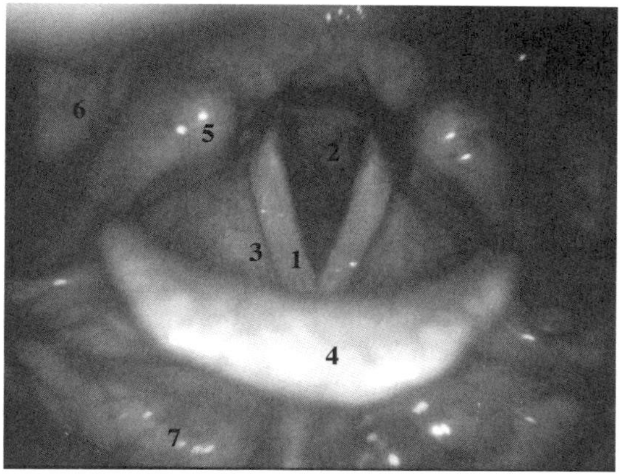

1 Stimmlippe
2 Luftröhre
3 Taschenfalte
4 Kehldeckel
5 Aryknorpel
6 Sinus piriformis
7 Vallecula

Abbildung 4: Normale Aufsicht auf Hypopharynx und Larynx, Respirationsphase

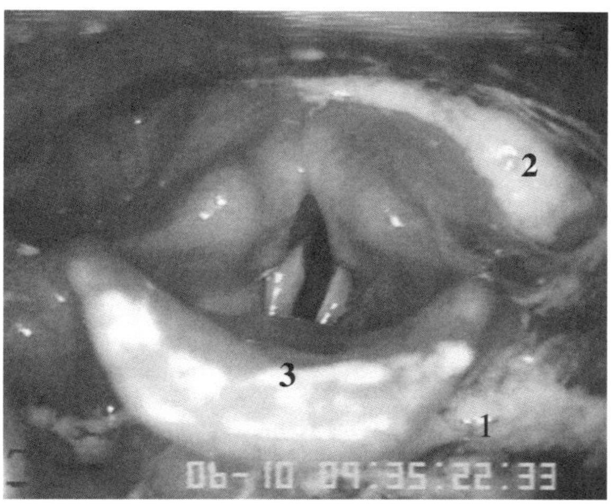

1 Residuen von Nahrung li. Vallecula
2 Residuen im li. Sinus piriformis
3 Penetration (laryngeale Fläche des Kehldeckels)

Abbildung 5: Larynx- und Pharynxparese links, nach Hirnstamminfarkt links, Phonationsphase (nach Aufnahme von 1 Teelöffel Joghurt)

1.3 Videofluoroskopie/ Hochfrequenzkinematographie

Die Videofluoroskopie und die Hochfrequenzkinematographie nehmen im Spektrum der Dysphagiediagnostik eine besondere Rolle ein. Die radiographische Methodik ermöglicht als einzige eine dynamische Beurteilung des gesamten Schluckvorganges von der Mundhöhle bis zum Eintritt in den Magen (Jones und Donner, 1991). Die Röntgen-Videographie erfasst funktionelle, also den motorischen Ablauf betreffende und morphologische Störungen. Sie wird einerseits als rein diagnostisches Instrumentarium eingesetzt, um die Ursache von Schluckbeschwerden unbekannter Genese nachzuweisen, zum anderen bietet sie durch Präzisierung der Pathophysiologie eine unverzichtbare Grundlage für das rehabilitative Vorgehen (Hannig, 1995). Um unnötige Strahlenexpositionen und Kosten zu vermeiden, sollte die Indikation wie zu jeder anderen Röntgenuntersuchung sorgfältig gestellt werden. Liegen laut klinischer Eingangsuntersuchung bzw. Videoendoskopie unklare oder behandlungsbedürftige dysphagische Symptome vor, ist die Indikation für die radiologische Funktionsdiagnostik gegeben.

Ziele der Röntgen-Videographie

Geräteanforderungen
Die dynamischen Aufzeichnungsmöglichkeiten Hochfrequenzkinematographie und Videofluoroskopie ermöglichen die Darstellung schneller Bewegungsvorgänge. Mit der Hochfrequenzkinematographie können 50–100 Bilder/s auf einen 35-mm-Kinofilm aufgenommen werden. Wegen des hohen technischen Aufwandes wird dieses Verfahren in der Regel nur bei besonders schnell ablaufenden Bewegungsphänomenen und für wissenschaftliche Fragestellungen eingesetzt. Die Mehrzahl der dynamischen Untersuchungen wird heute mit der preiswerteren Videofluoroskopie durchgeführt. Das Videosystem ermöglicht die Aufzeichnung von 25 bis 30 Bildern pro Sekunde. Dies hat sich als ausreichend zur Analyse des Schluckaktes erwiesen (Hannig & Wuttge-Hannig, [2]1999; Logemann, 1998). Für die Videofluoroskopie wird der in jeder Röntgenabteilung vorhandene Durchleuchtungsplatz verwendet und diesem ein handelsüblicher VHS-Videorekorder angeschlossen. Um die Durchleuchtungssequenz an den Videorekorder zu übertragen, ist zusätzlich ein Zeilenkonverter nötig, der die Bilder der Fernsehnorm anpasst.

Hochfrequenz-kinematographie

Videofluoroskopie

Untersuchungsgang
Der Schluckakt wird überwiegend in der seitlichen Projektion (Profilsicht) und ergänzend zur Beurteilung eventueller Asymmetrien im posterior-anterioren Strahlengang (Frontalsicht) aufgezeichnet. Dabei befindet sich der Patient vorzugsweise in Sitzposition. Als Kontrastmittel eignet sich Bariumsuspension oder das wasserlösliche, jodhaltige, nichtionische Iotrolan (Isovist®-300). Bei Verdacht auf Aspiration empfiehlt sich das lungenverträgliche Iotrolan. Die Bestimmung des basalen TSH-Wertes vor Einnahme eines jodhaltigen Mittels und die Abklärung einer eventuell bestehenden Kontrastmittelüberemfind-

Untersuchungs-modalitäten

Kontrastmittel

lichkeit gehören zur klinischen Routine im Vorfeld der Untersuchung. Um die Aspirationsgefahr schrittweise zu überprüfen, werden verschiedene Bolusgrößen und Nahrungskonsistenzen verabreicht und zu diesem Zweck das Kontrastmittel mit der betreffenden Prüfkonsistenz vermischt. Der Therapeut sollte die Untersuchung begleiten und entsprechend der pathophysiologischen Symptomatik die verbalen Anweisungen zu den geeigneten Schlucktechniken geben und diese gegebenenfalls während des Untersuchungsverlaufes modifizieren. Dies erfordert Grundkenntnisse in der radiologischen Analyse des Schluckvorganges.

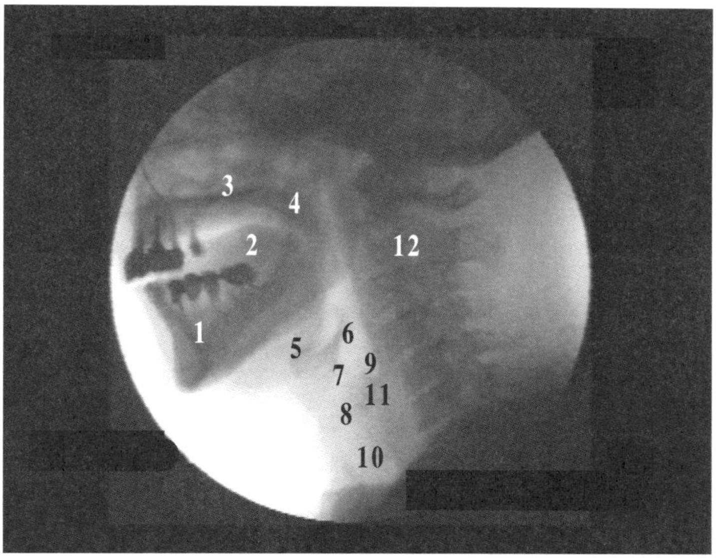

1 Unterkiefer mit Zahnreihe
2 Zunge
3 Harter Gaumen
4 Weicher Gaumen
5 Zungenbein
6 Kehldeckel
7 Kehlkopfeingang
8 Stimmlippen
9 Sinus piriformes
10 Luftröhre
11 Oberer Ösophagussphinkter
12 Halswirbelsäule

Abbildung 6: Seitliche Röntgenaufnahme der Mundhöhle, des Pharynx und Larynx

Beurteilungskriterien

Die *Beurteilungskriterien* der Röntgen-Videographie beziehen sich 1. auf die Hauptsymptome der Dysphagie: Residuen, Penetration und Aspiration. Die Untersuchungsmethodik erlaubt eine zeitliche Einordnung der Aspirationsepisoden (prä-, intra-, postdeglutitiv) und die Quantifizierung der Aspirationsmenge. 2. Die Erfassung der Strukturen und die Analyse der Bewegungsparameter (Geschwindigkeit, Bewegungsamplitude, Koordination, Ersatz- oder Begleitbewegungen) ermöglicht Rückschlüsse auf die Ursachen des gestörten Schluckvorganges. Beide Kriterien werden mit hoher Sensitivität erfasst, da der gesamte Schluckvorgang gefilmt wurde.

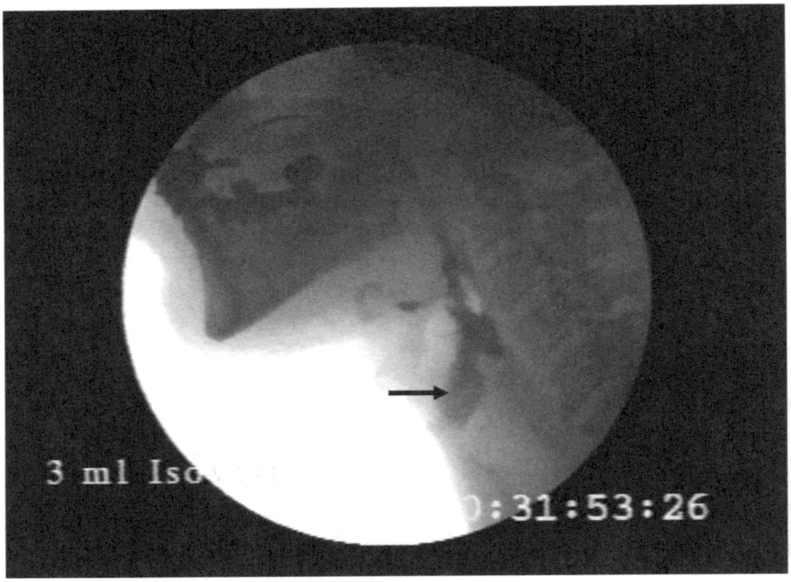

Abbildung 7: Kontrastmittel fließt vor der Schluckreflexauslösung in den Kehlkopfeingang (prädeglutitive Penetration)

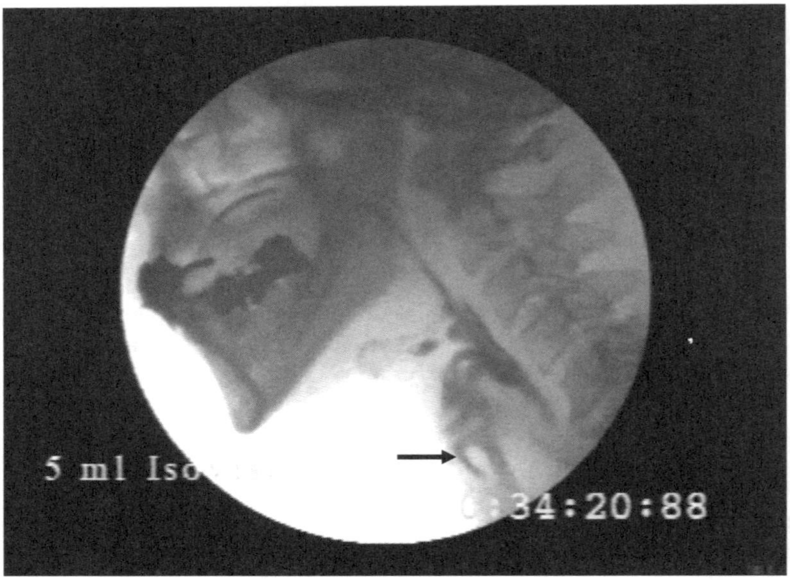

Abbildung 8: Kontrastmittel fließt während der Schluckreflexauslösung durch die Stimmritze in die Trachea (intradeglutitive Aspiration)

2 Ergänzende Diagnostik

Die *Bronchoskopie*, das heißt die direkte Betrachtung des Bronchialsystems mittels einer flexiblen Optik, stellt die einzige Untersuchungsmethode dar, welche Art und Menge des aspirierten Materials und entzündliche Reaktionen des Bronchialsystems direkt erfasst (GALLENBERGER & SCHRÖTER-MORASCH, 1999). Unter Lokalanästhesie wird das Endoskop über die Nase bis in die Lunge vorgeschoben. Dabei kann bei Bedarf als therapeutische Maßnahme das Fremdmaterial entfernt werden. Eine besondere Rolle spielt die Bronchoskopie in der Beurteilung von Patienten mit Trachealkanülen (Kanülensitz, Komplikationen). Insgesamt besitzt die Bronchoskopie für die Versorgung schluckgestörter Patienten eine hohe klinische Wertigkeit.

Bronchoskopie

Die *Manometrie* misst Druckanstiege und Druckabfälle. Sie hat ihren unumstrittenen Wert in der Diagnostik von Funktionsstörungen der Speiseröhre und des Pharynx. Zur Untersuchung oropharyngealer Schluckstörungen werden Spezialsensoren benötigt, die schnelle Druckänderungen aufzeichnen können, so genannte „Solid-state Pressure Sensors". Durch die synchrone manometrische und röntgenvideographische Untersuchung (*Manofluorographie)* lassen sich die Ursachen pathologischer Druckschwankungen erfassen. Wegen des hohen technischen Aufwandes ist die letztgenannte Methode speziellen Zentren vorbehalten.

Manometrie

Manofluorographie

Im klinischen Alltag werden häufig die *zervikale Auskultation* mittels Stethoskop zur Erfassung von Atmungs- und Schluckgeräuschen oder die *Pulsoximetrie*, also die Messung des Blutsauerstoffgehaltes, zum Nachweis einer Aspiration angewendet. Allerdings ist die Zuverlässigkeit dieser Methoden umstritten (CICHERO und MURDOCH, 1998; COLODNY, 2000).

Zervikale Auskultation

Pulsoximetrie

Weitere Untersuchungsverfahren wie Elektromyografie, Sonographie, Kernspintomografie und Szintigraphie werden in der Grundlagenforschung verwendet oder im Einzelfall zur Klärung spezieller Fragestellungen hinzugezogen.

Literaturverzeichnis

Allhoff, P., Bachmann, K. D., Collatz, J., Flatten, G., Gey, W., Irle, U., Karch, D., Klebe, D., Lajosi, F., Seimer, S., Schirm, H. & Weidtman, V. (1991): Hinweise zur Durchführung der Früherkennungsuntersuchungen im Kindesalter. In: Zentralinstitut für die kassenärztliche Versorgung in der Bundesrepublik Deutschland (Hrsg.), Publikationsreihe „Diagnose-Therapie" (Bd. 10). Köln: Deutscher Ärzte-Verlag

American Psychiatric Association (ed; 1994): Diagnostic and Statistical Manual of mental Disorders. 4th ed (DSM-IV). Washington: American Psychiatric Press

Amorosa, H. & Scheimann, G. (1989): Sprechmotorische Defizite bei Kindern mit spezifischen Sprachentwicklungsstörungen. Sprache-Stimme-Gehör 13, 123–126

Anderson, J. & Conture, E. (2000): Language abilities of children who stutter: a preliminary study. Journal of Fluency Disorders 25, 283–304

Anderson, V., Northam, E., Hendy, J. & Wrennal, J. (2001): Developmental neuropsychology. Hove: Psychology Press

Andrä, A. & Neumann, H. J. (Hrsg.) (1996): Lippen-, Kiefer-, Gaumenspalten. Entstehung – Klinik – Behandlungskonzepte. Reinbek: Einhorn

Angermaier, M. (1974): Psycholinguistischer Entwicklungstest (PET). Weinheim: Beltz

Angerstein, W., Wein, B. & Klajman, S. (1993): Duplexsonographie der V. jugularis interna bei hyperfunktioneller Dysphonie. Sprache – Stimme – Gehör 17, 31–34

Anstendig, K. D. (1999): Is selective mutism an anxiety disorder? Rethinking its DSM-IV classification. Journal of Anxiety Disorders 13, 417–434

Antor, G. & Bleidick, U. (Hrsg.) (2001): Handlexikon der Behindertenpädagogik. Stuttgart: Kohlhammer

Arentsschild von, O. ([1]1982,[2]1994): Sprach- und Sprechstörungen. In: Biesalski, P. & Frank, F. (Hrsg.): Phoniatrie – Pädaudiologie. Stuttgart: Thieme

Arnold, K.-H. (2000): Sonderpädagogische Begutachtung und Förderplanerstellung: Ein Strukturschema. In: Mutzeck, W. (Hrsg.): Förderplanung, (33–45). Weinheim: Deutscher Studienverlag

Augst, G. (1984): Kinderwort. Der aktive Kinderwortschatz (kurz vor der Einschulung) nach Sachgebieten geordnet mit einem alphabetischen Register. Frankfurt

Augst, G. & Dehn, M. (1998): Rechtschreibung und Rechtschreibunterricht. Können – Lehren – Lernen. Stuttgart: Klett

Aviv, J. E., Martin, J. H., Sacco, R. L., Zagar, D., Diamond, B., Keen, M. S. & Blitzer, A. (1996): Supraglottic and Pharyngeal Sensory Abnormalities in Stroke Patients with Dysphagia. Ann of Otol Rhinol Laryngol 105, 92–97

Awan, S. (1997): Analysis of Nasalance: Nasal View. In: Ziegler, W. & Deger, K. (Hrsg.): Clinical Phonetics and Linguistics. London: Whurr-Publishers

Babbe, T. (1994): Pyrmonter Analyse Phonologischer Prozesse. Leverkusen: Steiner

Baddeley, A. D. (1986): Working memory. Oxford: OUP

Bahr, R. (2002): Diagnostik als Problemkonstruktion in der Sprachheilpädagogik. In: Meixner, F. (Hrsg.): Mehrdimensionalität der sprachheilpädagogischen Arbeit. (41–51) Wien: Jugend & Volk

Bahr, R. & Lüdtke, U. (2000): Pädagogik. In: Grohnfeldt, M. (Hrsg.): Lehrbuch der Sprachheilpädagogik und Logopädie. Bd. 1: Selbstverständnis und theoretische Grundlagen (79–115). Stuttgart: Kohlhammer

Bakker, K. (1999): Technical solutions for quantitative and qualitative assessments of speech fluency. Seminars in Speech and Language 2, 185–196

Ball, M. J., Rahilly, J. & Tench, P. (1996): The phonetic transcription of disordered speech. San Diego: Singular

Bartholomew, W. T. (1934): A physical definition of „good voice quality" in the male voice. J. Acoust. Soc. Am. 6, 25–33

Bartnitzky, H. (1998): „Die rechte weis aufs kürzist lesen zu lernen." Oder: Was man aus der Didaktik-Geschichte lernen kann. In: Balhorn, H., Bartnitzky, H., Büchner, I. & Speck-Hamdan, A. (Hrsg.): Schatzkiste Sprache 1. Hannover-Arbeitskreis Grundschule 1998, 14–46

Bartolome, G. (1998): Methoden der funktionellen Dysphagietherapie (FDT) und deren Effektivität. Die Sprachheilarbeit 43, 311–320

Bartolome, G. (1999a): Schluckstörungen. In: Frommelt, P. & Grötzbach, H.: Neurorehabilitation. (107–124). Berlin, Wien: Blackwell Wissenschafts-Verlag

Bartolome, G. ([2]1999): Klinische Eingangsuntersuchung bei Schluckstörungen. In: Bartolome, G., Buchholz, D. W., Feussner, H., Hannig, Ch., Neumann, S., Prosiegel, M., Schröter-Morasch, H. & Wuttge-Hannig, A.: Schluckstörungen – Diagnostik und Rehabilitation (141–155). München, Jena: Urban & Fischer

Bartolome, G., Prosiegel, M. & Yassouridis, A. (1997): Long-term functional outcome in patients with neurogenic dysphagia. NeuroRehabilitation 9, 195–204

Bastian, R. W. (1991): Videoendoscopic evaluation of patients with dysphagia: An adjunct to the modified barium swallow. Otolaryngology – Head and Neck Surgery 104, 339–350

Bates, E., Dale, P. & Thal, D. (1995): Individual differences and their implications for theories of language development. In: Fletcher, P. & MacWhinney, B. (Hrsg.): The handbook of child language. (96–152). Oxford: Basil Blackwell

Bates, E. & MacWhinney, B. (1982): Functionalist Approaches to Grammar. In: Wanner, E. & Gleitman, L. R. (Hrsg.): Language acquisition – the state of the art. (173–218). New York: Cambridge Universitiy Press

Bauer, A. & Kaiser, G. (1989): Verbesserungshandlungen in der sprachlichen Interaktion zwischen Aphasikern und Sprachgesunden. In: Roth, V. (Hrsg.): Kommunikation trotz gestörter Sprache. Aphasie – Demenz – Schizophrenie, (27–46). Tübingen: Narr

Bauer, P. J. (1997): Development of memory in early childhood. In Cowan, N. (Ed.): The development of memory in early childhood (83–111). Hove: Psychology Press

Baumgartner, S. (1980): 7 Thesen zum diagnostischen Handeln in der Sprachbehindertenpädagogik. Die Sprachheilarbeit 25, 81–89

Baumgartner, S. (1998a): Wissenschaftliche Sprachheilpädagogik und die Qualitätssicherung sprachtherapeutischen Handelns. Die Sprachheilarbeit 43, 243–259

Baumgartner, S. (1998b): Stottertherapie im Fortschritt? Behindertenpädagogik in Bayern 43, 243–259

Baumgartner, S. (1999a): Sprechflüssigkeit. In: Baumgartner, S. & Füssenich, I. (Hrsg.): Sprachtherapie mit Kindern, (162–256). München: Ernst Reinhardt

Baumgartner, S. (1999b): Kindliches Stottern und die Gestaltung sprachlicher Beziehung. In: Interdisziplinäre Vereinigung für Stottertherapie (Hrsg.): Stottern und Familie, (101–124). Darmstadt: Libri books on demand

Baumgartner, S. (2000): Zur sprachheilpädagogischen Identität. Die Sprachheilarbeit 45, 247–255

Baumgartner, S. (2001): Stottertherapie und Sprachheilpädagogik: Praxis zwischen Wissenschaft, Profession und naturalistischer Pädagogik. In: dgs – Landesgruppe Berlin (Hrsg.): Sprachheilpädagogik im Spannungsfeld von Wissenschaft und Praxis, (75–82). Würzburg: Edition von Freisleben

Baumgartner, S. (2002): Heilen und Forschen am Beispiel der adaptiven Stottertherapie. Die Sprachheilarbeit 47, 18–26

Baumgartner, S. & Giel, B. (2000): Qualität und Sprachtherapie. In: Grohnfeldt, M. (Hrsg.): Lehrbuch der Sprachheilpädagogik und Logopädie. Bd. 1, Selbstverständnis und theoretische Grundlagen, (274–308). Stuttgart: Kohlhammer

Bausch, K.-R. & Kaspar, G. (1979): Der Zweitspracherwerb. Möglichkeiten und Grenzen der „großen" Hypothesen. Linguistische Berichte 64, 3–36

Becker, A. (2001): Pragmatik und Aphasie. Konversationsanalytische Verfahren in der Aphasiediagnostik. Frankfurt
Becker, K.-P. & Sovák, M. (1971): Lehrbuch der Logopädie. Berlin: VEB
Becker, P. (1987): Interaktions-Angst-Fragebogen – Manual – Weinheim: Beltz
Behrens, O. & Lelle, R. J. (1997): Die Rhesusprophylaxe-Geschichte und aktueller Stand. Zentralblatt für Gynäkologie 119, 204–210
Beidel, D. C., Turner, S. M. & Fink, C. M. (1996): Assessment of childhood social phobia: Construct, convergent and discriminative validity of the social phobia and anxiety inventory for children (SPAI-C). Psychological Assessment 8, 235–240
Berlit, P. & Seeger, W. (1991): Neurologie. Ein Bilderlehrbuch. Berlin, Heidelberg, New York: Springer
Bernhardt, B. H. & Stoel-Gammon, C. (1997): Grounded phonology: Application to the analysis of disordered speech. In: Ball, M. J. & Kent, R. D. (eds): The New Phonologies: Developments in Clinical Linguistics, (163–210). San Diego: Singular
Bernstein Ratner, N. & Healey, E. (1999): Stuttering Research and Practice. Mahwah: Lawrence Erlbaum
Bertz, F. (1994): Morphosyntaktisches Entwicklungsgitter. Bad Salzdetfurth: unveröff. Handanweisung
Berufsverband Deutscher Hörgeschädigtenpädagogen (2000): Pädagogische Audiologie – Grundlage einer zeitgemäßen Hörgeschädigtenpädagogik. Verlag: Pfalzinstitut für Hörsprachbehinderte Frankenthal
Beushausen, U. (1996): Sprechangst. Opladen: Westdeutscher Verlag
Bigenzahn, W. (1995): Myofunktionelle Störungen der Orofazialregion – Klinische Symptome und ätiologische Faktoren. Sprache-Stimme-Gehör 19, 114–117
Bigenzahn, W. (1995): Orofaziale Dysfunktionen. Grundlagen, Klinik, Ätiologie, Diagnostik und Therapie. Stuttgart: Thieme
Biniek, R. (1993): Akute Aphasien. Stuttgart: Thieme
Birchmeier, A. K. (1984): Aphasie. Therapie und Rehabilitation im kulturgeschichtlichen Zusammenhang. Berlin: Marhold
Bizzozero, I., Costato, D., Della Sala, S., Papagno, C., Spinnler, H. & Venneri, A. (2000): Upper and lower face apraxia: role of the right hemisphere. Brain 123, 2213–2230
Blomert, L. (1997): Amsterdam Nijmegen Everyday Language Test (ANELT), Lisse
Blood, G. & Conture, E. (1997): Outcomes measurement issues in fluency disorders. In: Frattali, C. (Ed.): Measuring outcomes in speech-language pathology, (387–405). Stuttgart: Thieme
Bloodstein, O. (1995): A handbook on stuttering (5th. ed.). San Diego: Singular Publishing Press
Bloom, S. & Cooperman, D. (1999): Synergistic stuttering therapy. Butterworth – Heinemann: Woburn
Bode, H. (2001): Sprachentwicklungsstörungen im Vorschulalter. Ist die Behandlung effektiv? Kinderärztliche Praxis 72, 298–303
Böhme, G. & Welz-Müller (^{3}1993): Audiometrie. Hörprüfungen im Erwachsenen- und Kindesalter. Bern: Huber
Böhme, G. (^{3}1997): Sprach-, Sprech-, Stimm- und Schluckstörungen. Stuttgart: Gustav Fischer
Bollnow, O. F. (1969): Der Wissenschaftscharakter der Pädagogik. In: Bollnow, O. F. (Hrsg.): Erziehung in anthropologischer Sicht. Zürich
Bongartz, R. (1997): Linguistisch-pragmatische Aphasiediagnostik. LOGOS interdisziplinär, 98–111
Boone, M. L., McNeil, D. W,; Masia, C. L., Turk, C. L., Carter, L. E., Ries, B. J. & Lewin, M. R. (1999): Multimodal comparisons of social phobia subtypes and avoidant personality disorder. Journal of Anxiety disorders 13, 271–292
Bourdieu, P. (1997): Das Elend der Welt. Zeugnisse und Diagnosen alltäglichen Leidens an der Gesellschaft. Konstanz: UVK Universitätsverlag

Braun, O. (1973): Strukturierung der diagnostisch-therapeutischen Praxis in Beratungsstellen für Sprachbehinderte. In: Birkel, A. (Hrsg.): Die Sonderschulpraxis (41–55).Villingen: Neckar-Verlag
Braun, O. (1975): Verhaltenstherapeutische Gesichtspunkte im Unterricht der Sprachbehindertenschule. Die Sprachheilarbeit 20, 51–62
Braun, O. (1997): Der pädagogisch-therapeutische Umgang mit stotternden Kindern und Jugendlichen. Berlin: Spiess
Braun, O. (1999): Sprachstörungen bei Kindern und Jugendlichen. Stuttgart: Kohlhammer
Braun, O. & Macha-Krau, H. (2000): Geschichte der Sprachheilpädagogik und Logopädie. In: Grohnfeldt, M. (Hrsg.): Lehrbuch der Sprachheilpädagogik und Logopädie Bd. 1: Selbstverständnis und theoretische Grundlagen, (47–78). Stuttgart: Kohlhammer
Breitbach-Snowdon, H. (1995): Untersuchungsbogen Neurogener Sprech- und Stimmstörungen. Düsseldorf: LOGO-Verlag
Bremerich-Vos, A. (1996): Aspekte des Schriftspracherwerbs. Stufentheorien, das „Neue" und die Lehrer-Schüler-Interaktion. In: Peyer, A. & Portmann, P. R.: Norm, Moral und Didaktik – Die Linguistik und ihre Schmuddelkinder. Eine Aufforderung zur Diskussion, (267–290), Tübingen
Bressmann, T. (1999): Sprechsprachliche und psychosoziale Aspekte bei Patienten mit Lippen-Kiefer-Gaumenspalten. Untersuchungen zu nasaler Resonanz, Sprechgeschwindigkeit, Stimmklang und Lebensqualität. Inaugural-Dissertation zur Erlangung des Doktorgrades der Philosophie, Aachen: Shaker
Bressmann, T. & Sader, R. (2000): Nasalität und Näseln. Logos interdisziplinär 8, 22–33
Bressmann, T., Sell, D. & Harding-Bell, A. (2002): GOSSPASS '98-D: Ein Untersuchungsprotokoll für Patienten mit Lippen-Kiefer-Gaumenspalten. Forum Logopädie 1/16, 14–17
Brügelmann, H. (1983): Kinder auf dem Weg zur Schrift. Konstanz: Faude
Brüstle, G., Hodapp, V. & Laux, L. (1985): Ängstlichkeitstests als Prädiktoren von Angst und Angstbewältigung in einer Redesituation. In: Krohne, H. W. (Hrsg.): Angstbewältigung in Leistungssituationen (78–93). Weinheim: VCH Verlagsgesellschaft
Buber, M. (1979): Das dialogische Prinzip. Heidelberg
Bundschuh, K. (1998): Analyse behindernder Bedingungen als Grundlage für selbständiges Lernen. In: Eberwein, H. & Knauer, S. (Hrsg.): Handbuch Lernprozesse verstehen (165–181). Weinheim: Beltz
Bundschuh, K. ([5]1999): Einführung in die Sonderpädagogische Diagnostik. München: Ernst Reinhardt
Buss, A. H. (1980): Self-consciousnes and social anxiety. San Francisco
Campbell, T. F. & Dollaghan, C. A. (1995): Speaking rate, articulatory speed, and linguistic processing in children and adolescents with severe traumatic brain injury. Journal of Speech and Hearing Disorders 38, 864–875
Carrol, L. (1963): Alice im Wunderland (Übersetzung von Ch. Enzensberger). Frankfurt a. M.
Caruso, A. J. & Strand, E. A. (1999): Clinical management of motor speech disorders in children. Stuttgart, New York
Castro-Caldas, A., Petersson, K. M., Reis, A., Stone-Elander, S. & Ingvar, M. (1998). The illiterate brain – learning to read and write during childhood influences the functional-organization of the adult brain. Brain 121, 1053–1063
Chiat, S. (1989): The relation between prosodic structure, syllabification and segmental realization: Evidence from a child with fricative stopping. Clinical Linguistics and Phonetics 3, 223–242
Chopich, E.& Paul, M. (2001): Aussöhnung mit dem inneren Kind. Freiburg: Bauer
Cichero, J. A.Y.& Murdoch, B. E. (1998): The physiologic cause of swallowing sounds: answers from heart sounds and vocal tract acoustics. Dysphagia 13, 39–52

Clahsen, H. (1986): Die Profilanalyse. Ein linguistisches Verfahren für die Sprachdiagnostik im Vorschulalter. Berlin: Marhold

Clahsen, H. (1988): Normale und gestörte Kindersprache. Linguistische Untersuchungen zum Erwerb von Syntax und Morphologie. Amsterdam: Benjamins

Clahsen, H. & Hansen, D. (1991): COPROF – Ein linguistisches Untersuchungsverfahren für die sprachdiagnostische Praxis. Köln: Focus

Clark, M. M. & Plante, E. (1998): Morphology of the inferior frontal gyrus in developmental language-disordered adults. Brain and Language 61, 288–303

Claros-Salinas, D. (1993): Texte verstehen. Materialien für Diagnostik und Therapie. Dortmund

Codoni, S. (2001): Funktionell bedingte Artikulationsstörungen – Diagnostik aus ganzheitlicher Sicht. In: dgs Kongressbericht 2000 (28–38). Würzburg: Edition von Freisleben

Cole, M.& Cole, S. R. (2001): The development of children. 4th Edition. New York: Worth Publishers

Colodny, N. (2000): Comparison of dysphagics and nondysphagics on pulse oximetry during feeding. Dysphagia 15, 68–73

Conture, E. (2001): Stuttering. Boston: Allyn & Bacon

Cooper, E. & Cooper, C. (1985): Personalized fluency control therapy. Allen, TX: DLM

Cooper, E. & Cooper, C. (1998): Multicultural considerations in the assessment and treatment of stuttering. In: Battle, D. (ed.): Communication disorders in multicultural populations, (247—270). Newton: Butterworth – Heinemann

Cooper, J. (1999): General aspects of speech and language pathology. In: Fabbro, F. (ed.): Concise encyclopedia of language pathology, (157–162). New York: Elsevier

Cordes, A. (1998): Current status of the stuttering treatment literature. In: Cordes, A. & Ingham, R. (Ed.): Treatment efficacy for stuttering: A search for empirical bases, (117–144). San Diego: Singular Publishing Group

Costello Ingham, J. & Riley, G. (1998): Guidelines for documentation of treatment efficacy for young children who stutter. Journal Speech Hearing Research 41, 753–770

Craig, A. (1990): An investigation into the relationship between anxiety and stuttering. Journal of Speech and Hearing Disorders 55, 290–294

Crämer, C. & Schumann, G. (²1999): Schriftsprache. In: Baumgartner, S. & Füssenich, I. (Hrsg.): Sprachtherapie mit Kindern, (256–319) München, Basel: Ernst Reinhart

Crystal, D. (1982): Profiling Linguistic Disability. London: Edward Arnold

Crystal, D., Fletcher, P. & Garman, M. (1976): The Grammatical Analysis of Language Disabilitiy: a Procedure for Assessment and Remediation. London: Arnold

Curlee, R. (1993): Evaluating treatment efficacy for adults: Assessment of stuttering disability. Journal of Fluency Disorders 18, 319–331

Curlee, R. (2000): Demands and capacities versus demands and performance. Journal of Fluency Disorders 25, 329–336

Curtiss, S. (1977): Genie: A psycholinguistic study of a modern-day wild child. New York: Academic Press

Dahm, B. (1997): Generating fluent speech. Thinking Publications: Eau Claire

Dalston, R., Warren, D. & Dalston, E. (1990): The modified tongue-anchor technique as a screening test for velopharyngeal inadequacy: a reassessment. Journal of Speech and Hearing disorders 53, 510

Daly, D. A. & Burnett, M. L. (1999): Cluttering: Traditional Views and New Perspectives. In: R. F. Curlee (Ed.): Stuttering and Related Fluency Disorders. 2nd Edition, (222–254). New York: Thieme Medical Publishers

Daly, J. A. (1978): The assessment of social communicative anxiety via selfreport: A comparison of measures. Communication Monographs 45, 208–218

Dam-Baggen van, R. & Kraaimaat, F. (1989): Social Anxiety: A review. In: P. Emmelkamp (Ed): Fresh perspectives in anxiety disorders. (229–252) Amsterdam

Damsté, P. H. (1970): The phonetogram. Pract. Otorhinolaryngol. 32, 185–187

Dannenbauer, F. M. (1992): Von der Spontansprachdiagnostik zum Multiperformanzprinzip: Der Stellenwert der Spontansprachanalyse für die Dysgrammatismustherapie. Der Sprachheilpädagoge 24, 1–24

Dannenbauer, F. M. (1993): Wie spezifisch sind spezifische Sprachentwicklungsstörungen. In: Deutsche Gesellschaft für Sprachheilpädagogik – LG Bayern (Hrsg.): Sprache-Verhalten-Lernen. (151–168). Rimpar: Edition Freisleben

Dannenbauer, F. M. (1996): Phonologische Störung: Alter Wein in neuen Schläuchen? Die Sprachheilarbeit 41, 275—285

Dannenbauer, F. M. (1998): Vom Einfluß der linguistischen Forschung auf das Verständnis kindlicher Aussprachestörungen. Die Sprachheilarbeit 43, 299–310

Dannenbauer, F. M. ([4]1999): Grammatik. In: Baumgartner, S. & Füssenich, I. (Hrsg.): Sprachtherapie mit Kindern (105–161). München: Reinhardt

Dannenbauer, F. M. (2000): Probleme der Differenzialdiagnose von verbaler Entwicklungsdyspraxie. Der Sprachheilpädagoge 32, 1–18

Dannenbauer, F. M. (2001a): Chancen der Frühintervention bei spezifischer Sprachentwicklungsstörung. Die Sprachheilarbeit 46, 103–111

Dannenbauer, F. M. (2001 b): Spezifische Sprachentwicklungsstörung. In: Grohnfeldt, M. (Hrsg.): Lehrbuch der Sprachheilpädagogik und Logopädie, Band 2, Erscheinungsformen und Störungsbilder. (48–74). Stuttgart: Kohlhammer

Dannenbauer, F. M. (2002): Spezifische Sprachentwicklungsstörung im Jugendalter. Die Sprachheilarbeit 47, 10–17

Dannenbauer, F. M. & Kotten-Sederqvist, A. (1990): Sebastian lernt Subj+Mod+XY+V(inf). Bericht von einer entwicklungsproximalen Sprachtherapie mit einem dysgrammatisch sprechenden Kind. Vierteljahresschrift für Heilpädagogik (VHN) 59, 27–45

Davis, B. L., Jakielski, K. J. & Marquardt, T. P. (1998): Developmental apraxia of speech: determiners of differential diagnosis. Clinical Linguistics & Phonetics 12, 1, 25–45

De Maddalena, H., Reich, K. & Arold, R. (1997): Der Einfluss von Elternmerkmalen auf die Früherkennung von kindlichen Hörstörungen. Ergebnisse einer retrospektiven Befragung von Eltern hörgeschadigter Kinder. HNO 45, 30–35

De Nil, L. & Brutton, G. (1991): Speech-associated attitudes of stuttering an nonstuttering children. Journal of Speech and Hearing Research 34, 60–66

De Nil, L. (1999): A neurophysiological perspective. In: Bernstein Ratner, N. & Healey, E. (Ed.): Stuttering Research and Practice, (85–103). Mahwah: Lawrence Erlbaum

De Renzi, E. & Vignolo, L. A. (1962): The Token Test. A sensitive Test to detect receptive disturbances in aphasics. Brain 85, 665–678

Deacon, T. W. (1998): The Symbolic Species. The Co-Evolution of Language and the Brain. New York: W. W. Norton

Dehn, M. (1987): Die Lernbeobachtung – Voraussetzung für frühe Lernhilfen. Lesen und Schreiben in Klasse 1. Praxis Grundschule 19, 46–49

Dehn, M. (1991): Die Zugriffsweisen „fortgeschrittener" und „langsamer" Lese- und Schulanfänger: Kritik am Konzept der Entwicklungsstufen. In: Sandhaas, B. & Schneck, P. (Hrsg.): Lesenlernen – Schreibenlernen. Beiträge zu einer interdisziplinären Wissenschaftstagung aus Anlaß des Internationalen Alphabetisierungsjahres. (97–107). Wien, Bonn: UNESCO.

Dehn, M. ([2]1990): Zeit für die Schrift. Lesenlernen und Schreibenkönnen. Bochum: Kamp

Demirel, Ö. F. (1995): Sprachstörungen bei Ausländerkindern. Anmerkungen zu einem Buch von Wolfgang Wendlandt. Die Sprachheilarbeit 40, 482–484

Deutscher Psychologenverlag (DPV) (1994): Richtlinien für die Erstellung Psychologischer Gutachten. Bonn: DPV

Dickmann, Ch. u. a. (1994): Logopädische Diagnostik von Sprachentwicklungsstörungen. Stuttgart: Thieme

Dietel, B. (1988): Sonderpädagogische Diagnose- und Förderklassen in Bayern – Versuch eines ersten Resümees aus der Sicht der sozialwissenschaftlichen Begleitung. Behindertenpädagogik in Bayern 31, 393–409

Dietel, B. & Kassel, H. (1993): Diagnostik von Teilleistungsstörungen. Neuropsychologisch-psycholinguistisch orientierte Diagnostik und Therapie von Lese-Rechtschreibschwächen. Zeitschrift für Heilpädagogik 44, 297–316

Diller, G. (1998): Hörgerichtetheit in der Praxis. Heidelberg: Schindele

Diller, G. (2001): CI-children and the reasons for different school attendance – Expierences of the last seven years. In: Cochlear Implants International – An Interdisciplinary Journal. London (eingereicht)

Diller, G., Graser, P. & Schmalbrock, C. (1996): Forschungsprojekt „Hörgerichtete Frühförderung hochgradig hörgeschädigter Kinder" – Erstes Zwischenergebnis. Hörgeschädigtenpädagogik 50, 289–298

Diller, G., Graser, P. & Schmalbrock, C. (2000): Hörgerichtete Frühförderung hochgradig hörgeschädigter Kleinkinder. Heidelberg: Winter, Edition „S"

Diller, G. & Horsch, U. (1997): In der Diskussion: Neue Wege des Spracherwerbs Hörgeschädigter. Hörgeschädigtenpädagogik 51, 145–214

Dinnsen, D. A. (1997): Nonsegmental phonologies. In: Ball, M. J.& Kent, R. D. (eds.): The New Phonologies: Developments in Clinical Linguistics (77–125). San Diego: Singular

Dodd, B. (2000): The differential diagnosis and treatment of children with speech disorder. London: Whurr

Dollaghan, C. & Campbell, T. F. (1998): Nonword repitition and child language impairment. Journal of Speech, Language, and Hearing Research 41, 1136–1146

Donabedian, A. (1982): An Exploration of Structure, Process and Outcame as Approaches to Quality Assessment. In: Selbmann, H.-K. & Überla, K. K. (Ed.): Quality Assessment in medical Care (69–92). Gerlingen

Dronkers, N. F. (1996): A new brain region for coordinating speech articulation. Nature 384, 159–161

Dronkers, N. F., Ludy, C. A. & Redfern, B. B. (1998): Pragmatics in the absence of verbal language: Descriptions of a severe aphasic and a language-deprived adult. Journal of Neurolinguistics 11, 179–190

Duffy, J. R. (1995): Motor speech disorders: substrates, differential diagnosis and management. St. Louis

Dummit, E. S., Klein, R. G., Tancer, N. K., Asche, B., Martin, J. & Fairbanks, J. A. (1997): Systematic assessment of 50 children with selective mutism. Journal of the American Academy of Child and Adolescent Psychiatry 36, 653–660

Dutton, G., Ballantyne, J., Boyd, G., Bradnam, M., Day, R., McCulloch, D., Mackie, R., Phillips, S. & Saunders, K. (1996): Cortical visual dysfunction in children. – A clinical study. Eye 10, 302–309

Duus, P. ([6]1995): Neurologisch-topische Diagnostik. Stuttgart: Thieme

Eberwein, H. (1998): Die Beobachtung von Kindern im Unterricht als Methode des Fremdverstehens und zur Unterstützung von Lernprozessen. In: Eberwein, H. & Knauer, S. (Hrsg.): Handbuch Lernprozesse verstehen, (194–209). Weinheim: Beltz

Eggeling, V. (1983): Subjektive und objektive Parameter in der Sprachdiagnostik bei Patienten mit LKG-Spalte. Inauguraldissertation, Münster

Eggert, D. (1997): Von den Stärken ausgehen. Individuelle Entwicklungspläne und Beratungsgutachten in der Lernförderungsdiagnostik. Dortmund: modernes lernen

Eggert, D. (1998): Von der Testdiagnostik zur qualitativen Diagnose in der Sonderpädagogik. In: Eberwein, H. & Knauer, S. (Hrsg.): Handbuch Lernprozesse verstehen, (16–39). Weinheim: Beltz

Eichstädt, A., Watt, N. & Girson, J. (1998): Evaluation of the efficacy of a stuttering modification program with particular reference to the new measures of secondary behavios and control of stuttering. Journal of Fluency Disorders 23, 231–246

Empfehlungen zum Förderschwerpunkt Sprache. Beschluss der Kultusministerkonferenz vom 26.6.1989

Empfehlungen zur sonderpädagogischen Förderung in den Schulen in der Bundesrepublik Deutschland. Beschluss der Kultusministerkonferenz vom 6. 5.1994

Enderby, P. (1991): Frenchay Dysarthrie-Untersuchung. Stuttgart: Gustav Fischer

Endres, R. & Baur, S. (2000): Informelles Verfahren zur Überprüfung von Sprachverständnisleistungen (IVÜS). Die Sprachheilarbeit 45, 2, 64–71

Engel, G. L. (1979): Die Notwendigkeit eines neuen medizinischen Modells. In: Keupp, H. (Hrsg.): Normalität und Abweichung. München: Urban & Schwarzenberg

Engelke, W. & Hoch, G. (1994): Simultane elektromagnetische Artikulographie und Videoendoskopie. Ein kasuistischer Beitrag zur objektiven Diagnostik des Velopharyngealen Sphinkters. Fortschritte der Kieferorthopädie 55, 297–303

Fiedler, P. (1997): Therapieplanung in der modernen Verhaltenstherapie. Verhaltenstherapie und Verhaltensmedizin 18, 7–39

Fikkert, P., Penner, Z. & Wymann, K. (1998): Das Comeback der Prosodie. Interdisziplinär 6, 84–97

Finckh-Kramer, U., Spormann-Lagodzinski, M.-E. & Gross, M. (2001): Geschwister mit kindlichen Hörstörungen. Daten zu Diagnosezeitpunkt und Grad der Hörstörung. HNO 49, 212–215

Finckh-Kramer, U., Spormann-Lagodzinski, M.-E., Nubel, K., Hess, M. & Gross, M. (1998): Wird die Diagnose bei persistierenden kindlichen Hörstörungen immer noch zu spät gestellt? HNO 46, 598–602

Fischer, B., Greß-Heister, M. & Heister, E. (1994): Rehabilitation, Prävention und Gesundheitsvorsorge im Alter. Karlsruhe

Fisseni, H. (^{2}1997): Lehrbuch der psychologischen Diagnostik. Göttingen: Hogrefe

Fitch, R. H., Tallal, P., Brown, C. P., Galaburda, A. M. & Rosen, G. D. (1994): Induced microgyria and auditory temporal processing in rats: A model for language impairment? Cerebral Cortex 4, 260–270

Fletcher, J. M., Dennis, M. & Northrup, H. (2000): Hydrocephalus. In: Yeates, K. O., Ris, M. D. & Taylor, H. G. (Eds.): Pediatric neuropsychology (25–46). New York: Guilford Press

Fletcher, S. (1979): Diagnosing Speech Disorders from Cleft Palate. New York: Grune & Stratton

Flick, U. (1992): Entzauberung der Intuition. Systematische Perspektiven-Triangulation als Strategie der Geltungsbegründung qualitativer Daten und Interpretation. In: Hoffmeyer-Zlotnik, J. H.P. (Hrsg.): Analyse verbaler Daten. Über den Umgang mit qualitativen Daten. (11–55). Opladen

Flick, U., Kardorff, E. von, Keupp, H., Rosentiel, L. von & Wolff, St. (Hrsg.) (1991): Handbuch qualitative Sozialforschung. Grundlagen, Konzepte, Methoden und Anwendungen. München: Psychologie Verlags Union

Foerster, H. v., Glasersfeld, E. v., Hejl, P. (2000): Einführung in den Konstruktivismus. München: Piper

Fördergemeinschaft Gutes Hören (1997): Jeder Dritte hat Hörstörungen. Heidelberg: Median-Verlag. Audiotelegramm

Frank, G. & Grziwotz, G. (1974): Lautprüfung. Ravensburg

Frank, G. & Grziwotz, P. (1978): Dysgrammatiker Prüfmaterial. Ravensburg: Selbstverlag

Frattali, C. (Hrsg.) 1997: Measuring outcomes in speech-language pathology. New York: Thieme

Freud, S. (1904): Gesammelte Werke, Band 5: Werke aus den Jahren 1904–1905. London: Imago Publishing Co.

Frey, C. (1997): Logopädische Diagnostik und Therapie unter Berücksichtigung Myofunktioneller Störungen. Basel: Diplomarbeit unveröffentlicht

Frey, C., Indri, I. & Rehm, B. (2000): Häufigkeit von Habits und Sprechstörungen am Beispiel der Klientele des Logopädischen Dienstes Basel-Stadt. In: Codoni, S. (Hrsg.): Habits (22–26). Basel: Eigenverlag Ak-MFT e.V.

Fried-Oken, M. (1987): Qualitative examination of childrens naming skills through test adaptations. Language, Speech, and Hearing Services in Schools, 18, 206–216

Friedrich, G., Bigenzahn, W. & Zorowka, P. (2000): Phoniatrie und Pädaudiologie. Einführung in die medizinischen, psychologischen und linguistischen Grundlagen von Stimme, Sprache und Gehör. Bern: Hans Huber

Friedrich, J. ([14]1990): Methoden empirischer Sozialforschung. Opladen: Westdeutscher Verlag

Fröhlich, M., Michaelis, D. & Kruse, E. (1998): Objektive Beschreibung der Stimmgüte unter Verwendung des Heiserkeits-Diagramms. HNO 46, 684–689

Frommhold, W. & Hoppe, G. (1966): Tomographische Studien zur Funktion des menschlichen Kehlkopfes. III. Mitteilung: Haltungsänderungen des knöchernen Rahmens der äußeren Kehlkopfmuskeln (Halswirbelsäule). Folia Phoniatr. 18, 81–90

Fthenakis, W. E., Sonner, A., Thrul, R. & Walbine, W. (1985): Bilingual-bikulturelle Entwicklung des Kindes. Ein Handbuch für Psychologen, Pädagogen und Linguisten. München: Hueber

Füssenich, I. (1998): „Durst habe. Trinke muss. (Timo, 11 Jahre). Zum Verhältnis Mündlichkeit und Schriftlichkeit bei der Therapie gestörter Kindersprache. Die Sprachheilarbeit, 167–176

Füssenich, I. ([4]1999): Semantik. In: Baumgartner, S. & Füssenich, I. (Hrsg.), Sprachtherapie mit Kindern. (61–104). München: Ernst Reinhardt

Fydrich, T. (1996): Diagnostik sozialer Kompetenz bei sozialer Phobie: Evaluation eines Verhaltenstests. Vortrag auf dem 40. Kongreß der Deutschen Gesellschaft für Psychologie vom 22.- 26. September 1996. München

Gallenberger, S. & Schröter-Morasch, H. (1999): Diagnostische und therapeutische Aspekte der Bronchoskopie bei aspirationsgefährdeten Patienten. Sprache, Stimme, Gehör 23, 32–34

Galonska, S. & Stelzuer, B. (1999): Interdisziplinäre Diagnostik: Wahrnehmung – Motorik – Sprache. Forum Logopädie, 15–23

Gathercole, S. E. & Baddeley A. D. (1993): Phonological working memory: A critical building block for reading development and vocabulary acquisition. European Journal of the Psychology of Education, 8, 259–272

Gebhard, W. (2001): Entwicklungsbedingte Sprachverständnisstörungen bei Kindern im Grundschulalter. Status und Diagnostik im klinischen Kontext. München: Herbert Utz

Geetha, Y., Pratibha, K., Ashok, R. & Ravindra, S. (2000): Classification of childhood disfluencies using neural networks. Journal of Fluency Disorders 25, 99–117

Georgieva, D. & Miliev, D. (1996): Cluttering and Stuttering in Bulgaria. Journal of Fluency Disorders 21, 249–260

Gey, M. (1976): Werscherberger Lautprüf- und Übungsmappe. Oldenburg: Arbeiterwohlfahrt, Bezirksverband Weser-Ems

Giel, B. (1999): Qualitätsmanagement und Sprachtherapie. Die Sprachheilarbeit 44, 29–38

Giel, B. (2000a): Dysarthrie/Dysarthrophonie als kritisches Lebensereignis. Frankfurt: Peter Lang

Giel, B. (2000b): Evaluation von Sprachtherapie: Standardisierung statt Individualisierung? In: Homburg, G., Iven, C. & Maihack, V. (Hrsg.): Qualitätsmanagement in der Sprachtherapie. Kontrollmechanismus oder Kompetenzgewinn; (41–56). Köln: ProLog

Giel, B. (Hrsg.) (2001): Dokumentationsbaukasten Myofunktionelle Therapie. 2001 (in Vorbereitung)

Giel, B. (2001a): Dysarthrie/Dysarthrophonie. In: Grohnfeldt, M. (Hrsg.): Lehrbuch der Sprachheilpädagogik und Logopädie, Band 2, (237–251). Stuttgart: Kohlhammer

Giel, B. (2001b): Myofunktionelle Therapie und Qualitätsmanagement. Forschungsprojekt an der Universität zu Köln. MFT-Mitteilungen 1/2001 (15). München: Eigenverlag Ak-MFT e.V.

Giel, B. (2001c): Qualitätsmanagement in der Sprachtherapie am Beispiel der Myofunktionellen Therapie. Die Sprachheilarbeit 6, 247–253
Giel, B. (2002) (Hrsg.): Dokumentationsbaukasten zentral bedingte Sprach- und Sprechstörungen. Köln: PROLOG 2002 (in Vorbereitung)
Gieseke, Th. (1993): Diagnostik, Therapie und Unterricht bei sprachgestörten Kindern aus neuropsychologischer Sicht – Falldarstellung. Sonderpädagogik in Berlin, 88–104
Gläß, B. (1982): Der Heidelberger Sprachentwicklungstest (HSET). In: Osnabrücker Beiträge zur Sprachtheorie (OBST) 19: Linguistik und Sprachstörungen. (101–129). Osnabrück: OBST
Glindemann, R., Ziegler, W. & Kilian, B. (2001): Aphasie und Kommunikation. In: Goldenberg, G., Pössl, J. & Ziegler, W. (Hrsg.): Neuropsychologie im Alltag. (78–97). Stuttgart: Thieme
Glück, C. W. (2000): Kindliche Wortfindungsstörungen. Ein Bericht des aktuellen Erkenntnisstandes zu Grundlagen, Diagnostik und Therapie. Frankfurt: Peter Lang
Glück, C. W. (2002): Aktuelle Methoden der Wortschatzdiagnostik bei Kindern im Grundschulalter. Die Sprachheilarbeit 47, 29–34
Godbersen, G. S. & Gross, M. (1989): Befunddokumentation – Lippen-, Kiefer-, Gaumenspalten, Hörfähigkeit und sprachliche Leistung. Sprache – Stimme – Gehör 13, 119–122
Goetze, H. (2001): Prävention. In: Antor, G. & Bleidick, U. (Hrsg.): Handlexikon der Behindertenpädagogik. (86–88). Stuttgart: Kohlhammer
Gogolin, I. (1988): Erziehungsziel Zweisprachigkeit. Konturen eines sprachpädagogischen Konzepts für die multikulturelle Schule. Hamburg: Bergmann + Helbig
Goldenberg, G. (^{2}1998): Neuropsychologie – Grundlagen, Klinik, Rehabilitation. Stuttgart: Gustav Fischer Verlag
Göllner, B. (2001): Qualität der Betreuung sprachentwicklungsgestörter Kinder aus der Sicht der Eltern. Dissertation, LMU München
Göllner, B. (2002): Qualität der Betreuung sprachentwicklungsgestörter Kinder aus der Sicht der Eltern. In: Suchodoletz, v. W. (Hrsg.): Therapie von Sprachentwicklungsstörungen – Anspruch und Realität, (143–165), Stuttgart: Kohlhammer
Gottwald S. & Dietrich, S. (2000): A multi-process approach to stuttering treatment in younger school age children. In: Bosshardt, H.-G., Yaruss, J. & Peters, H. (Ed.): Fluency disorders: theory, research, treatment and self-help. Proceedings of the third world congress on fluency disorders in Nyborg, Denmark, (292–296). Nijmegen: Nijmegen University Press
Gottwald, S. & Starkweather, C. (1999): Stuttering Prevention and early intervention: A multiprocess Approach. In: Onslow, M. & Packman, A. (ed.): The handbook of early stuttering intervention, (53–83). Singular Publishing: San Diego
Graf, P. (1987): Frühe Zweisprachigkeit und Schule. Empirische Grundlagen zur Erziehung von Minderheitenkindern. München: Hueber
Graichen, J. (1973): Teilleistungsschwächen, dargestellt an Beispielen aus dem Bereich der Sprachbenutzung. Zeitschrift für Kinder- und Jugendpsychiatrie 1, 113–143
Green, J. S. (1947): Laryngectomy and its psychological implications. NY State J. Med. 47, 53–56
Greschik, S. (1998): Das Chaos und seine Ordnung. Einführung in komplexe Systeme. München: dtv
Grimm, H. (1999): Störungen der Sprachentwicklung. Göttingen: Hogrefe
Grimm, H. (2000): Sprachentwicklungstest für zweijährige Kinder (SETK 2). Göttingen: Hogrefe
Grimm, H. (Hrsg.) (2000): Enzyklopädie der Psychologie. Bd. 3, Sprachentwicklung. Göttingen: Hogrefe
Grimm, H. & Schöler, H. (1978): Heidelberger Sprachentwicklungstest. Göttingen: Hogrefe

Grinager Ambrose, N. & Yairi, E. (1999): Early childhood stuttering: Persistency and recovery rates. Journal of Speech, Language and Hearing Research 42, 1097–1112

Grohnfeldt, M. (1980): Erhebungen zum altersspezifischen Lautbestand bei drei- bis sechsjährigen Kindern. Die Sprachheilarbeit 25, 169–177

Grohnfeldt, M. (1982): Störungen der Sprachentwicklung. Berlin: Carl Marhold

Grohnfeldt, M. (1988): Sprachtherapie auf systemtheoretischer Grundlage. Sprache-Stimme-Gehör 12, 14–17

Grohnfeldt, M. (1989a): Zur Abgrenzung „normaler" und gestörter Spracherwerbsprozesse. Probleme und Ansätze zur Verwirklichung im Rahmen von Reihenuntersuchungen und der Vorsorgeuntersuchung U8. Die Sprachheilarbeit 34, 209–217

Grohnfeldt, M. (1989b): Offene Fragen der Sprachtherapie. In: Grohnfeldt, M. (Hrsg.): Grundlagen der Sprachtherapie. Handbuch der Sprachtherapie. Band 1 (339–344). Berlin: Edition Marhold

Grohnfeldt, M. (1992): Die Sprachheilpädagogik im sonderpädagogischen Bezugssystem. Die Sprachheilarbeit 37, 56–66

Grohnfeldt, M. (1995a): Redeflussstörungen – mehr Fragen als Antworten? In: Grohnfeldt, M. (Hrsg.): Störungen der Redefähigkeit. Handbuch der Sprachtherapie. Band 5 (3–18). Berlin: Edition Marhold

Grohnfeldt, M. (1995b): Der Mythos des Sisyphos. Individualisierung der Lernanforderungen als Anspruch und Herausforderung in der Sprachheilpädagogik. Die Sprachheilarbeit 40, 329–330

Grohnfeldt, M. (2001): Notwendigkeiten und Probleme der Einteilung von Störungsbildern und ihrer Bedingungshintergründe. In: Grohnfeldt, M. (Hrsg.): Lehrbuch der Sprachheilpädagogik und Logopädie, Band 2 (17–23). Stuttgart: Kohlhammer

Grohnfeldt, M. (2002): Sprachheilpädagogik als System – Aspekte eines Foschungsprojekts. Die Sprachheilarbeit 47, 4–9

Grohnfeldt, M. & Ritterfeld, U. (2000): Grundlagen der Sprachheilpädagogik und Logopädie. In: Grohnfeldt, M. (Hrsg.): Lehrbuch der Sprachheilpädagogik und Logopädie Bd. 1: Selbstverständnis und theoretische Grundlagen (15–46). Stuttgart: Kohlhammer

Gröne, B. (1998): Physiologische, aerodynamische und akustische Verfahren in der Dysarthriediagnostik. In: Ziegler, W., Vogel, M., Gröne, B. & Schröter-Morasch, H.: Dysarthrie. Grundlagen-Diagnostik-Therapie, (73–98). Stuttgart: Thieme

Grosjean, F. (1996): Bilingualismus und Bikulturalismus. Versuch einer Definition. In: Schneider, H. & Hollenweger, S. (Hrsg.): Mehrsprachigkeit und Fremdsprachigkeit: Arbeit für die Sonderpädagogik? (161–184). Luzern: Ed. SZH/SPC

Grunwell, P. (1992): Assessment of Child Phonology in the Clinical Context. In: Ferguson, C. A., Menn, L. & Stoel-Gammon, C. (Hrsg.): Phonological development: models, research, implications, (457–483). Timonium: York Press

Grziwotz, P. & Frank, G. (^{6}1985): Lautprüfmittel für Stammler und Dysgrammatiker. Ravensburg: Ravensburger

Grzonka, M., Koch, H., Koch, J. & Glindemann, S. (2001): Malformation of the vomer in submucous cleft palate. Journal of Cranio-maxillofacial Surgery 29, 106–110

Güç, F. (1991): Ein familientherapeutisches Konzept in der Arbeit mit Immigrantenfamilien. Familiendynamik 16, 3–23

Günther, K. B. (1986): Ein Stufenmodell der Entwicklung kindlicher Lese- und Schreibstrategien. In: Brügelmann, H. (Hrsg.): ABC und Schriftsprache: Rätsel für Kinder, Lehrer und Forscher. (32–54). Konstanz: Faude

Günther K.-B. (1988): Probleme der Diagnostik lexikalisch-semantischer Entwicklungsstörungen am Beispiel des aktiven Wortschatztests für drei- bis sechsjährige Kinder (AWST 3–6), In: Günther, K. B. (Hrsg.): Sprachstörungen,(117–166), Heidelberg: Schindele

Günther, K. B. (1991a): Schriftspracherwerb als Stufenprozeß. Pädagogisch-förderdiagnostische Bedeutung und Grenzen. In: Sandhaas, B. & Schneck, P. (Hrsg.): Lesenlernen – Schreibenlernen. Beiträge zu einer interdisziplinären Wissenschaftstagung aus Anlaß des Internationalen Alphabetisierungsjahres. (35–39). Wien, Bonn: UNESCO

Günther, K.-B. (1991b): Diagnostik lexikalisch-semantischer Störungen. In: Grohnfeldt, M. (Hrsg.): Handbuch der Sprachtherapie, Bd. 3, Störungen der Semantik (167–195). Berlin: Edition Marhold

Günther, K.-B. (1994):Vergleich der symbolisch visuellen Wahrnehmungs- und visomotorischen Produktionsfähigkeit von sprachentwicklungsgestörten, gehörlosen und nichtbehinderten Kinder (VIS). Frankfurt a. M.: Peter Lang

Günther, K.-B. et al. (1999): Bilingualer Unterricht mit gehörlosen Grundschülern – Zwischenbericht zum Hamburger bilingualen Schulversuch. Hamburg: Hörgeschädigte Kinder

Gutzmann, H. (1902): Zur Frage der gegenseitigen Beziehungen zwischen Bauch- und Brustatmung. Verh. d. Kongr. f. Innere Medizin, 508–518

Hacker, D. (1987): Zum Problem phonologischer Störungen im Kindesalter. In: Deutsche Gesellschaft für Sprachheilpädagogik (Hrsg.): Spracherwerb und Spracherwerbsstörungen, (201–217). Hamburg: Wartenberg & Söhne

Hacker, D. (^{4}1999): Phonologie. In: Baumgartner, S. & Füssenich, I. (Hrsg.): Sprachtherapie mit Kindern, (13–62). München: Ernst Reinhardt

Hacker, D. & Weiß, K.-H. (1986): Zur phonemischen Struktur funktioneller Dyslalien. Oldenburg: Arbeiterwohlfahrt, Bezirksverband Weser-Ems

Hacker, D. & Wilgermein, H. (1999a): Aussprachestörungen bei Kindern. München: Ernst Reinhardt

Hacker, D. & Wilgermein, H. (1999b): AVAK-Test mit CD-Rom. Analyseverfahren zu Aussprachestörungen bei Kindern. München: Ernst Reinhardt

Hacker, D. & Wilgermein, H. (2001): Phonologie. In: Grohnfeldt, M. (Hrsg.): Lehrbuch der Sprachheilpädagogik und Logopädie, Band 2: Erscheinungsformen und Störungsbilder, (37–47). Stuttgart: Kohlhammer

Hacki, T. (1988): Die Beurteilung der quantitativen Sprechstimmleistungen. Das Sprechstimmfeld im Singstimmfeld. Folia Phoniatr. 40, 190–196

Haffner, U. (1995): Gut reden kann ich. Das entwicklungsproximale Konzept in der Praxis. Dortmund: modernes lernen

Hager, W., Patry, J.-L. & Brezig, H. (Hrsg.) (1999): Evaluation psychologischer Interventionsmaßnahmen. Bern: Huber

Hahn, H. (1992): Zeitaufwand, Kosten und Honorierung der Myofunktionellen Therapie. Eine Umfrage im Arbeitskreis für MFT. MFT – Mitteilungen 1, 9

Hahn, H. (1999) : Myofunktionelle Therapie – eine Standortbestimmung. In: Hahn,V. et al.: Schauplatz Mund. Das orofaziale System als sensomotorische Einheit (85–94). München: Eigenverlag Ak-MFT e.V.

Hahn, V. (1997): Untersuchung zur oralstereognostischen Leistung bei orofazialen Dyskinesien. Sprache-Stimme-Gehör. 21, 185–191

Hahn, H. & Hahn, V. (Hrsg.) (2001): Leitfaden zum Zertifikat als Myofunktionstherapeut/in. Standards des Ak-MFT e. V.. MFT-Mitteilungen 1/2001, 14–15

Hahn, V., Schneider, C. & Hahn, H. (Hrsg.) (1999): Schauplatz Mund. Das orofaziale System als sensomotorische Einheit. München: Eigenverlag Ak-MFT e.V.

Hainline, L. (1998): The development of basic visual abilities. In: Slater, A. (Ed.): Perceptual development. Visual, auditory, and speech perception in infancy (5–50). Hove: Psychology Press

Haken, H. (1998): Synergetik. Berlin: Springer

Hall, N. & Burgess, S. (2000): Exploring developmental changes in fluency as related to language acquisition: A case study. Journal of Fluency disorders 25, 119–141

Ham, R. (2000): Techniken in der Stottertherapie. Demosthenes Verlag: Köln

Hamster, W., Langer, W. & Mayer, K. (1980): Tübinger-Luria-Christensen neuropsychologische Untersuchungsreihe. Weinheim: Beltz

Hannig, Ch. (1995): Radiologische Funktionsdiagnostik des Pharynx und Ösophagus. Berlin: Springer Verlag

Hannig, Ch., Wuttge-Hannig, A. ([2]1999): Radiologische Diagnostik der Schluckfunktion. In: Bartolome, G., Buchholz, D. W., Feussner, H., Hannig, Ch., Neumann, S., Prosiegel, M., Schröter-Morasch, H. & Wuttge-Hannig, A.: Schluckstörungen, Diagnostik und Rehabilitation (65–110). München: Urban & Fischer

Hansen, B. & Iven C. (1992): Stottern bei Kindern im Vorschulalter. Die Sprachheilarbeit 37, 240–246 und 263–267

Hansen, D. (1996): Spracherwerb und Dysgrammatismus: Grundlagen, Diagnose und Therapie. München: Ernst Reinhardt

Harsten, G., Nettelbladt, U., Schalén, L., Kalm, O. & Prellner, K. (1993): Language development in children with recurrent acute otitis media during the first three years of life. Follow-up study from birth to seven years of age. The Journal of Laryngology and Otology, 107, 407–412

Hartmann, B. (1992): Zur Pathologie und Therapie des Mutismus. In: Grohnfeldt, M. (Hrsg.): Handbuch der Sprachtherapie, Band 5: Störungen der Redefähigkeit (491–507). Berlin: Edition Marhold

Hartmann, B. ([4]1997): Mutismus – Zur Theorie und Kasuistik des totalen und elektiven Mutismus. In: Grohnfeldt, M. (Hrsg.): Schriften zur Sprachheilpädagogik, Band Berlin: Edition Marhold

Hartmann, B. (2002): Mutismus – Diagnostik und Evaluation im Spannungsfeld nosographischer Modifikationen. Die Sprachheilarbeit 47 (in Vorbereitung)

Hartmann, E. (1995): Verknüpfung sprachheilpädagogischer Praxis und Forschung am Beispiel einer Einzelfallstudie zur entwicklungsproximalen Sprachtherapie. Vierteljahresschrift für Heilpädagogik (VHN) 64, 3–35

Hartmann, K. (1988): Früherkennung? Memorandum zum Stand der Erkennung und Förderung schwerhöriger Kleinkinder in der Bundesrepublik Deutschland. Hamburg: (Hrsg.) Bundesgemeinschaft der Eltern und Freunde schwerhöriger Kinder e. V

Hartmann, K. (1993): Zum Stand der Früherkennung und Frühförderung hörgeschädigter Kinder 1992. Memorandum zur Früherkennung und Frühförderung hörgeschädigter Kinder in der Bundesrepublik Deutschland. Hamburg: (Hrsg.) Bundesgemeinschaft der Eltern und Freunde schwerhöriger Kinder e. V

Hartnick, C. J., Hartley, B. E.J., Miller, C. & Willging, J. P. (2000): Pediatric Fiberoptic Endoscopic Evaluation of Swallowing. Ann of Otol Rhinol Laryngol 109, 996–999

Haubl, R. & Spitznagel, A. (1983): Diagnostik sozialer Beziehungen. In: Groffmann, K.-J. & Michel, L. (Hrsg.): Enzyklopädie der Psychologie: Themenbereich Methodologie und Methoden, Serie II Psychologische Diagnostik, Bd. 4 Verhaltensdiagnostik, (702–858). Göttingen: Hogrefe

Hauk, G., Hahlweg, K. & Klann, N. (1990): Diagnostische Verfahren für Berater. Materialien zur Diagnostik und Therapie in Ehe-, Familien- und Lebensberatung. Weinheim: Beltz

Hayhow, R., Enderby, P. & Kongston, M. (2000): Parental satisfaction with stammering therapy: the development of a questionaire. In: Bosshardt, H.-G., Yaruss, J. & Peters, H. (Ed.): Fluency disorders: theory, research, treatment and self-help. Proceedings of the third world congress on fluency disorders in Nyborg, Denmark, (322–325). Nijmegen: Nijmegen University Press

Haynes, W. & Pindzola, R. (1998): Diagnosis and evaluation in speech pathology (5th. Ed.). Boston: Allyn & Bacon

Hegde, M. (1996): Pocket guide to assessment in speech-language pathology. San Diego: Singular Publishing Group

Heidtmann, H. (1982): Sprachdiagnostik – Förderdiagnostik. Der Sprachheilpädagoge 14, 56–62

Heidtmann, H. ([2]1990): Neue Wege der Sprachdiagnostik. Berlin: Edition Marhold

Heidtmann, H. & Füssenich, I. (1984): Bedeutung und Anwendung der Gesprächsanalyse innerhalb von Sprach- und Kommunikationsdiagnostik. Sonderpädagogik 14, 49–62
Heil- und Hilfsmittel-Richtlinien. Bundesausschuss Ärzte und Krankenkassen 2001
Heilmann, S., Barthelme, I. & Jäcklein, M. (1999): Orofaziale Störungen – Möglichkeiten und Grenzen im Rahmen der Frühförderung. In: Hahn, V. et al.: Schauplatz Mund (95–100). München: Eigenverlag Ak-MFT e.V.
Heimberg, R. G. (1994): Cognitive assessment strategies and the measurement of outcome of treatment for social phobia. Behavioral Research Therapy 32, 269–280
Heinemann, M. & Höpfner, C. (1993): Screeningverfahren zur Erfassung von Sprachentwicklungsverzögerungen (SEV) bei Kindern im Alter von 3 ½ bis 4 Jahren bei der U8. Weinheim: Beltz
Heiner, M. (1999): Qualitätsentwicklung durch Evaluation. In: Peterander, F. & Speck, O. (Hrsg.): Qualitätsmanagement in sozialen Einrichtungen. München: Ernst Reinhardt
Hemprich, A. (1989): Untersuchung zur objektiven Beurteilung der velopharyngealen Insuffizienz mithilfe von Nasoendoskopie und Frequenzanalyse. Habilitationschrift Münster
Heppt, G., Westrich, M., Strate, B. & Möhring, L. (1991): Nasalanz: Ein neuer Begriff in der objektiven Nasalitätsanalyse. Laryngo-Rhino-Otologie 70, 208
Hess, M. (1959): Die Sprachprüfung in der logopädischen Praxis. Freiburg Schweiz: Universitätsverlag
Hesselman, S. (1983): Elective mutism in children 1877–1981: A literary summary. Acta Paedopsychiatrica 49, 297–310
Heubrock, D. & Petermann, F. (2000): Lehrbuch der klinischen Kinderneuropsychologie. Göttingen: Hogrefe
Hildeschmidt, A. & Sander, A. (1988): Der ökosystemische Ansatz als Grundlage für Einzelintegration. In: Eberwein H. (Hrsg.): Behinderte und Nichtbehinderte lernen gemeinsam (220–227). Weinheim: Beltz
Hill, D. (1999): Evaluation of Factors Related to early stuttering: a descriptive study. In: Bernstein Ratner, N. & Healey, E. (Ed.): Stuttering Research and Practice, (145–175). Mahwah: Lawrence Erlbaum
Hinckeldey, S. von, Schneider, P. & Zückner, H. (1997): Unveröffentlichtes Unterrichtsskript Poltern: Anamnese. Logopädenlehranstalt Aachen
Hoffmann, S. G., Gerlach, A. L., Wender, A. & Roth, W. T. (1997): Speech disturbances and gaze behavior during public speaking in subtypes of social phobia. Journal of Anxiety Disorders, 11, 573–585
Hoffmann, S. G., Newman, M. G., Ehlers, A. & Roth, W. T. (1995): Psychophysiological differences between subgroups of social phobia. Journal of abnormal psychology 104, 224–231
Hollenweger, S. (1996): Fremd (-sprachigkeit) in der Schule. Sonderpädagogische und testpsychologische Überlegungen zum schulischen Erfolg fremdsprachiger Kinder. In: Schneider, H. & Hollenweger, S. (Hrsg.): Mehrsprachigkeit und Fremdsprachigkeit: Arbeit für die Sonderpädagogik? (11–32). Luzern: Ed. SZH/SPC
Holtforth, M. (2001): Was möchten Patienten in ihrer Therapie erreichen? – Die Erfassung von Therapiezielen mit dem Berner Inventar für Therapieziele (BIT). Verhaltenstherapie & psychosoziale Praxis 2, 241–258
Holtz, A. (1985): Theorie und Praxis in der Diagnose von Sprachstörungen. Ulm: Eigenverlag
Holzkamp, K. (1985): Grundlegung der Psychologie. Frankfurt a. M.: Campus
Hönig, G. & Steiner, J. (2001): BREAK-Studie. Belastungen und Ressourcen im Erleben von Angehörigen (in Vorbereitung)
Hopf, Ch. (1991): Qualitative Interviews in der Sozialforschung. Ein Überblick. In: Flick, U. et al. (Hrsg.): Handbuch qualitative Sozialforschung. Grundlagen, Konzepte, Methoden und Anwendungen, (177–182). München: Psychologie Verlags Union

Hubble, M. A., Duncan, B. L. & Miller, S. D. (Hrsg.) (2001): So wirkt Psychotherapie. Empirische Ergebnisse und praktische Folgerungen. Dortmund: modernes lernen

Huber, W., Poeck, K. & Springer, L. (1991): Sprachstörungen. Ursachen und Behandlung von Sprachstörungen (Aphasien) durch Schädigung des zentralen Nervensystems. Stuttgart

Huber, W., Poeck, K., Weniger, D. & Willmes, K. (1983): Der Aachener Aphasie Test (AAT). Göttingen: Hogrefe

Huber, W., Poeck, K., Weniger, D. & Willmes, K. (1983): Aachener Aphasie Test (AAT). Göttingen: Hogrefe

Huckabee, M. L. & Pelletier, C. A. (1998): Management of adult neurogenic dysphagia. San Diego: Singular Publishing Group, Inc

Hunt, R. B. (1964): Rehabilitation of the laryngectomee. Laryngoscope 74, 382–395

Hüttis-Graff, P. (1998): Rechtschreiblernen und Unterricht: Der Blick auf die Klassen. In: Osburg, Claudia (Hrsg.): Textschreiben – Rechtschreiben – Alphabetisierung. Initiierung sprachlicher Lernprozesse im Bereich der Grundschule, Sonderschule und Erwachsenenbildung. (44–71). Baltmannsweiler: Schneider

Indikationsmodell Logopädie, Deutscher Bundesverband für Logopädie e. V. 2000

Ingham, R. & Cordes, A. (1999): On watching a discipline shoot itself in the foot: Some observations on current trends in stuttering treatment research. In: Bernstein Ratner, N. & Healey, E. (Ed.): Stuttering Research and Practice, (211–231). Mahwah: Lawrence Erlbaum

Ingram, D. (1976): Phonological Disability in Children. London: Arnold

Internationale Klassifikation psychischer Störungen (1999): ICD–10, Kap. V (F); Klinisch diagnostische Leitlinien/Weltgesundheitsorganisation. Übers. und hrsg. von H. Dilling. Bern: Huber

Isensee, B., Haselbacher, A. & Ruoss, M. (1997): Elektiver Mutismus: Ein Überblick zu Therapie und Praxis. Zeitschrift für Kinder- und Jugendpsychiatrie und Psychotherapie 25, 247–262

Iven, C. (2000): Gemeinsam an Lösungen arbeiten. Logos Interdisziplinär, 2, 84–97

Jantzen, W. (1979): Grundriß einer allgemeinen Psychopathologie. Köln: Rugenstein

Jantzen, W. (1996): Diagnostik, Dialog und Rehistorisierung. Methodologische Bemerkungen zum Zusammenhang von Erklären und Verstehen im diagnostischen Prozess. In: Jantzen, W. & Lanwer-Koppelin, W. (Hrsg.): Diagnostik als Rehistorisierung (9–31). Berlin: Marhold

Jantzen, W. (2000/2001): Diagnostik und Rehistorisierung. Probleme und Strategien einer verstehenden Diagnostik. In: Mitteilungen der Luria-Gesellschaft 7/8, 37–57

Jetter, K., Schmidt, D. & Schönberger, F. (1983): Sonderpädagogische Förderdiagnostik. In: Haupt, U. & Jansen G. W. (Hrsg.): Pädagogik der Körperbehinderten. (251–270). Berlin: Marhold

Johannsen, H. & Johannsen, C. (1998): Differenzialdiagnose bei Redeflußstörungen. In: Pascher, W. & Bauer, H. (Hrsg.): Differenzialdiagnose von Sprach-, Stimm- und Hörstörungen, (475–499). Frankfurt am Main: Edition Wötzel

Johannsen, H. & Schulze, H. (1993): Praxis der Beratung und Therapie bei kindlichem Stottern. Ulm: Verlag der phoniatrischen Ambulanz der Universität Ulm

Johnson, M. H. (1997): Developmental cognitive neuroscience. Oxford: Blackwell Publishers Inc

Jones, B. & Donner, M. W. (1991) : Normal and abnormal swallowing- imaging in diagnosis and therapy. New York: Springer Verlag

Jusczyk, P. W., Houston, D. & Goodman, M. (1998): Speech perception during the first year. In: Slater, A. (Ed.): Perceptual development. Visual, auditory, and speech perception in infancy (357–388). Hove: Psychology Press

Kaminski, G. (1970): Verhaltenstheorie und Verhaltensmodifikation. Stuttgart: Klett

Kanfer, F. H. (1969): Verhaltenstherapie: Ein neues Theoriegerüst zur Lösung klinisch-psychologischer Probleme. Psychologie und Praxis 13, 1–18

Kaplan, S. L. & Escoll, P. (1973): Treatment of two silent adolescent girls. Journal of the American Child Psychiatry, 59–72

Kardorff, E. (1991): Qualitative Sozialforschung – Versuch einer Standortbestimmung. In: Flick, U. et al. (Hrsg.): Handbuch qualitative Sozialforschung. Grundlagen, Konzepte, Methoden und Anwendungen (3–8). München: Psychologie Verlags Union

Kauschke, C. (1999): Früher Wortschatzerwerb im Deutschen. Eine empirische Studie zum Entwicklungsverlauf und zur Komposition des kindlichen Lexikons. In: Meibauer, J. & Rothweiler, M. (Hrsg.): Das Lexikon im Spracherwerb (128–156), Tübingen: Francke

Kautter, H. (1998a): Das „Thema des Kindes" erkennen. In: Eberwein, H. & Knauer, S. (Hrsg.): Handbuch Lernprozesse verstehen (81–93). Weinheim: Beltz

Kautter, H. (1998b): Das „Außen" wahrnehmen, das „Innen" verstehen – Aspekte einer ganzheitlichen sonderpädagogischen Diagnostik. In: Mutzeck, W. (Hrsg.): Förderungsdiagnostik bei Lern- und Verhaltensstörungen (25–38). Weinheim: Deutscher Studienverlag

Kautter, H., Munz, W., Sautter, H. & Schoor, U. (1984): Schriftliche und mündliche Übermittlung diagnostischer Fallkonzepte. Studienbrief 4007/1/01/51, Hagen: Fernuniversität

Kegel, G. ([3]1987): Sprache und Sprechen des Kindes. Opladen: Westdeutscher Verlag

Kehoe, M. & Stoel-Gammon, C. (1997): The acquisition of prosodic structure: An investigation of current accounts of children's prosodic development. Language 73, 113–144

Kiese, C. & Kozielski, P.-M. (1979): Aktiver Wortschatztest für drei- bis sechsjährige Kinder. Weinheim: Beltz

Kießling, J., Kollmeier, B. & Diller, G. (1997): Versorgung und Rehabilitation mit Hörgeräten. Stuttgart: Thieme

Kiresuk, T., Smith, A. & Cardillo, J. (1994): Goal Attainment Scaling. Applications, theory and measurement. Hillsdale: Erlbaum

Kittel, A. (1997): Frühe Prävention Myofunktioneller Störungen. In: Franke, U. (Hrsg.): Prävention von Kommunikationsstörungen (99–108). Stuttgart: Gustav Fischer

Kleinsasser, O. (1987): Tumoren des Larynx und des Hypopharynx. Stuttgart: Thieme

Klingholz, F. (1986): Die Akustik der gestörten Stimme. Stuttgart: Thieme

Klocke, A., Korbmacher, H. & Kahl-Nieke, B. (2000): Der Status der myofunktionellen Therapie im Rahmen der interdisziplinären Zusammenarbeit aus der Sicht des Muskelfunktionstherapeuten. Sprache-Stimme-Gehör 24, 38–43

Knapp, W. (1998): Sprachschwierigkeiten bei Kindern aus Sprachminderheiten. logos interdisziplinär 6, 116–123

Knorr-Cetina, K. (1989): Spielarten des Konstruktivismus. Soziale Welt 40, 86–96

Knura, G. (1974): Sprachbehinderte und ihre sonderpädagogische Rehabilitation. In: Gutachten und Studien der Bildungskommission. Sonderpädagogik 4. Stuttgart: Klett

Knura, G. (1980): Grundfragen der Sprachbehindertenpädagogik. In: Knura, G. & Neumann, B. (Hrsg.): Handbuch der Sonderpädagogik, Band 7, Pädagogik der Sprachbehinderten (1–64). Berlin: Marhold

Koban, Ch. & Willutzki, U. (2001): Die Entwicklung positiver Perspektiven in der Psychotherapie: Die Interventionsmethode EPOS. Verhaltenstherapie und psychosoziale Praxis, 2, 225–239

Koch, H., Grzonka, M. & Koch, J. (1993): Diagnose der Lippen-, Kiefer-, Gaumen-, Segel- und Nasenfehlbildungen. Spaltträger Forum 2, 19–24

Koch, J. (1985): Beurteilung der Behinderung infolge LKGS-Spalten. Der medizinische Sachverständige 6 (Sonderdruck), 135–138

Koch, J., Grzonka, M. & Koch, H. (1994): Primäre Behandlung der Segel-, Gaumen-, und Vomerfehlbildung als Voraussetzung für eine normale Sprachentwicklung. Fortschritte der Kieferorthopädie 55/4, 152–156

Koch, K. u. a. (2000): Redefinitionsversuche der Begriffe „Diagnostik" und „Förderung" angesichts des subjektwissenschaftlichen Paradigmas. In: Funke, E. H. & Rihm, Th. (Hrsg.): Subjektsein in der Schule? Bad Heilbrunn: Julius Klinkhardt

Koehn, C. & Müller, N. (1990): Neue Arbeitsergebnisse aus der Bilingualismusforschung. Der Deutschunterricht 42, 49–59

Kolfenbach, K. (2000): Modellorientierte Diagnostik lexikalischer Spracherwerbsstörungen. Unveröff. Diplomarbeit im Fach Lehr- und Forschungslogopädie an der RWTH Aachen

Kollmeier, B. (1997): Versorgung und Rehabilitation mit Hörgeräten. In: Kießling, J., Kollmeier, B. & Diller, G.: Versorgung und Rehabilitation mit Hörgeräten. Stuttgart: Thieme

Kornmann, R. (^{3}1983): Diagnose von Lernbehinderungen. Weinheim: Beltz

Kotten-Sederqvist, A. (1982): Sprachbehindertenpädagogik im interdisziplinären Problemfeld lautsprachlicher Kommunikation. Voces Amicorum Sovijärvi. (169–179). Helsinki: Mémoires de la Société Finno-Ougrienne 181

Kracht, A. (1996): Förderung kindlicher Zweisprachigkeit als eine sprachbehindertenpädagogische Herausforderung. Die Sprachheilarbeit 41, 356–365

Kracht, A. (2000): Migration und kindliche Zweisprachigkeit. Interdisziplinarität und Professionalität sprachpädagogischer und sprachbehindertenpädagogischer Praxis. Münster: Waxmann

Kracht, A. & Schümann, H. (1994): Kommunikationsprobleme zweisprachiger Kinder unter den Bedingungen der Immigration – ein Fall von „elektivem Mutismus"? Die Sprachheilarbeit 39, 280–287

Kracht, A. & Welling, A. (1995a): Migration und Zweisprachigkeit. Skizzierung eines sprachtherapeutischen Aufgabenfeldes. Die Sprachheilarbeit 39, 280–287

Kracht, A. & Welling, A. (1995b): Migration und kindliche Zweisprachigkeit: Probleme und Perspektiven der Sprachbehindertenpädagogik. In: Grohnfeldt, M. (Hrsg.): Sprachstörungen im sonderpädagogischen Bezugssystem. Handbuch der Sprachtherapie, Band 8 (365–404). Berlin: Edition Marhold

Kracht, A. et al. (1997): Migration und kindliche Zweisprachigkeit in sprachbehindertenpädagogischen Praxisfeldern – ein Arbeitsbericht. Die Sprachheilarbeit 42, 238–242

Kretschmann, R. (1998): Prozessdiagnose des Lesens und Schreibens in den Schuljahren 1 und 2. In: Eberwein, H. & Knauer, S. (Hrsg.): Handbuch Lernprozesse verstehen (265–280).Weinheim: Beltz

Kretschmann, R. & Arnold, K.-H. (1999): Leitfaden für Förder- und Entwicklungspläne. Zeitschrift für Heilpädagogik 9, 410–420

Kriebel, R. (1975): Sprechangst: Erfassung und Modifikation. Die Sprachheilarbeit 20, 1–14

Kriebel, R. (1984): Sprechangst. Stuttgart: Kohlhammer

Kriebel, R. (1992): Sprechangst. In: Grohnfeldt, M. (Hrsg.): Handbuch Sprachtherapien. Bd. 5. Störungen der Redefähigkeit (449–467), Berlin: Marhold

Kristensen, H. (2000): Selective mutism and comorbidity with developmental disorders/ delay, anxiety disorder, and elimination disorder. Journal of the American Academy of Child and Adolescent Psychiatry 39, 249–256

Kroker, C. (2000): Aphasie Schnell Test (AST). Standardisierter Test für die Differenzialdiagnose Aphasie – keine Aphasie – Dysarthrie. Leverkusen: Steiner

Kromrey, H. (1995): Empirische Sozialforschung: Modelle und Methoden der Datenerhebung und Datenauswertung. Opladen: Wilhelm Fink

Krüger, M. (1991): Häufigkeitsstatistische und demographische Angaben zum Personenkreis Hörgeschädigter. In: Jussen, H. & Claußen, W. H. (Hrsg.):

Chancen für Hörgeschädigte – Hilfen aus internationaler Perspektive. München: Ernst Reinhardt
Kruse, N. (1996): Lernen im Anfangsunterricht. Hamburg: Ergebnisse
Kuhs, K. (1989): Sozialpsychologische Faktoren im Zweitspracherwerb. Eine Untersuchung bei griechischen Migrantenkindern in der Bundesrepublik Deutschland. Tübingen: Gunter Narr
Kupfer-Schreiner, C. (1994): Sprachdidaktik und Sprachentwicklung im Rahmen interkultureller Erziehung. Das Nürnberger Modell. Weinheim: Deutscher Studienverlag
Kürvers, A. (1997): Sprachtherapie bei Laryngektomie. Entwicklung und Überprüfung prognostisch relevanter Kriterien für die stimmliche Rehabilitation kehlkopfektomierter Patienten. Frankfurt: Peter Lang
Kürvers, A. (1999): Larynxtransplantation – neue Wege zur Rehabilitation kehlkopfektomierter Menschen? Die Sprachheilarbeit 44, 47–49
Kussmaul, A. (1910): Die Störungen der Sprache. Leipzig: Vogel
Lamb, D. H. (1972): Speech anxiety. Towards a theoretical conceptualisation and preliminary scale development. Speech Monographs 39, 62–67
Lambeck, K. (1984): Kritische Anmerkungen zur Bilingualismusforschung. Tübingen: Gunter Narr
Lambert, M. J. (1992): Implications of outcome research for psychotherapy integration. In: Nocrons, J. C. & Goldfried, M. R. (Ed.): Handbook of Psychotherapy integration (94–129). New York: Basic Books
Lamnek, S. (1989): Qualitative Sozialforschung Band 2: Methoden und Techniken. München: Psychologie Verlags Union
Lang, C. (1981): Aphasietestung mit psychometrischen Verfahren. Fortschr. Neurol. Psychiat. 49, 164–178
Langdon, H. W. (1989): Language Disorder or Difference? Assessing the Language Skills of Hispanic Students. Exceptional Children 56, 160–167
Langmore, S. E., Schatz, K. & Olsen, N. (1988): Fiberoptic endoscopic examination of swallowing safety: a new procedure. Dysphagia 2, 216–219
Laszig, R. (1995): Möglichkeiten und Grenzen des Cochlear-Implants – gegenwärtiger Stand und Ausblick. Unveröffentl. Manuskript. Freiburg
Lauer, N. (1999): Zentral-auditive Verarbeitungsstörungen im Kindesalter. Stuttgart: Thieme
Leary, M. R. (1991): Social anxiety, shyness and relates constructs. In: Robinson, J. P., Shaver, P. R., Wrightsman, L. W. (Ed.): Measures of Personality and Social Psychological Attitudes (161–198). New York: Academic Press
Lee, L. L. (1974): Developmental sentence analysis. Evanston, IL: Northwestern University Press
Legewie, H. (1987): Interpretation und Validierung biographischer Daten. In: Jüttemann, G. & Thomae, H. (Hrsg.): Biographie und Psychologie (138–150). Berlin: Springer
Lehmkühler, A. M. & Müller, U. (1996): Patientenzufriedenheit – Artefakt oder Tatsache? Nervenarzt 67, 765–773
Lehnhardt, E. (^{6}1987): Praxis der Audiometrie. Stuttgart: Thieme
Leischner, A. (1972): Über den Verlauf und die Einteilung der aphasischen Syndrome. Arch. Psychiatr. Nervenkr. 216, 219–231
Leischner, A. (1979): Aphasien und Sprachentwicklungsstörungen. Klinik und Behandlung. Stuttgart: UTB
Lenarz, T., Hartrampf, R., Battmer, R. D., Bertram, B. & Lesinski, A. (1996): Die Cochlear-Implantat-Versorgung bei Kleinkindern. Laryngootologie 75, 719–726
Lengyel, D. (2001): Kindliche Zweisprachigkeit und Sprachbehindertenpädagogik. Eine empirische Untersuchung des Aufgabenfeldes innerhalb der sprachheiltherapeutischen Praxis. Düsseldorf: LAGA NRW
Leonhardt, A. (Hrsg.) (1998): Ausbildung des Hörens – Erlernen des Sprechens. Neuwied: Luchterhand
Levelt, W. J. M. (1989): Speaking: From Intention to Articulation. Cambridge, Mass.: MIT Press

Lewin, M. R., McNeil, D. W. & Lipson, J. M. (1996): Enduring without avoiding: Pauses and verbal dysfluencies in Public speaking fear. Journal of psychopathology and behavioral assessment 18, 387- 402
Liebald, Ch. (1996): Evaluation der kulturellen Kinder- und Jugendarbeit. Materialien zur Qualitätssicherung in der Kinder- und Jugendhilfe Qs 1. BMFSFJ Bonn
Lienert, G. A. (1969): Testaufbau und Testanalyse. Weinheim und Basel: Beltz
Lincon, M. & Harrison, E. (1999): The Lidcombe Program. In: Onslow, M. & Packman, A. (Ed.): The handbook of early stuttering intervention (103–119). Singular Publishing: San Diego
Lleras, B. & Müller, L. (1995): Heidelberger Gruppenkonzept für myofunktionelle Störungen (GRUMS) für Kinder ab dem 4. Lebensjahr. In: Bigenzahn, W.: Orofaziale Dysfunktionen im Kindesalter (60–70). Stuttgart: Thieme
Locke, J. (1997): A theory of neurolinguistic development. Brain and Language 58, 265–326
Logemann, J. A. (^{2}1998): Evaluation and treatment of swallowing disorders. Austin, Texas: pro-ed
Lohaus, A., Fleer, B., Freytag, P. & Klein-Heßling, J. (1996): Fragebogen zur Erhebung von Stresserleben und Stressbewältigung im Kindesalter (SSK): Göttingen: Hogrefe
Luchsinger, R. (1970): Die Stimme und ihre Störungen. Kapitel A. Physiologie der Stimme. In: Luchsinger, R. & Arnold, G. E. (Hrsg.): Handbuch der Stimm- und Sprachheilkunde. Bd. 1 (1–89). Wien-New York: Springer
Lüdtke, U. (1998): Die Pädagogische Atmosphäre. Eine anthropologische Grundlegung der Sprachheilpädagogik. Frankfurt/M.: Lang
Lüdtke, U. (2001): „Wir sind gut drauf!“ Die Atmosphäre als Basiskriterium sprachheilpädagogischer Qualität in Schule, Klinik und Praxis. In: Doppelpunkt. Fortbildungsinstitut der dgs Westfalen-Lippe (Hrsg.): Sprach-, Sprech- und Stimmstörungen. Pädagogisch-therapeutische Aspekte ganzheitlicher Unterstützung (70–93). Karlsruhe: von Loeper
Luria, A. R. (1973): The working brain. London: Penguin Books
Lutz, L. (1992): Das Schweigen verstehen. Über Aphasie. Stuttgart: Springer
Lutz, L. (1997): MODAK – Modalitätenaktivierung in der Aphasietherapie. Ein Therapieprogramm. Berlin: Springer
Maas, P. (2001): Therapieverlaufsdokumentation in der Sprachtherapie am Beispiel der Myofunktionellen Therapie – ein Beitrag zur Sicherung der Prozeßqualität. Unveröffentlichte Diplomarbeit. Universität zu Köln, Seminar für Sprachbehindertenpädagogik
Maihack, V. (2001): Qualitätssicherung in der Sprachtherapie – eine Aufforderung an Theorie und Therapie. In: dgs Kongressbericht 2000 (348–355). Würzburg: Edition von Freisleben
Mand, J. (1998): Förderdiagnostik als Lernprozessdiagnostik. Begründung, Methodenprobleme und diagnostischer Alltag. In: Eberwein, H. & Knauer, S. (Hrsg.): Handbuch Lernprozesse verstehen (39–54). Weinheim: Beltz
Margraf, J. (1996): Lehrbuch der Verhaltenstherapie, Band 1: Grundlagen, Diagnostik, Verfahren, Rahmenbedingungen. Berlin: Springer
Markides, A. (1986): Age of fitting of hearing aids and speech intelligibility. British Journal of Audiology 20, 165–167
Markman, E. (1989): Categorization and naming in children. Cambridge, MA: MIT Press
Martin, J. M. & Fitzpatrick, J. P. (1965): Delinquent Behavior. New York: Random House Inc.
Matthes, G. (1998): Modellierung der individuellen Lernsituation und individueller Entwicklungsplan. Zeitschrift für Heilpädagogik 49, 102–111
Mattich, R. P. & Clarke, J. C. (1989): Development and validation of measures of social phobia scrutiny fear and social interaction anxiety. Unpublished manuscript
Maturana, H. & Varela, F. (1990): Der Baum der Erkenntnis. Die biologischen Wurzeln des menschlichen Erkennens. München: Goldmann

Mayring, P. (²1990): Einführung in die qualitative Sozialforschung. München: Beltz

Mayring, P. (⁶1997): Qualitative Inhaltsanalyse. Weinheim: Deutscher Studien Verlag

McCroskey, J. C. (1982): An introduction to rhetorical communication (4th ed.) Engelwood Cliffs. New York: Prentice Hall

McLean, L. K. & Cripe, J. W. (1997): The effectiveness of early intervention for children with communication disorders. In: Guralnick, M.: The effectveness of early intervention (349–428). Baltimore: Brooks PH

Meilinger, M. (1999): Untersuchung ausgewählter Aspekte myofunktioneller Störungen im Vorschulalter. München: Herbert Utz

Melfsen, S., Florin, I. & Walter, H.-J. (1999): Die deutsche Fassung des social phobia and anxiety inventory for children (SPAI-C-D): Psychometrische Eigenschaften und Normierung. Diagnostica 45, 95–103

Melnick, K. & Conture, E. (2000): Relationship of length and grammatical complexity to the systematic and nonsystematic speech errors and stuttering of children who stutter. Journal of Fluency Disorders 25, 21–45

Menyuk, P. (1969): Sentences Children Use. Cambridge, MA: MIT Press

Merk, M. & Ziegler, W. (1999): MoDiaS – a PC-based system for routine acoustic analysis of neurogenic speech disorders. In: Maassen, B. & Groenen, P. (Eds.), Pathologies of Speech and Language. Advances in Clinical Phonetics and Linguistics (315–321). London

Merk, M. & Ziegler, W. (1999): MODIAS 1999: A PC-based system for routine analysis of neurogenic speech disorders. In: Maassen, B. & Groenen, P. (Hrsg.): Clinical Phonetics and Linguistics II. London: Whurr

Merk, M. (2001): MODIAS – ein PC-gestütztes System für die akustische Standardanalyse und -diagnostik zentraler Sprechstörungen. http://speedy.et.unibw-muenchen.de/forsch/bt/modias.html

Mertens, A. (1996): Diagnose von Sprachbehinderung bei Zweisprachigkeit. Forschungsstand und Praxis am Beispiel des sonderpädagogischen Überprüfungsverfahrens. Köln-Weimar-Wien

Metzker, H. (1967): Der Stammler-Prüfbogen. In: Die Sprachheilarbeit, 12, 89–95

Meyer-Probst, B. & Reis O. (1999): Lebenslaufforschung – Von der Geburt bis 25: Rostocker Längsschnittstudie (ROLS). Kindheit und Entwicklung 8, 59–68

Meyer-Probst, B. & Teichmann H. (1984): Risiken für die Persönlichkeitsentwicklung im Kindesalter. Leipzig: Thieme

Meyers, S. & Woodford, L. (1992): The fluency development system for young children. Buffalo: United Educational Services

Mickel, B. (2001): Sprachheilpädagogische Beratung des Pflegepersonals mit begleitender Aphasie in der Akutphase: Bedingungen, Möglichkeiten, Grenzen und praktischer Leitfaden. Unveröff. Diplomarbeit Universität Köln, Heilpäd. Fakultät

Miller, N. (1987): The bilingual child in the speech therapy clinic. British Journal of Disorders of Communication 13, 17–30

Milz, I. (1996): Neuropsychologie für Pädagogen. Dortmund: borgmann

Miner, L. E. (1969): Scoring Procedures for the Length-complexity Index: A primary Report. Journal of Communication Disorders 2, 224–240

Misch, A. (1952): Elektiver Mutismus im Kindesalter. Acta Paedopsychiatrica 19, 49–87

Molt, L. F. (1996): An examination of various aspects of auditory processing in clutterers. Journal of Fluency Disorders 21, 215–225

Moore, B. D. & Denckla, M. B. (2000): Neurofibromatosis. In: Yeates, K. O., Ris, M. D. & Taylor, H. G. (Eds.): Pediatric neuropsychology (149–170). New York: Guilford Press

Moseley, M. J., Neufeld, M. & Fielder, A. R. (1998): Abnormal visual development. In: Slater, A. (Ed.): Perceptual development. Visual, auditory, and speech perception in infancy (51–65). Hove: Psychology Press

Motsch, H.-J. (1986): Arbeiten mit Sprachbehinderten. In: Spiess, W. & Motsch, H.-J.: Heilpädagogische Handlungsfelder I. (73–124). Bern

Motsch, H. J. (1990): Idiographische Logopädie. Vierteljahresschrift für Heilpädagogik und ihre Nachbargebiete (VHN) 59, 2–13

Motsch, H. J. (1998): Spontansprachdiagnostik bei Spracherwerbsstörungen – Erwartungen, Möglichkeiten, Grenzen. Pädagogische Hochschule Heidelberg: unveröff. Studientext

Motsch, H. J. (1999): ESGRAF-Video. München: Reinhardt

Motsch, H. J. (2000): ESGRAF – Testmanual. München: Reinhardt

Motsch, H. J. (2002): Effektivitätssteigerung durch Kontextoptimierung in der Therapie von Sprachentwicklungsstörungen. In: von Suchodoletz, W. (Hrsg.): Therapie von Sprachentwicklungsstörungen – Anspruch und Realität (83–105). Stuttgart: Kohlhammer

Motsch, H. J. & Hansen, D. (1999): COPROF und ESGRAF. Diagnoseverfahren grammatischer Störungen im Vergleich. Die Sprachheilarbeit 44, 151–162

Müller, A. (1985): Deutschlernen mit ausländischen Kindern im Vorschulalter: ein Schlagwortregister mit Informationen und Beispielen zur Sprachförderung ausländischer und besonders türkischer Kinder im Vorschulalter. Berlin: Express-Edition

Murray, J. (1999): Manual of dysphagia assessment in adults. San Diego: Singular Publishing Group, Inc

Myers, F. L. (1996): Cluttering: A matter of perspective. Journal of Fluency Disorders 21, 175–185

Nation, J. E. & Aram, D. M. (1989): Diagnostik von Sprech- und Sprachstörungen. Stuttgart: Gustav Fischer

Natke, U. (2000): Stottern. Göttingen: Hans Huber

Neubart, R., Palm, S. & Steiner, J. (1998): Sprachtherapie im Rahmen der geriatrischen Rehabilitation. Indikation und Zielsetzung im Schnittpunkt einer pädagogisch-medizinischen und patientenzentrierten Orientierung. Sprache-Stimme-Gehör, 22, 77–83

Neumann K., Gall V. & Berger R. (2001): Modellprojekt „Einführung eines generellen Neugeborenen Hörscreenings in Hessen“. Zeitschrift für Audiologie. (in press)

Neumann, B. (1980): Sprachbehindertenpädagogische Diagnostik. In: Knura, G. & Neumann, B. (Hrsg.): Handbuch der Sonderpädagogik, Band 7: Pädagogik der Sprachbehinderten (125–158). Berlin: Marhold

Neumann, B. (1981): Über den Gegenstand der sprachheilpädagogischen Diagnostik. In: Grohnfeldt, M. & Schoor, U. (Hrsg.): Sonderpädagogisches Handeln in der Sprachbehindertenpädagogik (47–56). Berlin: Marhold

Neumann, K., Gall, V. & Berger, R. (2000): Newborn Hearing Screening in Hessen, Germany – A Pilot Project. International Pediatrics 16, 109–116

Neumann, S. (2000): Frühförderung bei Kindern mit Lippen-Kiefer-Gaumen-Segel-Fehlbildung. Idstein: Schulz-Kirchner

Neumann, S. (2001): Lippen-Kiefer-Gaumen-Segel-Spalten (LKGS-Spalten). Ein Ratgeber für Eltern. Idstein: Schulz-Kirchner

Neuschaefer-Rube, Ch. & Klajman, S. (1996): Computergestützte 3D-Phonetographie. HNO 44, 585–589

Neuschaefer-Rube, Ch. (1997): Comparison of voice performance in auditory and visually assisted phonetography. Log. Phon. Vocol. 22, 3–8

Neuschaefer-Rube, Ch. (2000): Entwicklung eines multiparametrischen Konzeptes zur Funktionsbeurteilung der Stimme. Medizinische Habilitationsschrift, RWTH Aachen

Neuschaefer-Rube, Ch., Sram, F. & Klajman, S. (1997): Three-dimensional phonetographic assessment of voice performance in professional and non-professional speakers. Folia Phoniatr. Logop. 49, 96–104

Neuschaefer-Rube, Ch., Wein, B., Angerstein, W. & Klajman, S. (1996): Kernspintomographische Untersuchung der Kehlkopfstellungen beim Singen von Vokalen. Folia Phoniatr. Logop. 48, 201–209

Niebuhr, S. & Hansen, D. (2001): Diagnostische Verfahren und therapeutische Interventionen bei Aphasie. Ein Überblick. LOGOS interdisziplinär 9, 114–122

Niekisch, A., Heber, D. & Burger-Gartner, J. (2001): Auditive Verarbeitungs- und Wahrnehmungsstörungen bei Schulkindern. Dortmund: modernes lernen

Oertel, M. J. (1895): Das Laryngo-Stroboskop und die laryngo-stroboskopische Untersuchung. Arch. Laryngol. Rhinol. 3, 1–16

Oertle, H., Natke, U., Bosshardt, H.-G. & Sandrieser, P. (2001): Wie wirkt Stottertherapie? Sprache – Stimme – Gehör 25, 1–3

Onslow, M. & Packman, A. (Ed.) (1999b): The handbook of early stuttering intervention. Singular Publishing: San Diego

Orgass, B. (1982): Token Test. Weinheim: Beltz

Osburg, C. (^{2}2000): Gesprochene und geschriebene Sprache. Aussprachestörungen und Schriftspracherwerb. Baltmannsweiler: Schneider

Osburg, C. (2001): Sprachentwicklungsstörungen und Störungen des Schriftspracherwerbs. In: Grohnfeldt, M. (Hrsg.): Lehrbuch der Sprachheilpädagogik und Logopädie. Band 2. (113–125) Stuttgart: Kohlhammer

Osburg, C. (2002): Begriffliches Wissen und schulisches Lernen. Konstruktivistische Konsequenzen für den Schriftspracherwerb. Freiburg: Fillibach

Owens, R. E. (^{3}1998): Language Disorders. A Functional Approach to Assessment and Intervention. Boston: Allyn & Bacon

Packman, A. & Onslow, M. (1999): Issues in the treatment of early stuttering. In: Onslow, M. & Packam, A. (Ed.): The handbook of early stuttering intervention, (1–17). Singular Publishing: San Diego

Paradise, J. L., Feldman, H. M., Campbell, T. F., Dollaghan, C. A., Colborn, D. K., Bernard, B. S., Rockette, H. E., Janosky, J. E., Pitcairn, D. L., Sabo, D. L., Kurs-Lasky, M. & Smith, C. G. (2001): Effect of early or delayed insertion of tympanostomy tubes for persistent otitis media on developmental outcomes at the age of three years. New England Journal of Medicine 344, 1179–1187

Pascher, W. & Bauer, H. (Hrsg.) (1998): Differenzialdiagnose von Sprach-, Stimm- und Hörstörungen. Frankfurt a. M.: Edition Wölzel

Paul, G. L. (1966): Insight versus desensitization in psychotherapy: An experiment in anxiety reduction. Stanford: Stanford University Press

Pervin, L. A. (1987): Eine phänomenologische Theorie: Die klientenzentrierte Persönlichkeitstheorie von Carl Rogers (173–238). München: Ernst Reinhardt

Peters, S. A. F., Grievink, E. H., van Bon, W. H. J., van-den Bercken, J. H. L. & Schilder, A. G. M. (1997): The contribution of risk factors to the effect of early otitis media with effusion on later language, reading, and spelling. Developmental Medicine & Child Neurology 39, 31–39

Peters, T. & Guitar, B. (1991): Stuttering. An integrated approach to its nature and treatment. Baltimore: John Butler

Peterson-Falzone, S. J., Hardin-Jones, M. A. & Karnell (^{3}2001): Cleft palate speech. Philadelphia: B. C. Decker Inc. Sell, D., Harding, A. & Grunwell, P. (1999): Speech assessment GOS.SP.ASS. '94 and '98 – A training video of speech charakteristics, CLAPA

Petzold, H. (Hrsg.) (1980): Die Rolle des Therapeuten und die therapeutische Beziehung. Paderborn: Junfermann

Peuser, G. (2000): Sprachstörungen. Einführung in die Patholinguistik. München: Ernst Reinhardt

Pinker, J. (1984): Language Learnability and Language Development. Cambridge, MA: Harvard University Press

Poeck, K. (1989): Klinische Neuropsychologie. Stuttgart: Thieme

Pöhlmann, K., Joraschky, P., Petrowski, K., Arnold, B. & Rausch, T. (2001): Therapieziele und Lebensziele von Psychotherapieklienten: Problematische Zielkonstellationen und therapeutische Implikationen. Verhaltenstherapie und psychosoziale Praxis 2, 205–224

Popper, K. R. (1996): Alles Leben ist Problemlösen. München: Piper

Pössl, J. (1996): Problembereiche bei der psychologischen Betreuung hirngeschädigter Patienten. Frankfurt a. M.: Peter Lang Verlag

Pregel, D. & Rickheit, G. (1987). Der Wortschatz im Grundschulalter. Häufigkeitswörterbuch zum verbalen, substantivischen und adjektivischen Wortgebrauch. Hildesheim/Zürich/New York
Preyer, W. (1882): Die Seele des Kindes. Leipzig: Grieben
Pribyl, C. B., Keaten, J. A., Sakamoto, M. & Koshikawa, F. (1998): Assessing the cross-cultural content validity of the Personal Report of Communication Apprehension scale (PRCA–24). Japanese Psychological Research 40, 47–53
Prigogine, I. (1998): Die Gesetze des Chaos. Frankfurt/M.: Insel
Probst, H. & Hofmann, C. (1999): Vorschlag zur Gutachtenabfassung und Gutachtengliederung in sonderpädagogischen Entscheidungen. Sonderpädagogik 29, 1, 48–55
Prosiegel, M. (1998): Neuropsychologische Störungen und ihre Rehabilitation. München: Pflaum Verlag
Prutting, C. & Kirchner, D. (1987): A clinical appraisal of the pragmatic aspects of language. Journal of Speech and Hearing Disorders 52, 105–119
Puller, B., Steiner, J. & Worms, U. (1992): Lesetexte für Sprachbehinderte. Themenbezogenes Üben in der Aphasietherapie. Berlin: Marhold
Quellet, C. & Cohen R. (1999): Speech and language development following cochlear implantation. Journal of Neurolinguistics 12, 271–288
Rathner, G. & Zangerle, M. (1996): Copingstrategien bei Kindern und Jugendlichen mit Diabetes mellitus: Die deutschsprachige Version von KIDCOPE. Zeitschrift für Klinische Psychologie, Psychopathologie und Psychotherapie 44, 49–74
Renner, J. A. (1995): Erfolg in der Stottertherapie. Berlin: Edition Marhold
Renner, J. (2000): Zur Messbarkeit von Effekten in der Stottertherapie. Forum Logopädie 2, 13 –18
Rice, M. L., Spitz, R. V. & O'Brien, M. (1999): Semantic and morphosyntactic language outcomes in biologically at-risk children. Journal of Neurolinguistics 12, 213–234
Riley, G. (1981): Stuttering Prediction Instrument for young children (3rd. Ed.). Austin: Pro-Ed
Riley, G. (1994): Stuttering Severity Instrument for young children (SSI–3) (3rd.ed.) Austin: Pro-Ed
Riß, K. (2000): Parental involvement – am Beispiel der Therapie eines stotternden Vorschulkindes. Unv. Magisterarbeit in der Fachrichtung Sprachbehindertenpädagogik der LMU München
Roberts, J. E., Burchinal, M. R., Davis, B. P., Collier, A. M. & Henderson, F. W. (1991): Otitis media in early childhood and later language. Journal of Speech and Hearing Research 34, 1158–1168
Robertson, S. B. & Ellis Weismer, S. (1999): Effects of treatment on linguistic and social skills in toddlers with delayed language development. Journal of Speech, Language, and Hearing Research 42, 1234–1248
Rodenwaldt, H. (1990): Der dialogische Ansatz zur Diagnose und Förderung sprachbehinderter Kinder. Frankfurt a. M.: Peter Lang
Röhr-Sendlmeier, U. M. (1987): Sprachstandserhebung zur Förderung ausländischer Grundschüler. Unterrichtswissenschaft 15, 224–249
Romonath, R. (1991): Phonologische Prozesse an sprachauffälligen Kindern. Berlin: Edition Marhold
Romonath, R. (1993): Sprachdiagnostik bei kindlichen Aussprachestörungen aus sprachsystematischer, pädolinguistischer und sprechhandlungstheoretischer Sicht. Die Sprachheilarbeit 38, 185–198
Rothweiler, M. (1988): Ein Fall von Dysgrammatismus – eine linguistische Analyse. Frühförderung interdisziplinär 7, 114–124
Rothweiler, M. (2001): Wortschatz und Störungen des lexikalischen Erwerbs bei spezifisch sprachentwicklungsgestörten Kindern, Heidelberg: Winter
Runge, V. (2000): Therapie der Artikulation bei Dysarthrien. Eine Evaluationsstudie. Unveröffentlichte Dissertation. Universität Bielefeld
Rustin, L. & Botterill, W. (2000): A family approach to communication skills training in stuttering children. In: Bosshardt, H.-G., Yaruss, J. & Peters, H.

(Ed.): Fluency disorders: theory, research, treatment and self-help. Proceedings of the third congress on fluency disorders in Nyborg, Denmark. Nijmegen: University Press
Rustin, L. & Cook, F. (1999): Disorders of fluency: Intervention. In: Fabbro, F. & Asher, R. (Ed.): Concise Encyklopedia of Language Pathology, (198–205). New York: Elsevier
Rustin, L., Botterill, W. & Kelman, E. (1997): Assessment and therapy for young dysfluent children. London: Whurr
Rutter, M., Mahwood, L. & Howlin, P. (1992): Language delay and social development. In: Fletcher, P. & Hall, D. (Hrsg.): Specific speech and language disorders in children. (63–78). London: Whurr
Samuelson, L. K. & Smith, L. B. (1998): Memory and attention make smart word learning: An alternative account of Akhtar, Carpenter, and Tomasello, Child Development, 69/1, 94–104
Samur, V. J. & Metz, D. E. (1988): Criterion validity of speech intelligibility rating scale procedures for the hearing-impaired population. Journal of Speech and Hearing Research 31, 307–316
Saß, H., Wittchen, H. U. & Zaudig, M. ([2]1998): Diagnostisches und Statistisches Manual Psychischer Störungen DSM-IV. Göttingen: Hogrefe
Saussure, F. de (1916): Cours de linguistique générale. Paris: Payot
Scheerer-Neumann, G. (1989): LRS und Legasthenie. Rückblick und Bestandsaufnahme. In: Naegele, I. M. & Valtin, R. (Hrsg.): LRS in den Klassen 1–10. (17–23). Weinheim, Basel: Beltz
Scheerer-Neumann, G. (1998): Stufenmodelle des Schriftspracherwerbs. Wo stehen wir heute? In: Balhorn, H., Bartnitzky, H., Büchner, I. & Speck-Hamdan, A. (Hrsg.): Schatzkiste Sprache 1. (54–62). Hannover: Arbeitskreis Grundschule
Schiepek, G. (1999): Die Grundlagen der Systemischen Therapie. Theorie, Praxis, Forschung. Göttingen: Vandenhoeck & Ruprecht
Schlenker-Schulte, C. & Schulte, K. (1990): Stammlertherapie auf phonetischer Grundlage. In: Grohnfeldt, M. (Hrsg.): Handbuch der Sprachtherapie, Band 2: Störungen der Aussprache, (21–61). Berlin: Edition Marhold
Schlippe, A. von & Schweitzer, J. ([3]1997): Lehrbuch der systemischen Therapie und Beratung. Göttingen: Vandenhoeck
Schmacke, N. (2000): Qualitätssicherung in der Medizin: Hintergründe einer aktuellen Gesundheitspolitischen Diskussion. In: Homburg, G., Iven, C. & Maihack, V. (Hrsg.): Qualitätsmanagement in der Sprachtherapie. Kontrollmechanismus oder Kompetenzgewinn. (13–26). Köln: ProLog
Schmid & Kessler ([12]1994): Anamnese. In: Dorsch, F., Häcker, H. & Stapf, K. H. (Hrsg.): Psychologisches Wörterbuch. Bern: Huber
Schmidt-Barkow, I. (1999): Kinder lernen Sprache sprechen, schreiben, denken. Beobachtungen zur Schrifterfahrung und Sprachbewusstheit bei Schulanfängern mit Sprachentwicklungsstörungen. Frankfurt a. M.: Peter Lang
Schöler, H. (1999): IDIS-Inventar diagnostischer Informationen bei Sprachentwicklungsauffälligkeiten. Heidelberg: Schindele
Schöler, H., Fromm, W. & Kany, W. (1998): Spezifische Sprachentwicklungsstörung und Sprachlernen. Heidelberg: Winter
Schöler, H., Häring, M. & Schakib-Ekbatan, K. (1996): Zur Diagnostik bei Sprachentwicklungsauffälligkeiten. Ergebnisse einer Fragebogenerhebung. Pädagogische Hochschule Heidelberg: unveröff. Forschungsbericht
Scholz, H. J. (1970): Von der Notwendigkeit linguodiagnostischer Verfahren für die Zeit der Sprachentwicklung. Die Sprachheilarbeit 15, 97–103
Scholz, H.-J. (1990): Die phonologischen Störungen. Konzept, Analyse und Therapie. In: Grohnfeldt, M. (Hrsg.): Handbuch der Sprachtherapie, Band 2: Störungen der Aussprache, (62–74). Berlin: Edition Marhold
Scholz, J. (2000): Möglichkeiten und Grenzen des Einsatzes von ESGRAF in der sprachdiagnostischen Praxis. Universität Köln: unveröff. Diplomarbeit
Schönhärl, E. (1960): Die Stroboskopie in der praktischen Laryngoskopie. Stuttgart: Thieme

Schönweiler, R. (1992): Eine Untersuchung an 1300 Kindern zur Inzidenz und Therapie von Hörstörungen bei kindlichen Sprachstörungen. Laryngo-Rhino-Otologie 71, 637–643

Schoor, U. (1972): Strukturierung der psychodiagnostischen Arbeit des Sonderschullehrers. Zeitschrift für Heilpädagogik 23, 527–538

Schoor, U. (1981): Förderdiagnostik im Bereich der Sprachbehindertenpädagogik. In: Grohnfeldt, M. & Schoor, U. (Hrsg.): Sonderpädagogisches Handeln in der Sprachbehindertenpädagogik (35–46). Berlin: Marhold

Schoor, U. ([2]1986): Der Aufbau und der Austausch von Fallkonzepten als eine zentrale Aufgabe der Förderdiagnostik. In: Kornmann, R., Meister, H. & Schlee, J. (Hrsg.): Förderungsdiagnostik. Konzepte und Realisierungsmöglichkeiten, (219–228), Heidelberg: Edition Schindele

Schoor, U. (2000): Psychologische Grundlagen. In: Grohnfeldt, M. (Hrsg.): Lehrbuch der Sprachheilpädagogik und Logopädie, Band 1: Selbstverständnis und theoretische Grundlagen (184–216). Stuttgart: Kohlhammer

Schrey-Dern, D. (1994): Morphologisch-syntaktische Analyse. In: Dickmann, C. et al.: Logopädische Diagnostik von Sprachentwicklungsstörungen. (51–76). Stuttgart: Thieme

Schrey-Dern, D. (2001): Logopädische Diagnostik und Therapie. Wann besteht Handlungsbedarf? Kinderärztliche Praxis 72, 282–289

Schröter-Morasch, H. (1993): Klinische Untersuchung der am Schluckvorgang beteiligten Organe. In: Bartolome, G., Buchholz, D., Hannig, C., Neumann, S., Prosiegel, M., Schröter-Morasch, H. & Wuttge-Hannig, A.: Schluckstörungen bei neurologischen Erkrankungen (72–108). Stuttgart: Gustav Fischer Verlag

Schröter-Morasch, H. (1998): Beurteilung der Sprechorgane und ihrer sensomotorischen Funktionen. In: Ziegler, W., Vogel, M., Gröne, B. & Schröter-Morasch, H.: Dysarthrie. Grundlagen-Diagnostik-Therapie, (53–72). Stuttgart: Thieme

Schröter-Morasch, H. (1999): Phoniatrische Diagnostik und Therapieevaluation bei Dysphagie. Sprache Stimme Gehör 23, 16–23

Schröter-Morasch, H. ([2]1999): Klinische Untersuchung des Oropharynx und videoendoskopische Untersuchung der Schluckfunktion. In: Bartolome, G., Buchholz, D., Feussner, H., Hannig, C., Neumann, S., Prosiegel, M., Schröter-Morasch, H. & Wuttge-Hannig, A.: Schluckstörungen – Diagnostik und Rehabilitation (111–140). München: Urban & Fischer

Schröter-Morasch, H. & Bartolome, G. (1998): Swallowing disorders: pathophysiology and rehabilitation of neurogenic dysphagia. NeuroRehabilitation 10, 169–189

Schröter-Morasch, H. & Deuster, Ch. Von ([2]1998): Dysarthrien und zentrale Stimmstörungen. In: Pascher, W. & Bauer, H. H.: Differenzialdiagnose von Sprach-, Stimm- und Hörstörungen, (403–436). Frankfurt a. M.: Edition Wötzel

Schröter-Morasch, H., Bartolome, G., Troppmann, N. & Ziegler, W. (1999): Values and Limitations of Pharyngolaryngoscopy (Transnasal, Transoral) in Patients with Dysphagia. Folia Phoniatr Logop 51, 172–182

Schulte, G. (2000): Neuromythen. Das Gehirn als Mind Machine und Versteck des Geistes. Frankfurt/M.: Zweitausendeins

Schulte-Mäter, A. (1996): Verbale Entwicklungsdyspraxie: Eine Analyse des derzeitigen Erkenntnisstandes. Frankfurt: P. Lang

Schulte-Mäter, A. (2001): Verbale Entwicklungsdyspraxie. In: Grohnfeldt, M. (Hrsg.): Lehrbuch der Sprachheilpädagogik und Logopädie. Bd. 2. (254–261). Stuttgart: Kohlhammer

Schwander, M. W. (1989): Schriftspracherwerb aus schulpädagogischer Sicht. Heinsberg: Agentur Dieck

Schwartz, H. (1998): A primer for stuttering therapy. Allyn & Bacon: Needham Heights

Schwartz, R. G. & Goffmann, L. (1995): Metrical Patterns of Words and Production Accuracy. Journal of Speech and Hearing Research 38, 876–888

Schwartz, R. G., Leonard, L. B., Folger, M. K. & Wilcox, M. J. (1980): Early phonological behaviour in normal speaking and language disordered children: Evidence for a synergistic view of language disorders. Journal of Speech and Hearing Disorders 45, 335–349

Schweitzer, J. & Weber, G. (1997): „Störe meine Kreise!“ Zur Theorie, Praxis und kritischen Einschätzung der Systemischen Therapie. Psychotherapeut 42, 197–210

Schwitzer, R., Ferrarini, I. & Mirsaidi, H. (1999): Dokumentation von drei kieferorthopädischen Behandlungsfällen zusammen mit Myofunktioneller Therapie. In: Hahn, V. et al.: Schauplatz Mund (143–168). München: Eigenverlag Ak-MFT e.V.

Shapiro, E. & Balthazor, M. (2000): Metabolic and neurodegenerative disorders. In: Yeates, K. O., Ris, M. D. & Taylor H. G. (Eds): Pediatric neuropsychology (171–205). New York: Guilford Press

Shprintzen, R. J. & Bardach, J. (1995): Cleft Palate Speech management. A multidisciplinary approach. St. Louis: Mosby

Shriberg, L. D., Flipsen, P., Thielke, H., Kwiatkowski, J., Kertoy, M., K., Katcher, M. L., Nellis, R. A. & Block, M. G. (2000b): Risk for speech disorder associated with early recurrent otitis media with effusion: Two retrospective studies. Journal of Speech, Language, and Hearing Research 43, 79–99

Shriberg, L. D., Friel-Patti, S., Flipsen, P. & Brown, R. L. (2000a): Otitis media, fluctuant hearing loss, and speech-language outcomes: A preliminary structural equation model. Journal of Speech, Language, and Hearing Research 43, 100–120

Sick, U. (1999): Spontansprache bei Poltern – eine empirische Untersuchung. Unveröffentlichte Dipl. Arbeit. Aachen: RWTH, Medizinische Fakultät

Sickinger, G. (1997): Systemisch-lösungsorientiertes Arbeiten im Behindertenbereich. Unveröffentlichtes Seminarskript. Norddeutsches Institut für Kurzzeittherapie Bremen

Silverman, F. (²1996): Stuttering and other fluency disorders: An overview for beginning clinicians. Boston: Allyn & Bacon

Sitzmann, F. C. (Hrsg.) (1995): Pädiatrie. Duale Reihe. Stuttgart

Slater, A. (1998): The competent infant: Innate organisation and early learning in infant visual perception. In: Slater, A. (Ed.): Perceptual development. Visual, auditory, and speech perception in infancy (105–130). Hove: Psychology Press

Slavicek, G. (1999): Früherkennung und Prävention craniomandibulärer Dysfunktionen beim Kind und Jugendlichen. In: Hahn, V. et al.: Schauplatz Mund (181–186). München: Eigenverlag Ak-MFT e.V.

Slobin, D. I. (1979): Psycholinguistics. Glenview, Ill.: Scott, Foresman

Slobin, D. I. (1985): The Crosslinguistic Study of Language Acquisition. Vol 2: Theoretical Issues. Hillsdale, N. J.: Erlbaum

Smith, A. (1999): Stuttering: A unified approach to a multifactorial disorder. In: Bernstein Ratner, N. & Healey, E. (Ed.): Stuttering Research and Practice, (27–45). Mahwah: Lawrence Erlbaum

Sovakar, A., Scholl, I., Neuschaefer-Rube, Ch., Lehmann, Th. & Spitzer, K. (1996): Verfolgung und Analyse von Stimmlippenkonturen in stroboskopischen Videosequenzen. In: Lehmann, Th., Scholl, I. & Spitzer, K. (Hrsg.): Bildverarbeitung für die Medizin. Algorithmen – Systeme – Anwendungen. Proceedings des Aachener Workshops am 8. und 9. November 1996, (235–240). Aachen: Verlag der Augustinus Buchhandlung,

Spiecker-Henke, M. (1994): Logopädische Behandlung von Stimmstörungen. In: Biesalski, P. & Frank, F. (Hrsg.): Phoniatrie und Pädaudiologie, Bd. 1, (250–268). Stuttgart: Thieme

Spiecker-Henke, M. (1997): Leitlinien der Stimmtherapie. Stuttgart: Thieme

Spiecker-Henke, M. (2001): Funktionelle und organische Stimmstörungen. In: Grohnfeldt, M. (Hrsg.): Lehrbuch der Sprachheilpädagogik und Logopädie. Bd. 2: Erscheinungsformen und Störungsbilder, (269–290). Stuttgart: Kohlhammer

Spiegler, M. D., Morris, L. W. & Liebert, R. M. (1968): Cognitive and emotional components of test anxiety: Temporal factors. Psychological Reports 22, 451–456

Spiess, W. (1992): „Systemische Diagnostik" in der Heilpädagogik: modische Leerformel oder logische Konsequenz des „systemischen Ansatzes"? Sonderpädagogik 22, 188–199

Spitznagel, A., Schlutt, S. & Schmidt-Atzert, L. (2000): Redeängstlichkeit: Entwicklung eines mehrdimensionalen Verfahrens. Diagnostica 46, 47—55

Spreen, O, Risser, A. H. & Edgell, D. (1995): Developmental neuropsychology. New York: Oxford University Press

St. Louis, K. O. & Myers, F. L. (1995): Clinical management of cluttering. Language, Speech and Hearing Services in Schools 11, 3–14

St. Louis, K. O. & Myers, F. L. (1997): Management of cluttering and related fluency disorders. In: Curlee, R. F. & Siegel (Eds.): Nature and Treatment of Stuttering. New York: New Directions Allan and Bacon

St. Louis, K. O., Myers, F., Cassidy, L. J., Michael, S. M.P., Litton, B., Olivera, J. L.R. & Brodsky, E. (1996): Efficacy of Delayed Auditory Feedback for Treating Cluttering: Two Case Studies. Journal of Fluency Disorders, 21, 305–314

Stäcker, K. H., Bergmann, G. & Kriebel, R. (1982): Sprechflussstörungen. In: Kanter, G. O. & Masendorf F. (Hrsg): Brennpunkte der Sprachheilpädagogik und Leseforschung. Fortschritte der Sonderpädagogik, Bd. 4. (1–50) Berlin: Marhold

Staemmler, F. M. (2001): Kultivierte Unsicherheit. Gedanken zu einer gestalttherapeutischen Haltung. In: Staemmler, F. M. (Hrsg.): Heilende Beziehung. Dialogische Gestalttherapie, (126–144). Köln

Stalder, K. (1996): Behinderter Zweitspracherwerb. Logopädische Therapie für fremdsprachige Kinder. In: Schneider, H. & Hollenweger, S. (Hrsg.): Mehrsprachigkeit und Fremdsprachigkeit: Arbeit für die Sonderpädagogik? (91–118). Luzern: Ed. SZH/SPC

Stangier, U. & Heidenreich, T. (1997): Diagnostik der sozialen Phobie. Verhaltenstherapie 7, 107–118

Stangier, U., Heidenreich, T., Berardi, A., Golbs, U. & Hoyer, J. (1999): Die Erfassung sozialer Phobie durch die Social Interaction Anxiety Scale (SIAS) und die Social Phobia Scale (SPS). Zeitschrift für Klinische Psychologie 28, 28—36

Stark, R., Bernstein, L., Condino, R., Bender, M., Tallal, P. & Catts, H. (1984): Four-year follow-up study of language impaired children. Annaly of Dyslexia, 34, 49–68

Starkweather, C. (1993): Issues in the efficacy of treatment for fluency disorders. Journal of Fluency Disorders 18, 151–168

Starkweather, C. (1999): The effectiveness of stuttering therapy: An issue for science? In: Bernstein Ratner, N. & Healey, E. (Ed.): Stuttering Research and Practice, (231–245). Mahwah: Lawrence Erlbaum

Starkweather, C. & Gottwald, S. (1990): The demands and capacities model II: Clinical applications. Journal of Fluency Disorders 15, 143–157

Statistisches Bundesamt Deutschland (2001): Anzahl der Hörgeschädigten in der BRD zum 31. 12. 1999. Wiesbaden. Persönliche Mitteilung per Fax

Steiner, J. (1993): Grundzüge einer ganzheitlichen Aphasiebehandlung und -forschung. In: Grohnfeldt, M. (Hrsg.) Handbuch der Sprachtherapie. Band VI. Zentrale Sprach- und Sprechstörungen. Berlin: Spiess

Steiner, J. (1996a): Der Dialog als Zentrum diagnostisch-systemischen Handlungsdenkens. Sprache – Stimme – Gehör 20, 26–31

Steiner, J. (1996b): Wenn die Gesetze des „normalen" Gesprächs außer Kraft sind. Handlungstheoretisch geleitete Therapiemöglichkeiten am Beispiel der Demenz (Ehepaar F.). In: dgs-Landesgruppe Westfalen-Lippe (Hrsg.): Interdisziplinäre Zusammenarbeit: Illusion oder Vision, (679–694). Hamm

Steiner, J. (1997): Zum Sprachbegriff in einer Theorie der Sprachtherapie – das „Energiemodell für den Sprachabruf, EMS". Die Sprachheilarbeit 42, 96–107

Steiner, J. (1998): Interdisziplinarität: Schlagwort oder konkreter Auftrag? Qualitatives Denken am Beispiel der geriatrischen Rehabilitation. Die Sprachheilarbeit 43, 117–119

Steiner, J. (2000): Kommunikationsbeeinträchtigungen im Alter – Einblicke in eine pädagogische Theorie und Praxis. Die Sprachheilarbeit 45, 20–25

Steiner, J. (2001): Aphasie. In: Grohnfeldt, M. (Hrsg.): Lehrbuch der Sprachheilpädagogik und Logopädie. Bd. 2, Erscheinungsformen und Störungsbilder, (205–218). Stuttgart: Kohlhammer

Steinhausen, H. & Juzi, C. (1996): Elective mutism: An analysis of 100 cases. Journal of the American Academy of Child and Adolescent Psychiatry 35, 606–614

Steinhausen, H.-C. (^{4}2000): Psychische Störungen bei Kindern und Jugendlichen. München: Urban & Fischer

Stellzig, A., Heppt, W. & Komposch, G. (1994): Das Nasometer. Ein Instrument zur Objektivierung der Hyperrhinophonie bei LKG-Patienten. Fortschritte der Kieferorthopädie 55/4, 176–180

Straßburg, H.-M., Dacheneder & W., Kreß, W. (1997): Entwicklungsstörungen bei Kindern. Lübeck: Gustav Fischer Verlag

Strutz, J. & Mann, W. (Hrsg.) (2001): Praxis der HNO-Heilkunde, Kopf- und Halschirurgie. Stuttgart: Thieme

Stuckrad, v. H. & Lakatos, J. (1975): Über ein neues Lupenlaryngoskop (Epipharyngoskop). Laryngol. Rhinol. 54, 336

Suchodoletz, W. von (1997): Neurobiologische Befunde bei Kindern mit umschriebenen Sprachentwicklungsstörungen. Zeitschrift für Kinder- und Jugendpsychiatrie und Psychotherapie 25, 35–45

Suchodoletz, W. von (Hrsg.) (2001): Sprachentwicklungsstörung und Gehirn. Neurobiologische Grundlagen von Sprache und Sprachentwicklungsstörungen. Stuttgart: Kohlhammer

Susca, M. & Healey, C. (2000): Multifactorial issues in the assessment of stuttering. In: Bosshardt, H.-G., Yaruss, J. & Peters, H. (Ed.): Fluency disorders: theory, research, treatment and self-help. Proceedings of the third world congress on fluency disorders in Nyborg, Denmark, (213–218). Nijmegen: Nijmegen University Press

Temple, C. (1997): Developmental cognitive neuropsychology. Hove: Psychology Press

Tesak, J. (1997): Einführung in die Aphasiologie. Stuttgart: Thieme

Tesak, J. (1999): Grundlagen der Aphasietherapie. Idstein

Tesch-Römer, C. (2001): Schwerhörigkeit im Alter. Belastung – Bewältigung – Rehabilitation. Heidelberg: Median

Tetnowski, J. & Damico, J. (2001): A demonstration of the advantages of qualitative methodologies in stuttering research. Journal of Fluency Disorders 26, 17–42

Thoonen, G., Maassen, B. & Gabrieëls, F. (1997): Towards a standardised assessment procedure for developmental apraxia of speech. European Journal of Disorders of Communication 32, 37–60

Thoonen, G., Maassen, B., Gabrieëls, F. & Schreuder, R. (1999): Validity of maximum performance tasks to diagnose motor speech disorders in children. In: Clinical Linguistics & Phonetics 13, 1, 1–23

Tigges-Zuzok, C. & Kohns, U. (1995): Sprachdiagnostik und Therapieindikation in der pädiatrischen Praxis. Der Kinderarzt 26, 3, 358–366

Tomblin, J. B., Records, N. L., Buckwalter, P., Zhang, X., Smith, E. & O'Brien, M. (1997): Prevalence of specific language impairment in kindergarten children. Journal of Speech, Language and Hearing Research 40, 1245–1260

Tramer, M. (1934): Elektiver Mutismus bei Kindern. Zeitschrift für Kinderpsychiatrie 1, 30–35

Tränkmann, J., Lisson, J., Obijou, N. & Rixe, K. (1999): Effektivität der Myofunktionellen Therapie bei einzelnen Dysgnathien. In: Hahn, V. et al.: Schauplatz Mund (215–230). München: Eigenverlag Ak-MFT e.V.

Tränkmann, J. (Hrsg.) (1997): Myofunktionale Störungen. Sprache-Stimme-Gehör (Sonderheft)

Tröndle, K. & Besthorn, K. H. (1999): Computersysteme zur Diagnose und Therapie von Sprach- und Sprechstörungen. In: Hochschulkurier der Bundeswehr Universität München www.unibw-muenchen.de/campus/presse/hochschulkurier/hsk04_99

Trower, P., Bryant, B. & Argyle, M. (1978): Social skills and mental health. Pittsburgh, University of Pittsburgh Press

Uexküll, Th. von (^{5}1996): Theorie des diagnostischen Prozesses. In: Uexküll, Th. von (Hrsg.): Psychosomatische Medizin, (301–306). München: Urban & Schwarzenberg

Ullrich, R., Ullrich de Muynck, R. (1977): Der Unsicherheits-Fragebogen (Testmanual U). München: Pfeiffer

Ulmer, T., Reichel, G., Nolte, D. & Islam, M. S. (Hrsg.) (1991): Die Lungenfunktion. Physiologie und Pathophysiologie, Methodik. 5. überarbeitete Auflage, Stuttgart: Thieme

Velleman, S. L. (1998): Making phonology functional: what do I do first? Boston

Vester, F. (1999): Die Kunst, vernetzt zu denken. Ideen und Werkzeuge für einen neuen Umgang mit Komplexität. Stuttgart: Deutsche Verlags-Anstalt

Vogel, M. & Ziegler, W. (1992): Buchbesprechung: Die Frenchay Dysarthrie-Untersuchung. Neurolinguistik 6, 2, 165–167

Vogel, M. (1987): Einführung in die phonetische Beschreibung der Dysarthrophonien. In: Springer, L. & Kattenbeck, G. (Hrsg.): Aktuelle Beiträge zur Dysarthrophonie und Dysprosodie, (25–58). München

Vogel, M., Sauermann, H. & Ziegler, W. (1996): A re-design of the palatal lift prosthesis: Construction and outcome. In: Powell, T. W. (ed.): Pathologies of Speech and Language: Contributions of Clinical Phonetics and Linguistics. (219–222). New Orleans: ICPLA

Vogelsang, D. & Wallesch, C.-W. (1995): Über den Zusammenhang von sprachlichen Automatismen, Parapraxien beim Sprechen und ideomotorischer Apraxie. Neurolinguistik 9, 81–90

Voll, R. (1993): Die Verwandlung in eine Katze – Nutzung eines literarischen Traums als Wirkfaktor in einer kritischen Phase der Psychotherapie einer 22jährigen Frau mit Mutismus. Praxis der Psychotherapie und Psychosomatik 38, 323–330

Vormbrock, F. & Neuser, J. (1983): Konstruktion zweier spezifischer Trait-Fragebogen zur Erfassung von Angst in sozialen Situationen. Diagnostica 29, 165–182

Wagner, I. (1995): LOGO-Ausspracheprüfung zur differenzierten Analyse von Dyslalien. Wildeshausen

Wall, M. & Meyers, F. (1995): Clinical management of childhood stuttering (2nd. Ed.). Austin: TX:Pro-Ed

Wallesch, C. W. (1993): Medizinische Grundlagen bei erworbenen zentralen Kommunikationsstörungen. In: Grohnfeldt, M. (Hrsg.): Handbuch der Sprachtherapie, Bd. VI. Zentrale Sprach- und Sprechstörungen. Berlin: Spiess

Ward, S. (1999): An investigation into the effectiveness of an early intervention method for delayed language development in young children. International Journal of Language and Communication Disorders 34, 3, 243–264

Waterink, J. & Vedder, R. (1936): Quelques cas de mutisme thymogénique chez des enfants très jeunes et leur traitement. Zeitschrift für Kinderpsychiatrie 3, 101–111

Watson, D. & Friend, R. (1969): Measurement of social-evaluative anxiety. Journal Consulting Clinical Psychology 33, 448–457

Watson, J. (2000): Enhancing cross-cultural competence in the assessment and treatment of stuttering. In: Bosshardt, H.-G., Yaruss, J. & Peters, H. (Ed.): Fluency disorders: theory, research, treatment and self-help. Proceedings of the third world congress on fluency disorders in Nyborg, Denmark, (625–629). Nijmegen: Nijmegen University Press

Watzlawick, P. u. a. (1972): Menschliche Kommunikation. Bern: Huber

Webb, S. (1997): Fractal Galary. www.fractalus.com/sharon vom September 2001
Wehr, S. (1998): „Ich bin jetzt groß! – Ich kann jetzt Pullover sagen." Eine kritische Diskussion des metasprachlichen Konstrukts. Vierteljahresschrift für Heilpädagogik und ihre Nachbargebiete 67, 12–24
Wein, B., Neuschaefer-Rube, Ch., Angerstein, W., Klajman, S. & Günther, R. W. (1995): Funktionsbedingte Flächenänderungen des oropharyngealen Vokaltraktes bei Sängern in der Magnetresonanztomographie. RöFo 162, 91–188
Weiss, D. A. (1964): Cluttering. Englewood Cliffs, N. Y.: Prentice-Hall
Wellenreuther, M. (2000): Quantitative Forschungsmethoden in der Erziehungswissenschaft. Eine Einführung. Weinheim: Juventa
Welling, A. (1999): Der Mund – das „Tor zur Welt". Eigenaktivität des Kindes und Evaluation myofunktionell-therapeutischer Praxis. In: Hahn, V. et al.: Schauplatz Mund (235–250). München: Eigenverlag Ak-MFT e.V.
Weltgesundheitsorganisation/WHO (⁴2000): Internationale Klassifikation psychischer Störungen, ICD–10, Kapitel V: klinisch-diagnostische Leitlinien. Deutsche Übersetzung: Dilling, H., Mombour, W. & Schmidt, M. H. (Hrsg.). Bern: Huber
Wendlandt, W. (1972): Resozialisierung erwachsener Stotternder. Ein lernpsychologischer und verhaltenstherapeutischer Beitrag zur Behandlung des Stotterns. Berlin: Marhold
Wendlandt, W. (1988): Kommunikationsstörungen in der Migration. Die Sprachheilarbeit 33, 193–196
Wendlandt, W. (1992): Non-avoidance-Prinzipien in der Therapie des Stotterns. In: Grohnfeldt, M. (Hrsg.): Handbuch der Sprachtherapie, Band 5: Störungen der Redefähigkeit (425–445). Berlin: Marhold
Wernicke, C. (1874): Der aphasische Symptomenkomplex. Breslau
Werning, R. (1998): Kooperative Lernbegleitung. In: Mutzeck, W. (Hrsg.): Förderdiagnostik bei Lern- und Verhaltensstörungen (93–106). Weinheim: Deutscher Studienverlag
Westhoff, K. & Kluck, M.-L. (1998): Psychologische Gutachten schreiben und beurteilen. Berlin: Springer
WHO (Hrsg.) (2000): ICIHD–2. Internationale Klassifikation der Funktionsfähigkeit und Behinderung. Beta–2 Entwurf, Vollversion. Genf, Schweiz, April 2000
WHO (Hrsg.) (2001): ICF. International Classification of Functioning, Disability and Health. Full Version. Geneva, Switzerland, May 2001
Wiig, E. H. & Semel, E. M. (1984). Language assessment and intervention for the learning disabled. Columbus, OH: Merill
Wilber, K. (1998): Eros, Kosmos, Logos. Frankfurt/M.: Krüger
Wirth, G. (1994): Sprachstörungen – Sprechstörungen – Kindliche Hörstörungen. Köln: Deutscher Ärzteverlag
Wittkowski, J. (1994): Das Interview in der Psychologie. Opladen: Westdeutscher Verlag
Witzel, M. A., Tobe, J. & Salyer, K. E. (1989): The use of videopharyngoscopy for biofeedback therapy in adults after pharyngeal flap surgery. Cleft Palate Journal 26, 129–135
Wolke, D. & Meyer, R. (1999): Ergebnisse der Bayerischen Entwicklungsstudie: Implikationen für Theorie und Praxis. Kindheit und Entwicklung 8, 23–35
Wottawa, H. & Thierau, H. (1998): Lehrbuch der Evaluation. Bern: Hans Huber
Wright, L. & Sherrard, C. (1994): Stuttering therapy with British-Asian Children II: Speech and language therapists' perceptions of their effectiveness. European Journal of Disorders of Communication 29, 325–337
Wright, R. E.R. & Ellis, P. K. (1997): Patient perception and localization of dysphagia-Barium study correlation. Diseases of the Esophagus 10, 211–214
Wulf, C. (2001): Einführung in die Anthropologie der Erziehung. Weinheim: Beltz
Yanagihara, N. (1967): Significance of harmonic changes and noise components in hoarseness. J. Speech. Hear. Res. 10, 531–541
Yaruss, J. & Quesal, R. (2000): Developing instruments for documenting stuttering treatment outcomes. In: Bosshardt, H.-G., Yaruss, J. & Hermann, F. (Ed.)

(2000): Fluency Disorders: theory, research, treatment and self-help. Proceedings of the third world congress on Fluency disorders in Nyborg, Denmark, (227–231). Nijmegen: Nijmegen University Press
Yaruss, J. (1997): Clinical implications of situational variability in preschool children who stutter. Journal of Fluency Disorders 22, 187–203
Yaruss, J., LaSalle, L. & Conture, E. (1998): Evaluating young children who stutter: Diagnostic data. American Journal of Speech-Language Pathology 7, 62–76
Yaruss, J. Newman, R. & Campell, J. (1998): Comparing real-time and transcript-based techniques for measuring stuttering. Journal of Fluency Disorders 23, 137–151
Yeates, K. O. (2000): Closed-head injury. In: Yeates, K. O., Ris, M. D. & Taylor, H. G. (Eds.): Pediatric neuropsychology (92–116). New York: Guilford Press
Yontef, G. M. (1999): Gestalttherapie als dialogische Methode. In: Doubrawa, E. & Staemmler, F. M. (Hrsg.): Heilende Beziehung. Dialogische Gestalttherapie, (24–53). Köln
Yorkston, K. M., Beukelman, D. R., Strand, E. & Bell, K. (1999): Management of motor speech disorders in children and adults. 2nd Ed.. Austin
Yorkston, K. M., Honsinger, M., Beukelman, D. R. & Taylor, R. (1989): The effects of palatal lift fitting on the perceived articulatory adequacy of dysarthric speakers. In: Yorkston, K. M. & Beukelman, D. R. (ed.): Recent advances in clinical dysarthria. Boston: College Hill Press
Yoshinaga-Itano, C., Sedey, A. L., Coulter, D. K. & Mehl, A. L. (1998): Language of early- and later-identified children with hearing loss. Pediatrics 102, 1161–1171
Yovetich, W., Leschied, A. & Flicht, J. (2000): Self-Esteem of school-age children who stutter. Journal of Fluency Disorders 25, 143–153
Zellerhoff, R. (1989): Sprachstörungen bei Mehrsprachigkeit. Die Sprachheilarbeit 34, 181–183
Ziegler, W. (1992): Verständlichkeitsbewertung anhand von Spontansprache – ein zuverlässiges Verfahren in der Dysarthriediagnostik? Neurolinguistik 6, 1, 35–51
Ziegler, W. (1994a,b): Prüfung der Verständlichkeit dysarthrischer Patienten: I. Grundlagen. II. Methoden. Sprache Stimme Gehör 18, 24–28; 111–116
Ziegler, W., & Ackermann, H. (1994): Mutismus und Aphasie – eine Literaturübersicht. Fortschritte der Neurologie und Psychiatrie 62, 366–371
Ziegler, W. & Vogel, M. (1998): Diagnostik dysarthrischer Störungen. In: Ziegler, W., Vogel, M., Gröne, B. & Schröter-Morasch, H.: Dysarthrie. Grundlagen-Diagnostik-Therapie, (26–52). Stuttgart: Thieme
Ziegler, W., Vogel, M., Gröne, B. & Schröter-Morasch, H. (1998): Dysarthrie. Grundlagen-Diagnostik-Therapie. Stuttgart: Thieme
Zollinger, B. (^{4}1999): Die Entdeckung der Sprache. Bern: Haupt
Zwack-Stier, Ch. & Börner, A. (1998): Kritik am Konzept der sogenannten Teilleistungsstörungen – dargestellt an den Lernprozessen in den Bereichen Schriftsprache und Mathematik. In: Eberwein, H. & Knauer, S. (Hrsg.): Handbuch Lernprozesse verstehen (219–234). Weinheim: Beltz

Stichwortverzeichnis

N

O

P

Q

R

S

Autorenverzeichnis

Bahr, Reiner, Dr. paed.; Rethelstr. 157, 40237 Düsseldorf
Bartolome, Gudrun; Städtisches Krankenhaus Bogenhausen; Englschalkinger Str. 77, 81925 München
Baumgartner, Stephan; Dr. phil.; Ludwig-Maximilians-Universität München, Leopoldstr. 13, 80802 München
Braun, Otto; Prof. Dr. phil.; Humboldt-Universität zu Berlin, Georgenstr. 36, 10099 Berlin
Dannenbauer, Friedrich Michael; Dr. phil.; Ludwig-Maximilians-Universität München, Leopoldstr. 13, 80802 München
Diller, Gottfried; Prof. Dr. phil.; Pädagogische Hochschule Heidelberg, Zeppelinstr. 3, 69121 Heidelberg
Giel, Barbara; Dr. paed.; Universität zu Köln, Klosterstr. 79b, 50931 Köln
Glück, Christian; Dr. phil.; Ludwig-Maximilians-Universität München, Leopoldstr. 13, 80802 München
Grohnfeldt, Manfred; Prof. Dr. phil.; Ludwig-Maximilians-Universität München, Leopoldstr. 13, 80802 München
Hacker, Detlef; Dipl. Psych.; Logopädische Lehranstalt, Klingenbergstr. 73a, 26133 Oldenburg
Hahn, Vevi; Dr. phil.; Steinkirchner Str. 28, 81475 München
Hahn, Herrmann; Dr. med.; Steinkirchner Str. 28, 81475 München
Hartmann, Boris; Dr. paed.; Praxis für Sprachtherapie, Petersenstr. 20, 51109 Köln
Iven, Claudia; Dr. paed.; Am Spelzgarten 12, 50129 Bergheim-Glessen
Kriebel, Reinholde; Dr. rer. nat.; Gelderland-Klinik, Clemensstr. 1, 4170 Geldern
Kürvers, Axel; Dr. paed.; Am Seeblick 17, 45259 Essen
Lemke-Eidams, Antje; Logopädin; Schwalbenstraße 9, 26123 Oldenburg
Lengyel, Drorit; Dipl. päd.; Kempener Str. 58, 50733 Köln
Lüdtke, Ulrike; Dr. paed.; Universität Bremen, Postfach 330440, 28334 Bremen
Motsch, Hans-Joachim; Prof. Dr. phil., Pädagogische Hochschule Heidelberg, Zeppelinstr. 3, 69121 Heidelberg
Münzel, Karin; Prof. Dr. phil.; Ludwig-Maximilians-Universität München, Leopoldstr. 13, 80802 München
Neumann, Sandra; Dipl. päd.; Binger Str. 80, 14197 Berlin
Neuschäfer-Rube, Christiane; Prof. Dr. med.; Abteilung für Phoniatrie-Padaudiologie; HNO-Klinik der RWTH Aachen, Pauweisstraße, 52074 Aachen
Osburg, Claudia; PD Dr. phil.; Upp'n Kopp 22, 27356 Rotenburg
Schoor, Udo; Dipl. Psych., Prof.; Pädagogische Hochschule Ludwigsburg (Außenstelle Reutlingen), Postfach 2344, 72713 Reutlingen
Schröter-Morasch, Heidrun; Dr. med., Städt. Krankenhaus Bogenhausen, Englschalkinger Str. 77, 81952 München
Schulte-Mäter, Anne; Dr. phil.; Kinderzentrum München, Heiglhofstr. 63, 81377 München
Spiecker-Henke, Marianne; Logopädin; Hochschule für Künste Bremen, Fachbereich Musik, Dechanatstr. 13–15, 28195 Bremen
Steiner, Jürgen; PD Dr. paed.; Sprachtherapeutische Praxis, Friedensstr. 12, 77694 Kehl
Suchodoletz, Waldemar von; Prof. Dr. med.; Ludwig-Maximilians-Universität, Nußbaumstr. 7, 80336 München
Wilgermein, Herbert; Sonderschulleiter; Gartenstr. 18, 83734 Hausham
Ziegler, Wolfram; Dr. rer. nat.; Städt. Krankenhaus München, EKN Entwicklungsgruppe Klinische Neuropsychologie, Dachauer Str. 164, 80992 München
Zihl, Josef; Prof. Dr. phil.; Ludwig-Maximilians-Universität München, Leopoldstr. 13, 80802 München

Georg Antor/Ulrich Bleidick (Hrsg.)

Handlexikon der Behinderten-pädagogik

Schlüsselbegriffe aus Theorie und Praxis
2001. XI, 411 Seiten
Fester Einband/Fadenheftung
€ 29,60
ISBN 3-17-015553-9

Das Handlexikon der Behindertenpädagogik vermittelt in 133 Einzelartikeln – zu Schlüsselbegriffen des Fachs – eine prägnante Übersicht über gesicherte Erkenntnisse und künftige Arbeitsfelder der Erziehung, des Unterrichts und der Therapie bei behinderten Menschen. Gegenüber bisherigen Gesamtdarstellungen der Disziplin ist der Forderung nach einer verbesserten gesellschaftlichen Integration von Behinderten Rechnung getragen: Die Grundbegriffe sind nicht als eigenständige sonderpädagogische Fragestellung begriffen als vielmehr in einem allgemeinen erziehungswissenschaftlichen Zusammenhang gestellt.
Danach ist zu fragen, wie die Verantwortung der Pädagogik für benachteiligte Menschen erhöht werden kann und was andererseits die Pädagogik der Behinderten für das Ganze der Erziehung und der Gesellschaft bedeutet.

Die von 80 namhaften Autorinnen und Autoren verfassten Stichwörter sind nach zehn Rubriken eingeteilt: Allgemeine Pädagogik, Allgemeine Behindertenpädagogik, Fachrichtungen der Behindertenpädagogik, Philosophie, Soziologie, Psychologie, Medizinische Gesichtspunkte, Rechtliche Gesichtspunkte, Sozialpädagogik und Sozialpolitik, Einzelprobleme der Behindertenpädagogik.

Die Herausgeber:
Prof. Dr. Georg Antor, Universität zu Köln;
Prof. Dr. Dr. h.c. Ulrich Bleidick, Universität Hamburg.

W. Kohlhammer GmbH · 70549 Stuttgart
Tel. 0711/7863 - 7280 · Fax 0711/7863 - 8430